U0506287

# 中國社會史

呂思勉文集

上海古籍出版社

**圖書在版編目(CIP)數據**

中國社會史 / 吕思勉著. —上海：上海古籍出版社，2020.3
（吕思勉文集）
ISBN 978-7-5325-9466-5

Ⅰ.①中… Ⅱ.①吕… Ⅲ.①社會發展史—中國
Ⅳ.①K20

中國版本圖書館 CIP 數據核字(2020)第 022262 號

吕思勉文集
**中國社會史**
吕思勉 著
上海古籍出版社出版發行
（上海瑞金二路 272 號 郵政編碼 200020）
（1）網址：www.guji.com.cn
（2）E-mail：guji1@guji.com.cn
（3）易文網網址：www.ewen.co
江陰金馬印刷有限公司印刷
開本 890×1240 1/32 印張 19.75 插頁 5 字數 514,000
2020 年 3 月第 1 版 2020 年 3 月第 1 次印刷
ISBN 978-7-5325-9466-5
K·2759 定價：75.00 元
如有質量問題，請與承印公司聯繫

# 前　言

吕思勉先生，字誠之，筆名駑牛、程芸、芸等。一八八四年二月二十七日（清光緒十年二月初一日）誕生於江蘇常州十子街的吕氏祖居，一九五七年十月九日（農曆八月十六日）病逝於上海華東醫院。吕先生童年受的是舊式教育，六歲起就跟隨私塾教師讀書，三年以後，因家道中落而無力延師教授，改由父母及姐姐指導教學。此後，在父母、師友的幫助下，他開始系統地閱讀經學、史學、小學、文學等各種文史典籍。自二十三歲以後，即專意治史。吕先生夙抱大同思想，畢生關注國計民生，學習新文化，吸取新思想，與時俱進，至老彌篤。

吕先生長期從事文史教育和研究工作。一九〇五年起開始任教，先後在蘇州東吴大學（一九〇七年）、常州府中學堂（一九〇七年至一九〇九年）、南通國文專修科（一九一〇年至一九一一年）、上海私立甲種商業學校（一九一一年至一九一四年）等學校任教。一九一四年至一九一九年，先後在上海中華書局、上海商務印書館任編輯。其後，又在瀋陽高等師範學校（一九二〇年至一九二二年）、蘇州省立第一師範學校（一九二三年至一九二五年）、上海滬江大學（一九二五年至一九二六年）、上海光華大學和華東師範大學任教。其中，在上海光華大學任教最久，從一九二六年至一九五一年，一直在該校任教授兼歷史系系主任，并一度擔任該校代校長。一九五一年，高等學校院系調整，光華大學并入華東師範大學，吕先生遂入華東師範大學歷史系任教，被評爲歷史學一級教授。吕先生是教學與研究相互推動的模範，終生學而不厭，誨人不倦。

吕先生是二十世紀著名的歷史學家，對中國古代史的研究，做出了巨大的貢獻，取得了多方面的成就。他在中國通史、斷代史、社會史、文化史、民族史、政治制度史、思想史、學術史、史學史、歷史研究法、史籍讀法、文學史、文字學等方面寫下大量的論著，計有通史兩部：《白話本國史》（一九二三年）、《吕著中國通史》（上册一九四〇年、下册一九四四年）；斷代史四部：《先秦史》（一九四一年）、《秦漢史》（一九四七年）、《兩晉南北朝史》（一九四八年）、《隋唐五代史》（一九五九年）；近代史一部：《吕著中國近代史》（一九九七年）；專著若干種：《經子解題》（一九二六年）、《理學綱要》（一九三一年）、《宋代文學》（一九三一年）、《先秦學術概論》（一九三三年）、《中國民族史》（一九三四年）、《中國制度史》（一九八五年）、《文字學四種》（一九八五年）、《吕著史學與史籍》（二〇〇二年）；史學論文、札記及講稿的彙編三部：《吕思勉讀史札記》（包括《燕石札記》、《燕石續札》，一九八二年）、《論學集林》（一九八七年）、《吕思勉遺文集》（一九九七年）；以及教材和文史通俗讀物十多種，著述總量超過一千萬字。他的這些著作，聲名廣播，影響深遠，時至今日，在港臺、國外仍有多種翻印本和重印本。吕先生晚年體衰多病，計劃中的六部斷代史的最後兩部《宋遼金元史》和《明清史》，已做了史料的摘録，可惜未能完稿，是爲史學界的一大遺憾。

《中國社會史》的編寫，主要是爲了使讀者能系統地瞭解中國歷史上社會、文化各個方面和各種制度的源流和演變。這與當時缺乏這一類歷史著述有關。當時通行的中國通史著述，雖在各個時代夾敘了一些社會、文化和典章制度，但大都缺乏條理，且不能連貫，不能給人以系統的歷史知識。元代史學家馬端臨在《文獻通考》裏將史事分爲理亂興亡與典章經制兩大類，吕先生認爲這種見解對今天的史書編撰仍有一定的參考價值。理亂興亡是“動的歷史”，典章經制是

"静的歷史",這一"動"一"静"的兩個方面,實在是歷史最主要的内容。但舊時言制度,多就政治方面言,這自然太狹隘了。所以,今日研究制度的歷史,"該兼社會的規則"(《吕著中國近代史》),必須把昔時的史料,大加擴充,以容納社會、文化等各方面的内容。爲此,作者選擇了政治、經濟、社會、文化各領域的一些重要側面,分成若干個專題,系統而連貫地加以叙述。這些專題看似類同正史的志或通典的門,其實多無所憑藉,無所因襲。比如《婚制》一章,論輩份婚、搶掠婚、買賣婚、娶妻出妻之禮、嫁娶之年、畜妾之習之起源、同姓不婚、嫡庶之别、夫婦關係、貞潔觀念、婦女權力及男女平等等問題,舊史都没有專門的記載和叙述,需要作者從正史、典志等史籍中鈎稽出來,再按照新史規模和要求,以一定的系統加以凝聚組合。

本書所論述的社會、文化的各個方面及各項制度,大都從遠古社會一直叙述到民國時代,也就是作者生活和寫作的"現當代",具有通貫古今、追溯源流、詳其流變的特點。如《官制》一章,從"官之緣起"一直講到民國時代北京政府的官制;《選舉》一章,從先秦的世官制、漢代的郡國選舉之制、魏晉中正官人之法、隋唐科舉制,一直講到民國時代的文官考試;《錢幣》一章,從殷以前"珠玉金銀龜貝粟帛雜用",一直講到民國時代中國銀行定國幣,改金本位等;《刑法》一章,從五帝之世的五刑,一直講到民國時期爲領事裁判權、會審公廨等問題的中外交涉。爲了便於讀者掌握各項制度的淵源流變,作者常以精煉的文字提綱挈領地概括歷史發展流變的大勢。如作者認爲,中國官制演變"當分五期。三代以前爲列國之制。秦制多沿列國之舊。而漢因之,以其不宜於統一之世,東漢以後,乃逐漸遷變,至隋唐而整齊之。然其制與隋唐之世又不適合,唐中葉後又生遷變而宋因之。元以蒙古族入主中原,其治法有與前代不同者。明人固多沿襲,清又仍明之舊。故此三朝之治,又與唐宋不同。此我國官制之大凡也"。吕先生論史,尤注意歷史轉折中的大關節目。如説"秦漢之際的革易,外觀雖同,而其實大異。此役也,實政體轉變之關鍵,不容與其餘諸役等量齊觀”。説科舉之法,“至王安石而一變”。説古代學術,“今學多傳微言大義,古學偏重名物訓詁。重名物訓詁者,偏於考據,注重實事,迷信自然漸衰也。故東、西漢之間,實古今風氣之一大轉折也”。總之,本書史料翔實,考證精確,對歷史的來龍去脈、前因後果的叙述,以及對歷史的總體特徵和主要脈絡的把握上,都能發表出獨到而精闢的見解。

本書的初稿寫於二十世紀的二十年代,原是爲滬江大學、光華大學的歷史教學而準備的講稿,初時取名爲《國故綱要》、《國故新義》等,一度改爲《政治經濟掌故講義》。後來經過系統的修訂擴充,改名爲《中國社會史》。原稿設十八個專題,分别爲農工商業、財産、錢幣、飲食、衣服、宫室、婚姻、宗族、國體、政體、階級、户籍、賦役、征榷、官制、選舉、兵制、刑法等。其中的國體、政體、宗族、階級、婚姻五個專題,曾經以《中國國體制度小史》、《中國政體制度小史》、《中國宗族制度小史》、《中國階級制度小史》和《中國婚姻制度小史》爲書名,於1929年由上海中山書局初版發行。1936年4月,上海龍虎書局將這五種制度小史增訂爲合訂本,改稱爲《史學叢書》出版發行。1985年5月,《中國社會史》書稿由上海教育出版社初版發行,但書名沿襲已經出版的五種制度小史的成例,改爲《中國制度史》。由於歷史的原因,初版《中國制度史》對原稿作了較大的删改,全書設十七章,五十餘萬字。删去的部分有:《階級》一章,商業、財産、征榷、官制、選舉、刑法諸章中近代以後的叙述,以及各專題内的一些分析、評論的段落。《階級》一章於1997年9月收入《吕思勉遺文集》(下),由華東師範大學出版社出版。商業、財産、征榷、官制、選舉、刑法諸章中的删除部分,後以《中國近世文化史補編》爲題,編入《吕著中國近代史》,曾於1997年9月由華東師範大學出版社出版,但仍有删節。2002年9月,《中國制度史》收入《世紀文庫》,由上海世紀出版集團上海教育出版社推出新版横排版,訂正了初版中的不少勘誤,但删節的部分仍未恢復。

本次《中國社會史》的出版，參考了上海教育出版社的横排版，并按原稿補正了原《階級》一章，商業、財産、征榷、官制、選舉、刑法諸章中近代以後的叙述，及各章内的一些分析、評論的段落，總計約八萬餘字。書名按作者的原意，恢復爲《中國社會史》。其他如行文遣句、概念術語等，均未作改動。

李永圻　張耕華

二〇〇七年四月

# 目　録

# 第一章　農工商業

人民之生業,必始自漁獵,進於畜牧,乃漸及於農耕。蓋好逸惡勞人之天性,而畜牧種植之利,皆在日後,非演進太淺之民所知也。

寒地之民好肉食,熱地之民則多食草木之實。我國古者蓋兼此兩者而有之。《禮記·禮運》曰:"昔者先王,未有火化,食草木之實、鳥獸之肉,飲其血,茹其毛。未有麻絲,衣其羽皮。"《王制》曰:"東方曰夷,被髮文身,有不火食者矣。南方曰蠻,雕題交趾,有不火食者矣。"此蓋皆食草木之實。又曰:"西方曰戎,被髮衣皮,有不粒食者矣。北方曰狄,衣羽毛穴居,有不粒食者矣。"此蓋皆食鳥獸之肉。中國未進化之時,地偏於東南者,其俗蓋與夷蠻同;偏於西北者,其俗蓋與戎狄同也。然我族之進化獨早。

《古史考》曰:"太古之初,人吮露精,食草木實,穴居野處。山居則食鳥獸,衣其羽皮,飲血茹毛,近水則食魚鼈螺蛤。未有火化,腥臊多害腸胃。於是有聖人以火德王,造作鑽燧出火,教人熟食,鑄金作刃,民人大説,號曰燧人。"據《繹史》卷一引。《白虎通》曰:"燧人鑽木取火,教民熟食,養人利性,避臭去毒。"《含文嘉》曰:"燧人鑽木取火,炮生爲熟,令人無復腹疾。"此并足徵燧人爲遊獵之世首出庶物之主。伏羲之號,蓋謂其能馴伏羲牲。亦曰庖羲,則謂其取犧牲以充庖厨也。伏羲蓋遊牧之世首出庶物之主也。燧人、伏羲、神農并稱三皇,詳見本書第十一章附録《三皇五帝考》。儼然代表生計進化之三時代焉。其年代不可確考。姑以通行之説計之,夏四百年,商六百年,周八百年,三代合千八百年，五帝在其前，約計二百年，三皇距周末當在二千年左右也。神農事跡明見《易·繫辭傳》曰："庖犧氏没，神農氏作，斲木爲耜，揉木爲耒，耒耨之利，以教天下。"此確爲教民稼穡之君。我國數千年來以農立國之基，肇於此矣。

黄帝、顓頊、帝嚳之時，人民生計如何，古書難可確考。然《繫辭傳》云："神農氏没，黄帝、堯、舜氏作，通其變，使民不倦，神而化之，使民宜之。"則下文所述九事，蓋皆指黄帝、堯、舜時言之也。其九事，曰"黄帝、堯、舜垂衣裳而天下治"。《繫辭傳正義》："以前衣皮，其制短小；今衣絲麻布帛，所作衣裳，其制長大，故云垂衣裳也。"惟農業盛，故蠶織與之并興也。曰"刳木爲舟，剡木爲楫"。曰"服牛乘馬，引重致遠"。曰"重門擊柝，以待暴客"。惟農業盛，故蓋臧多須謀守禦，而數石之重，中人弗勝，非如畜産可驅而行，故陸運有待於馬牛，水運必資於舟楫也。曰"斷木爲杵，掘地爲臼"。其與農事相資，尤不俟論。曰"弦木爲弧，剡木爲矢"。戎器皆資於木，亦耕稼之世，民斬伐樹蓺，故能然也。曰"上古穴居野處，後世聖人易之以宫室，上棟下宇，以待風雨"。曰"古之葬者，厚衣之以薪，葬之中野，不封不樹，喪期無數，後世聖人易之以棺椁"。惟去獵牧，事耕農，不得不去巖穴而居平土，故所以蔽風雨者必資棟宇；亦惟種樹既盛，材木日繁，故宫室棺椁咸有所取資也。曰"上古結繩而治，後世聖人易之以書契。百官以治，萬民以察"。書契者，《九家易》曰："百官以書治職，萬民以契明共事。"鄭云："書之於木，刻其側爲契，各持其一，後以相考合。"蓋《周官》質劑之論，農業盛，故通工易事，隨之而盛也。以情事度之，黄帝以降，稼事之日興，無可疑矣。少昊究爲帝王與否難定，其時代則必在黄帝、顓頊之間。《左》昭十七年述其官有"九扈爲九農正"，可見五帝之初，農業之盛也。而堯、舜之盡力於民，事尤有明徵。《孟子》述洪水之禍曰："草木暢茂，禽獸繁殖；五穀不登，禽獸逼人。"《孟子·滕文公》上。此容以後世之情形推度古事，然《堯典》詳載堯命羲和四子"曆象日月星辰，敬授民時"。授時爲古代農政要端。又《禹貢》於兖州言"桑土既蠶，是降丘宅土"，與《孟子》言"民無所定，下者爲巢，上者爲營窟"，及治水功成，"然後人得平土而居之"合。《孟子·滕文公》下。居於平土，固耕稼之民所急也。即謂此等皆不可盡信，而《生民》一詩，實周人自頌其始祖之辭，后稷教民稼穡，必非後人所附會明矣。然則當時之洪水，以正當農業既盛之時，故覺其爲禍之烈也。

唐虞以後，農業之盛，可以《書》之《無逸》爲徵。是篇首言"君子所其無逸，先知稼穡之艱難，乃逸，則知小人之依。"下文歷舉殷之賢君中宗、高宗、祖甲以至周之太王、王季、文王，蓋皆重農之主也。其稱高宗之辭曰："舊勞於外，爰暨小人。"稱祖甲之辭曰："舊爲小人，作其即位，爰知小人之依，能保惠於庶民，不敢侮鰥寡。"稱文王之辭曰："卑服，即康功田功。"皆可爲其重農之證。《史記·周本紀》曰："后稷之興，在陶唐、虞、夏之際，皆有令德。此后稷指棄以後相繼居稷官者，非一人。后稷卒，此后稷爲不窋之父，最後居稷官者也。子不窋立。不窋末年，夏后氏政衰，去稷不務，不窋以失其官而奔戎狄之間。不窋卒，子鞠立。鞠卒，子公劉立。公劉雖在戎狄之間，復修后稷之業，務耕種，行地宜，自漆、沮渡渭，取材用，行者有資，居者有畜積，民賴其慶。百姓懷之，多徙而保歸焉。周道之興自此始，故詩人歌樂思其德。公劉卒，子慶節立，國於豳。慶節卒，子皇僕立。皇僕卒，子差弗立。差弗卒，子毀隃立。毀隃卒，子公非立。公非卒，子高圉立。高圉卒，子亞圉立。亞圉卒，子公叔祖類立。公叔祖類卒，子古公亶父立。古公亶父復修后稷、公劉之業，積德行義，國人皆戴之。薰育戎狄攻之，欲得財物，予之。已復攻，欲得地與民。民皆怒，欲戰。古公曰：'有民立君，將以利之。今戎狄所爲攻戰，以吾地與民。民之在我，與其在彼，何異。民欲以我故戰，殺人父子而君之，予不忍爲。'乃與私屬遂去豳，度漆、沮，踰梁山，止於岐下。豳人舉國扶老攜弱，盡復歸古公於岐下。及他旁國聞古公仁，亦多歸之。於是古公乃貶戎狄之俗，而營築城郭室屋，而邑別居之。作五官有司。民皆歌樂之，頌其德。"周之先世，蓋皆以能修農業而興者也。讀《公劉》、《緜》、《七月》諸詩，而其世德可見矣。

《禹貢》一篇，或謂非夏時史官作，蓋誠然。然無以證其非追述禹時事。後史追述禹事，誠不敢必其可信，亦無以必其不可信也。古人考證，誠不如後人之精，然風氣質樸，僞造之事亦必少。如今人疑古之説，幾於古書十八九皆出作僞，實予所不敢從也。《禹貢》述九州之田，雍州居最，而周人實以農業興，即其可信之一證矣。何休稱《周官》爲六國陰謀之書，其所述蓋皆東周後事。合二書所載九州土田及農牧所宜，可見古代農業之一斑矣。列表如後。

| 《禹　貢》 | | | 《周　官》 | | |
|---|---|---|---|---|---|
| 州　名 | 土　田 | 田 | 州　名 | 畜 | 穀 |
| 冀　州 | 白　壤 | 中　中 | 冀　州 | 牛、羊 | 黍、稷 |
| | | | 幽　州 | 四擾（馬、牛、羊、豕） | 三種（黍、稷、稻） |
| | | | 并　州 | 五擾（馬、牛、羊、犬、豕） | 五種（黍、稷、菽、麥、稻） |
| 兖　州 | 黑　墳 | 中　下 | 兖　州 | 六擾（馬、牛、羊、鷄、犬、豕） | 四種（黍、稷、稻、麥） |
| 青　州 | 白　墳 | 上　下 | 青　州 | 鷄、狗 | 稻、麥 |
| 徐　州 | 赤埴墳 | 上　中 | | | |
| 揚　州 | 塗　泥 | 下　下 | 揚　州 | 鳥、獸 | 稻 |
| 荆　州 | 塗　泥 | 下　中 | 荆　州 | 鳥、獸 | 稻 |
| 豫　州 | 壤墳壚 | 中　上 | 豫　州 | 六擾 | 五種 |
| 梁　州 | 青　黎 | 下　上 | | | |
| 雍　州 | 黄　壤 | 上　上 | 雍　州 | 牛、馬 | 黍、稷 |

三代之世，我國既已重農，而田獵畜牧之事，遂退居其次。其時非不田獵，然特以祭祀賓客所須，習慣相沿，不能不有取於此。《王制》：

"天子諸侯無事,則歲三田,一爲乾豆,二爲賓客,三爲充君之庖。"桓四年,《公羊》、《穀梁》皆同。又其所重者在講武,意不在於得禽也。《左氏》隱公五年:"春,公將如棠觀魚者。臧僖伯諫曰:'凡物不足以講大事,其材不足以備器用,則君不舉焉。君將納民於軌物者也。故講事以度軌量謂之軌,取材以章物采謂之物,不軌不物謂之亂政。亂政亟行,所以敗也。故春蒐夏苗,秋獮冬狩,皆於農隙以講事也。三年而治兵,入而振旅,歸而飲至,以數軍實,昭文章,明貴賤,辨等列,順少長,習威儀也。鳥獸之肉不登於俎,皮革齒牙,骨角毛羽,不登於器,則公不射,古之制也。若夫山林川澤之實,器用之資,皂隸之事,官司之守,非君所及也。'"可見古代田獵,意最重於講武。"從獸無厭","棄田以爲苑囿",并爲人君之大戒,而田獵之意,亦以爲農除害。《月令》孟夏,"驅獸,毋害五穀,毋大田獵。"《公羊》桓四年何《注》曰:"已有三犧,必田狩者,孝子之意,以爲已之所養,不如天地自然之牲逸豫肥美。禽獸多則傷五穀,因習兵事,又不空設,故因以捕禽獸,所以共承宗廟,示不忘武備,又因以爲田除害。"述田獵之意最備。畜牧之事,特行之遠郊之地,任之藪澤之民。《周官》太宰以九職任萬民,"四曰藪牧,養蕃鳥獸",載師"以牧田任遠郊之地"。農耕與田獵畜牧之重輕,昭然可見矣。至於漁則僅足以供口實,不足以肄武事,而古人於口實之中,亦不以此爲貴,古以魚爲賤者少者之食。《王制》曰:"諸侯無故不殺牛,大夫無故不殺羊,士無故不殺犬豕。"此以牛羊犬豕爲貴者之食也。孟子言:"鷄豚狗彘之畜,無失其時。""七十者可以食肉。"此以鷄豚狗彘爲老者之食也。又言"數罟不入洿池,魚鼈不可勝食",與"不違農時,穀不可勝食"并舉,此則少年之食也。《無羊》之詩曰:"牧人乃夢,衆維魚矣。""大人占之,衆維魚矣,實維豐年。"《箋》云:"魚者,庶人之所以養也。今人衆相與捕魚,則是歲熟相供養之祥也。"此以魚爲賤者之食也。故尤視爲鄙事,爲人君所弗親。

斯時可供獵牧之地,蓋已不多,故所以管理之者甚嚴。文王之囿,方七十里,民猶以爲小,固由其與民同之,亦由其時土尚廣,民尚希爾。戰國之齊,鷄鳴狗吠相聞,達於四境。而宣王之囿,方四十里,殺麋鹿如殺人之禁,民亦將以爲大矣。"國君春田不圍澤,大夫不掩羣,士不取麛卵。"《禮記·曲禮》。"子釣而不綱,弋不射宿。"《論語·述而》。雖曰仁不盡物,亦無暴天物之意也。《公羊》桓四年,"春曰苗,秋曰蒐,冬曰狩"。《注》:"不以夏田者,春秋制也,以爲飛鳥未去於巢,走獸未離於穴,恐傷害於幼稚,故於苑囿中取之。"案,《左》、《穀》、《周官》、《爾雅》皆四時,已無古制也。《左氏》春蒐、夏苗、秋獮、冬狩,見上。《周官》、《爾雅》皆同。《穀梁》曰:"春曰田,夏曰苗,秋曰蒐,冬曰狩。"漁獵畜牧之事,一切設官管理,雖所以導民,亦珍惜其物之意也。《周官》管理田獵者爲迹人，管理捕魚之事者爲川衡、澤虞。《月令》仲春“毋竭川澤，毋漉陂池，毋焚山林”。季春“田獵罝罘，羅網，畢翳，餧獸之藥，毋出九門”。仲冬“山林藪澤，有能取蔬食田獵禽獸者，野虞教道之。其有相侵奪者，罪之不赦”。“國君無故不殺牛，大夫無故不殺羊，士無故不殺犬豕。”“七十者可以食肉。”庶人少壯之食，止於魚鼈，仍設“數罟不入洿池”之禁，可見口食之艱矣。此田獵畜牧所由進爲農耕耶。

田獵畜牧所得有爲國用所資者，則設官掌之，或徵賦於其地之民，如《月令》所記水虞漁師之事，季夏，“命漁師伐蛟，取鼉，登龜，取黿”。孟冬，“乃命水虞漁師，收水泉池澤之賦”。季冬，“命漁師始漁”。及逐月之牧政。孟春，“命祀山林川澤，犧牲毋用牝”。季春，“乃合累牛騰馬遊牝於牧，犧牲駒犢，舉書其數”。仲夏，“則縶騰駒，班馬政”。《周官》所設獸人、掌罟田獸。𩰫人、掌以時𩰫爲梁。梁，水偃也。偃水兩畔，中央通水爲關孔，以簿承其關孔，魚過者以簿承取之。鼈人、掌取互物。互物，龜鼈之屬。牧人、掌牧六牲。六牲謂牛、馬、羊、豕、犬、鷄。牛人、掌養國之公牛。充人、掌繫祭祀之牲牷。迹人、掌邦田之地政，爲之厲禁而守之，凡田獵者受令焉。角人、掌徵齒角骨物於山澤之農。羽人、掌徵羽翮於山澤之農。掌蜃、掌斂互物蜃物。蜃，大蛤。囿人、掌囿遊之獸禁。鷄人、掌共鷄牲。羊人、掌羊牲。服不氏、掌養猛獸。射鳥氏、掌射鳥。羅氏、掌羅烏鳥。掌畜、掌養鳥。校人、掌王馬之政。趣馬、趣養馬者。巫馬、掌養治疾馬。牧師、掌牧地。廋人、掌十有二閑之政。圉人、掌養馬。犬人、掌犬牲。冥氏、掌攻猛獸。穴氏、掌攻蟄獸。硩蔟氏、掌覆夭鳥之巢。夭鳥，惡鳴之鳥，若鴞鵩。庭氏掌射國中之夭鳥。諸職是也。其中以馬政爲特重，蓋爲戎事所須。民間所養有六畜，而馬牛亦特重，爲縣師所簡閱，亦以其有關戎事，兼利交通，非若鷄豚狗彘，徒厭口腹之欲也。《曲禮》曰：“問庶人之富，數畜以對。”《管子·八觀》曰：“六畜有征，閉貨之門也。”《乘馬數》曰：“若歲凶旱水泆，民失本，則修宫室臺榭，以前無狗後無彘者爲庸。”知耕農之世，畜養雖非正業，亦有關於貧富矣。

東遷以還，農業彌重。《管子·治國》曰：“昔者七十九代之君，法制不一，號令不同，然俱王天下者何也？必國富而粟多也。凡爲國之急者，必先禁末作文巧。末作文巧禁，則民無所遊食。民無所遊食，則必農。民事農，則田墾。田墾，則粟多。粟多，則國富。國富者兵彊，兵彊者戰勝，戰勝者地廣。是以先王知衆民、彊兵、廣地、富國之必生於粟也，故禁末作，止奇巧，而利農事。”又曰：“農事勝則入粟多，入粟多則國富，國富則安鄉重家，安鄉重家則雖變俗易習，敺衆移民，至於殺之，而民不惡也。此務粟之功也。上不利農則粟少，粟少則人貧，人貧則輕家，輕家則易去，易去則上令不能必行，上令不能必行，則禁不能必止，禁不能必止，則戰不必勝，守不必固矣。夫令不必行，禁不必止，戰不必勝，守不必固，命之曰寄生之君。”法家重農之旨，盡此數語，兩言蔽之，於國求其富強，於民求其治理而已。九流之中，切於治國者，莫若儒法。儒家以天下爲旨，非如法家之徒求富強，然其言治，亦曰先富後教，曰“有恒産而後有恒心”，以人人有士君子之行爲究極。其所求與法家異，其所以致之者則與法家同也。秦漢而後，宇内一統，無事求富強以勝敵，然民農則樸，樸則易治，農爲本業，工商爲末業，及先富後教，有恒産而後有恒心等義，迄未嘗變。故漢代法律最尊農夫，薄賦輕傜，惟恐不及，孝弟力田，置有常員。後世雖不能然，然法律政事之重農，則二千年來未嘗改也。雖或有其名而無實，然其意則固於此矣。

然秦漢而後，重農之意雖篤，而農政實日以荒，此則封建與統一之世，政治不同爲之也。舉其大者，蓋有兩端。

一曰教民稼穡之意不復存。隆古之世，賢者與民并耕而食，饔飧而治，斯時之君，固與人民相去極近。其後省耕省斂，“曾孫來止，以其婦子，饁彼南畝，田畯至喜，攘其左右，嘗其旨否”，其相去猶不甚遠。《詩·小雅·甫田箋》云：“曾孫謂成王也。攘，讀當爲饟。饁、饟，饋也。田畯，司嗇，今之嗇夫也。喜，讀爲饎。饎，酒食也。成王來止，謂出觀農事也。親與后、世子行，使知稼穡之艱難也。爲農人之在南畝者，設饋以勸之。司嗇至，則又加之以酒食，饟其左右從行者。成王親爲嘗其饋之美否，示親之也。”而有司之巡行，田官之教道，尤爲纖悉備至。《月令》：孟春，“王命布農事，命田舍東郊，皆修封疆，審端經術。善相丘陵、阪險、原隰，土地所宜，五穀所殖，以教道民，必躬親之"。田即田畯。《噫嘻》鄭《箋》所謂"三十里者一部，一吏主之"者也。《公羊》宣十五年何《注》："在田曰廬，在邑曰里，一里八十户，八家共一巷。選其耆老有高德者，名曰父老，其有辯護伉健者爲里正。民春夏出田，秋冬入保城郭。田作之時，春，父老及里正旦開門坐塾上，晏出後時者不得出，暮不持樵者不得入"。此蓋所謂田畯，則大夫也。《曲禮》曰："地廣大，荒而不治，此亦士之辱也。"《管子・權修》曰："土地博大，野不可以無吏。"古之大夫勤於民事如此。又《月令》：孟夏，"命野虞出行田原，爲天子勞農勸民，毋或失時。命司徒巡行縣鄙，命農勉作，毋休於都"。仲秋，"乃勸種麥，毋或失時"，"乃命有司，趣民收斂，務畜菜，多積聚"。季冬，"令告民出五種，命農計耦耕事，修耒耜，具田器"。則神農之事，時煩廟堂之廑慮，又不僅部分之吏矣。後世則縣令等於國君，名爲親民，實爲高拱。三老嗇夫之職既廢，與民接近者，莫非蠢愚之徒，知識無異鄉農，經驗或且不逮。士不以農爲學，有履田疇而不辨菽麥者，間有一二從事講求，亦徒立説著書，而不能播其學於氓庶。凡事合才智者以講求，則蒸蒸日上，聽其自然遷流，未有不日益衰蔽者也。我國朝野上下，於農事莫或措意如此，農業安得而不窳敝也。

一則土地變爲私有，寸寸割裂。農人既無知識，又無大土地，不克規劃全局，事之關係一鄉數鄉、千畝萬畝者，遂莫或克舉，而人人自謀其私利，或且至於彼此相害焉。而農田之豐歉，遂一聽諸不可知之天時。民國八年，農商部統計，全國不及十畝之農户居百之四十，不及三十畝者百之二十七，不及五十畝者百之十六，不及百畝者百之十八，有百畝以上者僅百之五耳。地産均平，固是美事，然於使用機器，作豫防水旱等大工程，殊不便也。且如水利於農田，至切之事也。古者溝洫之制詳矣，後世悉頹廢，間有賢牧令能講求陂塘井泉之利者，實千百不得一，而人民貪田，退灘廢堰，見小利而昧遠圖，則或利其開科以攘安集之功，或懾於佔據者之強頑而莫敢過問，比比也。官吏如此，地方人士又莫能自謀其公益，水利安得不日壞乎？夫水利特其一端耳，他事類此者何限，一切應興應革之事，莫或主持而聽其自然遷流，此又農業之所由日敝也。溝洫之事，論者率以爲難行，其實不然。今引清陳斌之言以明之。陳氏之言曰："溝洫者，萬世之利也。後世慮其棄地之多，而實無多也。一井之步約百有八十丈，其爲溝者八尺而已。一成之步約萬有八千丈，其爲洫與塗者九，積十有四丈四尺而已。通計所棄之地，二百分之一而弱也。今更新爲之，必有慮其事之難成者，則更非甚難之事也。斌觀甽田之法，一尺之畎，二尺之遂，即耕而即成者也。今蘇湖之田，九月種麥，必爲田輪，兩輪中間，深廣二尺，其平闊之鄉，萬輪鱗接，整齊均一，彌月悉成，古之遂逕，豈有異乎？設計其五年而爲溝澮，則合八家之力，而先治一横溝田首，步之爲百八十丈者，家出三人，就地築土，二日而畢矣。明年以八十家之力治洫，廣深三溝，其長十之，料工計日，三日而半，七日而畢矣。及明年，以八百家之力爲澮，廣深三洫，其長百溝，料工計日，一旬而半，三旬而畢矣。即以三旬之功，分責三歲，其成必矣。及功之俱成，民甽田以爲利，一歲之中，家修其遂，衆治其溝洫，官督民而浚其澮，有小水旱可以無饑，十分之饑，可救其五，故曰萬世之利也。"按《舊唐書・姜師度傳》，謂其"好溝洫，所在必發衆穿鑿，雖時有不利，而成功亦多"。《册府元龜》載開元八年褒美師度之詔，謂"頃職大農，首開溝洫，今原田彌望，畎澮聯屬，繇來榛棘之所，徧爲秔稻之所"，則固有行之而成者矣。程含章與所屬牧令書曰："水爲粒食之原，百姓寧不知自謀，而顧令之不從，何哉？望利之心，不敵其慮害之心也。一陂之開，必合數十百家之人爲之，且必請勘於官而後决之。衆心不同，可慮也；衆論不協，可慮也；衆論不齊，可慮也。官司之守候，書役之需索，夫馬之供頓，在在可慮也。陂水之利，杳不知其何鄉，而切身之憂，紛然莫解，此其慮之在於始者也。工作方興，人懷觀望，鄉鄰有詬誶之聲，銀錢有墊支之累，陂頭甫築而撓之者來矣，溝洫所經而撓之者又來矣，伐人一木一石而撓之者又來矣，讓之則功不可成，争之則訟端立起，萬一半途而廢，則虚縻之工料，衆不與償，跋前躓後，轉悔此舉爲多事，此其慮之在於繼者也。陂幸告成，水汩汩來矣，近者以其水過己前也則争，遠者以其水難到田也則又争，强者恃力則又争，富者恃財則又争，争之不已，必繼以鬥，或傷或死，産業破亡。且新築之工，多不堅實，大雨之後，沖決必多，怨讟紛騰，呼衆莫應，前累未清，後累踵至，首事之心力既倦，二三年後廢爲丘墟，而前功盡棄矣。此其慮之在於終者也。"觀程氏之言，則水利之不修，仍是人謀之不臧耳。其他興利除弊之事，皆此類矣。溝洫之制，見於《周官・遂人》及《考工記・匠人》。《遂人》云："夫間有遂，遂上有逕。十夫有溝，溝上有畛。百夫有洫，洫上有塗。千夫有澮，澮上有道。萬夫有川，川上有路，以達於畿。"《匠人》云："匠人爲溝洫，耜廣五寸，二耜爲耦。一耦之伐，廣尺深尺謂之畎。田首倍之，廣二尺、深二尺謂之遂。九夫爲井，井間廣四尺、深四尺，謂之溝。方十里爲成，成間廣八尺、深八尺，謂之洫。方百里爲同，同間廣二尋、深二仞，謂之澮，專達於川。"《注》雖以爲二法，然其釋《遂人》遂、溝、洫、澮之深廣，皆與《匠人》同，則其實不異也。溝洫所需之地，具如陳氏所計。鄭《注》成方百里出田税，緣邊一里治洫，同方八十里出田税，緣邊十里治澮，以古有山陵川澤等三分去一之制，故引以爲言，非謂治溝洫費地如此之多也。溝洫之制，人或疑其方罫如棋局，不合地勢，不知古書多設法之談，其言封建井田皆如此，溝洫亦然也。《匠人》云："兩山之間，必有川焉。"又云："凡溝逆地防，謂之不行。水屬不理孫，謂之不行。""凡溝必因水勢，防必因地勢。善溝者水漱之，善防者水淫之。"其重理脈如此。所謂川者，必自然之川可知矣。即《遂人》之川，疏家以爲人造，亦未可信也。然則亦順地勢爲之可矣，安取方罫如棋局哉？予謂水少之地，溝洫純出人爲者，方罫如棋局，蓋尚簡易。若多水之區，不妨順水勢爲之曲直，深廣一隨自然，但歲以人力濬治，濬出之土，即於其上築路，溝愈深則路愈高，水旱有備，而往來亦益便矣。

要而言之，農業者，非人人各耕其地，彼此不相知之事也。在一區域之中，其利害恒相關。土地公有之世，固易於合力而謀，即使人各自私，而有專主農事之官以督之，有深明農學之人以教之，猶可以不至於大壞。而後世又一切無有，此農業之所以不振也。

雖然，時日者，進化之母也。我國農政雖云陵替，社會自然之進化固不能無。故論其大體，仍有今勝於古者，此可以其耕作之精粗判之。古者一夫受田百畝，又有爰田之制。爰，即换也。《公羊》宣十五年何《注》："司空謹别田之高下善惡，分爲三品，上田一歲一墾，中田二歲一墾，下田三歲一墾。肥饒不得獨樂，墝埆不得獨苦，故三年一换土易居。"此爲爰田之一義。一授三百畝，一新而再休之，亦爰田之一義也。《周官·大司徒》"不易之地，家百畝；一易之地，家二百畝；再易之地，家三百畝"是也。《爾雅·釋地》："田一歲曰菑，二歲曰新田，三歲曰畬。"即指此。其耕作所獲，則"上農夫食九人，其次食八人，其次食七人，其次食六人。下農夫食五人。"《管子·揆度》則云："上農挾五，中農挾四，下農挾三。上女衣五，中女衣四，下女衣三。"而今日江南，上農所耕，不及十畝，其所食未有以減於古也，則其耕作之精粗，相去遠矣。江南固今日農耕最精之所，然即以北方論，其精於古人者，亦已倍蓰矣。此固由人口之日繁，地畝之日狹有以迫之使然，智巧之降而日開，亦不可誣也。

然今世各地方之耕作精粗，亦殊不一，儘有民甚惰而技甚拙者，此則又當歸咎於農學之不興，農政之不舉矣。今試舉一二事，以證其狀。

李兆洛《鳳臺縣志》曰："地之值下者，止數百錢，貴者不過四五緡。一犂必駕二牛，謂之一犋。按，犋即《説文》之輩字，舊以爲犕字，非也。"犕，二歲牛。""犙，三歲牛。""牭，四歲牛。""牬，籀文牭。"段氏曰："犕字見《爾雅·釋畜》，牛體長也。"犕無駕二牛義。"辈，兩壁耕也。"貧者代以驢，佃百畝者謂之一犋牛。一夫所治，常數犋牛，惟耕穫時須傭僦，餘皆暇日矣。凡縣中田地，當得四百萬畝有奇，計畝歲收二石，當得米穀八百萬石。丁口計三十萬，别其士工商民不在農者約五萬，計實丁之在南畝者，不過二十五萬。以二十五萬治四百萬畝之地，人可得十六畝。家有三丁，用力合作，治其屋下之田，不爲兼并所取，計歲米穀常在九十石以上。家不過八口，人日食一升，歲所食三十石。以其餘具糞溉，供租賦，與工商交易其有無，爲婚嫁喪葬宴會之具，又以餘力治塘堰，穿竇窖，爲水旱之備。塘可以魚，堰可以樹，亦足以優遊鄉里，長子養孫，爲安足之氓矣。乃一有小水旱，菜色滿野，流亡載途。鄭念祖者，邑素封家也，傭一兖州人治圃，問能治幾何？曰：二畝，然尚須僦一人助之。問畝之糞幾何？曰：錢二千。其鄰之聞者譁曰：吾一人治地十畝，須糞不過千錢，然歲之所出，常不足以償值。若所治少而須錢多，地將能産錢乎？鄭亦不能盡信，姑給地而試之。日與其人闢野治畎，密其籬，疏其援，萌而培之，長而導之，熯而灌之，濕而利之，除蟲蟻，驅鳥雀，雖所治少而終日搰搰不休息，他圃未苗而其圃蓏已實，蔬已繁矣。鬻之市，以其早也，價輒倍，比他圃入市，而其所售者已償其本，與他圃并市者，皆其贏也。又蔬蓏皆鮮美碩大，殊於他圃，市之即速售。歲終而會之，息數倍。其鄰乃大羡，然亦不能奪其故習也。嘗行縣邑，值小旱，見苗且僵矣。其旁有塘汪然，詰之曰：何不戽？曰：水少而田多，不敷也。曰：少救數畝，不愈於萎乎？曰：無其具。曰：何不爲？曰：重勞且恐所得不足償費。其愚而無慮，蓋大率如此。使邑之民皆如鄭之圃而募江南民爲田師，以開水田，其利豈可數計乎？”

呂星垣《寶相寺記》曰：“宿松田瘠而賦重，安慶屬縣六，宿松次五，其廣輪不及懷甯、桐城遠甚。懷甯、桐城田皆三千餘頃，宿松則四千四百餘頃。志稱明令屠叔芳虚增畝額，求媚上官，後不良於死。宿松之民，至今蒙害未已也。《詩》曰：三之日于耜，四之日舉趾。此而北，高寒氣候不同耳。若東南則未有逮春始耕者也。宿松瀕湖，冬遂魚蛤之田，棄田不治，始春乃耕矣。《詩》曰：載芟載柞，其耕澤澤。必芟柞其草木，以罨藏之，而發其土膏，未有徒耕者也。宿松舉耜覆土，猶或不全，蓋無不徒耕者矣。《詩》曰：千耦其耘，徂隰徂畛。蓋始則周行畛隰，足治草之萌芽，使不得生也。又曰：其鎛斯趙，以薅荼蓼。蓋繼則操持利器，手壅草之蕪穢，使助榮滋也。宿松則有植而不芸，芸而不復至田者矣。田且如此，其他一切溝洫、蠶桑、畜牧之法，皆置不講，然則民之貧者，困也，惰廢之害未已也，不盡屠令加畝之罪也。予考天下税糧，莫重於蘇州、松江，然其田直十金以上，宿松則畝不過五六銖而已。甚或棄之聽人耕，又甚則出錢以資受者，求脱田而去。"云云。

張士元《農田議》曰："予不能周行天下，不知四方治田若何。然以足跡所至，諮訪所及者言之，則天下之田，未有如大江以南之治者。江南本水鄉，雖無古井田之法，而溝洫甽澮，防水瀉水之制猶古也。其民雖有游手，然田無不耕者。阡陌之中，春榮菜麥，秋榮禾稻，桑麻茂密，鷄犬相聞。方二三千里，幾尺土必墾，所以公私糧食，常取給於東南一隅也。踰淮而北，過山東、直隸之境，則平原曠野，千里荒蕪，雖有種禾黍者，亦少深耕易耨之功，歲收益薄，而不足之處，又不種桑而種柳棗。其民不出於農畝，則業於商販。其尤無藉者，鬻歌取食，男女年八歲以上，十四五以下，便跕屣鳴絃，伺候客館，而優笑滋多矣。此無他，北方久無溝洫之制，其田專仰雨水，命懸於天，田者少利，則而之末作耳。"尹會一《陳農商四務疏》曰："南方種田一畝，所獲以石計；北方種地一畝，所獲以斗計，非盡南智而北拙，南勤而北惰，南沃而北瘠也。蓋南方地窄人稠，一夫所耕，不過十畝，多則二十畝，力聚而功專，故所獲甚厚。北方地土遼闊，農民惟圖廣種，一夫所耕，自七八十畝以至百畝不等，意以多種則多收，不知地多則糞土不能厚壅，而地力薄矣；工作不能徧及，而人力疏矣。是以小户自耕己地，種少而常得豐收，佃户受地承耕，種多而收成較薄。應令地方官勸諭田主，多招佃户，量力授田，每佃所種，不得過二十畝。至耘耔之生，又須去革務盡，培壅甚厚。犂則以三覆爲率，糞則以加倍爲準，鉏則以四次爲常。棉花又不厭多鉏，則地少力專。佃户既獲豐收，田主自享其利。”合此兩説觀之，則田作最精者，厥惟江南，他處則尚多未脱粗耕之域。民國八年，農商部統計，南方田主少而佃户反多，北方田主多而佃户反少，其明驗也。蓋南方氣和土沃，受惠於天然者多，北方氣寒土燥，有待於人功者大。人事既已不修，北方之農業自不能如南方也。人事之曠廢亦有其由。我國開化本自北而南，故歷代政治之重心，恒在於北。其地形平衍，每直兵争，受禍必烈。又自永嘉之亂以來，閲數百年，即爲各少數族貴族所蹂躪，不徒財物遭其劫掠，室廬爲所摧毁，即人民粗獷之性質，亦有潛滋暗長於不自覺者焉。古代人民之性質，南剽悍而北重厚，今則南柔懦而北粗獷矣。其强弱適相反也。此北方之農業所以衰退之大原因也。而歷代帝都多在于北，率漕他處之粟以自給，畿輔之農業轉致就荒，亦爲一原因。歷代帝都所在，不徒恒漕他處之粟以自給，而不知重本地之農業也，又往往導其民於巧僞奢侈。且如雍州，自古即以農業稱，商君以農戰强其國，其事尤昭昭也。乃自秦并天下，爲强幹弱枝之計，而徙齊、楚大族於關中。漢人踵之，復徙齊、楚諸侯功臣家等充奉陵邑，而諸陵之地，遂爲鬥鷄走狗、輕俠馳騁之場。周秦遺民誠樸勇悍之氣衰矣，所謂愛之適以害之也。《日知録》“水利”條曰：“歐陽永叔作《唐書·地理志》，凡一渠之開，一堰之立，無不記之其縣之下，實兼河渠一志，亦可謂詳而有體矣。蓋唐時爲令者，猶得以用一方之財，興期月之役。而志之所書，大抵在天寶以前者居什之七，豈非太平之世，吏治修而民隱達，故常以百里之官，而創千年之利。至於河朔用兵之後，則以催科爲急，而農功水道，有不暇講求者歟。然自大曆以至咸通，猶皆書之不絶於册。而今之爲吏，則數十年無聞也已。”案，《馬可·波羅遊記》尚稱中國北方林木鬱翳，今則山皆童秃，陸行者赤日當空，無蔽蔭之所矣。此可見戰事摧毁實業之烈，而爲少數族貴族所蹂躪，其爲禍猶酷也。

種植之物，蓋隨世而益精。古有恒言曰“百穀”，又曰“嘉穀”。蓋其始供食之物極多，後乃專取其最美者，則五穀及九穀是也。《周官》：大宰九職，“一曰三農，生九穀”。《注》：“鄭司農云：九穀：黍、稷、秫、稻、麻、大小豆、大小麥。”“玄謂九穀無秫、大麥，而有粱、苽。”五穀皆熟爲有年，大熟爲大有年，見《穀梁》桓三年、宣十六年。《公羊》宣十五年何《注》曰：“（市井）種穀，不得種一穀，以備災害。”此亦要圖也。今日又患所種之穀太少，以致易遇歉歲。於稻麥之外，提倡多食雜糧，亦足食之一策也。且所食之物多，則可以種植之地亦廣矣。菜之供食，次於穀；果之供食，又次於菜，故“穀不熟爲饑，蔬不熟爲饉，果不熟爲荒”。《爾雅·釋天》。菜果有種於宅旁疆畔者。宣十五年《公羊》何《注》所謂“瓜果種疆畔”，《穀梁》所謂“古者公田爲居，井竈葱韭盡取焉”者也。有别闢地，秋以爲場，種植時則號爲圃者。《周官·場人疏》：“場圃同地耳。春夏爲圃，秋冬爲場。其場因圃而爲之，故并言之也。”《周官》：大宰九職，“二曰園圃，毓草木”；《注》：“樹果蓏曰圃。園，其樊也。”場人“掌國之場圃，而樹之果蓏珍異之物”是也。《注》：“果，棗李之屬。蓏，瓜瓠之屬。珍異，蒲桃、枇杷之屬。”齊桓伐山戎，得戎菽。穀類移植中原可考者，當以是爲始。其後葡萄、苜蓿等輸入者亦不少，而木棉爲利尤溥焉。

食物取之山澤者，《周官》謂之疏材。太宰九職，“八曰臣妾，聚斂疏材。”《注》：“疏材，百草根實可食者”是也。亦有官掌之。委人“掌斂野之賦，斂薪芻，凡疏材木材，凡畜聚之物”《注》：“凡畜聚之物，瓜瓠葵芋，禦冬之具也。”是也。古代此等利源，蓋亦不少。故《管子》謂“萬家以下，則就山澤可矣；萬家以上，則去山澤可矣”。《管子·八觀》。韓獻子謂“山、澤、林、鹽，國之寶也。國饒則民驕佚，近寶，公室乃貧”也。《左》成六年。後世人口日繁，則此等遺利日少，耕作之法漸變，宅旁疆畔所種，不足自給，而土地既爲私人所有，山澤亦爲豪強所佔，於是有專事種樹畜牧以取利者。《史記·貨殖列傳》所謂“陸地牧馬二百蹄，牛蹄角千，千足羊，澤中千足彘，水居千石魚陂，山居千章之材。安邑千樹棗；燕秦千樹栗；蜀、漢、江陵千樹橘；淮北、常山已南，河濟之間千樹萩；陳夏千畝漆；齊魯千畝桑麻；渭川千畝竹；及名國萬家之城，帶郭千畝畝鐘之田，若千畝卮茜，千畦薑韭。此其人皆與千户侯等”者也。貧富之階級，自此漸起。然就産業言之，固合於分業之理矣。

古代山澤之地，非徒蔬食所在，亦材木之所自出也。《周官》：山虞“掌山林之政令，物爲之厲，而爲之守禁”。林衡“掌巡林麓之禁令，而平其守”。柞氏“掌攻草木及林麓”。所司者皆其事也。《月令》：季夏，“乃命虞人，入山行木，毋有斬伐”。季秋，“草木黄落，乃伐薪爲炭”。仲冬，“日短至，則伐木取竹箭”。蓋皆取之於山。季夏，“命澤人納材葦”，則取之於澤者也。古於林木，保護甚嚴。山虞“令萬民時斬材，有期日”，“凡竊木者有刑罰”。即《孟子》所謂“斧斤以時入山林”者也。《曲禮》曰：“爲宫室不斬於丘木。”《左》昭十六年：“鄭大旱，使屠擊、祝款、豎柎有事於桑山。斬其木，不雨。子産曰：有事於山，蓺山林也，而斬其木，其罪大矣。奪之官邑。”其法之嚴可想，然不能皆如是。故《孟子》言“牛山之木嘗美矣，以其郊於大國也，斧斤伐之”。“其日夜之所息，雨露之所潤，非無萌蘖之生焉”，則“牛羊又從而牧之”，而遂至於濯濯也。古於山澤，視爲人君所私有，漢世尚然。故以不封禁爲美政。《王制》：“名山大澤不以封。”《注》：“與民同財，不得障管。”蓋人君食禄，亦僅土田之所出而已，然《曲禮》“問國君之富，數地以對，山澤之所出”，則已視爲人君之私奉養矣。《左》襄十一年，同盟於亳，載書曰：“毋壅利。”《注》：“專山川之利。”所謂專山川之利者，一設官典守，不許人民取用，《穀梁》莊二十八年“山林藪澤之利，所以與民共也。虞之，非正也”是也。人民有取用者，税之。《荀子・王制》：“山林澤梁，以時禁發而不税。”《左》昭三年：“山木如市，弗加於山。魚鹽蜃蛤，弗加於海。”皆對税之者言也。然亦因此漸失其典守之職，遂致爲私家所佔，而業日以荒。

《周官》：司險“設國之五溝五塗，而樹之林以爲阻固”。此樹木於平地者。後世天下一統，無事於此，故此等人造之林木，幾不可覩焉。樹木之利甚多。實可食，一也。材可用，二也。芟其枝可以爲薪，三也。《管子》言：“一年之計，莫如樹穀；十年之計，莫如樹木。”《管子・權修》。然不可植穀之處，無不可樹木者，人工之省，又去樹穀不可以道里計，四也。張履祥言：“紹興祁氏，資送其女，費至千金。人怪其厚。祁曰：吾費不過十金耳。人益駭。問其故，曰：於女生之年，山中人已種杉秧萬株，株費一釐。女十六七而嫁，杉木大小每株值價一錢，則嫁資裕如矣。”此所謂十年之計樹木者也。調節水旱，五也。此等利益，有屬於公者，亦有屬於私者。其屬於公者，人民固莫能爲，而官吏又莫爲之倡導，坐使山原錯雜，幅員萬里之國，山皆童禿，地盡荒蕪，營造所須，轉資於外，亦可慨矣！洪荒未闢之世，林木可資於自然，如今日之東北等是。中國春秋時之桃林，秦漢時兩粤之深林密箐，蓋亦此類。地日開闢，則此等自然之利漸盡，不得不有待於人爲矣。森林可防水旱，中國人亦未嘗不知，故間有封閉林木、禁止斬伐者。清梅曾亮《書棚民事》曰：“予爲董文恪公作行狀，盡覽其奏議。其任安徽巡撫奏准棚民開山事甚力。大旨言與棚民相告訐者，皆溺於龍脈風水之説，至有以數百畝之田,保一棺之土,棄典禮,荒地利,不可施行。而棚民能攻苦茹淡,於崇山峻嶺人跡不可通之地,開種旱穀,以佐稻粱,人無閒民,地無遺利,於策至便,不可禁止,以啓事端。予覽其説而是之。及予來宣城,問諸鄉人,皆言未開之山,土堅石固,草樹茂密,腐葉積數年,可二三寸。每天雨,從樹至葉,從葉至土石,歷石罅,滴瀝成泉,其下水也緩,又水下而土不隨其下,水緩故低田受之不爲災,而半月不雨,高田又受其浸溉。今以斤斧童其山,而以鋤犂疏其土,一雨未畢,沙石隨下,奔流注壑,澗中皆填汙不可貯,水畢至窪田中乃止。及窪田竭而山田之水無繼者。是爲開不毛之土,而病有穀之田,利無税之傭,而瘠有税之户也。予亦聞其説而是之。嗟矣! 利害之不兩全也,久矣。由前之説,可以息事,由後之説,可以保利。若無失其利,而又不至於董公之所憂,則吾蓋未得其術也。"此事在今日,一言可決耳。梅氏不爲無學,而其低徊持兩端如此,以見農學不講,士大夫莫或知農事矣。李兆洛《鳳臺縣志》曰:"《晉書》稱八公山草木皆如人形,而《水經注》則云八公山草木爲童阜耳。今北山固濯濯也,詢之山民,或云不宜木,然其故老皆云:北山向時木甚美,中多楝櫟,今城中老屋,多北山木所構。其産有青檟、紅檟,大皆合圍以上,發老屋者猶時時得之。青檟色青黑,堅緻類海楠,紅檟紅澤,皆他處所無。明季兵火,刊伐遂盡。今欲求青檟紅檟之蘖,而辨其枝葉,亦不可得矣。居民每冬月,則入山剗草根以爨,木之槎枿長尺餘者,并其根掘而鬻之以爲薪。"讀此,可知兵燹之貽害於森林,及我國近代林業敗壞之狀。

農學肇端甚早,古稱甽田起於后稷,區田始於伊尹,雖未必可信,《漢書·食貨志》:武帝末年,"以趙過爲搜粟都尉。過能爲代田,一晦三甽。歲代處,故曰代田,古法也。后稷始甽田,以二耜爲耦,廣尺深尺曰甽,長終晦。一晦三甽,一夫三百甽,而播種於甽中。苗生葉以上,稍耨隴草,因隤其土,以附苗根。故其《詩》曰:或耘或芓,黍稷儗儗。芸,除草也。芓,附根也。言苗稍壯,每耨輒附根,比盛暑,隴盡而根深,能風與旱,故儗儗而盛也"。區田見《農政全書》云:湯有七年之旱,伊尹以此救之。其法一畝之地,闊十五步,步五尺,計七十五尺,行佔地一尺五寸,計分五十區,長闊相間,通二千七百區,空一行下種。於所種行内,又隔一區,種一區,可種者六百七十五區。區深一尺,用熟糞一升,與區土相和,布穀勻覆,以手按實,令土種相著。苗出,看稀稠存留。鋤不厭頻,旱則澆灌。結子時鋤區上土,深壅其根,以防大風。《齊民要術》謂兖州刺史劉仁之,以尺田七十步之地爲之,收粟三十六石。然則一畝之收,有過百石矣。古斗斛固較今爲小,然據後人所試,亦斷不能多收至此,大約較諸縵田可多收倍以上,至於四五耳。區田之獲豐收,在於耕之深,壅之厚,施肥充足,下種精實,愛護周至,與代田同一理也。蓋古人耕作之法本粗,故尋常縵田所收,較諸區田,相去懸絶耳。若與今日耕作之精者較,其相去亦不甚多。大抵粗耕之區,人口漸增,田畝漸形不足者,教以區田之法最宜。然亦惟當變粗爲精耳,不必拘執一法也。然后稷以教稼居官,其在當時,必能深通農事,有過恒人，則無疑矣。古者教稼之事，今略見於《周官·大司徒》："辨十有二壤之物，而知其種。"司稼"掌巡邦野之稼，而辨穜稑之種，周知其名，與其所宜地以爲法，而懸於邑閭"。此辨土壤、擇穀種之法也。《論衡·商蟲篇》："神農、后稷藏種之方，煮馬矢以汁漬種者，令禾不蟲。"草人"掌土化之法，以物地，相其宜而爲之種"。此變化土壤之法也。《月令》：季夏，"是月也，土潤溽暑，大雨時行。燒薙行水，利以殺草，如以熱湯，可以糞田疇，可以美土疆"。庶氏"掌除毒蠱"。翦氏"掌除蠹物"，赤犮氏"掌除墻屋"，除蟲豸藏逃其中者。蟈氏蟈，讀如蜮。"掌去鼃黽"，壺涿氏"掌除水蟲"，則除害之法也。《詩·大田》："去其螟螣，及其蟊賊。毋害我田穉。田祖有神，秉畀炎火。"此等若博搜古書，所得尚不止此，惜乎徒存其事，莫考其法耳。詳其法者，蓋在農家之書，《漢書·藝文志》所著録《神農》、《野老》之書是也，《漢志》農九家，惟此二家出於秦以前，《宰氏》不知何世，餘六家皆漢世作矣。今皆亡矣。《漢志》論農家之語曰："及鄙者爲之，以爲無所事聖王，欲使君臣并耕，誖上下之序。"此指許行言之。許行所言，乃農政，非農業。又，顔師古引劉向《別録》，謂神農"疑李悝及商君所説"。李悝盡地力之教，今見《漢書·食貨志》。《商君書》具存，亦皆重農教戰之談，罕及耕耘樹藝之事。因有謂九流中之農家，實言農政，非言農學者。《管子·輕重》諸篇，侈陳重農貴粟，亦古農家者流也。予謂農家者流誠多注意農政，然論種植之法者亦必有之。《管子》之《地員》，《吕覽》之《任地》、《辯士》、《審時》，即論及耕種之道。始皇燔詩書百家語，不去種樹之書，蓋此類也，惜其語不易解耳。漢代農書以《氾勝之》爲最著，《周官·草人注》："土化之法，化之使美，若氾勝之術也。"《疏》："漢時農書有數家，《氾勝》爲上，故《月令注》亦引《氾勝》。"今亦不傳。今所傳者，後魏賈思勰《齊民要術》，其最古者也。其後著名者，官修之書則有元之《農桑輯要》，清之《授時通考》，私家所著則有元王禎之《農書》，明徐光啓之《農政全書》。雖詳略不同，而後先相襲，惟徐氏書采及泰西水法，爲取資域外耳。世有好古博聞之士，從事研究，雖不必有當於耕耘，實足考見農業盛衰進退之跡也。中國農書所該頗廣。蠶桑、菜果、樹木、藥草、孳畜等事，靡不該焉。田制、勸課、救荒等,亦多詳列。然仍有須參考他家之書,方能周全者,如茶經、酒史、食譜、花譜、相牛經、相馬經等,前史皆隸農家,清《四庫》書改入譜録。又如獸醫之書,歷代皆附醫家是也。授時爲古代農政要端,《夏小正》一書雖未必果夏時物,亦必出於周初。《月令》所詳,皆古代明堂行政之典,雖有太尉等官名,乃後人以今語述古事,不害其書之古。不能以《吕覽》有十二紀,遂強斷爲秦時物也。此二者當爲中國最古之農書矣。

《淮南子》曰:"古者剡耜而耕,《注》:"剡,利也。耜,臿屬。"摩蜃而耨,《注》:"蜃,大蛤。摩,令利,用之耨。耨,除苗穢也。"木鉤而樵,抱甀而汲,民勞而利薄。後世爲之耒耜櫌鉏,斧柯而樵,桔槔而汲,民逸而利多。"《氾論訓》。可見古代之農具,已幾經進化矣。此等改進,後世當尚不絶,惜乎吾儕非專門之士,不能道其詳也。

古代農器,率由官造,後世則不復然。《六韜·農器篇》曰:"武王問太公曰:天下安定,國家無争,戰攻之具,可無修乎?守禦之備,可無設乎?太公曰:戰攻守禦之具,盡在於人事。耒耜者,其行馬蒺藜也。馬牛輿者,其營壘蔽櫓也。鋤櫌之具,其矛戟也。蓑箭簦笠者,其甲胄干櫓也。钁鍤斧鋸杵臼,其攻城器也。"此言寓兵於農,不徒用其人,亦且用其器也。當此之時,其農器不容苟簡可知,惜乎後世時異勢殊,而此風遂不可復覩也。

蠶桑之利,我國亦發明甚早。世稱黄帝元妃嫘祖,實始教蠶,未必可信。然《易·繫辭》稱:"黄帝、堯、舜垂衣裳而天下治。"其時既有蠶桑之利,則可信矣。夫耕婦織,古代人并視爲本業。故神農之教,謂"一夫不耕,或受之飢;一女不織,或受之寒"。天子親耕,后亦有親蠶之典也。孟子謂"五畝之宅,樹之以桑","五十者可以衣帛。"《詩》譏"婦無公事,休其蠶織"。太宰九職,"七曰嬪婦,化治絲枲"。則舉國婦女能勤於織久矣,宜其當西曆紀元前,蠶絲即能輸入歐洲,爲彼邦所珍重也。日本桑原隲藏《東洋史要》:"中國繒綵,上古即開販路於波斯、印度,亞歷山大東征以來,更輸入羅馬。市人得之珍重不置,指行賈者曰瑟列司,絹商之義也,指其地曰瑟里加,絹産地之義也。"(據山陰樊炳清譯本)

今日蠶利盛於東南,然溯厥初興,實在西北。清周凱知襄陽府,嘗勸其民種桑。其言曰:"《禹貢》兖州曰桑土既蠶。青州曰厥篚檿絲。檿，山桑也。揚徐東南亦僅曰厥篚織貝，厥篚玄纖縞而已。《詩·豳風》：蠶月條桑。《唐風》：集於苞桑。《秦風》：止於桑。桑者閑閑，詠於魏。鳲鳩在桑，詠於曹。説於桑田，詠於衛。利不獨東南也。襄陽介荆豫之交，荆州厥篚玄纁璣組，豫州厥篚纖纊。纊，細綿也。纁絳幣組綬屬，皆絲所織。北燕馮跋下書令百姓種桑。遼無桑，慕容廆通晉求種江南。張天錫歸晉，稱北方之美，桑葚甘香。《先賢傳》載司馬德操躬采桑後園，龐士元助之。《齊書》載韓係伯桑陰妨他地，遷界，鄰人愧謝。三子皆襄陽人，襄之宜桑必矣。"案中國疆域廣大，各地方之風氣不能齊一，故蠶桑之興雖久，窮鄉僻壤庸有不知其利者。又北方屢遭少數族蹂躪，治化皆停滯不進，民生日以憔悴，民貧且愚。雖以蠶利之興之久，至於近世，轉若有待於官吏之教道焉。《日知録》"紡織之利"條曰："今邊郡之民，既不知耕，又不知織，雖有材力，而安於遊惰。華陰王宏撰著議，以爲延安一府，布帛之價，貴於西安數倍，既不獲紡織之利，而又歲有買布之費，生計日蹙，國税日逋。非盡其民之惰，以無教之者耳。今當每州縣發紡織之具一副，令有司依式造成，散給里下，募外郡能織者爲師，即以民之勤惰工拙，爲司之殿最。一二年間，民享其利，將自爲之，而不煩程督矣。計延安一府，四萬五千餘户，户不下三女子，固已十三萬餘人，其爲利益，豈不甚多！按《鹽鐵論》曰：邊民無桑麻之利，仰中國絲絮，而後衣之，夏不釋複，冬不離窟，父子夫婦，内藏於專室土圜之中。崔寔《政論》曰：僕前爲五原太守，土俗不知緝績，冬積草，伏卧其中，若見吏，以草纏身，令人酸鼻。原《注》："今大同人多是如此。婦人出草則穿紙袴，真所謂倮蟲者也。"吾乃賣儲峙，得二十餘萬，詣雁門、廣武，迎織師，使巧手作機，乃紡以教民織。是則古人有行之者矣。"《集釋》引唐氏甄曰："吴絲衣天下，聚於雙林。吴越閩番，至於海島，皆來市焉。五月載銀而至，委積如瓦礫。吴南諸鄉，歲有百千萬之益。是以雖賦重困窮，民未至於空虚，室廬舟楫之繁庶勝於他所，此蠶之厚利也。四月務蠶，無男女老幼，萃力靡他，無税無荒。以三旬之勞，無農四時之久，而半其利，此蠶之可貴也。夫蠶桑之地，北不逾淞，南不逾浙，西不逾湖，東不至海，不過方千里，外此則所居爲鄰，相隔一畔，而無桑矣。其無桑之方，人以爲不宜桑也。今楚、蜀、河東，及所不知之方,亦多有之。何萬里同之,而一畔異宜乎?桑如五穀,無土不宜。一畔之間,目覩其利而弗效焉。甚矣民之惰也!吾欲使桑徧海内,有禾之土,必有桑焉。其在於今,當責之守令,於務蠶之鄉,擇人爲師,教民飼繅之法,而厚其廩給。其移桑有遠莫能致者,則待數年之後,漸近而分之。而守令則省騎時行,履其地,察其桑之盛衰,入其室,視其蠶之美惡,而終較其絲之多寡,多者獎之,寡者戒之,廢者懲之,不出十年,海内皆桑矣。昔吾行於長子,略著於篇,可以取法焉。”清代如陳宏謀之如陝西,宋如林之於貴州,以及唐甄、周凱等,皆可謂能行亭林之議者也。清代陝西蠶利,起於寧羌牧劉某。劉,山東人。山東夙有山蠶,劉以教其民,織成繭紬,稱劉公紬,此康熙時事也。乾隆時,陳宏謀撫陝,於省城、三原、鳳翔皆設蠶館織局,招南方機匠爲師。又教民種桑,桑葉繭絲,皆許賣於官。民之願養蠶者,蠶種蠶具皆由官給,亦許借給資本。又有官雇人試養,或與民同養,以資效法焉。貴州蠶利,起於知遵義府陳某。陳亦山東人,以遵義有槲櫟可飼山蠶,使至山東買蠶種,延蠶師,以教其民。後宋如林爲按察使,又行其法於全省焉。

田獵畜牧,在三代時視之,即已遠較農業爲輕,已如前述。然當列國并立之世,其君必有苑囿之奉,牧畜之官。故鄭有原圃,秦有具囿。《左》僖三十三年。而齊宣王之囿,至於方四十里。《孟子·梁惠王》下。其棄地不可謂不多。讀《無羊》及《駉》之詩,天子諸侯畜牧之盛,亦可想見矣。一統而後,有人君之奉者益少,而好武之風亦漸衰,不復好馳騁驅逐。兩漢之世,既以棄苑地與民爲美談,後世則此等空地益少矣。牧畜之官,惟牧馬尚少留意,以爲交通戎事所資也。然苑監諸職,亦多徒有其名,如唐張萬歲等能克舉其職者蓋少。民間畜牧亦益衰,有之,則大率在邊地。如《史記·貨殖傳》稱天水、隴西、北地、上郡畜牧爲天下饒是也。卜式盡以田宅財物與弟,獨取畜羊百餘,入山牧十餘年,買田宅。弟盡破其産,輒復分與,亦以河南多山,爲不食之地故也。《後漢書·馬援傳》:亡命北地,遇赦,因留牧畜。賓客多歸附者,遂役屬數百家。轉遊隴漢間,因處田牧,至有牛馬羊數千頭,穀數萬斛。則正以在邊郡,故能就其業矣。《日知録》“馬政”條曰:“漢晁錯言:令民有車騎馬一匹者,復卒三人。文帝從之。故文景之富,衆庶街巷有馬,阡陌之間成羣,乘牸牝者擯而不得會聚。若乃塞之斥也,橋桃致馬千匹,班壹避地,於樓煩致馬牛羊數千羣,則民間之馬,其盛可知。武帝輪臺之悔,乃修馬復令。唐玄宗開元九年詔:天下之有馬者,州縣皆先以郵遞、軍旅之役,定户復緣以升之。百姓畏苦,乃多不畜馬，故騎射之士減曩時。自今諸州民，勿限有無蔭，能家畜十馬以下，免帖驛郵遞。征行定户，無以馬爲貲。古之人君，其欲民之有馬如此。惟魏世宗正始四年十一月丁未，禁河南畜牝馬。元世祖至元二十三年六月戊申，括諸路馬，凡色目人有馬者，三取其二，漢民悉入官，敢匿與互市者罪之。《實録》言：永樂元年七月丙戌，上諭兵部臣曰：比聞民間馬價騰貴，蓋禁民不得私畜故也。漢文、景時，閭里有馬成羣。民有即國家之有，其榜諭天下，聽軍民畜馬勿禁。又曰：三五年後，庶幾馬漸蕃息。此承元人禁馬之後，故有此諭。而洪熙元年正月辛巳，上申諭兵部，令民間畜官馬者兩歲納駒一匹，俾得以餘力養私馬。至宣德六年，有陝西安定衛土民王從義，畜馬蕃息，數以來獻。此則小爲之而小效者也，然未及修漢唐復馬之令也。"讀此可知漢代牧畜最盛，後世則日以式微，一由農業愈盛，牧地愈少，一由尚武之風日衰，故畜馬之人日希也。《漢書・匈奴列傳》：元朔六年，衛青之出定襄，"私負從馬凡十四萬匹"。可見民間有馬者，多能事征戰之人矣。私負從馬，師古曰："私負衣裝者，及私將馬從者，皆非公家發與之限。"牧畜利厚而工力省，今日内地雖已鮮放牧之區，然内蒙、新、青、藏，固皆天然牧場，苟能善爲規畫，十年之後，必已其效可睹矣。歷代牧畜之盛，見於史者莫若遼。《遼史・食貨志》謂：太祖時，"括富人馬，不加多，賜大小鶻軍萬餘匹，不加少。"又云："自太祖及興宗垂二百年，羣牧之盛如一日。天祚初年，馬猶有數萬羣，每羣不下千匹。"又述諸國歲貢馬之數，東丹千，女直、直不古等國各萬，阻卜及吾獨婉、惕德各二萬，西夏、室韋、越里篤、剖阿里、奥里米、蒲奴里、鐵驪等各三百，其地皆今日之域内也。明代以茶易西番之馬，故茶禁最嚴。明之西番，亦今日之域内也。

田獵畜牧，皆以農業之盛而見其衰微，惟漁業不然，以其利在河海，與農田無涉也。我國沿海漁業，起源蓋亦甚早。《史記》稱"太公望封於營丘，地潟鹵，人民寡，於是太公勸其女工，極技巧，通魚鹽"。《史記・貨殖列傳》。《左》昭三年，晏子述陳氏之厚施，謂"魚鹽蜃蛤，弗加於海"。則三代之世，已極盛矣。漢耿壽昌爲大司農，增海租三倍。蕭望之諫以爲往年加海租，及武帝時縣官自漁海，魚皆不出，則漢世魚税數已不菲，且有官自采捕者矣。

礦業之興，蓋亦在五帝之世。《管子·地數》：黄帝問於伯高曰：吾欲陶天下而以爲一家，爲之有道乎？伯高對曰："上有丹砂者，下有黄金。上有慈石者，下有銅金。上有陵石者，下有鉛、錫、赤銅。上有赭者，下有鐵。此山之見榮者也。苟山之見其榮者，君謹封而祭之。距封十里而爲一壇，是則使乘者下行，行者趨，若犯令者罪死不赦，然則與折取之遠矣。修教十年，而葛盧之山發而出水，金從之，蚩尤受而制之，以爲劍鎧矛戟。是歲相兼者諸侯九。雍狐之山發而出水，金從之，蚩尤受而制之，以爲雍狐之戟芮戈。是歲相兼者諸侯十二。故天下之君，頓戟一怒，伏尸滿野，此見戈之本也。"蚩尤蓋始以金爲兵，故後世祠兵則祭之。祠兵見《公羊》莊八年。《左》、《穀梁》皆作治兵，非也。何休《解詁》曰："禮，兵不徒使，故將出兵必祠於近郊，陳兵習戰，殺牲享士卒。"《疏》曰："何氏之意，以爲祠兵有二義也，一則祠其兵器，二則殺牲享士卒。"案《史記》高祖立爲沛公，"祠黄帝，祭蚩尤於沛庭"，即祠兵也。或曰：《易大傳》稱黄帝、堯、舜"弦木爲弧，剡木爲矢"。《禹貢》荆州之貢"礪砥砮丹"。僞《孔傳》曰："砮，石中矢鏃。"賈逵亦曰："砮，矢鏃之石也。"《疏》引。則三皇、五帝時兵猶以木石爲之。案《吕覽·蕩兵》曰："人曰：蚩尤作兵，蚩尤非作兵也，利其械矣。未有蚩尤之時，民固剥林木以戰矣。"《龍魚河圖》曰："蚩尤兄弟八十一人，并獸身人語，銅頭鐵額，食沙石子，造立兵仗刀戟大弩，威振天下。"《史記·五帝本紀正義》引。説雖荒怪，必有依附，則蚩尤以金爲兵，事實有之，特用之猶未廣耳，然不可執是遂謂是時礦利未盛。蓋古貴人多侈靡，重金玉，好事鬼神，故得金則先以鑄重器。漢有司言："黄帝作寶鼎三，象天地人。禹收九牧之金，鑄九鼎，象九州，皆嘗鬺享上帝鬼神。"《漢書·郊祀志》。則其時惟好戰如蚩尤，乃以金爲兵。然鑄金爲幣，以濟飢困，則惟禹湯之主，又必遭直水旱乃爲之耳。《管子·山權數》。《左》僖十八年："鄭伯始朝於楚，楚子賜之金，既而悔之，與之盟曰：無以鑄兵。故以鑄三鍾。"以春秋時戰争之烈，而得金猶不以鑄兵，古代事從可推想矣。《淮南子·本經訓》謂："逮至衰世，鐫山石，鍥金玉，擿蚌蜃，消銅鐵，而萬物不滋。"意以開礦爲侈靡之事，固有由也。

《管子》言水出而金從，則其得金似由地變，"上有丹砂"云云，未知果伯高之言否。然既能以金制兵，且以鑄鼎，其不能專恃水中之金沙可知，則雖謂察視礦苗之法，三皇五帝之時即有知者可也。《周官》：卝人"掌金玉錫石之地，而爲之厲禁以守之。若以時取之，則物其地，圖而授之"。《注》："物地佔其形色，知鹹淡也。"《疏》："鄭以當時有人採者，嘗知鹹淡，即知有金玉。"此亦探察之法也。《管子》又曰："地之東西二萬八千里，南北二萬六千里，其出水者八千里，受水者八千里，出銅之山四百六十七山，出鐵之山三千六百九山。"《地數》。則天下礦産，并有會計矣。要之，礦利究起何時不可考，然由來必甚久也。《考工記》："金有六齊。六分其金而錫居一，謂之鐘鼎之齊。五分其金而錫居一，謂之斧斤之齊。四分其金而錫居一，謂之戈戟之齊。參分其金而錫居一，謂之大刃之齊。五分其金而錫居二，謂之削殺矢之齊。金錫半，謂之鑒燧之齊。"此化合之術也。㮚氏"爲量，改煎金錫則不耗"。此化分之術也，知古冶金之術亦頗精。

古代開礦之術，視後世精粗者若何，蓋難言之。然古所有金，實較後世爲少，則礦業不如後世之盛，可推知也。始皇收天下之兵，鑄以爲鐘鐻金人十二，而陳涉發難，遂以揭竿斬木聞，固或形容過甚之詞，然永初羌人起事，至於執鏡以象兵，《後漢書・西羌傳》。則秦末羣雄之不盡有兵，固亦理所可有矣。古代甲兵，本藏於庫，故臨戰有授甲祠兵之舉，而始皇欲銷天下之兵，漢時亦有禁民挾弓弩之議。若銅鐵廣布民間如後世，民豈不能自造乎？故漢時郡國有起事者，往往先劫武庫。賈生説漢文收銅，勿令布，若在今日，雖黄金可得而盡收耶？然則後人豔稱漢代黄金之多，亦以其聚於上見爲多耳，實則古代之金，固少於後世也。蓋此二千年來，舉國上下，雖未嘗專心於礦利，然陸續開采，所得固已不少矣。開礦之事，歷代皆有之，今不復臚舉。

工業之緣起及變遷，尤爲繁雜，非有專門研究之士若干人，分途并進，其史實情狀，殆不易明。若以大勢言之，則古代工業，率由官營，而後世漸變爲民業，即其一大進化。蓋官營則能者少，民業則能者多；官營則惟守成規，民業則競矜智巧也。舊時札記中有論古代工業者一則，今録如下：

古者工業皆由官辦，後世則聽人民自爲，此亦足徵智巧之日進也。古代工業必由官辦者，何也？以其時技巧未精。故《考工記》曰："粵無鎛，燕無函，秦無廬，胡無弓車。粵之無鎛也，非無鎛也，夫人而能爲鎛也。燕之無函也，非無函也，夫人而能爲函也。秦之無廬也，非無廬也，夫人而能爲廬也。胡之無弓車也，非無弓車也，夫人而能爲弓車也。"《注》："言其丈夫人人皆能作是器，不須國工。"此特日用最切又不煩智巧者耳。若其器較難，爲用較狹者，則皆不能自爲。故曰："智者創物，巧者述之，守之世，謂之工。百工之事，皆聖人之作也。"下文又曰："爍金以爲刃，凝土以爲器，作車以行陸，作舟以行水，此皆聖人之所作也。"蓋此兩語之注。《易・繫辭傳》亦曰："備物致用，立成器以爲天下利，莫大乎聖人。"《穀梁》成元年："丘甲，國之事也。丘作甲，非正也。丘作甲之爲非正，何也？古者立國家，百官具，農工皆有職以事上。古者有四民：有士民，有商民，有農民，有工民。夫甲，非人人之所能爲也，丘作甲，非正也。"《周官・小司徒》："九夫爲井，四井爲邑，四邑爲丘。"丘作甲者，使一丘之民皆作甲也。古列國并立，戰事繁多，甲之爲用亦廣，然非人人所造，他有待智巧之物，皆是類矣。

職是故，古於工政頗重。《考工記》曰："國有六職，百工與居一焉。"《曲禮》曰："天子之六工，曰土工、金工、石工、木工、獸工、草工，典制六材。"鄭《注》以爲殷制。《考工記》又曰："有虞氏上陶，夏后氏上匠，殷人上梓，周人上輿。"《注》："官各有所尊，王者相變也。"可見其由來久矣。《考工記》所載："凡攻木之工七，攻金之工六，攻皮之工五，設色之工五，刮摩之工五，摶埴之工二。"《注》曰："其曰某人者，以其事名官也。其曰某氏者，官有世功，若族有世業，以氏名官者也。"此所謂巧者述之，守之世。《淮南子・本經訓》："周鼎著倕。"《注》："倕，堯之巧工也。周鑄鼎，著倕象於鼎。"此殆所謂聖人，如學校之有先聖也。管理百工者，謂之工師。《荀子・王制篇》：序官，"論百工，審時事，辨功苦，尚完利，便備用，使雕琢文采，不敢專造於家，工師之事"是也。《月令》：季春，"命工師，令百工，審五庫之量，金、鐵、皮、革、筋、角、齒、羽、箭、幹、脂、膠、丹、漆，毋或不良。百工咸理，監工日號，毋悖於時，毋或作爲淫巧，以蕩上心"。季秋，"霜始降，則百工休"。孟冬，"命工師效功，陳祭器，按度程，毋或作爲淫巧，以蕩上心。必功致爲上。物勒工名，以考其誠。功有不當，必行其罪，以窮其情"。蓋工師之所以課督其下者如此。《中庸》曰："來百工則財用足。""日省月試，既廩稱事，所以勸百工也。"蓋物非加以人工，則不可用。《考工記》曰："天有時，地有氣，材有美，工有巧，合此四者，然後可以爲良。"故有國有家者，百工之事孔亟，不得不謀所以招懷之也。

古重工政如此，宜其工業甚精而日進矣，亦未必然，何也？曰凡事必日竭智巧，思改作而後能精。工既設，官隨之以賞罰，則必奉行故事，以顧考成。故"工用高曾之規矩"，古人傳爲美談。《檀弓》曰："季康子之母死，公輸若方小，斂，般請以機封，將從之，公肩假曰：不可。夫魯有初，公室視豐碑，三家視桓楹。般爾以人之母嘗巧，則豈不得以其母以嘗巧者乎？則病者乎？噫！弗果從。"新發明之事，皆不許試用，其不能精進也宜矣。又其業守之以世，子孫之材性，不必盡與父祖同，則有長於上而不得自效，苦其事而不得去者，束縛馳驟，將敗績厭覆是懼，何暇致遠，此政治爲之也夫！工用高曾之規矩，非徒以考成，亦以防侈靡也。《月令》一再言："毋或作爲淫巧，以蕩上心"，所以防人君之侈靡也。《荀子》言"雕琢文采，不敢造於家"，所以防卿大夫之侈靡也。《管子》曰："菽粟不足，末生不禁，民必有飢餓之色，而工以雕文刻鏤相稺也，謂之逆。布帛不足，衣服無度，民必有凍寒之傷，而女以美衣錦繡綦組相稺也，謂之逆。"《重令》。此漢景帝"雕文刻鏤傷農事，錦繡綦組害女紅"詔語所本，所以防庶民之侈靡者尤急。故《王制》稱：作"奇技、奇器，以疑衆，殺"，"不以聽"。《墨子·魯問》："公輸子削竹木以爲䧿，成而飛之，三日不下。公輸子自以爲至巧。子墨子謂公輸子曰：子之爲䧿也，不如匠之爲車轄，須臾劉三寸之木，而任五十石之重。故所爲巧，利於人謂之巧，不利於人謂之拙。"徒講實用，則智巧之途塞矣。又古人最重樸質，《禮記·郊特牲》曰："酒醴之美，玄酒明水之尚，貴五味之本也。黼黻文繡之美，疏布之尚，反女功之始也。莞簟之安，而蒲越稾鞂之尚，明之也。大羹不和，貴其質也。大圭不琢，美其質也。丹漆雕几之美，素車之乘，尊其樸也，貴其質而已矣。所以交於神明者，不可同於所安褻之甚也，如是而後宜。”然則圖便安、矜技巧則爲不敬，爲忘本，而知巧之士益無途以自奮矣。此則風俗限之者也。此皆古代工政雖重，而工業不必其精而日進之由也。

工業之由官辦變爲民業，何也？曰有二端焉。一由需用日繁，官不能給。孟子之詰白圭曰：“萬室之國，一人陶，則可乎？曰：不可，器不足用也。”《孟子·告子》下。明古立工官，皆度民用之多少以造器。人口之增加無限，生計之程度日高，工官所造，勢不能比例俱增，器用安得給足。故古四民之中，久有工。《管子》問：“工之巧，出足以利軍伍，處可以修城郭補守備者幾何人？”《問篇》。此皆名不籍於官，餼不廩於上，故其有無多寡不可知，而必有待於問矣。一亦由奇巧之物，官不肯造，則人民之需用者，不能不迫而自爲。《管子》曰：“今爲末作奇巧者，一日作而五日食。農夫終歲之作，不足以自食也。”《治國》。《史記》亦謂“用貧求富，農不如工”。《貨殖列傳》。工人獲利之厚，正以其技藝之精也。此皆官辦之工業所以漸變爲民業也。

工業官辦之意，漢世猶有之。《漢書·地理志》：懷、河内郡。宛、南陽郡。東平陵、濟南郡。奉高、泰山郡。雒縣廣漢郡。咸有工官，皆古制之僅存者也。史稱“孝宣之治，信賞必罰，綜核名實，政事文學法理之士，咸精其能，至於技巧工匠器械，自元、成間鮮能及之”。《漢書·宣帝紀》。陳承祚《上諸葛氏集表》亦曰“工械技巧，物究其極”。蓋官用之物，由官造者猶多，非如後世冬官，徒有考工之名而已。劄記原文止此。

工業進步，必由人民生計程度增高自然而致。往史所載一二奇巧之物，世每豔稱之。此等或由智巧出衆之人冥心創造，或則貧富不均，達官世家、豪民駔賈，日用飲食，殊異於人，重賞是懷，良工競勸。夫智巧由於天授，則人云亡而其技亦湮，衒鬻專於一家，則製雖工而其傳不廣，優曇一現，遺制旋淪，實不足以言真進化也。然智巧之士之多少，亦足覘國民工業才技之低昂，此則簡策流傳，有非僂指可盡者。姑舉最著者數人，我國民其亦可以自奮矣。案《論衡・儒增篇》曰："儒書稱：魯般、墨子之巧，刻木爲鳶，飛之三日而不集。案今見《淮南子・齊俗訓》。夫言其以木爲鳶飛之，可也；言其三日不集，增之也。夫刻木爲鳶，以象鳶形，安能飛而不集乎？既能飛翔，安能至於三日？如審有機關，一飛遂翔，不可復下，則當言遂飛，不當言三日。猶世傳言曰：魯般巧，亡其母也。言巧工爲母作木車馬，木人御者，機關備具，載母其上，一驅不還，遂失其母。如木鳶機關備具，與木車馬等，則遂飛不集。機關爲須臾間，不能遠過三日，則木車等亦宜三日止於道路，無爲徑去以失其母。二者必失實者矣。"仲任論事，最爲覈實，但言三日不集之誣，不以木鳶飛翔爲罔，明其事爲當時巧匠所能爲也。此猶傳言，無足深考。後世記載確可信據者，則如漢之張衡、魏之馬鈞、南齊之祖冲之、元之郭守敬，馬鈞事見《三國志・魏志・杜夔傳》注。餘人之事，并見本傳。暨造木牛流馬之士人，木牛流馬爲蜀士人所獻，見《華陽國志》。造水精椀之交、廣人，《抱朴子・内篇・論仙》："外國作水精椀，實是合五種灰以作之。今交廣多有得其法而鑄作之者。"案《北史・大月氏傳》：魏太武時，其國人商販京師，自云能鑄五色琉璃。於是采礦山中，於京師鑄之。既成，光澤美於西方來者。乃詔爲行殿，容百餘人，光色映徹，觀者驚以爲神明所作。自此琉璃遂賤，人不復珍之。《隋書・何稠傳》："中國久絶琉璃之作，稠以緑瓷爲之，與真無異。"并即今日之玻璃也。咸能利物，前民無慚智者。遐稽西史，則號稱近世富强文明之原之利器，印刷術、火藥、羅盤針，咸自我昉。蓋我之所缺者，近世之科學及據科學之理所造之械器而已，智力則固非不逮人也，我國民其亦可以自奮矣。

商業緣起，吾昔札記中亦有一篇論之，今并録於下：

商業之始，其起於各部落之間乎？孟子之詰彭更曰："子不通工易事，以羨補不足，則農有餘粟，女有餘布。"《孟子・滕文公》下。其詰陳相曰："一人之身，而百工之所爲備，如必自爲而後用之，是率天下而路也。"《孟子・滕文公》上。此爲商業之所由起。然古代部落，率皆共産，力之出不爲己，貨之藏不於己，取公有之物而用之，以己所有之物資人，皆無所謂交易也。惟共産限於部落之内，與他部落固不然，有求於他,勢不能無以爲易,而交易之事起矣。往來日數,交易日多,則敦樸日漓,嗜欲日起,而私產之習漸萌。私產行,則人與人之相資亦必以爲易,此則商業之所由廣也。

《老子》曰:"至治之極,鄰國相望,鷄狗之聲相聞,民各甘其食,美其服,安其俗,樂其業,至老死不相往來。"《鹽鐵論》曰:"古者千室之邑,百乘之家,陶冶工商,四民之求,足以相更。故農民不離畎畝而足乎田器,工人不斬伐而足乎陶冶,不耕田而足乎粟米。"《水旱》。《管子》曰:"市不成肆,家用足也。"《權修》。可見古者一部落之中,及此部落與他部之間,交易皆極少。然生事愈進,則分工愈密,分工愈密,則彼此之相資益深,而交易遂不期其盛而自盛。故《管子》又謂"聚者有市,無市則民乏"矣。《乘馬》。《管子·乘馬》曰:"方六里命之曰暴。五暴命之曰部。五部命之曰聚。"

陳相曰:"從許子之道,則市賈不貳,國中無僞,雖使五尺之童適市,莫之或欺。布帛長短同,則賈相若;麻縷絲絮輕重同,則賈相若;五穀多寡同,則賈相若;屨大小同,則賈相若。"《孟子·滕文公》上。不論精粗,但論多少,戰國時人斷無從發此奇想。蓋古自有此俗,而農家稱頌之。許行治農家言,亦從而主張之也。交易之初,情狀奚若,據此可以想見矣。

《易·繫辭傳》謂"日中爲市","交易而退"。此蓋定時定地爲之,今之所謂作集也。斯時交易蓋盛於農隙之時。《書·酒誥》曰:"妹土嗣爾股肱,純其藝黍稷,奔走事厥考厥長。肇牽車牛,遠服賈。"僞《孔傳》曰:"農功既畢,始牽車牛,載其所有,求易所無。"故《郊特牲》謂"四方年不順成,八蜡不通";"順成之方,其蜡乃通"也。稍進乃有常設之市,在於野田墟落之間,《公羊》何《注》所謂"因井田而爲市",宣十五年。《陔餘叢考》"市井條"曰:"市井二字,習爲常談,莫知所出。《孟子》:在國曰市井之臣。注疏亦未見分析。《風俗通》曰:市亦謂之市井,言人至市有鬻賣者,必先於井上洗濯香潔,然後入市也。顔師古曰:市,交易之處;井,共汲之所,總言之也。按《後漢書·循吏傳》:白首不入市井。《注》引《春秋》井田記云:因井爲市,交易而退,故稱市井。此說較爲有據。"愚謂此說與《公羊》何《注》蓋係一說。市之設,所以便農民,而設市之處,則因衆所共汲之井，顔説亦此意也。管子所謂"聚者有市"者也。《孟子》曰："有賤丈夫焉，必求龍斷而登之，以左右望，而罔市利。"《公孫丑》下。《注》："龍斷，謂堁斷而高者也。"明其貿易行之野田墟落之間，所居高則易望見人，人亦易望見之，故一市之利爲所罔矣。更進乃有設肆於國中者。《管子》曰："百乘之國，中而立市，東西南北度五十里。一日定慮，二日定載，三日出竟，五日而反，百乘之制輕重，毋過五日。百乘爲耕田萬頃爲户，萬户爲開，口十萬人，爲分者萬人，爲輕車百乘，爲馬四百匹。千乘之國，中而立市，東西南北度百五十餘里。二日定慮，三日定載，五日出竟，十日而反。千乘之制，輕重毋過一旬。千乘爲耕田十萬頃，爲户十萬户，爲開口百萬人，爲當分者十萬人，爲輕車千乘，爲馬四千匹。萬乘之國，中而立市，東西南北度五百里。三日定慮，五日定載，十日出竟，二十日而反。萬乘之制，輕重毋過二旬。萬乘爲耕田百萬頃，爲户百萬户，爲開口千萬人，爲當分者百萬人，爲輕車萬乘，爲馬四萬匹。"《揆度》。此雖辜較之言，然其所規畫欲以給一國之人，則審矣。古者建都，必中四境之内，曰中國，而立市即在國都之中，《考工記》所謂"匠人營國，面朝後市"者也。故《孟子》曰"在國曰市井之臣"也。《萬章》下。市井二字，初蓋指野田墟落間之市，後乃以爲市之通稱。

古代之商，非若後世之易爲也。古代生計，率由自給，生事所須，不資異國。其有求於異國者，必其遭遇災禍，以致空無庚財，乞糴莫予，交易所得，資以續命，故必有商人焉。而其時之貿易，不如今日之流通。我所求者，何方有之，何方較賤，所持以爲易者，何方有之，何方較貴，非若今日安坐可知，億度可得，皆有待於定慮之豫，決機之果者也。故白圭曰："吾治生産，猶伊尹、吕尚之謀，孫、吴用兵，商鞅行法是也。是故其智不足與權變，勇不足以決斷，仁不能以取予，彊不能有所守，雖欲學吾術，終不告之矣。"《史記・貨殖列傳》。然則豪商駔賈，其有才智，不始晚近，自古昔則然矣。故曰"商之爲言章也。"《白虎通》。《漢書・食貨志》："大司農中丞耿壽昌以善爲算，能商功利，得幸於上。"師古曰："商，度也。”鄭商人弦高能矯命以却秦師，《左》僖三十三年。其賈於楚者，又密慮欲出荀罃，《左》成三年。其明徵矣。子產之告韓宣子曰：“昔我先君桓公，與商人皆出自周。庸次比耦以艾殺此地，斬之蓬蒿藜藋，而共處之。世有盟誓，以相信也，曰：爾無我叛，我無強賈，毋或匄奪。爾有利市寶賄，我弗與知。”《左》昭十六年。所以重商如此。其甚者以肇造之國，貨財或有闕乏，必恃商人致之也。衛國破壞，文公通商，卒致殷賑，亦同此理。《左》閔二年。

曷言古者生事所須，不資異國也？《史記·貨殖列傳》曰：“百里不販樵，千里不販糴。”又曰：“夫神農以前，吾不知已。至若《詩》《書》所述虞夏以來，耳目欲極聲色之好，口欲窮芻豢之味，身安逸樂，而心誇矜執能之榮。使俗之漸民久矣，雖户説以眇論，終不能化。”“夫山西饒材、竹、穀、纑、旄、玉石；山東多魚、鹽、漆、絲、聲色；江南出枏、梓、薑、桂、金、錫、連、丹沙、犀、瑇瑁、珠璣、齒革；龍門、碣石北多馬、牛、羊、旃裘、筋角；銅、鐵則千里往往山出棊置：此其大較也。皆中國人民所喜好，謡俗被服飲食奉生送死之具也。”此亦其所喜好而已，謂必待以奉生送死，非情也。《周書》曰：“商不出則三寶絶。”三言其多，曰寶則亦非生活所必資矣。聲子之説子木也，曰：“晉卿不如楚，其大夫則賢，皆卿材也。如杞、梓、皮革，自楚往也。雖楚有材，晉實用之。”《左》襄二十六年。杞、梓、皮革，固非宫室器用所必資，亦其所喜好而已。當時商人所販鬻者如此，故多與王公貴人爲緣，故子貢“廢著鬻財”，“結駟連騎，束帛之幣以聘享諸侯，所至，國君無不分庭與之抗禮”。《史記·貨殖列傳》。晁錯論漢之商人，猶謂其“交通王侯，力過吏勢”。《漢書·食貨志》。夫固有以中其所欲，非獨以其富厚也。然生事日進，分工愈密，交易愈盛，則其所恃以牟利者，不必皆王公貴人，而固在於平民。其術一時穀物之輕重而廢居焉，一備百物以待取求。《管子》曰：“歲有四秋，農事作爲春之秋，絲纊作爲夏之秋，五穀會爲秋之秋，紡績緝縷作爲冬之秋。見《管子·輕重乙》。物之輕重相什而相伯。”《輕重乙》。又曰“君朝令而求夕具，有者出其財，無有者賣其衣屨”是也。《輕重甲》。故曰：

"今君躬犂墾田,耕發草土,得其穀矣。民人之食,有人若干步畝之數,然而有餓餒於衢閭者,何也?穀有所藏也。今君鑄錢立幣,民通移,人有百十之數,然而民有賣子者,何也?財有所并也。"《輕重甲》。管子所欲摧抑者,正此等人。故曰:"歲有凶穰,故穀有貴賤。令有緩急,故物有輕重。然而人君不能治,故使蓄賈遊市,乘民之不給,百倍其本。分地若一,強者能守;分財若一,智者能收。智者有什倍人之功,愚者有不賡本之事。然而人君不能調,故民有相百倍之生也。夫民富則不可以祿使也,貧則不可以罰威也。法令之不行,萬民之不治,貧富之不齊也。"《國蓄》。故曰:"使萬室之都,必有萬鐘之藏,藏繦千萬。使千室之都,必有千鐘之藏,藏繦百萬。春以奉耕,夏以奉耘,耒耜械器,種饟糧食,畢取贍於君。故大賈蓄家不得豪奪吾民矣。"《國蓄》。漢代之抑商,蓋由此也。

計然曰:"夫糶,二十病農,九十病末。末病則財不出,農病則草不辟矣。上不過八十,下不減三十,則農末俱利。"《史記·貨殖列傳》。然則斯時糶價,輕重相去,蓋四而又半之焉。而李悝爲魏文侯作盡地力之教,農民之生穀,石以三十錢計,然則農夫所得,最下之價耳,上此則利皆入於商人矣。此農家者流,所以欲重農而抑商耶,亦勢有所激也。古農家言,非徒道耕稼之事。許行爲神農之言,而譏切時政,其明徵矣。《管子》書最雜,昔人隸之道家或法家,實可入雜家。《輕重》諸篇,所陳亦皆農家言也。

右所言乃古代之豪商駔儈,其尋常者初不能。然古者行曰商,處曰賈。商須周知四方物産登耗,又周行異國,多歷情僞,其才智自高。賈即不能然,然猶有廛市以處。至求壟斷之賤丈夫,則又其下焉者矣。《周官》有販夫販婦,蓋亦此曹也。又廛人掌斂總布。杜子春云:"總當爲儳,謂無市立持者之税也。"鄭玄不從,而注肆長敘其總布取之。又《詩·有瞽箋》:"簫,編小竹管,如今賣餳者所吹也。"《疏》:"《史記》稱伍子胥鼓腹吹簫,乞食吴市,亦爲自表異也。"此即《説文》所謂"衒,行且賣也"。此并壟斷而不能得,又下之下者矣。劄記原文止此。

古人之賤商,予昔劄記中亦有一則論之,今并録以資參考:

子貢廢著鬻財，而結駟連騎，束帛之幣以聘享諸侯，所至，國君無不分庭與之抗禮。烏氏倮以畜牧富，秦始皇帝令比封君，以時與列臣朝請。巴寡婦清擅丹穴之利，則以爲貞婦而客之。晁錯論當時商人，謂其交通王侯，力過吏勢。其重富人如此，然言及商賈，則又恒以爲賤，何哉？楊惲《報孫會宗書》曰："惲幸有餘禄，方糴賤販貴，逐什一之利。此賈豎之事，污辱之處，惲親行之。下流之人，衆毁所歸，不寒而慄。"可謂若將浼焉。又其甚者，"國君過市，則刑人赦；夫人過市，罰一幕；世子過市，罰一帟；命夫過市，罰一蓋；命婦過市，罰一帷。"《周官·地官·司市》。幾於刑餘之賤矣。豈真以其皇皇求財利，非士大夫之意，故賤之乎？非也。隆古之民好争，惟武健是尚，耕稼畜牧，已非所問，貿遷有無，更不必論矣，是惟賤者爲之。其後居高明者，非不欲自封殖，則亦使賤者爲之。《貨殖列傳》曰："齊俗賤奴虜，而刀閒獨愛貴之。桀黠奴，人之所患也，惟刀閒收取，使之逐漁鹽商賈之利。"今所傳漢人樂府《孤兒行》曰："孤兒生，孤兒遇生，命當獨苦。父母在時，乘堅車，駕駟馬。父母已去，兄嫂令我行賈，南到九江，東到齊與魯。"王子淵《僮約》曰："舍後有樹，當裁作船，上至江州下到湔，主爲府掾求用錢。推訪堊，販椶索，緜亭買席，往來都落。當爲婦女求脂澤，販於小市，歸都儋枲。轉出旁蹉，牽犬販鵝。武都買茶，楊氏儋荷。往來市聚，慎護奸偷。入市不得夷蹲旁臥，惡言醜罵。多作刀矛，持入益州，貨易羊牛。"雖風刺之辭，或溢其實，遊戲之文，不爲典要，然當時販鬻皆使賤者爲之，則可見矣。《貨殖列傳》所列諸人，度亦深居發蹤指示，坐收其利，非真躬與賈豎處也。不然，安得曰"千金之子，不死於市"哉？且達官貴人，因好利，故至於與賈豎抗禮，而語及其人，則又賤之，亦非自僢倍也。近世淮南鹺賈有起自奴僕者，士人或從之求匄，猶不欲與通婚姻。鄉人有嫁女軍人者，軍人故盜也，戚黨恥之，雖其人亦自慚恧，然恥之者亦未嘗不以其從軍人餔啜爲幸。爲貪財利，乃蟻慕小人，語及家世，則又自矜亢。承流品之餘習，丁好利之末世，人之情固然，其無足怪。以上劄記原文。

商業之演進，不徵諸富商大賈之多，而徵諸普通商人之衆。普通商人衆，則可見分工之密，易事之煩，而社會生計互相依倚，融成一片矣。《貨殖列傳》謂關中自秦漢建都，"四方輻湊并至而會，地小人衆，故其民益玩巧而市末也"。又謂鄒魯地小人衆，"好賈趨利，甚於周人"。以地小人衆而爲商，其必負販之流，而非豪商大賈明矣。今日到處皆有小商人，自此昉也。

古代之市，皆自爲一區，不與民居相雜，所以治理之者甚備，監督之者亦嚴。其見於《周官》者，有胥師以察其詐僞，賈師以定其恒賈，司虣以禁其鬥囂，司稽以執其盜賊，胥以掌其坐作出入之禁令，肆長以掌其貨賄之陳列，而司市總其成。鄭《注》云："司市，市官之長。"又云："自胥師以及司稽，皆司市所自辟除也。胥及肆長，市中給繇役者。"又有質人以掌其質劑、書契、度量、淳制，廛人以斂其布。凡治市之吏，居於思次。司市以次叙分地而經市，"凡市入，則胥執鞭度守門。市之羣吏平肆展成奠賈，上旌於思次以令市。市師涖焉，而聽大治大訟。胥師、賈師涖於介次，而聽小治小訟"。《注》："思次，若今市亭也。介次，市亭之屬别，小者也。鄭司農云：思，辭也。次，市中候樓也。玄謂思當爲司字，聲之誤也。"《天官》：内宰"凡建國，佐后立市，設其次，置其叙，正其肆，陳其貨賄，出其度量淳制，祭之以陰禮"。通貨賄則以節傳出入之。司市，"凡通貨賄，以璽節出入之"。司關"掌國貨之節，以聯門市"，"凡貨不出於關者，舉其貨，罰其人。凡所達貨賄者，則以節傳出之"。《注》："貨節謂商本所發司市之璽節也。自外來者，則案其節而書其貨之多少，通之國門，國門通之司市。自内出者，司市爲之璽節，通之國門，國門通之關門。"又云："商或取貨於民間，無璽節者至關，關爲之璽節及傳出之。其有璽節，亦爲之傳。傳，如今移過所文書。"物之藏則於廛，《孟子·公孫丑》上："市廛而不征，法而不廛。"《注》："廛，市宅也。"《王制》："市廛而不税。"《注》："廛，市物邸舍。"《周官·載師》："以廛里任國中之地。"《注》："故書廛或作壇。鄭司農云：壇讀爲廛。廛，市中空地未有肆，城中空地未有宅者。""玄謂廛里者，若今云邑居里矣。廛，民居之區域也。里，居也。"又《序官·廛人注》："故書廛爲壇。杜子春讀壇爲廛，説云市中空地。玄謂：廛，民居區域之稱。"又，廛布《注》云："邸舍之税。"又，《遂人》"夫一廛"《注》："鄭司農云：廛，居也。揚子雲有田一廛，謂百畞之居也。玄謂廛，城邑之居。孟子所云：五畞之宅，樹之以桑麻者也。"愚案廛爲區域之稱，所謂市中、城中空地者，正區域之謂也。但鄉間可居之區域，亦稱爲廛。築室其上，亦得沿廛之稱，初不論其在邑在野、有宅無宅、爲民居爲邸舍也。孟子言"廛而不税"，指商肆，下又言"廛無夫里之布"，則指民居。載師"以廛里任國中之地"，明言在國中。《遂人》"夫一廛",則必在野矣。《荀子・王制》:"定廛宅",似以廛與宅爲對文。許行"願受一廛而爲氓",則又似爲通名,不必確指其爲空地,抑爲宅舍也。雖關下亦有之。司關"司貨賄之出入者,掌其治禁,與其征廛"。《注》:"征廛者,貨賄之税與所止邸舍也。關下亦有邸客舍,其出布如市之廛。"是貨物之運販、囤積、鬻賣,皆有定處,有定途也。《周官》:司市,"大市日昃而市,百族爲主。朝市朝時而市,商賈爲主。夕市夕時而市,販夫販婦爲主"。《疏》云:"大市於中,朝市於東偏,夕市於西偏,《郊特牲》所云是也。"案《郊特牲》云:"朝市之於西方,失之矣。"《注》:"朝市宜於市之東偏。"引《周官》此文爲説,此疏所據也。然則一市之中,亦有部分不容紊越矣。《禮記・王制》:"有圭璧金璋,不粥於市。命服命車,不粥於市。宗廟之器,不粥於市。犧牲不粥於市。戎器不粥於市。用器不中度,不粥於市。兵車不中度,不粥於市。布帛精粗不中數,幅廣狹不中量,不粥於市。姦色亂正色,不粥於市。錦文珠玉成器,不粥於市。衣服飲食,不粥於市。五穀不時,果實未熟,不粥於市。木不中伐,不粥於市。禽獸魚鼈不中殺,不粥於市。"又曰:天子巡守,"命市納賈,以觀民之所好惡、志淫奸辟"。惟市有定地,故監督易施,而物價亦可考而知也。秦漢而降,此意仍存。《三輔黄圖》謂長安市有各方二百二十六步,六市在道西,四市在道東,凡四里爲一市,是漢之市有定地也。《唐書・百官志》謂:"市肆皆建標築土爲候。凡市,日中擊鼓三百以會衆,日入前七刻,擊鉦三百而散。有果毅巡迣。平貨物爲三等之直,十日爲簿。"兩京諸市署令。是唐之市有定地也。此猶京國云爾。王莽於長安及大都市立五均官,長安及洛陽、邯鄲、臨淄、宛、成都等地皆有五均司市師,則大都市皆有市長矣。隋開皇中以錢惡,京師及諸州邸肆之上,皆令立榜置樣爲準,不中樣者,不入於市,則天長安中,亦懸樣於市,令百姓依樣用錢。則諸州邸肆皆有定所矣。北魏胡靈后時,嘗税入市者人一錢。《遼史》謂太祖置羊城於炭山北,起榷務以通諸道市易。太宗得燕,置南京,城北有市,令有司治其征;餘四京及他州縣貨産懋遷之地,置亦如之。《食貨志》。則遼之市亦由官設,由官管理矣。要之,邸肆民居,毫無區别,通衢僻巷,咸有商家,未有如今日者,此固由市制之益壞,亦可見貿易之日盛也。

我國中原與邊疆以及外國之通商,亦由來已久,且自古即頗盛。蓋兩地所有,不得盡同,易事通工,因斯而起。而兩地所有之不同,則因國族之異而益盛也。《左》襄十四年,戎子駒支告晉人曰:"我諸戎飲食衣服,不與華同,贄幣不通,言語不達。"以乎彼此絶無交涉矣,然此特以國交言之。至於民間,則魏絳説晉侯和戎曰:"戎狄薦居,貴貨易土,土可賈焉。""左"襄四年。知已有以貨物易土地者矣。《史記·貨殖列傳》謂櫟邑北却戎狄,"多大賈"。巴蜀"南御滇僰,僰僮。西近邛笮,笮馬、旄牛"。天水、隴西、北地、上郡"西有羌中之利,北有戎翟之畜"。楊、平陽"西賈秦、翟,北賈種、代"。上谷至遼東,"北鄰烏桓、夫餘,東綰穢貉、朝鮮、真番之利"。凡接壤之處,商利幾無不饒。漢初,粤地如同化外,西域尤絶未聞知,而枸醬竹杖既已遠至,其地商人之無遠勿届,亦可驚矣。《鹽鐵論》:大夫難文學,謂"中國一端之縵,得匈奴累金之物","異物内流則國用饒,利不外泄則民用給"。文學反難之,謂"羸驢之用,不中牛馬之功;鼲鼦旃罽,不益錦綈之實。美玉珊瑚,出於昆山,珠璣犀象,出於桂林。此距漢萬有餘里,計耕桑之功,資助之費,是一物而售百倍,其價一也,一揖而中萬鐘之粟也。夫上好珍怪,則淫服下流;貴遠方之物,則貨財外充。是以王者不珍無用以節其民,不愛其貨以富其國"。《力耕》。通商之爲損爲益,在當時已成爲争辯之端矣。西域既通,來者益多。罽賓殺漢使,遣使謝罪。漢欲遣使報送,杜欽言:其"悔過來,而無親屬貴人,奉獻者皆行賈賤人,欲通貨市買,以獻爲名,案,歷代所謂外國朝貢,實其賈人者甚多。故煩使者送至縣度,恐失實見欺。凡遣使送客者,欲爲防獲寇害也。起皮山南,更不屬漢之國四五,斥候、士百餘人,五分夜擊刁斗自守,尚時爲所侵盜。驢畜負糧,須諸國稟食,得以自贍。國或貧小不能食,或桀黠不肯給,擁彊漢之節,餒山谷之間,乞匄無所得,離一二旬,則人畜棄捐曠野而不反。又歷大頭痛、小頭痛之山,赤土、身熱之阪,令人身熱無色,頭痛嘔吐,驢畜盡然。又有三池、盤石阪,道陿者尺六七寸,長者逕三十里。臨峥嶸不測之深,行者騎步相持,繩索相引,二千餘里乃到縣度。畜隊,未半阬谷盡靡碎;人墮,勢不得相收視。險阻危害,不可勝言"。《漢書・西域傳》。使節之艱難如此,賈人之來往可知,而猶能矯其君命,遠來東國,賈胡重利,可謂甚矣。自此至南北朝,内地與西域之交通,雖或盛或衰,而迄未嘗絶。史所云絶者,皆以國交言之。若民間之往來,則可謂終古未絶也。《隋書・食貨志》言:南北朝時,河西、交廣皆以金銀爲市。内地固不以金銀爲泉布,而二方獨用之者,以與他處通商故也。隋唐之世,國威遐暢,西域之來者益多,大抵利賈市也。當時裴矩所招致者,蓋皆此曹。日本桑原隲藏《東洋史要》曰:"東西陸路之互市,至唐極盛。先是隋煬帝時,武威、張掖、河西諸郡,爲東西交易之中樞,西方賈人來集其地者,溢四十國。唐興,中央亞細亞天山南路之路開,西方諸國來通東方通商者益衆。支那人之商於中央亞細亞、波斯、印度地方者,亦不少。彼素諳商業之猶太人,乘機西自歐洲、阿非利加,東至支那、印度間,商權悉歸掌握。或自紅海經印度洋來支那之南海,或自地中海東岸之安地凹克,經呼羅珊、中央亞細亞、天山南路,而來支那之長安。及大食國勃興,阿剌比亞人漸拓其通商之範圍,無論陸路海路,當時世界商權,殆在阿剌比亞人掌中云。"據樊炳清譯本。桑原氏之説,蓋兼采西史。今未能博考其所自出,姑引其説。

海路通商,似亦先秦即有之。《史記・貨殖列傳》言番禺爲"珠璣、犀、瑇瑁、果、布之湊",此即後世與外地交易之品也。《漢書・地理志》曰:"自日南障塞、徐聞、合浦船行可五月,有都元國。又船行可四月,有邑盧没國。又船行可二十餘日,有諶離國。步行可十餘日,有夫甘都盧國。自夫甘都盧國船行可二月餘,有黄支國,民俗略與珠崖相類。其州廣大,户口多,多異物,自武帝以來,皆獻見。有譯長,屬黄門,與應募者俱入海市明珠、壁流離、奇石異物,齎黄金雜繒而往。所至國皆稟食爲耦,蠻夷賈船,轉送致之。亦利交易,剽殺人。又苦逢風波溺死,不者數年來還。大珠至圍二寸以下。平帝元始中,王莽輔政,欲耀威德,厚遺黄支王,令遣使獻生犀牛。自黄支船行可八月，到皮宗。船行可二月，到日南、象林界云。黄支之南，有已程不國，漢之譯使自此還矣。”漢勤遠略，不在於南，知此道必非因國家之力而開，亦賈人所通也。大秦嘗欲通中國，爲安息所閡，不得達。至桓帝延熹九年，其王安敦遣使自日南徼外，獻象牙、犀角、瑇瑁，始乃一通焉。《後漢書・西域傳》。孫權黄武五年，大秦賈人字秦倫，又來交阯，太守吴邈遣送權，《梁書・諸夷列傳》。亦自海道來者也。桑原氏云：“當時日南、交阯之地，爲東、西洋交通中樞，西邦賈人多集其地。”時則“羅馬商船獨專印度洋之航海權。及佛教次第東漸，錫蘭及南洋諸國與支那間，道路已通，因而支那海運漸興，經爪哇、蘇門答剌而至錫蘭之航路，遂歸支那人手。經南北朝以至隋唐初葉，支那商船更推廣其航路。或自錫蘭沿西印度海岸入波斯灣内，或沿阿剌比亞海岸至紅海灣頭之阿丁。當時錫蘭爲世界商業中樞，支那人、馬來人、波斯人、哀西比亞等四方國民，來集於斯，以從事交易。及大食勃興，阿非利加與西方亞細亞沿岸及印度河口所有港灣，前後歸其版圖。以故阿剌比亞人與其屬波斯人、猶太人等，益恢張海運。遂東向經南洋諸國而通商於支那沿岸，代支那人而專有亞細亞全境之航海權。至武后天授中，阿剌比亞人之商於廣州、泉州、杭州諸港者頗多，時以數萬計。唐於諸港置提舉市舶之官，徵海關税，爲歲入大宗”云。《東洋史要》，樊炳清譯本。案，國史於南方諸國記載最詳者，當推《宋》、《梁》、《唐》三書，所記諸國，大抵爲通市來者也。互市置官，始於隋之互市監，而唐因之。市舶司之置，新舊《唐書》、《六典》皆不載。《文獻通考》曰：“唐有市舶使，以右威衛中郎將周慶立爲之。唐代宗廣德元年，有廣州市舶使吕太一。”案，慶立事見《新書・柳澤傳》，《傳》云：“開元中，轉殿中侍御史，監嶺南選。時市舶使、右威衛中郎將周慶立造奇器以進，澤上書曰：不見可欲，使心不亂，是知見可欲而心必亂矣。慶立雕製詭物，造作奇器，用浮巧爲珍玩，以譎怪爲異寶，乃治國之巨蠹，明王所宜嚴罰者也。昔露臺無費，明君不忍；象箸非大，忠臣憤歎。慶立求媚聖意，摇蕩上心。陛下信而使之乎，是宣淫於天下；慶立矯而爲之乎，是禁典之所無赦。陛下新即位，固宜昭宣菲薄，廣示節儉，豈可以怪好示四方哉！書奏，玄宗稱善。”案，雕製詭物，或亦撫放異國之物歟？吕太一事，見《舊書・代宗紀》。《紀》云：“廣德元年十二月甲辰，宦官市舶使呂太一逐廣南度使張體，縱下大掠廣州。"又《新書·盧懷慎傳》：子奂，"天寶初，爲南海太守。南海兼水陸都會，物産瓌怪，前守劉巨鳞、彭杲皆以贓敗，故以奂代之。污吏斂手，中人之市舶者，亦不敢干其法，遠俗爲安。時謂自開元後四十年，治廣有清節者，宋璟、李朝隱、奂三人而已"。然則唐市舶使之置，多以武人、宦官爲之，黷貨無厭，以利其身，損國體而斂怨於遠人，云爲歲入大宗，蓋《東洋史要》億度之語。泉杭諸州曾置市舶司，亦無文謂於諸港皆置提舉，亦不審之談也。及宋代而設置漸多，其可考者有杭、明、温、秀、泉、廣諸州及華亭、江陰、板橋鎮名，屬密州，即今青島也。初以州郡兼領，元豐中，令轉運司兼提舉，後又專置提舉，亦數罷歸轉運。又有令提刑安撫兼領者。所税香藥、犀、象，往往以酬入邊充鈔本，始真於國用有裨矣。《宋史·食貨志》：崇寧三年，"令蕃商欲往他郡者，從舶司給券，毋雜禁物、姦人。初，廣南舶司言，海外蕃商至廣州貿易，聽其往還居止，而大食諸國商亦丐通人他州及京東販易，故有是詔"。

蒙古勃興，疆域廣遠，商業亦因之益盛。桑原氏曰"自蒙古建國，四方割據諸小國悉滅，商賈往來日便。又新開官道，設驛站，分置守兵，旅客無阻，東西兩洋之交通，實肇於此。是時西亞及歐洲商人，陸自中亞經天山南路，或自西伯利亞南部經天山北路，而開販路於和林，及燕京。波斯與印度及支那之間，海上交通亦日繁，泉州、福州諸港，爲世界第一貿易場，外人來居其地者以萬數"云。案，成吉思汗之西侵，實因訛打剌城主殺蒙古人而起，而此蒙古人，則成吉思汗使隨西域商人西行市買者也。先是汗嘗致書於花剌子模王，請通商，各守疆埸，所因者亦商人也。詳見《元史譯文證補西域補傳》。則知漠南北之地甫定，而西域商人之蹤跡已至矣。宋時南方諸國，與我往來最密者爲三佛齊。今蘇門答剌。三佛齊之南有闍婆。今爪哇。闍婆西北海行十五日，至渤泥。今婆羅洲。此皆今南洋羣島。又有南毗，在大海西南，自三佛齊風飄月餘可止，則似在印度沿海。又有注輦，《宋史》云："距廣州四十一萬一千四百里。"里程必誤。《宋史》謂注輦東南二千五百里，有悉蘭地，悉蘭地即錫蘭，則注輦當在印度西岸。《元史》云："海外諸國，以俱藍、馬八兒爲最大。"馬八兒，今麻打拉薩。"俱蘭爲馬八兒後障"，豈即所謂注輦者邪？元時招致來朝者，爲國凡十，曰馬八兒，曰須門那，曰僧急里，曰南無力，曰馬蘭丹，曰那旺，曰丁呵兒，曰來來，曰急蘭亦觧，曰蘇木都剌。而元嘗一用兵於爪哇。馬蘭丹者，今麻六甲。蘇木都剌，即蘇門答剌也。其餘諸國，一時未暇悉考。要之，宋元二代，海路所通頗遠。明祖御宇，亦使驛四通，陸路遠至天方，海路幾徧今南洋羣島，其襲元遺跡，播聲威於遠方歟，抑知胡元疆域之廣，慮其百足之蟲，死而不僵，撫慰之使實寓伐交之意邪？皆未可知。成祖之遣鄭和下西南洋，則又襲太祖之遺跡。或謂其慮建文遁跡海外，從事蒐求，則羅織之談矣。和之航海，在明永樂三年，即西曆千四百有五年，哥倫布得亞美利加事在西曆千四百九十三年，當我明孝宗弘治六年，後於和者實八十八年也。自鄭和航行以後，中國之聲威，頗張於海外，華人之謀生南洋者不少，且有作當地大長者，《明史》雖語焉不詳，亦有一二，可考見也。新大陸既發見，西人陸續東航，而通商之情形，乃一變矣。其詳更僕難窮，其大略則人多知之，其利害又當別論，今不具述。

市舶司之設，元明二代亦皆有之。元設於上海、澉浦、杭州、慶元、温州、泉州、廣東，凡七處，時有省置。明洪武初設於太倉黄渡，尋罷，復設於寧波以通日本，泉州以通琉球，廣州以通占城、暹羅及西洋諸國，諸國皆聽時至，惟日本限其期爲十年，人數爲二百，舟爲二艘，以金葉勘合表文爲驗，以防作僞，以其時正值倭寇爲患也。嘉靖初給事中夏言言，倭患起於市舶，遂罷之。嘉靖三十九年鳳陽巡撫唐順之議復三市舶司，部議從之。四十四年浙江以巡撫到畿言仍罷，福建開而復禁，萬曆中悉復。永樂中又嘗設交阯雲南市舶提舉司。明之設司，意不在於收税，而在以此撫治諸夷，消彌釁隙，以其時倭寇方張也。在當時未嘗不收制馭之效，然習之久，而畏惡外人之心日增，歐人之傳教，又頗與華人習俗相違。清嘉慶時，又有西北教匪，東南艇盜之禍，遂并攘夷排教御寇爲一談，中西之交涉，生出無窮膠葛焉。原因雖多，而倭寇滋擾，致中國之視海客威有畏惡之心，亦其中之一也。《明史·食貨志》曰："明初東有馬市，西有茶市，皆以馭邊省戍守費，海外諸國入貢，許附載方物，與中國貿易，因設市舶司，置提舉官以領之。所以通夷情，抑奸商，俾生禁有所施因，以消其釁隙也。"明之與外國通市，其意皆非以爲利，故永樂初西洋剌泥國回回哈只馬哈没奇等來朝，附載胡椒，與民互市，有司請征其税，成祖不許。武宗時提舉市舶太監畢真言"舊制泛海諸船，皆市舶司專理，近領於鎮巡及三司官，乞如舊便"。禮部議"市舶職司進貢方物，其客商及風泊番船，非敕旨所載，例不當預也"。夫許外國互市而曰入貢，許附載方物貿易，而市舶司且若以接待貢使爲職，永樂三年又置驛於三市舶司，以待諸番貢使，豈真以其來爲入貢而不爲貿易哉？夫亦曰必入貢而後許貿易，則不至與沿海之民私相市，而官司無所稽考，以是爲制馭之一策云爾。此等辦法似乎多事，而亦不能盡謂爲不然。蓋客強主弱，乃亡清中葉以後之情形，前此則適相反。故嘉靖倭變，朱紈訪知"由舶主皆貴官大姓市番貨，皆以虛值轉鬻牟利，而值不時給。"而史且謂"市舶既罷，日本海賈往來自如，海上姦豪與之交通，法禁無所施"也。蓋市舶官吏原來未嘗不有贓私之行，然視土豪勢家，則終有間矣。

北方遊牧民，雖時與中國以兵戎相見，然通市亦恒不絶，史所載雖不詳，亦可考見其盛者，則如漢設馬邑之權，匈奴單于覺之而去，自是絶和親，攻當路塞，然尚"樂關市，嗜漢財物，漢亦關市不絶以中之"，又如唐殺突董，九姓胡死者千人，突董回紇毗伽可汗叔父也，而毗伽謂唐使，"國人皆欲爾死，我獨不然。突董等已亡，今又殺爾，猶以血濯血，徒益污。吾以水濯血，不亦善乎！爲我言有司所負馬值百八十萬，可速償我也"。若寬仁能以德報怨者，實貪馬值不能絶耳。明初設馬市三，一在開原南關，以待海西。一在開原城東，一在廣寧，以待朵顔三衛。正統三年始設馬市於大同以待也先，其後王振裁其馬價，遂有土木之變，也先桀驁固終必反。然非裁馬價有以激之，其叛或不至於是其速也。其後北撫俺答，東馭女直，亦藉大同馬市、遼東義州木市。努爾哈赤之攻尼堪外蘭，明人不能討，顧開撫順、清河、寬甸、靉陽四關，許其互市。論者謂滿洲之致富厚、習華事實於此有關焉。蓋中國與外夷通商，不徒資其困乏，亦足牖其文明矣。蠢彼建夷，不思木桃之報，而爲封豕長蛇，薦食上國，其罪可勝誅乎！

# 第二章 財 産

人與物并生，人以其力取物以自養；至於人與人之間，則祇有協力以對物，更無因物而相爭。此邃古之世然也。

此等情狀，其在諸小部落，各自獨立，不相往來之世乎？老子稱："至治之極，鄰國相望，鷄狗之聲相聞，民各甘其食，美其服，安其俗，樂其業，至老死不相往來。"《史記·貨殖列傳》。今見於《老子》者，詞小異而意大同。《管子》亦稱：佶即帝嚳。堯之時，"牛馬之牧不相及，人民之俗不相知，不出百里而來足。"《管子·侈靡》。來，疑當作求。蓋各小部落，各自獨立，所與處者，皆本部落之人，故能和親康樂如此也。迨各部落互相并兼，而其形勢一變。

《禮記·禮運》載孔子之言曰："大道之行也，與三代之英，丘未之逮也，而有志焉。大道之行也，天下爲公，選賢與能，講信修睦。故人不獨親其親，不獨子其子，使老有所終，壯有所用，幼有所長，鰥寡孤獨廢疾者皆有所養。男有分，女有歸。貨惡其棄於地也，不必藏於己。力惡其不出於身也，不必爲己。是故謀閉而不興，盜竊亂賊而不作，故外户而不閉，是謂大同。今大道既隱，天下爲家。各親其親，各子其子，貨力爲己。大人世及以爲禮，城郭溝池以爲固，禮義以爲紀。以正君臣，以篤父子，以睦兄弟，以和夫婦，以設制度，以立田里，以賢勇知，以功爲己。故謀用是作，而兵由此起。禹、湯、文、武、成王、周公，由此其選也。"《淮南子·本經訓》亦言古者"機械詐僞，莫藏於心"，而以"分山川谿谷，使有壤界。計人多少衆寡，使有分數。築城掘池，設機械險阻以爲備。飾職事，制服等，異貴賤，差賢不肖，經誹譽，行賞罰”，爲後世之事。言民生必兼及國政、外交，固知爭奪之原，爲部落之與部落，而人之於人，其小焉者也。然以一人而私有財産，亦即萌於此時。

《白虎通》述三皇以前之俗曰：“卧之詓詓，行之盱盱。飢即求食，飽即棄餘。”此時之人，蓋全未知物之可佔爲己有也，但知其可供人用而已。物雖可供人用，取而用之，亦須勞力。然斯時之人，又未知勞力之可貴也。既不謂我取之即爲我有，則以我所取之物與人，自亦無所謂以我之物與人，蓋純然不分人我者也。然物有限而人之欲無窮，取用之餘，稍感不足，而人我之界，乃隨之而漸起焉。

人我之分，初亦以羣而不以人。此羣佔此山以獵，則不許他羣之人來獵。彼羣佔彼澤以漁，則不許此羣之人往漁。是爲“分地”之始。遊牧之世，人之待養於土地益著，則其寶愛土地之情彌殷。《史記·匈奴列傳》謂東胡“與匈奴間，中有棄地，莫居，千餘里，各居其邊爲甌脱。東胡使使謂冒頓曰：匈奴所與我界甌脱外棄地，匈奴非能至也，吾欲有之。冒頓問羣臣。羣臣或曰：此棄地，予之亦可，勿予亦可。於是冒頓大怒曰：地者，國之本也，奈何予之！諸言予之者，皆斬之。冒頓上馬，令國中有後者斬。遂東襲擊東胡。”此事信否不可知，然遊牧之國，亦有重視土地之意，則於此可見矣。虞芮讓所爭爲閒田，《尚書大傳》。宋鄭約皆勿有隙地，《左》哀十二年。蓋猶古之遺制也。

然斯時之土地，但爲部落所有。私人佔有土地之制，尚未萌芽也。逮其益進，則入於耕農之世。耕農之世，種植之地，不能不分，墾闢之地，不容輕棄。農夫多有蓋藏，不易移徙。於是人民漸土著。土著，則與其地關係益密矣。如所耕之田施肥多，所居之宅修葺完，皆不願輕以與人。即不然，遊釣之鄉，亦不肯輕棄。而世世據有之之情生。土地私有之萌芽，實伏於此。

然斯時之土地，循其名，固猶未爲私人所有也。一部落之土地，即爲其部落所墾闢者，其爲其部落所公有，固無待言。即爲異部落所征服，亦舉其土地，悉爲異部落所有而已。《詩》曰："普天之下，莫非王土。率土之濱，莫非王臣。"蓋以一部落征服他部落，則他部落之地，悉爲所有；而此部落之中，有管理財産之權者，爲其酋長。酋長亦祇有管理之權，財産實非所有。遂舉土地之所有權，以屬之也。此部落之酋長，以此土地分人，蓋有兩法：一將所有之地，分與親戚勛舊，使食其入，且治其人，是爲封建之制。所謂"王者有分土"也。一將此等土田，分給耕作之人，是爲井田之制。耕作者僅得耕作，土地初非所有，故有還授之法，及换土易居之制焉。

《公羊》桓二年："夏，四月，取郜大鼎於宋，此取之宋，其謂之郜鼎何？器從名，《解詁》：從本主名名之。地從主人。《解詁》：從後所屬主人。器何以從名，地何以從主人？器之與人，非有即爾。《解詁》：即，就也。凡人取異國物，非就有。取之者，皆持以歸爲有。爲後不可分明，故正其本名。宋始以不義取之，故謂之郜鼎。至於地與人則不然，俄而可以爲其有矣。《解詁》：俄者，謂須臾之間，制得之頃也。諸侯土地，各有封疆里數。今日取之，然後王者起，興滅國，繼絶世，反取邑，不嫌不明，故卒可使以爲其有，不復追録繫本主。然則爲取可以爲其有乎？《解詁》：爲取，恣意辭也。曰：否。何者？若楚王之妻，無時焉可也。"《解詁》：妹也。引此爲喻者，明其從不可名有也。此可見古人視分土之嚴。孟子詰慎子曰："周公之封於魯，爲方百里也。今魯方百里者五。子以爲有王者作，則魯在所損乎？在所益乎？"《告子下》。亦春秋義也。斯時之土地，除農田分賦外，餘皆作爲公有。人民但依定法，皆得使用。《禮記·王制》曰："名山大澤不以封。"鄭《注》謂"與民同財，不得障管"是也。《王制》又曰："天子諸侯無事，則歲三田：一爲乾豆，二爲賓客，三爲充君之庖。無事而不田，曰不敬。田不以禮，曰暴天物。天子不合圍，諸侯不掩羣。天子殺則下大綏，諸侯殺則下小綏，大夫殺則止佐車。佐車止，則百姓田獵。獺祭魚，然後虞人入澤梁。豺祭獸，然後田獵。鳩化爲鷹，然後設罻羅。草木零落，然後入山林。昆蟲未蟄，不以火田。不麛，不卵，不殺胎，不殀夭，不覆巢。"《孟子》亦曰，"數罟不入洿池"，"斧斤以時入山林"。《梁惠王》上。《周官》有山虞、林衡、川衡、澤虞、迹人等官，以掌斬林、田獵之事。又有卝人，"掌金玉錫石之地，而爲之厲禁以守之。若以時取之，則物其地圖而授之"。皆此等公地使用之法也。《孟子·梁惠王》下，謂"文王之囿方七十里，芻蕘者往焉，雉兔者往焉"。亦與民同財不障管之意也。《荀子·王制》："君者，善羣也。羣道當，則萬物皆得其宜，六畜皆得其長，羣生皆得其命。故養長時，則六畜育；殺生時，則草木殖；政令時，則百姓一，賢良服。聖王之制也：草木榮華滋碩之時，則斧斤不入山林，不夭其生，不絶其長也；黿鼉魚鱉鰍鱣孕别之時，罔罟毒藥不入澤，不夭其生，不絶其長也；春耕夏耘，秋收冬藏，四者不失時，故五穀不絶，而百姓有餘食也；污池淵沼川澤，謹其時禁，故魚鱉優多，而百姓有餘用也；斬伐養長，不失其時，故山林不童，而百姓有餘材也。"《淮南子·主術訓》："故先王之法，畋不掩羣，不取麛夭。不涸澤而漁。不焚林而獵。豺未祭獸，罝罦不得布於野。獺未祭魚，網罟不得入於水。鷹隼未摯，羅網不得張於谿谷。草木未落，斤斧不得入山林。昆蟲未蟄，不得以火燒田。孕育不得殺。鷇卵不得探。魚不長尺不得取。彘不期年不得食。是故草木之發若蒸氣，禽獸之歸若流泉，飛鳥之歸若煙雲，有所以致之也。"《漢書·貨殖傳》："於是辨其土地、州澤、丘陵、衍沃、原隰之宜，教民種樹畜養；五穀六畜及至魚鱉、鳥獸、雚蒲、材幹、器械之資，所以養生送終之具，靡不皆育。育之以時，而用之有節。草木未落，斧斤不入於山林；豺獺未祭，罝網不布於野澤；鷹隼未擊，矰弋不施於徯隧。既順時而取物，然猶山不茬蘖，澤不伐夭，蝝魚麛卵，咸有常禁。所以順時宣氣，蕃阜庶物，稸足功用，如此之備也。"

斯時之分職，爲士農工商。農人以田畝均平，無甚貧甚富。工業則械器之簡易者，悉由人民自造。人民不能自造者，則國家設工官造之。其造械器，所以共民用，非以牟利也。商業則販易大者行諸國外，蓋亦爲本國計，與他國通有無，非其人藉以牟利。其商人藉以牟利者，如孟子所謂求壟斷之賤大夫，獲利有限。士雖可入官，然禄亦僅足代耕，故斯時之社會，除君卿大夫有封地者外，實可謂無甚貧甚富之别也。

斯時之社會，所最重者爲分。《荀子》曰："（人）力不若牛，走不若馬，而牛馬爲用，何也？曰：人能羣，彼不能羣也。人何以能羣？曰：分。分何以能行？曰：義。故義以分則和，和則一，一則多力，多力則彊，彊則勝物。""故人生不能無羣，羣而無分則爭。爭則亂，亂則離，離則弱，弱則不能勝物。""君者，善羣也。羣道當，則萬物皆得其宜，六畜皆得其長，羣生皆得其命。”《荀子·王制》。《荀子·富國》：“人之生不能無羣，羣而無分則争，争則亂，亂則窮矣。故無分者，人之大害也；有分者，天下之本利也。而人君者，所以管分之樞要也。”又曰：“天下害生縱欲。欲惡同物，欲多而物寡，寡則必争矣。故百技所成，所以養一人也。而能不能兼技，人不能兼官。離居不相待則窮，羣而無分則争。窮者患也，争者禍也。救患除禍，則莫若明分使羣矣。”《富國》。《管子·乘馬》：“聖人之所以爲聖人者，善分民也。聖人不能分民，則猶百姓也。於己不足，安得名聖？”又曰：“足國之道，節用裕民，而善藏其餘。”“上以法取焉，而下以禮節用之。”“量地而立國，計利而畜民，度人力而授事。使民必勝事，事必出利，利足以生民，皆使衣食百用，出入相揜，必時藏餘，謂之稱數。”《富國》。《孟子》亦曰：“易其田疇，薄其税斂，民可使富也。食之以時，用之以禮，財不可勝用也。”《盡心》上。《大學》曰：“生財有大道。生之者衆，食之者寡，爲之者疾，用之者舒，則財恒足矣。”皆致謹於生財、用財，而不以財之不足爲患。故曰：“田野縣鄙者，財之本也；垣窖倉廩者，財之末也；百姓時和，事業得叙者，貨之原也；等賦府庫者，貨之流也。”故曰：“夫有餘不足，非天下之公患也，特墨子之私憂過計也。天下之公患，亂傷之也。”《荀子·富國》。故曰：“有國有家者，不患寡而患不均，不患貧而患不安。蓋均無貧，和無寡，安無傾。”《論語·季氏》。故曰：“君子先慎乎德。有德此有人，有人此有土，有土此有財，有財此有用。德者本也，財者末也。”《大學》。故曰：“天地之大德曰生，聖人之大寶曰位，何以守位曰仁，何以聚人曰財。理財正辭，禁民爲非曰義。”《易·繫辭》。

斯時之制用，蓋皆量入以爲出。《禮記·王制》曰：“冢宰制國用，必於歲之杪。五穀皆入，然後制國用。用地小大，視年之豐耗，以三十年之通制國用，量入以爲出。”“國無九年之畜，曰不足；無六年之畜，曰急；無三年之畜，曰國非其國也。三年耕，必有一年之食；九年耕，必有三年之食。以三十年之通，雖有凶旱水溢，民無菜色，然後天子食，日舉以樂。”《曲禮》曰：“歲凶，年穀不登，君膳不祭肺，馬不食穀，馳道不除，祭事不縣，大夫不食粱，士飲酒不樂。”《郊特牲》曰：“四方年不順成，八蜡不通，以謹民財也。順成之方，其蜡乃通，以移民也。”移，羡也。合全社會共策力作，其事儲蓄，共謀節省，儼然今日之家人父子焉。《管子·八觀》曰：“入國邑，視宫室，觀車馬衣服，而侈儉之國可知也。夫國城大而田野淺狹者，其野不足以養其民。城域大而人民寡者，其民不足以守其城。宫營大而室屋寡者，其室不足以實其宫。室屋衆而人徒寡者，其人不足以處其室。囷倉寡而臺榭繁者，其藏不足以共其費。故曰：主上無積而宫室美，氓家無積而衣服脩，乘車者飾觀望，步行者雜文采，本資少而末用多者，侈國之俗也。國侈則用費，用費則民貧，民貧則姦智生，姦智生則邪巧作。故姦邪之所生，生於匱不足。匱不足之所生，生於侈。侈之所生，生於毋度。故曰：審度量，節衣服，儉財用，禁侈泰，爲國之急也。不通於若計者，不可使用國。”古人之理財，固非若後世之苟求足用而已。

又《管子·事語》：“桓公問管子曰：事之至數可聞乎？管子對曰：何謂至數？桓公曰：秦奢教我曰：帷蓋不修，衣服不衆，則女事不泰。俎豆之禮不致牲，諸侯太牢，大夫少牢，不若此，則六畜不育。非高其臺榭，美其宫室，則羣材不散。此言何如？管子曰：非數也。桓公曰：何謂非數？管子對曰：此定壤之數也。彼天子之制，壤方千里。齊諸侯方百里。負海子七十里，男五十里，若胸臂之相使也。故準徐疾羸不足，雖在下也，不爲君憂。彼壤狹而欲舉與大國争者，農夫寒耕暑耘，力歸於上，女勤於緝績徽織，功歸於府者，非怨民心傷民意也，非有積蓄，不可以用人。非有積財，無以勸下。秦奢之數，不可用於危隘之國。桓公曰：善。”案此秦奢謂奢侈可以生財，而管仲闢之也。定壤之數，即《王制》用地之大小，以制國用之説。

斯時之分財，蓋因其位之高下而有差等。《荀子》曰：“夫貴爲天子，富有天下，是人情之所同欲也。然則從人之欲，則勢不能容，物不能贍也。故先王案爲之制禮義以分之，使有貴賤之等，長幼之差，知愚能不能之分，皆使人載其事而各得其宜，然後使慤禄多少厚薄之稱，是夫羣居和一之道也。故仁人在上，則農以力盡田，賈以察盡財，百工以巧盡械器，士大夫以上至於公侯，莫不以仁厚知能盡官職，夫是之謂至平。故或禄天下而不自以爲多，或監門、御旅、抱關、擊柝，而不自以爲寡。故曰：斬而齊，枉而順，不同而一。夫是之謂人倫。”《榮辱》。孔子曰：“聖人之制富貴也，使民富不足以驕，貧不至於約，貴不慊於上，《注》：“慊，恨不滿之貌也。慊或爲嫌。”故亂益亡。”《禮記・坊記》。知此時除君卿大夫食禄稍厚外，其餘固無甚貧甚富之差也。

然君卿大夫，食禄雖厚，其待下亦多以寬爲訓，以聚斂爲戒，以與民争利爲耻。《大學》曰：“德者本也，財者末也。外本内末，争民施奪。是故財聚則民散，財散則民聚。是故言悖而出者，亦悖而入；貨悖而入者，亦悖而出。”又曰：“仁者以財發身，不仁者以身發財。”又曰：“孟獻子曰：畜馬乘，不察於鷄豚。伐冰之家，不畜牛羊。百乘之家，不畜聚斂之臣。與其有聚斂之臣，寧有盜臣。此謂國不以利爲利，以義爲利也。《禮記・坊記》：“子云：君子不盡利以遺民。《詩》云：彼有遺秉，此有不斂穧，伊寡婦之利。故君子仕則不稼，田則不漁，食時不力珍。大夫不坐羊，士不坐犬。”長國家而務財用者，必自小人矣。彼爲善之，小人之使爲國家，菑害并至。雖有善者，亦無如之何矣。此謂國不以利爲利，以義爲利也。”可謂言之深切著明矣。古所謂戰勝之族，其初雖亦以兵力擊服異族而臣之。然其人必有不好利之美德。好利則奢惰而易流於弱，且易起内争，不能戰勝矣。亦必有哀矜降伏者之仁心。而朘民自肥，終招亡滅，在古代亦必數見不鮮，又足以資其鑒戒。故積之久，而損上益下，遂垂爲明訓也。

《禮記・王制》謂歲之成，大司徒、大司馬、大司空，“以百官之成，質於天子。百官齊戒受質，然後休老勞農”。此即《月令》所謂“臘先祖五祀，勞農以休息之”；《郊特牲》所謂“蜡，黄衣黄冠而祭，息田夫”者也。《郊特牲》曰：“既蜡而收民息已，故既蜡，君子不興功。”《雜記》：“子貢觀於蜡。孔子曰：賜也樂乎？對曰：一國之人皆若狂，賜未知其樂也。子曰：百日之蜡，一日之澤，非爾所知也。張而不弛，文武弗能也。弛而不張，文武弗爲也。一張一弛，文武之道也。”此古者農耕既畢，所謂"施惠於民"之事。《祭統》曰："凡餕之道，每變以衆，所以别貴賤之等，而興施惠之象也。""祭者，澤之大者也。是故上有大澤，則惠必及下。""是故上有大澤，則民夫人待於下流，知惠之必將至也。"此則國家有慶典，行恩澤於民者也。凡此，皆古戰勝之族，所以撫綏其所征服之族者也。

共産之世，力作皆以爲羣，相養亦惟羣是待。故老弱疾病之民，亦皆有以食之；死亡遷徙之事，則必有以協助之。其遺規尚流傳後世，如《禮記・王制》曰："五十不從力政，六十不與服戎，七十不與賓客之事，八十齊喪之事弗及也。"又曰："八十者，一子不從政。九十者，其家不從政。廢疾非人不養者，一人不從政。父母之喪，三年不從政。齊衰大功之喪，三月不從政。將徙於諸侯，三月不從政。自諸侯來徙家，期不從政。"又曰："少而無父者謂之孤。老而無子者謂之獨。老而無妻者謂之鰥。老而無夫者謂之寡。此四者，天民之窮而無告者也，皆有常餼。瘖、聾、跛、躃、斷者、侏儒、百工，各以其器食之。"《荀子・王制》："五疾，上收而養之。"此等蓋皆原始共産時代之遺規也。《樂記》曰："強者脅弱，衆者暴寡，知者詐愚，勇者苦怯，疾病不養，老幼孤獨不得其所，此大亂之道也。"嗚呼！苟以此言爲治亂之衡，則雖號稱治平如中國之漢唐，富強如今日之歐美，以曷嘗一日能免於亂哉？

原始共産之世，不徒一社會之中，能盡相生相養之道也，即其彼此之間，亦恒能互相救恤。其遺規亦尚流傳於後世。如《公羊》襄三十年，"晉人、齊人、宋人、衛人、鄭人、曹人、莒人、邾婁人、滕人、薛人、杞人、小邾婁人，會於澶淵，宋災故"，"諸侯相聚，而更宋之所喪，曰：死者不可復生，爾財復矣"。《穀梁》襄三十年："其曰人，何也？救災以衆。何救焉？更宋之所喪財也。"此其用意，與現在之保險同，然不必豫行出資，則真可謂之義舉矣。《墨子・非攻》下篇云："今若有能信效，孫詒讓云："效，讀爲交。"先利天下諸侯者：大國之不義也，則同憂之；大國之攻小國也，則同救之；小國城郭之不全也，必使修之；布粟之絶則委之，幣帛不足則共之。”城郭不全使修之，齊桓合諸侯而城杞其事也。《公羊》僖十四年。布粟之絶則委之，幣帛不足共之，衛爲狄滅，立戴公以廬於曹，齊侯“歸公乘馬，祭服五稱，牛羊豕鷄狗皆三百，與門材。歸夫人魚軒，重錦三十兩”其事也。《左》閔二年。《孟子》曰：“湯居亳，與葛爲鄰，葛伯放而不祀。湯使人問之曰：何爲不祀？曰：無以供犧牲也。湯使遺之牛羊。葛伯食之，又不以祀。湯又使人問之曰：何爲不祀？曰：無以供粢盛也。湯使亳衆往爲之耕。”《滕文公》下。以後世之事衡之，殊屬不近情理。然在古代，固不足爲異，蓋保留有原始之遺風也。齊桓公葵丘之盟，五命曰：無遏糴。《孟子·告子》下，《穀梁》僖九年。《左》僖十三年，晉薦饑，使乞糴於秦。秦伯謂百里：“與諸乎？”對曰：“天災流行，國家代有。救災恤鄰，道也。行道有福。”此亦古代各部落互相救恤之遺制也。

原始部落共產之制，隨世運之進步而逐漸破壞。其所由然，則以社會組織之改變，由於私有制之產生，私利之心日盛也。邃古之人，祇有合力以對物，更無因物而相爭，前已明之。斯時所謂合力者，其事至簡。迨其稍進，則分工易事之道興。既有分工，則必有分職。分職如何？部落小，人民少，事務簡之時，編制甚易。國大，人衆，事既繁複；一物所需之多少，又時有不同，則編制甚難。斯時各部落時時互相吞并。兩部落并爲一部落，則其社會已非其故，分職之法，亦各捨其舊而新是圖。然欲如此時時改變則甚難。且交通漸便，往來日繁，則有無之相資亦日多，各物孰宜自造？孰可不造而求之於外？孰當多造以與人爲易？其情形亦月異而歲不同。舊時之分職，至此不徒不復相宜，并足爲此時獲利之障。私有制既興，人之欲利，如水就下。舊制既爲獲利之障，自將墮壞於冥漠之中。而欲利之心，因可欲之物多而益盛。在上者日剥其下，詐僞興而淳樸漓，原始共產之制，彌不可行矣。此非一朝一夕之故，欲鑿指其在何時，實不可得。然合全局而觀之，其跡固有可徵也。今試略述其事如下。

共產制度之壞，其第一事，即在井田之廢。我國古代井田制，爲貴族剥削庶人之法。但名義上尚保存有平均分田之制，既有還受之法，又有换土易居之制。及春秋戰國之際，社會經濟之最大變化，即在井田之廢。《孟子》曰："經界不正，井地不均，穀禄不平。是故暴君汙吏，必慢其經界。"《孟子·滕文公》上。朱子《開阡陌辨》曰："《漢志》言秦廢井田，開阡陌。説者之意，皆以開爲開置之開。言秦廢井田，而始置阡陌也。按阡陌者，舊説以爲田間之道。蓋因田之疆畔，制其廣狹，辨其横縱，以通人物之往來，即《周禮》所謂遂上之徑，溝上之畛，洫上之塗，澮上之道也。然《風俗通》云：南北曰阡，東西曰陌。又云：河南以東西爲阡，南北爲陌。二説不同。今以《遂人》田畝夫家之數考之，則當以後説爲正。蓋陌之爲言百也，遂洫從而徑塗亦從，則遂間百畝，洫間百夫，而徑塗爲陌矣。阡之爲言千也，溝澮横而畛道亦横，則溝間千畝，澮間千夫，而畛道爲阡矣。阡陌之名，由此而得。至於萬夫有川，而川上之路，周於其外，與夫《匠人》井田之制，遂溝洫澮，亦皆四周，則阡陌之名，疑亦因其横從而命之也。然遂廣二尺，溝四尺，洫八尺，澮二尋，則丈有六尺矣。徑容牛馬，畛容大車，塗容乘車一軌，道二軌，路三軌，則幾二丈矣。此其水陸佔地，不得爲田者頗多。先王之意，非不惜而虚棄之也，所以正經界，止侵争，時蓄洩，備水旱，爲永久之計，有不得不然者，其意深矣。商君以其急刻之心，行苟且之政，但見田爲阡陌所束，而耕者限於百畝，則病其人力之不盡。但見阡陌之佔地太廣，而不得爲田者多，則病其地利之有遺。又當世衰法壞之時，則其歸授之際，必不免有煩擾欺隱之姦。而阡陌之地，切近民田，又必有陰據以自私，而税不入於公上者。是以一旦奮然不顧，盡開阡陌，悉除禁限，而聽民兼并買賣，以盡人力，墾闢棄地，悉爲田疇，而不使其有尺寸之遺，以盡地利。使民有田即爲永業，而不復歸授，以絶煩擾欺隱之姦。使地皆爲田，而田皆出税，以覈陰據自私之幸。此其爲計，正猶楊炎疾浮户之弊，而遂破租庸以爲兩税。蓋一時之害雖除，而千古聖賢傳授精微之意，於此盡矣。故《秦紀》、《鞅傳》皆云：爲田開阡陌封疆而賦税平。蔡澤亦曰：決裂阡陌，以静生民之業,而一其俗。詳味其言,則所謂開者,乃破壞剗削之意,而非創置建立之名;所謂阡陌,乃三代井田之舊,而非秦之所制矣;所謂賦税平者,以無欺隱竊據之姦也;所謂静生民之業者,以無歸授取予之煩也。以是數者,合而證之,其理可見,而蔡澤之言,尤爲明白。且先王疆理天下,均以予民,故其田間之道,有經有緯,不得無法。若秦既除井授之制矣,則隨地爲田,隨田爲路,尖斜屈曲,無所不可,又何必取其東西南北之正,以爲阡陌,而後可以通往來哉?此又以物情事理推之,而益見其説之無疑者。或乃以漢世猶有阡陌之名,而疑其出於秦之所置。殊不知秦之所開,亦其曠僻而非通路者耳。若其適當衝要而便於往來,則亦豈得而盡廢之哉?但必稍侵削之,不使復如先王之舊耳。"《晦庵先生朱文公文集》。朱子此文,於井田之廢壞,洞若觀火。蓋一由人多而地不足,故田間曠土,競圖墾闢。一由斯時有土之君,及各地方之豪強,競思剥民以自奉,佔公地以自肥,遂益破壞昔日之疆界也。還受之制既廢,所佔即爲所有,則并公有之名而不復存,而土地盡入私人之手矣。斯時佔有土地者,自係強有力之徒。愚弱之民,則任其兼并而無如何矣。職是故,乃生秦漢之世所謂田連阡陌之家。

秦漢之世,農田以外之土地,亦爲私家所占。《史記・貨殖列傳》所載事畜牧、鹽鐵、丹穴之利者皆是也。《貨殖列傳》曰:"陸地牧馬二百蹄,牛蹄角千,千足羊,澤中千足彘,水居千石魚陂,山居千章之材。安邑千樹棗;燕、秦千樹栗;蜀、漢、江陵千樹橘;淮北、常山已南,河濟之間千樹萩;陳、夏千畝漆;齊、魯千畝桑麻;渭川千畝竹;及名國萬家之城,帶郭千畝畝鍾之田,若千畝卮茜,千畦薑韭:此其人皆與千户侯等。"此等廣大之土地,皆前此衡虞、迹人、卝人等之所掌也。此時亦皆入私人之手矣。是即秦漢之世所謂擅山澤之利之徒也。

古代工業,本由官營,讀《考工記》可見。孟子難白圭曰:"萬室之國,一人陶,則可乎?"曰:"不可,器不足用也。"《孟子・告子》下。明古者立工官,度需用之多少以造械器,貴族之需用,皆仰給於官也。逮夫春秋以後，社會發生變革，民所需用之器日多，或爲官所不能造。人口日繁，則舊時官造之器，又或不能給民用。情勢既異，工官之制雖尚保存，而私家之製造業日漸興起矣。《史記・貨殖列傳》謂"用貧求富，農不如工，工不如商。"王莽之行六筦也，下詔曰："夫鹽，食肴之將；酒，百藥之長，嘉會之好；鐵，田農之本；名山大澤，饒衍之臧；五均賒貸，百姓所取平，卬以給澹；鐵布銅冶，通行有無，備民用也。此六者，非編户齊民所能家作，必卬於市，雖貴數倍，不得不買。豪民富賈，即要貧弱。"《漢書・食貨志》。可見當時恃此以致富者衆矣。

商業之盛，尤爲共産制度破壞之大原。共産之世，本部落中雖更無交易，然交易之事，未嘗不行於異部落之間。人之欲利，如水就下。交易既盛，爲公家盡力之外，勢必競造私貨，售諸異部落，以易其所欲得。於是一部落中，有私財者日多，共産之組織，既日以陵夷，而部人之有私財者又日多，其制安得不蕩焉以盡也？凡此，皆共産制度之所由廢壞也。《漢書・貨殖傳》曰："及周室衰，禮法墮，諸侯刻桷丹楹，大夫山節藻梲，八佾舞於庭，雍徹於堂。其流至乎士庶人，莫不離制而棄本，稼穡之民少，商旅之民多，穀不足而貨有餘。陵夷至乎桓、文之後，禮誼大壞，上下相冒，國異政，家殊俗，耆欲不制，僭差亡極。於是商通難得之貨，工作亡用之器，士設反道之行，以追時好而取世資。僞民背實而要名，姦夫犯害而求利。篡弒取國者爲王公，圉奪成家者爲雄桀。禮誼不足以拘君子，刑戮不足以威小人。富者木土被文錦，犬馬餘肉粟，而貧者裋褐不完，唅菽飲水。其爲編户齊民，同列而以財力相君，雖爲僕虜，猶亡慍色。故夫飾變詐僞姦軌者，自足乎一世之間；守道循理者，不免於饑寒之患。"《史記・貨殖列傳》曰："天下熙熙，皆爲利來；天下攘攘，皆爲利往。"又曰："賢人深謀於廊廟，論議朝廷，守信死節隱居巖穴之士設爲名高者安歸乎？歸於富厚也。是以廉吏久，久更富，廉賈歸富。富者，人之情性，所不學而俱欲者也。故壯士在軍，攻城先登，陷陣却敵，斬將搴旗，前蒙矢石，不避湯火之難者，爲重賞使也。其在閭巷少年，攻剽椎埋，劫人作姦，掘冢鑄幣，任俠并兼，借交報仇，篡逐幽隱，不避法禁，走死地如騖者，其實皆爲財用耳。今夫趙女鄭姬，設形容，揳鳴琴，揄長袂，躡利屣，目挑心招，出不遠千里，不擇老少者，奔富厚也。遊閑公子，飾冠劍，連車騎，亦爲富貴容也。弋射漁獵，犯晨夜，冒霜雪，馳阬谷，不避猛獸之害，爲得味也。博戲馳逐，鬭鷄走狗，作色相矜，必争勝者，重失負也。醫方諸食技術之人，焦神極能，爲重糈也。吏士舞文弄法，刻章僞書，不避刀鋸之誅者，没於賂遺也。農工商賈畜長，固求富益貨也。此有知盡能索耳，終不餘力而讓財矣。"人自爲謀，惟利是圖，惟力是視，儼然今日之情形矣。《淮南子·齊俗訓》："衰世之俗，以其知巧詐僞，飾衆無用。貴遠方之貨，珍難得之財。不積於養生之具。澆天下之淳，析天下之樸，牿服馬牛以爲牢。滑亂萬民，以清爲濁。性命飛揚，皆亂以營。貞信漫瀾，人失其情性。於是乃有翡翠犀象，黼黻文章，以亂其目；芻豢黍梁，荆吴芬馨，以嚂其口；鐘鼓管簫，絲竹金石，以淫其耳；趨舍行義，禮節謗議，以營其心。於是百姓糜沸豪亂，暮行逐利，煩挐澆淺。法與義相非，行與利相反。雖十管仲，弗能治也。且富人則車輿衣纂錦，馬飾傅旄象，帷幕茵席，綺繡條組，青黄相錯，不可爲象。貧人則夏被褐帶索，含菽飲水以充腸，以支暑熱；冬則羊裘解札，短褐不掩形，而煬竈口故其爲編户齊民無以異。然貧富之相去也，猶人君與僕虜，不足以論之。夫乘奇技僞邪施者，自足乎一世之間；守正修理不苟得者，不免乎飢寒之患。而欲民之去末反本，是由發其原而壅其流也。夫雕琢刻鏤，傷農事者也；錦繡纂組，害女工者也。農事廢，女工傷，則飢之本而寒之原也。夫飢寒并至，能不犯法干誅者，古今未之聞也。故仕鄙在時，不在行；利害在命，不在智。夫敗軍之卒，勇武遁逃，將不能止也；勝軍之陳，怯者死行，懼不能走也。故江河決沈一鄉，父子兄弟，相遺而走，争升陵阪，上高邱，輕足先升，不能相顧也。世樂志平，見鄰國之人溺，尚猶哀之，又況親戚乎？故身安則恩及鄰國，志爲之滅；身危則忘其親戚，而人不能解也。游者不能拯溺，手足有所急也；灼者不能救火，身體有所痛也。夫民有餘即讓，不足則争。讓則禮義生，争則暴亂起。扣門求水，莫弗與者，所饒足也。林中不賣薪，湖上不鬻魚，所有餘也。故物豐則欲省，求澹則争止。秦王之時，或人葅子，利不足也。劉氏持政，獨夫收孤，財有餘也。故世治則小人守政，而利不能誘也；世亂則君子爲姦，而法弗能禁也。"可與《史》、《漢·貨殖傳》之言參看。《管子·禁藏》："夫凡人之情，見利莫能勿就，見害莫能勿避。其商人通賈，倍道兼行，夜以續日，千里而不遠者，利在前也。漁人之入海，海深萬仞，就彼逆流，乘危百里，宿夜不出者，利在水也。故利之所在，雖千仞之山，無所不上；深源之下，無所不入焉。故善者勢利之在，而民自美安，不推而往，不引而來，不煩不擾，而民自富。如鳥之覆卵，無形無聲，而惟見其成。"案此謂任人自謀，人自各止於其所利，而公利存焉。與斯密亞丹之説相近。又《輕重甲》："湩然擊鼓，士忿怒。鎗然擊金，士帥然筴桐鼓從之，輿死扶傷，争進而無止。口滿用，手滿錢，非大父母之仇也，重禄重賞之所使也。故軒冕立於朝，爵禄不隨，臣不爲忠。中軍行戰，委予之賞不隨，士不死其列陳。然則是大臣執於朝，而列陳之士執於賞也。故使父不得子其子，兄不得弟其弟，妻不得有其夫，唯重禄重賞爲然耳。故不遠道里，而能威絶域之民，不險山川，而能服有恃之國，發若雷霆，動若風雨，獨出獨入，莫之能圉。"此則借利以傾鄰國矣。

人類之始，不知自私其力也。寖假而知自私其力矣。其所私者，一身一家，日用飲食之物而已矣。稍進，乃及於奢侈之物。此古之諸侯大夫等，所以寶珠玉重器也。《孟子·盡心》下曰："諸侯之寶三：土地、人民、政事。寶珠玉者，殃必及身。"可見是時寶珠玉者之多。《左》桓十年："初，虞叔有玉，虞公求旃。弗獻，既而悔之。曰：周諺有之：匹夫無罪，懷璧其罪。吾焉用此，其以賈害也。乃獻之。又求其寶劍。叔曰：是無厭也。無厭，將及我。遂伐虞公，故虞公出奔共池。"《左》定三年："蔡昭侯爲兩佩與兩裘，以如楚，獻一佩一裘於昭王。昭王服之，以享蔡侯。蔡侯亦服其一。子常欲之，弗與。三年止之。唐成公如楚，有兩肅爽馬，子常欲之，弗與。亦三年止之。"卒以此啓入郢之禍。此其大者，其他類此者尚多。昭十二年：楚靈王謂子革曰："昔我先王熊繹，與吕伋、王孫牟、燮父、禽父，并事康王，四國皆有分，我獨無有。"數世之後，追溯之，猶有怏怏之情焉。子革對曰："齊，王舅也。晉及魯、衛，王母弟也。楚是以無分，而彼皆有。"又可見是時厚待懿親，乃頒之重器，而非疏逖之臣所得比矣。衛蒯聵久居於外，僅乃復國，而其謂渾良夫曰："吾繼先君而不得其器，若之何？"樂毅《報燕惠王書》，亦以"珠玉財寶，車甲珍器，盡收入於燕。齊器設於寧臺，大吕陳於玄英，故鼎反乎磿室"，盛誇功伐，皆可見是時視重器之重也。然此等物僅可以供玩弄，而不可以作母財。故雖或因此以肆誅求，究不能藉是以資剥削。及其益進，則玩好之情漸減，貨幣之用益弘。周轉既靈，借貸彌易，而所謂息錢者起焉。《史記·貨殖列傳》謂"子貸金錢千貫"者，"比千乘之家"。又謂"吴楚七國兵起時，長安中列侯封君行從軍旅，齎貸子錢，子錢家以爲侯邑國在關東，關東成敗未決，莫肯與。惟無鹽氏出捐千金貸，其息什之。《史記索隱》："謂出一得十倍。"三月，吴楚平。一歲之中，則無鹽氏之息什倍，用此富埒關中。"可見漢初已有專事放債之人，及其利息之厚。晏子謂齊景公曰："春省耕而補不足，秋省斂而助不給。夏諺曰：吾王不遊，吾何以休？吾王不豫，吾何以助？"《孟子·梁惠王》下。《管子·五輔》篇曰："養長老，慈幼孤，恤鰥寡，問疾病，弔禍喪，此謂匡其急。衣凍寒，食飢渴，匡貧窶，振罷露，資乏絶，此謂振其窮。”《管子·幼官》篇：“再會諸侯，令曰：養狐老，食常疾，收孤寡。”可見是時民有乏絶者，在上之人，皆負匡救之責。齊景公聞晏子之言而悦，大戒於國，出舍於郊，於是始興發補不足，蓋即其事。陳氏“以家量貸，而以公量收之”；《左》昭三年。馮煖爲孟嘗君收責，盡焚其券以市義，《戰國策》。猶其遺制也。《管子·問》篇：“問鄉之良家，其所牧養者幾何人矣？問邑之貧人，債而食者幾何家？”“貧士之受責於大夫者幾何人？”“問人之貸粟米，有别券者幾何家？”良家所牧養之人，後蓋漸變爲奴婢，貧士受責於大夫，則養士之始也。債而食，貸粟米有别券，蓋皆民家借貸。一有别券，一無之，則是時借貸，出於情面者尚多。出於情面者，蓋不必皆有利息。然其後，則多變爲有利息者矣。蓋制民之產之政既亡，人民之失養者日多，在上者既不能振救，而放債之人乃乘之而牟利也。

富厚所在，權力隨之。子貢結駟連騎，束帛之幣，以聘享諸侯。所至，國君無不分庭與之抗禮。烏氏倮以畜牧起，秦始皇帝令比封君，以時與列臣朝請。巴寡婦清能用財自衛，秦皇以爲貞婦而客之，爲築女懷清臺。萬乘之君如此，平民之畏憚之，又曷足怪乎？諺曰：“千金之子，不死於市。”可見是時富人之聲勢矣。《史記·貨殖列傳》。《莊子·盜跖》篇述富人之苦曰：“内則疑劫請之賊，外則畏寇盜之害，内周樓疏，外不敢獨行。”則斯時盜賊之覬覦富人，亦如今世。此富人之所以不敢輕出。此千金之子，不死於市之注脚也。

欲利之心如此，而廉讓之節遂亡。《韓非子》曰：“古者丈夫不耕，草木之實足食也；婦人不織，禽獸之皮足衣也。不事力而養足，人民少而財有餘，故民不争。是以厚賞不行，重罰不用，而民自治。今人有五子不爲多，子又有五子，大父未死而有二十五孫。是以人民衆而貨財寡，事力勞而供養薄，故民争。雖倍賞累罰，而不免於亂。堯之王天下也，茅茨不翦，采椽不斲；糲粢之食，藜藿之羹；冬日麑裘，夏日葛衣。雖監門之服養，不虧於此矣。禹之王天下也，身執耒臿，以爲民先，股無胈，脛不生毛。雖臣虜之勞，不苦於此矣。以是言之，夫古之讓天子者，是去監門之養，而離臣虜之勞也，故傳天下而不足多也。

今之縣令，一日身死，子孫累世絜駕，故人重之。是以人之於讓也，輕辭古之天子，難去今之縣令者，薄厚之實異也。夫山居而谷汲者，膢臘而相遺以水；澤居苦水者，買庸而決竇。故饑歲之春，幼弟不饟；穰歲之秋，疏客必食，非疏骨肉愛過客也，多少之實異也。是以古之易財，非仁也，財多也；今之爭奪，非鄙也，財寡也。輕辭天子，非高也，勢薄也；重爭土橐，非下也，權重也。"《五蠹》。其於爭奪之禍，可謂能燭其原矣。又曰："今世之學士語治者，多曰：與貧窮地，以實無資。今夫與人相若也，無豐年旁入之利而獨以完給者，非力則儉也；與人相若也，無饑饉疾疚禍罪之殃，獨以貧窮者，非侈則惰也。侈而惰者貧，而力而儉者富。今人徵斂於富人以布施於貧者，是奪力儉而與侈惰也。"《顯學》。然則古者，遇民之無告者，則哀矜之；今也，遇民之無告者，則督過之，而人情大變矣。《莊子》曰："柏矩至齊，見辜人焉。推而強之，解朝服而幕之，號天而哭之曰：子乎！子乎！天下有大菑，子獨先離之，曰莫爲盜！莫爲殺人！榮辱立，然後覩所病；貨財聚，然後覩所爭。今立人之所病，聚人之所爭，窮困人之身使無休時，欲無至此，得乎？""匿爲物而愚不識，大爲難而罪不敢，重爲任而罰不勝，遠其塗而誅不至。民知力竭，則以僞繼之，日出多僞，士民安取不僞！夫力不足則僞，知不足則欺，財不足則盜。盜竊之行，於誰責而可乎?"《則陽》。此深悲社會制度之不善，民生其間者，實無以自全也。可謂惻然仁者之言矣。

邃古財産公有之制，猶有遺存於三代時者。晏子謂齊景公："今也，師行而糧食。"《孟子·梁惠王》下。糧同量。量食者，酌留人民所自食，餘悉供軍，此古者合一社會之食，以食一社會之人之遺制也。古者生之爲之也同，食之用之也亦同。後雖不復然，然醵與鄉飲酒，猶是合食之遺制。《酒誥》曰："羣飲，汝勿佚。盡執拘以歸於周，予其殺。"當禁酒之時，豈不知羣飲之易罹禁網，獨酌之可避耳目？而猶有羣飲者，習不可猝變也。漢世所謂賜酺猶然。《詩》曰："言私其豵，獻豜於公。"此田獵所得，公之於衆也。周行徹法。釋者曰："耕則通力合作,收則計畝而分。”此農作之役,不分彼此也。此等遺制尚多,難以枚舉。後世距共産之世日遠,則其跡亦日湮矣。

土地私有制之緣起,蓋有四端:一曰先佔,如墾闢荒地是也。古之分地,後遂變爲私有者,當屬此類。二曰劫奪。勝者以敗者爲奴,没收其財産爲已有是也。大而滅國,小而亡家,皆屬此類。三曰兼并。則私産既興之後,恃其財力,以攘奪人者也。四曰由公産變爲私産。私有制既興,一部落之公財,散而爲家族之私財。家族管理財産之權,在其族長。久之,財産遂變爲族長所獨有。故曰:“子婦無私蓄。”《禮記·内則》。又曰:“父母存,不有私財。”又《曲禮》上。後世卑幼不得擅用財之律由此。

東周以降,社會組織發生變化。秦漢時,大地主及大工商皆極跋扈。斯時所謂商人者,實爲兼營工業之豪民,如煮鹽、鐵冶之類是也。《漢書·食貨志》載董仲舒之言,謂“至秦則不然,用商鞅之法,改帝王之制,除井田,民得賣買,富者田連阡陌,貧者無立錐之地。又顓川澤之利,管山林之饒,荒淫越制,踰侈以相高;邑有人君之尊,里有公侯之富,小民安得不困”?又謂“或耕豪民之田,見税十五。王莽行王田之詔曰:“漢氏減輕田租,三十而税一,而豪民侵陵,分田劫假,厥名三十,實什税五也。”故貧民常衣牛馬之衣,食犬彘之食”。鼂錯述當時農商情形曰:“今農夫五口之家,其服役者不下二人,其能耕者不過百畝,百畝之收不過百石。春耕夏耘,秋穫冬藏,伐薪樵,治官府,給繇役;春不得避風塵,夏不得避暑熱,秋不得避陰雨,冬不得避寒凍,四時之間,亡日休息。又私自送往迎來,弔死問疾,養孤長幼在其中。勤苦如此,尚復被水旱之災,急政暴虐,賦斂不時,朝令而暮改。當具有者半賈而賣,亡者取倍稱之息,於是有賣田宅鬻子孫以償責者矣。而商賈大者積貯倍息,小者坐列販賣,操其奇贏,日遊都市,乘上之急,所賣必倍。故其男不耕耘,女不蠶織,衣必文采,食必粱肉,亡農夫之苦,有阡陌之得。因其富厚,交通王侯,力過吏勢,以利相傾;千里遊敖,冠蓋相望,乘堅策肥,履絲曳縞。此商人所以兼并農人,農人所以流亡者也。”漢世救正之法,則減輕其田租(即地稅)。“高祖令賈人不得衣絲乘車,重税租以困辱之。孝惠、高后時,爲天下初定,復弛商賈之律。然市井子孫亦不得宦爲吏。”武帝天漢四年,發天下七科讁以擊匈奴。七科讁者,張晏曰:“吏有罪一,亡命二,贅壻三,賈人四,故有市籍五,父母市籍六,大父母有市籍七。”商賈居其四焉。然荀悦謂“官家之惠,優於三代;豪強之暴,酷於亡秦。文帝不正其本,而務除租税,適足以資豪強”。晁錯謂“法律賤商人,商人已富貴矣;尊農夫,農夫已貧賤矣”。則當時之政令,實無救正之效,反以資豪強也。漢時儒者所夢想者,爲恢復井田,次則欲限民名田。哀帝時,師丹、孔光、何武等執政,曾定其法,爲丁、傅、董賢等所不便,卒不果行。至王莽,乃決然“更名天下田曰王田,奴婢曰私屬,皆不得賣買。其男口不滿八,而田過一井者,分餘田與九族鄉黨。犯令,法至死”。然“制度又不定,吏緣爲姦,天下謷謷然,陷刑者衆。後三年,莽知民愁,下詔:諸食王田及私屬皆得賣買,勿拘以法”。《漢書·食貨志》。限田之制,實不能行。

摧抑豪強,限制末作,漢世久有此論。桑弘羊之行均輸也,其言曰:“大農諸官,盡籠天下之貨物,貴則賣之,賤則買之。如此,富商大賈,亡所牟大利,則反本,而萬物不得騰躍。”“故抑天下之物,命曰平準。”其所行算舟車緡錢之法,所税徧及於各種人。又令賈人不得名田。雖意在聚斂,未嘗不以平物價、抑末業爲口實也,惜其説不盡傳耳。桑弘羊并非無學問之人,讀《鹽鐵論》可知。迨王莽變法,乃有五均司市泉府之官,及六筦之制。《漢志》曰:“國師公劉歆言周有泉府之官,收不讎,與欲得,即《易》所謂理財正辭,禁民爲非者也。莽乃下詔曰:夫《周禮》有賒貸,《樂語》有五均,鄧展曰:“《樂語》,《樂元語》,河間獻王所傳,道五均事。”臣瓚曰:“其文云:天子取諸侯之土,以立五均,則市無二賈,四民常均。彊者不得困弱,富者不得要貨,則公家有餘,恩及小民矣。”傳記各有斡焉。今開賒貸,張五均,設諸斡者,所以齊衆庶,抑并兼也。遂於長安及五都立五均官,更名長安東西市令及洛陽、邯鄲、臨甾、宛、成都市長皆爲五均司市師。今本作“司市稱師”,稱字衍,今删。東市稱京,西市稱畿,洛陽稱中,餘四都各用東西南北爲稱，皆置交易丞五人，錢府丞一人。工商能采金銀銅連錫登龜取貝者，皆自佔司市錢府，順時氣而取之。又以《周官》稅民：凡田不耕爲不殖，出三夫之稅；城郭中宅不樹藝者爲不毛，出三夫之布；民浮游無事，出夫布一匹。其不能出布者，宂作，縣官衣食之。諸取衆物鳥獸、魚鼈、百蟲於山林水澤及畜牧者，嬪婦桑蠶、織紝、紡績、補縫，工匠、醫、巫、卜、祝及它方技商販、賈人、坐肆列里區謁舍，皆各自佔所爲於其在所之縣官，除其本，計其利，十一分之，而以其一爲貢。敢不自佔，自佔不以實者，盡沒入所采取，而作縣官一歲。諸司市常以四時中月實定所掌，爲物上中下之賈，各自用爲其市平，毋拘它所。衆民賣買五穀、布帛、絲緜之物，周於民用而不讎者，均官有以考檢厥實，用其本賈取之，毋令折錢。萬物卭貴，過平一錢，則以平賈賣與民。其價氐賤減平者，聽民自相與市，以防貴庾者。民欲祭祀喪紀而無用者，錢府以所入工商之貢但賒之，祭祀毋過旬日，喪紀毋過三月。民或乏絶，欲貸以治産業者，均受之，除其費，計所得受息，毋過歲什一。羲和魯匡言：名山大澤，鹽鐵錢布帛，五均賒貸，斡在縣官，唯酒酤獨未斡。酒者，天之美禄，帝王所以頤養天下，享祀祈福，扶衰養疾。百禮之會，非酒不行。故《詩》曰：無酒酤我。而《論語》曰：酤酒不食。二者非相反也。夫《詩》據承平之世，酒酤在官，和旨便人，可以相御也。《論語》孔子當周衰亂，酒酤在民，薄惡不誠，是以疑而弗食。今絶天下之酒，則無以行禮相養；放而無限，則費財傷民。請法古，令官作酒，以二千五百石爲一均，率開一盧以賣，讎五十釀爲準。一釀用粗米二斛，麴一斛，得成酒六斛六斗。各以其市月朔米麴三斛，并計其賈而參分之，以其一爲酒一斛之平。除米麴本賈，計其利而什分之，以其七入官，其三及醩截灰炭給工器薪樵之費。羲和置命士督五均六斡，郡有數人，皆用富賈。洛陽薛子仲、張長叔、臨菑姓偉等，乘傳求利，交錯天下。因與郡縣通姦，多張空簿，府臧不實，百姓俞病。莽知民苦之，復下詔曰：夫鹽，食肴之將；酒，百藥之長，嘉會之好；鐵，田農之本；名山大澤，饒衍之臧；五均賒貸，百姓所取平，印以給澹;鐵布銅冶,通行有無,備民用也。此六者,非編户齊民所能家作,必印於市,雖貴數倍,不得不買。豪民富賈,即要貧弱,先聖知其然也,故斡之。每一斡爲設科條防禁,犯者罪至死。姦吏猾民并侵,衆庶各不安生。”案莽之法,將事業之大者,皆歸官辦。其較小者,雖聽民自營,亦設官管理。凡事皆收其税,以供貧民借貸之資。有田宅而惰游者有罰。無業者得冗作縣官。貴庾雖有禁防,周於民用而不讎之物,亦可得平價。合各方面而兼籌并顧,其用意在改革,其如不能行何?

莽之法所以不能行者?由是時去共産之世已遠,人民雖有怨恨私産之心,已無復共産之世不分人己之美德。推行共産之制於人人皆務私利之世,自覺綦難。若恃官吏監督,則斯時之設治,已極闊疏,其力必不能及。況官吏亦莫非罔利之徒乎?莽所定制,亦實有不可行者。如欲以官力平萬物之價,安得此雄厚之資本?《鹽鐵論》賢良之言曰:“縣官鼓鑄鐵器,大抵多爲大器,務應員程,不給民用。民用鈍弊,割草不痛。是以農夫作劇,得獲者少,百姓苦之矣。”又曰:“故民得佔租、鼓鑄、煮鹽之時,鹽與五穀同賈,器和利而中用。今縣官作鐵器,多苦惡,用費不省,卒徒煩而力作不盡。家人相一,父子戮力,各務爲善器。器不善者不集。農事急,輓運,衍之阡陌之間。民相與市買,得以財貨五穀新幣易貨,或時貰民,不棄作業。置田器各得所欲,更繇省約。縣官以徒復作,繕治道橋,諸發民便之。今總其原,一其價,器多堅䃘,善惡無所擇。吏數不在,器難得。家人不能多儲,多儲則鎮生。棄膏腴之日,遠市田器,則後良時。鹽鐵賈貴,百姓不便。貧民或木耕手耨,土耰淡食。鐵官賣器不讎,或頗賦於民。卒徒作不中程,時命助之。發徵無限,更繇以均劇。故百姓疾苦之。”《鹽鐵論·水旱》。官制器之弊如此,莽獨能免之乎?且改制,難事也。改變社會制度,則難之又難者也。敏事深謀,猶懼不克,而莽徒殫思於制度,不思制度之何以行,且不省目前之務。《漢書·王莽傳》曰:“莽意以爲制定則天下自平,故鋭思於地里,制禮作樂,講合《六經》之説。公卿旦入暮出,議論連年不決,不暇省獄訟寃結民之急務。縣宰缺者數年，守兼一切，貪殘日甚。”又曰：“又好變改制度，政令煩多。當奉行者，輒質問乃以從事，前後相乘，憒眊不渫。莽常御燈火，至明，猶不能勝。”將來之利未形，日前之務先已敗壞決裂，不可收拾矣，安得而不敗乎？

共産社會之生財，與私有社會異。共産社會之生財，爲用之而生之者也。私有社會之生財，爲持以交易而生之者也。既不能皆自爲而後用之，則易事通功，必不能廢。司通工易事之鍵者，則商業也。何也？用財者皆仰給焉，生財者亦必視此物之有消路而後爲之也。故必先有一法，可以代商賈分配須用之物之人，而後商賈可廢。今也分財之法未立，而先強平市價，大更幣制，別見《錢幣篇》。使商賈不行，則生財者無不失職，用財者皆無所取贍焉。此“農商失業，食貨俱廢”之所由來也。

王莽變法，雖召大亂，而土地却因亂而漸均。荀悦云：“井田之制，不宜於人衆之時。田廣人寡，苟爲可也。然欲廢之於寡，立之於衆，土地布列在豪強，卒而革之，并有怨心，則生紛亂，制度難行。若高祖初定天下，光武中興之後，人衆稀少，立之易矣。”觀此，可知東漢之初，實有地廣人稀，土田無主之象，向之田連阡陌，又顓川澤之利，管山林之饒者，至此則皆因兵燹而喪其所有矣。此其所以獲暫安也。

部落共産之世，人之生財，皆以爲社會。其所須，亦受諸社會。其欲利之心，自不如財産私有之世之甚，則風氣可以淳樸，而機械變詐之事希，墮於饑寒不如後世之易，則人可以優游自樂，不至若後世芒芒若喪家之狗。即或天災人禍，陷於空乏，亦系公共之事，可以合力而謀。身雖困苦，心無憤懣，非如後世，“朱門飽粱肉，路有凍死骨”，猶若秦越人之相視肥瘠，漠不關心。使集於枯者，益覺其情有難堪也。其制雖壞，而常爲學士所稱道，萬民所謳思，亦固其所。然雖稱道之，謳思之，而人之才德，卒不足以復之。王莽欲復之，而轉致大亂，後之人遂莫敢更作此想，歷時既久，則事漸淡忘，而稱道謳思，亦稍稍衰矣。財産私有之制，遂相沿以迄於今。

凡一種制度，爲人心所同欲，學者所同然，一時雖未克行，久之，未有不見諸施行者。限民田之論,兩漢儒者之公言也。兩漢迄未能行,而晉以後行之。晉之户調式、魏之均田令、唐之租庸調法是也。此三法之詳,當於講田賦時述之。今擷其大要,則三法皆以成年爲丁,丁因男女之異,而受田有差。其所受之田既均,則其所納之税亦均,乃按户而徵之,是曰户調。魏制有桑田、露田之别。桑田爲世業,露田有還受。蓋以在官之荒田,授民爲露田,其所私有,亦不奪之,則爲桑田。《孟子》曰:"五畝之宅,樹之以桑。"桑田蓋屋廬所在。桑田得賣其盈,亦得買所不足,而不得賣其分,亦不得買過所足。蓋欲以漸平均地權也。唐制還受者曰口分,不還受者曰永業。鄉有寬狹,田多可以足其人者爲寬鄉,不足者爲狹鄉。田,鄉有餘以給比鄉,縣有餘以給比縣,州有餘以給比州。庶人徙鄉,及貧無以葬,得賣世業田。自狹鄉徙寬鄉者,得并賣口分田。其立法彌詳矣,然史稱開元而後,其法大壞,并兼踰漢成、哀。

田賦而外,諸山海川澤之利,如鹽鐵等。理應歸官管理,一以防豪強之把持,一則國家得此大宗收入,可以興利除弊。且可藉以均平貧富也。然歷代於此,當國用饒足時,則一切置之不問,必國用窘乏,乃思所以取之。蓋一由官吏辦理不善,後遂引以爲戒;觀前所引《鹽鐵論》可知。後漢章帝嘗復鹽鐵官,和帝即位,罷之。其詔曰:"昔孝武皇帝,致誅胡越,故權收鹽鐵之利,以奉師旅之費。自中興以來,匈奴未賓,永平末年,復修征伐。先帝即位,務休力役,然猶深思遠慮,安不忘危,探觀舊典,復收鹽鐵,欲以防備不虞,寧安邊境。而吏多不良,動失其便,以違上意。先帝恨之,故遺戒郡國,罷鹽鐵之禁,縱民煮鑄,入税縣官,如故事。"可知後漢鹽鐵官有之不可行,亦由官吏辦理之不善也。一則狃於舊見,以爲天子當衣食租税而已,他皆非所宜取也。《漢書·食貨志》:"卜式言曰:縣官當食租衣税而已,今弘羊令吏坐市列,販物求利。亨弘羊,天乃雨。"案租謂田租,税謂口税也。國家取民,無當專於田租口税之理。古代名山大澤,皆與民同之,故不得障管。後世此等利源,既爲私人所有,重税之以減田租口税,實爲褒多益寡之道。然思想之變遷,往往較事實之變遷爲緩,故此等舊説,猶爲人所稱引。隋文帝有天下,嘗將一切雜税,悉行罷免,亦狃於此等舊見也。然諸物放任不税,未必遂爲平民之利。《魏書·食貨志》曰:"河東郡有鹽池,舊立官司,以收税利,是時孝静帝時。罷之,而民有富強者，專擅其用，貧弱者不得資益。延興末，復立監司，量其貴賤，節其賦入，於是公私兼利。世宗即位，復罷其禁。自後豪貴之家，復乘勢佔奪，近池之民，又輒障吝。"舉此一端，其餘可以推想矣。此等自唐中葉後皆有税，且降而彌重。然皆僅爲度支計，能注意於利民者甚寡也。

田法自唐開元後，迄未能整頓。兩税祇可云整頓税收，不可云整頓田制。加以唐中葉後，藩鎮割據，競行剥民之政，豪強乘之兼并，喪亂之際，豪強兼并最易。其故約有數端：田多荒蕪，乘機佔爲己有，一也。貧者無以自立，或迫於苛税，棄田而去，亦爲豪強所佔，二也。亂時民或棄農，田益易荒，三也。暴政皆擇小民而施，民不得不託庇於豪強，四也。吏治苟簡，莫能摧抑豪強，且或與相結託，五也。故宋時農民，困苦殊甚。《宋史・食貨志》述其情形曰："太宗時，比年多稼不登，富者操奇贏之資，貧者取倍稱之息，一或小稔，富家責償愈急，税調未畢，資儲罄然。遂令州縣戒里胥鄉老察視，有取富民穀麥資財，出息不得踰倍，未輸税，毋得先償私逋，違者罪之。"又曰：宣仁太后臨朝，司馬光抗疏言農民疾苦曰："幸而收成，公私之債，交争互奪。穀未離場，帛未下機，已非己有。所食者糠籺而不足，所衣者綈褐而不完。直以世服田畝，不知捨此之外，有何可生之路耳。"其言可謂哀切矣。仁宗時，曾下詔限田，未幾即廢。景祐時，諫官王素言天下田賦，輕重不等，請均定。歐陽修亦言：祕書丞孫琳嘗往洺州肥鄉縣，與大理寺丞郭諮，以千步方田法，括定民田。願詔二人任之。三司亦以爲然。且請於亳、壽、蔡、汝四州，擇尤不均者均之。於是遣諮蔡州括一縣，均其賦。既而諮言州縣多逃田，未可盡括。朝廷亦重勞人，遂罷。嘉祐五年，復詔均定，遣官分行諸路，才數郡而止。神宗熙寧五年，乃重修定方田法，詔司農以《方田均税條約并式》，頒之天下。以東西南北各千步爲方，歲以九月，縣委令，佐分地計量，隨陂原平澤而定其地，因赤淤黑壚而辨其色。方量畢，以地及色參定肥瘠而分五等，以定税則。至明年三月畢，揭以示民，一季無訟，即書户帖，連莊帳付之，以爲地符。均税之法，縣各以其租額税數爲限。若瘠鹵不毛，及衆所食利，山林、陂塘、溝路、墳墓，皆不立税。令既具，以濟州鉅野尉王曼爲指教官，先自京東路行之，諸路倣焉。至元豐八年，乃罷。時天下之田，已方者二百四十八萬四千三百四十九頃。徽宗崇寧三年，蔡京請詔諸路提舉常平官選官習熟其法，諭州縣官吏，以豐稔日推行，自京西、河北兩路始。五年，罷。大觀二年，復詔行之。四年，罷，其税賦依未方舊則輸納。政和時，復行其法。宣和二年，又罷之，并詔自今諸司，毋得請方田。蓋徽宗時所行新政，率皆有名無實，故有此詔也。南渡後，兼并之患尤甚，乃有經界之法，然亦罕能實行。惟朱熹行之漳州，趙愳夫行之婺州，頗著成效。

紹興六年，知平江府章誼言："民所甚苦者，催科無法，税役不均。彊宗巨室，阡陌相望，而多無税之田，使下户爲之破産。"《宋史·食貨志》。淳祐六年，殿中侍御史兼侍講謝方叔言："今百姓膏腴，皆歸貴勢之家，租米有及百萬石者。小民百畝之田，頻年差充保役，官吏誅求百端，不得已，則獻其産於巨室，以規免役。小民田日減，而保役不休。大官田日增，而保役不及。"《宋史·食貨志》。咸淳十年，御史陳堅等言："今邸第戚畹，御前寺觀，田連阡陌，亡慮數千萬計。皆巧立名色，盡蠲二税。州縣乏興，鞭撻黎庶，鬻妻賣子，而鐘鳴鼎食之家，蒼頭廬兒，漿酒藿肉；梵宫琳宇之流，安居暇坐，優遊死生。"《宋史·食貨志》。南渡兼并之情形，可以見矣。其時害民最烈者，又有所謂官田及圩田。官田，謂籍没之田，募民耕者，皆仍私租舊額。私租額重而納輕，承佃猶可，公租額重而納重，民乃不堪。而州縣胥吏，與倉庫百執事，又皆從而侵漁之。季世金人乍和乍戰，戰則軍需浩繁，和則歲幣重大，國用常告不繼。於是因民苦官租之重，命有司括賣官田以給用。其初弛其力役以誘之，其終不免於抑配，此官田之弊也。嘉定以後，又有所謂安邊所田者。先是韓侂胄誅，金人講解，用廷臣言，置安邊所。凡侂胄與他權倖没入之田，及圍田、湖田之在官者皆隸焉，收其租以給歲幣。迨與北方絶好，則軍需邊用每於此取之。至其將亡，又限民名田，買其限外所有，謂之公田。初，議欲省和糴以紓民力，而其弊極多,其租尤甚。宋亡,遺患尤不息也。浙西田畝,有直千緡者。賈似道均以四十緡買之。數稍多,與銀絹。又多,與度牒告身。吏又恣爲操切,浙中大擾。奉行不至者,提領劉良貴劾之,有司争相迎合,務以買田多爲功,皆謬以七八斗爲石。其後田少與磽瘠虧租,與佃人負租而逃者,率取償田主。六郡之民,破家者衆。湖田、圩田者,明、越皆有陂湖,大抵湖高於田,田又高於江海。旱則放湖水溉田,澇則決田水入海,故無水旱之災。慶曆、嘉祐間,始有盜湖爲田者,其禁甚嚴。政和以來,創爲應奉,始廢湖爲田。自是兩州之民,歲被水旱之患。餘姚、上虞每縣收租不過數千斛,而所失民田常賦,動以萬計。其他會稽之鑑湖、鄞之廣德湖、蕭山之湘湖等處尚多。瀕太湖之地,多爲兵卒侵據,累土增高,長堤彌望,名曰壩田。旱則據之以溉,而民田不佔其利;澇則遠近氾濫,不得入湖,而民田盡没矣。此湖田、圍田之害也。凡此雖由政治之不善,而原其始,則皆兼并之家爲之也。然遺毒且不僅此,明之定天下也,官田畝税五升三合五勺,民田減二升,重租田八升五合五勺,没官田一斗二升。惟蘇、松、嘉、湖,怒其爲張士誠守,乃籍諸豪族及富民田爲官田,按私租簿爲税額。而司農卿楊憲,又以浙西地膏腴,增其賦,畝加二倍。於是浙西官、民田,有畝税至二三石者,後雖累經減免,其重猶甲於全國也。此雖明太祖之暴政,而豪族收租之重,實有以導其先路矣。

明時行黄册及魚鱗册之法。黄册以户爲主,以田從之。魚鱗册則以土田爲主,諸原阪、墳衍、下隰、沃瘠、沙鹵之别畢具。據黄册,則知各户所有丁糧,由之定賦役。而田之所在,則稽諸魚鱗册而可知。其法本甚精詳,使能實行,則户口土田,皆有可考。顧積之久,魚鱗册漫漶不可問,而田所在不可復知。於是黄册亦失實,卒至富者有田而無税,貧者有税而無田。其或田棄糧存,則攤徵於細民,責償於里甲。劣紳又立官户、儒户、子户等名,爲下户納賦税而私其所入,其弊不可勝窮。嘉靖時,乃有履畝丈量之議。神宗初,張居正爲相,行之,限三歲竣事。史稱"豪猾不得欺隱,里甲免賠累,而小民無虚糧"焉。清代丁税攤入地糧,但計按田徵税,而人户之有田無田,及其田之多少,不復過問。地權之情況，國家遂無從知之矣。

李悝謂“糴甚貴傷民，甚賤傷農”，此至論也。農夫耕耘，亦須資本。穀價賤，肥料人工等，未必與之俱賤，糶穀或不償其本，而農人困矣。食爲民天，苟使口實不乏，他事皆可徐圖，否則蹶然不可終日矣。故不耕之民，於穀價貴賤，亦利害相關甚切也。職是故，他種物價，政府雖久任其自然，而於穀價，則猶思調劑。其法最古者，爲和糴及常平倉。《漢書·食貨志》曰：“宣帝即位，用吏多選賢良，百姓安土，歲數豐穰，穀至石五錢，農人少利。時大司農中丞耿壽昌以善爲算能商功利得幸於上，五鳳中奏言：故事，歲漕關東穀四百萬斛以給京師，用卒六萬人。宜糴三輔、弘農、河東、上黨、太原郡穀足供京師，可以省關東漕卒過半。”又“白令邊郡皆築倉，以穀賤時增其賈而糴，以利農，穀貴時減賈而糶，名曰常平倉。”此兩法，後世亦多行之。然糴本甚微，不能左右穀價。常平既由官辦，惠僅及於城市之民。朱子《建寧府崇安縣五夫社倉記》曰：“予惟成周之制，縣都皆有委積，以待凶荒。而隋唐所謂社倉者，亦近古之良法也。今皆廢矣。獨常平義倉，尚有古法之遺意，然皆藏於州縣，所恩不過市井遊惰輩。至於深山長谷，力穡遠輸之民，則雖饑餓瀕死，而不能及也。又其爲法太密，使吏之避事畏法者，視民之殍而不肯發，往往全其封鐍，遞相付授，至或累數十年不一訾省。一旦甚不獲已，然後發之，則已化爲浮埃聚壤而不可食矣。夫以國家愛民之深，其慮豈不及此？然而未之有改者，豈不以里社不能皆有可任之人，欲一聽其所爲，則懼其計私以害公；欲謹其出入，同於官府，則鈎挍靡密，上下相遁，其害又必有甚於前所云者。是以難之而有弗暇耳。”隋時，乃又有所謂義倉者。其事始於開皇五年。工部尚書長孫平請令諸州百姓及軍人，勸課當社，共立義倉，收穫之日，隨其所得，勸課出粟及麥，於當社造倉窖貯之，即委社司執帳檢校。每年收積，勿損敗。若時或不熟，當社有饑饉者，即以此穀振給。史稱“自此諸州儲峙委積”云。此法既能徧及各地，又令人民自謀，實爲善舉。然各地未必能徧行，又或以人民不善管理而移之於縣，則全失立法之本意矣。宋以來，乃又有所謂社倉者。淳熙八年，朱子提舉浙東，言“乾道四年間，建民艱食，熹請於府，得常平米六百石。請本鄉土居朝奉郎劉如愚，共任振濟。夏受粟於倉，冬則加二計息以償。自後逐年斂散，或遇少歉，即蠲其息之半；大饑，即盡蠲之。凡十有四年，得息造成廒，及以元數六百石還府。見儲米三千一百石，以爲社倉，不復收息，每石只收耗米三升。以故一鄉四五十里間，雖遇凶年，人不闕食。請以是行於司倉”云云。後多有於行之者。《文獻通考》謂“凶年饑歲，人多賴之。然事久而弊，或主之者倚公以行私，或官司移用而無可給，或拘納息米而未嘗除免，甚者拘催無異正賦。良法美意，胥此焉失。必有仁人君子，以公心推而行之，斯民庶乎其有養矣”。《文獻通考·社倉》。蓋此爲人民自治之事，故必人民程度高，能善其事，而後其效可覩也。

以常平之蓄積，推及借貸者，則爲宋王安石之青苗法。常平，漢以平穀價；義倉，隋以備凶災。惠民倉者，周顯德間，以雜配錢分數折粟貯之，歲歉減價，出以惠民。宋兼存其法。又有廣惠倉者，則募人耕没入户絶田，收其租，以給州縣郭内老幼貧疾不能自存之人者也。宋時民間舉債，出息頗重，甚至約償緡錢，而穀粟、布縷、魚鹽、薪蔌、耰鉏、斧錡之屬，皆雜取之。見《宋史·陳舜俞傳》。故農民無資耕種，在當時實爲大憂。李參官陝西，始令民自隱度穀粟之贏，貸以錢，俟穀熟還官，號爲青苗錢。安石秉政，請以諸路常平廣惠倉錢穀，依陝西例預借於民，令出息二分，隨夏秋税輸納。如遇災傷，許展至豐熟日納。自河北、京東、淮南三路施行，俟有緒，推之諸路。謂“常平廣惠之物，收藏積滯，必待年儉物貴，然後出糶，而所及又不過城市游手之人。今通一路有無，貴發賤斂，可以廣蓄積，平物價，使農人有以赴時趨事，而并兼者不得乘其急”也。當時反對者甚衆，綜其所論，厥有六端：以錢貸民，出納之際，吏緣爲姦，法不能禁，一也。錢入民手，良民不免非理使用，及其納錢，富民不免違限。如此，鞭笞必用，州縣多事，二也。良懦者不願與州縣交易，不免抑配。且上户必不願請，近下等第與無業客户，雖或願請，必難催納，必有行刑督索，及勒干係人同保均陪之患，三也。無賴子弟，謾昧尊長，錢不入家，甚有他人冒名詐請，莫知爲誰者，四也。鄉村上等户及坊郭有物業者，亦依鄉户例支借，是官自放錢取息,與初詔違戾,五也。出息二分太重,六也。案青苗立法之意頗善,但奉行不善,事亦有之。試觀元祐元年罷此法,未幾,范純仁即以國用不足,建議復散,則當時行此,不免藉以取息可知。惟純仁雖號持平,究近舊黨。亦主俵散,則青苗雖有弊,亦不至如舊黨所言之甚可知。蓋此等事宜令人民自相扶助,一經官手,則因設治之疏闊,監督有所難周,法令之拘牽,於事情不能適合,有不免弊餘於利者。此安石所以行之一縣而效,行之全國而不能盡善也。宋糴法中,有所謂俵糴者。度民田入多寡,都提舉市易司預給錢物,秋成,於指定之地入米麥。或召農民相保,預貸官錢。或坊郭鄉村,以等第給錢,俟收成依時價入粟。亦與青苗相類。

中國有一等計臣,其才力極有可取者。桑弘羊之行均輸也,《漢書·食貨志》謂其"以諸官各自市相爭,物以故騰躍,而天下賦輸或不償其僦費,乃請置大農部丞數十人,分部主郡國,各往往置均輸鹽鐵官,令遠方各以其物,如異時商賈所轉販者爲賦,而相灌輸。置平準於京師,都受天下委輸。召工官治車諸器,皆仰給大農。大農諸官盡籠天下之貨物,貴則賣之,賤則買之"。此非周知四方之物價不可。《新唐書·劉晏傳》曰:"初,晏分置諸道租庸使,慎簡臺閣士專之。時經費不充,停天下攝官,獨租庸得補署,積數百人,皆新進鋭敏,盡當時之選,趣督倚辦,故能成功。雖權貴干請,欲假職仕者,晏厚以廩入奉之,然未嘗使親事,是以人人勸職。嘗言:士有爵禄,則名重於利;吏無榮進,則利重於名。故檢劾出納,一委士人,吏惟奉行文書而已。所任者,雖數千里外,奉教令如目前,頻伸諧戲不敢隱。惟晏能行之,他人不能也。"又曰:"京師鹽暴貴,詔取三萬斛以贍關中,自揚州四旬至都,人以爲神。至湖嶠荒險處,所出貨皆賤弱,不償所轉,晏悉儲淮、楚間,貿銅易薪,歲鑄緡錢十餘萬。其措置纖悉如此。諸道巡院,皆募駛足,置驛相望,四方貨殖低昂及他利害,雖甚遠,不數日即知,是能權萬貨重輕,使天下無甚貴賤而物常平,自言如見錢流地上。每朝謁,馬上以鞭算。質明視事,至夜分止,雖休澣不廢。事無閑劇,即日剖決無留。所居脩行里,粗樸庳陋,飲食儉狹,室無媵婢。然任職久,勢軋宰相,要官華使多出其門。自江淮茗橘珍甘,常與本道分貢,競欲先至,雖封山斷道,以禁前發,晏厚資致之,常冠諸府,由是娼怨益多。饋謝四方有名士無不至,其有口舌者,率以利啖之,使不得有所訾短。故議者頗言晏任數固恩。"案欲立功名,必不免於委曲,此古今所同慨,實當局之苦心。觀其清節挺挺,則知不爲身謀。固恩不免厚誣,任數未足爲病。古度支多以實物,非如純用泉幣,易於較計,而能周知各地之盈虛,以謀流通,以權輕重,其才力則不易幾矣。今後欲行公產,必不能如古者以一小部自封,必合天下之財,通計其所生所耗之量,以定其運輸頒布之方。行之百年,或事雖至繁,而有至簡之法可守。初行之時,則其委曲繁重,必非今日億度所及也。此等人正相需甚殷矣。

宋神宗時,嘗行均輸市易之法。熙寧二年,制置三司條例司言:"典領之官,拘於弊法,内外不相知,盈虛不相補。諸路上供,歲有常數。豐年便道,可以多致而不能贏;年儉物貴,難於供億而不敢不足。遠方有倍蓰之輸,中都有半價之鬻,徒使富商大賈乘公私之急,以擅輕重斂散之權。今發運使實總六路賦入,其職以制置茶、鹽、礬、酒稅爲事,軍儲國用,多所仰給。宜假以錢貨,資其用度,周知六路財賦之有無而移用之。凡糴買稅斂上供之物,皆得徙貴就賤,用近易遠。令預知中都帑藏年支見在之定數,所當供辦者,得以從便變易蓄買,以待上令。稍收輕重斂散之權歸之公上,而制其有無,以便轉輸,省勞費,去重斂,寬農民。庶幾國用可足,民財不匱。"《宋史·食貨志》。詔本司具條例以聞,而以發運使薛向領均輸平準事。案此所領者,即桑弘羊、劉晏之所爲也。然其後絶無成效,則知理財之事,必待其人而後行矣。市易始於熙寧五年,先是有魏繼宗者,自稱草澤,上言:"京師百貨無常價,貴賤相傾。富人大姓,乘民之亟,牟利數倍,財既偏聚,國用亦絀。請假榷貨務錢,置常平市易司,擇通財之官任其責,求良賈爲之轉易。使審知市物之價,賤則增價市之,貴則損價鬻之,因收餘息,以給公上。"《宋史·食貨志》。於是中書奏在京置市易務官。凡貨之可市及滯於民而不售者，平其價市之，願以易官物者聽。若欲市於官，則度其抵而貸之錢，責期使償，半歲輸息十一，及歲倍之。金帛田宅，皆可爲抵。田宅抵久不還者，估實直，如賣坊場河渡法。以吕嘉問爲都提舉市易司，諸州市易務皆隸焉。案此所爲，頗近王莽之司市泉府。其事亦卒不能行，蓋後世商業日盛，操縱固非易事也。

關於借貸情況，《陔餘叢考》三十三有一條考歷代放債起息之重輕者，今録之如下："放債起息，後人皆以《周禮》泉府之官，凡民之貸，與其有司辨之，以國服爲之息一語爲口實。按國服爲之息一語，本不甚了了。鄭衆釋之云：貸者，從官借本賈也，故有息，使民弗利，以其所賈之國所出爲息也。鄭康成因釋之云：以其於國服事之税爲息也。於國事受園廛之田，而貸萬泉者，則期出息五百。此亦億度之詞。蓋《周禮》園廛二十而税一，近郊十一，遠郊二十而三，甸稍縣都，皆無過十二，唯漆林之征，二十而五。漆林自然所生，非人力所作，故税重。康成乃約此法，謂從官貸錢，若受園廛之地。貸萬錢者，期出息五百也。賈公彦因而疏解，謂近郊十一者，萬錢期出息一千；遠郊二十而三者，期出息一千五百；甸稍縣都之民，萬錢期出息二千也。此後世放債起息之所本也。《漢書·谷永傳》：爲人起責，分利受謝。顔師古《注》曰：富賈有錢，假託其名，代爲之主，放與他人以取息，而共分之。是漢時已有放債之事。然師古謂代富人爲主，放與他人，亦恐未確。蓋如今之中保，爲之居間説合，得以分利受謝耳。《漢書·貨殖傳》：農工商賈，大率歲萬息二千，百萬之家即二十萬。《注》云：每萬得利二千，故百萬之家，得二十萬。此加二之息，見於《漢書》者也。鄭康成注國服爲息句又云：王莽時，貸以治産業者，但計赢所得，受息無過歲什一。公彦《疏》云：莽時雖計本多少爲定，及其催科，惟計所赢多少。如歲赢萬泉則催一千，如赢五千則催五百，皆據利催什一也。然則王莽時，收息僅加一也。然《漢書·莽傳》：令市官收賤賣貴，賒貸與民，收息百月三。如淳曰：出百錢與民，月收其息三錢也。則莽收息乃加三，而非如康成所云什一也。此加三起息之見於《莽傳》者也。宋《青苗條例》云：人户所請價錢斛斗，至秋成應納時，如物價稍貴，願納見錢者，當比附元請價錢，不得過三分。如一户請過一貫文，送納見錢，不得過一貫三百文。此後世官利加三之始也。原注："《元史・世祖本紀》：至元十九年，詔民間貸息，以三錢爲率，著爲令。"然韓琦疏又云：今放青苗錢，凡春貸十千，半年之内，令納利二千。秋再放十千，至年終，又令納利二千。則又加四利息矣。《元史・太宗本紀》：國初官民貸回鶻金，歲加倍。太宗著令；凡假貸歲久，惟子本相侔而止。原注："時因耶律楚材言回鶻金取息太重，名羊羔利，請以本利侔而止，故有是詔。見《楚材傳》。"世祖至元六年，又申明此制，令民間貸錢雖踰限，止償一本息。原注："時又因劉秉忠言：宜確計官民欠負，依前者使一本一利償還，詔從之。見《秉忠傳》。又布魯海牙宣撫真定，以富民收息，不踰時倍之，乃定令息如本而止。見《布魯海牙傳》。"此近代遠年債負一本一利之所始也。至近代京債之例，富人挾貲住京師，遇月選官之不能出京者，量其地之遠近，缺之豐嗇，或七八十兩作百兩，謂之扣頭。甚至有四扣五扣者。其取利最重。按此事古亦有之。《史記・貨殖傳》：吴、楚七國反時，長安列侯當從軍者，欲貸子錢。子錢家莫肯貸。惟無鹽氏捐金出貸，其息十之。吴、楚平，而無鹽氏之息十倍。曰子錢家，則專有此出錢取息之人，如今放京債者也。曰息十倍，則如今京債之重利也。又《舊唐書・武宗紀》：中書奏選官多京債，到任填還，致其貪求，罔不由此。乃定户部預借料錢到任扣還之例。此又後世京債故事，又官借俸錢之始。"《陔餘叢考》"放債起利加二加三加四并京債"條。

吾國雖久行私産之制，然貧富之相去實不可謂之懸殊。（一）因封建久廢，有廣土者甚少。（二）則財産久由各子均分。大家族在後世既已罕見，即有巨富之家，一再傳後，財産亦以分而日薄。（三）則恤貧抑富，久爲政治家所信奉。人民亦能互相救恤。（四）則地處大陸，人事之變遷甚劇。每一二百年，輒有大戰亂。貧富之變易較易。此吾國民所以久有均貧富之思想，而數千年來，卒能相安無事者也。然今後之情形則非復曩昔矣。

今日生計之情形，所以大異於昔者，在捨器械，有口曰器，無口械，合二字，爲凡用具之總名。而用機器。器械僅能少助人力。且其爲物單簡，一人能用之，則人人皆能用之；一家能有之，則家家皆能有之。故衆人生利之具，無大不同。其所生之利，亦略相等。至於機器，則非復人人所能制，亦非復家家所能有。於是購機器，設工廠，不得不望諸資本家。其物必合衆力而後可用，則其業必集多人而後可營。而管理指揮，遂不得不有企業者。資本家安坐而奉養甚厚，勞動者胼胝而飽暖猶艱，則易致人心之不平，企業者之利害，恒與資本家同，其於工人，督責既嚴，又或肆行朘削，則易爲工人所怨恨。舊日商工之家，師徒如父子之親，主傭有友朋之誼，至此則皆無之矣。況手工造物，皆略有樂趣。機器既用，所事益簡，終日反覆，不出一兩種動作，則易生厭倦之情。於是勞資相疾如仇矣。吾國之用機器，蓋起於同、光之朝。初辦者爲軍事，如江南製造局，福州船政局。後漸進於交通，如汽車、汽船。又漸進於開礦紡織等業，如漢冶萍煤鐵礦廠公司，李鴻章所設上海機械織布局，張之洞所設廣東繅絲、漢口織布、製麻等局。其初多由官辦，或官督商辦，其後民業漸起。而外人亦投資中國，經營一切。中日戰後，又許外人設廠於通商口岸。於是新式事業，日增月盛。勞資相軋，遂日甚一日矣。今之論者，每謂中國人只有大貧小貧，而無所謂富。人民只患失業，不患業之不善。此誠然。然此特今日内亂不息，百業凋敝之時爲然耳。一旦戰事息而國内安，人民率其勤儉之習，以從事於實業。將見財富之增，一日千里。美利堅自赤貧以至富厚，不過50年，況於吾國，人口本庶，國土久辟者乎？《詩》曰："逮天之未陰雨，徹彼桑土，綢繆牖户。"今日之勞資，雖若未成階級，然其成爲階級甚易，固不容不早爲之計也。

社會主義，派别甚多。約其大旨，不越兩端：一主各盡所能，各取所需。人之盡其能否，固無督責之人。其取其所需，不致損及他人，或暴天物與否，亦復無人管理，一憑其良心而已。此非民德大進，至"貨惡其棄於地，不必藏於己；力惡其不出於身，不必爲己"之時，未易幾及。程度不及，而欲強行之，將有後災，豈徒説食不能獲飽而已。一則主按勞力之多少，智識技藝之高下，以定其酬報之厚薄。其主張急進者，欲以國家之力，管理一切。主張漸進者，并祇欲徐徐改良而已。此則於現在情形爲近。馬克思曰："新社會之所須者，必於舊社會中養成之。"今欲行社會主義，所須者何物乎？以人言：一曰德，一曰才。以物言：一曰大規模之生產器具，一曰交通通信機關。必有大規模之生產事業，而後生產可以集中；而後可由公意加以管理。否則東村一小農，西市一小工，固無從合全國而通籌并計也。大規模之生產器具，交通通信機關，既非一時所能有。人之經營擘畫之才能，又非既有此等事，無從練習。其公德心，亦不能憑空增長。則人我不分之理想，斷非今日所能行，無俟再計矣。故今日者，以"各盡所能，各取所需，合全世界而通籌并計，以定生產之法，分配之方；而人之生產，仍無一不爲公，其消費則無一不仰給於公，與部落共產時代無以異，爲最終之蘄向。而且前則暫於較小之範圍内，求生產之漸趨於協力，分配之漸進於平均，隨生產之漸次集中，徐圖管理擘畫之才能之增長；日培養公德心使發達，而徐圖盡去其利己之私。"則進行之正規也。

無政府主義，我國無之。近人或以許行之説相附會。案許行之説，乃欲取法於極簡陋之國家耳，非無政府也。説見《政治史·政體篇》，* 至於憑藉國家權力，大之則制民之產，謀貧富之均平；小之則扶弱抑強，去弊害之大甚。則我國之人，夙有此思想。以政治放任既久，幅員遼遠，政府之威權，不易下逮，奉行之官吏，難得其人，故迄未能行耳。然其思想，則未嘗消滅也。試引王安石、龔自珍兩家之言以明之。

王安石《度支副使廳壁題名記》曰："夫合天下之衆者財，理天下之財者法，守天下之法者吏也。吏不良，則有法而莫守；法不善，則有

---

* 編者按：見本書《政體篇》。

財而莫理。有財而莫理，則阡陌閭巷之賤人，皆能私取予之勢，擅萬物之利，以與人主争黔首，而放其無窮之欲，非必貴強桀大而後能。如是而天子猶爲不失其民者，蓋特號而已耳。雖欲食蔬衣弊，憔悴其身，愁思其心，以幸天下之給足，而安吾政，吾知其猶不行也。然則善吾法，而擇吏以守之，以理天下之財，雖上古堯、舜猶不能毋以此爲先急，而況於後世之紛紛乎？"《王文公文集》。此爲安石變法首重理財之故。蓋國不能貧富予奪人，則貧富予奪之權，操於豪強，國家欲有所爲，其事恒不得遂。然國家所行，多爲公義。豪強所行，多爲私利。國家所欲不能遂，而豪強則所爲必成，則公義不伸，正道滅絶，社會將永無太平之日矣。安石之言，自有至理。後人或訾其挾忿戾之心，以與豪暴争，誤也。

龔自珍《平均篇》曰："有天下老，莫高於平均之尚也，其邃初乎！降是，安天下而已；又降是，與天下安而已；又降是，食天下而已。最上之世，君民聚醵然。三代之極其猶水。君取盂焉，臣取勺焉，民取巵焉。降是，則勺者下侵矣，巵者上侵矣。又降，則君取一石，民亦欲得一石，故或涸而踣。石而浮，則不平甚，涸而踣，則又不平甚。有天下者曰：吾欲爲邃初，則取其浮者而挹之乎？不足者而注之乎？則羣然喙之矣。大略計之，浮不足之數相去愈遠，則亡愈速，去稍近，治亦稍速。千萬載治亂興亡之數，直以是券矣。人心者，世俗之本也；世俗者，王運之本也。人心亡，則世俗壞；世俗壞，則王運中易。王者欲自爲計，蓋爲人心世俗計矣。有如貧相軋，富相耀；貧者阽，富者安；貧者日愈傾，富者日愈壅。或以羡慕，或以憤怨，或以驕汰，或以嗇吝，澆漓詭異之俗，百出不可止，至極不祥之氣，鬱於天地之間，鬱之久，乃必發爲兵燹，爲疫癘，生民噍類，靡有孑遺，人畜悲痛，鬼神思變置。其始，不過貧富不相齊之爲之爾。小不相齊，漸至大不相齊；大不相齊，即至喪天下。嗚呼！此貴乎操其本原，與隨其時而劑調之。上有五氣，下有五行，民有五醜，物有五才，消焉息焉，渟焉決焉，王心而已矣。是故古者天子之禮，歲終，太師執律而告聲，月終，太史候望而告氣。東無隋水,西無隋財,南無隋粟,北無隋土,南無隋民,北無隋風,王心則平,聽平樂,百僚受福。其《詩》有之曰:秉心塞淵,騋牝三千。王心誠深平,畜産且騰躍衆多,而況於人乎?又有之曰:皇之池,其馬歕沙,皇人威儀。其次章曰:皇之澤,其馬歕玉,皇人受穀。言物産蕃庶,故人得肆威儀,茹内衆善,有善名也。太史告曰:東有隋水,西有隋財,南有隋粟,北有隋土,南有隋民,北有隋風,王心則不平,聽傾樂,乘欹車,握偏衡,百僚受戒,相天下之積重輕者而變易之。其《詩》有之曰:相其陰陽,觀其流泉。又曰:度其夕陽。言營度也。故積財粟之氣滯,滯多霧,民聲苦,苦傷惠;積民之氣淫,淫多雨,民聲囂,囂傷禮義;積土之氣秏,秏多日,民聲濁,濁傷智;積水積風,皆以其國瘥昏,官所掌也。且夫繼喪亡者,福禄之主;繼福禄者,危迫之主。語百姓曰:爾懼兵燹乎?則將起其高曾於九京而問之。懼荒饑乎?則有農夫在。上之繼福禄之盛者難矣哉!龔子曰:可以慮矣!可以慮,可以更,不可以驟。且夫唐、虞之君,分一官,事一事,如是其諄也,民固未知貿遷,未能相有無,然君已懼矣。曰:後世有道吾民於富者,道吾民於貧者,莫如我自富貧之,猶可以收也。其《詩》曰:不識不知,順帝之則。夫堯固甚慮民之識知,莫如使民不識知,則順我也。水土平矣,男女生矣,三千年以還,何底之有?彼富貴至不急之物,賤貧者猶且筋力以成之,歲月以靡之,舍是則賤貧且無所託命。然而五家之堡必有肆,十家之村必有賈,三十家之城必有商。若服妖之肆,若食妖之肆,若翫好妖之肆,若男子咿唔求爵禄之肆,若盜聖賢市仁義之肆,若女子鬻容之肆,肆有魁,賈有梟,商有賢桀,其心皆欲并十家、五家之財而有之,其智力雖不逮,其號既然矣。然而有天下者更之,則非號令也。有五挹五注,挹之天,挹之地,注之民;挹之民,注之天,注之地;挹之天,注之地;挹之地,注之天。其《詩》曰:挹彼注兹,可以餴饎。豈弟君子,民之父母。有三畏:畏旬、畏月、畏歲。有四不畏:大言不畏,細言不畏,浮言不畏,挾言不畏。而乃試之以至順之法,齊之以至一之令,統之以至澹之心。龔子曰:

有天下者,不十年,幾於平矣。"《定盦文集》。此篇大意,以貧富不齊爲致亂之原。而以操其本原,隨時調劑,責諸人主。蓋古者國小民寡,政府之威權易於下逮。而其時去部落共産之世未遠,財産之分配,較爲平均。此等情形,習爲後人所謳歌,所想望。後世雖以時異勢殊,政府不克復舉此責,然特爲事勢所限,以理論,固無人謂政府不當舉此責;且皆以克舉此職,爲最善之治也。故藉國家之權力,以均貧富,實最合於我國之國情者也。

然借國家之力以均貧富,亦必行之以漸,而斷非一蹴所能幾。何也?藉國家之力,以均貧富,則國家之責任必大。爲國家任事者,厥惟官吏。服官之成爲謀食之計舊矣。監督不至,焉不朘民以自肥?監督苟嚴,又慮厩長立而馬益瘦也。況夫監督官吏者,亦官吏也。任事之官吏不可信,爲得可信之官吏,而任以監察之責乎?借使大業皆由官營,挾其權力,以爲身謀,民之疾之,猶其疾資本家也;猶其疾企業者也。其自視,徒爲求食故而勞動,而絶無勸功樂事之心,與今日之工人同也。安保其不反抗?而是時一反抗,即涉及政治。較之今日,勞資之争鬥,愈可憂矣。且今日欲圖生利,必借外資。借用外資,必所興舉之事,皆能獲利而後可。否則有破産之憂矣。前清末葉,議借外資。即有人謂:宜以銀行承受之,而轉貸於民者。以民業較易獲利,必多能復其本;其規模不如官業之大,即有虧敗,成功者多,足以償之;非若官業,一失敗,即有破産之虞也。然如此,則有助長資本之憂。若一切由國家自營,又慮官吏之不足任,而破産之終不可免也。何去何從?若何調劑?誠可深長思矣。

# 第三章　錢　幣

吾國幣制大略可分五期，自殷以前，蓋珠玉金銀龜貝粟帛等雜用，此爲第一期。周代漸開金銅并用之端，至秦漢而大定，此爲第二期。南北朝以降，黄金漸少，乃代之以帛，此爲第三期。及宋而紙幣興，金人效之，元明沿焉，至宣宗宣德三年而廢，此爲第四期。紙幣既已極弊，銅錢又不足，用銀乃乘之而起，肇於金之末造，盛於明，廢紙幣以後，以迄於今，此爲第五期。今略述其事。

《漢書·食貨志》云："凡貨，金錢布帛之用，夏殷以前，其詳靡記云。"此語最確。《史記·平準書》云："虞夏之幣，金爲三品，或黄，或白，或赤；或錢，或布，或刀，或龜貝。"《平準書》本僞物，此數語又在篇末，必讀者記識之語，溷入正文無疑。《通考》曰："自太昊以來，則有錢矣。太昊氏、高陽氏謂之金，有熊氏、高辛氏謂之貨，陶唐氏謂之泉，商人、周人謂之布，齊人、莒人謂之刀。"此數語未知所出，疑係櫽括古書而成，未必可據。殷以前事，書史無徵，然知其爲珠玉、金銀、龜貝、粟帛等雜用者，以凡事不能突然而起，周以後事，必前有所承。《漢志》曰："太公爲周立九府圜法：黄金方寸，而重一斤；錢圜函方，輕重以銖；布帛廣二尺二寸爲幅，長四丈爲匹。故貨寶於金，利於刀，流於泉，布於布，束於帛。太公退，又行之於齊。"是周初之易中金銅布帛并用。《管子》曰："玉起於禺氏，金起於汝、漢，珠起於赤野。東西南北，距周七千八百里，水絶壤斷，舟車不能通。先王爲其途之遠，其至之難，故託用於其重，以珠玉爲上幣，以黄金爲中幣，以刀布爲下幣。”《國蓄》。《地數》、《揆度》、《輕重乙》略同。所謂先王，蓋亦周武王、齊太公之類，《輕重乙》以爲癸度對周武王之言。則周初又兼用珠玉。孟子謂彭更曰：“子不通功易事，則農有餘粟，女有餘布。”《滕文公》下。陳相述許行衣、冠、械器，皆以粟易之，《滕文公》下。粟雖重滯，然切日用，便分割，用爲易中，亦固其所。《鹽鐵論》曰：“夏后以玄貝，周人以紫石，後世或金錢、刀布。”《錯幣》。《説文解字》曰：“古者貨貝而寶龜，周而有泉，至秦廢貝行錢。”則貝行於夏至周仍極通用，足徵其前有所承。然則黄金方寸而重一斤，與錢圜函方輕重以銖之制，蓋周初所定，其餘則皆殷以前舊俗也。此中國邃古之世泉幣之情形也。

泉幣之用，自以金屬爲便，故自周以後，他物逐漸淘汰，而金銅專行。《漢志》曰：“秦兼天下，幣爲二等：黄金以溢爲名，上幣；銅錢質如周錢，文曰‘半兩’，重如其文。而珠玉、龜貝、銀錫之屬，爲器飾寶藏，不爲幣。”此實上承周之圜法者也。漢雖改秦錢法，又易黄金計重之法爲一斤，然其并用金銅，固無以異。晁錯説文帝，謂“珠玉、金銀輕微易臧，在於把握，可以周海内而無饑寒之患。”此即《漢志》所謂珠玉、龜貝、銀錫之屬，雖不爲幣，“然各隨時而輕重無常”者，雖爲俗所實用，要不能逕指爲錢幣矣。

然金在當時，特以供王公貴人之用，不則富商大賈或資焉，與平民實絶無關係。詳見附録《二十五史劄記》。當時切於民用者，惟錢而已，今試一論其沿革得失。

《漢書·食貨志》：“漢興，以爲秦錢重難用，更令民鑄莢錢。”《高后紀》：二年，“行八銖錢”。應劭曰：“本秦錢，質如周錢，文曰半兩，重如其文，即八銖也。漢以其太重，更鑄莢錢，今民間名榆莢錢是也。民患其太輕，至此復行八銖錢。”六年，“行五分錢”。應劭曰：“所謂莢錢者。”文帝以五分錢太輕小，更作四銖錢，文亦曰半兩，今民間半兩錢最輕小者是也。案《食貨志》言：漢更莢錢之後，“不軌逐利之民，畜積餘贏以稽市物，痛騰躍，米至石萬錢，馬至匹百金”。而下接“天下已平”云云，則漢之鑄莢錢，實在天下未平以前。當時似藉鑄錢爲籌款之策，物價騰踴，固有他因，幣價之落，亦必其一。高后時復行八銖，不聞民患其重，則所謂"秦錢重難用"者，乃欲行小錢藉口之辭，非其實也。高后雖復八銖，而仍不能絶莢錢。文帝欲減半兩錢之半而强齊其價，其不能行固無待再計矣。而放民私鑄，爲害尤烈。賈生陳其幣曰："法使天下公得顧租鑄銅錫爲錢，敢雜以鉛鐵爲它巧者，其罪黥。然鑄錢之情，非殽雜爲巧，則不可得赢；而殽之甚微，爲利甚厚。夫事有召禍而法有起奸，今令細民人操幣之勢，各隱屏而鑄作，因欲禁其厚利微奸，雖黥罪日報，其勢不止。乃者，民人抵罪，多者一縣百數，及吏之所疑，榜笞奔走者甚衆。夫縣法以誘民，使入陷阱，孰積於此！曩禁鑄錢，死罪積下；今公鑄錢，黥罪積下。爲法若此，上何賴焉？又民用錢，郡縣不同：或用輕錢，百加若干；或用重錢，平稱不受。法錢不立，吏急而壹之虖，則大爲煩苛，而力不能勝；縱而弗呵虖，則市肆異用，錢文大亂。苟非其術，何鄉而可哉！今農事棄捐而采銅者日蕃，釋其耒耨，冶鎔炊炭，姦錢日多，五穀不爲多。善人怵而爲姦邪，願民陷而之刑戮，刑戮將甚不詳，奈何而忽！"是時之幣制，固無解於罔民之譏矣。

武帝之初，亦以改幣爲籌款之策。《志》載其事曰："天子與公卿議，更造錢幣以澹用，而摧浮淫并兼之徒。是時禁苑有白鹿而少府多銀錫。自孝文更造四銖錢，至是歲四十餘年，從建元以來，用少，縣官往往即多銅山而鑄錢，民亦盜鑄，不可勝數。錢益多而輕，物益少而貴。有司言曰：'古者皮幣，諸侯以聘享。金有三等，黄金爲上，白金爲中，赤金爲下。今半兩錢法重四銖，而姦或盜摩錢質而取鋊，錢益輕薄而物貴，則遠方用幣煩費不省。'乃以白鹿皮方尺，緣以繢，爲皮幣，直四十萬。王侯宗室朝覲聘享，必以皮幣薦璧，然後得行。又造銀錫白金。以爲天用莫如龍，地用莫如馬，人用莫如龜，故白金三品，其一曰重八兩，圜之，其文龍，名'白撰'，直三千；二曰以重差小，方之，其文馬，直五百；三曰復小，椭之，其文龜，直三百。令縣官銷半兩錢，更鑄三銖錢，重如其文。盜鑄諸金錢罪皆死，而吏民之犯者不可勝數。"又曰:"有司言三銖錢輕,輕錢易作姦詐,廼更請郡國鑄五銖錢,周郭其質,令不可得摩取鋊。""自造白金五銖錢後五歲,而赦吏民之坐盜鑄金錢死者數十萬人。其不發覺相殺者,不可勝計。赦自出者百餘萬人,然不能半自出,天下大氐無慮皆鑄金錢矣。"其罔民尤甚於文帝矣。

自然之勢不可逆也,逆之者必還從之,而後可幾於治,漢武之專令三官鑄五銖是也。《漢志》曰:"郡國鑄錢,民多姦鑄,錢多輕,而公卿請令京師鑄官赤仄,一當五,賦官用非赤仄不得行。白金稍賤,民弗寶用,縣官以令禁之,無益,歲餘終廢不行。""其後二歲,赤仄錢賤,民巧法用之,不便,又廢。於是悉禁郡國無鑄錢,專令上林三官鑄。錢既多,而令天下非三官錢不得行,諸郡國前所鑄錢皆廢銷之,輸入其銅三官。而民之鑄錢益少,計其費不能相當,惟真工大姦乃盜爲之。"此時所行,可謂與生計原理相合,故幣制自此遂定,然亦以漢世幣重,銅之流布民間者少,故能致此也。詳見附録《二十五史劄記》。

古代與金銅并行之物,周以後多廢,而金銅專行,此亦勢也,無可如何者也。而王莽以周錢有子母相權,更造大錢,徑寸二分,重十二銖,文曰"大錢五十"。又造契刀、錯刀。契刀,其環如大錢,身形如刀,長二寸,文曰"契刀五百"。錯刀,以黄金錯其文,曰"一刀直五千"。與五銖錢四品并行。即真,以爲書"劉"字有金刀,乃罷錯刀、契刀及五銖錢,而更作金、銀、龜、貝、錢、布之品,名曰"寶貨"。凡五物,六名,二十八品。錢貨六品,銀貨二品,龜貨四品,貝貨五品,布貨十品,黄金重一斤,直錢萬,仍舊制。幣所以定物價,可一而不可二,而莽錯亂之至於如此,其不能行審矣。於是百姓憒亂,其貨不行,民私以五銖錢市買。莽患之,下詔"挾五銖錢者,爲惑衆,投諸四裔以禦魑魅"。農商失業,食貨俱廢,民涕泣於市道。坐賣買田宅奴婢鑄錢抵罪者,自公卿大夫至庶人,不可稱數。莽知民愁,乃但行小錢直一,與大錢五十,二品并行,龜貝布屬且寢。天鳳元年,復申下金銀龜貝之貨,頗增減其價直。而罷大小錢,改作貨布,長二寸五分,廣一寸,首長八分有奇,廣八分,其圜好徑二分半，足枝長八分，間廣二分，其文右曰“貨”，左曰“布”，重二十五銖，直貨泉二十五。貨泉徑一寸，重五銖，文右曰“貨”，左曰“泉”，枚直一，與貨布二品并行。又以大錢行久，罷之，恐民挾不止，乃令民且獨行大錢，與新貨泉俱枚直一，并行盡六年，毋得復挾大錢矣。每一易錢，民用破業，而大陷刑。莽以私鑄錢死，及非沮寶貨投四裔，犯法者多，不可勝行，乃更輕其法：私鑄作泉布者，與妻子没入爲官奴婢；吏及比伍，知而不舉告，與同罪；非沮寶貨，民罰作一歲，吏免官。犯者愈衆，及五人相坐皆没入，郡國及檻車鐵鎖，傳送長安鍾官，主鑄錢者。愁苦死者十六七。自有貨幣以來，未有以私意敗民而又自敗如此其甚者也。莽亂後，遂至雜用布帛金粟交易。

《漢書·食貨志》云：“誅莽後二年，世祖受命，盪滌煩苛，復五銖錢。”是事在建武元年，而《後漢書·光武紀》：建武十六年“始行五銖錢”，《注》：“武帝始爲五銖錢，王莽時廢，今始行之。”不合。案《馬援傳》：“初援在隴西，上書言宜如舊鑄五銖錢，事下三府。三府奏以爲未可許，事遂寢。及援還，從公府求得前奏難十餘條，乃隨牒解釋，更具表言，帝從之，天下賴其便。”則鑄五銖在建武十六年，而復行五銖在建武初元也。

五銖在銅錢中最爲民所寶用，漢末董卓壞之，而幣制乃大亂，迄於六朝，莫能復理矣。今略述其事如下。據五朝史志及《文獻通考》。

獻帝初平元年，董卓壞五銖錢，更鑄小錢，悉取洛陽、長安鍾簴、銅馬、飛廉之屬以充鑄，貨賤物貴，穀石數萬。又錢無倫理文章，不便人用。

先主攻蜀，與士衆約：事定，府庫百物，孤無取焉。入成都，士庶皆捨干戈，赴庫藏，取寶物。軍用不足，以劉巴言，鑄直百錢。

魏文帝黄初二年，罷五銖錢，使百姓以穀帛爲市。至明帝世，巧僞漸多，競濕穀造薄絹，嚴刑不能禁，乃立五銖錢。

孫權嘉平五年，鑄大錢一當五百。赤烏元年，又鑄當千錢，既太貴，但有空名，乃罷之。

晉用魏五銖錢，不聞更有所創。元帝過江，用孫氏舊錢，輕重雜行，大者謂之比輪，中者謂之四文。吴興沈充又鑄小錢，謂之“沈郎錢”。錢既不多，由是稍貴。桓玄輔政，議用穀帛，朝議不可，乃止。河西自太始中不用錢，裂匹爲段，索輔言於張軌，乃用錢焉。輔謂徒耗女工，亦用帛一幣也。

宋文帝元嘉七年，立錢置法，鑄四銖，重如其文。人間頗多盜鑄，翦鑿古錢取銅，帝甚患之。江夏王義恭議以一大錢當兩，行之經時，公私非便，乃罷。元嘉中，鑄四銖，輪廓形製，與古五銖同。孝武孝建新鑄四銖，文曰“孝建”，一邊爲“四銖”二字，其後除去四銖二字，僅留孝建年號。孝建所鑄錢，形式薄小，輪廓不成。於是盜鑄者雲起，雜以鉛錫，并不牢固。又剪鑿古錢，以取其銅。錢既轉小，稍違官式。雖嚴刑，人、吏、官長坐免者相係，而盜鑄彌甚，百物踴貴，人患苦之。乃立品格，薄小無輪廓者，悉加禁斷。議者又以銅轉難得，欲鑄二銖錢。廢帝景和二年鑄之，文曰“景和”，形式轉細。官錢每出，民間即模效之，而大小厚薄，皆不及也。無輪廓，不磨鑢，如今剪鑿者，謂之來子，尤輕薄者，謂之荇葉，市井通用之。永光元年，沈慶之啓通私鑄，由是千錢長不盈三寸，大小稱此，謂之鵝眼錢。劣於此者，謂之綖環錢。入水不沉，隨手破碎，市井不復料數，十萬錢不盈一掬，斗米一萬，商賈不行。明帝泰始初，惟禁鵝眼、綖環，餘皆通用。復禁民鑄，官署亦廢工。尋又并斷，惟用古錢。

梁初，惟京師及三吴、荆、郢、江、襄、梁、益用錢，其餘州郡，則雜以穀帛，交廣全用金銀。武帝乃鑄“五銖”、“公式女錢”二品并行。重皆四銖三參二黍。民間或私以古錢交易，頻下詔非新鑄二種錢不許用，而私用轉甚。普通中，盡罷銅錢，更鑄鐵錢。鐵易得，并私鑄。大同後，所在如邱山，物價騰貴，交易者以車載錢，論貫不計數。於是商賈姦詐，因以求利，破嶺以東，黄汝成云：破或庾字之僞，見《日知録》“短陌”條《集釋》。八十爲百，名東錢；江、郢以上，七十爲百，名西錢；京師九十，名長錢。大同元年，下詔通用足陌，而人不從，錢陌益少，末年，遂以三十五爲陌。

陳初，承梁喪亂之後，鐵錢不行。始梁末，又有兩柱錢及鵝眼錢，時人雜用，其價同，但兩柱重而鵝眼輕。私家多鎔鑄，又間以錫錢，兼以粟帛爲貨。文帝天嘉五年，改鑄五銖，初出一當鵝眼十。宣帝太建十一年，又鑄大貨六銖，以一當五銖之十，與五銖并行，後還當一。人不便，乃訛言六銖錢有不利縣官之象。未幾，帝崩，遂廢六銖而行五銖，至於陳亡。其嶺南諸州，多以鹽、米、布交易，俱不用錢。

後魏初，置太和錢，貨無所用也，孝文始詔天下用錢。十九年，公鑄粗備，文曰"泰和五銖"，在所遣錢工備爐冶，人有欲鑄，就聽鑄之。宣武帝永平三年冬，又鑄五銖錢。京師及諸州鎮或不用，或止用古錢，商貨不通，貿遷頗隔。孝明熙平初，以任城王澄言下諸方鎮，太和及新鑄并古錢内外全好者，不限大小，悉聽行之。鵝眼、環鑿，依律而禁。而河北諸州，舊少錢貨，猶以他物交易。二年冬，尚書崔亮奏并許開鑄，從之。自後人多私鑄，錢稍小薄，孝莊初益甚，乃至風飄水浮，米斗幾直一千。以楊侃言鑄五銖錢，永安二年秋更鑄，文曰"永安五銖"，官自立鑪，亦聽人就鑄，自九月至三年正月止。官欲知貴賤，乃出藏絹，分遣使人於三市賣之，絹疋止錢二百，而私市者猶三百。利之所在，盜鑄彌衆，巧僞既多，輕重非一，四方州鎮，用各不同。

北齊神武伯政之初，猶用永安五銖，遷鄴已後，百姓私錢，體制漸别，遂各以爲名，有雍州青赤，梁州生厚、緊錢、吉錢、河陽生澀、天柱、赤牽之稱。冀州之北，交貿皆以絹布，神武乃收境内之銅及錢，仍依舊文更鑄，流之四境。未幾，復細薄，姦僞競起。文襄欲於京邑二市、天下州鎮郡縣之市，各置二秤，縣於市門，私鑄不禁，但重五銖，然後聽用，不果。文宣受禪，除永安錢，改鑄常平五銖，重如其文，甚貴而製甚精。未行，私鑄已興，一二年間，即有濫惡。殺戮不止，令市長銅價，私鑄少止，然乾明皇建間，往往私鑄，武平後轉甚，至齊亡，卒不能禁。

後周初，用魏錢。武帝保定元年，更鑄布泉之錢，以一當五，與五銖并行。梁、益之境，又雜用古錢交易。河西諸郡，或用西域金銀之錢。建德三年，更鑄五行大布錢，以一當十。五年，以布錢漸賤，而人不用，廢之。宣帝大象元年，又鑄永通萬國錢，以一當十，與五行大布，五銖，凡三品并用。

隋文帝開皇元年，以天下錢貨輕重不一，乃更鑄新錢，背面肉好，皆有周郭，文曰"五銖"，重如其文，每千錢重四斤二兩，嚴禁私鑄，及前代五行大布、永通萬國、常平等。錢貨始一，所在流布，百姓便之。是時見用之錢，皆須和以錫鑞；錫鑞既賤，私鑄不可禁約，乃禁出錫鑞處，不得私采。其後姦猾稍多，漸磨鑢錢郭，取銅私鑄，又雜以鉛錫，遞相仿效，錢遂輕薄，乃下惡錢之禁。京師及諸州邸肆之上，皆令立榜置樣爲準，不中樣者不入於市。十八年，錢益濫惡，乃令有司檢天下邸肆，見錢非官鑄者，皆毁之，其銅入官。而京師以惡錢貿易，爲吏所執，有死者，數年之間，私鑄頗息。大業以後，王綱弛紊，鉅姦大滑，遂多私鑄，錢轉薄惡，每千漸至一斤。或翦鐵葉，裁衣糊紙以爲錢，相雜用之，貨賤物貴，以至於亡。

唐武德四年，廢五銖錢，鑄開元通寶錢，每十錢重一兩，一千重六斤四兩，置錢監於洛、并、幽、益諸州。顯慶五年，盜鑄惡錢，官爲市之，以一善錢售五惡錢，民間藏惡錢，以待禁弛。乾封元年，改鑄乾封泉寶錢，徑寸，重二銖六分，以一當舊錢之十，踰年而舊錢多廢。明年，以商賈不通，米帛踴貴，復行開元通寶錢，天下皆鑄之。然私錢犯法日蕃，有以舟筏鑄江中者，詔所在納惡錢，姦亦不息。武后長安中，令懸樣於市，百姓依樣用錢。俄而揀擇艱難，交易留滯，乃令錢非穿穴及鐵錫銅液，皆得用之。自是盜鑄蜂起，江、淮尤甚，更莫能捕。先天之際，兩京錢益濫，郴、衡錢才有輪廓，鐵錫五銖之屬，皆可用之。或鎔錫模錢，須臾千百。玄宗開元初，宰相宋璟請禁惡錢，行二銖四參錢，毁舊錢不可用者。監察御史蕭隱之使江、淮收惡錢，又糶十萬斛收惡錢毁之。二十六年，於宣、潤等州置錢監，時兩京用錢稍善，米粟價亦下。後又漸惡，詔出錢所在置監，鑄開元通寶錢，京師庫藏皆滿,天下盜鑄益起,廣陵、丹陽、宣城尤甚。京師權豪,歲歲取之,舟車相屬。肅宗乾元元年,鑄乾元重寶錢,以一當十。後又鑄重輪乾元錢,一當五十。法既屢易,物價騰踴,斗米七千,死者滿道。上元元年,減重輪錢一當三十,開元舊錢與乾元錢一當十。代宗即位,乾元重寶錢一當二,重輪錢一當三,凡三日,而大小錢皆一當一焉。

歷代善幣,五銖而外,首數開元,然開元之能專行及久行,遠不逮五銖,則以其時銅已流布,私鑄不易禁也。詳見附録《二十五史劄記》。五代紛紛不足道,北宋幣制亦迄不能善,其弊有三:一鑄錢太多,流入外國;一多鑄大錢;一行用鐵錢,皆足以紊亂幣制也。宋代鑄鐵之數見於史者,至道中八十萬貫,景德中一百八十三萬貫,天禧末一百有五萬貫,皇祐中,池、江、建、韶等五州一百四十六萬緡,嘉、邛、興三州大鐵錢二十七萬緡,治平中,饒、池、江、建、韶、儀六州一百七十萬緡,興州三萬緡。嘉、邛自嘉祐四年起,停鑄十年。熙寧詔京西、淮南、兩浙、江西、荆湘五路,各置鑄錢監,江西、湖南以十五萬,餘路以十萬緡爲額。神宗增監十四,元祐皆罷。神宗弛錢禁,元祐亦復之。張方平言邊關重車而出,海舶飽載而回,沿海州軍錢出外,但每貫收税而已。蓋遼用宋錢甚多,而宋與南洋貿易,當時亦通用錢也。又西北邊内屬,戎人賫貨帛於秦,階、成州,易銅錢出塞,銷鑄爲器,則以錢爲輸出矣。徒耗鼓鑄之勞,以供他國之用,不亦亡謂之甚乎?

大錢之鑄,始於陝西軍興之時,初用知商州皮仲容議,采銅鑄錢。既而陝西都轉運使張奎、知永興軍范雍請鑄大銅錢,與小錢兼行,一當十,及奎徙河東,又鑄大鐵錢於晉、澤二州,亦以一當十。供陝西軍費。未幾,三司奏罷。河東鑄大鐵錢,而陝西復采銅置監,鑄大錢,因敕江南鑄大銅錢。江、池、饒、儀、虢又鑄小鐵錢,悉輦致關中。大約小銅錢三,可鑄當十大銅錢一,盜鑄者衆,錢文大亂,物價翔踴。奎復奏晉、澤、石三州及威勝軍日鑄小鐵錢,獨留用,河東鐵錢既行,盜鑄獲利十六,錢輕貨重,患如陝西。契丹亦鑄鐵錢,以易并邊銅錢。於是知并州鄭戩請河東鐵錢以二當銅錢一。行之一年,又以三當一,或以五當一。罷官爐日鑄，且行舊錢。慶曆末，葉清臣爲三司使，與學士張方平等上陜西錢議，請以江南、儀商等州大銅錢一當小錢三，小鐵錢三當銅錢一，河東小鐵錢亦三當一。後又令陜西大鐵錢皆以一當二，盜鑄乃止。熙寧中，陜西轉運副使皮公弼言："自行當二錢，銅費相當，盜鑄衰息。請以舊銅鉛盡鑄。"從之，折二錢遂行於天下。其後蔡京黨陜西轉運副使許天啓創議鑄當十錢，乃先鑄當五。熙寧折二錢之行，不許運致京師，故諸州所積甚多，咸請以鑄當十。於是罷當五，各處皆鑄當十，除陜西、河東、四川鐵錢地外，均許行使，私鑄寖廣。崇寧四年後，以當十爲當五。然小平錢益少，貿易濡滯。乃命以折五、折十上供，小平錢留本路，罷鑄當十，添鑄小平錢。時各路當十錢或當三，或當五，俄命行於畿内、陜西、河東北，餘路禁之。又命禁用之錢，悉輸官藏之於庫，然一旦更用，所損甚大。諸路或用或否，亦不盡送官。私販私鑄仍甚，乃許搜索舟車，重官司失察之罪。大觀元年，蔡京再相，京之相，在崇寧二年。折十之法，至四年乃漸變。五年，京去位，乃詔諭中外不復用。復行折十錢，重私鑄搜捕勸告之法。至四年，獲罪者十餘萬人。三年，京再罷，四年，乃停鑄。政和三年，令當十錢并作當三焉。熙、豐時，陜西、河東銅錢千，易鐵錢千五百。紹聖時易二千五百。

宋代行使鐵錢之地，尚有四川。元豐間，畢仲衍進《中書備對》，以陜西、河東爲兼行銅鐵錢之地，成都、梓州、利州、夔州爲專行鐵錢之地。初，江南西蜀平，皆聽用鐵錢，銅錢許入界。太平興國二年，弛銅錢渡江之禁，廣鼓鑄以給之，鐵錢遂不用，惟蜀中鐵錢仍不准出界。由是鐵錢日賤，商賈争以鐵錢入界，與民爲市。官亦言民樂輸銅錢，增賦税所收銅錢分數，以俸給所得銅錢，厚直與民市。沈倫又增鑄鐵錢，易民銅錢上供，四川遂成鐵錢世界。以交通最不便之地，行運輸最不便之幣，而紙幣乃應運而興矣。

古代黄金，專供王公、貴人、富商、大賈之用，説已具前。夫資生愈厚，則物之有待於交易者愈多；交易愈繁，則泉幣之爲用愈廣。用幣既多，必求輕齎，黄金之流衍全國，宜也。然而卒不然者，則一以金銅異物,其價不齊,并爲易中,殊覺不便;一亦以金之漸少也。前説詳見予所撰《二十五史劄記》,後説則顧亭林《日知録》、趙甌北《陔餘叢考》皆論之。

顧氏之言曰:"漢時黄金上下通行,故文帝賜周勃至五千斤,宣帝賜霍光至七千斤。而武帝以公主妻欒大,至齎金萬斤。衛青出塞,斬捕首虜之士,受賜黄金二十餘萬斤。梁孝王薨,藏府餘黄金四十餘萬斤。館陶公主近幸董偃,令中府曰:'董君所發,一日金滿百斤,錢滿百萬,帛滿千匹,乃白之。'王莽禁列侯以下不得挾黄金,輸御府受直。至其將敗,省中黄金萬斤者爲一匱,尚有六十匱。黄門鉤盾藏府中尚方處,處各有數匱。而《後漢・光武紀》,言王莽末,天下旱蝗,黄金一斤,易粟一斛,是民間亦未嘗無黄金也。董卓死,塢中有金二三萬斤,銀八九萬斤。昭烈得益州,賜諸葛亮、法正、關羽、張飛金各五百斤,銀千斤。《南齊書・蕭穎傳》:長沙寺僧業富沃,鑄黄金爲龍數千兩,埋土中,歷相傳付,稱爲下方黄鐵,莫有見者。穎胄起兵,乃取此龍,以充軍實。《梁書・武陵王紀傳》:黄金一斤爲餅,百餅爲簉,至有百簉,銀五倍之。自此以後,則罕見於史。《尚書》疏:漢、魏贖罪,皆用黄金。後魏以金難得,令金一兩,收絹十匹,今律乃贖銅。"

趙氏之言:曰"漢以來金銀皆以斤計。如漢高祖賜陳平金十萬斤,賜田肯金五百斤。文帝賜周勃金五千斤,陳平、灌嬰金二千斤。武帝以東方朔諫起上林,賜金百斤。以及南北朝時,猶以斤計。如魏孝文帝賜抱睹生葬事黄金八千斤、梁武陵王以金銀百斤爲餅之類是也。侯景圍城,羊侃率兵禦之,詔送金五千兩、銀一萬兩賜戰士,則金銀以兩計起於梁時。其後陳將周羅睺彭城之戰,拔出蕭摩訶於重圍,以功賜金銀各三千兩。梁睿平劍南,隋文帝賜金二千兩。又平王謙賜金二千兩、銀三千兩。王謙作亂,王述執其使上書,文帝亦賜金五百兩。又文帝嘗賜蕭巋金五百兩、銀千兩。周法尚破李光仕,文帝賜黄金百五十兩、銀百五十斤,則金以兩計,銀猶以斤計。煬帝以來護兒破楊元感功,賜黄金千兩;以王辨擊破山東賊盜功,賜黄金二百兩,事俱見《南》、《北史》。則金銀之以兩計，起於梁、陳、隋之世也。《通考》謂：蕭梁間交、廣以金銀交易，既是民間交易，則零星多寡不齊，自必細及銖兩。又《宋書·徐豁傳》：中宿縣俚民課銀一子輸半兩，則國制收銀課亦以兩計，因而上下通行，俱論兩不論斤。且古時金銀價甚賤，故以斤計，後世金銀日貴，故不得不以兩計也。"

其漸少之原因，顧氏論之曰："宋太宗問學士杜鎬曰：'兩漢賜予，多用黄金，而後代遂爲難得之貨，何也？'對曰：'當時佛事未興，故金價甚賤。'今以目所睹記，及《會典》所載國初金價推之，亦大略可考。《會典鈔法》卷内云：洪武八年，造大明寶鈔，每鈔一貫，折銀一兩，每鈔四貫，易赤金一兩。是金一兩，當銀四兩也。《徵收》卷内云：洪武十八年，令凡折收税糧，金每兩準米十石，銀每兩準米二石，是金一兩當銀五兩也。三十年，上曰：'折收逋賦，欲以蘇民困也。今如此其重，將愈困民。'更令金每兩準米二十石，銀每兩準米四石，然亦是金一兩當銀五兩也。永樂十一年，令金每兩準米三十石，則當銀七兩五錢矣。又令交阯召商中鹽，金一兩，給鹽三十引，則當銀十兩矣。豈非承平以後，日事侈靡，上自宫掖，下逮勳貴，用過乎物之故與？幼時見萬曆中赤金止七八换，崇禎中十换，江左至十三换矣。投珠抵璧之風，將何時而見與？"又曰：古來用金之費，如《吴志·劉繇傳》：笮融大起浮圖祠，以銅爲人，黄金塗身，衣以錦采，垂銅盤九重。《何姬傳》注引《江表傳》：孫皓使尚方以金作華燧步摇假髻以千數，令宫人著以相撲，朝成夕敗，輒出更作。《魏書·釋老志》：興光元年，敕有司於五假大寺内，爲大祖已下五帝，鑄釋迦立像五，各長一丈六尺，都用赤金二萬五千斤。天安中，於天宫寺造釋迦立像，高四十三尺，用赤金十萬斤，黄金六百斤。《齊書·東昏侯紀》：後宫服御，極選珍奇，府庫舊物不復周用，貴市民間，金銀寶物，價皆數倍京邑，酒租皆折使輸金，以爲金塗，猶不能足。《唐書·敬宗紀》：詔度支進銅三十斤，金箔十萬，翻修清思院新殿及昇陽殿圖障。《五代史·閩世家》王昶起三清臺三層，以黄金數千斤，鑄寶星及元始天尊、太上老君像。宋真宗作玉清昭應宫，甍栱欒楹，全以金飾，所費鉅億萬，雖用金之數，亦不能全計。《金史·海陵紀》：宫殿之飾，徧傅黄金，而後間以五采，金屑飛空如落雪。《元史·世祖紀》：建大聖壽萬安寺，佛像及窗壁，皆金飾之，凡費金五百四十兩有奇，水銀二百四十斤。又言繕寫金字藏經，凡縻金三千二百四十兩。此皆耗金之由也。杜鎬之言，頗爲不妄。《草木子》云：金一爲箔無復再還元矣。故《南齊書·武帝紀》禁不得以金銀爲箔。而《太祖實録》言："上出黄金一錠，示近臣曰：'此表箋袱盤龍金也。'令宫人洗滌銷鎔得之。嗚呼！儉德之風遠矣。"余謂用金之費，誠爲消耗之一因，然其大原因，則仍在於金之漸散。見附録《二十五史劄記》。趙氏《廿二史劄記》"漢多黄金"一條，歷舉《漢書》本紀、列傳所載漢史多金之事而論之曰："後世黄金日少，金價亦日貴，蓋由中土産金之地，已發掘浄盡。而自佛教入中國後，塑像塗金，大而通都大邑，小而窮鄉僻壤，無不有佛寺，即無不用金塗。以天下計之，無慮幾千萬萬。此最爲耗金之蠹。加以風俗侈靡，泥金寫經，貼金作榜，積少成多，日消月耗。故老言黄金作器，雖變壞，而金自在。一至泥金塗金，則不復還本。此所以日少一日也。"愚案，金如俗所寶重，雖有消耗，還本者仍多。謂産金之地，已發掘浄盡，尤不其然。歷代淘采雖不盛，然産金之數合計之，亦當不少也。

因金少，故用幣多者，乃代之以帛。《陔餘叢考》曰："六朝則錢帛兼用，而帛之用較多。《北史》魏張普惠疏曰：高祖廢長尺大斗重秤，後因軍國需用，故絹上加綿八兩，布上加麻十五斤，是納賦皆以絹布也。孝文帝始制百官之禄，每户增調絹三疋，穀二石九斗，以爲俸禄之用。夏侯道遷歲禄三千餘匹，李沖一門歲禄萬匹，是官俸皆以穀帛也。張讜妻爲魏所虜，讜以千匹贖之，是贖罪亦絹帛也。高允死，賜以粟五百石，絹千匹，高澄生子，魏孝静帝賜錦采布帛萬匹，是賜予皆穀帛也。西魏賞擒高敖曹者，布絹萬端，是購賞亦布絹也。""唐初，租出穀，庸出絹，調出繒布，并未嘗徵錢。天寶中，楊國忠請令各道義倉及丁租地課，皆易布帛，充禁藏。玄宗詔百宫觀庫物積如山，是亦尚皆用布帛。"愚按，開元二十二年詔莊宅口馬交易，并先用絹布、綾羅、絲綿等，其餘市買至一千以上，亦令錢物并用，違者科罪。《舊唐書》憲宗元和三年六月詔曰：天下有銀之山，必有銅鑛。銅者可以資鼓鑄,銀者無益於人生。其天下自五嶺以北見采銀坑,并宜禁斷。則明以布帛爲貨幣,而金銀不得與焉矣。金銀價貴,專用則失之重,與銅并用則比價豈能不變?錢幣者,度物價之尺,尺宜一不宜二,此其所以不獲爲錢幣歟?然以布帛爲幣,究亦非宜,於是紙幣興焉。

紙幣之前驅爲飛錢。《唐書·食貨志》:貞元時,"商賈至京師,委錢諸道進奏院及諸軍、諸使、富家,以輕裝趨四方,合券乃取之,號飛錢"。此可謂之匯兑,而不可謂之紙幣。京兆尹裴武請禁之,元和時,以"自京師禁飛錢,家有滯藏,物價寖輕。判度支盧坦、兵部尚書判户部事王紹、鹽鐵使王播請許商人於户部、度支、鹽鐵三司飛錢,每千錢增給百錢。然商人無至者。復許與商人敵貫而易之。然錢重帛輕如故"。案三司飛錢之不行,以不爲商人所信也。一禁飛錢而京師物遂滯銷,可見飛錢之行,出於不容已矣。宋太祖取飛錢故事,許民入錢京師,於諸州便换,初許商人入錢左藏庫,以諸州錢給之。商旅先經三司投牒,乃輸於庫。開寶三年,置便錢務,令商人入錢者,詣務陳牒,即輦至左藏庫,給以券。仍敕諸州,凡商人賫券至,當日給付,不得住滯,違者科罰。自是無復停滯。至道末,商人入便錢一百七十餘萬貫。天禧末,增一百一十三萬貫。亦所以省運輸耳。逮交子興,始具紙幣之意。《文獻通考》曰:"初,蜀人以鐵錢重,私爲券,謂之交子,以便貿易。富人十六户主之。其後富人稍衰,不償所負,争訟數起。寇瑊嘗守蜀,乞禁交子。薛田爲轉運使,議廢交子,則貿易不便,請官爲置務,禁民私造。詔從其請,置交子務於益州。"《宋史·薛田傳》曰:"田請置交子務,以榷其出入,未報。寇瑊守益州,卒奏用其議,蜀人便之。"二説互歧,未知孰是。《食貨志》:"真宗時,張詠鎮蜀,患蜀人鐵錢重,不便貿易,設質劑之法,一交一緡,以三年爲一界而换之。六十五年爲二十二界,謂之交子,富民十六户主之。"一似法爲詠所創者,恐非也。交子初行,謹守分界之法。天聖以後,界以二十五萬三百四十緡爲額。熙寧五年,交子二十二界將易,而後界給用已多,詔更造二十五界一百二十五萬,以償二十三界之數,兩界并行自此始。時交子給多而錢不足,致價太賤,既而竟無寔錢。紹聖以後,界率增造,以給陝西沿邊糴買及募兵之用,少者數十萬,多至數百萬緡;而成都乏用,又請印造,故每歲書放亦無定數。熙寧二年,以河東公私共苦運鐵錢勞費，詔置潞州交子務。明年，漕司以其法行則鹽、礬不售，有害入中糧草，罷之。又明年，復行於陝西，而罷永興軍鹽鈔務。文彦博言其不便，未幾竟罷，蓋尚與入中之法相依附也。崇寧三年，置京西北路專切管幹通行交子所。四年，令諸路更用錢引，準新様印製，四川如舊法。錢引通行諸路，惟閩、浙、湖、廣不行。自用兵湟、廓，藉交子之法以助邊費，較天聖一界逾二十倍，而價逾損。及更界之年，新交子一當舊者四。大觀元年，并改爲錢引交子務，曰錢引務。舊造一界，備本錢三十六萬緡，新舊相因。大觀中，不畜本錢而增造無藝，卒致一緡當錢十數。張商英秉政，奉詔復循舊法。至宣和中，乃引界復平焉。蓋鈔之不及百年，而其跌價已屢見矣。

高宗紹興六年，行在置交子務，旋罷之，令榷貨務儲見錢印造關子。關子始紹興元年，令商人入中，執關子於榷貨務請錢，以給婺州軍也。二十九年，户部造會子。三十年，詔會子務隸都茶場。會子初行於兩浙，後通行於淮、浙、湖北、京西。隆興元年，江州置會子務。四年，立三年爲一界，界以千萬貫爲額，然有展限及前後界并行之弊。紹定五年，兩界會子之數至二億二千九百萬。嘉定四年，乃令十七、十八兩界會子更不立限，永遠行使。蓋以數界并行，輕重不等，民益眩惑，故用此舉。然縱能齊諸界會子價，不能使會子不跌價。況《宋志》云："前之二界，盡用川紙，物料既精，工製不苟，民欲爲僞，尚或難之。迨十七界之更印，已雜用川、杜之紙，至十八界則全用杜紙矣。紙既可以自造，價且五倍於前，故昔之爲僞者難，今之爲僞者易。"更立永遠行使之法，僞會不益無術剔除乎？賈似道執政，又造關子，與會子并行。《五行志》云："宋初，陳摶有紙錢使不行之説，其後會價愈低，有'使到十八九，紙錢飛上天'之謡，似道惡十九界之名，乃名關子，而關子價益低。"案《食貨志》："咸淳四年，以近頒見錢關子，貫作七百七十文足，十八界每道作二百五十七文足，三道準關子一貫，同見錢轉使。"則新出關子，不及八折矣。

川引自趙開爲總餉，以供糴本，給軍需，增印日多。前宋時，放出兩界，每界一百二十萬餘緡。紹興七年，三界至三千七百八十萬。末年，至四千一百四十七萬。淳熙五年，以四千五百萬立額，然嘉泰末，放至五千三百萬。舊例引三年一易，開禧始展年收，遂兩界、三界通使。嘉定九年，定以十年爲一界，著爲令。寶祐四年，以臺臣奏，拘印造之權歸之朝廷。咸淳五年，以會板發下成都運司掌之，從制司抄紙發往運司印造畢功，發回制司，用總所印行使，歲以五百萬爲額。

遼鑄錢甚早，《遼史》謂先代撒剌的爲夷離堇，以土産多銅，始造錢幣。太祖其子，襲而用之是也。然實取中原錢爲多。《遼史》云：石敬瑭又獻沿邊所積錢，聖宗鑿大安山取劉守光所藏錢，散諸五計司。更益以宋代錢禁有名無實，其爲數之鉅可知矣。然遼自景宗以後，歷代亦皆鑄錢，新舊聽民并用，故其錢幣極爲饒足。

金初用遼、宋舊錢，天會末，雖劉豫阜昌元寶、阜昌重寶亦用之。貞元二年，户部尚書蔡松年復鈔引法，遂製交鈔，與錢并用。正隆二年，始議鼓鑄。三年，於中都立錢監二，曰寶源，曰寶豐；京兆一，曰利用。世宗大定十八年，於代州立監，曰阜通。二十七年，曲陽别爲一監，曰利通。章宗即位，罷代州、曲陽二監，以役民運銅有弊，而銅仍不足，復銷銅器及舊錢以鑄也。阜通、利用兩監，歲鑄十四萬貫，所費至八萬貫，其弊可謂深矣。

金初既患錢少，亦患銅少。初括民銅器以鑄，於是銅禁極嚴。銅器初皆官造，其後官不勝煩，民不勝弊，乃聽民造，而官爲立價。以售銅不許越界，與外國貿易，亦不許用錢。以宋用銅錢，淮南乃用鐵錢，以防流出。陝西有用銀布薑麻者。承安三年，立制以錢與外方人使及與交易者，徒五年，三斤以上死。其後乃漸興窑冶，然無大效。鈔法既敝，錢遂爲所逐，雖立七年之限，極力設法流通，而亦無濟矣。

金代行鈔，始於海陵。貞元二年，以户部尚書蔡松年請行鈔引法，遂設交鈔庫及印造鈔引庫，印一貫、二貫、三貫、五貫、十貫五等，謂之大鈔；一百、二百、三百、五百、七百五等，謂之小鈔。與錢并行，以七年爲限，納舊易新，循宋張詠四川交子之法，而紓其期，蓋以銅少權制之法也。章宗即位，有欲罷鈔法者，有司言："商旅利於致遠，往往以錢買鈔，蓋公私俱便之事，豈可罷去。止因有鼇革年限，不能無疑，乞削七年鼇革之法，令民得常用。若歲久字文磨滅，許於所在官庫納舊换新，或聽便支錢。"從之。《食貨志》論之曰：自此"收斂無術，出多入少，民寖輕之。厥後法屢更，而不能革，弊亦始於此焉。"案當時交鈔之制，上有文曰："聖旨印造逐路交鈔，於某處庫納錢换鈔，更許於某處庫納鈔换錢。"則錢鈔相易，皆有定處，此其所以不便，初不關七年鼇革之限也。自鼇革之限既廢，有司以出鈔爲利，收鈔爲諱，漸苦鈔多，乃欲以銀權之。承安二年十二月，尚書省議，官俸軍需皆以銀鈔兼給，舊例銀每錠五十兩，其直百貫，民間或有截鑿之者，其價亦隨低昂，遂改鑄銀名承安寶貨，一兩至十兩分五等，每兩折錢二貫，公私同見錢用，亦代鈔本，仍定銷鑄及接受稽留罪賞格。後私鑄者多，雜以銅錫，寖不能行。五年十二月，罷之。衛紹王時，鈔法大敝，會河之役，至以八十四車充軍賞。宣宗立，欲重之，貞祐二年，更造二十貫至百貫、二百貫，至千貫鈔。三年四月，河東宣撫胥鼎言："市易多用見錢，而鈔每貫僅值一錢，曾不及工墨之費。"請權禁見錢，從之。自是錢多入於宋。《志》謂"富家内困藏鏹之限，外弊交鈔屢變，皆至窘敗，謂之坐化。"三年七月，改交鈔名爲貞祐寶券。寶券初行，民甚重之。已而河北、陝西諸路，所支既多，民遂輕之。商賈争收入京市買，物價頓昂。乃令寶券路各殊制，河北者不許入河南。四年，以河東行省胥昇言，仍許不限路行使。興定元年二月，造貞祐通寶，一貫當貞祐寶券千，四貫直銀一兩。五年閏十二月，造興定寶泉，每貫當通寶四百貫，以二貫爲銀一兩。元光元年二月，詔行之。是年五月，造元光重寶，每貫當通寶五十。又以綾印製元光珍貨，同銀鈔及餘鈔行之。未久，銀價日貴，寶泉日賤，民但以銀論價，寶泉幾不用，乃定法，銀一兩不得過寶泉三百貫，凡物可值銀三兩以下者，不許用銀，以上者三分爲率，一分用銀，二分用寶泉及重寶、珍貨。京師及州郡置平準務，以寶泉銀相易，私易及違法而能告者罪賞有差。是令既下，市肆晝閉，商旅不行。七月，乃除市易用銀及銀寶泉私相易之法。至義宗正大間，民間遂全以銀市易焉。

《元史・食貨志》：元初"有行用鈔，其制無文藉可考。世祖中統元年，始造交鈔，以絲爲本。每銀五十兩，易絲鈔一千兩，諸物之直，并從絲例。是年十月，又造中統元寶鈔。其文以十計者四：曰一十文、二十文、三十文、五十文。以百計者三：曰一百文、二百文、五百文。以貫計者二：曰一貫文、二貫文。按《王文統傳》云：中統交鈔，自十文至二貫文，凡十等，此所載止九等。每一貫同交鈔一兩，兩貫同白銀一兩。又以文綾織爲中統銀貨。其等有五：曰一兩、二兩、三兩、五兩、十兩。每一兩同白銀一兩，而銀貨蓋未及行云。五年，設各路平準庫，主平物價，使相依準，不致低昂，仍給鈔一萬二千錠，以爲鈔本。至元十二年，添造釐鈔。其例有三：曰二文、三文、五文。初，鈔印用木爲板，十三年鑄銅易之。十五年，以釐鈔不便於民，復命罷印。然元寶、交鈔，行之既久，物重鈔輕。二十四年，改造至元鈔，自二貫至五文，凡十有一等，與中統鈔通行。每一貫文當中統鈔五貫文。依中統之初，隨路設立官庫，貿易金銀，平準鈔法。每花銀一兩，入庫其價至元鈔二貫，出庫二貫五文；赤金一兩，入庫二十貫，出庫二十貫五百文。僞造鈔者處死，首告者賞鈔五錠，仍以犯人家産給之。""至大二年，武宗復以物重鈔輕，改造至大銀鈔，自二兩至二釐，本紀作一釐，此當係誤刻。《志》又云：至大通寶鈔一文準至大銀鈔一釐，可見。定爲一十三等。每一兩準至元鈔五貫，白銀一兩，赤金一錢。元之鈔法，至是蓋三變矣。大抵至元鈔五倍於中統，至大鈔又五倍於至元。然未及期年，仁宗即位，以倍數太多，輕重失宜，遂有罷銀鈔之詔。而中統、至元二鈔，終元之世，蓋常行焉。"

至正十年，丞相脱脱議更鈔法，下詔"以中統交鈔一貫文省權銅錢一千文，準至元寶鈔二貫，仍鑄至正通寶錢與歷代銅錢并用，以寔鈔法。至元寶鈔，通行如故。"十一年，置寶錢提舉司，鑄至正通寶錢，印造交鈔，令民間通行。行之未久，物價騰踴，價逾十倍。值海内大亂，軍儲賞犒，每日印造，不可數計。交料散滿人間，京師料鈔十錠，易斗粟不可得。既而所在郡縣，皆以物貨相貿易，公私所積之鈔，遂俱不行，人視之若弊楮焉。

明太祖初設局以鑄錢，京師曰寶源，各直省曰寶泉。有司責民出銅，民毀器皿輸官，頗以爲苦。而商賈沿元之舊習用鈔，多不便用錢。洪武七年，乃設寶鈔提舉司以造鈔。其等凡六：曰一貫，曰五百文，曰四百文，曰三百文，曰二百文，曰一百文。每鈔一貫，準錢千文，銀一兩；四貫準黄金一兩。禁民間不得以金銀物貨交易。遂罷寶源、寶泉局。越二年，復設寶泉局。二十五年復罷。鑄小錢與鈔兼行，百文以下止用錢。商税兼收錢鈔。錢三鈔七。十六年，户部置寶鈔廣源庫、廣惠庫，入則廣源掌之，出則廣惠掌之。在外衛所軍士月鹽，各鹽場工本，天下有司官禄米，皆給鈔。時兩浙、江西、閩、廣民重錢輕鈔，有以錢百六十文折鈔一貫者。成祖時，乃行户口食鹽之法，大口月食鹽一斤，納鈔一貫，小口半之。税糧課程贜罰俱折收鈔。鹽官納舊鈔支鹽，發南京抽分場積薪、龍江提舉司竹木鬻之軍民，收其鈔。應天歲辦蘆柴，徵鈔十之八。仁宗監國，令犯笞杖者輸鈔。及即位，加市肆門攤課程。宣宗宣德初，府縣衛所倉糧積至十年以上者，鹽糧悉收鈔，秋糧亦折鈔三分，門攤課鈔增五倍，塌房店舍月納鈔五百貫，果園、鸁車并令納鈔。户部言民間交易，惟用金銀，乃益嚴其禁。四年，始設鈔關。先一年六月，停造新鈔。英宗即位，收賦有米麥折銀之令，遂減諸納鈔者，而以米銀錢當鈔，弛用銀之禁。於是朝野皆用銀，其小者乃用錢，惟折官俸用鈔而已。憲宗令内外課程錢鈔兼收，官俸軍餉亦兼支錢鈔。是時鈔一貫不能直錢一文，而計鈔徵之民，則每貫徵銀二分五釐，民以大困。孝宗弘治元年，京城税課司，順天、山東、河南户口食鹽，俱收鈔，各鈔關俱錢鈔兼收。其後皆改折用銀。世宗嘉靖四年，令宣課分司收税，鈔一貫折銀三釐，錢七文折銀一分。是時鈔久不行，錢亦大壅，益專用銀矣。

明初鑄洪武錢。成祖永樂九年鑄永樂錢。宣宗宣德九年鑄宣德錢。孝宗弘治十六年以後，鑄弘治錢。至世宗嘉靖六年，大鑄嘉靖錢。每文重一錢三分，且補鑄累朝未鑄者。三十二年，鑄洪武至正德九號錢，每號百萬錠，嘉靖錢千萬錠，一錠五千文。稅課抽分諸廠，專收嘉靖錢。民患錢少，乃令通行歷代錢。先是，民間行濫惡錢，率以三四十當銀一分。後益雜鉛錫，薄劣無形製，至以六七十文當銀一分。用給事中李用敬言，以制錢與前代雜錢相兼行，上品者俱七文當銀一分，餘視錢高下爲三等，下者二十一文當銀一分，私造濫惡錢悉禁不行。小錢行久，驟革之，民頗不便。又出内庫錢給官俸，不論新舊美惡，悉以七文折算。諸以俸錢市易者，亦悉以七文抑勒予民，民亦騷然。乃採御史何廷鈺議，許民用小錢，以六十文當銀一分。且定嘉靖錢七文，洪武諸錢十文，前代錢三十文，當銀一分。諸濫惡小錢，以初禁之嚴，雖奉旨間行，竟不復用，而民間競私鑄嘉靖錢，與官錢并行焉。時以兩京銅貴，就雲南鼓鑄。越數年，部議“錢法壅滯者，由宣課司收稅以七文當一分。姦民乘機阻撓，錢多則惡濫相欺，錢少則增直罔利，故禁愈繁而錢愈滯。自今準折聽民便，不必定文數，而課稅及官俸且俱用銀”。乃罷雲南鑄錢。於時鑄錢日惡，盜鑄日滋，從大學士徐階言，停鼓鑄，税課徵銀而不徵錢。民間又止用制錢，不用古錢，隆慶初錢法不行，兵部侍郎譚綸言:“今錢惟布於天下，而不以輸於上，故其權在市井。請令民得以錢輸官，則錢法自通。”於是課稅銀三兩以下復收錢，民間交易一錢以下止許用錢。時錢八文折銀一分，禁民毋得任意低昂。高拱再相，言:“錢法朝議夕更，迄無成説。小民恐今日得錢，而明日不用，是以愈更愈亂，愈禁愈疑。請一從民便，勿多爲制以亂人耳目。”帝深然之。錢法復稍通矣。萬曆時十三布政司皆鑄錢。嘉靖錢最工，隆、萬錢加重半銖，故鼓鑄後十年而錢價猶漲至加倍。天啓元年，鑄當十、當百、當千三種大錢，於是“開局徧天下，重課錢息”，“自啓、禎新鑄出，舊錢悉棄置。然日以惡薄，大半雜鉛砂，百不盈寸，捽擲輙破碎”。崇禎時，定錢式，每文重一錢，每千直銀一兩，錢價亦稍落矣。初制，歷代錢與制錢通行。自神宗初，從僉都御史龐尚鵬議,古錢止許行民間,輸税贖罪俱用制錢。啓、禎時廣鑄錢,始括古錢以充廢銅,民間市易亦擯不用,蓋自隋世盡銷古錢,至是凡再見云。《日知録》曰:"錢者,歷代通行之貨,雖易姓革命而不得變古。後之人主,不知此義,而以年號鑄之錢文,於是易代之君,遂以爲勝國文物而銷毁之。"然"未有廢古而專用今者,惟王莽一行之耳"。南北朝皆鑄五銖錢,隋悉禁古錢而所鑄亦爲五銖錢,唐則二百八十九年獨鑄開元通寶錢。"自天啓、崇禎,廣置錢局,括古錢以充廢銅,於是市人皆擯古錢不用。而新鑄之錢,彌多彌惡,旋鑄旋銷。寶源、寶泉二局,祇爲姦蠹之窟。故嘗論古來之錢,凡兩大變,隋時盡銷古錢一大變,天啓以來一大變也。昔時錢法之弊,至於鵝眼、綖環之類,無代不有,然歷代之錢尚存,旬日之間,便可澄汰。今則舊錢已盡,即使良工更鑄,而海内之廣,一時難徧,欲一市價而裕民財,其必用開皇之法乎?"案亭林謂當時"聽爐頭之説,官吏工徒,無一不衣食其中。而古錢銷盡,新錢愈雜"。以此推之,金代雖事窖冶,而仍銷古錢,雖日事鑄造,而錢仍不足於用,其弊亦當如此,時莫能道其詳耳。當日錢銷爲銅,仍在中國,設欲鑄造,不過重費功力耳。有清之季,内外競鑄銅元,以牟餘利。購銅於外國,而固有之錢,遂爲姦徒銷毁以盡。民國之初,至有特設公司以銷小錢者。青島役起,日人占據山東,又廣搜小錢,銷鎔運載以去,而赤金之流於外國者,不知幾何矣! 使亭林見之,其感慨又當如何乎? 又案先生《錢法論》謂:"莫善於明之錢法,莫不善於明之行錢。""古之行錢,不特布之於下,而亦收之於上。""明之錢下而不上,僞錢之所以日售,而制錢所以日壅。"此由當時官吏利徵銀不利徵錢也,讀先生之《錢糧論》可知。

清代承明,錢法極敝,又鑒於宋、金、元、明四代鈔法之弊,不敢用鈔,自不得不鼓鑄銅錢,與銀并行。案歷代論錢法者,每以不愛銅、不惜工爲鼓鑄之良規,清代頗能力行其議,所惜者未明泉幣之理,徒欲使銀銅并用,而不知定其一爲本位,又不知既已成幣,即當論枚,不當論重。時時變銅錢之重,欲求適宜,轉益紛雜,且使人民益視錢與銅爲同物耳。

歷代銅錢之重,《清通考》嘗考之曰:"錢之輕重,古以銖與累黍計,今以錢與分釐計。蓋分釐之數,古者但以爲度名,而不以爲權名。權之爲數,則十黍爲累,十累爲銖,二十四銖爲兩。自太公圜法輕重以銖,漢以後每以銖之數鑄於錢文,唐開元通寶爲二銖四絫,積十錢重一兩,是每文爲今之重一錢。後人以爲繁而難曉,故十分其兩,而代以錢字,蓋宋之前已然。考宋太宗淳化二年詔定稱法,其時以太府權衡但有一錢至十觔之數，乃別爲新制，以御書三體淳化錢較定，實重一銖四絫爲一錢，就黍絫銖參之度尺，以忽絲毫釐各積分爲一錢之則，然後制取等稱。新制既定，中外以爲便。是則十釐爲分，十分爲錢之計數，始於宋時。所謂錢者，即借錢幣之名，以爲數名。所謂分釐者，即借度尺長短之名，以爲輕重之名也。若夫古之稱法，至後世而加重。隋文帝鑄五銖錢，重如其文。而每錢一千，重四斤二兩，則古稱三斤爲隋一斤而少。《隋書》亦謂開皇以古稱三斤爲一斤。孔穎達《左傳正義》謂周隋稱於古三而爲一。杜佑《通典》謂六朝稱三兩當唐一兩。今以古稱三之一約之，則漢之五銖錢，止當今七分而弱。而今之重一錢二分者，實爲古八銖有贏。”顧棟高《汴宋歷朝錢文記》云："乾隆四年，余就九江榷使幕，設館大孤山塘，西去府治德化縣四十里，又東十里爲青山，俱濱鄱陽湖，爲設稅口岸。十月水涸，有客舟青山下，移舟舉碇，重踰常，悉力舉之，則累然有物，發視之，皆古錢也。居民聞之，競來取，日集三四十小舟，凡得錢數十百萬。蓋往日運錢，曾覆舟於此，積水中六百餘年矣。錢皆宋時物，雜出唐開通錢一二文，兼用八分篆隸。余取其輕重一一較之，唐開通元寶重一錢。開通係武德四年鑄，每十錢重一兩，歷代遵爲定式，世目爲開元通寶者，讀誤也。餘較其輕重果信。又有唐國通寶，重一錢一分，蓋南唐李氏所鑄。宋太宗時，始用紀元鑄錢，曰太平通寶，其輕重一準唐開通，重一錢或錢二分不等。真宗朝，天禧重一錢二分，咸平重一錢，祥符重一錢一分或九分半不等。景德重一錢三分或一錢。仁宗朝，嘉祐及至和俱重一錢一分，景祐一錢二分。天聖一錢五分，慶曆一錢八分。又有皇宋通寶及聖宋通寶，俱重一錢一分。《文獻通考》云：國朝錢文皆用通寶，而冠以年號。及改號寶元，文當曰寶元元寶，詔學士議，因請改曰豐濟元寶。仁宗時，命以皇宋通寶爲文，慶曆以後，乃復冠以年號。神宗朝，熙寧重二錢四分或一錢不等，元豐二錢或一錢八分。哲宗朝，元祐一錢一分，紹聖二錢一分或九分不等。徽宗朝，元符二錢二分或一錢一分，大觀三錢，崇寧三錢二分。余所見錢文之重，無逾於此。且銅質潤澤堅厚，輪廓端好，錢文堆起如金剜成。宣和二錢，政和二錢七分。自是汴宋亡矣。自熙寧而後，錢重者文俱云重寶。高宗朝建炎一錢七分，紹興一錢六分，南宋錢止此兩年號，蓋余之所見止此。"觀此知歷代之錢皆重在一錢左右，慶曆之錢獨重者，以時方有事，元昊用張奎、范雍言，鑄大錢與小錢兼行也。自熙寧至紹興重至一錢六分以上者，準此皆非小平錢也。予案錢幣所以須鑄造者，固以鑒定成色，亦以省稱量之煩也。若既爲幣，仍權其輕重而用之，則與用未鑄之金何異。泉幣初行，民之重之，仍以其質，固不能無計較輕重之情習焉。則此等見解，當化除矣。乃中國之行泉幣，載歷三千，而其斤斤於輕重如故。輕重小有歧異，民聽即爲眩惑，貪吏姦商乘之罔利，而國法遂致靡靡大亂，實由衹知泉幣爲交易之媒，而未知其爲度價之尺，知鑄造當求美精而不知行用當統於一。即號圜法整治之時，亦仍有多種泉幣并行於市。民之用之，實未能全與生金異也。此等見解，不能化除，實於幣制整治頗有關礙。然非統一泉幣歷有年所，此等見解亦不易盡行化除也。

清自太祖、太宗時即已鑄錢，天命元年所鑄者，曰天命通寶。天聰元年所鑄者，曰天聰通寶。入關後設寶泉、屬户部。寶源屬工部。二局，鑄錢曰順治通寶，嗣後歷朝所鑄，亦均用其年號。每文重一錢，頒其制於直隸、河南、陝西等省，令開局設鑄。二年，改爲每錢重一錢二分，七文準銀一分，舊錢二當新錢之一。後又禁用前代舊錢。四年，更定錢直，每十文準銀一分。八年，改錢重每文一錢二分五釐。十年，又改爲一釐，鑄一釐二字於其上。十五年，又改重一錢四分，鑄滿文於其幕。以各省鑄造不精，概令停鑄。十七年，以難於流通，仍命開鑄。康熙初，以錢多價落，又命停鑄，改每文之重爲一錢。四十八年，以私鑄競起，仍復一錢四分之制。先所鑄重一錢者，每百準銀七分。雍正十一年，復定錢之重爲一錢二分。乾隆時同。嘉慶時，乃改爲八分。至光緒三十一年，改爲六分。三十四年，又定爲三分二釐，則以其時已視爲輔幣也。乾隆五十二年，各省爐局復先後開爐。五十九年，以其私行減小，停之。嘉慶元年，因各局員役生計艱難，仍許開鑄，蓋鑄錢之弊實深矣。旋以錢小而劣，復令停鑄。至二十一年，乃又許開鑄焉。

清鑄大錢，始於咸豐三年，所以濟軍饟也。分當十、當五十、當百、當五百、當千五種。當千者重二兩。四年，以不能流通，衹鑄當十、當五十兩種，然流布仍艱，而私鑄競起，其後卒廢不行。時又議鑄鐵錢，設局四，未幾，即廢。至光緒二十五年，又造當十大錢，亦不能行。三十年，停之。時則各省銅元已競起矣。

清自乾隆以前，錢文鑄造頗精，嘉、道漸劣，咸豐以後，乃日壞。惡錢既多，良錢稍絶，末造頗以錢荒爲患，故以銅元之名實不副，初起亦能通行。銅元鑄造，始於廣東，事在光緒二十六年。明年，諭令各省倣造。於是相繼設局者十有五省，無不藉以圖利，而其價遂日跌。各省頗有減折行使者，清末物價之驟昂，銅元實階之厲也。

金銀加以鑄造，由來甚舊，而其鑄之爲幣，則實始晚近。《清通考》云："古者金銀，皆有定式，必鑄成幣而後用之。顔師古注《漢書》，謂舊金雖以斤爲名，而官有常形製，亦猶今時吉字金挺之類。武帝欲表祥瑞，故改鑄爲麟趾裹蹏之形，以易舊制。然則麟趾裹蹏即當時金幣式也。漢之白選與銀貨，亦即銀幣之式。《舊唐書》載内庫出方圓銀二千一百七十二兩，是唐時銀亦皆係鑄成。《金史・食貨志》載，舊例銀每錠五十兩，改鑄銀名承安寶貨，一兩至十兩分五等。此今日以重五十兩者爲元寶，重十兩或五兩、三兩者爲中錠所由始也。元至元三年，以銀五十兩鑄爲錠，文以元寶，嗣後或鑄重四十九兩，或鑄重四十八兩。又有揚州元寶、遼陽元寶等名色。此元寶命名之始。蓋古者多以元寶之名，鑄於錢面，自元以後，銀始蒙錢文元寶之稱，於是錢面始專鑄通寶字矣。其稱銀爲錠者，考錠字，《説文》：鐙也。《廣韻》：豆有足曰錠，無足曰鐙。又《博古圖》有虹燭錠。當時皆以爲器物之名。其在古之稱銀，多稱爲鉼。《三國志》魏嘉平五年，賜郭修子銀千鉼。《水經注》嶺南林水石室有銀，有奴竊其三鉼歸是也。亦有稱爲鈑及笏及版者，猶之稱鉼之意。所謂鉼者，以其傾銀似餅，則與今所稱錠者，其式原自不同。蓋今之稱錠者，即古之稱鋌。《南史》梁廬陵威王續子應至内庫，見金鋌。《唐書》太宗賜薛收黄金四十錠。原

注：《舊唐書》作挺。《唐書》耿先生握雪爲鋌，爇之成金。《五代史》賈緯言："桑維翰身後有銀八千錠。自宋以後，遂轉稱銀爲錠云。"又曰："直省解銀，由布政使起解者，曰地丁銀；由運使起解者，曰鹽課銀；由糧道起解者，漕項銀；由關監督起解者，關税銀。皆必傾鎔成錠然後起解。其解銀之具，曰鞘，每銀一千兩爲一鞘。或委員押解，或即由吏胥押解。例填給勘合、火牌及兵牌，於所過地方，撥夫擡送，撥兵防護，所以慎重帑項也。"予案《漢書·食貨志》言：太公爲周立圜法，黄金方寸而重一斤，疑亦言其鑄造之式。秦人蓋有意於變古，故改以鎰計。雖有此制，未及改鑄。當時之金，蓋仍以一斤范爲方寸形者爲多，故漢仍行周制。《管子》言：禹以歷山、湯以莊山之金鑄幣，雖未知其式何如，然既言鑄，則必有定式。可知古之用金，皆以爲幣。用爲幣者，豈容即仍其出土之形哉？則金銀之加以鑄造，并不始於夏、殷矣。然加以鑄造，是一事，鑄爲泉幣，又是一事。鑄爲泉幣者，不徒必當有定形，并亦不容有兩形。今觀古金銀之稱，曰挺，曰版，曰笏，曰鉼，曰方，曰圜，觀其名之不同，即可知其形之各異。故漢世金有形制，而及其用之，則必以斤爲名。清代銀已廣行，而千兩爲鞘，特就起解之便，此斷不能謂之鑄幣以供民用也。清時銀兩通行較廣者，爲元寶及馬蹄銀，用之則仍權其重。而計重之法，又錯雜不一，庫平、漕平、關平等皆不能通行全國，於是外國銀元乘之流入矣。

外銀輸入，亦由來甚早。清慕天顔嘗謂"銀所由生，一爲礦産，一則番舶。順治六、七年，海禁未設，市井貿易，多以外國銀錢。各省流行，所在多有。自一禁海，絶跡不見"。足徵明、清間已有之矣。其後海禁重開，外銀又復輸入，以西班牙、墨西哥所鑄爲多。論者皆謂其以雜有他質之銀，易我純銀以去爲不利。然自鑄造，直至光緒之世始有之。首創之者爲粤，文曰光緒元寶，重漕平七錢三分，形製重量皆準外國銀元，所以便推行也。時爲光緒十三年，張之洞督粤所爲也。二十二年，湖北繼之。二十四年，山東繼之，江蘇、安徽、浙江、直隸、奉天等省亦次第鑄造。二十七年，諭"近年各省所鑄銀圓，以廣東、湖北兩省成色較準，沿江沿海均已通行，應即就該兩省所籌銀款，源源鑄造，即應解京餉。亦準酌量撥作成本。仍以每圓重七錢三分爲準，并兼鑄小銀圓，以便民用”。自是銀圓、銀角鑄出日多，然主輔之制不定，民各以市價用之，又增一糾紛矣。

釐定幣制，始於光緒三十年。度支部奏定銀幣之重爲七錢二分，輔幣三等，曰三錢六分，曰一錢四分五釐，曰七分二釐，文曰大清銀幣。銅幣亦四等，最重者四錢，當小錢二十；次二錢，當十；次一錢，當五；次四分，當一。文亦曰大清銅幣。明年，裁寶泉、寶源局，設户部造幣廠於天津。三十三年，并各省鑄局爲九處。宣統二年，定造幣廠章程，寧、鄂兩廠始鑄大清銀幣，總廠及奉、粤等廠，則先鑄銅幣。僅鑄成當十、當二十兩種。未幾而清社覆矣。

清行紙幣，始於咸豐二年，謂之銀錢票。招商設官立銀錢號，以司兑换收放。地丁雜税均得以錢票二千，當銀一兩。其推行不廣，末造乃又有行鈔之議。光緒三十一年，户部銀行始印行紙幣。三十三年，設印製局於北京，造紙廠於漢口。宣統元年，定通用銀錢票章程。二年，又定紙幣則例。時户部銀行改爲大清銀行，以發鈔之權專歸之，然交通銀行亦發紙幣，終未能統於一也。

民國既立，大清銀行改爲中國銀行，於時造幣總廠仍鑄宣統元寶銀幣，川廠則别鑄大漢銀幣。三年春，始定造幣廠官制，又定國幣鑄造條例。定銀主幣之重爲六錢四分八釐，又定造幣廠及化驗新幣章程。始鑄袁世凱肖像之銀幣，津、寧、鄂、粤等廠繼之。五年，津廠又鑄半元、二角、一角銀輔幣，僅行於北方諸省。七年，議改金本位，頒金券條例。先是定交通銀行則例，許發兑换券，後又明令中國、交通并爲中央銀行，而以政府借款過多，兩行所發兑换券，嘗兩次停兑。其餘銀行發行紙幣者亦多，雖有取締條例，定於三年十月。不能盡行也。開國時曾鑄開國紀念銅幣及國旗銅幣，四川亦别鑄大漢銅幣。六年，津廠鑄一分及五釐兩種銅幣，中有圓孔，面繪嘉禾，亦不行於南方云。

# 附録一　二十五史劄記·論金銀之用

中國用金銀爲幣，果始何時乎？曰用銀爲幣，始於金末，而成於明之中葉，金則迄未嘗爲幣也。自明廢紙幣以前，可稱爲幣者惟銅耳。何以言之？

《史記·平準書》云："虞、夏之幣，金爲三品，或黄，或白，或赤。"此爲書傳言用金銀最古者。《平準書》本僞物，此數語在篇末，又係後人記識之語，混入正文。《漢書·食貨志》云："凡貨，金錢布帛之用，夏殷以前，其詳靡記云。"記識者何由知之？《漢志》又言："太公爲周立九府圜法：黄金方寸，而重一斤。"《管子·國蓄》、《地數》、《揆度》、《輕重》皆言先王以"珠玉爲上幣，黄金爲中幣，刀布爲下幣。"所謂先王，蓋亦指周。《輕重乙》以爲癸度對周武王之言。則用黄金爲幣，當始於周也。《管子·山權數》言禹以歷山、湯以莊山之金鑄幣，未言何金，然下文係言銅。然此時所謂幣者，與後世之所謂幣，其意大異，不可不察。

凡物之得爲易中者，必有二因：一曰有用，一曰玩好。《漢志》釋食貨之義曰："食謂農殖嘉穀可食之物，布謂布帛可衣，及金刀龜貝，所以分財布利通有無者也。"所謂食，即今所謂消費；所謂貨，即今所謂交易也。《志》又云："貨寶於金，利於刀，流於泉，布於布，束於帛。"則所謂貨者，實兼指金、銅、龜、貝、布、帛言之。是時之金，果可行用民間爲易中之物乎？則不能無疑矣。

《漢志》載李悝盡地力之教，粟石三十。《史記·貨殖列傳》亦言："糶二十病農，九十病末。"則三十實當時恒價。古權量當今四之一，則百二十錢得今粟一石，一錢得粟八合餘矣。此可供零星貿易之用乎？而況於黄金乎？然則古之金，果用諸何處？曰用諸遠方。《管子》曰："玉起於禺氏，金起於汝、漢，珠起於赤野，東西南北距周七千八百里。《通典》引作七八千里。水絶壤斷，舟車不能通。先王爲其途之遠，其至之難，故託用於其重。"《國蓄》。《地數》、《揆度》、《輕重乙》略同。又曰："湯七年旱，禹五年水，民之無糧賣子者。湯以莊山之金鑄幣，而贖民之無糧賣子者。禹以歷山之金鑄幣，而贖民之無饘賣子者。"《山權數》。蓋古者交易未興，資生之物，國皆自給，有待於外者，厥惟荒歉之年。故《周官·司市》"國凶荒札喪，則市無徵而作布"。布者銅幣，所以通尋常之貿易。《揆度》所謂"百乘之國，中而立市，東西南北度五十里"；"千乘之國，中而立市，東西南北度百五十餘里"，"萬乘之國，中而立市，東西南北度五百里"者也。

至於相距七八千里之處，則銅又傷重費，而不得不以黄金珠玉通其有無也。此黄金珠玉，豈持以與平民易哉？非以爲聘幣而乞糴於王公貴人，則以與所謂萬金之賈者市耳。至於民間，則錢之用且極少，而黄金珠玉無論也。李悝言粟石三十，乃用以計價耳，非必當時之糴糶者，皆以錢粟相易也。《管子·輕重丁》：桓公欲藉國之富商畜賈，管子請使賓胥無馳而南，隰朋馳而北，寧戚馳而東，鮑叔馳而西，視四方稱貸之間，受息之民幾何家。反報西方稱貸之家，多者千鍾，少者六七百鍾，其出之中也一鍾，其受息之萌九百餘家。南方稱貸之家多者千萬，少者六七百萬，其出之中伯五也，其受息之萌八百餘家。東方稱貸之家丁、惠、高、國，多者五千鍾，少者三十鍾，其出之中鍾五釜也，其受息之萌八九百家。北方稱貸之家多者千萬，少者六七百萬，其出之中伯二十也，受息之氓九百餘家。凡稱貸之家，出泉參千萬，出粟參數千萬鍾，受子息民參萬家。可見當時稱貸錢穀并用，及當時富家藏粟之多。其中丁、惠、高、國，乃大夫也。桓公又憂大夫并其財而不出，腐朽五穀而不散，可見大夫與富商畜賈，并爲多藏錢粟之家矣。大夫如此，國君可知。《山權數》：北郭有得龜者，管子請命之曰："賜若服中大夫。東海之龜，託舍於若。"四年，伐孤竹。丁氏家粟，可食三軍之師行五月。召丁氏而命之曰："吾今將有大事，請以寶爲質於子，以假子之邑粟。"當時以珠玉黄金等爲幣，皆用之。此等人非如後世帛幣用諸尋常貿易之間也。

然則貨幣之原始可知已矣。布帛泉刀，物之有用者也，所以與平民易也。泉爲錢之借字。錢本農器名，錢刀并以金爲之。械器粗拙之時，日用之物，人民并能自造，惟金所成之械器不然。《易·大傳》曰：神農"斲木爲耜，揉木爲耒"，黄帝、堯、舜“弦木爲弧，剡木爲矢”，則兵及農器，亦不用金。然究爲難造之物，非夫人所能爲，故爲人所貴，而可用爲易中也。珠玉黄金，可資玩好者也，所以與王公貴人易也。龜爲神物，貝屬玩好，龜少而難得，惟王公貴人有之，貝則較多，故民間亦用爲易中焉。故曰“古者貨貝而寶龜”。《説文》：寶者，保也。字或作保，與俘相似。故莊六年“齊人來歸衛寶”。左氏謁爲俘貨者，非也，對居言之。《書》曰：“懋遷有無非居。”《史記·貨殖列傳》作“廢著”。《漢志》云：“貨寶於金。”可見黄金與龜，并皆寶藏，不用於市。周時之錢，則貝之後身也。錢之圜所以像貝，函方所以便貫穿。古者貝亦貫而用之，故《説文》云：“貫，錢貝之貫。”毌，“從一横貫”。毌，所以像寶貨之形也。漢武帝以白鹿皮爲幣，又造白金三品，以龍、馬、龜爲文，則古珠玉、黄金、寶龜之屬也。王侯宗室朝覲聘享，必以皮幣薦璧，然後得行，正合古者用上幣中幣之法。白金欲強凡人用之，則終廢不行矣。王莽變法，黄金重一斤，直錢萬。朱提銀重八兩爲一流，直一千五百八十。它銀一流直千。宣帝時，穀石四錢。然則挾它金一流者，將一舉買穀二百五十石乎？其不行宜矣。買穀十石，用錢四十，取攜毫無不便也。用銀尚不及三分之一兩。古權量當今四之一，尚不及一錢，如何分割乎？王莽造錯刀，以黄金錯其文，曰一刀，直五千。張晏曰：“刻之作字，以黄金填其文，上曰一，下曰刀。”漢時黄金，一斤直錢萬。錯刀所錯之黄金，固必不及半斤，亦以金價太貴，不便分割，故欲錯之於銅而用之也。

職是故古所謂子母相權者，非謂以金銀銅等不同之物相權，乃謂以銅所鑄之錢大小不同者相權。周景王將鑄大錢，單穆公曰：“不可。古者天降災戾，於是乎量資幣，權輕重，以救民。民患輕，則爲之作重幣以行之，於是有母權子而行，民皆得焉。若不堪重，則多作輕而行之，亦不廢重。於是乎有子權母而行，小大利之。今王廢輕而作重，民失其資，能無匱乎？”是其時金所以宜爲幣者，以其可分。什之伍之，其價亦必什之伍之。百取其一，千取其一，其價亦必爲百之一，千之一。夫物之不齊，物之情也。三品之金，其物固異，其價安能強齊？今世以金銀爲主幣，銀銅爲輔幣，其視輔幣，以爲主幣若干分之一耳，不復視爲本物。猶恐其物故有直，民或舍其爲輔幣之直，而論其故直也。故必劣其成色，限其用數以防之，若防川焉，而猶時有潰決。漢世錢之重,幾牟於今之銀圓,安得欲用金銀?既不欲用金銀,安得喻今主輔幣相輔而行之理?既不喻今主輔幣相輔而行之理,相異之金安得并用爲幣乎?《漢志》曰:"秦兼天下,幣爲二等:黄金以溢爲名,上幣;銅錢質如周錢,文曰半兩,重如其文。而珠玉龜貝銀錫之屬爲器飾寶藏,不爲幣。"珠玉龜貝銀錫之屬不爲幣固矣。黄金雖號上幣,實亦非今之所謂幣也。今之所謂幣者,必周浹於日用市易之間,秦漢之黄金能之乎?則亦用爲器飾寶藏,特以有幣之名,故賜予時用之耳。得之者固與今之人得珠玉鑽石等同,非如今之人之得金銀也。或曰晁錯言"珠玉金銀輕微易藏,在於把握,可以周海内而無饑寒之患",則固極通用矣,安得云不足爲幣?曰此言其易藏,非謂其可以易物。可以易物者,凡物之所同。輕微易藏,則珠玉金銀之所獨也。凡物之有用而爲人所欲者,果能挾以周行,皆可以無饑寒之患,然則凡物皆可謂之幣邪?

顧亭林《日知録》以金哀宗正大間,鈔廢不行,民間但以銀市易,爲上下皆用銀之始。王西莊《十七史商榷》謂專用銀錢二幣,直至明中葉始定。以生計學理衡之,説皆不誤。趙甌北《陔餘叢考》駁王氏之説,殊爲不然。然甌北又謂當時用銀,猶今俗之用金,則説亦不誤,而又駁王氏者,昔人於泉幣與人民尋常用爲易中之物,分别未清也。亭林引《後漢書·光武紀》王莽末天下旱蝗,黄金一斤易粟一斛,爲當時民間未嘗無黄金之證,則殊不然。此特以金計價,非謂真持金一斤易粟一斛,即有其事其人幾何。今日荒歉之區,固亦有持黄金易粟者,可謂中國今日用金爲幣乎?

然則用銀爲幣,晚近以前果絶無其事,而用金爲幣,則更從來未有乎?曰是亦不然,特其有之皆在偏隅之地與外國交市之區,猶今日通商之地或用外國之幣,不可謂爲中國之錢幣耳。《五朝史志》云:梁初,"交廣以金銀爲貨";後周時,"河西諸郡或用西域金銀之錢"。或者,不盡然之詞。《志》又云:陳時,"嶺南諸州多用鹽、米、布交易,不用錢"。蓋通用鹽、米、布;直巨,或須行遠,則濟以金銀。《日知録》引韓愈奏狀云:"五嶺買賣一以銀。"元稹奏狀言:"自嶺以南,以金銀爲貨幣。"張籍詩曰:"海國戰騎象,蠻州市用銀。"《宋史・仁宗紀》:"景祐二年,詔諸路歲輸緡錢,福建、二廣以銀。"則與偏隅之地交易,用金銀由來已久,且迄不絶。然終不能行之全國者,以其與銅異物,價不齊,相權固不便也。歷代錢法大壞,民至以物易物,數見不鮮。據《陔餘叢考》所考,其時金銀初未嘗乏,然民終不用爲幣。《舊唐書》:憲宗元和三年六月詔曰:"天下有銀之山,必有銅礦。銅者,可資於鼓鑄。銀者,無益於生人。其天下自五嶺以北見采銀坑,并宜禁斷。"則明言銀之不可爲幣矣。宋代交會跌價,香藥犀象并供稱提,而民仍不用金銀。金以銀爲鈔本,亦弗能信其鈔。其後民間以銀市易,則鈔既不用,錢又無有,迫於無如何耳。故知中國人之用銀,乃迫不得已爲之,而非其所欲也。

夫民之所以不用金銀爲幣者,何也?曰以其與銅異物,物異則價不齊,不能并用爲幣也。故在古代,患物之重,寧鑄大銅錢,與小錢相權。然生事日進,則資生之物有待於交易者日多;交易愈多,用幣愈廣;用幣既廣,泉幣之數,勢必隨之而增;泉幣日增,其價必落;幣價落而交易又多,勢必以重齎爲患。大錢之名直,與其實直不符,民所弗信也。符則大錢之重齎與小錢等矣。古之作大錢,非患小錢重齎,乃患錢幣數少耳。專用銅幣,至此將窮,安得不濟以金銀乎?曰斯時也,實當以紙幣濟銅錢之窮,不當以金銀也。《唐書・食貨志》載飛錢之始,由"商賈至京師,委錢諸道進奏院及諸軍、諸使、富家",而"以輕裝趨四方,合券乃取之"。《文獻通考》載交子之始,由蜀人患鐵錢重,私爲券以便貿易,皆以爲錢之代表,而非遂以紙爲錢。其後宋造交、會、關子,金行鈔,或不畜本,或雖畜本而不足,或則所以代本者爲他物而非錢,故爲民所弗信耳。若其可以代錢,則唐於飛錢,宋於交子,并弗能禁。飛錢之行,京兆尹裴武請禁之。元和時,遂以"家有滯藏,物價寖輕"爲患。交子之行,富人十六户主之。後富人資稍衰,不能償所負,争訟數起。寇瑊嘗守蜀,請禁之。薛田爲轉運使,議廢交子,則貿易不便,請官爲置務,禁民私造,乃置交子務於益州。金章宗初立,或欲罷鈔法,有司亦言"商旅利於致遠,往往以錢買鈔,公私俱便之事,豈可罷去"。以鈔代錢,有輕齎之益,而無價格不齊之患,實非并用金銀所逮，惜乎人民已自發明此策，而爲理財者所亂也。故曰："善者因之。"又曰："代大匠斲，希不傷手。"

今日紛紛，莫如逕用銀爲幣，其直巨者，以鈔代之。若慮匯兑之際，外人操縱金銀之價，則定一比率，設法維持之可也。銀之輔幣，不必以銅，可别以一種合金爲之，爲一角、一分、一釐諸種。此猶以紙代銀，視爲十分圜、百分圜、千分圜之一，而不復視爲本物，特不用紙而用一種合金耳。所以不用紙者，以幣之直愈小，其爲用愈繁，紙易敝壞，多耗廢也。所以并不用銅者，以銅行用久，民或不視爲銀幣之十分一、百分一、千分一，而仍論其銅之價，則圜法不立。用新造之合金，其物爲舊日所無，自無固有之價，民自視爲銀幣之化身矣。此亦暫時之事，若論郅治，則必如孔子所言："貨惡其棄於地也，不必藏於己；力惡其不出於身也，不必爲己。"如今社會學家所言，有分配而無交易，乃可。即以小康論，亦必支付，雖用泉幣定數，則以實物，如今謂貨物本位者。整齊錢幣，特姑取濟目前而已。

用鈔之弊，昔人有言之者，亭林所謂"廢堅剛可久之貨，而行輭熟易敗之物"也。紙直最賤，賤則彌利僞造矣。其質易敗，又不可以貯藏也。新舊鈔異價之事，往往有之。鈔法行時，民多用鈔而藏實幣，鈔價由是賤，實幣由是貴，久則實幣與鈔異價，而鈔法壞矣。固由民信實幣，不信虚鈔，亦由紙質易敗，不可久藏也。曠觀歷代直小之幣，未有能用紙者。宋之交、會，本以代表見錢，金之行鈔，則爲銅少權制。元中統元年造鈔，始於十文，至元十一年，添造釐鈔爲一文、二文、三文，十五年而罷。明初設局鑄錢，後以無銅，乃更行鈔，然百文以下，皆用錢。至洪武二十七年，以民重錢輕鈔，乃令悉收錢歸官，依數换鈔，不許更用，則鈔法亦寖壞矣。鈔可以行錢，而不可以爲錢，固由虚不敵實，亦由輔幣之直愈小，愈便於用。金利分割，堅剛可久，紙不然也。故主幣可用紙，輔幣用紙易敗耳。

# 附録二　二十五史劄記·續論金銀之用

予嘗論古代之黄金，僅行於王公貴人、富商畜賈之間，人民初未以爲用，故不可以爲錢，觀於亭林論銅之語而益信。亭林之言曰："乏銅之患，前代已言之。江淹謂古劍多用銅，如昆吾、歐冶之類皆銅也。楚子賜鄭伯金，盟曰無以鑄兵，故以鑄三鍾。原《注》：杜氏注：古者以銅爲兵。《漢書·食貨志》：賈誼言：收銅勿令布，以作兵器。《韓延壽傳》：爲東郡太守，取官銅物，候月蝕，鑄作刀劍鉤鐔，放效尚方事。古金三品，黑金是鐵，赤金是銅，黄金是金。夏后之時，九牧貢金，乃鑄鼎於荆山之下。董安于之治晉陽公宫，令舍之堂，皆以鍊銅爲柱質。荆軻之擊秦王中銅柱，而始皇收天下之兵鑄金人十二，即銅人也。原《注》：《三輔舊事》曰：聚天下兵器，鑄銅人十二，各重二十四萬斤。漢世在長樂宫門。《魏志》云：董卓壞以鑄小錢。吴門楊氏曰：門當爲王之誤。闔閭冢，銅槨三重。秦始皇冢，亦以銅爲槨。戰國至秦，攻争紛亂，銅不充用，故以鐵足之。鑄銅既難，求鐵甚易，是故銅兵轉少，鐵兵轉多，年甚一年，歲甚一歲，漸染流遷，遂成風俗，所以鐵工比肩，而銅工稍絶。二漢之世，愈見其微。建安二十四年，魏太子鑄三寶刀、二匕首，天下百練之精利，而悉是鑄鐵，不能復鑄銅矣。考之於史，自漢以後，銅器絶少，惟魏明帝鑄銅人二，號曰翁仲。又鑄黄龍、鳳凰各一。而武后鑄銅爲九州鼎，用銅五十六萬七百一十二斤。原《注》：唐韓滉爲鎮海軍節度，以佛寺銅鐘鑄弩牙兵器。自此之外，寂爾無聞，止有銅馬、銅駝、銅匭之屬。昭烈入蜀，僅鑄鐵錢。而見存於今者，如真定之佛、蒲州之牛、滄州之獅，無非黑金者矣。”亭林論銅之漸少甚精,然謂銅所以少,由於攻争紛亂,銅不充用,則非也。果如所言,秦、漢而後,天下統一,兵争曠絶,民亦不挾兵器以自衛,往往歷一二百年,即戰争亦不以銅爲兵器,何以銅不見多乎?蓋銅之少,非真少也,乃以散在民間而見其少耳。銅之所以散在民間,則因人民生計漸裕,所以資生者降而愈厚,用爲器者多也。無論如何鉅富之家,一人之藏,斷不敵千萬人之積。秦始皇帝收天下之兵,鑄以爲金人十二,重各二十四萬斤。此數尚未必實。散諸民則家得一斤,有銅者亦僅二百八十八萬家耳,不見其多也。推此論之,則古代黄金之多,亦以其聚覺其然耳,非直與後世相去懸絶也。今日中國人口號四萬萬,女子半之,姑以十分之一人有黄金一錢計,已得二百萬兩,當漢八百萬兩、五十萬斤矣。

賈生説文帝“收銅勿令布”。武帝時,錢法大亂,卒之“悉禁郡國無鑄錢,專令上林三官鑄。錢既多,而令天下非三官錢不得行,諸郡國前所鑄錢皆廢銷之,輸入其銅三官”。錢法乃理,所行實即賈生之策也。漢世錢重,宣帝時粟石四錢,漢權量當今四之一,則一錢得今粟六升餘矣。其時之民,所以資生者尚菲,所用之錢蓋無幾,故可悉收而改鑄。若在今日,雖黄金豈可得而悉收,雖銀圓亦豈易盡改鑄邪?漢世黄金一斤直錢萬,以宣帝時穀價除之,得粟二千五百石,豈人民所能有邪?

金之漸見其少,始於南北朝時。以《陔餘叢考》考金銀以兩計始於梁,而《書疏》謂漢、魏贖罪皆用黄金。後魏以金難得,令金一兩收絹十匹也。案《齊書·東昏侯紀》:“後宫服御,極選珍奇,府庫舊物,不復周用,貴市民間,金銀寶物,價皆數倍京邑,酒租皆折使輸金,以爲金塗,猶不能足。”此雖用之侈,亦府庫金漸少,民間金漸多之證。蓋三代以前,貴族平民階級甚著,秦、漢而後,天下一統,封建廢絶,官吏雖或貴富,較諸鄉者傳世之君、卿大夫,則不可以道里計,其數之多少,亦相懸絶矣。昔之富有者,既以世變之劇烈,人事之推移,其財日趨於散。新興者之數不足與之相償。平民之財産，則以銖積寸累，而日有所增，財貨之下流，夫固不足爲怪。然因此故，而錢幣之措置，乃較古倍難，何者？錢法當大亂時，必盡舉所有改鑄之，然數少收之易，數多則收之難，賈生“收銅勿令布”之説，惟漢武幾於行之，後世卒莫能行，以此也。後世盡收舊錢而鑄新錢者有兩次，一隋一明也。隋已無以善其後，明則以銷鑄有利，舊錢逐漸消磨以盡耳，非國家能悉收而改鑄之也。詳見《日知録》“錢法之變”條。銅禁金世最烈，銅器不可缺者，皆造於官。其後官不勝煩，民不勝弊，乃聽民冶造，而官爲立價以售。然其鑄錢，資銅於銷錢如故也。明初，置局鼓鑄，有司責民輸銅，民毁器皿以進，深以爲苦，乃改而行鈔。凡此皆銅散而不可復收之證也。北齊以私鑄多，令市長銅價。隋時，鑄錢須和錫蠟，錫蠟既賤，私鑄不可禁約，乃禁出錫蠟處不得私采。此二者，一禁之於售賣之處，一禁之於開采之鄉，亦非今日礦産徧地，冶肆徧於窮鄉僻壤者之所能行矣。清雍正間，李紱疏言：錢文入爐，即化爲銅，不可得而捕，惟禁斷打造銅器之鋪，則銷毁亦無所用，其弊不禁自除。此仍“收銅勿令布”之意也。然其事豈可行乎？晚近康有爲又欲令金肆之金，先儘國家收買，積之以行金幣。一時之積或可致，然如是金價必貴，私銷之弊必起，非盡積之銀行，而以紙代之不可。然民信實幣既欠，金不可見，而純以紙代，信亦不易立也。若謂錢幣之用，衹在市買；市買必須，雖不見金，民亦不得不用；不得不用則信立矣，則又何必用金乎？謂金價貴，利輕齎，紙幣不益輕乎？故行金幣，究勞擾而無益，尚不如就見已流通之銀，而權之以紙也。

欲齊幣制，所難者不在私鑄，而尤在私銷。私鑄但能行不愛銅、不惜工之論即可防，政治苟清明，雖恃法令，亦足齊其末也。私銷則錢一入爐，即化爲金，無形迹可求。其事不待技藝，人人可以爲之，又不必集衆置器，可各爲之隱屏。此直防無可防，非特防不勝防矣。以銀爲器，貴不如金，用不如銅，私銷初無所利，但使名直與實直相符，即爲能行不愛銅之論矣。以紙爲幣，製必極精，務使奸人不能倣爲，所以行不惜工之論也。紙質無直，不慮私銷。輔幣以合金爲之，故無此物，衆所不貴，使用之數不待限而自有限。故無此物，則莫以爲器，自亦不慮私銷。或謂可以爲幣之物，不能使人不以爲器，則造此物，專以爲幣，可定法令，不許以造他器。苟見此物所造之器，即爲奸，法禁之自易，非如金銀銅等爲法爲奸，卒不可辨也。然則私鑄私銷，兩無可慮，不勞而幣制可理矣。

《日知録》"以錢爲賦"一條，引《白氏長慶集·策》曰："夫賦斂之本者，量桑地以出租，計夫家以出庸。租庸者，穀帛而已。今則穀帛之外，又責之以錢。錢者，桑地不生銅，私家不敢鑄，業於農者，何從得之。至乃吏胥追徵，官限迫蹙，則易其所有，以赴公程。當豐歲，則賤糶半價，不足以充緡錢；遇凶年，則息利倍稱，不足以償逋債。豐凶既若此，爲農者何所望焉。是以商賈大族，乘時射利者日以富豪，田壟罷人，望歲勤力者，日以貧困。"《李翱集·疏改税法》一篇言："錢者，官司所鑄。粟帛者，農之所出。今乃使農人賤賣粟帛，易錢入官，由是豪家大商，皆多積錢，以逐輕重，故農人日困，末業日增。"宋紹熙元年，臣僚言："古者賦出於民之所有，不强其所無。今之爲絹者，一倍折而爲錢，再倍折而爲銀。銀愈貴，錢愈難得，穀愈不可售。使民賤糶而貴折，則大熟之歲，反爲民害。願詔州郡，凡多取而多折者，重置於罰。民有糶不售者，令常平就糴，異時歲歉，平價以糶，庶於民無傷，於國有補。"從之。顧氏《錢糧論》曰："往在山東，見登、萊并海之人，多言穀賤，處山僻不得銀以輸官。今來關中，自鄠以西，至於岐下，則歲甚登，穀甚多，而民且相率賣其妻子。至徵糧之日，則村民畢出，謂之人市。問其長吏，則曰一縣之鬻於軍營而請印者，歲近千人，其逃亡或自盡者又不知凡幾也。何以故？則有穀而無銀也。"其與薊門當事書，謂"目見鳳翔之民，舉債於權要，每銀一兩，償米四石"，"請舉秦民之夏麥秋米及豆草，一切徵其本色，貯之官倉，至來年青黄不接之時而賣之，則司農之金固在也，而民間省倍蓰之出。"清任源祥《賦役議》亦謂"徵愈急則銀愈貴，銀愈貴則穀愈賤，穀愈賤則農愈困，農愈困則田愈輕"。昔人之非折色而欲徵本色者，其論大率如此。予謂此固由民貧，平時略無餘畜，欲完税即不得不急賣其新穀；亦由鄉間資生，皆屬實物，即有餘畜，亦非銀錢也。近代之民如此，況於古昔。予謂古者金銅之多，特以其聚而見爲然，審矣。《錢糧論》又曰："今若於通都大邑行商麕集之地，雖盡徵之以銀，而民不告病。至於遐陬僻壤舟車不至之處，即以什之三徵之，而猶不可得。"可見銀錢特乏於鄉間。或謂如此則近世之民，其乏泉幣與秦、漢等耳。予謂金銅散之民間，豈盡在城市間乎？曰金大略在城市間，錢則近世鄉民亦皆有之。然徵税又不以錢而以銀，此其所以覺其難得也。讀顧氏論火耗之説可知。

# 第四章　飲　食

言古人衣食居處之進化者，莫明於《禮運》。《禮運》曰："夫禮之初，始諸飲食。其燔黍捭豚，《注》："中古未有釜甑，釋米捭肉，加於燒石之上而食之耳。今北狄猶然。"《疏》："以水洮釋黍米，加於燒石之上以燔之，或捭析豚肉，加於燒石之上而孰之。"汙尊而抔飲，蕢桴而土鼓，猶若可以致其敬於鬼神。及其死也，升屋而號，告曰：皐某復，然後飯腥而苴孰。"《注》："飯以稻米，上古未有火化，苴孰取遣奠，有火利也。苴或爲俎。"《疏》："飯用生稻之米，故云飯腥，用上古未有火化之法。苴孰者，至欲葬設遣奠之時，而用苞裹孰肉以遣送尸，法中古脩火化之利也。"又曰：昔者先王"未有火化，食草木之實，鳥獸之肉，飲其血，茹其毛"。《疏》："雖食鳥獸之肉，若不能飽者，則茹食其毛以助飽也。若漢時蘇武以雪雜羊毛而食之，是其類也。""後聖有作，然後脩火之利。""以炮、《注》："裹燒之也。"以燔、《注》："加於火上。"以亨、《注》："煮之鑊也。"以炙、《注》："貫之火上。"以爲醴酪。"《注》："烝釀之也。酪，酢截。""故玄酒在室，醴醆在户，粢醍在堂，澄酒在下，陳其犧牲，備其鼎俎。"《注》："此言今禮饌具所因於古。""玄酒以祭，薦其血毛，腥其俎，孰其殽。""醴醆以獻，薦其燔炙。"《注》："此謂薦上古、中古之食也。腥其俎，謂豚解而腥之，及血毛，皆所以法於大古也。孰其殽，謂體解而爓之。此以下皆所法於中古也。""然後退而合亨，體其犬豕牛羊，實其簠、簋、籩、豆、鉶、羹。"《注》："此謂薦今世之食也。體其犬豕牛羊，謂分別骨肉之貴賤以爲衆俎也。"案鉶羹對大羹言之也。《周官·天官》"亨人"："祭祀，共大羹鉶羹，賓客亦如之。"《注》："大羹，肉涪。鄭司農云：大羹，不致五味也。鉶羹，加鹽菜矣。"《士昏禮》曰："大羹涪在爨。"《注》："大羹涪，煮肉汁也。大古之羹無鹽菜，爨火上。今文涪皆作汁。"《禮記·郊特牲》："大羹不和，貴其質也。"《少儀》："凡羞有涪者不以齊。"《疏》引"賀瑒云：凡涪皆謂大羹，大羹不和也。"《左》桓二年臧哀伯曰："大羹不致。"《注》："大羹，肉汁，不致五味。"《亨人疏》曰："云鉶羹者，皆是陪鼎膷臐膮，牛用藿，羊用苦，豕用薇，調以五味，盛之於鉶器，即謂之鉶羹。若盛之於豆，即謂之庶羞，即公食大夫十六豆膷臐膮等也。"古人最重本，凡禮皆必存最初之俗以爲紀念。觀於祭祀，所薦三古之食，固足知飲食進化之序矣。

《詩・豳風》："九月築場圃。"《箋》云："耕治之以種菜茹。"《疏》曰："茹者咀嚼之名，以爲菜之别稱，故書傳謂菜爲茹。"案：毛言茹，菜亦言茹，則古人之食菜，乃所以代茹毛也。《墨子・辭過》曰："古之民，未知爲飲食時，素食而分處。故聖人作，誨男耕稼樹藝，以爲民食。其爲食也，足以增氣充虚，彊體適腹而已矣。"孫氏《閒詁》曰："素食，謂食草木。《管子・七臣七主》云：果蓏素食當十石。素，疏之叚字。《淮南子・主術訓》云：夏取果蓏，秋畜疏食。疏俗作蔬。《月令》：取疏食。鄭《注》云：草木之實爲疏食。《禮運》説上古云：未有火化，食草木之實。即此素食也。"予案《周官・太宰》九職："八曰臣妾，聚斂疏材。"《注》："疏材，百草根實可食者。"《委人》："掌斂野之賦，凡疏材木材，凡畜聚之物。"《管子》謂："萬家以下，則就山澤。"《八觀》。可見疏食之利之溥矣。疏本訓草木之實。草木之實，較之穀食爲粗，故引申爲粗疏。凡穀之不精者，亦以疏食稱之。《雜記》："孔子曰：吾食於少施氏而飽，少施氏食吾以禮。吾祭，作而辭曰：疏食不足祭也。吾飧，作而辭曰：疏食也，不足以傷吾子。"《疏》曰，"疏麤之食，不可强飽，以致傷害"是也。《吕覽・審時》曰："得時之稼，其臭香，其味甘，其氣章，百日食之，耳目聰明，心意叡智，四衛變彊，《注》："四衛，四枝也。"殈氣不入，身無苛殃。黄帝曰：四時之不正也，正五穀而已矣。"穀食精者之勝粗，猶其粗者之勝疏食，亦猶疏食之勝鳥獸之毛也。此飲食進化之由也。

古人飲食必祭者，《曲禮》鄭《注》曰："祭先也，君子有事不忘本也。"《疏》曰："君子不忘本，有德必酬之，故得食而種，種出少許，置在豆間之地，以報先代造食之人也。"《周官・膳夫注》："禮，飲食必祭，示有所先。"《釋文》引干寶云:"祭五行六陰之神,與人起居。"案:古人最重報本,干説非也。今者人習於穀食,不知始教飲食之功。觀《墨子》、《吕覽》言古傷生者之多,追想古代茹毛與菜之苦,則知孔子之"疏食菜羹瓜,祭,必齊如也",禮亦宜之矣。古人凡事皆隆先聖之報者以此。《考工記》曰:"百工之事,皆聖人之所爲也。"非獨學校釋奠所祭。

酒之緣起,予昔有札記一則考之,今録如下。原文曰:《史記》謂紂"以酒爲池"。《正義》引《六韜》云:"紂爲酒池,迴船糟丘而牛飲者三千餘人爲輩。"此其池當大幾何?其酒當得幾許?不問而知其誕謾矣。然其説亦有所本。《禮運》述大古之俗,"汙尊而抔飲"。鄭《注》云:"汙尊,鑿地爲尊也。抔飲,手掬之也。"《周官·萍氏》:"掌國之水禁,幾酒,《注》:"苛察沽買過多及非時者。"謹酒,《注》:"使民節用酒也。"禁川游者。"夫鑿地而飲,則所飲者水也。幾酒、謹酒與掌水禁同官,尤邃初酒與水無别之明證。蓋大古僅飲水,後乃易之以酒也。何以知其然也?古之飲者,必以羣。《酒誥》曰:"羣飲,汝勿佚。盡執拘以歸於周,予其殺。"夫當酒禁甚嚴之世,寧不可杜門獨酌,以遠罪戾,而必羣飲,以遭執殺之刑哉!則習之不可驟改也。《禮器》:"周禮其猶醵與。"《注》:"王居明堂之禮,仲秋乃命國醵。"《周官·酒正》:"掌酒之政令,以式法授酒材。凡爲公酒者,亦如之。"《注》謂:"鄉射飲酒,以公事作酒者,亦以式法及酒材授之,使自釀之。"《族師》:"春秋祭酺。"《注》謂:"族長無飲酒之禮,因祭酺而與其民以長幼相獻酬焉。"《疏》曰:"知因祭酺有民飲酒之禮者,鄭據《禮器》明堂禮,皆有醵法。"然則醵之由來尚矣。蓋部落共産之世,合食之遺俗也。夫當部落共産之世,其尚不能造酒,而惟飲水也審矣。斯時之聚合,蓋或就水邊,或則鑿地取水,至後世猶襲其風羣飲者,必在水邊。其初鑿地取水,後雖易以酒,亦或鑿地盛之,故幾酒與掌水禁同官。而紂亦作大池,以示其侈也。云牛飲者三千人爲輩,固《論衡》所謂語增之流,然其説固有所本,非盡子虚也。《易序卦》言:"飲食必有訟。"蓋由羣飲酒以致争鬥,非争食也。漢世賜民牛酒,蓋實授以酒。古給公酒之遺其賜民酺,則聽其合錢聚飲,古所謂醵也。

或曰：焉知酒之興必後於部落共産之世乎？曰：有徵焉。《禮運》言“汙尊抔飲”與“燔黍捭豚”、“蕢桴土鼓”并舉。又曰：“昔者先王，未有火化，食鳥獸之肉，飲其血，茹其毛。後聖有作，然後脩火之利。以炮、以燔、以亨、以炙、以爲醴酪。”《疏》曰：未有火化，據伏犧以前。以燔黍捭豚，即是有火。燔黍捭豚，汙尊捭飲，指神農。以《明堂位》云：土鼓葦籥，伊耆氏之樂。《郊特牲》曰：伊耆氏始爲蜡。舊説以伊耆氏爲神農。今此云蕢桴土鼓，故知謂神農也。《士昏禮疏》云：“汙尊抔飲，謂神農時雖有黍稷，未有酒醴。後聖有作，以爲醴酪，據黄帝以後。”案《禮運》言“汙尊抔飲”與“以爲醴酪”對舉，此疏是。《禮運疏》謂：“汙尊，乃鑿地汙下而盛酒。”恐非。然亦可證後來有鑿地盛酒之事。然則酒醴之作蓋在黄帝以後也。“凡酒，稻爲上，黍次之，粟次之。”《聘禮注》。“五齊三酒，俱用秫、稻、麴蘖，鬯酒用黑黍。”《周官·酒正疏》。皆有資於農産。神農時，農事初興，農産未盛，未必能以之爲酒。謂酒起黄帝以後，近於實也。

《戰國策》曰：“儀狄作酒，禹飲而甘之，遂疏儀狄，而絶旨酒。曰：後世必有以酒亡其國者。”則夏時酒尚不甚通行。《明堂位》曰：“夏后氏尚明水，殷尚醴，周尚酒。”《注》：“此皆其時之用耳，言尚非。”案《禮器》、《郊特牲》皆言“玄酒之尚。”《禮記·郊特牲》作“玄酒明水之尚。”《儀禮·士昏禮疏》曰：“相對，玄酒與明水别。通而言之，明水亦名玄酒。”《玉藻》曰：“凡尊必尚玄酒，惟君面尊，惟饗野人皆酒。”《注》：“蜡飲不備禮。”《疏》：“饗野人，謂蜡祭時也。野人賤，不得比士，又無德，又可飽食，則宜貪味，故惟酒而無水也。”案如予説，玄酒所以和酒而飲，饗野人之酒蓋不多，故無待於和也。見下。則古祭祀飲食皆尚玄酒。《儀禮·士昏禮》：“酌玄酒三屬於尊。”《疏》云：“明水，若生人相禮，不忘本，亦得用。”康成所知者，作記者無由不知，則所謂尚者，正即康成所謂用耳。《疏》云：“《儀禮》設尊尚玄酒，是周家亦尚明水也。《禮記·禮運》云：澄酒在下，則周世不尚酒。”

《周官》酒正有五齊、三酒、四飲。五齊者：泛齊、醴齊、盎齊、緹齊、沈齊。《注》云：“自醴以上尤濁，盎以下差清。”三酒者：一曰事酒。《注》云：“即今醳酒。”《疏》云：“冬釀春成。”二曰昔酒。《注》云：

“今之酋久白酒,所謂舊醳者也。”《疏》云:“久釀乃熟,故以昔酒爲名。”“對事酒爲清,對清酒爲白。”三曰清酒。《注》:“今中山冬釀,接夏而成。”《疏》云:“此酒更久於昔,故以清爲號。”四飲者:一曰清,即《漿人》醴清。二曰醫,即《内則》所謂或以酏爲醴。謂釀粥爲醴。三曰漿。四曰酏。鄭《注》曰:五齊之中,醴恬“與酒味異”。《疏》曰:“恬於餘齊,與酒味稍殊,故亦入於四飲。”“其餘四齊,味皆似酒。”蓋四飲最薄,五齊次之,三酒最厚。《疏》云:“五齊對三酒,酒與齊異。通而言之,五齊亦曰酒。”四飲去水最近,五齊醴以上近水,盎以下近酒,而古人以五齊祭三酒飲。《周官·酒正疏》:“五齊味薄,所以祭。三酒味厚,人所飲。”其陳之也,則玄酒爲上,醴酒次之,三酒在下。《禮運》:“玄酒在室,醴醆在户,粢醍在堂,澄酒在下。”《坊記》:“醴酒在室,醍酒在堂,澄酒在下。”醴即醴齊,醆即盎齊,粢醍即緹齊,澄即沈齊,酒即三酒。《玉藻》:“五飲:上水、漿、酒、醴、酏。”《注》:“上水,水爲上,餘其次之。”可見酒味之日趨於厚矣。

知酒味之日趨於厚,則知古人初飲酒時,其酒實去水無幾。酒之厚者,或和水而飲之,未可知也。《周官》漿人:六飲有涼。司農曰:“涼,以水和酒也。”康成不從,未知何故。《疏》謂“和水非人所飲”,則以後世事度古人矣。果古無和水而飲者,司農豈得億爲之説邪?案古人飲酒之器,《韓詩》説:“一升曰爵,二升曰觚,三升曰觶,四升曰角,五升曰散,觥亦五升。”古《周禮》説:爵一升,觚二升,獻以爵,而酬以觚,一獻而三酬,則一豆矣。亦見《考工記·梓人》。《毛詩》説:“金罍大一石,觥大七升。”許慎云:“一獻三酬當一豆,若觚二升不滿一豆,觥罰有過,一飲而盡,七升爲過多。”鄭駁之云:“觶字角旁箸支,汝潁之間師讀所作。今《禮》角旁單,古書或作角旁氏”,“角旁氏則與觚字相近。學者多聞觚,寡聞觗,寫此書亂之而作觚耳。又南郡太守馬季長説:一獻而三酬則一豆,觚當爲觶,豆當爲斗,與一爵三觶相應。”《禮器》:“宗廟之祭,貴者獻以爵,賤者獻以散,尊者舉觶,卑者舉角,五獻之尊,門外缶,門内壺,君尊瓦甒。”鄭《注》:爵、散、觶、角,與《韓詩》同。又曰:“壺大一石,瓦甒五斗,缶大小未聞也。”《正義》:“壺大一石，瓦甒五斗者，漢禮器制度文也。此瓦甒即燕禮公尊瓦大也。《禮圖》：瓦大受五斗，口徑尺，頸高二寸，徑尺，大中身鋭下平。瓦甒與瓦大同。以小爲貴。近者小，則遠者大。缶在門外，則大於壺矣。”《周官疏》引漢禮器制度，亦云“觚大二升，觶大三升”。《詩疏》引《禮圖》“罍大一斛，觥大七升”。古十斗爲斛，即漢所謂一石。然則古酒器大小，惟觥未能定，缶不可知。自爵至罍，《韓》、《毛詩》、《周禮》、《禮圖》禮器制度略同。《論語》：“觚不觚。”馬曰：“一升曰爵，二升曰觚。”亦同。據器之大小，可以考古人飲酒之多寡矣。《韓詩》説諸爵名之義曰：“觚，寡也，飲當寡少。觶，適也，飲當自適也。角，觸也，不能自適，觸罪過也。散，訕也，飲不能自節，爲人所謗訕也。”又曰：“觚、觶、角、散，總名曰爵。其實曰觴。觴者，餉也。觥亦五升，所以罰不敬。觥，廓也，所以著明之貌。君子有過，廓然明著，非所以餉，不得名觴。”《玉藻》曰：“君子之飲酒也，受一爵而色洒如也，二爵而言言斯，三爵而油油以退。”然則古人飲酒不過三爵，過三爵則不能自持矣。古權量於今，不逮三之一，其飲酒之多寡，略與今人等也。乃《考工記》曰：“食一豆肉，飲一豆酒，中人之食。”淳于髡之説齊王曰：“臣飲一斗亦醉，一石亦醉。”雖諷諫之辭，不必盡實，亦不容大遠於情，知必有和水飲之之法，故能如是也。《射義》曰：“酒者所以養老也，所以養病也，求中以辭爵者辭養也。”《孟子》謂：“曾子養曾皙，曾元養曾子，必有酒肉。”《曲禮》曰：“五十不致毁，六十不毁，七十惟衰麻在身，飲酒食肉處於内。”《周官·酒正》：“凡饗士庶子，饗耆老孤子，皆共其酒，無酌數。”《注》：“要以醉爲度。”“凡有秩酒者，以書契授之。”《注》：“所秩者謂老臣。《王制》曰：九十曰有秩。”此所謂所以養老也。《曲禮》又曰：“居喪之禮，頭有創則沐，身有瘍則浴，有疾則飲酒食肉。”《檀弓》曰：“曾子曰：喪有疾，食肉飲酒，必有草木之滋焉，以爲薑桂之謂也。”《周官·疾醫》：“以五味、五穀、五藥養其病。”《瘍醫》亦曰：“以五味節之。”注：“五味，醯、酒、飴蜜、薑、鹽之屬。”《酒正》：“辨四飲之物，二曰醫。”《注》：“醫，《内則》所謂或以酏爲醴。凡醴濁，釀酏爲之，則少清矣。醫字從殹，從酉。"疑正指其以酒爲養，此所謂所以養病也。酒者興奮之劑，古人以爲可以養神。《郊特牲》曰："凡飲，養氣也。"又曰："凡食，養陰氣也。"《疏》曰："飲是清虚，食是體質。"《周官·酒正注》曰："王致酒，后致飲，夫婦之義。"飲較酒，興奮之用較少也。射與角觝等事，其初不必如後來之有禮，敗者或致創夷，故宜以是飲之。《投壺》曰："當飲者皆跪奉觴曰：賜灌。勝者跪曰：敬養。"此所謂所以辭養也。夫以酒養人，厚薄必適如其量，不然是困之已。人之飲酒，多寡不同，而相餉之爵，大小若一，明亦必和水飲之，而後其禮可行也。

以酒爲養生之物，則宜有以勝爭飲者，古蓋亦有此俗。《戰國策》：陳軫曰："有祠者賜其舍人卮酒。舍人相謂曰：數人飲之不足，一人飲之有餘。請畫地爲蛇，先成者飲酒。"此以勝爭飲者也。禮戒爭而教讓，故以飲敗者爲常耳。又酒以爲養，而又以爲罰不敬之具者，所以愧恥之也。此亦可見古人之貴禮而賤財，厚厲人之節而重加之以罰矣。札記原文止此。後讀《觀堂集林》卷三，有《説盉》一篇，明玄酒所以和酒，古人之酒皆和水而飲，足與鄙説相發明，惟多引甲骨文耳。

野蠻之人多好肉食，然後卒改食植物者，實由人民衆多、禽獸不足之故。觀前文所述，由茹毛進爲疏食之事可知矣。故古必大夫乃得食肉，《左氏》莊公十年："齊師伐我。公將戰，曹劌請見。其鄉人曰：'肉食者謀之，又何間焉。'"杜《注》："肉食，在位者。"《疏》曰："昭四年，傳説頒冰之法，云食肉之禄，冰皆與焉。大夫命婦喪浴用冰。"蓋位爲大夫，乃得食肉也。庶人所食魚鼈而已。《詩》："牧人乃夢，衆維魚矣。""大人占之，衆維魚矣，實維豐年。"《箋》曰："魚者，庶人之所以養也。今人衆相與捕魚，則是歲熟相供養之祥也。"《王制》言："六十非肉不飽。"《孟子》言："七十者可以食肉矣。"然孔子告子路："啜菽飲水，盡其懽，斯之謂孝。"《檀弓》。則亦非貧者所能得也。然其王公大人，飲食皆極奢侈。《墨子·辭過》曰："古之民，未知爲飲食時，素食而分處。故聖人作，誨男耕稼樹藝，以爲民食。其爲食也，足以增氣充虚，彊體適腹而已矣。故其用財節，其自養儉，民富國治。今則不然，厚斂於百姓，以爲美食芻豢。蒸炙魚鼈，大國累百器，小國累十器，前方丈，《孟子·盡心》："食前方丈。"趙《注》："極五味之饌食，列於前方一丈。"目不能徧視，手不能徧操，口不能徧味。冬則凍冰，夏則餙饐。人君爲飲食如此，故左右象之。是以富貴者奢侈，孤寡者凍餒，雖欲無亂，不可得也。”今案人君之食，《周官·膳夫》舉其凡曰：“凡王之饋，食用六穀，膳用六牲，飲用六清，羞用百有二十品，珍用八物，醬用百有二十罋。”《食醫》職云：“掌和王之六食、六飲、六膳、百羞、百醬、八珍之齊。”六穀者，稌、黍、稷、粱、麥、苽，皆嘉穀也。《内則》：“飯黍、稷、稻、粱、白黍、黄粱稰穛。”下言白黍，則上謂黄黍。下言黄粱，則上謂白粱也。孰穫曰稰，生穫曰穛。《正義》曰：“按《玉藻》，諸侯朔食四簋：黍、稷、稻、粱。此則據諸侯。其天子則加以麥、苽爲六。”六牲者，馬、牛、羊、犬、豕、鶏。六清者，水、漿、醴、凉、醫、酏。鄭《注》，據《漿人》也。《酒正》無水、凉二物。羞即庶羞，“出於牲及禽獸，以備滋味”。鄭《注》云：“《公食大夫禮》、《内則》，下大夫十六，上大夫二十，其物數備焉。天子諸侯有其數，而物未得盡聞。”《疏》云：“此經云百有二十者，是天子有其數。《掌客》云：上公食四十，侯伯三十二，子男二十四。是諸侯有其數也。”今案《内則》云：“膳：膷、臐、膮、醢、鄭云衍字。牛炙醢、熊氏云：豕、牛、羊之下即其肉之醢。牛胾醢、牛膾、羊炙、羊胾醢、豕炙醢、豕胾、芥醬、魚膾、雉、兔、鶉、鷃。”《公食大夫禮》鷃作鴽。自魚膾以上十六豆爲下大夫之禮。雉、兔、鶉、鷃，則上大夫所加，此《公食大夫》所設也。《内則》又云：“牛脩、鹿脯、田豕脯、麋脯、麕脯、麋、鹿、田豕、麕，皆有軒。雉、兔，皆有芼。爵、鷃、蜩、范、芝栭、蔆、椇、棗、栗、榛、柿、瓜、桃、李、梅、杏、柤、梨、薑、桂。”鄭云：“三十一物，皆人君燕食所加庶羞也。”《内則》又云：“食：《注》：“目人君燕食所用也。”蝸醢而苽食、雉羹、麥食、脯羹、鶏羹、析稌、犬羹、兔羹、和糝不蓼。《注》：“凡羹齊宜五味之和，米屑之糝，蓼則不矣。”《疏》：“此等之羹，宜以五味調和。米屑爲糝，不須加蓼。”濡豚包苦實蓼，《注》：“凡濡謂亨之以汁和也。苦，苦荼也。以包豚殺其氣。”濡鶏、醢醬實蓼，濡魚卵醬實蓼，《注》：“卵讀爲鯤。鯤，魚子。”濡鼈醢醬實蓼，腶脩、蚳醢、脯羹、重出。兔醢、麋膚、魚醢、魚膾、芥醬、麋腥、醢、醬、桃諸、梅諸、卵鹽。”鄭云：“二十六物似皆人君燕所食也。《疏》云：“按《周禮·掌客》云：諸侯相食，皆鼎簋十有二，其正饌與此不同。其食臣下，則《公食大夫禮》具有其文，與此又異，故疑是人君燕食也。””

《周官》百有二十品，雖不得盡聞，亦可以見其概矣。珍，鄭《注》

云:"謂淳熬、淳毋、炮豚、炮牂、擣珍、漬、熬、肝膋也。"亦見《内則》。醬,鄭云:"醯醢"即《醢人》職云"王舉,則共醢六十罋,以五齊七醢七菹三臡實之。"《醢人》云"王舉,則共齊菹醯物六十罋"者也。五齊者:昌本、昌蒲根,切之四寸爲菹。脾析、蜃、豚拍、鄭大夫、杜子春皆以拍爲膊,謂脅也。或曰豚拍,肩也。深蒲鄭司農云:"蒲蒻入水深,故曰深蒲。或曰桑耳。"也。七醢:醓、蠃、蠯、蚳、魚、兔、雁。七菹:韭、菁、茆、葵、芹、菭、筍。三臡:麋、鹿、麇。"凡醯醬所和,細切爲齏,全物若牒爲菹。""作醢及臡者,必先膊乾其肉,乃後莝之,雜以粱麴及鹽,漬以美酒,塗置甀中,百日則成矣。"此與八珍作之皆極費時者也。王日一舉,《注》:"殺牲盛饌曰舉。王日一舉,以朝食也。"鼎十有二,物皆有俎。趙商問:王日一舉,鼎十有二,是爲三牲備焉。商案《玉藻》:天子日食少牢,朔月太牢,禮數不同,請聞其説。鄭答云:《禮記》後人所集,據時而言,或以諸侯同天子,或以天子與諸侯等,禮數不同,難以據也。《王制》之法與禮違者多,當以經爲正。案《周官》,六國時書。《玉藻》所述蓋較古,愈近愈侈也。齊則日三舉。有小事而飲酒,謂之稍事,此康成説。司農以爲非日中大舉時而間食。設薦脯醢。其内羞,則籩人所供四籩之實,醢人所供四豆之食也。朝事之籩八:曰麷,熬麥也;曰蕡,麻子也;曰白,熬稻米也;曰黑,熬黍米也;曰形鹽(司農曰:築鹽爲形;康成曰:鹽之似虎者);曰膴,牒生魚爲大臠;曰鮑魚;曰鱐,乾魚也。饋食之籩:曰棗、曰栗、曰桃、曰乾穣、曰榛實。乾穣即乾梅。《疏》云:當别有乾桃、濕梅。棗亦宜有乾者,凡八也。加籩以蔆、芡、栗、脯四物爲八籩。司農云:栗當爲脩。司農之意,以栗與饋食之籩同也。羞籩二:曰糗餌;曰粉餈。見《内則》。朝事之豆八:曰韭菹;曰醓醢;曰昌本;曰麋臡;曰菁菹;曰鹿臡;曰茆菹;曰麇臡。饋食之豆八:曰葵菹;曰蠃醢;曰脾析;曰蠯醢;曰蜃;曰蚳醢;曰豚拍;曰魚醢。加豆之實八:曰芹菹;曰兔醢;曰深蒲;曰醓醢;曰箈菹;曰雁醢;曰筍菹;曰魚醢。羞豆之實二:曰酏食;曰糝食。亦見《内則》。"列之方丈,目不能徧視,手不能徧操,口不能徧味,冬則涷冰,夏則飾饐。"信矣。案《王制》曰:"羹食自諸侯以下,至於庶人,無等。"《注》曰:"羹食,食之主也。庶羞乃異耳。"《疏》曰:"此謂每日常食。"《左氏》隱公元年言潁考叔有獻於公,公賜之食,食舍肉。公問之,對曰:"小人有母,皆嘗小人之食矣,未嘗君之羹,請以遺之。"杜《注》曰:"宋華元殺羊爲羹享士,蓋古賜賤官之常。"《疏》曰:"《禮公食大夫》及《曲禮》所記,大夫士與客燕食，皆有牲體殽胾，非徒設羹而已。此與華元享士，惟言有羹，故疑是賜賤官之常。"愚案：孔子稱顔回"一簞食，一瓢飲"。其《述而》則曰："飯疏食飲水。"《鄉黨》記孔子之行則曰："雖疏食菜羹，必祭。"《孟子》言："簞食豆羹，得之則生，弗得則死。"《檀弓》言黔敖"左奉食，右執飲"。《墨子》稱堯"黍稷不二，羹胾不重，飯於土熘，啜於土形"。《節用》中。《韓非子・十過》：堯飯於土簋，飲於土鉶。《史記・李斯傳》：二世曰：堯飯土匭，啜土鉶。《韓詩外傳》：舜飯乎土簋，啜乎土型。《史記自序》：墨者亦尚堯舜道，言其德行曰："食土簋，啜土刑，糲粱之食，藜藿之羹。"凡古人之言食，無不以羹食并舉者。元凱之言雖億度，固事實也。《曲禮》曰："凡進食之禮，左殽右胾。食居人之左，羹居人之右。膾炙處外，醯醬處内。葱渫處末，酒漿處右。以脯脩置者，左朐右末。"《弟子職》曰："凡彼置食，鳥獸魚鼈，必先菜羹。羹胾中列，胾在醬前。其設要方。飯是爲卒，左酒右醬。"《曲禮》所加，不過殽胾、膾炙、醯醬、葱渫、酒漿。《弟子職》所加，不過酒醬及肉。一爲大夫士與賓客燕食之禮，一爲養老之禮矣。食以羹食爲主，信不誣也。《弟子職》謂："凡彼置食，其設要方。"蓋古人設食之禮。如所云，設之方不數尺耳。而當時之王公大人，設食至於方丈，其侈固可見矣。《内則》又曰："大夫燕食，有膾無脯，有脯無膾。""士不貳羹胾。"又曰："謂士燕食也。若朝夕常食。則下云：羹食，自諸侯以下至庶人無等。"飲食愈後則愈侈。墨子用夏政，孔子言"禹菲飲食"。而墨子亦病時人之侈於食，可見夏時之儉。《内則》曰："大夫無秩膳，大夫七十而有閣。天子之閣，左達五，右達五。公侯伯於房中五，大夫於閣三，士於坫一。"《注》曰："秩，常也。""五十始命，未爲老。"故必七十而後有秩膳也。"閣，以板爲之，庋食物。""五者，三牲之肉及魚臘。"此則較常人少侈耳，尚未至食前方丈也。

古代外交之禮，亦可見其飲食之侈。據《聘禮》：客始至，則設飧，飪一牢，在西鼎九，牛、羊、豕、魚、臘、腸胃、膚、鮮魚、鮮臘。膚，豕肉也。羞鼎三，膷臐膮即陪鼎。腥一牢，在東鼎七。無鮮魚鮮臘。此中庭之饌也。其堂上之饌八，八豆：醯醢、昌本、麋臡、青菹、鹿臡、葵菹、蝸醢、韭菹。八簋：黍、稷。六鉶：牛、羊、豕。兩簠：粱、稻。八壺：稻酒、粱酒。西夾六。六豆、六簋、四鉶、兩簠、六壺。六豆無葵菹、蝸醢，餘實與前同。門外米禾皆二十車。薪芻倍禾，上介飪一牢，在西鼎七，羞鼎三，堂上之饌六。西夾無。門外米禾皆十車，薪芻倍禾，衆介皆少牢。鼎五：羊、豕、腸胃、魚、臘。堂上之饌，四豆、四簋、兩鉶、四壺，無簠。既見而歸饔餼，牲殺曰饔，生曰餼。《周官·司儀注》："小禮曰飧，大禮曰饔餼。"則五牢，飪一牢，鼎九，腥二牢，鼎七，堂上八豆八簋，六鉶兩簠八壺，西夾六豆六簋，四鉶兩簠六壺，饌於東方亦如之。東夾無。醯醢百罋，罋受斗二升。餼二牢，米百筥，黍、粱、稻、稷。門外米三十車，車秉有二籔，凡二十四斛。禾三十車，車三秅，凡千二百秉。薪芻倍禾。上介三牢，飪一牢，鼎七，羞鼎三，腥一牢，鼎七，堂上之饌六。西夾亦如之。筥及罋如上賓。餼一牢，門外米禾視死牢，牢十車，薪芻倍禾。士介四人，皆餼大牢，米百筥。夫人歸禮，堂上籩豆六，脯醢。醙黍清皆兩壺。稻黍粱酒，皆有清白。醙言白清，指粱各舉一也。大夫餼賓，大牢米八筐。黍、粱各二，稷四。筐五斛。上介亦如之。衆介皆少牢，米六筐。公於賓，一食再饗。燕與羞，雁鶩之屬。俶獻始獻四時新物，《聘儀》所謂時賜。無常數。上介一食一饗。大夫於賓，一饗一食。上介若食若饗。既致饔旬而稍，謂廩食也。行聘禮一旬之後，或逢凶變，或主人留之不得反，即有稍禮。宰夫始歸乘禽，雁鶩之屬。日如其饔餼之數。士中日則二雙。《周官·掌客》：王合諸侯，而饗禮公侯伯子男盡在，兼享之。則具十有二牢，庶具百物備。王巡守殷國，則國君膳以牲犢，令百官百牲皆具。從者三公視上公之禮，卿視侯伯之禮，大夫視子男之禮，士視諸侯之卿禮，庶子一視其大夫之禮。凡諸侯之禮，諸侯自相待。天子待諸侯亦同。上公五積，侯伯四，子男三。皆視飧牽，謂所共如飧而牽牲以往，不殺也。一積視一飧，飧五牢。五積則二十五牢。又云視飧則有芻薪米禾之等。三問皆脩。侯伯再，子男一。羣介行人宰史，皆有牢。飧五牢，侯伯四，子男三。食四十，庶羞器，侯伯三十二，子男二十四。簠十，稻粱器，侯伯八，子男六。豆四十，菹醢器，侯伯三十二，子男二十四。鉶四十有二，羹器，鄭云宜爲三十八。侯伯二十八，子男十八。壺四十，酒器，侯伯三十二，子男二十四。鼎牲器。簋黍稷器。十有二，侯伯同。牲三十有六。鄭云牲當爲腥。侯伯二十七，子男十八。饔餼九牢，侯伯七，子男五。其死牢如飧之陳，牽四牢，侯伯三，子男二。米百有二十筥，侯伯百，子男八十。醯醢百有二十罋，侯伯百，子男八十。車米視牲牢。牢十車，車秉有五籔。侯伯三十車，子男二十。車禾視死牢。牢十車，車三秅，侯伯四十車，子男三十。芻薪倍禾。乘禽日九十雙，侯伯七十，子男五十。殷膳中致膳。大牢，以及歸三饗三食三燕。侯伯再，子男一。凡介行人宰史，皆有飧饔餼，以其爵等爲之牢禮之陳數，惟上介有禽獻。夫人致禮八壺、八豆、八籩，子男六。膳大牢，致饗大牢，子男不饗。食大牢。卿皆見以羔膳大牢。侯伯特牛。侯伯子男各有差等。卿大夫不從君而來聘者，如其介之禮以待之。《大行人》：上公之禮，禮九牢。《注》："禮，大禮饔餼也。三牲備爲一牢。"侯伯七，子男五。三享王禮，再祼再飲公也。侯伯子男同。而酢，報飲王也。子男不酢。饗禮九獻，侯伯七，子男五。食禮九舉，司農云："舉，舉樂也。"後鄭曰："舉牲體九飯也。"《疏》云：禮九獻相連，故以爲舉牲體，其實舉中可以兼樂。侯伯七，子男五。出入五積，謂饋之芻米也。侯伯七，子男三。《疏》云：在路供賓來去皆五積。三問三勞。問，問不恙也。勞，謂苦倦之也。皆有禮，以幣致之。侯伯再，子男一。侯伯子男亦各有差等。蓋其一食之費，足當平民終歲之飽矣。《聘儀》曰："古之用財者，不能均如此。然而用財如此其厚者，言盡之於禮也。盡之於禮，則内君臣不相陵，而外不相侵。故天子制之，而諸侯務焉爾。"此固然，然其時王公大人之食用，與平民相去之遠則可見矣。

《玉藻》：天子"皮弁以日視朝，遂以食，日中而餕，《注》："餕，朝食之餘也。"奏而食。《注》："奏，奏樂也。"日少牢，朔月大牢，五飲：上水、漿、酒、醴、酏"。諸侯"朝服以日視朝於内朝"。"退適路寢聽政，使人視大夫。大夫退，然後適小寢，釋服。又朝服以食，特牲，三俎，祭肺。《注》："食必復朝服，所以敬養身也。三俎：豕、魚、臘。"夕深衣，祭牢肉。《注》："祭牢肉，異於始殺也。天子言日中，諸侯言夕。天子言餕，諸侯言祭牢肉，互相挾。"朔月少牢，五俎四簋。《注》："五俎：加羊與其腸胃也。朔月四簋，則日食粱稻各一簋而已。"子卯，稷食菜羹，《注》："忌日貶也。"夫人與君同庖。《注》："不特殺也。"《疏》："舉諸侯，天子可知。"君無故不殺牛，大夫無故不殺羊，士無故不殺犬豕。《注》："故，謂祭祀之屬。"《疏》："言祭祀之屬者，若待賓客饗食，亦在其中。"案此三語，亦見《王制》。又曰："庶人無故不食珍，庶羞不踰牲。"君子遠庖厨。凡有血氣之類，弗身踐也。"《注》："踐，當爲翦。翦，猶殺也。"所言與《周官》大同小異。如《周官》，天子日食大牢，則無故得殺牛矣。

《玉藻》又曰："年不順成，則天子素服，乘素車，食無樂。"又言諸侯之禮曰："至於八月不雨，君不舉。年不順成，君衣布搢本，關梁不租，山澤列而不賦，土功不興，大夫不得造車馬。"《王制》曰："以三十年之通，雖有凶旱水溢，民無菜色，然後天子食，日舉以樂。"《曲禮》曰："歲凶，年穀不登，君膳不祭肺，馬不食穀，馳道不除，祭事不縣，大夫不食粱，士飲酒不樂。"此蓋隆古共産社會同甘苦之遺制。三代制禮，猶有存者，特不能盡守耳。後世去古愈遠，遺意寖淪。"朱門飽粱肉，路有凍死骨。"視爲固然，曾無愧恧。不惟大同之世之人所夢想不到，即視三代守禮之貴族，亦有媿色矣。因事限制民食，古代亦有之。《十三經詁答問》五："問師行而糧食，飢者弗食，勞者弗息。"《周禮·廩人注》：行道曰糧，謂糒也。止居曰食，謂米也。趙《注》：人君行師興軍，皆遠轉糧食而食之，有飢不得飽食者，勞者致重亦不得休息。與《晏子》内篇所引，互有異同，果何從耶？曰《晏子·問》下篇："師行而量食，貧苦不補，勞者不息。"糧食作量食。《管子·戒》篇：夫師行而量食其民者謂之亡。洪氏頤煊曰："量食者，量限其食也。"義較糧食爲長。今本《晏子》皆作糧者，後人據《孟子》而改耳。

《東塾讀書記》云："《通典》卷六十三，天子諸侯玉珮劍綬璽印。自注云：秦漢以降，逮於周隋，既多無注解，或傳寫舛譌，研覈莫辨。澧案：此不獨玉佩劍綬璽印爲然。凡漢以來，衣冠讀史者皆難明，而周之冠冕衣裳易明，賴有諸經注疏故也。"愚案：又不獨衣冠，飲食、宫室、器用，無不如此。此由經約而易精，治之者必求其事事明白。史既不然，而讀者於此諸端，又多不措意故也。此等處，非有專門名家之士數十百人，一人鉤考一事，穿貫羣書，證以古代遺物，通以異邦之制，孰思而詳考之，未易了了。今既未能無取雜博，故於秦漢以後，衣食宫室等，皆但取其犖犖大端，足以考見進化之迹者，略事講述而已。古代階級以貴賤分，後世則以貧富分。講財産時已言之，飲食之侈儉亦然。《鹽鐵論·散不足》：賢良曰："古者穀物菜果，不時不食；鳥獸魚鼈，不中殺不食。故繳網不入於澤，雜毛不取。今富者逐驅殲網罝，掩捕麑鷇，躭湎沈猶，鋪百川鮮，羔羜豶胎，扁皮黄口，春鵝秋雛，冬葵溫韭，浚茈蓼蘇，豐奕耳菜，毛果蟲貉。”又曰：“古者汙尊抔飲，蓋無爵觴尊俎。及其後，庶人器用，即竹柳陶瓠而已。唯瑚璉觴豆，而後雕文彤漆。今富者銀口黄耳，金罍玉鍾，中者舒玉紵器，金錯蜀杯，夫一文杯得銅杯十，價賤而用不殊。箕子之譏，始在天子，今在匹夫。古者燔黍食稗，而焊豚以相饗。其後鄉人飲酒，老者重豆，少者立食，一醬一肉，旅飲而已。及其後，賓昏相召，則豆羹白飯，綦膾孰肉。今民間酒食殽旅，重疊燔炙，滿案臑鼈，膾腥麑卵，鶉鴳橙枸，鮐鱧醯醢，衆物雜味。古者庶人，春夏耕耘，秋冬收藏，昏晨力作，夜以繼日。《詩》曰：晝爾於茅，宵爾索綯，亟其乘屋，其始播百穀。非膢臘不休息，非祭祀無酒肉。今賓昏酒食，接連相因，折醒什半，棄事相隨，慮無乏日。古者庶人，糲食藜藿，非鄉飲酒膢臘祭祀無酒肉，故諸侯無故不殺牛羊，大夫士無故不殺犬豕。今閭巷縣伯，阡伯屠沽，無故烹殺，相聚野外，負粟而往，挈肉而歸。夫一豕之肉，得中年之收，十五斗粟，當丁男半月之食。”又曰：“古者不粥絍，不市食。及其後，則有屠沽，沽酒市脯魚鹽而已。今熟食徧列，殽施成市，作業墮怠，食必趣時，楊豚韭卵，狗腤馬朘，煎魚切肝，羊淹鷄寒，蜩馬駱日，蹇捕庯脯，胹羔豆賜，㲉膹雁羹，自鮑甘瓠，熱粱和炙。”蓋古者君卿大夫之食，漸爲平民所共享矣。亦未聞漢時之民，以饕餮而至於貧窘。可見食用之漸侈，實由生計之日裕也。然較諸今日，究尚相懸。《論衡・譏日》謂：“海内屠肆，六畜死者日數千頭。”持視當今，不過十一之於千百耳。《隋書・地理志》謂：梁州漢中之人，“性嗜口腹，多事田漁，雖蓬室柴門，食必兼肉”。此在今日，亦恬不爲怪矣。故知社會生計，在無形之中實日以增長也。

食物隨時代而變，如古言百穀，或言九穀，或言五穀。今則主於麥及稻米。古人兼食牛羊犬豕之肉，今則主於食豕。此蓋因農業之進步，及畜牧情形之不同。嗜味亦以今古之殊。如古人好食葷辛，《儀禮・士相見》禮：“夜侍坐，問夜，膳葷，請退可也。”《注》：“膳葷，謂食之葷辛物葱薤之屬，食之以止卧。古文葷作薰。”《疏》曰：“云古文葷作薰者，《玉藻》云：膳於君，有葷桃茢。作此葷。鄭注《論語》作焄，義亦通。若作薰，則春秋一薰一蕕。薰，香草也，非葷辛之字，故叠古文不從也。”案：香草之薰，與葷辛之葷，同爲氣之烈者，義亦可通。又案：葱薤之屬，其氣皆葷，而味非辛。故鄭言之屬以該之辛，如薑桂是也。今則好葷者惟北方爲然，好辛者惟楚蜀爲烈。古人調羹多用鹽梅，秦漢則用鹽豉。《左》昭二十年：“異。和如羹焉，水火醯醢鹽梅，以烹魚肉。”《疏》：“此説和羹而不言豉，古人未有豉也。《禮記・内則》、《楚辭・招魂》備論飲食而言不及豉。史游《急就篇》乃有蕪荑鹽豉，蓋秦漢以來始爲之焉。”此等亦必皆以其所以然時，非專門研究，未易言之耳。

後世食物有爲古所無而極重要者，一爲蔗糖，一爲茶，一爲菸。《唐書・西域傳》：摩揭陀，“太宗遣使取熬糖法，即詔揚州上諸蔗，拃瀋如其劑，色味愈西域遠甚。”則其法實始唐初。宋王灼撰《糖霜譜》，其第二篇備言以蔗爲糖始末。《四庫提要》曰：宋時産糖霜之地有福唐、四明、番禺、廣漢、遂甯，而遂甯最盛。灼遂甯人，故能詳言之也。《説文》有飴字，無糖字。徐鉉新附中有之，亦訓飴，不言蔗。則五代宋間尚未大盛。我國食物自西域輸入者，尚有苜蓿，人皆知之，而西瓜亦來自西域。《陔餘叢考》：“或謂西瓜自元世祖時始入中國。然元初方夔已有《食西瓜詩》。夔係浙之淳安人。是時浙中已有之，則非元初入中國可知矣。南宋末，方回亦有秋熱詩云：西瓜足解渴，割裂青瑶膚。又文信國《吟嘯集》有《西瓜吟》。陸儼山《菽園雜記》云：金時，王予可南雲《詠西瓜》云：一片冷裁潭底月，六彎斜捲隴頭雲。則金時已有之矣。按《五代史・四夷》附録，胡嶠居契丹七年，自上京東去四千里，至真珠寨始食菜。明日東行，始食西瓜。土人云，契丹破回紇得此種，以牛糞覆棚而種，大如中國東瓜而味甘。是西瓜由嶠而創見於塞外，尚未入中國。楊用修云：余嘗疑《本草》瓜類中不載西瓜，後讀五代胡嶠《陷虜記》云：嶠於回紇得瓜種，結實大如斗，味甘，名曰西瓜。則西瓜由嶠入中國也。今西瓜已徧天下，而臺灣則并種於秋，至十月採取，貢入京，以備臘月廟祭之用。臺灣在閩海東，則西瓜又可稱東瓜矣。”此等物，若能詳考，當尚不少也。

《日知録》曰：“茶字自中唐始變作茶，其説已詳之《唐韻正》。按《困學紀聞》，荼有三，誰謂荼苦，苦菜也。有女如荼，茅秀也。以薅荼蓼，陸草也。陸清獻曰：“王肅云：荼，陸穢；蓼，水草。田有原有濕，故并舉水陸穢草。依此，則荼與蓼是二物。《朱子詩傳》，謂一物而有水陸之異，前後儒者所見似不同。愚謂草木之類，有種一而臭味别者，胡荼與蓼一物，而有水陸之異。《邶風》之荼，與《周頌》之荼，一物而有苦菜穢草之異。《正義》以其分者言之，朱子以其合者言之，非牴牾也。”陳氏曰：“《爾雅》，荼者，荼委葉也。蓼者，薔虞蓼也。王肅皆以爲穢草，分水陸當矣，但未詳荼之性狀。《爾雅》：蒤，委葉。郭《注》引《詩》而外，亦不著其形。案《古今注》云：荼，蓼也。紫色者荼也，青色者蓼也。其味辛且苦，食之明目。或謂紫葉者爲香荼，青色者爲青荼。亦謂紫者爲紫蓼，青者爲青蓼。其長大不苦者爲高蓼。此與王氏水陸二穢意同。朱子所謂辣蓼，或即斯草，但不當以苦菜當之耳。"今按《爾雅》荼蒤字，凡五見而各不同。《釋草》曰：荼，苦菜。《注》引《詩》：誰謂荼苦，其甘如薺。《疏》云：此味苦可食之菜。《本草》一名選，一名游冬。《易緯通卦驗元圖》云：苦菜生於寒秋，經冬歷春乃成。《月令》：孟夏，苦菜秀是也。葉似苦苣而細，斷之有白汁。花黃似菊，堪食，但苦耳。又曰蕈荂荼。《注》云即芀。《疏》云：按《周禮・掌荼》，及《詩》有女如荼，皆云荼，茅秀也。蕈也，荂也，其別名。此二字皆從草，從余。又曰：蒤，虎杖。《注》云：似紅草而麄大，有細刺，可以染赤。《疏》云：蒤，一名虎杖。陶注《本草》云：田野甚多，壯如大馬蓼，莖斑而葉圓是也。又曰：蒤，委葉。《注》引《詩》以茠蒤蓼。《疏》云：蒤，一名委葉。王肅《説詩》云：蒤，陸穢草。然則蒤者原田蕪穢之草，非苦菜也。今《詩》本茠作薅。此二字皆從草從涂。《釋木》曰：檟苦荼。《注》云：樹小如梔子，冬生葉，可煮作羹飲。今呼早采者爲荼，晚取者爲茗。一名荈，蜀人名之苦荼。此一字亦從草從余。以《詩》考之，《邶谷風》之荼苦，《七月》之采荼，《緜》之堇荼，皆苦菜之荼也。原注：《詩》：采苦采苦。《傳》：苦，苦菜。《正義》曰：此荼也。陸璣云：苦菜生山田及澤中，得霜恬肥而美。所謂堇荼如飴。《内則》云：濡豚包苦，用苦菜是也。又借而爲荼毒之荼，《桑柔》、《湯誥》，皆苦菜之荼也。《夏小正》取荼莠。《周禮・地官掌荼》，《儀禮・既夕禮》，茵著用荼，實綏澤焉。《詩》：鴟鴞捋荼。《傳》曰：荼，萑苕也。《正義》曰：謂蔰之莠，其物相類，故皆名荼也，茅秀之荼也，以其白也而象之，出其東門，有女如荼。《國語》：吴王夫差萬人爲方陳，白常白旗素甲白羽之矰，望之如荼。《考工記》：望而眡之，欲其荼白，亦茅秀之荼也。良耜之荼蓼，委葉之蒤也。唯虎杖之蒤，與檟之苦荼，不見於《詩》、《禮》，而王褒《僮約》云：武都買荼。張載《登成都白菟樓詩》云：芳荼冠六清。孫楚詩云：薑桂荼荈出巴蜀。《本草衍義》：晉温嶠上表，貢荼千斤，茗三百斤。是知自秦人取蜀而後，始有茗飲之事。”又曰:“王褒《僮約》:前云炰鼈烹荼,後云武都買荼。《注》:以前爲苦菜,後爲茗。”又曰:“《唐書・陸羽傳》:羽嗜茶,原注:自此後荼字減一畫爲茶。著《經》三篇,言茶之原之法之具尤備,天下益知飲茶矣。有常伯熊者,因羽論復廣著茶之功,其後尚茶成風。時回紇入朝,始驅馬市茶。至明代,設茶馬御史。而《大唐新語》言:右補闕綦母煚性不飲茶,著《茶飲序》曰:釋滯消壅,一日之利暫佳,瘠氣侵精,終身之害斯大,獲益則功歸茶力,貽患則不謂茶災,豈非福近易知,害遠難見。宋黄庭堅《茶賦》,亦曰寒中瘠氣,莫甚於茶。或濟之鹽,勾賊破家。今南人往往有茶癖而不知其害,此亦攝生者之所宜戒也。”案:《三國・吴志・韋曜傳》:“皓每饗宴,無不竟日,坐席無能否率以七升爲限,雖不悉入口,皆澆灌取盡。曜素飲酒不過二升,初見禮異時,常爲裁減,或密賜茶荈以當酒。”又《世説新語》謂,王濛好飲茶,客至,嘗以是餉之。士大夫欲詣,濛輒曰:今日有水厄。則茗飲初行於南方,其盛行全國,要始唐代,故其時始有茶税。然觀《日知録》所引綦母煚之論,則當時茗飲者尚有用爲藥物之意,與今日用代水飲者不同。《金史》謂金人所需之茶,除宋人歲供外,悉貿於宋界之榷場。章宗承安三年,以爲費國用而資敵。四年,於淄密寧海蔡州各置一坊造茶。至泰和五年乃罷。六年,尚書省奏:茶,飲食之餘,非必用之物。比歲上下競啜,累民尤甚。市井茶肆相屬,商旅多以絲絹易茶,歲費不下百萬。遂命七品以上官方許食茶,仍不得賣及饋獻不應留者,以斤兩立罪賞。七年,八年,及宣宗重光二年,又更定其制,亦可見當時飲茶,尚不如今日之盛。若在今日,可得而限制邪?古人飲茶之法與今不同,讀《茶經》可知。

《陔餘叢考》曰:“王阮亭引姚露《旅書》,謂烟草一名淡巴菰,出吕宋國,能辟瘴氣。初漳州人自海外攜來,莆田亦種之,反多於吕宋矣。然唐詩云‘相思若煙草’,似唐時已有服之者。據王肱枕《蚓菴瑣語》,謂煙葉出閩中,邊上人寒疾,非此不治。關外至以一馬易一觔。崇禎中,下令禁之,民間私種者問徒。利重法輕,民冒禁如故。尋下令犯者皆斬。然不久因軍中病寒不治,遂弛其禁。予兒時尚不識煙爲何物。崇禎末,三尺童子莫不喫煙矣。據此,則煙草自崇禎時乃盛行也。”予案張岱《陶菴夢憶》云:“余少時不識煙草爲何物。十年之内,老壯童稚婦人女子無不喫煙,大街小巷盡擺煙草,此草妖也。”岱,明清間人,亦煙草盛於明末之一證。

清郭起元《論閩省務本節用書》曰:“閩地二千餘里,原濕饒沃,山田有泉滋潤,力耕之原足給全閩之食。無如始闢地者多植茶蠟麻苧藍靛糖蔗離支柑橘青子荔奴之屬,耗地已三之一,其物猶足供食用也。今則煙草之植,耗地十之六七,原烟出自西北邊外,謂可以驅寒耳。今則徧於東南,飲烟者無間暑寒,爲用與食鹽等,而又勝之,閩中更甚。”“閩地耗於植煙,既嚴其禁,然小民不知大計,終以煙草爲利,久且復植。”云云。岳震川《府志食貨論》云:“《府志食貨》中無烟草,安康之民,果不種此,此俗之善也。今漢中郡城,商賈所集,煙鋪十居其三四。城固湑水以北,沃土腴田,盡植煙苗。盛夏晴霽,彌望野緑,皆此物也。當其收時,連雲充棟,大商賈一年之計,夏絲秋煙,煙烏得與絲并論邪?”“甘肅士人賦《煙草詩》曰:餉賓先餅餌,種地礙桑麻。南鄭城固大商,重載此物,歷金州以抵襄樊、鄂渚者,舳艫相接,歲縻數千萬金,可謂好之僻矣。”“又聞紫陽務滋煙苗,較漢中尤精,尤易售。此可以爲戒,弗可效也。”云云。《經世文編》卷三十六。可見入清代而吸煙者益盛。《癸巳類稿》云“明四譯館同文堂,外國來文八册,有譯出暹羅國來文”,云“進皇帝”“鴉片二百斤”、“進皇后”“鴉片一百斤”之語。又“《大明會典》九十七、九十八,各國貢物,暹羅、爪哇、榜葛剌三國,俱有烏香,即鴉片”。“唐譯《毗耶那雜事律》云:在王城嬰病,吸藥煙瘳損,苾芻白佛,有病者聽吸煙。佛言以兩椀相合,底上穿孔,中著火,置藥,以鐵管長十二指,置孔吸之,用了,用小袋盛挂杙笐竿上。後用時,置火中燒以取浄,不應用竹,不應水洗。此則西域古有之。明徐伯齡《蟫精雋》云:成化癸卯,令中貴收買鴉片,其價與黄金等,其國自名合浦融。俞氏又云:入中國曰烏香,或曰烏煙,就其本名,還音曰鴉片,亦曰阿片，亦曰亞榮，亦曰阿芙蓉，亦曰合浦融。是成化時市廛已有貨賣者。萬曆時，李時珍《本草綱目・穀部》云：鴉片，前代罕聞，近方有用者，是已行於民間。”云云。近人《鴉片源流考》曰：“鴉片或稱阿片，花曰罌粟，亦名阿芙蓉，來自西洋。”其初蓋先有罌粟。罌粟之名見於《開寶本草》，歸入米穀下品，云“一名米囊，一名御米”。是爲罌粟入藥之始首。唐宋時，亞拉伯人航海至廣州等口，攜來各種藥材，相與交易，罌粟之來，當自斯始。唐明皇時陳藏器述嵩陽子語曰：“罌粟花有四葉，紅白色，上有淺紅暈子，其囊形如髇頭箭，中有細米。”米囊之名，所自始也。是時大食人往來中國已足百載，罌粟花當亦如芙蓉等花流入内地矣。唐雍陶《西歸出斜谷詩》云：“行過險棧出褒斜，歷盡平川如到家。萬里客愁今日散，馬前初見米囊花。”雍陶，成都人，罌粟當時已流入四川，如野花之遍種矣。由唐至德到宋乾德二百年間，大食人往來中國者雖無可稽，然西人所著書則往往可見一斑焉。想是時罌粟當較前更廣。《開寶本草》之以作藥，豈亦傳自西洋耶？宋時亦有作湯食者。東坡詩云：“道人勸飲鷄蘇水，童子能煎鶯粟湯。”鶯粟，即罌粟也。以罌粟作藥者，宋人書多著之。如寇宗奭《本草衍義》云：“一罌凡數千萬粒，大小如葶藶子，其色白，服石人甚宜飲。”是已。洎乎南宋，又以殼入藥。宋末楊士瀛《直指方》云：“粟殼治痢，人皆薄之固矣。然下痢日久，腹中無積病，當止澀者豈容不澀，不有此劑，何以對除乎？”是已。元李杲云：“粟殼收歛固氣，能入腎，故骨病尤宜。”則元人尚未知煎粟殼爲鴉片之法也。明時醫書乃有用罌粟殼作膏者，蓋鴉片之製所自始，然亦僅作藥用。明王璽《醫林集要》云：“阿芙蓉是天方國種。”又云：“罌粟花花卸結殼，復三五日，午後於殼上用大針刺開外面青皮十餘處，次日早津出，以竹刀刮出，磁器内陰乾，每用小豆一粒，空心温水化下。”是製鴉片之法也。但不知是否傳自西洋耳！明李挺《醫學入門》，論製鴉片法綦詳。蓋因嘉靖二年罷市，舶外洋貨物不得入，故詳言之。知中國内地早有自製之鴉片矣。自宋而明，用罌粟法不同，而其爲藥則一。洎乎明末，西洋有吸黄烟之法入。黄烟者美國土産，始及臺灣，後及大陸。清人稱爲淡巴菰者也。中國人因以爲吸鴉片之法。清宛平黄玉圃《台海使槎録》云：“鴉片烟，用麻葛同鴉片土切絲，於銅鐺内煎成拌烟，另用竹筒實以椶絲貯之，羣聚吸之，索值數倍於常烟，專治此者名之開鴉片館，吸一二次後即不能離，暖氣直注丹田，可竟夜不眠。土人服此，爲導淫之具，肢體萎縮，臟腑潰出，不殺身不止。官吏每爲嚴禁，常有身被鞭擊，猶求緩須臾再吸一筩者。”椶絲指黄煙。玉圃，乾隆時人也。雍正年間，鴉片遺害已烈，故治之之律頗嚴，凡開鴉片館者擬絞監候，爲從杖一百，流三千里。道光十九年，黄爵滋、朱成烈奏請再禁，鄂督林則徐奏，有“烟不禁則國日貧、民日弱，數十年後，豈惟無可籌之餉，抑且無可用之兵”等語。皇帝即命則徐蒞粤查辦，此則《江甯條約》所自始也。予案：鴉片税則定於咸豐八年，見《中英通商章程》第五款，當時實以洋藥爲名而税之也。

# 第五章　衣　服

衣服之制，可考者亦始於三皇、五帝之時。《禮運》曰："昔者先王，未有麻絲，衣其羽皮。後聖有作，治其麻絲，以爲布帛。"《墨子·辭過》曰："古之民未知爲衣服時，衣皮帶茭，冬則不輕而温，夏則不輕而凊。聖王以爲不中人之情，故作誨婦人，治絲麻，梱布帛，以爲民衣。"《禮運》所謂先王，《墨子》所謂古之民，蓋當三皇時。《禮運》所謂後聖，《墨子》所謂聖王，則在五帝之世。何以知其然也？《禮記·冠義疏》云："案略説稱周公對成王云：'古人冒而句領。'注云古人謂三皇時，以冒覆頭，句領繞頸，至黄帝時則有冕也。故《世本》云黄帝造火食旒冕，是冕起於黄帝也。但黄帝以前，則以羽皮爲之冠，黄帝以後，乃用布帛。"《淮南·氾論訓》曰："古者有鍪而綣領，伯余之初作衣也，緂麻索縷，手經指挂，其成猶網羅。後世爲之機杼勝復，以領其用，而民得以掩形禦寒。"《注》曰："古者蓋三皇以前也。鍪頭著兜鍪帽，言未知製冠也。綣領皮衣屈紩之，如今胡家韋襲反褶以爲領也。一説鍪放髮也，綣繞頸而已，皆無飾。伯余，黄帝臣。《世本》曰：伯余製衣裳。一曰伯余黄帝。"《易·繫辭傳》曰："黄帝、堯、舜垂衣裳而天下治。"《疏》曰："以前衣皮，其制短小，今衣絲麻布帛，所作衣裳，其制長大，故曰垂衣裳也。"合觀諸説，則布帛爲用之廣，衣裳製作之精，其必在五帝之世，無可疑矣。《禹貢》：兖、青、徐、揚、荆、豫六州皆有織物，不知所記果禹時事否？

《士冠禮》鄭《注》："皮弁者，以白鹿皮爲冠，象上古也。"《易緯乾鞶度注》:"古者田漁而食,因衣其皮,先知蔽前,後知蔽後。後王易之以布帛。而獨存其蔽前者,重古道而不忘本也。"《左》桓二年《疏》引。《郊特牲》曰:"黄衣黄冠而祭,息田夫也。野夫黄冠,黄冠,草服也。大羅氏,天子之掌鳥獸者也。諸侯貢屬焉。草笠而至,尊野服也。"《詩》曰:"彼都人士,臺笠緇撮。"《毛傳》曰:"臺所以禦暑,笠所以禦雨也。"《箋》曰:"臺夫須也。都人之士以臺爲笠。"《左》襄十四年,晉人數戎子駒支曰:"乃祖吾離被苫蓋。"《注》曰:"蓋,苫之别名。"《疏》曰:"言無布帛可衣,惟衣草也。"孫詒讓《墨子閒詁》謂帶茭疑即喪服之絞帶,《傳》云:"絞帶者,繩帶也。"亦即《尚賢》篇所謂帶索,《尚賢》篇:"傅説被褐帶索。"此皆邃古之遺制也。《禹貢》:冀州鳥夷皮服,揚州鳥夷卉服,邃古之情形,固與蠻夷近矣。

古者冠與服相因,故以冠名服。冠之尊者莫如冕。冕之製以木爲幹,用布衣之,上玄下朱,前俯後仰。《禮運》曰:"天子之冕,朱緑藻十有二旒,諸侯九,上大夫七,下大夫五,士三。"《周官・弁師》:"掌王之五冕,皆玄冕,朱裏延紐,《注》:"小鼻在武,上笄所貫也。"五采繅,十有二就,皆五采玉十有二。《注》:"繅,雜文之名也。合五采絲爲之繩,垂於延之前後各十二,所謂邃延也,就,成也。繩之每一帀而貫五采玉,十二斿則十二玉也,每就間蓋一寸。"《疏》:"玉有五色,以青赤黄白黑於一旒之上,以此五色玉貫於藻繩之上,每玉間相去一寸。"鄭司農曰:"繅當爲藻。"玉笄朱紘。"《注》:"以朱組爲紘也。紘一條,屬兩端於武。"《疏》:"謂以一條繩,先屬一頭於左旁笄上,以一頭繞於頤下,至句上,於右相笄上繞之。是以鄭注《士冠禮》云:有笄者屈組以爲紘,垂爲飾;無笄者纓而結其絛。彼有笄據皮弁爵弁。此五冕皆有笄,與彼同。此言屬於武者據笄貫武,故以武言之,其實在笄。"《司服》云:"王之吉服,祀昊天上帝,則服大裘而冕,祀五帝亦如之。享先王則衮冕;享先公饗射,則鷩冕;祀四望山川,則毳冕;祭社稷五祀,則希冕;祭羣小祀,則玄冕。"鄭《注》謂"冕服有六,而言五冕者,大裘之冕,蓋無旒不聯數也。"前後皆有旒,旒貫玉十二。"衮衣之冕十二斿,則用玉二百八十八;鷩衣之冕繅九斿,用玉二百一十六;毳衣之冕七斿,用玉百六十八;希衣之冕五斿,用玉百二十;玄衣之冕三斿,用玉七十二。"《弁師》云:"諸侯之繅斿九就,瑉玉三采。"《注》:"朱白蒼也。""玉瑱玉笄。"《疏》:"王不言玉瑱,於此言之者,王與諸侯互見。"《注》曰:"侯當爲公之誤也。""公之冕用玉百六十二。"又謂:"侯伯繅七就,用玉九十八;子男繅五就,用玉五十,繅玉皆三采;孤繅四就,用玉三十二;三命之卿繅三就,用玉十八;再命之大夫繅再就,用玉八,繅玉皆朱緑;一命之大夫冕而無旒,士變冕爲爵弁。"《疏》云:"公以下皆一冕而冠五服。"案《大戴記》云:冕而前旒,所以蔽明也;黈纊塞耳,所以掩聰也。薛綜注《東京賦》:"黈纊以黄綿,大如丸,縣冠兩邊當耳,案後以玉,曰瑱。《左》桓二年《疏》:紞者,縣瑱之繩,垂於冠之兩旁。《魯語》敬姜曰:王后親織玄紞,則紞必織綫爲之,若今之絛繩。鄭玄《詩箋》云:充耳所以縣瑱者,或名爲紞,織之人君五色,臣則三色是也。絛必雜色。而《魯語》獨言玄者,以玄是天色,故特言之,非謂純玄色也。"後旒失蔽明之義矣。《續漢書·輿服志》:"孝明皇帝永平二年初,詔有司采《周官》、《禮記》、《尚書·臯陶》篇,乘輿服從歐陽氏説,公卿以下從大小夏侯氏説,冕皆廣七寸,長尺二寸,前圓後方,朱緑裹,玄上,前垂四寸,後垂三寸,係白玉珠爲十二旒,以其綬采色爲組纓。三公諸侯七旒,青玉爲珠。卿大夫五旒,黑玉爲珠。皆有前無後,各以其綬采色爲組纓,旁垂黈纊。"此蓋有所受之,鄭説非也。《玉藻》曰:"天子玉藻,十有二旒。"《郊特牲》亦曰:"戴冕璪十有二旒。"無自十二旒至三旒之説,更無祀上帝冕無旒之説。〇《玉藻》:"天子玉藻,十有二旒,前後邃延。"《注》:"雜采曰藻。天子以五采藻爲旒,旒玉十有二。前後邃延者,言皆出冕前後而垂也。天子齊肩,延冕上覆也。"《疏》:"天子齊肩者,以天子之旒十有二就,每一就貫以玉,就間相去一寸,則旒長尺二寸,故垂而齊肩也。言天子齊肩,則諸侯以下,各有差降。則九玉者九寸,七玉者七寸,以下皆依旒數垂而長短爲差。旒垂五采玉,依飾射侯之次,從上而下,初以朱,次白,次蒼,次黄,次玄,五采玉既貿徧,周而復始。其三采者,先朱,次白,次蒼。二色者,先朱後緑。皇氏、沈氏并爲此説,今依用焉。後至漢明帝時,用曹褒之説,皆用白旒珠,與古異也。"《周官·弁師疏》:"凡冕體《周禮》無文,叔孫通作漢禮器制度,取法於周,今還取彼以釋之。按彼文凡冕以版廣八寸,長尺六寸,以此上玄下朱覆之,乃以五采繅繩貫五采玉,垂於延前後,謂之邃延。"《王制疏》:"凡冕之制,皆玄上纁下。故注《弁師》云,皆玄覆朱裹,師説以木版爲中,以三十升玄布衣之於上,謂之延也。以朱爲裹,但不知用布繒耳。當應以繒爲之,以其前後旒用絲故也。按漢禮器制度,廣八寸,長尺六寸也。又董巴《輿服志》云:廣七寸,長尺二寸。皇氏謂此爲諸侯之冕。應劭《漢官儀》:廣七寸,長八寸,皇氏以爲卿大夫之冕服也。若如皇氏言,豈董巴專記諸侯,應劭專記卿大夫,蓋冕隨代變異,大小不同,今依漢禮器制度爲定也。"《左》桓二年《疏》:"《世本》云:黄帝作冕。宋仲子云：冕，冠之有旒者。禮文殘缺，形制難詳。《周禮》弁師掌王之五冕，皆玄冕朱裏，止言玄朱而已，不言所用之物。《論語》云：麻冕，禮也。蓋以木爲幹，而用布衣之，上玄下朱，取天地之色。其長短廣狹，則經傳無文。阮諶《三禮圖》漢禮器制度云：冕制皆長尺六寸，廣八寸，天子以下皆同。沈引董巴《輿服志》云：廣七寸，長尺二寸。應劭《漢官儀》云：廣七寸，長八寸。沈又云：廣八寸，長尺六寸者，天子之冕。廣七寸，長尺二寸者，諸侯之冕。廣七寸，長八寸者，大夫之冕。但古禮殘缺，未知孰是，故備載焉。司馬彪《續漢書・輿服志》云：孝明帝永平二年初，詔有司采《周官》、《禮記》、《尚書》之文制冕，皆前圓後方，朱裏玄上，前垂四寸，後垂三寸，天子白玉珠十二旒，三公諸侯青玉珠七旒，卿大夫黑玉珠五旒，皆有前無後，此則漢法耳。"按疏家皆鄭學，故以夏侯、歐陽説爲不然，其實鄭説顯與古違者多也。〇《論語・子罕》："子曰：麻冕，禮也。今也純儉，吾從衆。"《集解》：孔曰："古者績麻三十升布以爲之。"《疏》："鄭注《喪服》云：布八十縷爲升。三十升則二千四百縷矣，細縷難成，故孔子以爲不如純之儉也。"案《喪服注》："布八十縷爲升，升字當爲登。登，成也。今之禮皆以登爲升，俗誤已行久矣。"《疏》："布八十縷爲升者，此無正文，師師相傳言之，是以今亦云八十縷，謂之宗。宗即古之升也。"〇《説文》："冕大夫以上冠也。"《雜記》："大夫冕而祭於公，弁而祭於已；士弁而祭於公，冠而祭於已。"與《禮運》異。〇《左》桓二年："衡紞紘綖"，《注》："綖冠上覆，"《疏》："冕以木爲幹，以玄布衣其上，謂之綖。"案此即"前後邃延"之延也。

凡冕則袞衣，《玉藻》所謂"天子玉藻，十有二旒，前後邃延，龍卷以祭"者也。《覲禮疏》引《白虎通》："天子升龍，諸侯降龍。"袞衣之制，蓋自虞、夏而有之。《書・益稷》曰："予欲觀古人之象，日、月、星、辰、山、龍、華、蟲、作會、宗彝、藻、火、粉、米、黼、黻、絺、繡，以五采章施於五色，作服，汝明。"今本《益稷》。孔安國云："日月星，爲三辰；華，象草華、蟲，雉也。畫三辰、山龍、華蟲於衣服旌旗。""會，五采也，以五采成此畫焉。宗廟彝樽，亦以山龍華蟲爲飾。""藻，水草有文者。火爲火字。粉若粟冰。米若聚米。黼若斧形。黻爲兩已相背。葛之精者曰絺。五色備曰繡。"如孔此言，日也，月也，星辰也，山也，龍也，華也，蟲也，七者畫于衣服旌旗；山、龍、華、蟲四者，亦畫於宗廟彝器；藻也，火也，粉也，米也，黼也，黻也，六者繡之於裳。如此數之，則十三章矣。天之大數，不過十二，若爲十三，無所法象。或以爲孔并華蟲爲一，其言華象草華蟲雉者，言象草華之蟲，故爲雉也。若華别似草，安知蟲爲雉乎？未知孔意必然以否。鄭玄讀會爲繢，謂畫也；絺爲繡，謂刺也；宗彝，謂虎蜼也。《周禮》宗廟彝器有虎彝、蜼彝，故以宗彝爲虎蜼也。《周禮》有衮冕、鷩冕、毳冕，其衮鷩、毳者，各是其服章首所畫，舉其首章以名服耳。衮是衮龍也。衮冕九章，以龍爲首。鷩是華蟲也，鷩冕七章，以華蟲爲首。毳是虎蜼也，毳冕五章，以虎蜼爲首。虎毛淺，蜼毛深，故以毳言之。毳，亂毛也。如鄭此言，則於《尚書》之文其章不次。故於《周禮》之注，具分辨之。鄭於《司服》之注，具引《尚書》之文，乃云：此古天子冕服十二章。絺或作黹，字之誤也。王者相變，至周而以日、月、星辰畫於旌旗，所謂三辰旂旗，昭其明也。而冕服九章，登龍於山，登火於宗彝，尊其神明也。九章：初一曰龍，次二曰山，次三曰華蟲，次四曰火，次五曰宗彝，皆畫以爲繢。次六曰藻，次七曰粉米，次八曰黼，次九曰黻，皆絺以爲黹，則衮之衣五章，裳四章，凡九也。鷩畫以雉，謂華蟲也。其衣三章，裳四章，凡七也。毳畫虎蜼，謂宗彝也。其衣二章，裳三章，凡五也。是鄭玄之説，華蟲爲一，粉米爲一也。以上録《左》昭二十五年《疏》。杜預亦以日、月、星辰畫於旌旗，以山也、龍也、華也、蟲也、藻也、火也、粉米也、黼也、黻也爲九，釋左氏之九文。〇王肅以爲舜時三辰，即畫於旌旗，不在衣，見《書疏》。鄭又云："希鄭讀爲絺，紩也。刺粉米，無畫也。其衣一章，裳二章，凡三也。玄者，衣無文，裳刺黻而已，是以謂之玄焉。"鄭釋冕服如此。《王制疏》述鄭説又云："此是天子之服，其諸侯以下，未得而聞。"案《皐陶謨》云："五服五章哉。"鄭《注》云："五服，十二也，九也，七也，五也，三也。如鄭之意，九者謂公侯之服，自山而下七也，是伯之服，自華蟲而下五也，是子男之服，自藻而下三也，卿大夫之服，自粉米而下，與《孝經》注不同者，《孝經》舉其大綱。或云《孝經》非鄭注。"清宋緜初駁之曰："謂古天子冕服十二章，至周而冕服九章，其説無據。凡車服旂章，天子以十二爲節，公以九爲節，侯、伯以七爲節，子男以五爲節，禮有明文。天子玉藻十二旒，則冕服亦十二章矣。公之冕九旒九就，則冕服亦九章矣。鄭以《虞書》冕服龍在次五，而周曰龍衮，則是龍章爲首。以日、月、星辰之於旌旗，而引《左傳》三辰旂以實之。今案旂章與章服兩事，虞、夏之旂旗，何嘗不畫日月乎？日、月、星不可以名服，故以龍衮爲名而統十二章，猶《論語》言黻冕，舉一章以該他章，不當因龍衮之名而謂無日、月、星也。賈公彦云：九章無正，文并鄭以意解之。然則鄭氏之説，未可即以爲周公之禮矣。"案《司服》又云："公之服，自衮冕而下，如王之服。侯伯之服，自鷩冕而下，如公之服。子男之服，自毳冕而下，如侯伯之服。孤之服，自絺冕而下，如子男之服。卿大夫之服，自玄冕而下，如孤之服。士之服，自皮弁而下，如大夫之服，其齊服有玄端素端。"《王制疏》："謂之端者，已外之服，其袂三尺三寸，其袪尺八寸。其玄端則袂二尺二寸，袪尺二寸。端，正也，以幅廣二尺二寸，袂廣二尺二寸，與之正方，故云玄端也。"《大行人》："上公之禮，冕服九章；侯伯之禮，冕服七章；子男之禮，冕服五章。"《詩·無衣毛傳》同。宋氏之説是也。宋氏又云：繪之爲畫，乃假借之文，非本訓。經典無衣服用畫之文，而《周官·典絲》、《考工記》皆以畫績并舉，繪績一字。《説文》：繪，會五采繡也。績，織餘也。繪繡對文異，散則通。繪者，合五采絲爲之，織功也。絺繡者，刺五采絲爲之，箴功也。衣以繪，裳以繡，上下相變，其爲采色彰施則同。其説新而確，觀此知以作會爲古代繪畫者之非，而唐、虞之世，已有五采之絲織物，則得一新發見矣。

弁之制，與冕略同，所異者"弁前後平，冕則前低一寸餘"耳。《周官·弁師疏》。《公羊》宣元年《注》："皮弁武冠，爵弁文冠，夏曰收，殷曰冔，周曰弁，加旒曰冕，王所以入宗廟。"《士冠禮記》："委貌，周道也。章甫，殷道也。毋追，夏后氏之道也。周弁，殷冔，夏收，三王共皮弁素積。"《禮記·郊特牲》同。《注》謂其制之異同皆未聞。宋緜初謂：經意若言"周之委貌者，弁也；殷之章甫者，冔也；夏后氏之毋追者，收也。蓋大同而小異"。可爲《解詁》作疏。《周官·弁師注》："弁者，古冠之大稱，委貌緇布曰冠。"《疏》曰："六冕皆得稱弁。委貌緇布，散文亦得言弁。"案士冠三加，初加緇布冠，古冠也，士無緌。天子玄冠朱組纓，諸侯緇布冠繢緌，見《玉藻》。再加皮弁素積，廟廷之服也。三加爵弁纁裳，宗廟之服也。既冠，易玄冠玄端，齋戒之服也。○《郊特牲》："大古冠布，齊則緇之。其緌也，孔子曰：吾未之聞也。"《注》："唐、虞以上曰太古。"蓋太古吉凶，同服白布冠，三代改制，以爲喪冠，惟始冠冠之，反本修古之意也。既冠，即不復用，所謂"冠而敝之"也。《雜記注》："大白冠，大古之布冠也。《春秋傳》曰：衛文公大布之衣、大白之冠。"此乃乘喪敗之後，非常制也。

冠制與冕弁大殊。《白虎通》曰："冠者，帣也，所以帣持其髮也。"

《説文》曰:“冠,豢也,所以豢髮。”《釋名》:“冠,貫也,所以貫韜髮也。”古之冠,略如今之喪冠,中有梁,廣二寸。喪冠廣二寸,見《喪服》賈《疏》。吉冠當亦同之。冠形穹窿,其長當尺有數寸,秦始皇改爲六寸,漢文帝增爲七寸而梁始闊,而古之冠制不可見矣。古人重露髮,必先韜之,以縱結之爲紒,然後固之以冠。《士冠禮》:“緇纚,廣終幅,長六尺。”《注》:“纚,今之幘梁也。終,充也。纚一幅長六尺,足以韜髮而結之矣。”《疏》:“既云韜髮,乃云結之,則韜訖乃爲紒矣。”〇《内則》:“櫛、縰、笄、總。”《疏》:“總者,裂練繒爲之,束髮之本,垂餘於髻後,故以爲飾也。”“櫛訖,加縰。縰訖,加笄。笄訖,加總。”《曲禮》:“斂髮毋髢。”《注》:“髢,髲也,毋垂餘,如髲也。髢或爲肄。”《疏》:“古人重髮,以纚韜之,不使垂也。”幼時翦髮爲鬌,下垂至眉,稍長,乃結爲兩角,而猶留其象爲髦,此爲人子之飾。親歿,則亦去之矣。《内則》:“三月之末,擇日,翦髮爲鬌,男角女羈,否則男左女右。”《注》:“鬌,所遺髮也。夾囟曰角,午達曰羈。”《疏》:“囟是首腦之上縫。夾囟兩旁,當角之處,留髮不翦。女翦髮留其頂上,縱横各一,相交通達。不如兩角相對,故曰羈。羈者,隻也。”又《内則》:“櫛、縰、笄、總,拂髦。”《注》:“縰,韜髮者也。總,束髮也,垂後爲飾。拂髦振去塵著之,髦用髮爲之,象幼時鬌,其制未聞也。”《詩柏舟傳》:“髦者,髮至眉,子事父母之飾。”《既夕禮》:“既殯,主人脱髦。”《注》:“兒生三月,翦髮爲鬌,男角女羈,否則男左女右,長大猶爲飾存之,謂之髦,所以順父幼小之心。至此尸柩不見,喪無飾,可以去之。髦之形象未聞。”《柏舟疏》曰:“若父母有先死者,於死三日脱之,服闋,又著之。若二親并没,則因去之矣。《玉藻》云:親没不髦是也。”案《玉藻注》云:“去爲子之飾。”〇《詩·氓》:“總角之宴,言笑晏晏。”《傳》:“總角,結髮也。”《箋》:“我爲童,女未笄,結髮宴然之時。”《疏》:“《甫田》云:總角丱兮,未幾見兮,突而弁兮。是男子總角未冠,則婦人總角未笄也。《内則》亦云:男女未冠笄者,總角衿纓,以無笄,直結其髮,聚之爲兩角。故《内則注》云:收髮結之。《甫田傳》云:總角,聚兩髦也。”《雜記》:“女雖未許嫁,年二十而笄,燕則鬈首。”《注》:“既笄之後去之,猶若女有鬌紒也。”《疏》:“謂既笄之後,尋常在家,燕居則去其笄而鬈首,謂分髮爲鬌紒也。此既未許嫁,雖已笄,猶爲少者處之。”冠之卷謂之武,或謂之委纓,以組二屬於武,結頤下,有餘則垂之爲飾,是曰緌。喪冠以繩爲武,故纓武同材。武之始,蓋以布圍髮際,自前而後,及項則有緪以結之,故缺而不周,故謂之缺項也。《士冠禮》:“緇布冠缺項青組,纓屬於缺,緇纚廣終幅,長六尺,皮弁笄,爵弁笄,緇組紘纁邊,同篋。”《注》:“缺讀如,有頍者弁之,頍緇布冠,無笄者著,頍圍髮際結項,中隅爲四,綴以固冠也。項中有緪,亦由固頍爲之耳。今未冠笄者著。卷幘,頍象之所生也。滕、薛名蔮,爲頍屬猶著。笄,今之簪,有笄者屈組爲紘，垂爲飾。無笄者纓而結其絛。"《疏》："頍之兩頭皆爲緅，别以繩穿緅中結之，然後頍得牢固。""屈組謂以一條組於左笄上，繫定遶頤下，又相向上仰屬於笄屈，繫之有餘，因垂爲飾也。"無笄"則以二條組兩相屬於頍，既屬訖，則所垂絛於頤下結之"。○《雜記》："喪冠條屬，以别吉凶。"《注》："條屬者，通屈一條繩若布爲武，垂下爲纓，屬之冠，象大古喪事略也。吉冠則纓武異材焉。"《喪服》："冠繩纓條屬。"《注》："通屈一條繩爲武，垂下爲纓，著之冠也。"《疏》："謂將一條繩從額上約之，至項後交過，兩相各至耳，於武綴之，各垂於頤下結之云。著之冠者武纓，皆上屬著冠。"《左》桓二年："衡、紞、紘、綖。"《注》："衡，維持冠者。紞，冠之垂者。紘，纓從下而上者。綖，冠上覆。"《疏》："《周禮》追師掌王后之首服，追衡笄。鄭司農云：衡，維持冠者。鄭玄云：祭服有衡，垂於副之兩旁當耳，其下以紞縣瑱。彼婦人首服有衡，則男子首服亦然，冠由此以得支立，故云維持冠者。追者，治玉之名。王后之衡，以玉爲之，故追師掌焉。弁師掌王之五冕，弁及冕皆用玉笄，則天子之衡，亦用玉。其諸侯以下，衡之所用則未聞。紘纓皆以組爲之，所以結冠於人首也。纓用兩組，屬之於兩旁，結之於頷下，垂其餘也。紘用一組，從下屈而上屬之於兩旁，垂其餘也。弁師掌王之五冕，皆玉笄朱紘。《祭義》稱諸侯冕而青紘。《士冠禮》稱緇布冠青組纓，皮弁笄，爵弁笄，緇組纓。鄭玄云：有笄者屈組爲紘，垂爲飾。無笄者纓而結其絛。以其有笄者用紘力少，故從下而上屬之，無笄者用纓力多，故從上而下結之。冕弁皆有笄，故用紘。緇布冠無笄，故用纓也。《魯語》稱公侯夫人織紘綖，知紘亦織而爲之。《士冠禮》言組纓組紘，知天子諸侯之紘，亦用組也。"○《癸巳存稿》"衿纓"條："《内則》：婦事舅姑，衿纓。《注》云：衿，猶結也。婦人有纓，示繫屬也。按《説文》云：賏，頸飾也。嬰，頸飾也。纓，冠系也。衿，衣系也。冠系亦在頸，垂於下爲飾，所謂冠緌雙止。婦人之纓，由頸交於胸，所謂親結其褵也。男纓亦曰緌，女纓亦曰褵。纓與嬰字通用。《荀子·富國》篇云：處女纓寶珠，言頸飾綴珠也。《釋名》云：纓者，自上而繫於頸也。嬰兒者，胸前曰嬰，抱之嬰前乳養之。是嬰頸飾至胸。婦人乳子者猶有纓，是纓爲婦人常飾也。"

《周官·弁師》曰："王之皮弁，會五采玉《注》："會，縫中也。皮弁之縫中，每貫結五采玉十二，以爲飾，謂之綦。《詩》云：會弁如星。又曰：其弁伊綦。是也。"璂，《注》："結也。"象邸《注》："邸，下柢也，以象骨爲之。"《疏》："謂於弁内頂上，以象骨爲柢。"玉笄。王之弁絰，弁而加環絰。《注》："弁絰，王弔所服也。其弁如爵弁而素，所謂素冠也。"諸侯及孤卿大夫之冕，韋弁皮弁，弁絰各以其等爲之。"《注》："各以其等，繅斿玉璂，如其命數也。冕則侯伯繅七就，用玉九十八。子男繅五就，用玉五十。繅玉皆三采。孤繅四就，用玉三十二。三命之卿繅三就，用玉十八。再命之大夫藻再就，用玉八。藻玉皆朱緑。韋弁皮弁,則侯伯璂飾七,子男璂飾五,玉亦三采。孤則璂飾四,三命之卿璂飾三,再命之大夫璂飾二,玉亦二采。弁絰之弁,其辟積如冕繅之就。然庶人弔者素委貌,一命之大夫冕而無旒,士變冕爲爵弁,其韋弁皮弁之會無結飾,弁絰之弁不辟積。""不言冠弁,冠弁兼於韋弁皮弁矣。不言服弁,服弁自天子以下無飾無等。"

《司服》曰:"凡兵事,韋弁服。"《注》:"韋弁以韎韋爲弁,又以爲衣裳。《春秋傳》曰晉郤至衣韎韋之跗注是也。《聘禮疏》:"晉郤至衣韎韋之跗注,鄭《志》以跗爲幅,以注爲屬,謂制韋如布帛之幅,而連屬爲衣及裳。"與《周官疏》引鄭《志》異,疑《周官疏》誤。今時伍伯緹衣,古兵服之遺色。"《疏》:"賈服等説,跗謂足跗;注,屬也,袴而屬於跗。鄭《雜問志》則以跗爲幅,注亦爲屬,以韎韋幅如布帛之幅,而連屬以爲衣。而素裳既與諸家不同,又與此注裳亦用韎韋有同者異者。鄭君兩解此注,與賈服同,裳亦用韎韋也。至彼《雜問志》裳用素者,從白舄之義。若然,案《聘禮》云:卿韋弁,歸饔餼。《注》云:韋弁,韎韋之弁,蓋韎布爲衣,而素裳與此又不同者。彼非兵事入廟,不可純如兵服,故疑用韎布爲衣也。言素裳者,亦從白屨爲正也。以其屨從裳色,天子諸侯白舄,大夫、士白屨,皆施於皮弁故也。"《聘禮疏》:"晉郤至衣韎韋之跗注,鄭《志》以跗爲幅,以注爲屬,謂制韋如布帛之幅,而連屬爲衣及裳。"與《周官疏》引鄭《志》異,疑《周官疏》誤。

《周官》又曰:"眂朝,則皮弁服。"《注》:"十五升白布衣積素以爲裳。"積,猶辟也。《士冠禮》:"皮弁,服素積,緇帶,素韠。"此即《士冠禮記》所謂"三王共皮弁素積"者也。其用之甚廣,《玉藻》:天子皮弁以日視朝,遂以食。鄉黨素衣麑裘。鄭《注》:視朝之服,君臣同服也。《小雅》有頍弁。《注》:弁,皮弁也,天子諸侯朝服以燕。《郊特牲》:祭之日,王皮弁以聽祭報。《明堂位》:皮弁素積,裼而舞大夏。《學記》:大學始教,皮弁祭菜。《聘禮》:賓皮弁以聘。又,賓射燕射亦用之。後世以爲弔服。

《司服》又曰:"凡甸冠弁服。"《注》:"甸,田獵也。冠弁委貌,其服緇布衣,亦積素以爲裳,諸侯以爲視朝之服。"宋氏曰:《郊特牲注》:或謂委貌爲玄冠。《晉語》:范文子退朝,武子擊之以杖,折委笄。《士冠禮》:有纓者無笄。玄冠即緇布冠有緌,而皮弁爵弁有笄,則委貌乃弁,非冠也。《左》襄十四年:"衛獻公戒孫文子、寧惠子食,皆服而朝。日旰不召,而射鴻於囿。二子從之,不釋皮冠而與之言。二子怒。"《注》:"皮冠,田獵之冠也。"《疏》:"諸侯每日視朝,其君與臣,皆服玄冠、緇布衣素積以爲裳,禮通謂此服爲朝服。宴食雖非大禮,要是以禮見君,故服朝服。公食大夫之禮賓朝服,則臣於君雖非禮食,亦當朝服也。""虞人掌獵,昭二十年《傳》曰:皮冠以招虞人。又十二年《傳》言,雨雪,楚子皮冠以出,出田獵也。是諸侯之禮,皮冠以田獵。《周禮·司服》云:凡甸冠弁服。鄭玄云:彼天子之禮,故以諸侯朝服而田,異於此也。昭十二年《傳》又云:右尹子革夕,王見之,去皮冠。杜云:敬大臣。是君敬大臣,宜釋皮冠。"

《司服》又云:"凡凶事,服弁服。凡弔事,弁絰服。凡喪,爲天王斬衰,爲王后齊衰,王爲三公六卿錫衰,爲諸侯緦衰,爲大夫士疑衰,其首服皆弁絰,大札、大荒、大裁素服。"《注》:"服弁,喪冠也。其服斬衰齊衰。""弁絰者,如爵弁而素加環絰。其服錫衰、緦衰、疑衰。"鄭《注》:"鄭司農云:錫,麻之滑易者,十五升去其半,有事其布,無事其縷。緦亦十五升去其半,有事其縷,無事其布。案,此皆《喪服傳》文。《雜記》曰:"朝服十五升,去其半而緦,加灰錫也。"《大射禮注》:"錫,細布也。今文錫,或作緆。"疑衰十四升,此無文。玄謂疑之言擬也,擬於吉。"《疏》:"吉服十五升,今疑衰十四升,少一升而已,故云擬於吉。"《注》:"大札,疫病也。大荒,饑饉也。大裁、水火爲害,君臣素服縞冠,若晉伯宗哭梁山之崩。"《禮記·間傳》:"斬衰三升,齊衰四升、五升、六升,大功七升、八升、九升,小功十升、十一升、十二升,緦麻十五升去其半。有事其縷,無事其布,曰緦。此哀之發於衣服者也。斬衰三升,既虞、卒哭,受以成布六升,冠七升。爲母疏衰四升,受以成布七升,冠八升。去麻服葛,葛帶三重,期而小祥,練冠縓緣,要絰不除。""又期而大祥,素縞麻衣,中月而禫,禫而纖,無所不佩。"《注》:"此齊衰多二等,大功、小功多一等,服主於受,是極列衣服之差也。""麻衣十五升布,亦深衣也。謂之麻者,純用布,無采飾也。黑經白緯曰纖,舊說纖,冠者采纓也。"《疏》:"《喪服記》云:齊衰四升,此經云齊衰四升、五升、六升,多於《喪服》篇之二等。《喪服記》云:大功八升,若九升,此云大功七升、八升、九升,是多於《喪服》一等也。《喪服記》又云:

小功十升，若十一升，此云小功十升、十一升、十二升，是多於《喪服》一等也。以《喪服》既略，故記者於是經極列衣服之差。”

《司服》又云：“公之服，自衮冕而下，如王之服。侯伯之服，自鷩冕而下，如公之服。子男之服，自毳冕而下，如侯伯之服。孤之服，自希冕而下，如子男之服。卿大夫之服，自玄冕而下，如孤之服。其凶服，加以大功小功。士之服，自皮弁而下，如大夫之服，其凶服亦如之。其齊服，有玄端素端。”《注》：“自公之衮冕，至卿大夫之玄冕，皆其朝聘天子及助祭之服。諸侯非二王後，其餘皆玄冕而祭於已。《雜記》曰：大夫冕而祭於公，弁而祭於已。士弁而祭於公，冠而祭於已。大夫爵弁。自祭家廟，唯孤爾，其餘皆玄冠，與士同。玄冠自祭其廟者，其服朝服玄端。諸侯之自相朝聘，皆皮弁服。此天子日視朝之服。《喪服》，天子諸侯齊斬而已。卿大夫加以大功小功，士亦如之，又加緦焉。士齊有素端者，亦爲札荒。有所禱，請變素服。言素端者，明異制。鄭司農云：衣有襦裳者，爲端玄。玄謂端者，取其正也。士之衣袂，皆二尺二寸，而屬幅是廣袤等也。其袪尺二寸，大夫以上侈之。侈之者，蓋半而益一焉。半而益一，則其袂三尺三寸，袪尺八寸。”案，此亦無正文。案《玉藻》云：“天子玉藻，十有二旒，前後邃延，龍卷以祭。玄端而朝日於東門之外，聽朔於南門之外。閏月，則闔門左扉，立於其中。《注》：“端當爲冕。”《疏》：“知端當爲冕者，凡衣服，皮弁尊，次以諸侯之朝服，次以玄端。按，下諸侯皮弁聽朔，朝服視朝，是視朝之服，卑於聽朔。今天子皮弁視朝，若玄端聽朔，則是聽朔之服卑於視朝，與諸侯不類。且聽朔大，視朝小，故知端當爲冕。”皮弁以日視朝，遂以食。日中而餕。卒食，玄端而居。諸侯玄端以祭，《注》：“端亦當爲冕。”裨冕以朝，《注》：“裨冕，公衮，侯伯鷩，子男毳也。”皮弁以聽朔於大廟。朝服以日視朝於内朝，《注》：“朝服，冠玄端素裳。”朝，辨色始入。君日出而視之，退適路寢聽政，使人視大夫。大夫退，然後適小寢，釋服。《注》：“服玄端。”又朝服以食，特牲三俎，祭肺，夕深衣，祭牢肉。”《公羊》昭二十五年《解詁》云：“《禮》天子朝皮弁，夕玄端。朝服以聽朝，玄端以燕，皮弁以征不義，取禽獸行射。諸侯朝朝服，夕深衣，玄端以燕，裨冕以朝。天子以祭其祖禰，卿大夫冕服而助君祭，朝服祭其祖禰。士爵弁黻衣裳以助公祭，玄端以祭其祖禰。"案，如《玉藻》、《解詁》之文，天子諸侯大夫士之服，皆遞降一等，惟天子玄端以朝日聽朔。又玄端以燕居爲錯亂，且玄端用之朝日聽朔，諸侯用之以祭亦太輕。宋緜初謂玄端當作玄袞，指《周官》之袞鷩以下。後世以袞必龍章，誤。服玄袞則裨冕，諸侯玄袞以祭，裨冕以朝，乃互言以相備云。玄端齊服，即《祭統》所謂"王后蠶於北郊，以供純服"者。《士冠禮疏》曰："古緇紂二字并行。若據布爲色者，則爲緇字；若據帛爲色者．則爲紂字。但緇布之緇，多在本字，不誤。紂帛之紂，則多誤爲純。"《詩・都人士疏》："緇雖古布帛兩名，但字從才者爲帛，從甾者爲布。"《郊特牲》曰："齊之玄也，以陰幽思也。"故其冠亦玄冠，所謂"大古冠布齊則緇之"者也。玄裳《士冠禮》："玄端、玄裳、黄裳、雜裳可也。"緇帶黑屨，皆見《士冠禮》，天子以爲燕居之服。朝服緇衣，即《周官》之冠弁服，已見前。朝服委貌，齊服玄冠，其制不同。凡言端委，皆指朝服，與連言玄端者亦異。《論語》端章甫，即《左氏》太伯端委之端委，鄭《注》以爲玄端，誤也。《續漢書・輿服志》："委貌冠、皮弁冠同制，長七寸，高四寸。制如覆杯，前高廣，後卑鋭，所謂夏之毋追，殷之章甫者也。"爵弁見《士冠禮》。《士冠禮》云："爵弁，服纁裳，純衣，緇帶，韎韐。"《注》："爵弁者，冕之次，其色赤而微黑，如爵頭，然或謂之緅。其布三十升。纁裳，淺絳裳。純衣，絲衣也。餘衣皆用布，惟冕與爵弁服用絲耳。"案《雜記》謂朝服十五升，鄭《注》因謂天子、諸侯、大夫、士朝服通用布。宋緜初則謂此語惟指深衣言之，經典别無朝服用布之文。吉服止於深衣者，惟庶人爲然云。經典言緇布衣者，必加布字。《説文》：緇，黑色布也。〇祭服通上下，皆玄衣纁裳，齊服通上下，皆玄衣玄裳。韎韐，《注》曰："韞韍也。士染以茅蒐，因以名焉。韍之制似韠。"《疏》謂："祭服謂之韍，其他服謂之韠。""但有飾無飾爲異耳。""《明堂位》云：有虞氏服韍，夏后氏山，殷火，周龍章。鄭云：後王彌飾，天子備焉。諸侯火而下，卿大夫山，士韎韋而已。是士無飾，則不得單名韍，一名韎韐，一名緼紱而已。"又謂"染韋爲韍，天子與其臣及諸侯與其臣有異"，"天子純朱，諸侯與其臣黄朱"云。本《詩》"朱芾斯黄"，《箋》又引《易・乾鑿度》云："天子三公諸侯同色。"

| | 祭 | 朝日聽朔 | 視朝及食 | 燕居 |
|---|---|---|---|---|
| 天子 | 龍兗 | 玄端 | 皮弁 | 玄端 |
| 諸侯 | 玄端 | 皮弁 | 朝服 | 深衣 |
| 大夫 | 冕而祭於公,弁而祭於已。 | | | |
| 士 | 弁而祭於公,冠而祭於已。 | | | |

以上諸服,皆殊衣裳,其裳皆有襞積,所謂幃裳也。朝祭服皆幃裳。幃裳之制,經無考。《喪服》鄭《注》云:"前三幅,後四幅,襞積無數,皆以正裁。"○《王制疏》:"衣服之制,歷代不同。按《易·繫辭》云:黄帝、堯、舜垂衣裳而天下治。蓋取諸乾坤,玄衣法天,黄裳法地,故《易·坤》六五,黄裳元吉。虞氏以來,其裳用纁。""鄭注《易》下《繫辭》云:土配位南方,南方色赤黄而兼赤,故爲纁也。""凡衣服著其身,有章采文物,黄色太質,故用纁也。""天色晝則蒼,夜則玄。衣不用蒼,亦以其太質故也。"○"婦人之服,不殊衣裳,上下同色。"見《緑衣》鄭《箋》。《疏》曰:"言不殊裳者,謂衣裳連,連則色同。""故云上下同色也。""《喪服》云:女子子在室,爲父布總箭笄髽,衰三年。直言衰,不言裳,則裳與衰連,知非吉凶異者。"《士昏禮》云:"女次純衣。及《禮記》子羔之襲褖衣纁袡爲一,稱譏襲婦服,皆不言裳,是吉服亦不殊裳也。若男子朝服,則緇衣素裳,喪則斬衰素裳,吉凶皆殊衣裳也。"惟深衣則否。深衣者,古上下之通服也,其制見於《禮記》之《玉藻》、《深衣》兩篇。其領兩襟相交而方,即後世之方領深衣,所謂"曲袷如矩以應方"也。《深衣注》云:"袷,交領也。"《曲禮》:"天子視不上於袷。"《玉藻》:"視帶以及袷。"注皆同。《釋名》:"直領斜直而交下。"交領以外右襟内左襟相交,交處象矩,故曰方領。袷與襟同體,襟交則袷交矣。與對襟異。○《深衣注》又曰:"古者方領如今小兒衣領。"《後漢書·儒林傳》:"習方領,能矩步。"《馬援傳》:"朱勃衣方領,能矩步。"則漢時猶有其制。○《左》昭十一年:"衣有襘。"襘即袷也。"袷三寸。"見《玉藻》。衣袂當掖之縫曰袼,爲"二尺二寸之節"。鄭《注》。袂二尺二寸,肘尺二寸。故《玉藻》曰:"袂可回肘。"《深衣》曰:"袼之高下,可以運肘"也。《詩·遵大路疏》:"袂是袪之本,袪爲袂之末。"人從脊至肩尺一寸,從肩至手二尺四寸,布幅二尺二寸,衣幅之覆臂者尺一寸。袂屬於衣,長二尺二寸,并緣

寸半，二尺三寸半，除縫之所殺，各一寸，餘二尺一寸。故《深衣》曰"袂之長短，反詘之及肘"也。據《深衣疏》。《管子·弟子職》："凡拚之道，實水於盤，攘臂袂及肘。"《注》："恐溼其袂，且不便於事也。""袂圜以應規。"《深衣》文。袂口曰袪，"袪尺二寸"。《玉藻》文。裳前後各六幅，《深衣》所謂"制十有二幅，以應十有二月"也。其幅皆以二尺二寸之布，破爲二中四幅正裁。"上下皆廣一尺一寸，各邊去一寸爲縫。上下皆九寸。八幅七尺二寸。又以布二幅，斜裁爲幅，狹頭二寸，寬頭二尺，各去一寸爲縫。狹頭成角。寬頭一尺八寸，皆以成角者向上，廣一尺八寸者向下。四幅下廣，亦得七尺二寸。"江永《深衣刊誤》。《玉藻》所謂"深衣三袪，縫齊倍要"也。《疏》："齊謂裳之下畔，要謂裳之上畔。"斜裁之"四幅，連屬於裳之兩旁，名衽"，《深衣刊誤》。《深衣》所謂"衽當旁"也。其左連之，是爲深衣，所謂"續衽"。其右"别用一幅布，上狹下闊，綴於後内衽，使鉤曲而前，以掩裳際"，則其所謂"鉤邊"也。《禮記·儒行》：孔子曰："丘少居魯，衣逢掖之衣。"《注》："逢，猶大也。大掖之衣，大袂禪衣也。此君子有道藝者所衣也。""庶人禪衣，袂二尺二寸，袪尺二寸。"《疏》："禮大夫以上，其服侈袂。鄭注《司服》云：侈之者半而益，一袂三尺三寸，袪尺八寸。"《雜記》："凡弁絰，其衰侈袂。"《注》："侈，猶大也。弁絰服者，弔服也。其衰錫也，緦也，疑也。袂之小者，二尺二寸，大者半而益之，則侈袂三尺三寸。"《疏》："若士，則其衰不侈也。故《周禮·司服》有玄端素端，《注》云變素服，言素端者，明異制。大夫以上侈之，明士不侈，故稱端。"案，逢掖之衣，即深衣，特侈其袂耳。"短毋見膚，長毋被土。""負繩及踝以應直。謂裻與後幅相當之縫也。下齊如權衡以應平。""帶，下毋厭髀，上毋厭脅，當無骨者。"皆《深衣》文。"以白布十五升爲之。"《詩·蜉蝣箋》。"緣廣寸半。"《玉藻》文。"具父母，大父母，衣純以繢。具父母，衣純以青。如孤子，衣純以素。"《深衣》文。"可苦衣《疏》："苦事衣著以完牢。"而易有。"《深衣注》。士以上别有朝祭之服，庶人即以此爲吉服，故曰"完且弗費，善衣之次"也。深衣爲吉凶上下男女之通服。《禮記集説》："吕氏曰：深衣之用，上下不嫌同名，吉凶不嫌同制，男女不嫌同服。諸侯朝朝服，夕深衣。大夫朝玄端，夕深衣。庶人吉服深衣而已。此上下之同也。有虞氏深衣而養老。諸侯、大夫夕深衣。將軍文子除喪而受越人弔，練冠深衣，親迎，女在塗，婿之父母死，深衣縞總以趨喪。此吉凶男女之同也。蓋深衣者，簡便之服，雖不經見，推其義類，則非朝祭皆可服之。故曰可以爲文，可以爲武，可以擯相，可以治軍旅也。”其爲用甚廣，詳見任大椿《深衣釋例》。故曰“可以爲文，可以爲武，可以擯相，可以治軍旅”也。《深衣》疏引鄭《目録》云：“深衣連衣裳，而純之以采者。素純曰長衣，有表則謂之中衣。大夫以上祭服之中衣用素。《詩》云：素衣朱襮。《玉藻》曰：以帛裹布，非禮也。士祭以朝服，中衣以布，明矣。”《疏》曰：“長衣、中衣及深衣，其制度同。中衣在朝服、祭服、喪服之下，知喪服亦有中衣者。《檀弓》云：練衣黄裏。《注》云：練中衣以黄爲内是也。吉服中衣，亦以采緣。其諸侯得綃黼爲領，丹朱爲緣。《郊特牲》云：綃黼丹朱中衣，大夫之僭禮。則知大夫士不用綃黼丹朱，但用采純而已矣。其長衣以素緣，知者若以采緣，則與吉服中衣同，故知以素緣也。若以布緣，則曰麻衣。知用布緣者，以其稱麻衣故知也。其喪服之中衣，其純用布，視冠布之粗細，至葬可以用素緣也。練則用縓也。稱深衣者，以餘服則上衣下裳不相連。此深衣衣裳相連，被體深邃，故謂之深衣。”

古人衣裘之等，見於《玉藻》。《玉藻》曰：“君衣狐白裘，錦衣以裼之。君之右虎裘，厥左狼裘。士不衣狐白。君子狐青裘豹褎，玄綃衣以裼之。麛裘青豻褎，絞衣蒼黄之色。以裼之。羔裘豹飾，飾，猶褎也。緇衣以裼之。狐裘，黄衣以裼之。”《注》以君子爲大夫，《正義》因以君爲天子，與下云“錦衣狐裘，諸侯之服”不合。《秦風・終南》：“君子至止，錦衣狐裘。”亦必非指天子。《白虎通義》曰：“天子狐白，諸侯狐黄，大夫狐蒼，士羔。”豈諸侯在其國得衣狐白，對天子則狐黄與？《玉藻》又云：“犬羊之裘不裼。”《注》：“質略，亦庶人無文飾。”則庶人衣犬羊之裘也。

《玉藻》又云：“惟君有黼裘以誓省，大裘非古也。”《注》：“僭天子也。大裘，羔裘也。黼裘以羔與狐白雜爲黼文也。”《周官・司裘》：“掌爲大裘，以共王祀天之服。中秋，獻良裘，王乃行羽物。季秋，獻功裘，以待頒賜。”鄭司農云：“大裘，黑羔裘服，以祀天示質。良裘，王所服也。功裘，卿大夫所服。”後鄭云：良裘，《玉藻》所謂黼裘。功裘，人功微粗，謂狐青麛裘之屬。

古人衣裘，皆如今之反著。故曰：“虞人反裘而負薪，彼知惜其毛，不知皮盡而毛無所附也。”裘之上更有裼衣，露其裘曰裼，掩之曰襲。故曰：“裘之裼也，見美也。服之襲也，充美也。”《玉藻》文。《注》：“充，猶覆也。”〇“裼以盡飾爲義，故曰不文飾也。不裼弔則襲不盡飾也。君在則裼盡飾也。所敬不主於君則襲，是故尸襲。尸尊，無敬於下也。執玉龜，襲。重寶瑞也。無事則裼，弗敢充也。"案，無事謂已致龜玉也。○《聘禮注》："凡當盛禮者，以充美爲敬。非盛禮者，以見美爲敬。禮尚相變也。"《表記》："裼襲之不相因也，欲民之無相瀆也。"《注》："不相因者，以其或以裼爲敬，或以襲爲敬。"若裘上無衣，則爲表裘，則爲不敬。故曰："表裘不入公門。"《玉藻》文。夏日絺綌上必加衣，與裘同。故曰："振絺綌不入公門。"《玉藻》文。《注》："振讀爲袗。袗，禪也。"又曰："當暑袗絺綌，必表而出之。"《鄉黨》文。言必加表衣。凡裼衣象裘色，故《論語》亦曰："緇衣羔裘，素衣麑裘，黄衣狐裘"也。《玉藻》："君衣狐白裘，錦衣以裼之。"《注》曰："以素錦爲衣，覆之，使可裼也。袒而有衣曰裼。必覆之者，裘褻也。《詩》云：衣錦絅衣，裳錦絅裳。然則錦衣復有上衣，明矣。"《聘禮》："公側授宰玉，裼降立。"《注》曰："裼者，免上衣，見裼衣。"賈《疏》曰："凡服四時不同，假令冬有裘，襯身禪衫，又有襦袴，襦袴之上有裘，裘上有裼衣，裼衣之上又有上服、皮弁、祭服之等。若夏則以絺綌，絺綌之上則有中衣，中衣之上復有上服、皮弁、祭服之等。若春秋二時，則衣袷褶，袷褶之上加以中衣，中衣之上加以上服也。言見裼衣者，謂袒衿前上服見裼衣也。"《詩・羔裘正義》曰："崔靈恩等以天子諸侯朝祭之服，先著明衣，又加中衣，又加裘，裘外又加裼衣，裼衣之上乃加朝祭之服。其二劉等則以《玉藻》云：君衣狐白裘，錦衣以裼之。又云：以帛裏布，非禮也。鄭《注》云：冕服中衣用素，朝服中衣用布。若皮弁服之下，即以錦衣爲裼，便是以帛裏布，故知中衣在裼衣之上，明矣。"《終南正義》主崔説。《曲禮正義》曰："凡衣近體，有袍澤之屬，其外有裘。夏日則衣葛，其上有裼衣，裼衣上有襲衣，襲衣之上有常著之服，則皮弁之屬也。掩而不開，則謂之爲襲。若開此皮弁及中衣，左袒出其裼衣，謂之爲裼。"則二劉之説也。《玉藻正義》："皇氏云：凡六冕及爵弁無裘，先加明衣，次加中衣。冬則次加袍繭。夏則不袍繭，用葛也。次加祭服。若朝服布衣，亦先以明衣親身，次加中衣。冬則次加裘，裘上加裼衣，裼衣之上加朝服。夏則中衣之上不用裘而加葛，上加朝服。"《鄉黨》邢《疏》用之。宋緜初謂：《玉藻》言裼即錦衣等，錦衣之上更有衣覆，無正文，鄭乃以詩爲證。其實衣錦絅衣，一見《衛碩人》篇，一見《鄭豐》篇，皆嫁子之服，上加禪衣，蔽禦風塵，以釋襲則可，以釋裼則非。鄭《注》謂以錦爲衣，乃使可裼，實誤。祭無裼襲，故《玉藻》曰：大裘不裼，謂祭服在裼衣之上，尤非也。○明衣者，齊時親體之衣也。《論語・鄉黨》曰："齊必有明衣布。"《士喪禮》："明衣用幕布，袂屬幅，長下膝。"《注》："帷幕之布，升數未聞。長下膝，又有裳以蔽下體深。"《詩・無衣》："與子同澤。"《箋》："襗褻衣受汙垢。"《廣雅》："襗，長襦也。"《説文》："襗，袴也。"《正義》從之。蓋衣袴皆可言襗。《詩》先言同袍，後言同襗。《周官・春官注》："巾絮寢衣，袍襗之屬。"亦以袍襗連言。蓋即《廣雅》所謂長襦也。《既夕禮》："設明衣，婦人則設中帶。"《注》："中帶，若今之禪襂。"

以上所言，爲朝祭之服。若私家之居，則《論語·鄉黨》曰："褻裘長，短右袂。"蓋其製較朝祭之服爲長。又曰："狐貉之厚以居。"貉裘他處不見，蓋亦燕居之服也。《左》定九年："皙幘而衣貍製。"貍與貉皆狐類，豈皆該於狐裘之中與？

婦女之服，見於《天官·内司服》。《内司服》曰："掌王后之六服，褘衣，揄狄，闕狄，鞠衣，展衣，緣衣，素沙。辨外内命婦之服，鞠衣，展衣，緣衣，素沙。"鄭司農云："褘衣，畫衣也。""揄狄、闕狄，畫羽飾。""展衣，白衣也。""鞠衣，黄衣也。素沙，赤衣也。"後鄭曰："狄當爲翟。翟，雉名。伊雒而南，素質，五色皆備成章，曰翬。江淮而南，青質，五色皆備成章，曰摇。王后之服，刻繒爲之形而采畫之，綴於衣以爲文章。褘衣畫翬者，揄翟畫摇者，闕翟刻而不畫，此三者皆祭服。從王祭先王則服褘衣，祭先公則服揄翟，祭羣小祀則服闕翟。""鞠衣，黄桑服也。色如鞠塵，《疏》："鞠、麴，古通用。"象桑葉始生。""展衣，以禮見王及賓客之服。字當爲襢，襢之言亶。亶，誠也。""緣衣，御於王之服，亦以燕居。男子之褖衣黑，則是亦黑也。六服備於此矣。以下推次其色，則闕狄赤，揄狄青，褘衣玄。婦人尚專一德，無所兼連，衣裳不異其色。素紗者，今之白縳也。縳聲類，謂即絹字。六服皆袍制，以白縳爲裏，使之張顯。""内命婦之服：鞠衣，九嬪也。展衣，世婦也。緣衣，女御也。外命婦者，其夫孤也，則服鞠衣。其夫卿大夫也，則服展衣。其夫士也，則服緣衣。三夫人及公之妻，其闕狄以下乎？侯伯之夫人揄狄，子男之夫人亦闕狄，惟二王後褘衣。"《玉藻》："王后褘衣，夫人揄狄。""君命屈狄，再命褘衣，一命襢衣。士緣衣。"《注》："夫人，三夫人，亦侯伯之夫人也。王者之後，夫人亦褘衣。""君，女君也。屈，《周禮》作闕。""此子男之夫人，及其卿、大夫、士之妻命服也。褘當爲鞠字之誤也。禮，天子、諸侯命其臣后夫人，亦命其妻以衣服，所謂夫尊於朝，妻榮於室也。子男之卿再命而妻鞠衣，則鞠衣、襢衣、緣衣者，諸侯之臣皆分爲三等，其妻以次受此服也。公之臣，孤爲上，卿、大夫次之，士次之。侯伯子男之臣，卿爲上，大夫次之，士次之。""凡世婦以下，蠶事畢，獻繭，乃命之以其服。天子之后、夫人、九嬪，及諸侯之夫人，夫在其位，則妻得服其服矣。"《疏》云："世婦及卿大夫之妻并卑，雖已被命，猶不得即服命服，必又須經入助蠶，蠶畢獻繭，繭多功大，更須君親命之著服，乃得服耳。"《明堂位》："君卷冕立於阼，夫人副禕立於房中。"《注》："《周禮》追師掌王后之首服爲副禕，王后之上服，惟魯及王者之后夫人服之。諸侯夫人則自揄翟而下。"康成好以他經牽合《周官》，其然否亦無以言之耳。

《周官·追師》："掌王后之首服，爲副、編、次、追、衡、笄，爲九嬪及外内命婦之首服，以待祭祀賓客。"《注》曰："副之言覆。""其遺象若今步繇矣。服之以從王祭祀。《疏》："漢之步繇，謂在首之時，行步繇動。此據時目驗以曉。古至今去漢久遠，亦無以知之矣。案，《詩》有副笄六珈，謂以六物加於副上，未知用何物。故鄭注《詩》云：副既笄而加飾，古之制所有，未聞是也。"編，編列髮爲之。其遺象若今假紒矣。服之以桑也。次，次第髮長短爲之，所謂髲髢。《疏》："謂翦鬄，取賤者刑者之髮而爲髢。"服之以見王。王后之燕居，亦纚笄總而已。《疏》："《士冠禮》：纚長六尺以韜髮，笄者所以安髮。總者既繫其本，又總其末。"追，猶治也。王后之衡笄，皆以玉爲之。惟祭服有衡，垂於副之兩旁當耳，其下以紞縣瑱。《詩》云：玼兮玼兮，其之翟也。鬒髮如雲，不屑鬄也。玉之瑱也，是之謂也。《疏》："鞠衣已下雖無衡，亦應有紞以縣瑱，是以著。《詩》云，充耳以素、以青、以黄，是臣之紞以懸瑱，則知婦人亦有紞以懸瑱也。云垂於副之兩旁當耳，其下以紞縣瑱者。《傳》云：衡紞紘綖，與衡連明，言紞爲衡設矣。笄既横施，則衡垂可知。若然衡訓爲横，既垂之而又得爲横者，其笄言横，據在頭上，横貫爲横，此衡在副旁當耳。據人身竪爲從，此衡則爲横。其衡下，乃以紞縣瑱也。"外内命婦，衣鞠衣襢衣者服，編衣褖衣者服次。非王祭祀賓客佐后，自於其家，則亦降焉，少牢饋食。《禮》曰：主婦髲鬄，衣移袂，特牲饋食。《禮》曰：主婦纚笄宵衣是也。昏禮女次純衣，即褖衣。攝盛服耳。凡諸侯夫人於其國，衣服與王后同。"

裳"前三幅，後四幅"。《喪服》鄭《注》。《疏》："前爲陽，後爲陰，故前三後四，各象陰陽也。""祭服朝服辟積無數。"《喪服》鄭《注》。喪服則三襞積。《喪服》："凡衰外削幅，裳内削幅，幅三袧。"《注》："削，猶殺也。太古冠布衣布，先知爲上，外殺其幅,以便體也。後知爲下,内殺其幅,稍有飾也。後世聖人易之,以此爲喪服。袧者,謂襞兩側空中央也。"《疏》曰:"衰外削幅者,謂縫之邊幅向外。裳内削幅者,謂縫之邊幅向内。云幅三袧者,據裳而言。爲裳之法,前三幅,後四幅。幅皆三襞攝之。以其七幅布,幅二尺二寸,幅皆兩畔各去一寸,爲削幅則二七十四尺。若不襞積,其腰中則束身不得。腰中廣狹,在人粗細。故袧之襞攝,亦不言寸數多少,但幅則以三爲限耳。"凡祭服玄衣纁裳,裳之外爲韍,韍爲古蔽前之遺制,已見前。故《詩·采菽》箋曰:"芾,太古蔽膝之象也。"《箋》又曰:"冕服謂之芾,其他服謂之韠。"《玉藻》曰:"韠,君朱,大夫素,士爵韋。《注》:"此玄端服之韠也。凡韠以韋爲之,必象裳色,則天子、諸侯玄端朱裳,大夫素裳,惟士玄裳、黄裳、雜裳也。皮弁服皆素韠。"〇毛《傳》:"天子純朱,諸侯黄朱。"圜、殺、直。天子直。《注》:"四角直,無圜殺。"公侯前後方。《注》:"殺四角使之方,變於天子也。所殺去者,上下各五寸。"大夫前方,後挫角。《注》:"圜其上角,變於君也。韠以下爲前,以上爲後。"士前後正。《注》:"士賤,與君同,不嫌也。天子之士則直,諸侯之士則方。"韠,下廣二尺,上廣一尺,長三尺。其頸五寸。肩革帶,博二寸。"《注》:"頸五寸,亦謂廣也。頸中央,肩兩角,皆上接革帶以繫之,肩與革帶廣同。凡佩,繫於革帶。"《疏》:"頸長五寸,則肩亦長五寸,肩博二寸,則頸亦博二寸。"〇《雜記》:"韠長三尺,下廣二尺,上廣一尺。會去上五寸。紕以爵韋六寸,不至下五寸,純以素,紃以五采。"《注》:"會,謂領上縫也。領之所用,蓋與紕同。在旁曰紕,在下曰純。素,生帛也。紕六寸者,中執之表裏各三寸也。純紕所不至者五寸,與會去上同。紃,施諸縫中,若今時絛也。"又曰:"一命緼韍幽衡,緼,赤黄之間色,所謂韎也。幽讀爲黝,黑謂之黝。衡,佩玉之衡也。再命赤韍幽衡,三命赤韍葱衡。"青謂之葱。〇《注》:"此玄冕爵弁服之,韠尊祭服異其名耳。"〇此三語,《候人》毛《傳》同。《明堂位》曰:"有虞氏服韍,夏后氏山,殷火,周龍章。"《注》:"後王彌飾也。天子備焉。諸侯火,而下卿大夫山,士韎韐而已。"《左》桓二年《疏》:"《玉藻》説玄端服之,韠云,韠君朱,大夫素,士爵韋。發首言韠句,末言韋,明皆以韋爲之。凡韠,皆象裳色。言君朱,大夫素,則尊卑之,韠直色别而已,無他飾也。其韍則有文飾焉。"下引《明堂位》云。〇又曰:"徐廣《車服儀制》曰:古者韍如今蔽膝。戰國連兵,以韍非兵飾,去之。漢明帝復制韍,天子赤皮蔽膝。然則漢世蔽膝,猶用赤皮。魏晉以來,以絳紗爲之。"

帶有大帶,有革帶。《白虎通》:"男子有鞶革者,示有金革之事。"《内則》:"男鞶革,女鞶絲。"大帶以素絲爲之,亦曰鞶。革帶,在大帶之上,韠韍雜珮之所繫也。帶之制,亦詳於《玉藻》。《玉藻》曰:"天子素帶朱裏,終辟。"《注》:"辟讀如裨冕之裨。裨謂以采繪飾其制。""而素帶,終辟。《疏》:"終辟者,謂諸侯也。以素爲帶,不以朱爲裏,終竟帶身在要,及垂皆裨。"大夫素帶,辟垂。《疏》:"但以玄華裨其身之兩旁及屈垂者。"士練帶,率下辟。《疏》:"兩邊繂而已。繂,謂緶緝也。唯辟向下垂者。"居士錦帶。《注》:"居士,道藝處士也。"弟子縞帶。""凡帶,有率,無箴功。"《疏》:"凡帶,有司之帶也。無箴功,則不裨之下士也。""并紐帶交結之處。約謂以物穿紐約結其帶。用組。""三寸紳帶之垂者。長,制士三尺,有司二尺有五寸。"《注》:"有司,府史之屬也。""大夫大帶四寸。廣四寸。雜帶,雜,猶飾也。君朱緑,《注》:"君裨帶上以朱,下以緑終之。"大夫玄華,《注》:"外以玄,内以華。華,黄色也。"士緇辟。《注》:"士裨垂之下,外内皆以緇,是謂緇帶。"紳韠結三齊。"帶之交處曰紐,合其紐穿以組曰結。

《曲禮》:"凡奉者當心,提者當帶。"《疏》曰:"帶有二處。朝服之屬,其帶則高於心。深衣之類,其帶則下於脇。何以知然?《玉藻》説大帶云三分帶下,紳居二焉。紳長三尺,而居帶之下三分之二,則帶之下去地四尺五寸矣。人長八尺爲限,若帶下四尺五寸,則帶上所餘,正三尺五寸。故知朝服等帶則高也。而深衣云帶下毋厭髀,上毋厭脇,當無骨者。故知深衣之帶則下也。今云提者當帶,謂深衣之帶。"《左》桓二年:"鞶厲游纓。"《注》:"鞶,紳帶也,一名大帶。"《疏》:"以帶束腰,垂其餘以爲飾,謂之紳。上帶爲革帶,故云鞶。紳帶所以别上帶也。"又云:"賈、服等説鞶厲皆與杜同,惟鄭玄獨異。《禮記·内則注》以鞶爲小囊,讀厲,如裂繻之裂,言鞶囊必裂繒緣之以爲飾。案《禮記》稱男鞶革,女鞶絲。鞶是帶之别稱,遂以鞶爲帶名,言其帶革帶絲耳。鞶非囊之號也。《禮記》又云:婦事舅姑,施鞶袠,袠是囊之别名。今人謂裹書之物爲袠,言其施帶施囊耳。其縏亦非囊也。若以縏爲小囊,則袠是何器,若袠亦是囊,則不應帶二囊矣。以此知縏即是紳帶,爲得其實。"

布衣之士,則惟有韋帶,故古恒以韋布并言。《淮南子·修務訓》:"布衣韋帶之人。"《説苑》:"大王常聞布衣韋帶之士乎?"阮嗣宗詣蔣公奏記:"夫布衣韋帶窮居之士。"《漢書·賈山傳注》:"韋帶以革韋爲帶,無飾也。"《後漢書·周磐傳》:"嘗誦《詩》至《汝墳》之卒章,慨然而歎,乃解韋帶,就孝廉之舉。"《注》:"以韋皮爲帶,未仕之服也。"馬縞《古今注》:"古革帶自三代以來，降至秦、漢，皆庶人服之。”《宋書・輿服志》：“今單衣裁製與深衣同，惟絹帶爲異。”則古深衣之帶，不用絹也。

佩有德佩、事佩。德佩者，玉也。《玉藻》曰：“古之君子必佩玉，《注》：“君子，士已上。”右徵角，左宫羽，《注》：“玉聲所中也。”趨以《采齊》，行以《肆夏》，周還中規，折還中矩，進則揖之，退則揚之，然後玉鏘鳴也。故君子在車則聞鸞和之聲，行則鳴佩玉，是以非辟之心，無自入也。”“凡帶必有佩玉，唯喪否。”《論語》：“去喪，無所不佩。”“君子無故，玉不去身。《注》：“故，謂喪與災眚。”君子於玉比德焉。天子佩白玉而玄組綬，公侯佩山玄玉而朱組綬，大夫佩水蒼玉而純組綬，世子佩瑜玉而綦組綬，士佩瓀玟而緼組綬。《注》：“綬者，所以貫佩玉相承受者也。純當爲緇。綦，文雜色也。緼，赤黄。”孔子佩象環五寸而綦組綬。”《疏》：“尊者玉色純，公侯以下玉色漸雜，世子及士惟論玉質，不明玉色也，則玉色不定也。”“君在不佩玉，左結佩，右設佩，《注》：“謂世子也。出所處而君在焉，則去德佩，而設事佩，辟德而示即事也。結其左者，若於事有未能也。結者，結其綬，不使鳴也。”居則設佩，《注》：“謂所處而君不在焉。”朝則結佩，《注》：“朝於君亦結左。”齊則綪結佩，而爵韠。”《注》：“綪，屈也。結又屈之，思神靈不在事也。”《疏》：“此謂總包凡應佩玉之人，非唯世子。”

事佩者，所以備勞役。《内則》：“左右佩用，左佩紛帨、拭物之巾。刀、小刀。礪、礱。小觿、解小結。觿貌如錐，以象骨爲之。金燧，可取火於日。右佩玦、捍、捍，拾也，可以捍弦。管、筆彄。遰、刀鞞。大觿、木燧”是也。

插於帶間者爲笏，所以書思對命。《玉藻》曰：“凡有指畫於君前，用笏。造受命於君前，則書於笏。笏，畢用也。因飾焉。”又曰：“見於天子，與射，無説笏。入大廟説笏，非古也。《注》：“言凡吉事，無所説笏也。太廟之中，唯君當事説笏也。”小功不説笏，當事免則説之。既搢必盥，雖有執於朝，弗有盥矣。”其物，《玉藻》曰：“天子以球玉，諸侯以象，大夫以魚須文竹，士竹本，象可也。”《注》：“球，美玉也。”《疏》：“庾氏云：以鮫魚須飾竹以成文，士以竹爲本質，以象牙飾其邊緣。盧云：以魚須及文竹爲笏，非鄭義也。”又曰：“笏度，二尺有六寸。其中博三寸，其殺六分而去一。”《注》：“殺，猶杼也。天子杼上終葵首，諸侯不終葵首，大夫、士又杼其下首，廣二寸半。”《疏》：“其中博三寸者天子,諸侯上首廣二寸半,其天子椎頭不殺也。大夫、士下首又廣二寸半,惟笏之中央同博三寸,故云其中博三寸也。其殺六分而去一者,天子、諸侯從中以上,稍稍漸殺,至上首六分三寸,而去其一分,餘有二寸半在。大夫、士又從中以下,漸漸殺至下首,亦六分而去一。”“天子搢珽,方正於天下也。《注》:“此亦笏也。謂之珽,珽之言,珽然無所屈也。或謂之大圭,長三尺,杼上終葵首。終葵首者,於杼上又廣其首,方如椎頭,是謂無所屈,後則恒直。”諸侯荼,前詘後直,讓於天子也。《注》:“荼,讀爲舒遲之舒。舒懦者,所畏在前也。詘謂圜殺其首,不爲椎頭。”大夫前詘後詘,無所不讓也。”《注》:“又殺其下而圜。”○《士喪禮疏》曰:“雖不言士,士與大夫同。”○江永《鄉黨圖考》曰:“珽與大圭不同。天子冕弁諸服,皆搢珽,惟朝日搢大圭,故《典瑞》特言之。若大圭即珽,不必於《典瑞》見之矣。考《玉人》文言,大圭長三尺,杼上終葵首,謂圭上殺又别爲椎頭,若珽則無終葵首之制。且《玉藻》下文言笏度二尺有六寸,尊卑皆然,亦不長三尺也。”宋緜初《釋服》曰:“其中博三寸,此上下之通制也。其殺六分而去一。有不殺者,天子之珽不殺而無所詘,故曰方正。其殺者,諸侯圜殺而詘曲。其前言後直,不言後直方,後亦殺也。大夫則前後皆圜殺而又屈曲之也。”案,笏後世不插而執之於手,故有持簿、執手版之説。

古服下體親身者爲褌。《史記・司馬相如傳》:“身自著犢鼻褌,與保庸雜作,滌器於市中。”《集解》:“韋昭曰:今三尺布作形如犢鼻矣。”《三國魏志・韓宣傳》:“宣以當受杖,預脱袴褌。及見原,褌要不下,乃釋而去。”《東觀記》:“黄香家貧,經冬無袴。”《魏略》:賈逵“冬常無袴,過其妻兄柳孚宿,其明無何,著孚袴去”。并可見袴在褌外,去袴所以就勞役。故《淮南子・原道訓》謂“短綣不袴,以便涉游”也。《方言》:“無祠之袴謂之襣。”其實袴爲脛衣,無祠則不可謂之袴矣。《事物紀原》:“褌,漢、晉名犢鼻,北齊則與袴長短相似。”褌袴之無别,蓋自北齊始也。姚令威曰:“醫書膝上二寸爲犢鼻,蓋褌之長及此。”據任大椿《深衣釋例》。

袴,《説文》作絝,云“脛衣也”。《釋名》:袴,“跨也,兩股各跨别也”。《廣雅》:“襱謂之絝。”《説文》亦曰:“褰,絝也。”又曰:“襱,絝踦也。”此即俗所謂袴褃。《方言》曰:“袴,齊魯之間謂之褰,或謂之襱。”郭《注》:“今俗呼袴踦爲襱,音鮦魚。”案,今音猶然,惟袴有襱,故以襱名袴,非謂袴止有襱也。甍讀若奭。部:“䍐,羽獵韋絝。”王氏筠曰:“此或即今之套袴，有衩無要者也。音而隴切，與襱音文冡切相近。”《説文釋例》卷十五。恐非。

袴之制，原於裳，主爲蔽脛，故不縫其襠。馬縞《古今注》曰：“袴，蓋古之裳也。周武王以布爲之，名曰褶。敬王以繒爲之，名曰袴，但不縫口而已。至漢章帝時，以綾爲之，加下緣，名曰口。”《漢書·外戚傳》：“光欲皇后擅寵有子，帝時體不安，左右及醫皆阿意，言宜禁内。雖宮人使令皆爲窮絝，多其帶，後宮莫有進者。”服虔曰：“窮絝有前後當，不得交通也。師古曰：窮絝，即今之緄襠袴也。”《集韻》：緄，縫也。《朱博傳》：“又敕功曹、官屬，多褎衣大袑，不中節度。”師古曰：“袑，謂大袴也。”案，《説文》：“袑，絝上也。”《廣雅》：“襣謂之袴，其襠謂之袑。”惟不縫故大也。前漢時袑尚不縫，馬縞之言自有所本。

《詩·采菽》：“赤芾在股，邪幅在下。”《毛傳》：“幅，偪也，所以自偪束也。”《箋》曰：“邪幅如今行縢也，偪束其脛，自足至膝，故曰在下。”則幅爲盛服矣。然其始則所以便行走，故《戰國策》謂蘇秦羸縢，負書擔囊也。“《吴志》：吕蒙爲兵作絳衣行縢。《舊唐書》：德宗入駱谷，值霖雨，道塗險滑，衛士多亡歸朱泚。東川節度使李叔明之子昇及郭子儀之子曙、令狐彰之子建等六人，恐有姦人危乘輿，相與齧臂爲盟，著行幐釘鞵，更鞚上馬，以至梁州，它人皆不得近。及還京師，上皆以爲禁衛將軍，寵遇甚厚。”《日知録》“行幐”條。案此物今猶有之，所以用之不如古之廣者，以今多縛袴也，見下。

“古人席地而坐，故登席必脱其履，《禮記》所謂户外有二屨是也。然臣見君，則不惟脱履，兼脱其韈。《詩》：赤芾在股，邪幅在下。邪幅，行幐也。韈去，故行幐見也。《左傳》：衛出公輒爲靈臺，與諸大夫飲酒。褚師聲子韈而登席。公怒。對曰：臣有疾，若見之，君將嗀之。是不敢。公愈怒，欲斷其足。杜《注》：謂有足疾也。嗀，嘔也。《注》又云：古者臣見君解韈。然則古人以跣足爲至敬也。漢制，脱韈雖無明文，然優禮蕭何，特命劍履上殿，則羣臣上殿猶皆脱韈可知。衛宏《漢官舊儀》：掾吏見丞相脱屨，丞相立席後答拜。《魏志》曹操令曰：祠廟上殿當解屨。吾受命劍屨上殿。今有事於廟而解屨，是尊先公而替王命也。故吾不敢解屨。可見是時祭先祖，見長官，尚皆脱屨。三國時，吴賀邵美容止，坐常着韈，則是時家居亦多有不韈者。宋改諸王國制度，内有'藩國官正冬不得跣登國殿'一條。是時藩國朝賀，其王尚皆跣，故詔改之，以叙其禮。梁天監中，尚書議云：禮，跣韈登席，事由燕坐。閻若璩據此語，謂古惟燕飲，始跣而爲歡，祭則不跣也。按《韓詩》：不脱屨而即席謂之禮，跣而上坐謂之燕。則古人行禮尚着屨，燕乃跣韈，閻説蓋本此。今則極敬之所，莫不皆跣。清廟崇嚴，既絶恒禮，凡屨行者，應皆跣韈。蓋是時廟祭有不跣韈者，故申禁之。曰極敬之所，莫不皆跣，則是時朝會祭祀，猶皆跣韈。陳祥道《禮書》所謂漢魏以後，朝祭皆跣也。《唐書》：劉知幾以釋奠皆衣冠乘馬，奏言冠履衹可配車，今韈而鐙，跣而鞍，實不合於古。是唐時祭祀，亦尚有跣韈之制。至尋常入朝，則已有着履者。《唐書》：棣王琰有二妾争寵，求巫者密置符琰履中。或告琰厭魅，帝伺其朝，使人取其履，驗之果然是也。蓋古者本以脱韈爲至敬，其次則脱履，至唐則祭祀外，無脱履之制，然朝會亦尚着履，此唐初之制也。"《陔餘叢考》"脱韈登席"條。○《釋服》曰："凡自外入内者，必解屨然後升堂。既解屨，則踐地者韈也。久立地，或漬污，故有解韈就席之禮，失之亦爲不敬。解韈見偪，《詩》曰邪幅在下，正燕飲而跣，以爲歡之時也。其儀制漢時已亡。"《日知録》"行縢"條曰："古人之襪，大抵以皮爲之。今之村民，往往行縢而不襪者，古人之遺制也。吴賀邵爲人美容止，坐常著襪，希見其足。則漢魏之世，不襪而見足者多矣。"案原注謂賀邵坐常著襪之襪，"始從衣字"。

古之屨有複有單，其材則有皮有葛，其飾則有絇、有繶、有純，又有綦以繫之。《周官·屨人注》："複下曰舄，襌下曰屨。《疏》："下謂底。"古人言屨以通於複，今世言屨以通於襌，俗易語反與？"疑古多用襌，漢世多用複也。《士冠禮》："屨夏用葛，冬皮屨可也。"《疏》："春宜從夏，秋宜從冬。"○《詩·葛屨》："糾糾葛屨，可以履霜。"《毛傳》曰："夏葛屨，冬皮屨，葛屨非所以履霜。"《疏》曰："凡屨，冬皮夏葛，則無用絲之時，而《少儀》云'國家靡敝，君子不履絲屨'者，謂皮屨以絲爲飾也。《天官·屨人》説屨舄之飾，有絇繶純，是屨用絲爲飾。夏日之有葛屨，猶絺綌所以當暑，特爲便於時耳，非行禮之服。若行禮之服，雖夏猶當用皮。鄭於《周禮》注及《志》言朝祭屨舄，各從其裳之色，明其不用葛也。"又曰："素積白屨，以魁柎之。"《注》："蜃蛤柎注也。"《疏》曰："柎注者，以蛤灰塗注於上，使色白也。”故《士喪禮》又言“夏葛屨，冬白屨”也。《注》：“冬皮屨變言白者，明夏時用葛亦白也。”絇，《士冠禮注》曰：“絇之言拘也，以爲行戒。狀如刀鼻，在屨頭。”《喪服注》：“舊説小功以下吉，屨無絇也。”《疏》：“吉時有行戒，故有絇；喪中無行戒，故無絇。以其小功輕，故從吉，屨爲其大飾，故無絇也。”又曰：“繶，縫中紃也。”《疏》：“牙底相接之縫，中有絛紃也。”又曰：“純，緣也。”《疏》：“謂邊口緣邊也。”○經文：“純博寸。”《周官・屨人注》曰：“有絇有繶有純者，飾也。”綦，《士喪禮注》曰：“屨係也，所以拘止屨也。”《士喪禮》：“夏葛屨，冬白屨，皆繶緇絇純，組綦繫於踵。”《疏》：“經云繫於踵，則綦當屬於跟後，以兩端向前，與絇相連於脚跗踵足之上，合結之，名爲繫於踵也。”案屨又有用草者，《孟子》：“猶棄敝屣。”《注》云：“草履。”《左氏》：“資糧扉屨。”《注》云：“草屨”是也。《疏》引《方言》：“絲作者謂之履，麻作者謂之扉。”

《周官・屨人》：“掌王及后之服屨，爲赤舃、黑舃、赤繶、《注》：“王黑舃之飾。”黄繶，《注》：“王后玄舃之飾。”青句，《注》：“王白舃之飾。”素屨、《注》：“非純吉，有凶去飾者。”下《注》曰：“素屨散屨者惟大祥時。”《疏》曰：“無絇繶純。”葛屨。《注》：“言葛屨，明有用皮時。”○《注》曰：“凡舃之飾，如繢之次。”又曰：“絇純繶者同色，今云赤繶、黄繶、青句，雜互言之，明舃屨衆多，反覆以見之。”辨内外命夫命婦之命屨、《注》：“命夫之命屨、纁屨，命婦之命屨、黄屨以下。”○《疏》：“不得服舃，皆自鞠衣以下。”功屨、《注》：“於孤卿大夫則白屨、黑屨，九嬪内子亦然。世婦、命婦以黑屨爲功屨。女御、士妻命屨而已。”散屨。”《注》：“亦謂去飾。”《注》曰：“屨自明矣，必連言服者，著服各有屨也。”凡屨舃，各象其裳之色。“王吉服有九，舃有三等，赤舃爲上，冕服之舃，《詩》云：王錫韓侯，玄衮赤舃。則諸侯與王同。《疏》：“司服六冕。”下有白舃、《疏》：“韋弁、皮弁。”黑舃。《疏》：“冠弁。”王后吉服六，惟祭服有舃，玄舃爲上，褘衣之舃也。下有青舃、《疏》：“配揺翟。”赤舃，《疏》：“配闕翟。”鞠衣以下皆屨耳。”“天子諸侯吉事皆舃，其餘惟服冕衣翟著舃耳。”

《史記・貨殖列傳》：“女子則鼓鳴瑟，跕屣。”臣瓚曰：“躡跟爲跕。”案，此即《説文》所謂“躧，舞履也”。

古朝祭之服皆上衣，而下裳深衣，則連衣裳而一之。在内則長者曰袍，短者曰襦，下體親身者爲褌，其外爲袴。去衣裳而以袍襦爲外衣，即成後世之服。不著長衣而著短衣，則爲戎服，所謂袴褶也。袴褶，魏、晉以來爲車駕親軍中外戒嚴之服，唐時以爲朝見之服，蓋亦自古有之。王静菴以爲全出胡服，似非也。録舊作《胡服考書後》一篇如次。

《胡服考書後》曰：古服上衣下裳，連衣裳而一之，則曰深衣，無以袴爲外服者。此篇因謂袴褶之制，始於趙武靈王，其原出於胡服，似未必然也。康成説韍之緣起曰："古者田漁而食，因衣其皮，先知蔽前，後知蔽後。後王易之以布帛，而獨存其蔽前者，不忘本也。"夫但知蔽前爲韍，兼知蔽後，則爲裳矣。朝祭之必裳，猶其存韍，皆不輕變古之意也。謂古人凡事因仍，不知改變，亦可。至就勞役，則有褌而不袴者，《淮南·原道》："短綣不袴，以便涉游。"司馬相如"著犢鼻褌，與庸保雜作"是也。有袴而不裳者，《禮記》"童子不衣裘裳"是也。勞役有之，戎事亦宜。然王氏謂："《周禮·司服》鄭《注》云：今伍伯緹衣。崔豹《古今注》云：今户伯絳幘纁衣。伍伯者，車前導引之卒。見《釋名》、《續漢志》、《古今注》。今傳世漢畫像車前之卒，皆短衣著袴，由伍伯之絳幘纁衣爲袴褶之服，知光武之絳衣赤幘及赤幘大冠，不獨冠胡服之冠，亦服胡服之服矣。"又曰："《漢書·匈奴傳》：中行説曰：其得漢絮繒，以馳草棘中，衣袴皆裂弊，以視不如旃裘堅善也。案中國古服如端衣深衣，袴皆在内，馳草棘中，不得裂弊。袴而裂弊，是匈奴之服，袴外無表，即同於袴褶服也。"案，《司服》鄭《注》兼引《左氏》成公十六年"有韎韋之跗注"，杜《注》曰："跗注，戎服，若袴而屬於跗。"鄭引此，蓋僅證其衣裳之同色。《疏》謂鄭以跗當爲幅者，非若袴而屬於跗，則與衣不連，其製蓋亦有踦。杜云：若袴而不逕云袴者，以袴不皆屬於跗也。此古戎服著袴之徵，不待胡也。《曲禮》："童子不衣裘裳。"《玉藻》："童子不裘不帛。"《内則》："十年，衣不帛襦袴。""衣不帛"句，即《曲禮》所謂"童子不裘"，《玉藻》所謂"不裘不帛"也。不言裘者，與下文"二十而冠，可以衣裘帛"互相備也。"襦袴"，則《曲禮》所謂"童子不衣裘裳"也。所以"不裳"者，《曲禮》鄭《注》曰"裘太温，消陰氣，使不堪苦，《正義》:“使不堪苦者,熱消陰氣,則不堪苦使。”不衣裘裳便易”。《疏》曰:“給役,著裳則不便,故童子并緇布襦袴也。”説初不誤。《内則》注云:“不用帛爲襦袴,爲太温,傷陰氣也。”正以“不用帛”句,絶恐人不知古人言語互相足之例,故備言之。《疏》云:“衣不帛襦袴者,謂不以帛爲襦袴。”則誤矣。童子之不裘不帛,固以太温,亦以不堪苦使,不裳則專爲便易,可見服勞者之必去裳矣。戴德喪服變除:“童子當室,謂十五至十九,爲父後,持宗廟之重者,其服深衣不裳。”《玉藻》:童子“無緦服,聽事不麻”。《注》:“雖不服緦,猶免,深衣,無麻,往給事也。”蓋喪祭不可以襦袴,故加之深衣。《曲禮疏》曰:“童子不衣裘裳,二十則可。故《内則》云:二十可以衣裘帛。”二十而後裘帛,則亦二十而後裳,不言者,與上文互相備故。《大戴》言:童子不裳,以十九爲限也。然則裳冠者之服也,冠而不裳者,將責成人之禮焉。然則裳禮服也,服勞役者,非童子則賤者,禮不下庶人,其不必裳明矣。故庶人但以深衣爲吉服,同於襦袴之童子也。《左氏》昭公二十五年:師己稱童謡曰:“鸜鵒跦跦,公在乾侯,徵褰與襦。”《説文》:“褰,袴也。”《方言》:“袴,齊魯之間謂之襱。”褰之言“袪也”,《曲禮》:“暑無褰裳”見《注》。舉也。褰裳,則利遐舉也。故《詩》曰:“子惠思我,褰裳涉溱。”然則欲遠行者,亦必袴而不裳矣。《説文》:“襦,短衣也。”《方言》:“複襦,江、湘之間謂之襜。”襜從豎,豎者,童豎。《廣雅》:“儒,短也。”故短人稱侏儒。古有恒言:“寒者利短褐。”短褐者,襦之以褐爲之者也。然則古之賤貧人,殆無袴而不裳也。《玉藻》曰:“纊爲繭,緼爲袍,禪爲絅,帛爲褶。”《詩》:“豈曰無衣,與子同袍。”《傳》:“袍,襺也。”《正義》:“袍,襺,《釋言》文。《玉藻》云:纊爲襺,緼爲袍。《注》云:衣有著之異名也。緼謂今纊及舊絮也。然則純著新緜名爲襺,雜用舊絮名爲袍,雖著有異名,其制度是一,故云袍襺也。”《釋名》:“袍,丈夫著下至跗者也。袍,苞也,苞内衣也。”《周官·内司服注》謂王后六服,皆袍制,然則古惟賤貧人但有短褐,貴人衣裳之内,固有長袍,特外必加以衣裳,若深衣耳。去之則貴者長袍,賤者短褐,與今同矣,豈待胡服哉?《喪大記》:“袍必有表。”《士喪禮疏》:“褖衣,連衣裳者,用以表袍。”王君此篇,考索之功深，而於事理未嘗深思也。以上《胡服考書後》原文。

任大椿《深衣釋例》曰："古以殊衣裳者爲禮服，祭服及朝朔之服是也；不殊衣裳者爲燕服，深衣是也。後世自冕服外，以不殊衣裳者爲禮服，以殊衣裳者爲燕服，此古今之異制也。《續漢志》云：若冠通天冠，服衣深衣制，有袍，隨五時色。梁劉昭《注》曰：今下至賤吏、小史，皆通制袍、襌衣、皁緣領袖爲朝服云。蓋古者天子以白布衣、素裳爲朝服，諸侯以緇布衣、素裳爲朝服，皆衣裳殊，後漢始以袍爲朝服，不殊衣裳，故司馬彪謂袍爲古之深衣。晉、宋以後，以絳紗袍、皁紗袍、五色紗袍、紗朱衣、絳單衣、絳皁褠衣爲朝服。具服從省服，《隋志》亦云制本深衣。然則不殊衣裳，古以爲便服，漢、晉以爲禮服矣。《隋志》：乘輿鹿皮弁服，緋大襦，白羅裙，在宫聽政則服之。"又云："今復制白紗高屋帽，其服練裙襦，宴接賓客則服之。《北史・柳世隆傳》：令王著白紗高頂帽，傧從皆裙襦袴褶。《長孫儉傳》曰：晚著裙襦紗帽，引客宴於別齋。上襦而下裙，即殊衣裳之遺制也。然則六朝時轉以殊衣裳者爲便服矣。"

又曰："婦人以深衣之制爲禮服，不殊衣裳。故《内司服注》：婦人尚專一，德無所兼，連衣裳不異其色。則《周禮》王后六服，制度皆本深衣。《通典》載：宋制，太后、皇后入廟，服袿襹大衣，謂之褘衣。公、特進、列侯夫人，卿、校世婦，二千石命婦年長者，入廟佐祭，皁絹上下；助蠶則青絹上下。自皇后至命婦二千石，皆以蠶衣爲朝服。齊、梁以後并同。即《續漢志》所云深衣制，徐廣所云單衣也。其不殊衣裳，古今無異。然《古樂府・陌上桑》曰：緗綺爲下裳，紫綺爲上襦。襦與裳不相連者也。繁欽《定情詩》曰：何以合歡欣？紈素三條裾。《西河記》：西河無蠶桑，婦女著碧纈裙，加細布裳。《東觀記》：鮑宣之妻，悉歸侍御，更著短布裳。又云：王良爲司徒，妻布裙徒跣。此皆別言裙裳，可知衣裳之殊矣。然則漢時婦人朝祭之服，制同深衣，燕閒之服，衣裳自殊，亦猶丈夫以袍、單衣爲禮服，而其便服雅尚裙襦。《通典》載後周命婦服制云：諸命秩之服曰公服，蓋即制本深衣,不殊衣裳者也。又云：其餘裳服曰私。衣,蓋即衣裙異著者也。”

如任氏説,可見後世服制之所由來。案《士喪禮正義》:“上下通直,不别衣裳者曰通裁。”此深衣改爲長袍之始。《方言注》:“今或呼衫爲禪襦。”《急就篇注》:“長衣曰袍,下至足跗。短衣曰襦,自膝以上。”《釋名》:“衫,芟也,末無袖端也。”此衫之本製。《新唐書·車服志》:“中書令馬周上議：禮無服衫之文。三代之制有深衣,請加襴袖褾襈,《類篇》:“衣與裳連曰襴。褾,袖端也。襈,緣也。”爲士人上服。開胯者名曰缺胯衫,庶人服之。”《事物紀原》曰:“馬周以三代之制有深衣,請於其下著襴及裾,名襴衫,其開袴者名缺袴衫,即今四胯衫也。”即前後左右俱開胯者。此衫變爲外服之由來也。六朝以後,將士多服襖。唐將帥之服多曰袍,軍士之服多曰襖,襖亦有缺胯者,可見亦爲袍衫之類,非胡服也。

《急就篇注》:“褶謂重衣之最在上者也。其形若袍,短身而廣袖,一曰左衽之袍也。”案被髮左衽皆北俗。《日知録》“左衽”條曰:“宋周必大《二老堂詩話》云：陳益爲奉使金國屬官,過滹沱光武廟,見塑像左衽。岳珂《桯史》云：至漣水宣聖殿,像左衽。泗州塔院,設五百應真像,或塑或刻,皆左衽。此制蓋金人爲之,迄於明初而未盡除。其見於《實録》者,永樂八年,撫安山東給事中王鐸之奏,宣德七年,河南彰德府林縣訓導杜本之奏,正統十三年,山西絳縣訓導張幹之奏,屢奉明旨,而未即改正。”又曰:“《喪大記》：小斂大斂,祭服不倒,皆左衽。《注》：左衽,衽鄉左,反生時也。《正義》曰：衽,衣襟也,生鄉右,左手解,抽帶便也。死則襟鄉左,示不復解也。”然則左衽中原惟用諸死者,北狄則自古皆然。褶之左衽者胡服,其不然者,自中原之戎服也。

《陔餘叢考》“馬褂缺襟袍戰裙”條曰:“凡扈從及出使,皆服短褂、缺襟袍及戰裙。短褂亦曰馬褂,馬上所服也,疑即古半臂之制。《説文》：無袂衣謂之䙅。趙宧光以爲即半臂,其小者謂之背子,此説非也。既曰半臂,則其袖必及臂之半,正如今之馬褂,其無袖者,乃謂之背子耳。原《注》:"背子即古裲襠之制。《南史·柳元景傳》:薛安都着絳衲裲襠衫,馳入賊陣。《玉篇》云:裲襠其一當背,其一當胸。朱謀瑋《駢雅》:裲襠,胸背衣也。"劉孝孫《事原》:隋大業中,内官多服半除,即今之長袖也。唐高祖減其袖,謂之半臂,則唐初已有其制。《唐書》:韋堅爲租庸使,聚江、淮運船於廣運潭,令陜尉崔成甫着錦半臂缺胯緑衫而裼之,唱《得寶歌》,請明皇臨觀。又曾三異《同話録》有'貉袖'一條云:近歲衣制,有一種長不過腰,兩袖僅掩肘,以帛爲之,仍用夾裏,名曰貉袖。起於御馬院圉人。短前後襟者,坐鞍上不妨脱著,以其便於控馭也。此又宋人短褂之制。然短袖之服,又不僅起於唐、宋。按《魏志·楊阜傳》:阜嘗見明帝着帽披縹綾半袖,問帝曰:此於禮何法服也?則短袖由來久矣。《北史》:周武帝着短衣,享二十四軍督。馬縞《中華古今注》:隋文帝征遼,詔武官服缺胯襖子,三品以上皆紫。《唐書》:高祖武德元年,詔諸衛將軍每至十月一日,皆服缺胯襖子。是缺襟之制,亦起於隋、唐時。至戰裙之始,按《國語》:鄢之戰,郤至以韎韋之跗注,三逐楚平王。《注》:跗注者,兵服自腰以下注於跗。則今之戰裙,蓋本此也。邲之戰,屈蕩逐趙旃,得其甲裳,又裙之有甲者耳。"《深衣釋例》曰:"案裲襠甲,一名裲襠衫,《宋書》:薛安都惟著絳衲裲襠衫,《隋書·輿服志》:正直絳衫,從則裲襠衫是也。考《宋史·輿服志》曰:太祖建隆四年,范質議云:《開元禮》:武官陪立大仗,加螣蛇裲襠,如袖,無身,以覆其膊胳。從肩領覆膊胳,共二尺二寸。《釋文》:《玉篇》相傳曰:其一當胸,其一當背,謂之兩當。請兼存兩説,擇而用之。今劇演將帥所被金銀甲,即所謂其一當胸,其一當背者也。裲襠甲古既稱裲襠衫,安有無身之衫乎?劉孝標《樂府》:裲襠雙心共一抹,袙腹兩邊作一襊。蓋一當胸,一當背,故曰雙心。屬合兩邊,以固前後。又曰袙腹,則《廣雅》所謂裲襠謂之袙腹也。"又曰:"又案《隋書·輿服志》:諸將軍侍從之服,一曰紫衫金玳瑁裝裲襠甲,一曰紫衫金裝裲襠甲,一曰絳衫銀裝裲襠甲,蓋外著裲襠甲,内衷紫絳衫,衫制短小,爲裲襠之襯服,尤便捷也。《南史·齊崔慧景傳》:恭祖秃馬絳衫,手刺倒敬則,直以衫代裲襠矣。古之甲,自身至腰,自腰至脛,分而爲三,以組屬之,故曰三屬之甲。裲襠不殊上下,自肩直垂,此深衣之制,便於軍旅者也,故曰可以武也。”石林葉氏《燕語》曰:“余見大父時,家居及燕見賓客,率多頂帽而繫勒帛,猶未甚服背子。帽下戴小冠簪。以帛作横幅約髮,號額子。處室中則去帽見冠簪,或用頭巾也。古者士皆有冠,帽乃冠之遺製,頭巾賤者不冠之服耳。勒帛亦垂紳之意,雖施之外不爲簡,背子本半臂,武士服,何取於禮乎?或云:勒帛不便於搢笏,故稍用背子。然須用上襟,腋下與背子垂帶。余大觀間見宰執接堂吏,押文書,猶冠帽用背子,今亦廢矣。而背子又引爲長袖,與半臂製亦不同。裹賤者巾,衣武士服,而習俗之久不以爲異,古禮之廢,大抵類此也。”據《文獻通考》卷百三十。此可見今日馬褂及坎肩之所由來也。

《日知録》“冠服”條引《太康縣志》:“弘治間,婦女衣衫,僅掩裙腰,富者用羅緞紗絹織金彩,通袖裙,用金彩膝襴,髻高寸餘。”“正德間,衣衫漸大,裙褶漸多,補惟用金彩補子,髻漸高。正德初,衣衫大至膝,裙短褶少,髻高如官帽,皆鐵絲胎,高六七寸,口周回尺二三寸餘。”此皆殊衣裳之服。又引《内邱縣志》曰:“先年,婦人非受封不敢戴梁冠,披紅袍,繫拖帶,今富者皆服之。又或著百花袍,不知創自何人。”此則不殊衣裳之服也。清世女子嫁及死後,畫像猶用之。又喪服亦沿古制,故有“男降女不降”,“生降死不降”之諺。

《南史·宋袁淑傳》:劭就主衣取錦,裁三尺爲一段,又中裂之,分斌與淑及左右,使以縛袴褶。隋服制定後,百官俱服袴褶,車駕親軍則縛袴,此戎服之袴,異於常時者。

《梁書·陳伯之傳》:“褚緭在魏,魏人欲擢用之。緭戲爲詩曰:帽上著籠冠,袴上著朱衣,不知是今是?不知是昔非?魏人怒,出爲始平太守。”蓋爾時中原之俗,袴褶别爲一服,不與他服相溷也。

諸服之中,惟靴確爲胡制,蓋以北地苦寒故也。《陔餘叢考》“着靴”條曰:“朝會著靴,蓋起於唐中葉以後。《唐書》:皇甫鎛以故繒給邊兵,軍士焚之。裴度奏其事。鏄在憲宗前引其足曰:此靴亦内府物,堅韌可用。韋斌每朝會,不敢離立,嘗大雪立庭中,不徙足,雪幾没靴。崔戎爲華州刺史,徙兖海,民遮留不得行,抱持取其靴。戎單騎遁去。温造節度興元,殺倡亂者八百人,監軍楊叔元擁造韡祈哀,乃免之。是唐時已多着靴。歐陽公《歸田録》:和凝以二千錢買靴,問馮道靴價若干。道舉左足曰:一千。凝遂嗔其僕。道徐舉其右足曰:此亦一千。是又五代着靴之證。宋以後則朝韡且形之歌詠,而《朱文公家禮》内'冠儀'一條,并有襴衫帶靴之制,則靴固久爲公服矣。按靴本北俗,自趙武靈王始用之,然秦、漢、魏、晉尚罕有着靴者。《晉書·儒林劉兆傳》:有人着靴騎驢,至門外問劉延世。又《毛寶傳》:寶與祖焕戰,血流滿靴,此蓋騎者用之。靴字從革,蓋皆皮爲之,便於騎也。惟齊豫章王嶷不樂聞人過,有告訐者,輒置靴中不視。梁王儉宴客樂遊苑,蕭琛着虎皮靴,直造其坐。陳徐陵爲吏部,陳暄袍拂髁,靴至膝,亦直上其坐。南朝之着靴,見於史者,止此數事而已。其時多着屐,齊明帝輔政時,百官皆脱屐到席,蔡約獨躡屐不改。則其時見尊長,尚以脱屐爲敬,固無論於着靴也。而是時北朝則靴已盛行。《北史》:慕容永被擒入長安,夫妻常賣靴自給。北齊婁太后病,童謡有紫綖靴之語。徐之才曰:紫者此下絲,綖者熟,當在四月中。太后果崩。高澄被刺時,楊愔逃出,遺一靴。《任城王湝傳》:有婦人浣衣,一乘馬者以舊靴换其新靴而去。又樂陵王百年被害,後有人於其處掘得一足有靴。瑯琊王儼被害,亦不脱靴而埋之。及北齊亡後,嬪妃入周,亦以賣靴爲業。是北朝着靴,累代盛行。蓋自劉、石之亂,繼以燕、秦、元魏、齊、周各從其本俗,故中土久以着靴爲常服,沿及於唐,遂浸尋爲朝制耳。風會所趨,隨時而變,古以脱韈爲敬,其後不脱韈而但脱履,又其後則不脱履,最後則靴爲朝服,而履反爲褻服,設有着履入朝會及見長官者,反爲大不敬,更無論於跣而見也。或疑古人脱韈而登,近於躶褻,然常見暹羅國人入朝拜舞,以行縢裹足,頗斑爛可愛,想古人邪幅在下,亦復如是,則亦未爲污瀆也。按

《明史》:洪武初,定制朝服祭服,皆白韈黑履,惟公服則用皂靴,故有賜狀元朝靴之制。洪武二十五年,令文武官父兄子弟及婿皆許穿靴,校尉力士上直穿靴,出外不許,庶人不許穿靴,止許穿皮扎𩍐,北地苦寒,許穿牛皮直縫靴。"《胡服考》引《説文》曰:"鞮,革履也,胡人履連脛,謂之絡鞮。"九字今本無,《韻會》引有。《廣韻》八戈引《釋名》:"鞾本胡服,趙武靈王所服。"《御覽》六百九十八引《釋名》:"鞾本胡名也,趙武靈王始服之。"《隋書・禮儀志》:"履則諸服皆服,惟褶服以靴。靴,胡履也,取便於事,施於戎服。"《舊唐書・輿服志》:"常服六合鞾,起自魏、周。"以上皆王氏《胡服考》所引。皆靴出於胡之證也。

釘鞵見《舊唐書》,已見前。《陔餘叢考》"釘鞵"條曰:"《明史・禮志》:百官入朝,遇雨皆躡釘鞾,聲徹殿陛。太祖曰:古者入朝有履,唐始用鞾,其令朝官爲軟底皮鞵,冒於鞾外,出朝則釋之。此又釘鞾之見於記載者也。"趙氏又曰:"古人雨行,多用木屐。"

《吕覽・上農》曰:"古者庶人不冠弁。"《儀禮・喪服注》曰:"庶人不冠爵弁,則冠素委貌。"委貌,即玄冠。庶人弔服深衣素冠,吉服則深衣玄冠也。《都人士正義》曰:"庶人冠緇布冠或玄冠。"蓋惟行禮時或用之,平時則否。《釋名》曰:"二十成人,士冠庶人巾。"巾以覆髻,則曰幘。《説文》:"髮有巾曰幘。"《廣雅》:"幘巾,覆結也。"是也。《後漢書・劉盆子傳注》:"幘巾,所以覆髻也。"其制齊眉而折其後,亦所以覆髮,使頭嚴整。《釋名》曰:"幘,蹟也,下齊眉蹟然也。或曰䫙,䫙折其後也。"《續漢書・輿服志》:"幘者,賾也,頭首嚴幘也。"是也。《獨斷》曰:"幘者,古之卑賤執事不冠者之所服也,或以巾。"《宋書・輿服志》:"居士野人皆服巾焉。"《文選・秋胡詩注》:"巾,處士所服。"《北山移文注》:"巾,隱者之飾。"《三國志・魏文帝紀注》引《魏書》:"楊彪著布單衣皮弁以見。"則雖著單衣,亦不用巾。《後漢書・蔡義傳》:"詔事逼切,不得已解巾之郡。"《韓康傳》:"及見康柴車幅巾,以爲田叟也。"此居士野人服巾之證也。《郭泰傳注》引周遷《輿服雜事》:"巾以葛爲之,形如帢,本居士野人所服。"《玉篇》:"帢,帽也,絹幘也。"《隋書・輿服志》:"帽,古野人之服。”則巾近於帽也。《説文》:“帽,小兒蠻夷頭衣也。”《書大傳》:“古之人,衣上有冒而句領者。”《注》:“冒,覆也。”冒而句領,《淮南》以爲太古之俗,已見前。蓋冠弁等皆稍進化時所制,特用爲飾,帽則誠所以覆首無飾者,猶沿服之也。《日知録》“冠服”條引《豫章漫鈔》曰:“今人所戴小帽,以六瓣合縫,下綴以簷如筩。閻憲副閎謂予言:亦太祖所製,若曰六合一統云爾。楊維楨廉夫以方巾見,太祖問其製,對曰:四方平定巾。上喜,令士人皆得戴之。商文毅用自編民,亦以此巾見。”案六合帽,今上下通服,而明時起自編民者用巾,可見巾與帽爲平民通服,今古皆然矣。《日知録》“冠服”條又引《内丘縣志》曰:“萬曆初,童子髮長猶總角,年二十餘始戴網,天啓間,則十五六便戴網,不使有總角之儀矣。萬曆初,庶民穿腄靸,儒生穿雙臉鞋,非鄉先生,首戴忠靖冠者,不得穿廂邊雲頭履。至近日,而門快輿皁,無非雲履,醫卜星相,莫不方巾。又有晉巾、唐巾、樂天巾、東坡巾者。”

《陔餘叢考》“帽頂”條曰:“《輟耕録》記元大德間,有回回臣商,賣紅刺石一塊於官,重一兩三錢,直中統鈔十四萬錠。用嵌帽頂上,累朝皇帝正旦及天壽節大朝賀則服用之。又河南王卜憐吉歹嘗郊行,天暖欲易凉帽,左右捧笠侍,風吹墮石上,跌碎御賜玉頂,王不嗔責。又有猴盜者,使所畜猴入人家竊物。在韶州旅邸服繡衣,琢玉爲帽頂。又《元史》:仁宗爲皇太子時,淮東宣慰使撒都獻七寶帽頂,卻之。據此,則帽之有頂,元制已然。《遼史·重元傳》:興宗賜重元四頂帽二色袍,則帽頂之制,并始於遼也。”

《陔餘叢考》“木棉布行於宋末元初”條又曰:“古時未有棉布,凡布皆麻爲之。記曰:治其麻絲,以爲布帛是也。木棉作布,邱文莊謂元時始入中國。而張七澤《潯梧雜佩》,引《通鑑》梁武帝送木棉皂帳事,據史炤《釋文》,木棉以二三月下種,至夏生黄花結實,及熟時,其皮四裂,中綻出如綿,土人以鐵鋌碾去其核取棉,以小竹弓彈之,細卷爲筒,就車紡之,自然抽緒,織以爲布,謂即此物也。按史炤《釋文》所云,正是今棉花所織之布。則梁武時已有此布矣。説者謂《漢書注》孟康曰:閩人以棉花爲吉貝,而《正字通》及《通雅》俱云:吉貝,木棉樹也。《南史·林邑傳》亦云:吉貝者,樹名也,其花如鵝毳,抽其緒,紡之作布，與紵布不殊。是六朝以前，木棉布乃吉貝樹之花所成，係木本而非草本。今粵中木棉樹，其花正紅，及落時，則白如鵝毳，正《南史》所云吉貝樹也。但其花衹可絮茵褥，而不可織布。按《南史・林邑傳》，以吉貝爲樹。《舊唐書・南蠻傳》則云：吉貝草緝花作布，名曰白氎。《新唐書・林邑傳》并不曰吉貝，而曰古貝，謂古貝者草也。然則《南史》所謂吉貝之樹，即《唐書》所謂古貝之草。其初謂之木棉者，蓋以别於蠶繭之綿。而其時棉花未入中土，不知其爲木本草本，以南方有木棉樹，遂意其即此樹之花所織。迨宋子京修《唐書》時，已知爲草本，故不曰木而曰草耳。史炤，北宋人，原《注》："見《文彦博傳》。"又在子京之後，并習知其碾彈、紡織之技，故注解益詳。以此推之，則梁武木棉皂帳，即是草本之棉所成，而非木棉樹也。更進而推之，《禹貢》：厥篚織貝。蔡九峯注：今南夷木棉之精好者，謂之吉貝。則夏之織貝，亦即今草棉布，是三代時已有之矣。其見於記傳者，《南史》：姚察有門生送南布一端，察曰：吾所衣者止是麻布，此物吾無所用。白樂天《布裘詩》云：桂布白似雪。又以布裘贈蕭、殷二協律詩云：吴綿細軟桂布白。曰桂布者，蓋桂管所出也。孫光憲《南越詩》：曉厨烹淡菜，春杼織橦花。原《注》："草棉亦名橦花。"李琮詩：腥味魚吞墨，衣裁木上棉。東坡詩：東來賈客木棉裘。以及《五代史》：馬希範作地衣，春夏用角簟，秋冬用木棉。《宋史・崔與之傳》：瓊州以吉貝織爲衣衾，工作出自婦人。皆此物也。然則棉花布自古有之，何以邱文莊謂元初始入中國？蓋昔時棉花布，惟交、廣有之，其種其法，俱未入中土。觀姚察門生所送衹一端，白樂天以此送人，并形之歌詠，則其爲罕而珍重可知。迨宋末元初，其種傳入江南，而布之利，遂衣被天下耳。謝枋得有謝劉純父惠木棉詩云：嘉樹種木棉，天何厚八閩。厥土不宜桑，蠶事殊艱辛。木棉收千株，八口不憂貧。江東易此種，亦可致富殷。奈何來瘴癘，或者畏蒼旻。吾知饒信間，蠶月如岐邠。兒童皆衣帛，豈但奉老親。婦女賤羅綺，賣絲買金銀。角齒不兼與，天道斯平均。所以木棉利，不畀江東人。據此，則宋末棉花之利，尚在閩中，而江南無此種也。元人陳高有《種花詩》云：炎方有穜樹，衣被代蠶桑。舍西得閒園，種之漫成行。苗生初夏時，料理晨夕忙。揮鋤向烈日，灑汗成流漿。培根澆灌頻，高者三尺强。鮮鮮緑葉茂，燦燦金英黄。結實吐秋繭，皎潔如雪霜。及時以收斂，采采動盈筐。緝治入機杼，裁剪爲衣裳。禦寒類挾纊，老稚免淒凉。陳高，元末人，而隙地初學種之，則其來未久可知。陶九成《輟耕録》，記松江烏泥涇土田磽瘠，謀食不給，乃覓木棉種於閩、廣，初無踏車椎弓之制，率用手去其子，線絃竹弧，按掉而成，其功甚艱。有黄道婆自崖州來，教以紡織，人遂大獲其利。未幾，道婆卒，乃立祠祀之。三十年祠毁，鄉人趙愚軒重立云。九成，元末人，當時所記立祠始末如此，蓋可見黄道婆之事未遠。而松江之有木棉布，實自元始也。《瑯琊代醉編》又謂棉花乃番使黄始所傳，今廣東人立祠祀之。合諸説觀之，蓋其種本來自外番，先傳於粤，繼及於閩，元初始至江南，而江南又始於松江耳。《元世祖本紀》：至元二十六年，置浙東、江東、江西、湖廣、福建木棉提舉司，責民歲輸木棉布十萬疋。程鉅夫《雪樓集》有送人赴浙東木棉提舉詩，鉅夫仕元初，而其時木棉特設專官，則其初爲民利可知。邱文莊所謂元時始入中國，非無稽也。《明史・食貨志》：明太祖立國初，即下令民田五畝至十畝者，栽桑、麻、木棉各半畝，十畝以上倍之，又税糧亦準以棉布折米。"

《玉藻》："纊爲繭，緼爲袍，襌爲絅，帛爲褶。"《注》："纊謂今新綿也，緼謂今纊及舊絮也。"《周官・玉府注》："燕衣服者，巾絮、寢衣、袍襗之屬。"此皆今之絲綿，《説文》曰："絮，敝緜也。"而《公羊》昭二十年《解詁》謂："絮謂新緜。"蓋初以纊爲新，絮爲舊，後亦以良楛言之，故《玉藻》注於絮上特加舊字，《疏》順《注》意，謂"好者爲緜，惡者爲絮"也。惟貴富者用之，賤貧者則衣褐。《詩》："無衣無褐，何以卒歲？"《箋》："褐，毛布也。"《孟子》："許子衣褐。"《注》："褐以毳織之，若今馬衣。"此其本義。《注》又曰："或曰褐編，枲衣也。一曰粗布衣。"則非本義也。

染色亦自古有之。《月令》：季夏，"命婦官染采"。《周官・地官·掌染草》:"掌以春秋斂染草之物。"《天官·染人》:"掌染絲帛,掌凡染事。"《考工記》:"鍾氏染羽。"《注》曰:"羽所以飾旌旗及王后之車。"《疏》曰:"《夏采注》云:夏采夏翟羽色。《禹貢》:徐州貢夏翟之羽,有虞氏以爲緌,後世或無,故染鳥羽,像而用之,謂之夏采。此是鍾氏所染者也。"此并古代掌染色之官也。

《爾雅》:"一染謂之縓,《既夕禮注》:"一染謂之縓,今紅也。"《論語》:"君子不以紺緅飾。"孔曰:"一入爲緅。"《疏》曰:"未知出何書。"案,此殆字誤也。再染謂之窺,《士冠禮注》:"再入謂之赬。"三染謂之纁。"《鍾氏》:"三入爲纁。"《士冠禮疏》:"一染至三染,同名淺絳。"《鍾氏疏》:"此三者皆以丹秫染之。"《士冠禮注》曰:"朱則四入與?"《考工記·鍾氏》曰:"五入爲緅,七入爲緇。"《注》:"凡玄色者,在緅緇之間,其六入者與?"《疏》曰:"紺入黑則爲緅,此五入爲緅是也。更以此玄入黑汁,則名七入爲緇矣。"《士冠禮疏》:"以纁入黑則爲紺,以紺入黑則爲緅。"《鍾氏疏》云:"纁若入赤汁,則爲朱;若不入赤而入黑汁,則爲紺矣。"又云:"緇與云相類,故禮家每以緇布衣爲玄端也。"○《染人》:"夏纁玄。"《注》:"玄纁者,天地之色,以爲祭服。《考工記·鍾氏》則染纁術也。染玄則史傳闕矣。"○《士冠禮注》:"爵弁者,冕之次,其色赤而微黑,如爵頭然,或謂之緅。"《巾車注》:"雀黑多赤少之色也。"《疏》:"以緅再入黑汁,與爵同。"○《染人》:"秋染夏。"《注》:"染夏者,染五色,謂之夏者,其色以夏翟爲飾。《禹貢》曰:羽畎夏翟,是其總名。其類有六:曰翬,曰摇,曰鸐,曰甾,曰希,曰蹲。其毛羽五色皆備成章,染者擬以爲深淺之度,是以放而取名焉。"○《天官·縫人注》:"柳之言聚諸飾之所聚。"《疏》:"柳者,諸色所聚。日將没,赤色兼有餘色。"此古者染色之法。

《月令》:仲夏,"令民毋艾藍以染"。《注》引《夏小正》曰:"五月,啓灌藍蓼。"《疏》:"熊氏云:灌謂叢生也。言開闢此叢生藍蓼分移,使之稀散。"《周官·地官掌染草注》:"染草,藍、染青。蒨、染赤,即靺韐。《士冠禮注》:"靺韐、緼韍也。士緼韍而幽衡,合韋爲之,士染以茅蒐,因以名焉。今齊人名蒨爲靺韐。"《疏》曰:"案《爾雅》云:茹藘茅蒐。孫氏《注》:一名蒨,可以染絳,若然則一草有此三名矣。"象斗染黑。之屬。"又,《掌染草注》:"染草,茅蒐、櫜蘆、《疏》:"《爾雅》無文。"豕首、《疏》云:"郭注不言可染何色。則此櫜蘆、豕首,未知鄭之所據也。"紫茢染紫。之屬。"鍾氏染羽,"以朱湛丹秫,三月而熾之,淳而漬之"。鄭司農云:"湛,漬也。丹秫,赤粟。"後鄭曰:"湛讀如漸,車帷裳之漸熾炊也。

淳，沃也，以炊下湯沃，其熾蒸之以漬羽。漬，猶染也。”《淮南子》：“以涅染紺，則黑於涅。”此古之染料也。

《考工記》：“畫繢之事雜五色：東方謂之青，南方謂之赤，西方謂之白，北方謂之黑，天謂之玄，地謂之黄。青與白相次也，赤與黑相次也，玄與黄相次也。《注》：“此言畫繢六色所象及布采之第次，繢以爲衣。”《疏》：“天玄與北方黑二者，大同小異。何者？玄黑雖是其一，言天止得謂之玄天，不得言黑天。若據北方而言，玄黑俱得稱之。是以北方云玄武宿也。青與白相次以下，論繢於衣爲對方之法也。”〇《染人注》：“玄纁者，天地之色。”《疏》：“土無正位，託南方火火赤與黄共爲纁也。”青與赤謂之文，赤與白謂之章，白與黑謂之黼，黑與青謂之黻，五采備謂之繡。《注》：“此言刺繡采所用，繡以爲裳。”土以黄，其象方，天時變，《注》：“古人之象，無天地也。爲此記者，見時有之耳。”“鄭司農云：天時變，謂畫天隨四時色。”《疏》：“此乃六色之外，别增此天地二物於衣。鄭云：古人之象，無天地也者，此據《虞書》日月以下，不言天地。天無形體，當畫四時之色，以象天也。若然畫土當以象地色也。”火以圜，《注》：“鄭司農云：爲圜形似火也。玄謂形如半環然，在裳。”《疏》曰：“此亦與先鄭不别，增成之耳。孔安國以爲火字也。”山以章，《注》：“章讀爲獐。獐，山物也，在衣。”水以龍，《注》：“龍，水物，在衣。”《疏》：“馬氏以爲畫山者，并畫獐。畫水者，并畫龍。鄭即以獐表山，以龍見水。”鳥獸蛇，《注》：“所謂華蟲也，在衣，蟲之毛鱗有文采者。”《疏》：“《虞書》有十二章，於此惟言四章，又兼言天地而不云日月星藻與宗彝者，記人之言略説之耳。”雜四時五色之位以章之，謂之巧。《注》：“章，明也。繢繡皆用五采鮮明之。”《疏》：“上有六色，此言五者，下别言素功。或可玄黑共説也。”凡畫繢之事，後素功。”《注》：“素，白采也。後布之，爲其易漬汙也。”〇《聘禮記》：“公侯伯繅藉三采，朱、白、蒼。聘臣繅皆二采，朱、緑。”《弁師注》：“三采，朱、白、蒼也。”《左》桓二年《疏》：“凡言五采者，皆謂玄、黄、朱、白、蒼，三采朱、白、蒼，二采朱、緑。”《玉藻》：“衣正色，裳間色。”《注》：“謂冕服玄上纁下。”《疏》：“皇氏云：正謂青赤黄白黑，五方正色也。不正謂五方間色也，緑紅碧紫騮黄是也。青是東方正，緑是東方間。東爲木，木色青，木刻土，土黄，并以所刻爲間，或緑色青黄也。朱是南方正，紅是南方間。南爲火，火赤，刻金，金白，故紅色赤白也。白是西方正，碧是西方間。西爲金，金白，刻木，故碧色青白也。黑是北方正，紫是北方間。北方水，水色黑，水刻火，火赤，故紫色赤黑也。黄是中央正,騮黄是中央間。中央爲土,土刻水,水黑,故騮黄之色黄黑也。"《左》桓二年:"五色比象,昭其物也。"《疏》:"《考工記》云:畫繢之事雜五色:東青,南赤,西白,北黑,天玄,地黄,是其比象天地四方也。比象有六,而言五者,玄在赤黑之間,非别色也。昭二十五年《傳》云:九文六采,言采色有六,故注以天地四方六事當之。五行之色爲五色,加天色則爲六,故五色六采,互相見也。"○《月令正義》:"春云載青旂,衣青衣,服蒼玉。青深而蒼淺,旂與衣人功所爲,不可淺深異色,故同用青也。玉是自然之色,不可純青,故用蒼之淺色。夏云載赤旂,衣朱衣,服赤玉。與春不類者,亦以朱深而赤淺,旂可用淺,衣必用深,故衣旂異色。赤玉與蒼玉同,俱是其色淺也。冬云載玄旂,衣黑衣,服玄玉者,亦以黑深而玄淺,旂用淺色,故其色玄,衣用深色,故其色黑,與夏同也。"義疏家言此等處,極穿鑿可笑。

《書》曰:"予欲觀古人之象。"《疏》曰:"《易辭》云:黄帝、堯、舜垂衣裳而天下治,象物制服。蓋因黄帝以還,未知何代而具采章。舜言已欲觀古,知在舜之前耳。"案,染色之起原必甚古,特古人用之,不如後世之多,故三代時所存古制,多是白色也。貴正色,賤間色,正見其染術之未精。後世染術之精,則正是間色益多耳。

《日知録》"白衣"條曰:"白衣者,庶人之服,然有以處士而稱之者。《風俗通》:舜、禹本以白衣,砥行顯名,升爲天子。《史記·儒林傳》:公孫弘以《春秋》,白衣爲天子三公。《後漢書·崔駰傳》:憲諫,以爲不宜與白衣會。《孔融傳》:與白衣禰衡,跌蕩放言。《晉書·閻纘傳》:薦白衣南安朱冲,可爲太孫師傅。《胡奮傳》:宣帝之伐遼東,以白衣侍從左右是也。有以庶人在官而稱之者,《漢書·兩龔傳》:聞之白衣。師古曰:白衣,給官府趨走賤人,若今諸司亭長掌固之屬。蘇伯玉妻《盤中詩》:吏人婦,會夫希。出門望,見白衣。謂當是,而更非。《續晉陽秋》:陶潛九月九日無酒,於宅邊菊叢中坐,望見白衣人,乃王宏送酒是也。人主左右,亦有白衣。《南史·恩倖傳》:宋孝武選白衣左右百八十人。《魏書·恩倖傳》:趙修給事東宫,爲白衣左右。茹皓充高祖白衣左右。"又曰:"唐李泌在肅宗時,不受官。帝每與泌出,軍人環指之曰:衣黄者,聖人也。衣白者,山人也。則天子前不禁白。《清波雜志》言:前此仕族子弟,未受官者,皆衣白。今非跨馬及弔慰，不敢用。”又曰：“白衣但官府之役耳，若侍衛則不然。《史記・趙世家》：願得補黑衣之缺，以衛王宫。《漢書・谷永傳》：擢之皂衣之吏。”又曰：“《詩》：麻衣如雪。鄭氏曰：麻衣，深衣也，古時未有棉布，凡布皆麻爲之。《記》曰：治其麻絲，以爲布帛是也。原《注》：“杜子美詩：麻鞋見天子。”然則深衣亦用白。”案《宋書・輿服志》：國子太學生服單衣以爲朝服。《唐書・車服志》：國子太學四門生俊士参見，服白紗單衣。《隋書・輿服志》：隱居道素之士被召，入謁見者，白單衣，五品以上通著紫，六品以下兼用緋緑，胥吏以青，庶人以白，商以皁，士卒以黄。《通考》：太平興國七年，李昉奏：唐天成三年詔：“今後庶人工商，衹著白衣。”蓋染色初起，非人人所能爲，故爲侈靡之事，惟王公貴人用之，後遂沿以分别等級也。

程大昌《演繁露》曰：“隋制，宋、齊之間，天子宴私著白高帽，士庶以烏，太子在上省，則帽以烏紗，在永福省則白紗。隋時以白帢通爲慶弔之服，國子生亦服白紗巾也。晉著白接䍦。竇苹《酒譜》曰：接䍦，巾也。南齊桓崇祖守壽春，著白紗帽，肩輿上城。今人必以爲怪，古未有以白色爲忌也。郭林宗遇雨墊巾，李賢注云：周遷《輿服雜事》曰：巾以葛爲之，形如帢，本居士野人所服。魏武造帢，其巾乃廢。今國子學生服焉，以白紗爲之，是其制皆不忌白也。《樂府・白紵歌》曰：質如輕雲色如銀，製以爲袍餘作巾，袍以先驅巾拂塵。吴兢《樂府要解》：按舊史，白紵，吴地所出，則誠今之白紵。《列子》所謂阿錫而西子之舞，所謂白紵紛紛鶴翎亂者是也。今世人麗粧，必不肯以白紵爲衣，古今之變，不同如此。《唐六典》：天子服有白紗帽，其下服如裙襦襪，皆以白，視朝聽訟，燕見賓客，皆以進御，則猶存古制也。然其下注云：亦用烏紗，則知古制雖存，未必肯用，多以烏紗代之，則習見忌白久矣。世傳《明皇幸蜀圖》，山谷間老叟出望駕，有著白巾者。釋者曰：服諸葛武侯也。此不知古人不忌白也。”讀此，可知厭白色，尚采色，起於唐宋之間。《清波雜志》：宋乾道中，内相王曰嚴謂一堂環坐，皆成素，極可憎，乞仍存紫衫。〇唐制，新進士皆白袍，故有“袍似爛銀”之句。又，薛仁貴著白衣自標顯，帝望見，問先鋒：白衣者誰？則戎服亦白也。王士禛《香祖筆記》謂秦俗尚白，民間遇元旦賀壽吉慶事，輒麻巾素衣以往，余所經歷西安、鳳翔、漢中諸府皆然。則近代亦有之，但罕耳。

古人通服白色之衣，喪服則以精粗爲序，不以色也，惟素服色白。《左》昭十七年《疏》曰："古之素服，禮無明文，蓋像朝服而用素爲之，如今之單衣也。"《詩·素冠》："庶見素冠兮。"《毛傳》："素冠，練冠也。"《箋》曰："喪禮既祥，祭而縞冠素紕。"《疏》曰："鄭以練冠者，練布爲之，而經傳之言素者，皆謂白絹，未有以布爲素者，則知素冠非練也。"《東山》疏曰："素服於凶事爲吉，於吉事爲凶，非喪服也。"案《玉藻》："年不順成，則天子素服。"《曲禮》："大夫、士去國，素衣、素冠、素裳。"《郊特牲》曰："皮弁素服而祭。素服，以送終也。"《周官·司服》："大札、大荒、大裁素服。"孟明喪師，荆軻入秦，古人皆素服送迎，蓋王公大人服有章采，故服白色即爲素也。《玉藻》之"天子素服"，《疏》謂與下"君衣布"爲互文，則亦未嘗不可用布，特與喪服是兩事耳。《士冠禮》："將冠者采衣。"《注》："采衣，未冠者所服。《玉藻》曰：童子之節也，緇布衣，錦緣，錦紳并紐，錦束髮，皆朱錦也。"則古童子特尚華飾，亦與後世同。

《陔餘叢考》"眼鏡"條曰："古未有眼鏡，至有明始有之，本來自西域。張靖之《方州雜録》云：向在京師，於指揮胡豅寓，見其父宗伯公所得宣廟賜物，如錢大者二，形色絶似雲母石，而質甚薄，以金相輪廓而紐之，合則爲一，歧則爲二，如市中等子匣。老人目昏不辨細書，張此物加於雙目，字明大加倍。近又於孫景章参政處，見一具，試之復然。景章云：以良馬易於西域賈胡，其名曰僾逮。又郎瑛云：少嘗聞貴人有眼鏡，老年人可用以觀書，予疑即《文選》中玉珧之類。及霍子麒送一枚來，質如白琉璃，大如錢，紅骨鑲，二片可開合而摺叠之。問所從來，則曰：甘肅番人貢至而得者。豐南禺曰：乃活車渠之珠，須養之懷中，勿令乾，然後可。予得之二十年無用云。瑛，嘉靖時人，是知嘉靖時尚罕見也。吴瓠菴集中，有《謝屠公餽眼鏡詩》。吕藍衍亦記明提學潮陽林某始得一具，每目力倦，以之掩目，能辨細書。其來自番舶滿加剌國賈胡，名曰靉靆云。則此物在前明極爲貴重，或頒自内府，或購之賈胡，非有力者不能得，今則徧天下矣。蓋本來自外洋，皆玻瓈所製，後廣東人倣其式，以水精製成，乃更出其上也。劉跂《暇日記》：史沆斷獄，取水精十數種以入，初不喻，既而知案牘故暗者，以水晶承日照之則見。是宋時已知水晶能照物，但未知作鏡耳。”眼鏡雖非衣服，然殊切於用，故附於此。又摺扇亦始宋，蓋自日本輸入，亦見《陔餘叢考》。

# 第六章　宫　室

宫室之作，其在五帝之世乎？《爾雅·釋宫疏》："《白虎通》云：黄帝作宫室。《世本》曰：禹作宫室。"《禮運》曰："昔者先王未有宫室，冬則居營窟，夏則居橧巢。"《注》："寒則累土，暑則聚柴薪居其上。"阮氏校勘記云："考文引古本足利本，橧作櫓。洪頤煊《九經古義補》云：按《太平御覽》五十五引作櫓。《家語·問禮篇》亦作櫓。劉熙《釋名》云：櫓，露也。露上無屋覆也。《左傳》：楚子登巢車以望晉軍。杜《注》云：巢車車上加櫓。孔氏《正義》引《説文》云：轈，兵高車加巢以望敵也。櫓，澤中守草樓也。巢與櫓皆樓之别名。今本作橧，傳寫之誤。"案，《經典釋文》釋居橧云"本又作增"，則由來已久。鄭《注》："累土"正增字之義，似未必今本誤也。《易·繫辭傳》曰："上古穴居而野處，後世聖人易之以宫室，上棟下宇，以待風雨。"《詩》曰："古公亶父陶復陶穴。"《傳》："陶其土而復之，陶其壤而穴之。"《箋》："復者，復於土上鑿地曰穴，皆如陶然。"《月令》："其祀中霤。"《注》："中霤，猶中室也。土主中央而神在室。古者複穴，是以名室爲霤云。"《疏》："複穴者，謂窟居也。古者窟居，隨地而造，若平地則不鑿，但累土爲之。謂之爲複，言於地上重復爲之也。若高地則鑿爲坎，謂之爲穴。其形皆如陶竈，故《詩》云陶復陶穴是也，故毛云陶其土而復之，陶其壤而穴之。鄭云：復者，復於土上鑿地曰穴，皆如陶然。故庾蔚云：複謂地上累土爲之，穴則穿地也，復穴皆開其上取明，故雨霤之，是以後因名室爲中霤也。"案，《詩》疏不甚清晰，故今引《禮疏》似明之。《孟子》曰："下者爲巢，上者爲營窟。"《墨子》曰："古者人之始生，未有宫室之時，因陵丘堀穴而處焉。聖王慮之，以爲堀穴，曰冬可以辟風寒，逮夏下潤溼，上熏烝，恐傷民之氣，於是作爲宫室而利。"《節用中》。又《辭過》："子墨子曰：古之民未知爲宫室時，就陵阜而居，穴而處，下潤溼傷民，故聖王作爲宫室。"案，"穴而處"，疑當作堀穴而處。《吕覽》引"子華子曰：丘陵成而穴者安矣"。先已注"穴而居之"。《淮南·本經》曰："昔容成氏之時，道路雁行列處，託嬰兒於巢上，置餘糧於畝首。舜之時，共工振滔水以薄空桑，龍門未開，吕梁未鑿，江淮流通，四海溟涬，民皆上丘陵，赴樹木。”又曰：“逮至衰世，構木爲臺，積壤而丘處。”《氾論》曰：“古者民澤處復穴，《注》：“復穴，重窟也。一説穴毁隄防，崖岸之中，以爲窟室。”冬日則不勝霜雪霧露，夏日則不勝暑蟄蚉䖟。聖人作，爲之築土構木，以爲宫室，上棟下宇，以蔽風雨，以避寒暑，而百姓安之。”《修務》云：“舜作室，築墻茨屋，辟地樹穀，令民皆知去巖穴，各有家室。”所述皆最古之情形也。觀此知未有宫室之先，古人居處凡有三法：構木爲巢一也，掘地成穴二也，復土使高三也。構木之先，蓋猱升樹木之頂。陶復陶穴之先，則因乎自然之丘陵。窟穴聚柴薪而居其上，所以避下濕。此築土爲壇之基，《管子·五輔》：“辟田疇，利壇宅。”《注》：“壇，堂基。”復穴皆開其上以取明，則窗之所自始也。茨屋者，法樹之枝葉覆蔽也。棟梁，法樹之枝幹交互也。築墻，取法乎崖岸之壁立也。《左》襄三十年：“鄭伯有耆酒，爲窟室《注》：“窟室，地室。”而夜飲酒擊鐘焉。朝至未已。朝者曰：公焉在？其人曰：吾公在壑谷。”吴公子光之弑王僚也，“伏甲於堀室而享王”，《注》：“堀地爲室。”又“僞足疾入於堀室”。《左》昭二十七年。則陶穴之制，春秋時猶有存者矣。窖地藏粟，亦穴居之遺制。《吕覽·召類》曰：“明堂茅茨蒿柱，土階三等，以見節儉。”《注》曰：“茅可覆屋，蒿非柱任也，雖云節儉，實所未聞。”不知此因樹爲屋，實巢居之遺制也。此不僅開其上以取明，故堂以明稱矣。《考工記·匠人疏》引《孝經緯》援《神契》曰：“得陽氣明朗，謂之明堂。”《左》桓二年，臧僖伯曰：“清廟茅屋，昭其儉也。”《大戴記》曰：“周時德澤洽和，蒿茂大，以爲宫柱，名蒿宫。”亦以後世事疑古制而强爲之説也。見《盛德篇》。

近人有神權時代天子居山説，案丘，《説文》古文作𡱂，説解曰：“一曰四方高中央下爲丘，象形。”又曰：“虚，大丘也。”古四邑爲虚。《易·升》九三：“升虚邑。”《詩·鄘風》：“升彼虚矣。”即所謂某某氏之墟，亦即所謂某某氏之丘耳。後世建國，必因山險，蓋其遺制。然予謂此制尚稍在後，其初蓋居沼澤之中央，藉水以爲固，故州洲同字，明堂亦四面環水也。後世築邑平地，四面爲溝以繞之，蓋亦其遺制。至能居於平野，則必在不畏毒蟲猛獸之時，必又在其後矣。

古代地廣人稀，立國之始，皆不啻於曠野之中擇地而處之，故其規畫易有法度。《王制》曰："司空執度度地，《注》："度，丈尺也。"居民山川沮澤，時四時，《注》："觀寒煖燥溼。"量地遠近，《注》："制邑井之處。"興事任力。"《注》："事謂築邑廬宿市也。"《管子·乘馬》云："凡立國都，非於大山之下，必於廣川之上。高毋近旱，而水用足，下毋近水，而溝防省。因天材，就地利，故城郭不必中規矩，道路不必中準繩。"《管子·八觀》又曰："凡田野萬家之衆，可食之地，方五十里，可以爲足矣。萬家以下，則就山澤可矣。萬家以上，則去山澤可矣。彼野悉辟而民無積者，國地小而食地淺也。田半墾而民有餘食而粟米多者，國地大而食地博也。""國城大而田野淺狹者，其野不足以養其民。城域大而人民寡者，其民不足以守其城。宮營大而室屋寡者，其室不足以實其宮。室屋衆而人徒寡者，其人不足以處其室。"《周官》：量人"掌建國之法，以分國爲九州，營國城郭，營后宮，量市朝道巷門渠，造都邑亦如之"。案，此所謂"分國爲九州"者，謂分一國之內爲九州也。《考工記·匠人》云："九分其國，以爲九分，九卿治之。"亦指一國之內。鄭《注》云："分國，定天下之國分也。"其注《匠人》則云："九分其國，分國之職也。"俱非。皆其事也。

"《書傳》云：古者百里之國，九里之城；七十里之國，五里之城；五十里之國，三里之城。《注》云：玄或疑焉。《周禮》匠人營國，方九里，謂天子之城。今大國九里，則與之同。然則大國七里之城，次國五里之城，小國三里之城爲近耳。或者天子實十二里之城，諸侯大國九里，次國七里，小國五里。"《詩·文王有聲疏》。鄭《異義駁》主前說，其注《詩》、《禮·坊記》、《周官·典命》則主後說。焦氏循曰："《周書·作雒篇》作大邑成周於土中，城方千六百二十丈，計每五步得三丈，每百八十丈得一里，以九乘之，千六百二十丈，與《考工記》九里正合，則謂天子之城九里者是也。《左氏》祭仲諫鄭莊公云：都城過百雉，國之害也。大都不過參國之一，中五之一，小九之一。百雉方一里三分里之二，三乘之，爲方五里。在鄭言鄭侯伯之城方五里也。中五之一，方一里。小九之一，方百六十六步有奇。"《羣經宫室圖》。

城之墻曰墉，《爾雅·釋宫》："墻謂之墉。"《疏》："亦爲城。《王制注》云：小城曰附庸。《大雅·皇矣》云：以伐崇墉，義得兩通也。"又於城上爲垣，於其中睥睨非常，是曰陴，亦曰堞，亦曰女墻。《説文》："陴，城上女墻，俾倪也。"又曰："堞，女墻也。"《釋名》："城上垣曰睥睨，言於其中睥睨非常也。亦曰陴。陴，俾也，言俾助城之高也。亦曰女墻，言卑小比之於城，若女子之於丈夫也。"門外有曲城，謂之闉。《詩·鄭風》："出其闉闍。"《毛傳》："闉，曲城也。"《説文》："闉，城内重門也。"《詩疏》云："闉是門外之城，即今之門外曲城是也。"其上有臺曰闍。《詩·鄭風》："出其闉闍。"《毛傳》："闍，城臺也。"《爾雅·釋宫》："闍謂之臺。"四角爲屏以障城，是曰城隅。《考工記》："王宫門阿之制五雉，宫隅之制七雉，城隅之制九雉。門阿之制，以爲都城之制。宫隅之制，以爲諸侯之城制。"《注》："阿，棟也。宫隅城隅，謂角浮思也。雉長三丈，高一丈，度高以高，度廣以廣。都四百里，外距五百里，王子弟所封。其城隅高五丈，宫隅門阿皆三丈。諸侯，畿以外也，其城隅制高七丈，宫隅門阿皆五丈。"《疏》："漢時云：東闕浮思災。言災，則浮思者，小樓也。按《明堂位》云，《疏》屏《注》亦云，今浮思也，刻之爲雲氣蟲獸，如今闕上爲之矣。則門屏亦有屋覆之，與城隅及闕皆有浮思，刻畫爲雲氣并蟲獸者也。""按《異義·古周禮説》云：天子城高七雉，隅高九雉。公之城高五雉，隅高七雉。侯伯之城高三雉，隅高五雉，都城之高，皆如子男之城高。"焦氏曰："浮思，《廣雅》、《釋名》、《古今注》皆訓爲門外之屏。城之四角，爲屏以障城。城角隱僻，恐奸宄踰越，故加高耳。《詩·邶風静女》：俟我於城隅。《傳》云：城隅以言高不可踰。《箋》云：自防如城隅。皆明白可證。《疏》據漢時浮思災，以城隅爲小樓，非也。《古今注》謂罘罳合板爲之，則屏自可災。"《公羊》定公十二年《解詁》曰："天子周城，諸侯軒城。軒城者，缺南面以受過也。"《説文》𩫏部："𩫖，古者城闕其南方。"焦氏曰："此蓋王宫之制，天子周城，故有皋門。諸侯外朝南無門，即無垣墉，故曰闕其南方也。"

《詩·鴻雁》："之子于垣，百堵皆作。"毛《傳》："一丈爲版，五版爲堵。"鄭《箋》："《春秋傳》曰：五版爲堵，五堵爲雉，雉長三丈，則版六尺。"《疏》："板堵之數，經無其事。五板爲堵，五堵爲雉，定十二年《公羊傳》文也。雉長三丈，經亦無文。《古周禮》説雉高一丈，長三丈。

《韓詩》説八尺爲板，五板爲堵，五堵爲雉。何休注《公羊》取《韓詩傳》云：堵四十尺，雉二百尺，以板長八尺，接五板而爲堵，接五堵而爲雉也。二説不同，故鄭《駁異義》辨之云：《左氏傳》説鄭莊公弟段居京城，祭仲曰：都城過百雉，國之害也。先王之制，大都不過三國之一，中五之一，小九之一，今京不度，非制也。古之雉制，書傳各不得其詳。今以《左氏》説鄭伯之城方五里，積千五百步也。大都三國之一，則五百步也。五百步爲百雉，則知雉五步。五步於度長三丈，則雉長三丈也。雉之度量，於是定可知矣。是鄭計雉所據之文也。王愆期注《公羊》云：諸儒皆以爲雉長三丈，堵長一丈，疑五誤，當爲三。如是大通諸儒惟與鄭版六尺不合耳。"《左》隱元年《疏》："許慎《五經異義》：《戴禮》及《韓詩》説八尺爲板，五板爲堵，五堵爲雉。板廣二尺，積高五板爲一丈。五堵爲雉，雉長四丈。《古周禮》及《左氏》説一丈爲板，板廣二尺。五板爲堵，一堵之墻，長丈高丈。三堵爲雉，一雉之墻，長三丈，高一丈。以度其長者用其長，以度其高者用其高也。""賈逵、馬融、鄭玄、王肅之徒爲古學者，皆云雉長三丈，故杜依用之。"○《書傳》云："雉長三丈，度高以高，度長以長。"見《匠人疏》。○焦氏云："何休以累八尺者五之，故以堵爲四丈。又，累四丈者五之而爲雉，故雉長二十丈。百雉長二千丈，二千丈得十一里三分里之二，制且大於王城。"

《考工記・匠人》云："左祖右社，面朝後市。"《注》："王宮所居也。"則皆在宮中也。又："内有九室，九嬪居之；外有九室，九卿朝焉。"外九室當在治朝，内九室在内宮之朝也。天子諸侯皆三朝。天子宮之南曰皋門，諸侯曰庫門。庫門之内爲外朝，九棘三槐在焉。其地爲萬民所可至，故《周官・朝士》曰："凡得獲貨賄人民六畜者，委於朝，告於士，旬而舉之。"《晉語》曰"絳之富商韋藩木楗而過於朝"也。其内爲應門，諸侯曰雉門，雉門之内爲治朝，"羣臣治事之朝"也。《周官・大宰注》。"其位司士掌焉，宰夫察其不如儀。"《周官・宰夫注》。又其内爲路門，路門之内曰燕朝，燕朝之後爲六寢，六寢之後爲六宮，六寢之後六宮之前爲内宮之朝，内九室在焉。《周官・天官》：宮人"掌王之六寢之修。"《注》云："路寢一，小寢五。"《内宰》："以陰禮教六宮。"鄭司農云："後五前一。"後鄭云："婦人稱寢曰宮，宮隱蔽之，言后象王立六宮居之。亦正寢一，燕寢五。"其外則爲官府次舍。《周官・宫正》："以時比宫中之官府，次舍之衆寡。"《注》："官府之在宫中者，若膳夫、玉府、内宰、内史之屬，次諸史直宿，若今部署諸廬者，舍其所居寺。"《宫伯》："授八次八舍之職。"《注》："衛王宫者，必居四角四中，於徼候便也。次謂宿衛所在，舍休沐之處。"○《周官・閽人注》："鄭司農云：王有五門，外曰皋門，二曰雉門，三曰庫門，四曰應門，五曰路門。路門一曰畢門，玄謂雉門三門也。"《禮記・明堂位》："庫門，天子皐門；雉門，天子應門。"《注》："言廟及門如天子之制也。天子五門，皐、庫、雉、應、路。魯有庫、雉、路，則諸侯三門與。"清戴震謂天子亦三門，焦循《羣經宫室圖》從之。

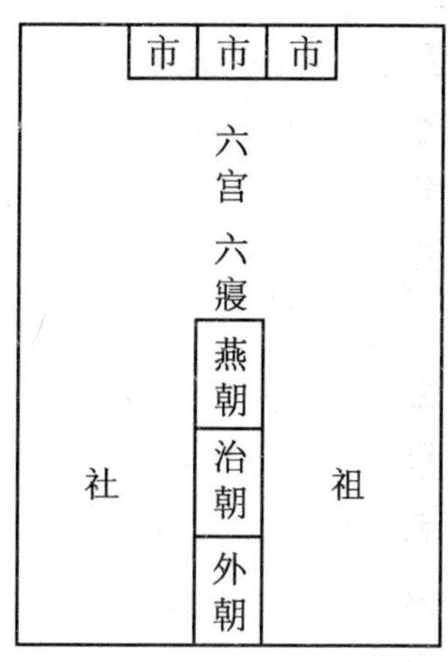


闕在應門之兩旁，即觀也。亦曰象魏，爲懸法之地。《天官冢宰》："正月之吉，縣治象之法於象魏。"鄭司農云："象魏，闕也。"《左》哀三年，司鐸火，季桓子御公立於象魏之外。命藏象魏，曰："舊章不可亡也。"《公羊》昭二十五年："子家駒曰：設兩觀，乘大路，天子之禮也。"《解詁》："禮，天子諸侯臺門，天子外闕兩觀，諸侯内闕一觀。"《禮記・禮器》曰："天子諸侯臺門。"《注》："闍者謂之臺。"《疏》："兩邊築闍爲基，上起屋曰臺門。"《郊特牲》："臺門而旅樹，大夫之僭禮也。"《疏》："兩邊起土爲臺，臺上架屋曰臺門。"故乘之可以眺遠。《禮運》："昔者仲尼與於蜡賓，事畢，出遊於觀之上。"《左》定三年："邾子在門臺，臨庭。""家不臺門"，《禮器》。而城亦有之。《詩・鄭風》："佻兮達兮，在城闕兮。"《正義》："《釋宫》云：觀謂之闕。孫炎曰：宫門雙闕，舊章懸焉。使民觀之，因謂之觀。如《爾雅》之文，則闕是人君宫門，非城之所有。且宫門觀闕，不宜乘之候望。此言在城闕焉，謂城之上别有闕，非宫闕也。"塾在路門之側，即門闈之學。《爾雅》："門側之堂謂之塾。"《考工記》："門堂三之二。"《注》："門堂，門側之堂。"《學記》："古之教者，家有塾。"《正義》："《周禮》百里之内，二十五家爲閭，同共一巷。巷首有門，門邊有塾，謂民在家之時，朝夕出入，恒就教於塾。"按秦有閭左之戍。《後漢書・齊王縯傳》："使長安中官署及天下鄉亭，皆畫伯升象於塾，旦起射之。"則其制至秦漢時猶然矣。

《内則正義》曰："宫室之制，前有路寢，次有君燕寢，次夫人正寢。

卿大夫以下,前有適室,次有燕寢,次有適妻之寢。"《公羊》莊三十二年《解詁》曰:"天子諸侯,皆有三寢,一曰高寢,二曰路寢,三曰小寢。父居高寢,子居路寢,孫從王父母,妻從夫寢,夫人居小寢。"僖二十年,"五月乙巳,西宫災。西宫者何?小寢也。小寢則曷爲謂之西宫?有西宫則有東宫矣。魯子曰:以有西宫,亦知諸侯之有三宫也。"《解詁》:"禮,夫人居中宫,少在前,右媵居西宫,左媵居東宫,少在後。"此并與《周官》六宫六寢之説異,不可牽合也。《周官·宫人注》:"《玉藻》曰:朝,辨色始入,君日出而視朝,退適路寢聽政,使人視大夫,大夫退,然後適小寢釋服。是路寢以治事,小寢以時燕息焉。《春秋》書魯莊公薨於路寢,僖公薨於小寢,是則人君非一寢明矣。"《疏》:"言此者時有不信《周禮》,故引諸文以證之。若然所引者,皆諸侯法。天子六寢,則諸侯當三寢,亦路寢一,燕寢一,側室一。《内則》所引者是也。"《内則》:"妻將生子及月辰,居側室。"《注》:"側室謂夾之室,次燕寢也。"《疏》:"夫正寢之室在前,燕寢在後,側室又次燕寢。"《左氏》:"衛莊公取於齊東宫得臣之妹,曰莊姜。"《注》:"得臣,齊太子也。太子不敢居上位,故常處東宫。"《疏》:"四時東爲春,萬物生長在東;西爲秋,萬物成就在西,以此君在西宫,太子常處東宫也。或可據《易》象西北爲乾,乾爲君父,故君在西;東方震,震爲長男,故太子在東也。"路寢之制,前爲堂,後爲室,堂之左右爲兩夾,亦曰廂。東廂之東曰東堂,西曰西堂。室之左右爲房,其北爲北堂。《爾雅·釋宫》曰:"牖户之間謂之扆,其内謂之家,東西墻謂之序,西南隅謂之奥,《疏》:"古者爲室,户不當中而近東,則西南隅最爲深隱,故謂之奥,而祭祀及尊者常處焉。"西北隅謂之屋漏,《疏》:"孫炎云:當室之白日光所漏入。"東北隅謂之宧,《疏》:"李巡云:東北者陽,始起育養萬物,故曰宧。宧,養也。"東南隅謂之窔。"《注》:"亦隱闇。""室有東西廂曰廟,無東西廂有室曰寢。"則不獨宗廟可稱廟,故《月令》青陽、明堂、總章、玄堂,皆有太廟之稱。《公食大夫禮》:"宰夫筵出自東房。"《注》:"天子、諸侯左右房。"《疏》:"若大夫、士直有東房而已。"《詩·斯干》:"築室百堵,西南其户。"《箋》云:"此築室者,謂築燕寢也。""天子之寢,有左右房,西其户者,異於一房者之室户也。"《疏》曰:"天子之燕寢,即諸侯之路寢。""既有左右,則室在當中,故西其户者,異於一房者之室户也。大夫以下無西房,惟有一東房,故室户偏東,與房相近,此户正中,比之爲西其户矣。知大夫以下止一房者,以《鄉飲酒義》云:尊於房户之間,賓主共之。由無西房故,以房與室户之間爲中也。"又《伯兮》:"焉得諼草,言樹之背。"《傳》曰:"背,北堂也。"《疏》:"《士昏禮》云:婦洗在北堂,《有司徹》云:致爵於主婦,主婦北堂。《注》皆云：北堂，房半以北爲北堂。堂者，房室所居之地，總謂之堂。房半以北爲北堂，房半以南爲南堂也。"《士昏禮疏》曰："房與室相連爲之，房無北壁，故得北堂之名。"

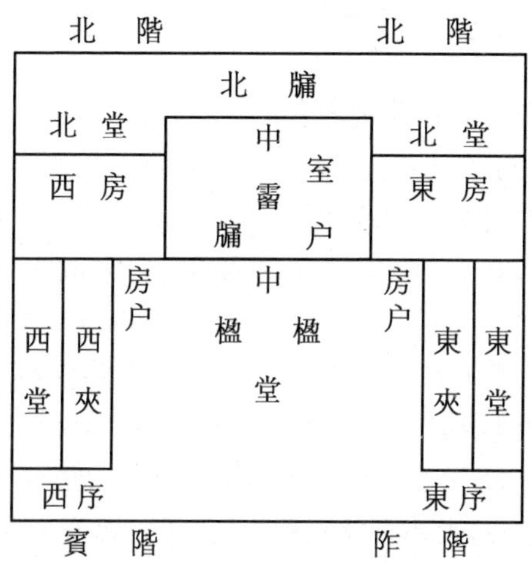


《爾雅·釋宫》曰："兩階間謂之鄉，《注》："人君南鄉當階間。"中庭之左右謂之位，《注》："羣臣之側位也。"門屏之間謂之寧，《注》："人君視朝所寧立處。"屏謂之樹。"《注》："小墻當門中。"《禮緯》曰："天子外屏，諸侯内屏，大夫以簾，士以帷。"《郊特牲疏》引，亦見《荀子大略》。《曲禮》："帷簿之外不趨。"《釋文》："帷，幔也。簿，廉也。"《爾雅·釋宫疏》曰："《郊特牲》云旅樹，鄭《注》云：旅，道也。屏謂之樹，樹所以蔽行道。以此推之，則諸侯内屏在路門之内，天子外屏在路門之外，而近應門者矣。"

《聘禮》："公揖，入每門，每曲揖。"《疏》曰："諸侯三門：臯、應、路。則應門爲中門，左宗廟，右社稷，入大門東行，即至廟門，其間得有每門者。諸侯有五廟，太祖之廟居中，二昭居東，二穆居西。廟皆别門。門外兩邊，皆有南北隔墻，隔墻中夾通門。若然祖廟已西，隔墻有三，則閤門亦有三。東行經三門，乃至太祖廟門，中則相逼，入門則相遠。是以每門皆有

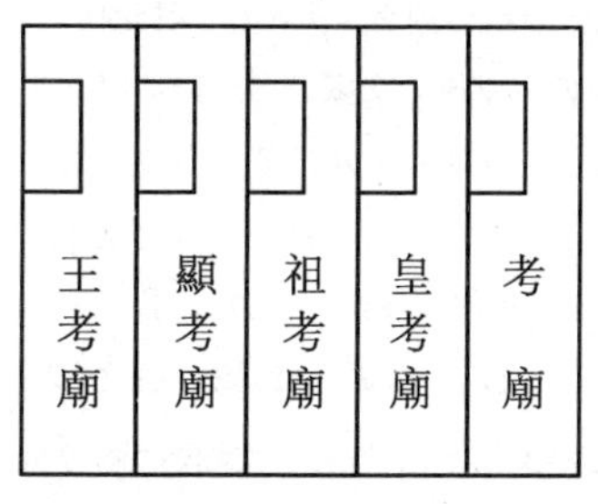

曲，有曲即相揖，故每曲揖也。”《匠人疏》：“按《祭義注》云：周尚左。桓二年，取部大鼎，納於大廟。何休云：質家右宗廟，尚親親，文家左宗廟，尚尊尊，義與此合。按劉向《别録》云：路寢在北堂之西，社稷宗廟在路寢之西。又云：左明堂辟雍，右宗廟社稷，皆不與禮合，鄭皆不從之矣。”

《爾雅・釋宫》曰：“闍謂之臺，《注》：“積土四方。”《疏》：“即下云四方而高者也。”有木者謂之榭。”《注》：“臺上起屋。”又曰：“室有東西廂曰廟，無東西廂有室曰寢，無室曰榭。《注》：“榭，今之堂堭。”《疏》：“《春秋》宣十六年夏，成周宣榭火。杜預云：宣榭，講武屋。引此文，無室曰榭，謂屋歇前，然則榭有二義，一者臺上構木曰榭，上云有木曰榭，及《月令》云可以處臺榭是也。二屋歇前無壁者名榭，其制如今廳事也。”“堂堭即今殿也，殿亦無室。”○《左》疏：“歇前者，無壁也，如今廳是也。”四方而高曰臺，陜而修曲曰樓。”《疏》：“凡臺上有屋狹長而屈曲者曰樓。”按室所以居，臺“所以觀望”，《爾雅疏》引李巡之言。榭所以講武。《楚語》：“榭不過講軍實，臺不過望氛祥。”當時建築，大率有此三種。《孟子・盡心》：“孟子之滕，館於上宫。”《注》：“上宫，樓也。孟子舍止賓客所館之樓上也。”則即以爲今之樓，似非。《漢書・郊祀志》：“濟南人公玉帶上黄帝時明堂圖。明堂中有一殿，四面無壁，以茅蓋，通水，水圜宫垣。爲復道，上有樓，從西南入，名曰昆侖。”此即《爾雅》所謂榭及樓也。

城之外爲郭，亦曰郛。郛以内爲郊，郊稱國中。其外則爲鄙，亦曰野。《齊語》：“參其國而伍其鄙。”韋昭《注》：“國，郊以内也。鄙，郊以外也。”《孟子》：“請野九一而助，國中十一使自賦。”《鄉大夫》：“國中自七尺以及六十，野自六尺以及六十有五，皆征之。”《注》：“國中，城郭中也。”《遂人》：“掌邦之野。”《注》：“郊外曰野。”以爲甸稍縣都。然則近郊遠郊爲國中，甸稍縣都爲野。遺人掌郊里之委積，野鄙之委積，縣都之委積，則野者亦遂之名也。《公羊》桓公十一年：“古者鄭國處於留，先鄭伯有善于鄶公者，通乎夫人，以取其國而遷鄭焉，而野留。”《解詁》：“野，鄙也。”鄭注《周官・大司徒》引此作“遷鄭焉而鄙留。”則野鄙一義也。○《小司徒》：“稽國中及四郊都鄙之夫家。”《載師》：“以廛里任國中之地。”《質人》：“國中一旬，郊二旬，野三旬。”此城中曰國，城外曰郊。○《左》襄二十六年：“衛人侵戚東鄙，晉戍茅氏。”是大夫采地有鄙也。襄十五年：“齊侯圍成，於是乎城成郛。”昭二十五年，楚子“使熊相禖郭巢，季然郭卷。”定八年：“公侵齊，攻廩丘之郛。”哀三年：“趙鞅圍朝歌，荀寅伐其郛。”四年：“城西郭。”十年，晉伐齊，“取犁及轅，毁高唐之郭。”此皆野鄙中采邑之郭也。郭門即郊門。《費誓序》：“東郊不開。”《疏》：“諸侯之制於郊有門。"《孟子》:"臣聞郊關之内。"趙《注》:"齊四境之郊皆有關。"《疏》:"蓋四郊之門也。"鄭注《月令》:九門:路門也,應門也,雉門也,庫門也,皐門也,城門也,近郊門也,遠郊門也,關門也。言郊門而不言郭門,則鄭固以郊門爲郭門,但謂郊門有二。《左》莊二十八年:"子元以車六百乘伐鄭,入於桔柣之門。衆車入自純門,及逵市。縣門不發,楚言而出。"杜《注》:"桔柣,鄭遠郊之門也。純門,鄭外郭門也。"蓋以近郊門爲郭門,實則郊之名分遠近,而郛處其中,謂之郊門,郊非别有門也。純門、桔柣之門,皆鄭南郭門,於楚爲近,故楚之伐鄭,或入純門,或入桔柣之門耳。郊門爲郛,郛外爲鄙,春秋之例,曰侵某鄙、伐某鄙者,皆未入郭也。入郭則曰入某郛,入城則直曰入,不聞有入遠郊門之例也。更其外則有關。《地官·司關》:"每關下士二人。"《注》:"關,界上之門。"《儀禮·聘禮》:"賓及竟,乃謁關人。"郭依山川爲之,非如城四面有垣,《周書·作雒解》:"作大邑成周於土中,城方千六百二十丈,郛方七十二里,南繫於雒水,北因於郟山,以爲天下之大湊。"孔晁《注》:"郛,郭也。繫、因,皆連接也。"關亦然,故其所在不必真爲兩國之界。《左》昭二十二年:"王師敗績於前城。"服虔云:"即泉戎,地在伊闕南。"定六年,鄭伐闕外。杜預注:闕外,周邑,蓄伊闕外之邑。然則周以伊闕險隘設關,謂之闕塞。闕塞之外,未嘗無邑也。成二年,齊侯入徐關。十七年,高弱叛盧,慶克圍之。國佐殺克,以穀叛。齊侯與之盟於徐關。是齊關外尚有盧、穀等邑。昭五年,孟仲之子殺豎牛於塞關之外。此齊魯分界之關,關外即齊。若襄十七年:"齊侯伐我北鄙,圍桃。高厚圍臧紇於防。師自陽關逆臧孫,至於旅松。"則桃與防皆在陽關外也。秦始皇築長城,蓋郭制,故其功易成,關則設險之始也。此節據《羣經宫室圖》。

古今聚訟紛如者,莫如明堂。而近代王静菴因此而發明古代宫室之通制,此實今人明於進化之理,故其所見能突過古人也。今節録王氏所撰《明堂廟寢通考》如下:

> 宫室惡乎始乎?《易傳》曰:上古穴居而野處,後世聖人易之以宫室。穴居者,穿土而居其中,野處則復土於地而居之,《詩》所謂"陶復陶穴"者是也。《説文》:寝,地室也。常是之時,唯有室而已,而堂與房無有也。初爲宫室時亦然。故室者,宫室之始也。後世彌文而擴其外而爲堂,擴其旁而爲房,或更擴堂之左右而爲箱、爲夾、爲个,三者異名同實。然堂後及左右房間之正室,必名之曰室。此名之不可易者也。故通言之,則宫謂之室,室謂之宫;析言之,則所謂室者,必指堂後之正室,而堂也、房也、箱也,

均不得蒙此名也。

我國家族之制古矣，一家之中，有父子，有兄弟，而父子兄弟又各有其匹偶焉。即就一男子言，而其貴者，有一妻焉，有若干妾焉。一家之人，斷非一室所能容，而堂與房又非可居之地也。故穴居野處時，其情狀余不敢知。其既爲宫室也，必使一家之人，所居之室，相距至近，而後情足以相親焉，功足以相助焉。然欲諸室相接，非四阿之屋不可。四阿者，四棟也。爲四棟之屋，使其堂各向東西南北於外，則四堂後之四室，亦自向東西南北而凑於中庭矣。此置室最近之法，最利於用，而亦足以爲觀美。明堂、辟雍、宗廟、大小寢之制，皆不外由此而擴大之、緣飾之者也。

明堂之制，本有四屋、四堂相背於外，其左右各有个，故亦可謂之十二堂。堂後四室相對於内，中央有太室，是爲五室。太室之上爲圓屋以覆之，而出於四屋之上，是爲重屋。其中除太室爲明堂、宗廟特制外，餘皆與尋常宫室無異。其五室四堂，四旁兩夾，四阿重屋，皆出於其制度之自然。不然則雖使巧匠爲之，或煩碎而失宜，或宏侈而無當，而其堂與室終不免窮於位置矣。

四堂四室，兩兩對峙，則其中有廣庭焉。庭之形正方，其廣袤實與一堂之廣相等。《左氏傳》所謂埋璧於太室之庭，《史記·封禪書》載申公之言曰：黄帝接萬靈明庭，蓋均謂此庭也。此庭之上，有圓屋以覆之，故謂之太室。太室者，以居四室之中，又比四室絶大，故得此名。太者，大也。其在《月令》則謂之太廟太室。此太廟者，非中央别有一廟，即青陽、明堂、總章、玄堂之四太廟也。太廟之太，對左右个而言；太室之太，對四室而言。太室居四堂四室之中，故他物之在中央者，或用以爲名。嵩高在五嶽之中，故古謂之太室，即以明堂太室之名名之也。

古之燕寢，有東宫，有西宫，有南宫，有北宫。其南宫之室謂之適室，士以下無正寢，即以燕寢之南宫爲正寢。北宫之室謂之下室，東西宫之室則謂之側室。四宫相背於外，四室相對於内，與明堂、宗廟同制，其所異者，唯無太室耳。何以言之？《公羊》僖二十年《傳》：西宫災。西宫者，小寢也。小寢則曷謂之西宫？有西宫則有東宫矣。魯子曰：以有西宫，亦知諸侯之有三宫也。何休注：禮，夫人居中宫，少在前，右媵居西宫，左媵居東宫，少在後。然《喪服傳》言：大夫、士、庶人之通制，乃有四宫。《傳》曰：昆弟之義無分，故有東宫，有西宫，有南宫，有北宫，異居而同財。諸侯三宫，每宫當有相對之四屋。至士、庶人四宫，當即此相對之四屋之名。《内則》所謂自命士以上，父子皆異宫，殆謂是也。《士喪禮》云：死于適室。又云：朔月若薦新，則不饋于下室。《喪大記》：大夫世婦卒於適寢，内子未命，則死於下室，遷尸於寢。此適室、下室兩兩對舉，則適室、下室爲南北相對之室矣。適室、下室苟爲南北相對之室，則側室當爲東西相對之室。《内則》：妻將生子及月辰，居側室是也。又云：庶人無側室者，及月辰，夫出居羣室，羣室，當謂門塾之室。則或以東西宫之室，爲昆弟所居，或以僅有南鄉一屋而已。

然則燕寢南北東西四宫，何以知其非各爲一宫，而必爲相對之四屋乎？曰以古宫室之中霤知之也。中霤一語，自來注家皆失其解。《釋名》：室中央曰中霤。古者寝穴後室之霤，當今之棟下直室之中。鄭注《月令》亦曰：中霤，猶中室也。古者複穴，是以名室爲霤云。《正義》引庾蔚之云：復穴皆開其上取明，故雨霤之，是以後因名室爲中霤。鄭又云：祀中霤之禮，主設於牖下。《正義》以此爲鄭引《逸中霤禮》文。《正義》申之曰：開牖象霤，故設主於牖下也。余謂復穴雨霤，其理難通，開牖象霤，義尤迂曲。其實中霤者，對東西南北四霤言之，而非四屋相對之宫室，不能兼有東西南北四霤及中霤也。案《燕禮》：設洗當東霤。鄭《注》：當東霤者，人君爲殿屋也。《正義》云：漢時殿屋四向注水，故引漢以況周。《鄉飲酒禮》：磬階間縮霤，北面鼓之，此南霤也。凡四注屋有東西南北四霤，兩下屋有南北二霤，而皆不能有中霤。今若四屋相對，如明堂之制，則無論其爲四注屋或兩下屋，凡在東者皆可謂之東霤，在西者均可謂之西霤，南北放此。若夫南屋之北霤，北屋之南霤，東屋之西霤，西屋之東霤，將何以名之哉？雖欲不謂之中霤，不可得也。其地在宫室之中，爲一家之要地，故曰家主中霤而國主社。然則此説於古有徵乎？曰有。《檀弓》曰：掘中霤而浴，毁竈以綴足，殷道也，學者行之。案《士喪禮》，浴時甸人掘坎于階間，少西，巾柶鬈蚤埋于坎。周人所掘既在階間，則殷人所掘之中霤必在室外，而不在室内矣。《説文·广部》：廇，中庭也。按古文但有廷字，後世加广作庭，義則無異。

明堂圖

<table>
<tr><td></td><td>左个</td><td>玄堂太廟</td><td>右个</td><td></td></tr>
<tr><td></td><td>房</td><td>室</td><td>房</td><td></td></tr>
<tr><td>右个</td><td>房</td><td rowspan="3">太室</td><td>房</td><td>左个</td></tr>
<tr><td>總章太廟</td><td>室</td><td>室</td><td>青陽太廟</td></tr>
<tr><td>左个</td><td>房</td><td>房</td><td>右个</td></tr>
<tr><td></td><td>房</td><td>室</td><td>房</td><td></td></tr>
<tr><td></td><td>右个</td><td>明堂太廟</td><td>左个</td><td></td></tr>
</table>

古書所言宫室之制，皆前堂而後室，與今人屋室不同。《漢書·晁錯傳》言："臣聞古之徙遠方以實廣虚也，先爲築室，家有一堂二内，門户之閉。"張晏曰："二内，二房也。"此則與今人之居室同。《史記·孔子世家》："故所居堂弟子内，後世因廟藏孔子衣冠琴車書。"蓋改一堂二内之室爲廟寢之制也，疑古平民之居皆如是。

《儒行》曰："儒有一畝之宫，環堵之室，篳門圭窬，蓬户甕牖。"《注》："五版爲堵，五堵爲雉。篳門，荆竹織門也。圭窬，門旁窬也，穿墻爲之如圭矣。"《疏》："一畝，謂徑一步長百步爲畝。若折而方之，則東西南北各十步爲宅也。墻方六丈，故曰一畝之宫。宫謂墻垣也。環堵之室者，環謂周迴也，東西南北惟一堵。""蓬户，謂編蓬爲户，又以蓬塞門，謂之蓬户。甕牖者，謂牖窗圓如甕口也。又云：以敗甕口爲牖。"《釋文》："方丈爲堵。篳門，杜預云：柴門也。圭窬，杜預云：小户也，上鋭下方，狀如圭形也。"《左》襄十七年：宋子罕曰："吾儕小人，皆有闔廬，以辟燥溼寒暑。"《注》："闔謂門户閉塞。"《疏》："《月令》：仲春修闔扇。鄭玄云：用木曰闔，用竹葦曰扇，是闔爲門扇，所以閉塞廬舍之門户也。"觀此可略知古代平民居室之情形。

《月令》：季秋"乃命有司曰：寒氣總至，民力不堪，其皆入室。"《詩·七月》："十月蟋蟀入我牀下，穹窒熏鼠，塞向墐户。嗟我婦子，曰爲改歲，入此室處。"毛《傳》："穹，窮；窒，塞也，向北出牖也。墐，塗也，庶人篳户。"《疏》："《月令》孟冬命有司閉塞而成冬。此經穹窒墐户文在十月之下，亦當以十月塞塗之矣。"《公羊》宣十五年《解詁》："在田曰廬，在邑曰里。""吏民春夏出田，秋冬入保城郭。""五穀畢入，民皆居宅，里正趨緝績。""作從十月，盡正月止。"《堯典》春言"厥民析"，冬言"厥民隩"。古人除風雨寒暑，蟄處室中之時甚少也。

《周官·天官·掌舍》："掌王之會同之舍，設梐枑再重，《注》："杜子春云：梐枑爲行馬。"按，謂交互設木，以資守衛也。設車宫、轅門，《注》："謂王行止宿阻險之處，備非常。次車以爲藩，則仰車以其轅表門。"爲壇壝宫，棘門，《注》："謂王行止宿平地，築壇，又委壝土起堳埒以爲宫。鄭司農云：棘門，以戟爲門。杜子春云：棘門，或爲材門。"《疏》："閔二年，衛文公居楚丘。國家新立，齊桓公共門材，先令豎立門户，故知棘門亦得爲材門，即是以材木爲門也。"爲帷宫，設旌門。《注》："謂王行晝止，有所展肆，若食息，張帷爲宫，則樹旌以表門。"無宫，則共人門。"《注》："謂王行有所逢遇，若住遊觀，陳列周衛，則立長大之人以表門。"此古人行道止舍之法也。

《考工記》："匠人建國，水地以縣。《注》："於四角立植，而縣以水，望其高下。高下既定，乃爲位而平地。"《疏》："此經説欲置國城，先當以水平地，欲高下四方皆平，乃始營造城郭也。云於四角立植而縣者，植即柱也。於造城之處，四角立四柱而縣，謂於柱四畔縣繩以正柱。柱正，然後去柱，遠以水平之法，遥望柱高下定，即知地之高下。然後平高就下，地乃平也。”置槷以縣，眂以景。《注》：“於所平之地中央，樹八尺之臬以縣正之。眂之以其景，將以正四方也。”《疏》：“置槷者，槷亦謂柱也。云以縣者，欲取柱之景，先須柱正。欲須柱正，當以繩縣而垂之，於柱之四角四中，以八繩縣之。其繩皆附柱，則其柱正矣。然後眂柱之景，故曰眂以景也。”爲規，識日出之景，與日入之景。《注》：“日出日入之景，其端則東西正也。又爲規以識之者，爲其難審也。自日出而畫其景端，以至日入，既則爲規，測景兩端之内規之規，交之乃審也。度兩交之間，中屈之以指臬，則南北正。”晝參諸日中之景，夜考之極星，以正朝夕。”篤公劉之詩曰：“陟則在巘，復降在原。”《箋》云：“公劉之相此原地也，由原而升巘，復下而在原，言反覆之，重居民也。”又曰：“逝彼百泉，瞻彼溥原。迺陟南岡，乃覯於京。”《箋》云：“往之彼百泉之間，視其廣原可居之處，乃升其南山之脊，乃見其可居者於京，謂可營立都邑之處。”又曰：“既溥既長，既景迺岡，相其陰陽，觀其流泉。度其夕陽，豳居允荒。”《箋》云：“既廣其地之東西，又長其南北，既以日景定其經界於山之脊，觀相其陰陽寒暖所宜，流泉浸潤所及，皆爲利民富國。”可以見古人建築之術。

《淮南子·本經訓》云：“古者明堂之制，下之潤溼弗能及，上之霧露弗能入，四方之風弗能襲，土事不文，木工不斲。”“堂大足以周旋理文，静潔足以享上帝，禮鬼神，以示民知儉節。”又謂：“凡亂之所由生者，皆在流遁。”流遁之所生者五。一曰遁於木，二曰遁於水，三曰遁於土，皆言宫室之日侈。四曰遁於金，五曰遁於火，則言飲食器用之日侈，亦與宫室之侈駢進者也。觀此可知建築之日精，亦可知侈欲之日甚。按，古稱堯茅茨土階，禹卑宫室。春秋時晉文無觀臺榭。《左》襄三十一年。宋向戌見孟獻子之室，美而尤之。《左》襄十五年：“宋向戌來聘，且尋盟。見孟獻子，尤其室，曰：子有令聞，而美其室，非所望也！對曰：我在晉，吾兄爲之，毁之重勞，且不敢間。”齊景公欲更晏子之室，而晏子不可。《左》昭三年：“景公欲更晏子之宅，曰：子之宅近市，湫隘囂塵，不可以居，請更諸爽塏者。辭曰：君之先臣容焉，臣不足以嗣之，於臣侈矣。且小人近市，朝夕得所求，小人之利也。敢煩里旅？”“及晏子如晉，公更其宅，反則成矣。既拜，乃毁之而爲里室，皆如其舊。則使宅人反之。且諺曰：非宅是卜，惟鄰是卜。二三子先卜鄰矣，違卜不祥。君子不犯非禮，小人不犯不祥，古之制也。吾敢違諸乎？卒復其舊宅。公弗許。因陳桓子以請，乃許之。”○“而爲里室，皆如其舊。”《注》：“本壞里室以大晏子之宅，故復之。”“子謂衛公子荆：善居室。始有，曰：苟合矣。少有，曰：苟完矣。富有，曰：苟美矣。"《論語・子路》。此等美德，猶有存者。然以大概言之，則好奢侈者爲多。其見於故記者，桀、紂有琁室瑶臺，象廊玉牀，肉圃酒池，此或傳言之過。然晉"銅鞮之宫數里，而諸侯舍於隸人"。《左》襄三十一年。齊"高臺深池，宫室日更"。《左》昭二十年。吴夫差"次有臺榭陂池"。《左》哀元年楚子西之言。子西又云："昔闔廬食不二味，居不重席，室不崇壇，器不彤鏤，宫室不觀，舟車不飾，衣服財用，擇不取費。"則皆事實矣。其宫室之名可考者，齊宣王有大室，《吕覽・驕恣》。又有雪宫，《孟子・梁惠王》。威王有瑶臺；《説苑》。晉有虒祁之宫；《左》昭八年。梁惠王有范臺；《戰國策》。燕昭王有黄金臺；楚有章華之臺，《國語》。又靈王作乾谿之臺，三年不成；《公羊》昭十三年。襄王有蘭臺、陽臺，見宋玉賦。吴有姑蘇之臺。甚者如梁伯好土功而亡其國，其風氣亦可見矣。

古人最好作臺，蓋時無樓，臺所乘者高，所望者遠也。然其勞民力尤甚。《公羊》莊三十一年："春，築臺於郎。何以書？譏。何譏爾？臨民之所漱浣也。""築臺於薛。何以書？譏。何譏爾？遠也。""秋，築臺於秦。何以書？譏。何譏爾？臨國也。"《解詁》曰："禮，天子外屏，諸侯内屏，大夫帷，士簾，所以防泄慢之漸也。禮，天子有靈臺，以候天地，諸侯有時臺，以候四時。登高遠望，人情所樂，動而無益於民者，雖樂不爲也。"《疏》云："皆《禮説》文也。"又曰："禮，諸侯之觀不過郊。"蓋能守是制者，鮮矣！文十六年："毁泉臺。泉臺者何？郎臺也。郎臺則曷爲謂之泉臺？未成爲郎臺，既成爲泉臺。毁泉臺何以書？譏。何譏爾？築之譏，毁之譏。先祖爲之，已毁之，不如勿居而已矣。"《解詁》曰："但當勿居，令自毁壞。"蓋毁之則重勞，故與築皆譏也。

苑囿蓋就天然景物，施以厲禁，猶美之黄石公園也。何君云："天子囿方百里，公侯十里，伯七里，子男五里，皆取一也。"《公羊》成十八年《解詁》。《疏》：《孟子》文、《司馬法》亦云也。〇徐邈説同，見《穀梁》范《注》。《白虎通》云："天子百里，大國四十里，次國三十里，小國二十里。"

《詩·靈臺》毛《傳》云:“天子百里,諸侯三十里。”《孟子》:“齊宣王問曰:文王之囿方七十里,有諸?孟子對曰:於傳有之。曰:若是其大乎?曰:民猶以爲小也。曰:寡人之囿方四十里,民猶以爲大,何也?曰:文王之囿方七十里,芻蕘者往焉,雉兔者往焉,與民同之。民以爲小,不亦宜乎?臣始至於境,問國之大禁,然後敢入。臣聞郊關之内有囿方四十里,殺其麋鹿者如殺人之罪,則是方四十里爲阱於國中。民以爲大,不亦宜乎?”《孟子·梁惠王下》。又言:“堯舜既没,聖人之道衰,暴君代作,壞宫室以爲汙池,民無所安息。棄田以爲園囿,使民不得衣食。”《孟子·滕文公下》。知以此厲民者頗多。《天官·叙官·閽人》:“王宫每門四人,囿遊亦如之。”《注》:“囿,御苑也。遊,離宫也。”《疏》:“此離宫即囿遊之獸禁,故彼鄭云:謂囿之離宫小苑觀處也。”《詩序》:“駟驖,美襄公也,始命有田狩之事,園囿之樂焉。”《疏》:“有蕃曰園,有墻有囿,園囿大同,蕃墻異耳。囿者,域養禽獸之處。其制諸侯四十里,處在於郊。《靈臺》云:王在靈囿。鄭《駁異義》引之云:三靈辟雍,在郊明矣。孟子對齊宣王云:臣聞郊關之内有囿焉,方四十里,是在郊也。園者,種菜殖果之處,因在其内,調習車馬,言遊於北園,蓋近在國北。《地官·載師》云:以場圃任園地,明其去國近也。”

古代田里,皆掌於官。故《王制》曰:“田里不粥,墓地不請。”《孟子·滕文公上》:“有爲神農之言者許行,自楚之滕,踵門而告文公曰:遠方之人,聞君行仁政,願受一廛而爲氓。文公與之處。”《檀弓》:“季子皋葬其妻,犯人之禾。申祥以告,曰:請庚之。子皋曰:以吾爲邑長於斯也。買道而葬,後難繼也。”《管子·問》篇:“問死事之孤,其未有田宅者有乎?士之有田而不使者幾何人?吏惡何事?士之有田而不耕者幾何人?身何事?君臣有位而未有田者幾何人?外人之來從而未有田宅者幾何家?官承吏之無田饒而徒理事者幾何人?問士之有田宅身在陳列者幾何人?”《孟子》趙《注》説五畝之宅云:“廬井邑居各二畝半以爲宅。”即《公羊》宣十五年《解詁》所謂一夫一婦,受田百畝,公田二畝,廬舍二畝半,秋冬入保城郭,“一里八十户,八家共一巷”者也。貧無立錐之地,蓋古所無有矣。《禮記·檀弓》:“曾子與客立於門側。其徒趨而出,曾子曰:爾將何之?曰:吾父死,將出哭於巷。曰:反哭於爾次。”《注》:

“次，舍也。禮，館人使專之，若其自有然。”

古代營建，皆役人民，故最謹於其時。《月令》仲秋曰：“凡舉大事，毋逆大數，必順其時，慎因其類。”《注》：“事謂興土功，合諸侯，舉兵衆也。”《左》莊二十九年：“凡土功，龍見而畢務，戒事也。《注》：“謂今九月，周十一月。”火見而致用，《注》：“致，築作之物。”《疏》：“十月之初。”水昏正而栽，《注》：“謂今十月。”日至而畢。”《注》：“日南至，微陽始動，故土功息。”僖二十年：“凡啓塞從時。”《注》：“門户道橋謂之啓，城郭墻塹謂之塞，皆官民之開閉，不可一日而闕，故特隨壞時而治之。”《月令》季春曰：“是月也，命司空曰：時雨將降，下水上騰，循行國邑，周視原野，修利隄防，道達溝瀆，開通道路，毋有障塞。”季夏曰：“不可以興土功，不可以合諸侯，不可以起兵動衆。毋舉大事，以摇養氣。《注》：“大事，興徭役以有爲。”毋發令而待，以妨神農之事也。《注》：“發令而待，謂出徭役之令，以預驚民也。”水潦盛昌，神農將持功。舉大事則有天殃。”孟秋曰：“命百官始收斂。完堤坊，謹壅塞，以備水潦。修宫室，壞墻垣，補城郭。”仲秋曰：“是月也，可以築城郭，建都邑，穿竇窖，修囷倉。”《注》：“爲民將入，物當藏也。穿竇窖者，入地。隋曰竇，方曰窖。《王居明堂》禮曰：仲秋命庶民畢入於室，曰：時殺將至，毋罹其災。”孟冬曰：“命有司曰：天氣上騰，地氣下降，天地不通，閉塞而成冬。《注》：“使有司助閉藏之氣，門户可閉閉之，窗牖可塞塞之。”命百官謹蓋藏。命司徒循行積聚，無有不斂。壞城郭，戒門閭，修鍵閉，慎管籥，固封疆，備邊竟，完要塞，謹關梁，塞徯徑。”仲冬曰：“是月也，命奄尹，申宫令，審門閭，謹房室，必重閉。”“命有司曰：土事毋作，慎毋發蓋，毋發室屋，及起大衆，以固而閉，地氣沮泄，是謂發天地之房。諸蟄則死，民必疾疫，又隨以喪，命之曰暢月。”“塗闕廷門閭，築囹圄，此所以助天地之閉藏也。”皆可見古人用民力之法也。《公羊》莊二十九年：“春，新延廄。新延廄者何？修舊也。修舊不書，此何以書？譏。何譏爾？凶年不修。”

《左》宣十一年：“令尹蔿艾獵城沂，使封人慮事，《注》：“封人，其時主築城者。”《正義》：“《周禮·封人》：凡封國封其四疆，造都邑之封域者亦如之。《大司馬》：大役與慮事，受其要，以待考而賞誅。鄭玄曰：慮事者，封人也，於有役司馬與之。屬賦丈尺，與其用人數也。是封人主造城邑，計度人數。”以授司徒。《注》：“司徒掌役。”量功命日，分財用，《注》："財用，築作具。"平板榦，《注》："榦，楨也。"《正義》："《釋詁》云：楨，翰榦也。《舍人》曰：楨，正也，築墻所立兩木也。翰所以當墻兩邊障土者也。彼楨爲榦，故謂榦爲楨，謂墻之兩頭立木也。板在兩旁卧障土者，即彼文榦也。平板榦者，等其高下使城齊也。"稱畚築，《注》："量輕重。"程土物，《注》："爲作程限。"《正義》："畚者，盛土之器。築者，築土之杵。《司馬法》輦車所載二築是也。稱畚築者，量其輕重，均負土與築者之力也。程土物，謂鍬钁畚畚之屬，爲作程限備豫也。"議遠邇，略基趾，具餱糧，度有司，《注》："謀監主。"事三旬而成，不愆於素。"昭三十二年："士彌牟營成周，計丈數，揣高卑，度厚薄，仞溝洫，《注》："度深曰仞。"物土方，《注》："物，相也。相取土之方面遠近之宜。"議遠邇，量事期，計徒庸，慮財用，書餱糧，以令役於諸侯，屬役賦丈，《注》："付所當城丈尺。"書以授師，《注》："師，諸侯之大夫。"而效諸劉子。韓簡子臨之，以爲成命。"此兩事可見古代屬役之法也。

古代用民，能守定法者蓋寡，雖周公作洛，猶不依常時，見《詩·定之方中疏》，《周官》"惟王建國，辨方正位"注。且有期之甚促者。韓氏城新城，期十五日而成，見《吕覽·開春》。故雖以華元爲植，猶爲城者所謳，《左》宣二年《注》："植，將主也。"《正義》："《周禮》大司馬大役屬其植。鄭司農云：植謂部曲將吏。"甚有如梁伯之好土功以亡其國者。《左》僖十八年："梁伯益其國而不能實也，命曰新里，秦取之。""十九年春，遂城而居之。""初，梁伯好土功，亟城而弗處，民罷而弗堪。則曰：某寇將至。乃溝公宫，曰：秦將襲我。民懼而潰，秦遂取梁。"故《公羊》謂"城當稍稍修葺，大崩大城"，《穀梁》且有"凡城皆譏"之説。楚子囊遺言"城郢君子稱其患"，《左》襄十四年《注》曰："楚徙都郢，未有城郭。公子燮、公子儀因築城爲亂，事未得訖。子囊欲訖而未暇，故遺言見意。"而子常城郢，遂招沈尹戌之誚。《左》昭二十三年。《穀梁》亦譏畏三家而城中城爲外民，《穀梁》定六年："冬，城中城。城中城者，三家張也。或曰：非外民也。"《注》："三家侈張，故公懼而修内城。譏公不務德政，恃城以自固。"豈謂城不足恃哉？城成而民叛，則將委而去之，是以君子重惜民力耳。

《日知録》曰："讀孫樵《書褒城驛壁》，乃知其有沼、有魚、有舟。讀杜子美《秦州雜詩》，又知其驛之有池、有林、有竹。今之驛舍，殆於隸人之垣矣。予見天下州之爲唐舊治者，其城郭必皆寬廣，街道必皆正直；廨舍之爲唐舊創者，其基址必皆宏敞。宋以下所置，時彌近者制彌陋。此又樵記中所謂州縣皆驛，而人情之苟且十百於前代矣。前明所以百事皆廢者，正緣國家取州縣之財，纖毫盡歸之於上，而吏與民交困，遂無以爲修舉之資。延陵季子遊於晉，曰：'吾入其都，新室惡而故室美，新墻卑而故墻高，吾是以知其民力之屈也，又不獨人情之苟且也。'漢制，官寺、鄉亭漏敗，墻垣阤壞不治者，不勝任，先自劾。古人所以百廢俱舉者，以此。"此言自有至理。予謂自役法壞，一切皆須出于和雇，亦財力所由詘也。古之役法，自不可復，然地方公共建設等，亦不妨借民力爲之，人民有時出財難，出力易，賦税固當多其途以徵之也。或謂古分工不精，故人民皆能從事于木工，今即不然，役民安能集事乎？不知工程有凡人所能爲者，有不然者，非凡人所能爲者，自無從役民爲之，而不然者，固無妨借用其力也。《論衡・量知》曰："能斲削柱梁謂之木匠，能穿鑿穴埳謂之土匠。"則漢世土木，各有專工，然如築長安城等，亦未嘗不役民爲之也。

古代各國宫室，蓋大同而小異。所以大同者，以古代諸國多漢族所分封，其文明之原同也。然不能無少異。故魯襄歸自楚而作楚宫，秦破六國，亦寫放其宫室作之關中也。秦漢而後，合神州爲一大國，生計技巧，自當日有進步。建築之閎大奇麗者甚多，舉其最著者，如秦有阿房，漢初有未央，武帝有建章之宫、柏梁之臺。是時外戚邸第尤侈。參看《漢書・元后傳》、《後漢書・梁冀傳》。王莽信方士起八風臺，臺成萬金。見《漢書・郊祀志》。文帝欲作露臺，惜百金爲中人之家之産而不爲，莽一臺費中人千家之産矣。後世侈君暴主，竭民力以築城郭者，如赫連勃勃之於統萬；營宫室者，如陳後主之臨春、結綺、望春三閣，隋煬帝之西苑，宋徽宗之艮嶽，清代之圓明、頤和兩園，皆朘萬民之膏血爲之，而大都付之兵火，亦可哀已。

我國自古以卑宫室爲美談，事土木爲大戒，汰侈已甚，雖帝王亦有所顧忌，況平民乎？以故崇閎壯麗之建築，較他國爲少。私家之有園林者,徵諸書史,一若其數甚多,實則以中國之廣土衆民,有此數殊不足爲多也。其稍近華侈者,厥惟二氏之居,以神教致人之力甚大,雖迷信不深究,猶取精而用弘也。大抵道家之建築名曰觀,佛家之建築名曰寺,多在名山絶壑,風景勝處,其點綴美景,實不少也。且以其不在城市之中,形要之地,故其毁於兵火轉較帝王之宫殿、人間之園林稍難。佛教東來印度,建築之法,亦有隨之輸入者,塔其一也。今未能一一詳考。○古代建築之高者曰華表,特取其爲表識而已。《古今注》謂華表之設,原於堯設誹謗之木,可以想見其體制。

我國建築所以不能持久者,有一大原因焉,曰用木材多,用石材少也。蓋木屋易火,毛奇齡《杭州治火議》曰:杭州多火災,歲必數發,發必延數里,且有蹈火以死者。予僦杭之前一年,相傳自鹽橋至羊市,縱横十餘里,其爲家約六萬有餘,死者若干人。予雖未親見,顧燋爛猶在目也。乃不數年,而自孩兒巷至菜市東街,與前略相等。予所僦住房已親見入烟燄中,其他則時發時熄,不可勝計。以詢居人,即中年者,亦必答曰:予生若干次矣。其最徼倖可喜,亦必樹一指曰:慚愧,已一次矣。從未有云無有者。頃者,黄中堂門樓偶不戒,而五人齊死一樓,不得下。踰日而藩司東街又復延熸里許,焚燒數百家。又踰日而太平門外忽燻燄蔽天,不知所究竟,今則褚堂上下復炎炎矣。何以致此?或曰此天象也,或曰此地理也,或曰曩時每街必有火巷間截之,今多爲民間侵佃,以致堙塞也。或曰六井不開,無以厭火也。數説予皆然。夫火不自致,必有所以致之者。嘗疑失火塘報,各省無有,獨杭城則屢見報文,下此惟湖之漢口,偶有報延燒至數千家者,則必杭之房與漢口之屋,有異于他。而備查兩地,則漢口專用竹而杭則兼用竹木,自基壂以至樑欐棟柱櫋櫩,無非木也。而且以木爲墻障,以竹爲瓦薦壁夾,凡户牖之間,牖用檽槅,而半墉承牖,又復以板與竹夾爲之,間或護牖以笆,護墉以籬,層層裹餙,非竹則木。然且單房少而重屋多,兩重架格,猶復接木楹於軒宇之上,名曰曬臺。計一室所用,其爲塼埴之工者,祇瓦稜數片耳。又且市廛儨闤,多接飛簷，橋梁巷門，每通複閣，鱗排櫛比，了無罅隙。夫以滿城燈火，百萬家烟爨，原足比沃焦之山，象鬱攸之穴。而且上下四旁，無非竹木，既已埋身在烈坑中矣。加之儈販營業，多以炊煮蒸熬燻焙燒炙爲生計，而貧民晝苦趍逐，往多夜作，諸凡治機絲煅金錫，皆通夕不寐。又且俗尚苟偷，大抵箕籠厝火，竹檠點燈。暑則燃蚊烟，寒則烘草薦，無非硝炭。而況俗尚釋老，合鄉禮斗，聯棚誦經，焚香燒燭，沿宵累旦，又何一非致火者云云。案杭垣火災今日滄于昔，而漢口大火，則余生以來，亦屢聞之矣。歷代建築崇弘偉麗者亦不乏，然皆不傳於今，比之歐洲，十不逮一，實由建築之材專恃土木，土易圮而木易焚故也。康南海《歐洲十一國遊記》嘗極言之，近人中國建築材料發展史言之尤悉。木屋易火，易之以甎則不火，此非理之至明，而事之易曉者乎？然而習俗相沿，其來已久，庸人狃於故常，而憚於更革。即一二有識者，或痛思改作，稍知求一勞永逸之計，而寡不敵衆。一室之磚，不能抗萬間之木，是必藉當事大力，留心民瘼，以一切之法嚴行之。其已成者勿論，已但新被災之地，則必大張示論，并敕該圖里總勒買甎塊，且立喚紹興工匠，使另爲製造，不得因仍舊習，私用竹木。違者以非法處之，并拆其所造屋。則以漸移易，庶幾有濟。乃阻之者有二說。一曰甎貴而竹木賤也。夫杭屋外垣，純用土築，而舂基埋石，畚土蓋瓦，材費不貲，所絶無者獨甎耳。然且日聚多人，一唱三嘆，邪許聲連連。計物值工價，每縱横尋丈，約不下十金有餘。若丈墻之甎，則空斗複上，丈甎三百塊，不彀一金。而且土工一工，可築數丈墻，其工價裁數分耳。以十金之墻，而以一金零數分當之，孰貴孰賤。若夫壁則單甎側叠，尋丈之甎，必不敵尋丈之板之值。而苟舍板而用竹，則竹水土灰，四者齊用。杭州土皆貴賣，而削築圬墁，諸工并進，恐物值工價，未必有歉於甎也。夫以一焚而家貲千百，盡付燼炭，則雖十倍之費，猶當痛自祓濯，改柯易葉，爲百年不拔之良策。而況工值計較，爲墻固甚省，而爲壁亦不費。即曰創始實難，採辦未給，或不能頓集諸物，而商估趨利如鶩。稍有微贏，則其物無脛而至，況甎墳瓦片，多出之過江之湘湖。而嘉湖二府，亦有陶窑，苟能用之，則纂纂四來，將見草橋螺螄太平艮山四門外，堆垛如丘山。物盈則賤，豈止易辦而已乎。一曰闤闠稠密，竹木佔地少，而甎則佔地多也。是又不然。土墻高大者，約址佔三四尺，否亦一二尺。甎墻則高大者四五寸，否即三四寸也。板壁甎壁，各以寸爲度，相去不遠。竹壁則用木杅，而編竹夾以墁之，合須一寸土灰，兩面合一寸，共二寸。甎則以寸厚之塊，側累而上，但得寸而無加矣。然則不佔地亦莫甎若也。見《經世文編》卷九十五。讀此可知建築之材，不能改善，多由積習相沿，不盡物力所限也。耐火建築之術，固今日所不容不講矣。

世之言美術者，必曰建築，曰雕刻，曰繪畫，而隆古之世，雕刻、繪畫多附麗於建築以傳，則建築尤美術之淵藪也。初民雕刻繪畫，非附麗於建築，難於保存。我國以節儉爲訓，故丹楹刻桷，爲《春秋》所譏。《穀梁》莊二十四年："禮，天子之桷，斲之礱之，加密石焉。諸侯之桷，斲之礱之。大夫斲之。士斲本。刻桷，非正也。"《公羊》莊二十三年《解詁》略同，《疏》云："皆《外傳》。《晉語》：張志謂趙文子椽之制。"然如山節藻棁等，亦足見古代雕刻之技，《禮記・禮器》："管仲鏤簋朱紘，山節藻棁，君子以爲濫矣。"《注》："栭謂之節，梁上楹謂之棁。宫室之飾，士首本，大夫達棱，諸侯斲而礱之，天子加密石焉，無畫山藻之禮也。"《正義》："《禮緯・含文嘉》云：大夫達棱，謂斲爲四棱，以達兩端。士首本者，士斲去木之首本，令細與尾頭相應。《晉語》及《含文嘉》并《穀梁傳》雖其文小異，大意略同也。"《明堂位》："山節藻棁，復廟重檐，刮楹達鄉，反坫出尊，崇坫康圭，疏屏，天子之廟飾也。"《注》："山節，刻欂盧爲山也。藻棁，畫侏儒柱爲藻文也。復廟，重屋也。重檐，重承壁材也。刮，刮摩也。鄉，牖屬，謂夾户窗也。每室八窗爲四達。反坫，反爵之坫也。出尊，當尊南也。惟兩君爲好，既獻，反爵於其上。禮，君尊於兩楹之間。崇，高也。康，讀爲亢龍之亢。又爲高坫，亢所受圭奠於上焉。屏謂之樹，今浮思也，刻之爲雲氣蟲獸，如今闕上爲之矣。"《正義》："皇氏云：鄭云：重檐，重承壁材也，謂就外檐下壁，復安板檐，以辟風雨之灑壁，故云重檐，重承壁材。刮楹者，刮摩也。楹，柱也。以密石摩柱。""《匠人注》云：城隅，謂角浮思也。漢時東闕浮思災，以此諸文參之，則浮思，小樓也。故城隅闕上皆有之。然則屏上亦爲屋，以覆屏墻，故稱屏曰浮思，或解屏則闕也。古詩云：雙闕百餘尺。則闕於兩旁，不得當道，與屏别也。闕雖在兩旁，相對近道，大略言之，亦謂之當道。故《讖》云：代漢者當塗高，謂巍闕也。云刻之爲雲氣蟲獸，如今闕上爲之矣者，言古之疏屏，似今闕上畫雲氣蟲獸，如鄭此言，似屏與闕異也。"壁畫尤足見當時之繪畫也。至如屋翼飛魚等制，今日尚有之，尤足見建築者之美術矣。《士冠禮注》："榮，屋翼也。"《正義》："即今之博風，云榮者，與屋爲榮飾，言翼者，與屋爲翅翼也。"《墨客揮犀》：漢以宫殿多災，術者言天上有魚尾星，宜爲其象，冠於屋以禳之。自唐以來，寺觀殿宇，尚有爲飛魚形尾上指者，今則易爲鴟吻。

古人席地而坐，尊者則用几。阮諶《禮圖》云："几長五尺，高尺二寸，廣二尺。"《禮記・曾子問疏》。其高尚不如今之椅也，其坐則略如今之跪。《陔餘叢考》"古人跪坐相類"條云："朱子作《跪坐拜説》，寄白鹿洞諸生，謂古者坐與跪相類，漢文帝不覺膝之前於席，管寧坐不箕股，榻當膝處皆穿，諸所謂坐皆跪也。蓋以膝隱地，伸腰及股，危而不安者，跪也。以膝隱地，以尻着蹠，而體便安者，坐也。今成都學所存文翁禮殿刻石諸像，皆膝地危坐，兩蹠隱然，見於坐後帷裳之下，尤足證云。又《後漢書》：向栩坐板牀，積久板乃有膝踝足指之處。據此則古人之坐與跪，皆是以膝着地，但分尻着蹠與不着蹠耳。其有偃蹇伸脚而坐者，則謂之箕踞。《漢書・陸賈傳》：尉佗箕踞。顔師古《注》：伸其兩脚如箕形。佛家盤膝而坐，則謂之趺坐，皆非古人常坐之法也。然則古人何以不以尻着地，而爲此危坐哉？蓋童而習慣，遂爲固然。猶今南人皆垂脚而坐，使之盤膝則不慣；北人多盤膝而坐，使之垂脚亦不慣也。"寢則有牀，《詩》所謂"載寢之牀"者也。《左》襄二十七年："牀笫之言不踰閾。"《注》："笫，簀也。"《正義》："《釋器》云：簀謂之笫。孫炎曰：牀也。郭璞曰：牀版也。然則牀是大名，簀是牀版。《檀弓》云：大夫之簀與？簀名亦得統牀，故孫炎以爲牀也。"《陔餘叢考》"高坐緣起。"條曰："應邵《風俗通》：趙武靈王好胡服，作胡牀，此爲後世高坐之始。然漢時猶皆席地，文帝聽賈誼語，不覺膝之前於席。暴勝之登堂坐定，雋不疑據地以示尊敬是也。至東漢末，始斲木爲坐具，其名仍謂之牀，又謂之榻，如向栩、管寧所坐可見。又《三國魏志・蘇則傳》：文帝據牀拔刀。《晉書》：桓伊據胡牀，取笛作三弄。《南史》：紀僧真詣江斆登榻坐，斆令左右移吾牀讓客。狄當、周赳詣張敷就席，敷亦令左右移牀遠客。此皆高坐之證。然侯景升殿踞胡牀，垂脚而坐，《梁書》特記之，以爲殊俗駭觀，則其時坐牀榻，大概皆盤膝無垂脚者。至唐又改木榻，而穿以繩，名曰繩牀。程大昌《演繁露》云：穆宗長慶二年十二月，見羣臣於紫宸殿御大繩牀是也。而尚無椅子之名，其名之曰椅子，則自宋初始。丁晉公《談録》：竇儀雕起花椅子二，以備右丞及太夫人同坐。王銍《默記》：李後主入宋後，徐鉉往見李，卒取椅子相待。鉉曰：但正衙一椅足矣。李後主出，具賓主禮。鉉辭，引椅偏乃坐。張端義《貴耳録》：交椅即胡牀也。向來只有栲栳樣，秦太師偶仰背墜巾，吴淵乃製荷葉托首以媚之，遂號曰太師樣，此又近日太師椅之所由起也。然諸書椅子猶或作倚字，近乃改從椅，蓋取桐椅字假借用之。至杌子、墩子之名，亦起於宋，見《宋史・丁謂傳》及周益公《玉堂雜記》。"

室中用火有二，一以取暖，一以取明。《漢書・食貨志》："冬，民既入，婦人同巷，相從夜績。必相從者，所以省費燎火。"師古曰："燎所以爲明，火所以爲温也。"古無蠟燭，所謂大燭庭燎者，以葦爲中心，以布纏之，飴蜜灌之，樹於門外曰大燭，於門内曰庭燎。平時用荆燋爲火炬，使人執之，所謂"執燭抱燋"，所謂"燭不見跋"皆指此。蠟燭燈檠，皆後起之物也。上海之有煤氣燈，在清同治四年；電燈在光緒中葉。《日知録》"土炕"條曰："北人以土爲牀，而空其下以發火，謂之炕，古書不載。《左傳》：宋寺人柳熾炭於位，將至則去之。《新序》：宛春謂衛靈公曰：君衣狐裘，坐熊席，陬隅有竈。《漢書・蘇武傳》：鑿地爲坎，置煴火。是蓋近之，而非炕也。《舊唐書・東夷高麗傳》：冬月皆作長坑，下燃煴火以取煖。此即今之土炕也，但作坑字。《水經注》：士垠縣有觀鷄寺，寺内有大堂甚高，廣可容千僧。下悉結石爲之，上加塗塈。基内疏通，枝經脈散，基側室外，四出爨火，炎勢内流，一堂盡温。此今人煖房之制，形容盡之矣。"案，《左》定三年：邾子"自投於牀，廢於爐炭，爛，遂卒"。合諸宛春之言，則古人室内，亦有爐火。宛春之言，亦見《吕覽・分職》。熾炭於位，蓋惟佞諛者爲之。至土炕，則北狄之俗也。《詩・庭燎傳》："庭燎，大燭。"《正義》："古制未得而聞，今則用松葦竹，灌以脂膏也。"《秋官・司烜氏》："掌以夫遂取明火於日，以共祭祀之明燭。凡邦之大事，共墳燭庭燎。"《注》："夫遂，陽遂也。故書墳爲蕡。鄭司農云：蕡燭，麻燭也。玄謂墳，大也，樹於門外曰大燭，於門内曰庭燎，皆所以照衆爲明。"《正義》："先鄭從故書蕡爲麻燭者，以其古者未有麻燭，故不從。《燕禮》云：甸人執大燭於庭。不言樹者，彼諸侯燕禮，不樹於地，使人執。庭燎所作，依慕容所爲，以葦爲中心，依布纏之，飴蜜灌之，若今蠟燭。若人所執者，用荆燋爲之，執燭抱燋，《曲禮》云燭不見跋是也。"《禮記・郊特牲》："庭燎之百，由齊桓公始也。"《注》："庭燎之差，公蓋五十，侯、伯、子、男皆三十。"《正義》："此數出《大戴禮》，皇氏云：作百炬列於庭也，或云百炬共一束也。"又："鄉爲田燭。"《注》："田首爲燭也。"○《曲禮》："燭不見跋。"《注》:"跋,本也。燭盡,則去,嫌若燼多,有厭倦。"《正義》:"本,把處也。古者未有蠟燭,惟呼火炬爲燭也。火炬照夜易盡,盡則藏所然殘本。所以爾者,若積聚殘本,客見之,則知夜深,慮主人厭倦,或欲辭退也。"《檀弓》:"童子隅坐而執燭。"《少儀》:"其未有燭而後至者,則以在者告,道瞽亦然。凡飲酒,爲獻主者,執燭抱燋,客作而辭,然後以授人。"《注》:"未爇曰燋。"《正義》:"又取未然之炬抱之也。"《管子・弟子職》:"昏將舉火,執燭隅坐。錯總之法,橫於坐所。櫛之遠近,乃承厥火。居句如矩,蒸間容蒸。然者處下,奉椀以爲緒。右手執燭,左手正櫛。有墮代燭,交坐毋倍尊者。乃取厥櫛,遂出是去。"《注》:"總,設燭之束也。櫛,謂燭盡,察其將盡之遠近,乃更以燭承取火也。緒,然燭燼也。椀所以貯緒也。"

論宫室既竟,請再略言喪葬。古人分形與神爲二,故曰:"體魄則降知氣在上。"《禮記・禮運》。又曰:"衆生必死,死必歸土。骨肉斃於下,陰爲野土。其氣發揚於上爲昭明。焄蒿悽愴,此百物之精也,神之著也。"《禮記・祭義》。延陵季子適齊,比其反也,其長子死,葬於嬴、博之間。既封,左袒,右還其封,且號者三,曰:"骨肉歸復於土,命也。若魂氣,則無不之也!"皆其證也。故其視形,初不甚重。楚之亡郢也,申包胥以秦師至,敗吴師。"吴師居麇,子期將焚之。子西曰:父兄親暴骨焉,不能收,又焚之,不可。子期曰:國亡矣,死者若有知也,可以歆舊祀,豈憚焚之?"《左》定五年。尤其重神不重形之明證也。故其葬也,"送形而往,迎精而返",而無墓祭之事。葬之厚也,蓋自不知禮義之王公貴人始,而豪富之民從而效之;墓之祭也,則秦人雜戎狄之俗爲之也。古疑於墓祭者惟孟子,所謂東郭墦間之祭。齊近東夷,或亦雜異俗。伊川之民,被髮而祭於野,則辛有固以爲異俗矣。武王觀兵,上祭於畢,司馬貞、林有望以爲祭畢星,固近曲解,周是時亦猶秦之始起耳。《周官・小宗伯》:"成葬而祭墓爲位。"《注》:"先祖形體託於此地,祀其神以安之。"《正義》:"祭后土之神,使安祐之。"《冢人》:"大喪既有日,請度甫竁,遂爲之尸。"鄭司農云:"始竁時,祭以告后土,冢人爲之尸。"後鄭云:"成葬爲祭墓地之尸也。"後鄭即據《小宗伯》文也。至《小宗伯》云:"詔相喪祭之禮。"則《注》云:"喪祭,虞祔也。"皆非今之墓祭也。顧亭林曰:古之有事於墓者,奔喪者不及殯先之墓,哭盡哀。除喪而後歸,之墓哭成踊。去國則哭於墓而後行。皆有哀傷哭泣之事。宗子去在他國,庶子無爵而居者,望墓爲壇,以時祭,亦非常禮也。孔子之喪,門人不得奉廟,故廬於墓,亦非後世之廬墓也。詳見《日知録》。

《孟子・滕文公上》曰:"蓋上世嘗有不葬其親者矣,其親死,則舉而委之於壑。他日過之,狐狸食之,蠅蚋姑嘬之。""蓋歸反虆梩而掩之。"《易·繫辭傳》:"古之葬者,厚衣之以薪,葬之中野,不封不樹。後世聖人,易之以棺椁。"此葬之緣起也。夏禹之時,死陵者葬陵,死澤者葬澤。墨子法之,是以有《節葬》之篇曰:"桐棺三寸,足以朽體,衣衾三領,足以覆惡。以及其葬也,下毋及泉,上毋通臭,壟若參耕之畝,則止矣。""中古棺七寸,椁稱之。"蓋人民生計漸優,故送終稍厚。然曰:"衣周於身,棺周於衣,椁周於棺。"曰:"且比化者,毋使土親膚。"則亦取足以朽體而已。宋"桓司馬自爲石椁,三年而不成。夫子曰:若是其靡也,死不如速朽之愈也"。《禮記·檀弓》。"顏淵死,顏路請子之車以爲之椁。子曰:鯉也死,有棺而無椁。吾不徒行以爲之椁。""門人欲厚葬之。子曰:不可。門人厚葬之。子曰:回也視予猶父也,予不得視猶子也。非我也,夫二三子也。"《論語·先進》。華元、樂舉厚葬其君,君子以爲不臣。《左》成二年。儒家之宗旨可見矣。厚葬之生,蓋自逾侈之貴族始也。觀《墨子·節葬》,《吕覽·節喪》、《安死》兩篇所論可知。顧亭林曰:"古王者之墓,稱墓而已。《左傳》曰:殽有二陵,其南陵,夏后皋之墓也。《書傳》亦言:桐宫,湯墓。《周官·冢人》:掌公墓之地。并言墓不言陵。及春秋以降,乃有稱丘者,楚昭王墓謂之昭丘,趙武靈王墓謂之靈丘,而吴王闔閭之墓,亦名虎丘。蓋必其因山而高大者,故二三君之外無聞焉。《史記·趙世家》:肅侯十五年起壽陵。《秦本紀》:惠文王葬公陵,悼武王葬永陵,孝文王葬壽陵,始有稱陵者。至漢則無帝不稱陵矣。"《日知録》"陵"條。可見厚葬之所由來矣,然無不爲人所發掘者。劉子政《諫起昌陵疏》,所言亦可鑒矣。

因厚葬必遭發掘,乃有保護前代帝王陵寢之事;并當代士大夫丘墓,亦爲封禁焉。爲置守陵及冢,免其賦役,則國家之財政受損矣。必距墓若干步乃得樵蘇,而人民之生計受損矣。《檀弓》曰:"成子高曰:吾聞之也,生有益於人,死不害於人。吾縱生無益於人,吾可以死害於人乎哉?我死,則擇不食之地而葬我焉。"今也荒數頃之田，以保一棺之土，而棺仍不可得保。有如宋會稽諸陵及大臣冢墓爲楊璉真伽所發掘者，至百有一所。且以過求死者之安，而有風水之説。風水之始，避風及水而已。《吕覽·節喪》篇曰："葬淺則狐狸扣之，深則及於水泉，故凡葬必於高陵之上，以避狐狸之患，水泉之溼。"此風水之説之起原也。又以葬侈而力有不逮，并有停喪不葬者，則并入土之安而不可得矣。

上陵之禮，蓋始後漢之明帝，見《後漢書·禮儀志注》引謝承書。然其制實本於秦。《後漢書·祭祀志》曰："古不墓祭，漢諸陵皆有園寢，承秦所爲也。説者以爲古宗廟前制廟，後制寢，以象人之居前有朝，後有寢也。《月令》有先薦寢廟，《詩》稱寢廟奕奕，言相通也。廟以藏主，以四時祭。寢有衣冠几杖象生之具，以薦新物。秦始出寢，起於墓側，漢因而弗改，故陵上稱寢殿，起居衣服象生人之具，古寢之意也。"可以知其所由來矣。自先漢時，人臣已有告事於墓，人主亦有臨其臣之墓者，又有告祭古賢人之墓者。《吴越春秋》謂夏少康恐禹墓之絶祀，乃封其庶子於越，春秋祠禹墓於會稽。此以秦漢時禮度古人也。至唐執阿史那賀魯等獻於昭陵，則獻俘於墓矣。開元十年，敕寒食上墓，編入五禮，永爲定式。元和元年，詔常參官寒食拜墓，在畿内者聽假日往還，他州府奏取進止。蓋自人主有上陵之禮，士大夫亦立祠堂於墓，人民不能立祠，則相率而爲墓祭，禮亦從而著之，而不知其背於義也。參看《日知録》十五卷、《陔餘叢考》三十二卷"墓祭"條。

《周官·冢人》："掌公墓之地，辨其兆域而爲之圖，先王之葬居中，以昭穆爲左右。《注》："公，君也。先王，造塋者。"《正義》："王者之都，有遷徙之法，若文王居豐，武王居鎬，平王居於洛邑，所都而葬，即是造塋者也。子孫皆就而葬之。"凡諸侯居左右以前，卿大夫士居後，各以其族。"《注》："子孫各就其所出，王以尊卑處其前後，而亦并昭穆。"《正義》："出封畿外爲諸侯卿大夫士者，因彼國葬而爲造塋之主。今謂上文先王子孫，爲畿内諸侯王朝卿大夫士。"《墓大夫》："掌凡邦墓之地域，爲之圖，令國民族葬，《注》："各從其親。"而掌其禁令。正其位，掌其度數，使皆有私地域。《注》："古者萬民墓地同處，分其地使各有區域，得以族葬，使相容。"凡争墓地者，聽其獄訟，帥其屬而巡墓厲，居其中之室以守之。"

《檀弓注》:“晉卿大夫之墓地在九原。”則我國古者本行公墓之制。佛教東來,火葬亦盛。《宋史》:“紹興二十七年,監登聞鼓院范同言:今民俗有所謂火化者,生則奉養之具,惟恐不至,死則燔爇而捐棄之。國朝著令,貧無葬地者,許以官地安葬。河東地狹人衆,雖至親之喪,悉皆焚棄。韓琦鎮并州,以官錢市田數頃,給民安葬,至今爲美談。然則承流宣化,使民不畔於禮法,正守臣之職也。事關風化,理宜禁止,仍飭守臣,措置荒閒之地,使貧民得以收葬。從之。景定二年,黄震爲吴縣尉,乞免再起化人亭,狀曰:照對本司久例,有行香寺曰通濟,在城外西南一里,本寺久爲焚人空亭,約十間以罔利。合城愚民,悉爲所誘,親死即舉而付之烈燄。餘骸不化,則又舉而投之深淵。”《日知録》“火葬”條。《宋史·徽宗紀》:“崇寧二年,置漏澤園。”《夷堅志》云:“以瘞死者。”顧亭林謂“漏澤園之設,起於蔡京,不可以其人而廢其法。”《日知録》“火葬”條。趙氏《陔餘叢考》曰:“《後漢書·桓帝紀》:詔京師死者相枕,若無親屬者,可於官壖地葬之,表識姓名,爲設祠祭。案,建和三年。宋天禧中,於京城外四禪院買地瘞無主骸骨,每具官給六百文,幼者半之,見韓魏公《君臣相遇傳》。又《仁宗紀》:嘉祐七年,詔開封府市地於四郊,給錢瘞貧民之不能葬者。《神宗紀》:元豐二年,詔給地葬畿内寄菆之喪無所歸者,官瘞之。韓魏公鎮并州日,亦以官錢市田數頃,給民安葬。是義塚之法,蔡京前已有之。”惜乎惟施諸貧者,而富者則仍以大作封域爲孝耳。

《墨子·節葬》曰:“秦之西有儀渠之國者,其親戚死,聚柴薪而焚之,燻上謂之登遐,然後成爲孝子。”《吕覽·義賞》曰:“氐羌之民,其虜也不憂其係累,而憂其死不焚也。”《荀子·大略》同。《後漢書·東夷傳》:東沃沮,其葬作大木椁,長十餘丈,開一頭爲户。新死者先假埋之,令皮肉盡,乃取骨置椁中。家人皆共一椁,刻木如主,隨死者爲數焉。《陔餘叢考》“洗骨葬”條曰:“時俗愚民,有火化其先人之骨者,謂之火葬,顧寧人已詳言其凶慘。然又有洗骨葬者,江西廣信府一帶風俗,既葬二三年後,輒啓棺洗骨使净,别貯瓦瓶内埋之。是以争風水者，往往多盜骨之弊。余友沈倬其宰上饒，見庫中有骨數十具，皆盜葬成訟貯庫者。按《南史·顧憲之傳》：憲之爲衡陽内史，其土俗人有病，輒云先亡爲禍，乃開塚剖棺，水洗枯骨，名爲除祟，則此俗由來久矣。"此則異俗也。

# 第七章 婚 姻

《易》曰:“有天地,然後有萬物。有萬物,然後有男女。有男女,然後有夫婦。有夫婦,然後有父子。有父子,然後有君臣。”若是乎,人類社會之形形色色,千變萬化,無一不自男女之媾合來也。故言社會組織者,必始男女。

男女之關係爲夫婦,其誰不知之?雖然,非其朔也。《白虎通》曰:“古之時,未有三綱六紀。人民但知其母,不知其父。”夫但知其母,不知其父,即莫知誰妻,莫知誰夫之謂也。後人推測社會之始,多謂由于一夫一婦之牉合。如《創世記》亞當、夏娃之説是也。其實人類之初,究係何種情形,實屬無從想像。所能勉强想像者,則榛榛狉狉,羣居襲處;既無一切名目,亦無何等組織,一渾然之羣而已。

迨其稍進,而婚姻乃論行輩。予昔撰經義,於此頗有發揮。今録其説如下。原文曰:社會學家言:淺演之世,無所謂夫婦。男女妃耦,惟論行輩。同輩之男,皆其女之夫;同輩之女,皆其男之妻。我國古代似亦如此。《大傳》:“同姓從宗合族屬,異姓主名治際會。名著而男女有别。其夫屬乎父道者,妻皆母道也。其夫屬乎子道者,妻皆婦道也。謂弟之妻婦者,是嫂亦可謂之母乎?名者,人治之大者也。可無慎乎?”曰“男女有别”,曰“人治之大”,而所致謹者不過輩行,《注》:“異姓,謂來嫁者也。主於母與婦之名耳。”可見古者無後世所謂夫婦矣。蓋一夫一妻,恒久不變,起於人類妬忌專有之私。人之性,固有愛一人而終身不變者,亦有不必然者。故以一男而拘多女,以一女而畜衆男，已不能答，而又禁其更求匹耦，則害於義。若其隨遇而合，不專於一；於甲固愛矣，於乙亦無惡，則亦猶友朋之好，并時可有多人耳；古未爲惡德也。職是故，古人於男女配合，最致謹於其年。《禮運》曰："合男女，頒爵位，必當年德。"《荀子》曰："婦人莫不願得以爲夫，處女莫不願得以爲士。"《非相》。"老婦士夫"，"老夫女妻"，則《易》譬諸"枯楊生華"，"枯楊生稊"，言其鮮也。夫合男女而惟致謹於其年，而不必嚴一夫一妻妃合之制，則同輩皆可爲婚矣。《釋親》："長婦謂稚婦爲娣婦，娣婦謂長婦爲姒婦。"此兄弟之妻相謂之辭也。又云："女子同出，謂先生爲姒，後生爲娣。"孫炎云："同出，謂俱嫁事一夫者也。同適一夫之婦，其相謂乃與昆弟之妻之相謂同。"可見古者無後世所謂夫婦矣。娣姒之稱，或謂據夫年長幼，或謂據身年長幼，迄無定論。實緣兩義各有所主。據夫年長幼者，昆弟之妻相謂之辭也。據身年長幼者，同出者相謂之辭也。古無後世所謂夫婦，則亦無昆弟之妻相謂之辭矣。古之淫於親屬者，曰烝，曰報，《漢律》：淫季父之妻曰報，見《詩・雄雉序疏》。皆輩行不合之稱。其輩行相合者，則無專名，曰淫，曰通而已。淫者，放濫之詞。好色而過其節，雖於妻妾亦曰淫，不必他人之妻妾也。通者，《曲禮》曰："嫂叔不通問。"又曰："内言不出於梱，外言不入於梱。"内言而出焉，外言而入焉，則所謂通也。《内則》曰："禮始於謹夫婦。爲宫室，辨内外，深宫固門，閽寺守之。男不入，女不出。"自爲宫室辨内外以來，乃有所謂通，前此無有也。《匈奴列傳》曰："父死，妻其後母；兄弟死，皆取其妻妻之。"父死妻其後母，不知中國古俗亦然否。妾皆幼小。見後。則父之妾，或與子之行輩相當也。兄弟死，皆取其妻妻之，則亦必如是矣。象以舜爲已死，而曰："二嫂使治朕棲"是也。父子聚麀，《禮記》所戒。新臺有泚，詩人刺焉。至衛君之弟，欲與宣夫人同庖，則齊兄弟皆欲與之，《柏舟》之詩是也。然則上淫下淫，古人所深疾；旁淫則不如是之甚。所以者何？一當其年，一不當其年也。夫婦之制既立矣，而其刺旁淫，猶不如上下淫之甚，則古無後世所謂夫婦，男女耦合，但論行輩之徵也。今貴州仲家苗，女有淫者，父母伯叔皆不問；惟昆弟見之，非毆則殺；故仲家女最畏其昆弟云。亦婚姻但論行輩之遺俗也。

合男女貴當其年乎？不貴當其年乎？則必曰貴當其年矣。自夫婦之制立，而後男女妃合，有不當其年者，此則後人之罪也。俞理初有《釋小篇》，論妾之名義，皆取於幼小。其説甚博。猶有未備者。《易·説卦》：兑爲少女，爲妾。《内則》：“妾將御者，齊漱澣，慎衣服。櫛縰，笄總，拂髦。”髦者，事父母之飾，惟小時有之，亦妾年小之徵。《曲禮》：諸侯之妻曰“夫人”，大夫曰“孺人”。鄭《注》：孺，屬也，《書·梓材》“至於屬婦”，僞孔訓爲妾婦，蓋本下妻之稱。故韓非以貴夫人與愛孺子對舉也。《韓非子·八姦》。古者諸侯娶，二國往媵，皆有姪娣。姪者何？兄之子也。娣者何？弟也。待年父母國，不與嫡俱行，明其年小于嫡。諸侯正妻之外，又有孺子。大夫則無有，故逕號其妻曰孺人。諸侯妻之外又有妾，而大夫亦得以孺人爲妻，皆由其據高位，故得恣意漁少艾也。詩曰：“婉兮孌兮，季女斯飢。”言季不言孟；妙之本字爲眇，由眇小引申爲美妙；皆古人好少女之證。男子之性，蓋無不好少女者。率其意而莫之制，而世之以老夫拘女妻者多矣。以上録舊作《合男女頒爵位必當年德義》。《祭統》曰：“祭有昭穆。”“凡賜爵，昭爲一，穆爲一。昭與昭齒，穆與穆齒。”此亦古人重行輩之徵。《公羊》僖二十五年《解詁》曰：“齊魯之間，名結婚姻爲兄弟。”《曾子問》“壻之伯父致命女氏曰：某之子有父母之喪，不得嗣爲兄弟”是也。結婚姻稱兄弟，亦其行輩相當之徵。

由此更進一步，則有今所謂夫婦者。今所謂夫婦，蓋起於掠奪，後乃變爲賣買。行輩爲昏，蓋行諸同族；掠奪賣買，則行諸異族者也。同族婚姻，所以變爲異族者，蓋恐同族以争色致鬥亂；亦由世運日進，各部落之交接日多，故獲取妻於外也。昔撰經説，亦曾詳斯義。今更録其説如下。原文曰：《郊特牲》曰：“娶於異姓，所以附遠厚别也。”此古同姓之所以不昏也。《左氏》載鄭叔詹之言曰：“男女同姓，其生不蕃。”僖二十三年。子産之言曰：“内官不及同姓。美先盡矣，則相生疾。”後人恒以是爲同姓不昏之由。然據今之治遺傳學者言，則謂近親婚姻，初不能致子孫於不肖。所慮者，男女體質相類，苟有不善之質，亦必彼此相同，子姓兼受父母之性，其不善之質，益易顯耳。若其男女二者,本無不善之質,則亦初無可慮。其同有善質者,子姓之善性,亦將因之而益顯也。至於致疾之説,則猶待研究,醫學家未有言之者也。然則古人之言,何自來邪？其出於迷信邪？抑亦有事實爲據邪？謂其出於迷信。其言固以子姓蕃殖與否及疾病爲據,擬有事實可徵也。謂有事實爲徵,則“晉公子,姬出也,而至於今”一語,已足破叔詹之説矣。然則古人之言,果何自來邪？同姓爲昏之禁,何由持之甚嚴邪？予謂古者同姓不昏,實如《郊特牲》所言,以附遠厚别爲義;而其生不蕃,則相生疾諸説,則後來所附益也。何則？羣之患莫大乎争,争則亂。妃色,人之所欲也。争色,致亂之由也。同姓爲昏則必争,争則戈矛起於骨肉間矣。《晉語》:“同姓則同德,同德則同心,同心則同志,同志雖遠,男女不相及;畏黷故也。黷則生怨,怨亂毓災,災毓滅姓。是故娶妻避同姓,畏亂災也。”此爲同姓不昏最重之義。古人所以謹男女之别於家庭之中者以此。《坊記》:“孔子曰:男女授受不親。御婦人則進左手。姑、姊、妹,女子子,已嫁而反,男子不與同席而坐。寡婦不夜哭。婦人疾,問之,不問其疾。以此坊民,民猶淫佚而亂於族。”亂於族,則《晉語》所謂黷也。古者防範甚嚴,淫於他族本不易。有之,雖國君往往見殺。如陳佗、齊莊是也。鄧扈樂淫於魯宫中,則以其爲力人也。又曰:“禮,非祭,男女不交爵。以此坊民,陽侯猶殺繆侯而竊其夫人。”陽侯、繆侯,固同姓也,此亂於族之禍也。蓋同姓之争色致亂如此。大爲之坊猶然,而況於黷乎？此古人所以嚴同姓爲昏之禁也。同姓不昏,則必昏於異姓。昏於異姓,既可坊同姓之黷,又可收親附異姓之功,此則一舉而兩得矣。此附遠厚别,所以爲同姓不昏之真實義也。然則其生不蕃,則相生疾之説,果何自來哉？曰:子孫之盛昌,人之所欲也。凋落,人之所惡也。身,人之所愛也。疾,人之所懼也。以其所甚惡,甚懼,奪其所甚欲,此主同姓不昏之説者之苦心。抑同姓爲昏之禁,傳之既久,求其説而不得,乃附會之於此,亦未可知也。《月令》:仲春之月,“先雷三日,奮木鐸以令兆民,曰:雷將發聲,有不戒其容止者,生子不備,必有凶災”。生子不備,猶云其生不蕃;

必有凶災，猶云則相生疾；皆以是恐其民也。楚子反欲取夏姬。巫臣曰："是不祥人也。是夭子蠻，殺御叔，弑靈侯，戮夏南，出孔、儀，喪陳國，何不祥如是？人生實難，其有不獲死乎？"子反乃止。《左》成二年。蓋愛身之情，足以奪其好色之心如此。"叔向之母妒叔虎之母美而不使。其子皆諫其母。其母曰：深山大澤，實生龍蛇。彼美，余懼其生龍蛇以禍汝。汝，敝族也。國多大寵，不仁人間之，不亦難乎？余何愛焉？"《左》襄二十一年。蓋古人懼遺傳之不善，足以爲禍又如此。此其生不蕃，則相生疾諸説，所以能奪人好色之心，而禁其亂於族也邪？抑子孫之蕃衍，恃乎宗族之盛昌。宗族之盛昌，恃乎族人之輯睦。因争致亂，夫固足以召亡。又娶於異姓，則一人不能致多女。古惟諸侯娶一國，二國往媵。納女於天子，乃曰備百姓。管氏有三歸，則孔子譏其不儉矣。淫於同族，則可致多女。致多女，固可以致疾，晉平公其一也。其致疾之由在淫，不在所淫者之爲同姓也。然兩事既相附，因誤以由于此者爲由於彼，亦事所恒有也。以上録舊作《娶於異姓所以附遠厚别義》。

掠女爲昏，野蠻人蓋習爲常事。會戰而俘多女，乘隙以篡一人，皆是也。昏禮必行之昏時者？鄭《目録》云："取陽往陰來之義。"《昏義疏》。此後來之曲説，其初蓋以便刼掠也。掠奪之初，誠爲掠奪，然及其後，往往徒存其貌，而意則全非。《易》屢言"匪寇昏媾"，蓋寇與昏媾，形同而實異也。至此，則漸進於賣買之昏矣。賣買昏之所由起，蓋因戰争非恒事；掠奪不能行之親和之部落，且懼嬰禍患，見報復，則娶其人而給以價焉。初蓋無所謂妻妾。及其後，則漸分聘者爲妻，奔者爲妾。説者曰："聘者價貴，奔者禮不備，則價賤，此妻妾之所由分也。"予謂不僅此。聘之原，固出於賣買。然後則寖失賣買之意。《曲禮》曰："買妾不知其姓則卜之。"《檀弓》曰："子柳之母死，子碩請具。子柳曰：何以哉？子碩曰：請粥庶弟之母。"曰買，曰粥，視妾與物無異，而未有施之於妻者。則買之與聘，源同流異。蓋古有階級之分，聘行之於貴家，買施之於賤族也。賣買之禮意漸變，則成古所謂昏禮。昏禮有六：曰納采，亦曰下達，男氏求婚之使也。曰問名。問名者，女氏既許昏，乃曰："敢請女爲誰氏？"謙，不必其爲主人之女也。納采、問名共一使。曰納吉。納吉者，既問名，歸卜之於廟也。得吉，乃使往告女氏，時曰納徵。納徵即納幣也。《儀禮》作納徵，《春秋》作納幣。《春秋》變周之文，從殷之質也。所納者爲玄纁束帛儷皮。納徵之後，壻或女死，相爲服喪，既葬而除之。故夫婦之關係，實自納徵始。曰請期，定吉日也。吉日男氏定之，然必三請於女氏；女氏三辭，而後告之，示不敢專也。曰親迎。壻父醮子而命之迎。女父筵几於廟，而拜迎於門外。壻執雁入，揖讓升堂，再拜奠雁。降出，婦從。御婦車，而婿授綏。御輪三周，御者代壻乘其車。壻先俟於門外。婦至，壻揖婦以入。此與適子之冠禮同，亦謂之授室。共牢而食。合巹而酳，所以合體，同尊卑，以親之也。質明，贊婦見於舅姑。厥明，舅姑共饗婦。以一獻之禮，奠酬。舅姑先降自西階，婦降自阼階，以著代也。婦入三月而祭行。舅姑不在，則三月而廟見。未廟見而死，歸葬於女氏之黨，示未成婦也。六禮爲爲妻之徵。故六禮不備，貞女守義不往，以嫌於爲妾也。六禮之中，親迎最重。《五經異義》：《公羊》說：自天子至庶人皆親迎。《左氏》說：天子至尊，無親迎之禮，諸侯有故，使上卿逆，上公臨之。哀公問："冕而親迎，不已重乎？"孔子愀然作色而對曰："合二姓之好，以繼先聖之後，以爲天地宗廟社稷之主，君何謂已重乎？"儒家之主親迎，頗得男女平等之義。墨家譏其尊妻侔於父兄；崇家督之權，而輕妃耦之本，義不如儒家也。許慎案："高祖時，叔孫通制禮，以爲天子無親迎，從《左氏》。"叔孫鄙儒，媚世諧俗，許君從之，非也。

娶妻之禮如此。若言離婚，則婦人有七棄，五不娶，三不去，說見《公羊解詁》。《公羊傳》莊二十七年。其說曰："嘗更三年喪不去，不忘恩也。賤取貴不去，不背德也。有所受無所歸不去，不窮窮也。喪婦長女不娶，無教戒也。世有惡疾不娶，棄於天也。世有刑人不娶，棄於人也。亂家女不娶，類不正也。逆家女不娶，廢人倫也。無子棄，絶世也。淫佚棄，亂類也。不事舅姑棄，悖德也。口舌棄，離親也。盜竊棄,反義也。嫉妬棄,亂家也。惡疾棄,不可奉宗廟也。"《大戴禮記·本命篇》略同。古人重家族;昏姻之意,爲治家傳統計者多,爲夫婦二人計者少;見後。其離昏亦然。然古人之離昏却較後人爲易。《曾子問》:"昏禮,既納幣,有吉日,女之父母死,則如之何?孔子曰:壻使人弔。如壻之父母死,則女之家亦使人弔。""壻已葬,壻之伯父,致命女氏,曰:某之子有父母之喪。不得嗣爲兄弟,使某致命。女氏許諾,而弗敢嫁。禮也。壻免喪,女之父母使人請。壻弗取,而後嫁之,禮也。女之父母死,壻亦如之。"則吉日已定,有大故者,其昏約仍可作廢。又女未廟見而死,不遷於祖,不祔於皇姑;壻不杖,不菲,不次;歸葬於女氏之黨;示未成婦也。何君《解詁》曰:"諸侯既娶三月,然後夫人見宗廟。見宗廟,然後成婦禮。"《公羊傳》莊二十四年。成九年,季孫行父如宋致女。《解詁》曰:"古者婦人三月而後廟見稱婦,擇日而祭於禰,成婦之義也。父母使大夫操禮而致之。必三月者,取一時,足以别貞信。貞信著,然後成婦禮。"《士昏禮》:"若不親迎,則婦入三月,然後壻見。"然則三月成妃耦,無貴賤男女一也。古人之結昏,重慎既非後世比;而又試之以一時;而其離昏,又較後世爲易;此其夫婦之禍,所以視後世爲少與?

男子可以出妻,而女子不聞出夫,此由財産爲男子所有。若財産爲女子所有,自亦可以出夫。《秦策》謂"太公望,齊之逐夫",《説苑》謂"太公望,故老婦之出夫"是也。《尊賢》。但其事絶少耳。

夫婦之制,究始於何時邪?《昏義疏》謂始於燧人時,其説附會不足據。《疏》云:"遂皇之時,則有夫婦。《通卦驗》云:遂皇始出握機矩,是法北斗七星而立七政。《禮緯斗威儀》,七政,則君臣、父子、夫婦等也。"案伏羲制以儷皮爲嫁娶之禮,見《世本·作篇》。譙周亦云。《昏義疏》。《郊特牲》曰:"器用陶匏,尚禮然也。謂太古之禮器也。三王作牢,用陶匏。"《注》云:"大古無共牢之禮,三王之世,作之而用太古之器。"則《士昏禮》所著,起於伏羲之世,定於三王之時矣。婚制演進之時代,於此可以徵窺。

嫁娶之年,亦禮家所聚訟。予昔撰《昏年考》,嘗折衷之。今亦録如下。《昏年考》曰：古書言昏年者：《書傳》、《禮記》、《公羊》、《穀梁》、《周官》，皆以男三十而娶，女二十而嫁。《墨子》、《節用》。《韓非》《外儲説右下》。則謂丈夫二十，婦人十五。《大戴》又謂太古男五十而室，女三十而嫁。中古男三十而娶，女二十而嫁。《本命》。《異義》：《大戴禮》説，三十而室，二十而嫁，天子庶人同禮。《左氏》説，天子十五而生子；三十而娶，庶人禮也。案國君十五而生子，見《左》襄九年。諸説紛紛者何？曰：女子十四五可嫁，男子十五六可娶，生理然也。果何時娶，何時嫁，則隨時代而不同。大率古人晚，後世較早？則生計之舒蹙爲之也。《家語》："哀公曰：男子十六精通，女子十四而化，則可以生民矣。而禮男必三十而有室，女必二十而有夫也，豈不晚哉？孔子曰：夫禮言其極，不是過也。男子二十而冠，有爲人父之端；女子十五許嫁，有適人之道。於此而往，則自昏矣。"《本命解》。男子十六精通，女子十四而化，説與《素問》合。《上古天真論》。何君《公羊解詁》曰："婦人八歲備數，十五從嫡，二十承事君子。"隱七年。八歲者，齔之翌年。十五者，化之明歲。準是以言，則二十當云二十二。而云二十者，舉成數也。許慎曰："姪娣年十五以上，能共事君子，可以往。二十而御。"《穀梁》隱七年《注》。説亦與何君同。王肅述毛，謂男自二十以及三十，女自十五以至二十，皆得嫁娶，《摽有梅疏》。其説是也。王肅又謂"男年二十以後，女年十五以後，隨任所當，嘉好則成。不必以十五六女，妃二十一二男。雖二十女配二十男，三十男妃十五女，亦可。"亦通論也。王肅又引禮子不殤父，而男子長殤，止於十九，女子十五許嫁不爲殤，證亦極確。毛謂"三十之男，二十之女，禮未備則不待禮，會而行之，所以蕃育人民也。"亦以三十、二十爲極。王肅述毛，得毛意也。然則古者以蕃育人民爲急；越王句踐，棲於會稽，而謀生聚，至令男二十不娶，女十七不嫁，罪其父母。而其著爲禮，不以精通能化之年；顧曰二十、三十，大古且至三十、五十者，何也？曰：蕃民，古人之所願也。然精通而取，始化而嫁，爲古人財力所不逮，是以民間恒緩其年。此爲法令所無如何。然曰二十、三十，曰三十、五十，則固已爲之極矣。爲之極，則不可過，猶蕃民之意也。何以知其然也?《説苑》曰:"桓公之平陵,見年老而自養者,問其故。對曰:吾有子九人,家貧,無以妻之,吾使傭而未返也。桓公取外御者五人妻之。管仲入見,曰:公之施惠,不亦小矣?公曰:何也?對曰:公待所見而施惠焉,則齊國之有妻者少矣。公曰:若何?管仲曰:令國丈夫三十而室,女子十五而嫁。"《貴德》。蓋古者嫁取以儷皮爲禮。儷皮者兩麋鹿皮也。《聘禮注》。漢武帝時,嘗以白鹿皮爲幣,直四十萬。白鹿皮固非凡鹿皮比;古時鹿皮,亦不必如漢代之貴。又漢武之爲皮幣,使王侯宗室,朝覲聘享,必以薦璧乃得行,則亦强名其直,猶今紙幣之署若干萬耳;尤非民間用之比。又用儷皮爲士禮,未知庶人以下亦然否?然古皮幣亦諸侯聘享所用,價不能甚賤。假不用之者,《曲禮》言取妻者"爲酒食以召鄉黨僚友",亦民間所不可少矣。"古者庶人糲食藜藿,非鄉飲酒膢臘祭祀無酒肉。賓婚相召,則豆羹白飯,綦膾熟肉",《鹽鐵論·散不足篇》。已不易辦矣。管仲非桓公以御女賜平陵之民,而謂施惠當限嫁取之年,豈有是一令,民間即饒於財哉?有是令,則不可過,不可過,則雖殺禮而莫之非也。《周官·媒氏》:"仲春之月,令會男女。於是時也,奔者不禁。若無故而不用令者罪之。"仲春則奔者不禁者,古以九月至正月爲婚期;仲春而猶不克昏,則其乏於財可知;乏於財,故許其殺禮。奔者,對聘而言。不聘即許其殺禮,非謂淫奔也。無故而不用令者,謂非無財,亦奔而不聘也。所謂聘者,則下文云"入幣純帛無過五兩"是也。大司徒荒政十有二,十曰多昏,《注》:"不備禮。"亦此意也。賈生曰:"秦人家貧子壯則出贅。"諸書或言貧不能嫁。皆嫁娶不易之徵。大古男三十而娶,女二十而嫁。中古則三十、二十。《論衡》曰:"男三十而娶,女二十而嫁,法制雖設,未必奉行。何以效之?以令不奉行也。"《齊世篇》。曹大家十四而適人,則漢世嫁取,早於古人矣。故惠帝令女子十五不嫁五算也。然則世愈降,則昏年愈早。蓋民生降而益舒,故禮易行也。然墨子謂聖王之法,丈夫年二十毋敢不處家,女子年十五,毋敢不事人。聖王既殁,民欲蚤處家者,有所二十處家;其欲晚處家者,有所四十處家。以其早與晚相踐，後聖王之法十年。此爲三十有室，二十而嫁，知古人制禮，必因習俗，非苟爲也。則後世嫁娶，反視古人爲晚。豈古者質樸，禮簡，嫁取易；後世迎婦送女愈侈，故難辦邪？非也。墨子背周道，用夏政；其所述者，蓋亦蕃育人民之法，禹遭洪水行之。猶句踐棲於會稽，而謀生聚耳，非經制也。若其述當時之俗，民之蚤晚處家者，有二十年之差。民之貧富固不齊，就其晚者，固猶視三十有室之年爲遲矣。國君十五而生子，亦以饒於財，得蚤娶也。故曰：婚年之蚤晚，以民之財力而異也。《漢書・王吉傳》："以爲世俗聘妻送女無節，則貧人不及，故不舉子。"則後世昏年之早，亦竭蹶赴之，不必其財力果視古代爲饒也。但以大體言之，則後人生計程度，總視古人爲高耳。

蚤昏善邪？晚昏善邪？《尚書大傳》謂"男三十而取，女二十而嫁，通於織絍紡績之事，黼黻文章之美。不若是，則上無以孝於舅姑，而下無以事夫養子。"王吉亦謂"世俗嫁取大早，未知爲人父母之道而有子，是以教化不明，而民多夭"。今學術日進，人之畢業大學者，非二十四五不可；教子養子之道，亦愈難明；則是嫁取愈當晚也。然人之知妃色，亦在二七二八之年。强之晚昏。或至傷身而敗行。若謂不知爲父母之道，則將來兒童，必歸公育。今人一聞兒童公育之論，無不色然駭者。以爲"愛他人之子，必不如其愛已之子；而父母愛子之心，出於自然；母尤甚；强使不得養其子，是使爲父母者無所用其愛也"。是亦不然。今者教育之責，父母多不自尸而委諸師，豈師之愛其弟子，逾於父母之愛其子？而爲父母者，欲其子之善，不若欲其子之壯佼之切乎？教育亦專門之學，非盡人所能通；又繁瑣之事，非盡人所克任故也。然則育子亦專門之業，亦繁瑣之事，其非盡人所能通，所克任，而當委諸專司其事之人，將毋同？父母之愛其子，與凡仁愛之心，非有異也，視所直而異其施耳。今之世，委赤子於途，則莫或字之，或且戕賊之，父母之卵翼之，宜也。世界大同，人人不獨子其子。今日爲父母之愛，安知不可移諸他途？豈慮其無所用而戕其身邪？

嫁娶之時：《繁露》云："霜降逆女，冰泮殺内。"《循天之道篇》。《荀子》同。《大略篇》。王肅謂自九月至正月，引《綢繆》三星之象爲證，見《疏》。其説是也。所以然者，"霜降而婦功成，冰泮而農業起"。亦王肅説。古人冬則居邑，春即居野，秋冬嫁取，於事最便，所謂循天之道也。《周官》仲春"奔者不禁"，乃貧不能具禮者，許其殺禮。王肅以爲蕃育法，亦是也。《毛傳》於《東門之楊》，言"男女失時，不逮秋冬"，則其意亦同董、荀。王肅述毛，得毛意也。鄭玄好主《周官》而不諦，誤其失時殺禮之法爲正法，并《邶》詩"士如歸妻，迨冰未泮"語意明白者，而亦曲釋之，非也。

以上爲《昏年考》原文。讀此文，可知嫁取之不易，不獨今世爲然矣。抑猶不止此。畜妾之習，亦起於人類權力之不平等、財力之不平等也。今更録舊作《原妾》一篇如下。《原妾》曰：妾之制何自起乎？曰：起於人類之逸則思淫，古無有也。生物學家言：家禽一雄而衆雌，若鷄是已。野禽一雄而一雌，若雁是已。一饒於食，一不足於食也。《鹽鐵論·散不足篇》曰："古者夫婦之好，一男一女，而成家室之道。及後世，士一妾，大夫二，諸侯有姪娣，九女而已。"然則諸侯、大夫、士之有妾，亦後世之事。并耕而食，饔飧而治之世，君與民固不相遠也。妾非邃古所有，見於書傳者，惟此而已。後世則不然。《曲禮》曰："天子有后，有夫人，有世婦，有嬪，有妻，有妾。公侯有夫人，有世婦，有妻，有妾。"《昏義》曰："古者天子后立六宫、三夫人、九嬪、二十七世婦、八十一御妻。"《周官》無三夫人，有世婦女御而不言其數。然内司服有女御二人。《注》曰："有女御者，以衣服進，或當於王，廣其禮，使無色過。"縫人有女御四人，《疏》云："義同於上。"則凡當於王者，皆可從而廣其禮，而妾媵之數，斯無極矣。《孟子》謂當時大人，侍妾數百；《盡心》。《管子》謂齊襄公陳妾數千，《小匡》。《墨子》謂當今之世，大國拘女累千，小國累百，《辭過》。由此也。然考之書傳，猶有可見其爲後起者。《禮記》冠、昏、鄉、射、燕、聘諸義，皆《儀禮》之傳也。傳之文皆以釋經。惟《昏義》末節，與經不涉，文亦不類；而姬妾之數，百二十人，適與王莽之制相合;《漢書・王莽傳》:莽進史氏女爲皇后。備和,嬪,美,御,和,人三,位視公。嬪,人九,視卿。美,人二十七,視大夫。御,人八十一,視元士。凡百二十人。即《昏義》末節之説。《繁露・爵國篇》,亦有三公,九卿,二十七大夫,八十一元士。然云:王后,置一太傅,太母,三伯,三丞。二十夫人,四姬,三良人,各有師傅。不云三夫人,九嬪,二十七世婦,八十一御妻也。○二十夫人之二十,凌氏云:當作世。其爲古文家竄入無疑。如今文家言,則天子取十二女,《公羊》成十年《解詁》。《疏》謂出《保乾圖》。又云:"孔子爲後王,非古禮也。"其説當有所本。益見貴者畜妾,亦後世事也。○《繁露・爵國篇》:"天子立一后,一世夫人,中左右夫人,四姬,三良人。"亦十二女。諸侯取九女耳。《公羊》莊十八年。《喪服》大夫有貴妾,恐是周制,殷則無之。何者?《士冠禮》曰:"無大夫冠禮而有其昏禮。古者五十而後爵,何大夫冠禮之有?"五十而猶取,其必爲繼取無疑矣。《家語・本命》有大古五十而室之説,然非爲大夫言,見予所撰《昏年考》。諸侯壹聘九女,諸侯不再取,《公羊》莊十九年。所以"節人情,開媵路"也。《解詁》。諸侯有媵,猶不得再取,況大夫乎?《易・同人》六二鄭《注》:謂天子、諸侯后、夫人無子不出。《鼎》初六《注》:謂失禮無出道,廢遠而已。以其有妾媵,不待再取也。然則凡出妻者,皆本無妾媵可知。鄭説見《詩・河廣》、《士昏禮》、《内則疏》。《左》隱元年,"惠公元妃孟子。孟子卒,繼室以聲子。"文十二年,"杞桓公來朝,請絶叔姬而無絶昏。公許之。"《注》:"立其娣爲夫人。"皆諸侯不再取之證。故知《喪服傳》所言爲周制也。今文家多傳口説,古文家則以古書爲據。變周之文,從殷之質,大義通貫六經,不獨《春秋》然也。古今文家言,多存殷制。古書存者不多,有之率出周代,故古文家言,多周制也。殷制妾少,周制妾多,則畜妾之制,後世益汰之徵也。《曲禮》曰:"國君不名卿老世婦,大夫不名世臣姪娣,士不名家相長妾。"《内則》曰:"國君世子生,卜士之妻,大夫之妾,使食子。"又云:"大夫之子有食母。士之妻自養世子。"《喪服小記》曰:"士妾有子而爲之緦,無子則已。"《管子・大匡》:"諸侯毋專立妾以爲妻,士庶人毋專棄妻。"或言士有妾,或云無之。《白虎通義》曰:"庶人稱匹夫者,匹,偶也。與其妻偶,陰陽相戒之義也。"《板箋疏》曰:"庶人無妾媵,唯夫婦相匹,故稱匹也。"然則匹夫匹婦,即一夫一婦之稱。而《禮器》:"君子大牢而祭謂之禮,匹士大牢而祭謂之攘。"士亦言匹,則其無妾可知。毛《傳》云:"大夫一妻二妾。"《綢繆》。熊氏云:"士有一妻二妾。"《曲禮下疏》。得毋後世逾侈,以古大夫之禮行之士邪。此亦後世畜妾愈盛之徵也。鄭玄《檀弓注》云:"帝嚳而立四妃矣,象后妃四星。其一明者爲正妃。餘三小者爲次妃。帝堯因焉。至舜,不告而取,不立正妃,但三妃而已,謂之三夫人。""夏后氏增以三三而九,合十二人。《春秋説》云:天子取十二,即夏制也。《公羊疏》謂非古禮,必有所本,可知鄭氏此語之妄。以虞、夏及周制差之,則殷人又增以三九二十七,合三十九人。周人上法帝嚳,立正妃。又三二十七爲八十一人以增之,合百二十一人。其位:后也,夫人也,嬪也,世婦也,女御也,五者相參,以定尊卑。"鄭氏好"據數差次"以言禮。驟讀之,一似確知其事者。然讀《義疏》云:"知帝嚳立四妃者,《大戴禮·帝繫篇》云:帝嚳卜四妃之子,皆有天下。長妃有邰氏之女曰姜嫄,生稷。次妃有娀氏之女曰簡狄,生契。次妃陳豐氏之女曰慶都,生堯。次妃陬訾氏之女曰常宜,生帝摯。《祭法》云:帝嚳能序星長以著衆,明象星立妃也。"《大戴》謂帝嚳卜四妃之子,不謂帝嚳祇有四妃。鄭因謂帝嚳立四妃,殊爲附會。以《祭法》"序星辰"一語,遂謂嚳立四妃以象四星,則尤無據矣。凡鄭氏之言,固多如此。其實東漢古文家之言,無不如此。特書闕有間,無從盡發其覆耳。予所以寧信今文傳譌之口説也。然鄭氏雖好附會,而其注《周官·世婦》云:"不言數者,君子不苟於色,有婦德者充之,無則闕。"則亦知百二十之數不易盈矣。此亦見侍妾數百,拘女累千,乃後世之事,非古所有也。《春秋》云:"諸侯取一國,則二國往媵。以姪娣從。"古者女爲媵,男亦爲媵。伊尹之於有莘是也。《士昏禮》有"媵御"。鄭《注》曰:"媵,送也,謂女從者也。御當爲訝;訝,迎也,謂壻從者也。夫婦始接,情有廉恥,媵御交道其志。"然則媵御者,猶今人行昏禮時男女之儐相耳。女媵者可爲妾,男之爲媵者,亦可姣乎?女之媵當爲壻之妾,壻之御,亦當爲女之面首乎?若夫以姪娣從者,何君云:"欲使一人有子,二人喜也。"莊十九年。《穀梁》亦云:"一人有子,二人緩帶。"見文十八年。此所以重繼嗣,惟諸侯有之,非人人可備此禮。況"姪者何?兄之子也。娣者何？弟也。”古人昏姻，最重行輩。見《合男女頒爵位必當年德義》。不論行輩，而下漁及其兄之子，非有權勢者不能。亦非一男一女而成家室之道，如《鹽鐵論》所稱質樸之世所宜有也。故知媵與姪娣，亦後起之制也。

社會學家言畜妾之由：曰女多男少也。曰男子好色之性，不以一女子爲已足也。曰男子之性，好多漁婦女也。曰女子姿色易衰，其閉房亦較男子爲早也。曰求子姓之衆多也。曰女子可從事操作。利其力也。曰野蠻之世，以致多女爲榮也。徵諸我國書傳，亦多可見之。《周官・職方氏》：揚州，其民二男五女。荆州，一男二女。豫州，二男三女。青州，二男二女。兖州，二男三女。雍州，三男二女。幽州，一男三女。冀州，五男三女。并州，二男三女。其數未必可信。然據生物學家言，民之生，本男多於女。而其死者亦衆。故逮其成立，則女多於男。脱有戰争，則男女之相差尤甚。吾謂戰争而外，力役甚者，亦足殺人。又女子恒處家，希觸法網。刑戮所及，亦恒少於男。天災流行，捍之者多死，亦戰争類也。古代女子皆能勞作，非若後世待豢於人。溺女等風，古必無有。試觀古書多言生子不舉，未嘗偏在於女，可知也。然則男少女多，古代亦必不免矣。惟男女雖有多少，初不得謂當藉畜妾以調劑之。古代人畜妾，亦未必有調劑男女多少之意，衹是以快淫欲耳。《墨子》謂“當今之君，大國拘女累千，小國累百，是以天下之男，多寡無妻，女多拘無夫。”齊宣王曰：“寡人有疾，寡人好色。”孟子告以“大王好色”，“内無怨女，外無曠夫”。皆以怨曠并言。則當時之民，怨女固多，曠夫亦不少矣。拿破侖曰：“一男子但有一女子則不足，以其有姙乳時也。”《内則》：妻將生子，及月辰，居側室。三月之末，見子於父，乃後適寢。妾亦三月見子，而後入御。《漢律》：姙孌者不得侍祠。《説文》。即拿破侖之説也。班氏《女誡》謂“陽以博施爲貴，陰以不專爲美。”此男權盛時，好漁色之男子所創之義也。《素問》謂女子二七而天癸至，七七而天癸竭。丈夫二八天癸至，七八天癸竭。《上古天真論》。則女子閉房之歲，早於丈夫者殆十年。《韓非》曰：“丈夫年五十，而好色未解也；婦人年三十，而美色衰矣。以衰美之婦人，事好色之丈夫，則身死，見疏賤，而子疑不爲後。此后妃夫人，所以冀其君之死者也。”《備内》。古制三十而娶，二十而嫁，女小於男者十年，殆以此歟？然三十而美色衰，五十而好色未解，雖小十年，終不相副。況三十二十，特辜較言之，課其實，男女之年，未必相差至是。此亦男子之所以好廣漁色邪？若夫求子姓之多，則詩人以則百斯男頌文王其事也。古重傳統，統系在男，則無子者不得不許畜妾。不許畜妾，則不得不許其棄妻更取，而無子爲七出之一矣。《詩》又曰："摻摻女手，可以縫裳。"毛《傳》曰："婦人三月廟見，然後執婦功。"《箋》曰："未三月，未成爲婦。裳，男子之下服。賤，又未可使縫。魏俗使未三月婦縫裳，利其事也。"然則坐男立女之風，正不待盛唐詩人而後興歎矣。多妻淫佚，義士所羞。此非流俗所知。流俗方以是爲美談耳。西南之夷，有八百媳婦者，傳言其酋有妻八百，與《周官》之侈言女御，何以異邪？然則社會學家所言畜妾之由，徵諸吾國，靡不具之。人類之所爲，何其異時異地而同揆也？以上録《原妾》原文。

嫡庶之别，周代頗嚴。"毋以妾爲妻"，見諸葵丘之命。《穀梁傳》僖九年。《左》哀二十四年："公子荆之母嬖，將以爲夫人。使宗人釁夏獻其禮。對曰：無之。公怒曰：女爲宗司，立夫人，國之大禮也，何故無之？對曰：周公及武公取於薛，孝、惠取於商，自桓以下取於齊，此禮也則有。若以妾爲夫人，則固無其禮也。公卒立之，而以荆爲太子。國人始惡之。"立一妾也，臣子以之抗争，國人因而非議，亦可見其限界之嚴矣。又《左》成十一年："聲伯之母不聘。穆姜曰：吾不以妾爲姒。生聲伯而出之。"則家人之間，限界亦甚嚴。然以妾爲妻，仍所時有。魯僖公脅於齊媵女之先至者，立爲夫人，其一事也。《公羊》僖八年。《左》僖二十三年："狄人伐廧咎如，獲其二女叔隗、季隗，納諸公子。公子取季隗，以叔隗妻趙衰，生盾。"二十四年，"文公妻趙衰，生原同、屏括、樓嬰。趙姬請逆盾與其母。子餘辭。姬曰：得寵而忘舊，何以使人？必逆之。固請，許之。來，以盾爲才，固請於公，以爲嫡子，而使其三子下之。以叔隗爲内子，而己下之"。雖出於讓，亦妻妾易位也。又文六年，趙孟謂"杜祁以君故，讓偪姞而上之。以狄故，讓季隗而己次之，故班在四"。則妾之貴賤，亦可易位。又有所謂"并后"者，《左》桓十八年，辛有之言。則正妻與妾，禮秩如一。齊桓公内嬖如夫人者六人；《左》桓十七年。衛孔文子妻太叔疾，疾嬖其初妻之娣，使如二妻

《左》哀十一年。是也。案嫡庶之别，各國似不一律。《公羊》文十四年，晉郤缺納接菑於邾婁。邾婁人曰："子以其指，則接菑也四，貜且也六。子以大國壓之，則未知齊、晉孰有之也？貴則皆貴矣。"《解詁》："時邾婁再娶，二子母尊同體敵。"《疏》云："蓋皆是右媵之子，或是左媵之子。"案公羊家言：右媵貴於左媵，則二媵之子，不得尊同體敵。《疏》似失《注》意。邾婁蓋亦所謂并后者也？竊疑妻妾之别，初亦視女家之貴賤。取於貴家者皆爲妻，取於賤族者皆爲妾。諸侯取一國，二國往媵，爲媵者，其母家未嘗不貴也。故《左》昭八年，陳哀公有元妃、二妃、下妃，雖别之曰元，曰二，曰下，而仍皆以妃稱。僖二十二年，鄭文夫人芈氏、姜氏勞楚子於柯澤，亦俱稱夫人。《公羊》僖二十年："西宫災。西宫者何？小寢也。……有西宫則有東宫矣。魯子曰：以有西宫，亦知諸侯之有三宫也。"古以三爲多數。竊疑其初諸侯一取三女，并無嫡庶之别。故管氏有三歸，孔子譏其不儉。謂其僭人君禮也。夫人與二媵，亦分貴賤，蓋係後起之制。《爾雅》曰："女子同出，謂先生爲姒，後生爲娣。"孫炎曰："同出，謂俱嫁事一夫者也。"其稱謂亦甚平等。蓋妻妾之别，自以其母家貴賤分之，不係一人祗有一妻，其餘則皆爲妾也。嫡庶之别，蓋至周代而始嚴，而後人因之。

《喪服傳》：媵與夫人之娣爲貴妾，得爲繼室。餘五人爲賤。《繁露·三代改制質文篇》："主天法商而王。其道佚陽，親親而多仁樸。故立嗣予子，篤母弟。妾以子貴。主地法夏而王。其道近陰，尊尊而多義節。故立嗣予孫，篤世子。妾不以子稱貴號。"《春秋》變周之文，從殷之質，故"母以子貴"。《公羊》隱元年。然"妾爲夫人，特廟祭之，子死則廢"。隱五年《解詁》。與《喪服》之慈母同，猶與正夫人有别也。

夫婦之間，初本平等。予舊撰《釋夫婦》一篇，可以見之。其言曰：夫婦二字，習用之。詁曰："夫，扶也。""婦，服也。"其義甚不平等。然非夫婦二字之初詁也。夫婦之本義，蓋爲抱負。其後引伸爲伴侣。何以言之？《史》、《漢·高帝紀》有武負，《陳丞相世家》有張負。如淳曰："俗謂老大母爲阿負。"司馬貞曰："負是婦人老宿之稱。"

然《高帝紀》以王媼、武負并言，則負必小於媼。師古曰："劉向《列女傳》云：魏曲沃負者，魏大夫如耳之母也。此則古語謂老母爲負耳。王媼，王家之媼也。武負，武家之母也。"予謂媼爲老婦之稱；母不必老，凡主婦皆可稱之，猶男子之稱父也。然則王媼爲老婦；武負、張負，特其家之主婦耳。正婦字之轉音也。今用婆字，亦具二義。俗稱老婦爲老太婆，即如淳所謂老大母。吴俗稱妻曰家主婆，則古書皆作家主婦也。《爾雅・釋魚》："鱊鮬，鱖婦。"王氏筠曰："今稱爲鱖婆。"知二字之相淆久矣。古以南爲陽，北爲陰。亦以人身之胸腹爲陽，背爲陰。故南鄉而立，則曰"左聖，鄉仁，右義，背藏"。《禮記・鄉飲酒義》。南訓任，男亦訓任。北訓背，負亦訓背。《秦策注》。可知婦背本一字。《方言》："抱，耦也。"則抱有夫義。抱負雙聲，《淮南・説林注》："背，抱也。"夫婦亦雙聲，夫婦抱負，正一語也。《老子》："萬物負陰而抱陽，冲氣以爲和。"負陰而抱陽，猶言婦陰而夫陽。冲氣以爲和，則夫婦合而生一子矣。古言抱負，猶今言正負。正負各得其體之半，故孳乳爲半字。《儀禮》："夫妻牉合。"正言其爲一體也。物之正負，不能相離，故又孳乳爲伴字。《説文》："扶，并行也。讀若伴侶之伴。"《説文》無侶字，伴訓大，"讀若"當出後人沾注。然其語自有所本。扶蓋伴侶之伴之正字也。《漢書・天文志》："晷：長爲潦，短爲旱，奢爲扶。"《注》："鄭氏曰：扶當爲蟠，齊魯之間聲如酺。晉灼曰：扶，附也。小人佞媚，附近君子之側也。"《通卦驗》："晷：進爲贏，退爲縮，稽爲扶。扶者，諛臣進，忠臣退。"鄭《注》："扶亦作扶。"《集韻》亦云："古扶字作扶。"并文音義，多同本文，可知夫扶實一字。故訓夫之言扶，猶曰夫之言扶耳。諸侯之妻曰夫人，亦此義。不然，豈凡婦皆待其夫扶之，獨諸侯則當待其婦扶之乎？物之正負面，既不可離，即恒相依附。故負訓恃，亦訓依。夫訓附，亦訓傅。《詩》："夫也不良。"毛《傳》："夫，傅相也。"《郊特牲》："夫也者，夫也。"《注》："夫或爲傅。"《方言》："北燕朝鮮洌水之間，謂伏鷄曰抱。"皆附着之意也。以上《釋夫婦》原文。

夫婦之間，所以漸趨不平等者，其故有三：(一) 由權力。社會進化，階級寖分。操大權，居高位者，多屬男子。故可任意畜妾棄妻。

讀《原妾》一篇可見。（二）由族制。古代婚姻，爲治家傳統計者多，爲夫婦二人計者少。家爲男子所有，統系亦屬諸男，則男權日張矣。（三）由生計。古代男女，生利之力，財産之權，無甚差别，據社會學家言，農業且權輿於婦人。然及後世，財權悉操諸男子，婦女遂待豢於人。既待豢於人，則其權不得不小矣。此女權之所由墜也。今更略舉事實以明之。

古代昏禮，於男女兩家，禮意本極平等。《公羊》曰："天子嫁女於諸侯，必使諸侯同姓者主之。諸侯嫁女於大夫，必使大夫同姓者主之。"《解詁》曰："尊卑不敵，行昏姻之禮，則傷君臣之義；行君臣之禮，則傷昏姻之好。"莊元年。"禮，不臣妻之父母。"故宋三世内取，《春秋》譏其無臣。文七年，僖二十三年、二十五年。以后夫人言，亦尊不加於父母。桓九年曰："父母之於子，雖爲天王后，猶曰吾季姜。"是也。天子得娶庶人女，以其得專封。諸侯不得專封，則不取大夫以下。《公羊》桓二年《解詁疏》。又文四年："逆婦姜於齊。其謂之逆婦姜於齊何？略之也。高子曰：取乎大夫者，略之也。"《解詁》曰："賤，非所以奉宗廟，故略之。"此看似不平等，正所以求婚姻之平等也。然既有階級之分，終必有取於不同階級之事，則不能平等矣。妾是已。後世階級之差益甚，則并本來平等之意而忘之。《荀子》謂"天子無妻，告人無匹"是也。《大略》篇。古文家所以不主親迎者以此。

昏意之偏重治家傳世，古書中尤多見之。《士昏禮》：父親醮子而命之迎，其辭曰："往迎爾相，承我宗事。"《曾子問》曰："嫁女之家，三夜不息燭，思相離也。取婦之家，三日不舉樂，思嗣親也。"《郊特牲》曰："昏禮不賀，人之序也。"皆其重傳世之徵。《昏義》曰："成婦禮，明婦順，又申之以著代，所以重責婦順焉也。婦順者，順於舅姑，和於室人，而後當於夫；以成絲麻布帛之事，以審守委積蓋藏。是故婦順備而後内和理，内和理而後家可長久也，故聖王重之。"則其重治家之徵也。夫如是，其視夫婦之關係，自不得不較輕。《内則》曰："子甚宜其妻，父母不悦，出。子不宜其妻，父母曰：是善事我。子行夫婦之禮焉；没身不衰。"其忽視夫婦之好，可謂甚矣。何君曰："妻事夫有四義：鷄鳴縱笄而朝，君臣之禮也。三年惻隱，父子之恩也。圖安危可否，兄弟之義。樞機之内，紝席之上，朋友之道。"《公羊解詁》莊二十四年。四義中惟第一義不平等，正以男子爲家長故也。

農業始於婦人，古書亦有可徵者。《昏義》曰："古者婦人先嫁三月，祖廟未毁，教於公宫；祖廟既毁，教於宗室，教以婦德、婦言、婦容、婦功。教成，祭之。牲用魚，芼之以蘋藻。"毛《傳》謂《采蘋》之詩，即此教成之祭。又謂公侯夫人，執蘩菜以助祭；王后則荇菜。《左》哀七年，陳乞曰："常之母有魚菽之祭。"則婦人所持以祭者，魚類外皆植物也。男子之摯，卿羔，大夫鴈，士雉，而婦人之摯爲棗栗。《曲禮下》。宗廟之事，君親割，夫人親舂。《穀梁》文十三年。《周官・司厲》："其奴，男子入於罪隸，女子入於舂、槀。"《舂人》有女舂，《槀人》有女槀，《酒人》有女酒。《黑子・天志下》："婦人以爲舂酋。"酋即酒也。《天官・内宰》："上春，詔后帥六宫之人，而生穜稑之種。"又王立朝，后立市，則雖工商業亦操諸婦人之手矣。

婦人權利既喪失，遂附屬於男子。《郊特牲》曰："婦人無爵，從夫之爵，坐以夫之齒。"又曰："婦人，從人者也，幼從父兄，嫁從夫，夫死從子。"《注》："從謂順其教令。"《穀梁》隱二年，"夫死從長子"。皆不認其獨立與人格者也。《公羊》曰："婦人謂嫁曰歸。"隱二年。《昏義》曰："壻執鴈入，揖讓升堂，再拜奠鴈，蓋親受之於父母也。"《檀弓》曰："姑姊妹之遠也，蓋有受我而厚之者也。"此所謂受，皆出於此屬於彼之謂。故婦人不貳斬。《儀禮・喪服傳》："爲父何以期也？婦人不貳斬也。""婦人有三從之義，無專用之道。故未嫁從父，既嫁從夫，夫死從子。故父者，子之天也；夫者，妻之天也。婦人不貳斬者，猶曰不貳天也。"《雜記》："姑姊妹，其夫死，而夫黨無兄弟，使夫之族人主喪。妻之黨，雖親弗主。夫若無族矣，則前後家，東西家，無有，則里尹主之。"妻之黨，所以斤斤焉不敢爲之主者，即以其既出此而屬彼之故也。

既屬於人，則無人格。無人格，則與物等。《左》襄二十八年，齊慶封以其内實遷於盧蒲嫳氏，易内而飲酒。《注》："内實，寶物妻妾也。"以寶物與妻妾并舉，無怪妻帑之帑，可引申爲帑藏之帑矣。其教育，除今所謂賢母良妻外，亦無所有。所謂婦德、婦言、婦容、婦功是也。《内則》："女子十年不出。姆教婉娩聽從。執麻枲，治絲繭。織紝組紃。學女事，以共衣服。觀於祭祀，納酒漿，籩豆，菹醢，禮相助奠。"亦不外乎家族之奴隸而已。

夫婦之制既立，所以防淫者乃甚嚴。昏禮之精意，在於"男不親求，女不親許"。故"昏禮不稱主人"。如季姬之使鄫子請己者，則以爲大非。《公羊》隱二年、僖十四年。此猶可説也。乃至諸侯夫人，既嫁則禁其歸寧。《公羊》莊二十七年《解詁》。鄭玄謂父母在有歸寧，没則使大夫寧。杜預同。見《詩·泉水箋》。《左氏》莊十五年《注》。案《戰國策》觸讋説趙太后，謂其於燕后，"飲食必祝之，祝曰必勿使反"。是時太后故在，何説是也。婦人夜出，必待傅姆。至宋伯姬逮火而死。《公羊》襄三十年。亦可謂酷矣。又不獨貴族，即平民，所以防其淫者亦甚至。《癸巳存稿》云："《周禮》野廬氏，比道路宿息并樹。《周語》單襄公謂列樹表道。《管子·輕重丁》、《輕重戊》并云：沐塗樹之枝，無使男女相睹，樹下談語超距。《八觀》云：食谷水，巷鑿井；場圃接，樹木茂；宫墻毁壞，門户不閉；外内交通，則男女之别，無自而正矣。則樹之沐枝宜知也。子産治鄭，桃李垂街，亦因鄭俗淫。"云云。予案《漢志》言鄭山居谷汲，男女亟聚會，故其俗淫。則古民間，男女聚會，亦罕有之事也。然淫風終不絶。就其見於書傳者：若陳佗以外淫而見殺。《公羊》桓六年。若邾婁顔淫九公子於宫中。《公羊》昭三十一年。若單伯送子叔姬，而道與之淫。《公羊》文十四年。若祁勝與鄔臧通室。《左》昭二十八年。若吴入郢，"君舍於君室，大夫舍於大夫室"。《公羊》定四年。皆後世所無也。蓋古代男女際會，本極自由。雖以禮法束縛之，終非旦夕所能變也。

《日知録》盛稱秦始皇《會稽刻石》。其辭曰："飾省宣義，有子而嫁，倍死不貞。防隔内外，禁止淫佚，男女絜誠。夫爲寄豭，殺之無罪，男秉義程。妻爲逃嫁，子不得母，咸化廉清。"繁而不殺，坊民正俗之意，未始異於三王。又巴寡婦清，能以財自衛，始皇爲築女懷清臺。《史記·貨殖列傳》。始皇之死，二世曰："先帝後宫有子者，出焉不宜。"皆令從死。《史記·秦始皇本紀》。論者因謂尚貞操始於秦。予謂不然。貞操之原，起於人之妬忌。《螽斯箋》："凡物有陰陽情慾者，無不妬忌，惟蚣蝑不耳。"古人早知之矣。貞婦之名，昉見《喪服四制》。就行事言之：伯姬以待姆而死，而《穀梁》稱其能盡婦道。懷嬴再事晉文，而趙孟譏爲二嬖。《左》文六年。徵舒病似女亦似君之語，而至於弑君。《左》宣十年。蒯聵恥婁豬艾豭之歌，而欲弑其母。《左》定十四年。以至《芣苢》、《柏舟》、《大車》之序於《詩》，皆見《列女傳》。所以奬勵貞節者亦至矣。始皇獨言之於越者，越俗淫，男女同川而浴；九真之知有妃偶，乃自任延爲守始。《後漢書·循吏傳》。始皇治越，蓋以是爲要政之一。其在他處，初不必然也。其奬巴寡婦清，則以古代婦女，多爲彊暴所侵陵，《行露》之詩是也，嘉其能屹然獨立，非奬其貞節也。至二世之殺宫人，則祇可謂之好殺耳。故謂秦人崇奬節婦，不如謂儒家提倡貞操之爲得也。然儒家之視貞操，亦決不如後世鄙儒之重。《郊特牲》曰："一與之齊，終身不改，故夫死不嫁。"今之好言禮教者，於斯語頗樂道之。案《郊特牲》多《冠昏義》錯簡，此語亦《昏禮》之傳也。"一與之齊，終身不改。"乃謂不得以妻爲妾，非謂不嫁。《注》："齊，謂共牢而食，同尊卑也。"亦不及不嫁義。故《喪服》有繼父。此語爲後人竄入甚明。子叔姬道淫於單伯，致爲齊人所棄，《春秋》猶閔之。《公羊》文十五年。衛有七子之母，不能安其室，而孟子以爲小過。與今世俗之見，迥不侔矣。行經義最力者，莫如漢人。《漢書·文帝紀》：遺詔"歸夫人以下至少使"。應劭曰："夫人以下，有美人、良人、八子、七子、長使、少使。皆遣歸家，重人類。"荀悦《漢紀》作"所幸慎夫人以下至少使，得令嫁"。慎夫人爲文帝所最幸，猶令其嫁，宜景帝美其"重絶人之世"也。景紀元年。景帝之崩，亦出宫人歸其家。至武、昭，乃有奉陵之制。平帝崩，王莽復出媵妾，皆歸家。莽亦能行經義者也。"非禮之禮，非義之義，大人弗爲。"流俗鄙儒之見，亦適自成其爲流俗鄙儒耳。

貞操之重，由於婦人權利喪失，社會事務，一無所預，徒以匹合之故，爲男子所豢養。則其對於男子，守貞操自不得不嚴。西人某謂"婦人以一事而易得畢生之安"是也。職是故，遂以貞操爲女子最要之道德。《穀梁》曰："婦人以貞爲行者也。"襄三十年。《氓》之詩曰："士之耽兮，猶可説也。女之耽兮，不可説也。"《箋》曰："士有百行，可以功過相除。至於婦人，無外事，惟以貞信爲節。"此語後人多稱引之，足以見社會之思想矣。

淺演之羣，其於貞操也，往往責婦嚴而責女寬。中國則不然。宋伯姬以待姆而死，《左氏》謂其"女而不婦"是也。此蓋男權益張，壓制女子益甚，故其於貞操，不徒責之爲婦時，而并責之於爲女時耳。

以上所論，皆古事也。吾國社會，根柢實定於古代。至後世，則但奉行古義，無大改變矣。此由所接之民族，程度皆低於我。又數千年來，處境未嘗大變故也。然社會情勢，今古究有不同，故有名存實亡者，亦有變本加厲者，亦不容不一考也。

劫掠之昏，稍進化時，即已無有。然昏姻之間，亦間有以強力行之者。《左》昭元年，"徐吾犯之妹美，公孫楚聘之矣，公子黑又使強委禽焉"是也。又《左》隱二年，"莒子取於向。向姜不安莒而歸。夏，莒人入向，以姜氏還"。則施之已娶之妻。後世則多施之已字之女。《陔餘叢考》"劫婚"條曰："村俗有以婚姻議財不諧，而糾衆劫女成婚者，謂之搶親。《北史·高昂傳》：昂兄乾求博陵崔聖念女爲婚。崔不許。昂與兄往劫之。置女村外。謂兄曰：何不行禮？於是野合而歸。是劫婚之事，古亦有之。然今俗劫婚，皆已經許字者，昂所劫則未字，固不同也。"予案《清律》："凡豪勢之人，強奪良家妻女，姦占爲妻妾者，絞。配與子孫、弟姪、家人者，罪亦如之。"男女不坐。此未經許字之女。又"應爲婚者，雖已納聘財，期未至，而男家強娶者，笞五十"。指主婚人。"女家悔盟，男家不告官司強搶者，照強娶律減二等。"則如世俗所爲，亦未嘗無罪矣。至於迫嫁孀婦，則尤乖人道。其事亦古已有之。《潛夫論·斷訟》云："貞潔寡婦，遭直不仁世叔，無義兄弟，或利其娉幣，或貪其財賄，或私其兒子，則彊中欺嫁，迫脅遣送，人有自縊房中，飲藥車上，絶命喪軀，孤捐童孩者。"又有"後夫多設人客。威力脅載"者。此等事，今世亦所不免，實法律所當禁也。

又有雖無劫略之形，而有威迫之實者。此法律無可治，然論人道，固不應爾，亦社會所應加以制裁也。《三國志·吴志》："孫破虜吴夫人，本吴人，徙錢塘。早失父母，與弟景居。孫堅聞其才貌，欲娶之。吴氏親戚，嫌堅輕狡，將拒焉。堅甚以慙恨。夫人謂親戚曰：何愛一女，以取禍乎？如有不遇，命也。於是遂許爲婚。"夫求女不許，而至以取禍爲慮，則堅之權勢可知。《吴志》謂"堅少爲縣吏。年十七，與父共載船至錢塘。會海賊胡玉等，從匏里上掠取賈人財物，方於岸上分之"。"堅操刀上岸，以手東西指麾，若分部人兵，以羅遮賊狀。賊望見，以爲官兵捕之。即委財物散走。堅追，斬得一級而還。""由是顯聞。府召署假尉。"《吴書》謂"堅世仕吴，家富春"。《注》引。蓋今所謂土豪劣紳也。吴夫人早失父母，兄弟幼弱，故謂所脅耳。凡今之挾勢以求，而所求不敢不許者，皆此類也。

賣買之事，尤數見不鮮。可謂人類一切罪惡，皆自貪財利來；亦可謂人類一切罪惡，皆因迫於生計，不得已而爲之也。漢時以一女許數家者甚多。《斷訟篇》又曰："諸一女許數家，雖生十子，更百赦，勿令得蒙一還私家，則此姦絶矣。不則髡其夫妻，徙千里外劇縣，乃可以毒其心而絶其後。"其深惡之至於如此。可見其時此等風氣之甚。《抱朴子·弭訟篇》述其姑子劉士由之論，謂末世"舉不修義，許而弗與。訟鬩穢辱，煩塞官曹。今可使諸争婚者，未及同牢，皆聽義絶，而倍還酒禮，歸其幣帛。其嘗已再離者，一倍裨娉。其三絶者，再倍裨娉。如此，離者不生訟心，貪吝者無利重受"。又載己答辭曰："責裨娉倍，貧者所憚也。豐於財者，則適其願矣。後所許者，或能富殖，助其裨娉，必所甘心。然則先家拱默，不得有言。原情論之，能無怨歎乎？"又曰："儻令女有國色，傾城絶倫。而值豪右權臣之徒，目玩冶容，心忘禮度。資累千金，情無所吝。十倍還娉，猶所不憚，況但一乎？"可見不但女家貪利而數許，即男家亦有明知而故爲之者。賣買之風，幾於明目張膽矣。葛氏之意，欲使"女氏受聘，禮無豐約，皆以即日報板。後皆使時人署姓名於别板。必十人已上，以備退行及死亡。又令女之父兄若伯叔,答壻家書,必手書一紙。若有變悔,而證據明者,女氏父母兄弟,皆加刑罰罪”。亦可見其時此等風氣之盛也。

今社會頗重信約,視昏姻之約尤重。一女數許之事,可謂極少。嫁女而争較財禮者,亦多仍以爲遣嫁之資,非利其財以入己。此則由昏禮所費,與人民生計程度不相副,故有此弊耳,不得謂之賣買也。惟娶妾者,仍多出於價買。案賣買人口,本爲法律所不許,則買妾自亦事同一律。《後漢書・光武紀》:建武七年,“詔吏人遭饑亂,及爲青、徐賊所略,爲奴婢下妻,欲去留者,恣聽之。敢拘制不還,以賣人法從事”。十三年,“詔益州民自八年以來,被略爲奴婢者,皆一切免爲庶民。或依託人爲下妻,欲去者,恣聽之。敢拘留者,比青、徐二州,以略人法從事”。中國歷代多有以法律强制釋放奴婢者,此兩詔則并及下妻也。略,謂以力劫取;依託,則亦利其衣食而從之。然法律同許其去。今之價買,亦古依託之類也。若倣東漢之法,明詔天下,恣其去留,而嚴拘制之罪,則善矣。俗又有將妻妾典雇與人爲妻妾者。《清律》杖八十。典雇女者杖六十。婦女不坐。知而典雇者,各與同罪,并離異。

昏禮至後世漸簡。此由後世之社會,繁文縟節,不如古代之甚也。《通典》云:“東漢、魏、晉以來,時或艱虞,歲遇良吉,急於嫁娶,六禮俱廢。”似僅得其一端。即逢清宴之時,亦未必古代繁縟之禮,能永行弗替耳。然古代重禮,所謂禮者,雖原出習俗,而屢經改定,頗有文明之意。後世則各率其俗而行之,頗有極野蠻之習遺留其間,是亦文明之累也。

自由結昏之風,古代尚間有之。如前所舉鄫季姬,其最著者也。後世視廉恥愈重,婚姻之權,遂全操諸父母。今之論者,謂結昏當本男女相愛之情,因以自由結昏爲尚。謂今之夫婦仳離者,皆昏姻不自由爲之。予謂昏姻誠當重自由。然使社會之視離昏,仍如今日之重;夫婦之離昏,仍如今日之難;則結昏縱極自由,亦未必遂有救於夫婦之道之苦。何則?天下無一成不變之人情,況於男女之愛之不暇深慮其後者乎?作事無一著手即不許改易之理,況於夫婦之和好與否,係於人之苦樂尤大者乎？一爲昏姻，終身不改，如此而求選擇之無憾，恐聖人有所不能也。夫父母之爲子女擇妃，與聽子女自行擇妃，誠亦各有短長。今世之父母，爲其子女擇妃不當者，非不愛其子女，智識不足，則以不善爲善，以善爲不善耳。下焉者，則眩於勢，惑於利耳。然自行擇妃。智識遂皆足乎？遂能無眩於勢，惑於利乎？恐未必然也。蓋人之舉事而無悔，必在其血氣略定之時；然待至血氣定而結昏，恐人之生理，終不能爾也。

父母許婚之最不善者，則如指腹爲婚等是。此幾於全不顧其子女之利害矣。《南史·韋放傳》：放與張率皆有側室懷孕，因指腹爲婚姻。其後各産男女，而率亡。放乃以子娶率女，以女適率子。《北史》：崔浩女爲尚書盧遐妻。浩弟恬女，爲王慧龍妻。二女俱有孕。浩謂曰：汝等將來所生，皆我之自出。可指腹爲親。蓋此等事，皆出於姻婭朋友，欲結兩家之好，遂不計其子女之妃合是否相宜也？司馬温公《家範》議其弊云："及其既長，或不肖無賴，或身有惡疾，或家貧凍餒，或喪服相仍，或仕宦遠方，遂至棄信負約，速獄致訟。"則其弊已著矣，故法律禁之。《清律》云"男女昏姻，各有其時。或有指腹，割衫襟爲親者，并行禁止"是也。惜乎此等法律，多成具文耳。

離昏之律，後世略與古同。《清律》云："凡妻無應出及義絶之狀而出之者，杖八十。雖犯七出，有三不去，而出之者，減二等，追還完聚。若犯義絶，應離而不離者，亦杖八十。若夫妻不相和諧，而兩願離者，不坐。"七出三不去，沿襲古禮，於現在情形，已不甚切。故律所強其出之者，惟在義絶。七出則但可出耳，出不出仍聽之。而何謂義絶，律無明文。蓋難言之，故渾涵其詞也。不相和諧，即可離異，似極自由。然必限之以兩願則甚難。何則？妻易爲夫所虐待，不和諧即不得不求去；而夫不易爲妻所虐待，且可虐待其妻以求利。如迫使爲娼，或苦役使。則妻願離者，夫往往不願。而律定妻背夫在逃者，罪又甚重。杖一百，從夫嫁賣。因逃而改嫁者絞。則兩願離昏，徒便於夫耳。錢辛楣云："夫婦之義，非徒以全丈夫，亦所以保匹婦。後世閭里之婦，失歡於舅姑，讒間於叔妹，抑鬱而死者有之。或其夫淫酗凶悍，寵溺嬖媵，陵迫而死者有之。準之古禮，固有可去之義。亦何必束縛之，禁錮之，置之必死之地而後快乎？”其説善矣。然今之婦女，所以重離昏者，皆以生計不能自立，既無歸宗之義，俗又賤再醮婦，不願取，則既去即無所歸，終必寒餓死耳。故欲求昏姻真自由，必女子生計能獨立也。近人或云：“離昏之律，當定由妻提出者無不許。”其意與舊律恰反。然實扶持女權，保護弱者之良法也。

《雜記》：諸侯出夫人，“有司官陳器皿，主人有司亦官受之”。《注》：“器皿，本所賫物也。《律》：棄妻畀所賫。”《韓非子·外儲説》：吴起出妻，“使之衣而歸”。此或大歸時亦事容飾。然亦可見出妻者不利所賫矣。世衰俗薄，貪鄙者或棄其妻而利其所賫，律當禁之。如能明定妻所賫皆爲其私財，雖不離異，不得其允許者，夫亦不能擅用；離異之際，夫曾耗其妻之所賫者，當賠償，則亦輔助婦人生計，使能獨立之一法也。

貞操至後世而愈重。觀《廿二史劄記》“漢諸王荒亂”、“漢公主不諱私夫”等條，可見漢時之視貞操尚輕。自此愈至後世則愈重，而多偏責諸女。此無足異，義務固多偏責之於弱者耳。然爲婦爲女，雖重貞專。而改嫁尚非所諱。自宋學盛行，而士大夫之家，女子之改嫁者，乃幾於絶跡矣。《程氏外書》：“問孀婦於理似不可取，如何？曰：然。凡妻，以配身也。若娶失節者以配身，是已失節也。又問或有孤孀貧窮無託者，可再嫁否？曰：祇是後世怕寒餓死，故有此説。然餓死事極小，失節事極大。”斯言也，世多以爲詬病，以爲宋以後之重改嫁，此言爲之也。然程子之意，自極言律己之當嚴，不重在責婦人之守節。況《外書》本不如《遺書》之可信；而小程在宋儒中，議論又多有病。後人不採他家之説，而獨誦小程之言；又泥其言而失其意之所重。此自後來治宋學者之無識，亦未可全咎程子也。《清律》：“凡居父母喪及夫喪，而身自嫁娶者，杖一百。命婦夫亡再嫁者，罪亦如之。”則以法律禁止再嫁矣。

因崇尚守節之極，乃有許嫁壻死，亦爲之守志，甚或從死者。歸熙甫比之淫奔，説固小激。汪容甫譏其不合古禮，謂“昏姻之禮，成於親迎，後世不知，乃重受聘”。謂爲好仁不好學，其蔽也愚，則雖篤信舊禮教者，亦無辭以自解矣。予謂流俗所稱崇，大抵偏激之行，罕知中和之德，亦不獨此一端也。

同姓爲昏之禁，後世守之愈嚴。然其實則與古異。古之姓爲母系，後世之姓爲父系，一也。古者近親，多爲同族。如予説，同姓不昏，原於同族不昏，前所引《取於異姓所以附遠厚别義》。則誠得近親不昏之意。後世則但求不同父系，姑之子，從母之子，無不可昏者。姑無論近親不昏，當理與否未可定，即爲當理，而後世之所謂同姓不昏者，亦全失近親不昏之意矣，二也。《大傳》：“四世而緦，服之窮也。五世袒免，殺同姓也。六世親屬竭矣。其庶姓别於上，而戚單於下，昏姻可以通乎？繫之以姓而弗别，綴之以食而弗殊，雖百世而昏姻不通者，周道然也。”《注》：“姓，正姓也。始祖爲正姓，高祖爲庶姓。”《疏》：“正姓，若周姓姬，齊姓姜，宋姓子；庶姓，若魯之三桓，鄭之七穆。”可見今之所謂同姓不昏者，乃周代之制也。《左》襄二十五年，“東郭偃臣崔武子，棠公死，偃御武子以弔焉。見棠姜而美之，使偃取之。偃曰：男女辨姓，今君出自丁，臣出自桓，不可”。其所謂姓者，即《大傳注》所謂正姓之姓也。然後世有姓雖同而實非同祖，姓不同而實出一祖者。以周制論，則姓雖同而實非同祖者可昏，姓不同而實出一祖者不可昏。此即庶姓别而正姓不别也，但亡其正姓耳。然世俗多反是。則以姓之同異易辨，而得姓之由，則大抵無可稽考也。《漢書》：王莽以姚、嬀、陳、田，皆黄、虞後，與己同姓，令元城王氏，勿得與四姓相嫁娶。然《王訢傳》：訢孫咸，有女爲王莽妻，號宜春氏。師古曰：莽以己與咸得姓不同，祖宗各别，故娶之。《晉書·劉頌傳》：頌嫁女陳嶠。嶠本劉氏子，與頌近親，出養於姑而姓陳。其友嘗訊之。頌曰：舜後姚、虞、陳、田，本同根葉，而世皆爲婚，律不禁也。

《清律》：“娶己之姑舅、兩姨姊妹者，杖八十，并離異。”此等法律，久成具文。世俗好言“親上加親”。又如南北朝時，崇尚門第，所謂大姓，往往數家自爲昏姻。此等昏姻，必不能避親族。古説近親爲婚“其生不蕃”，或“相生疾”，應本科學多加研究也。

古代有妾無妾，視其人之貴賤而分。後世則以貧富而異。然法令仍有以貴賤立别者。如唐制：親王，孺人二人，媵十人；二品，媵八人；國公及三品，媵六人；四品，媵四人；五品，媵三人是也。見《唐書·百官志》。《元史·刑法志》："有妻妾復娶妻妾者，笞四十七，離之。在官者解職記過，不追聘財。"則妾以一人爲限。《明律》："民年四十以上無子者，方聽娶妾。違者笞四十。"是平民娶妾，非盡自由也。《清律》删此條，實非是，末年定民律，於許置妾與否，頗有争辯。卒以達官貴人多有妾，不便禁止，仍許之。民國時，《大理院判決例》，解釋妾之身份云："凡以永續同居，爲家族一員之意思，與其家長發生夫婦類同之關係者，均可成立。法律不限何種方式。"上字一千二百零五號。則娶妾愈自由矣。近日上海臨時法院判決九江路錢祥榮與其妾毛氏本姓華氏。訟案，乃謂國民黨黨綱，不許有妾，判令離異。其意誠善。然黨綱是否可據以決獄，則疑問也。民國十六年九、十月間事。

妾之地位，後世較古代略高。此由古代社會有貴賤階級，爲妾者多出賤族，至後世則無此階級也。古之臣妾，猶今之僕婢，故二者恒并舉。如《喪服》之貴臣貴妾是也。《曾子問》曰："古者男子，外有傅，内有慈母，君命所使教子也。"《公羊》襄三十年《解詁》云："禮，后夫人必有傅母。選老大夫爲傅，選老大夫妻爲母。"則男子固可以女爲妾，女子亦可以男爲臣。猶今男得役婢，女亦得庸僕耳，非與之發生夫婦類同之關係也。其後男遂與妾發生夫婦類同之關係，而女不與臣發生夫婦類同之關係者，則由男權張而女權削，猶媵遂爲男子之妾，而御不爲女子之面首也。《曾子問疏》云："諸侯之子，適庶皆三母。故《内則》云：必求其寬裕慈惠，温良恭敬，慎而寡言者爲子師。其次爲慈母。其次爲保母。其大夫及公子適子亦三母。"案《内則》又云："國君世子生，卜士之妻，大夫之妾，使食子。"又云："大夫之子有食母。"夫慈母亦食母類也。而據《喪服》，則慈母遂爲與男子發生夫婦類同之關係之妾。則男子之外傅，亦可與其母發生夫婦類同之關係乎？此亦吾妾爲後起，非古所有之説之一證也。《詩·南山疏》駁何君之説云："以男子爲傅，書傳未嘗聞焉。"蓋此等皆古制，見於書籍者絶少，故古文家不之知也。非今文家親承孔子之口説，孰從而聞之哉？《喪服注》："妾謂夫爲君，不得名壻爲夫。"又女君死，妾服喪三年。皆臣對君之禮，不以親族關係論也。後世雖猶存此制，特其形式而已，其意則久視爲家屬之一員矣。《顔氏家訓》云："江左不諱庶孽。喪室之後，多以妾媵終家事。河北鄙於側出，不預人流。是以必須重娶，至於三四。身没之後，辭訟盈公門，謗辱彰道路。

子誣母爲妾，弟黜兄爲傭。播揚先人之辭跡，暴露祖考之長短，以求直己者，往往而有。”蓋江左猶存有妾不再娶之意，是漢族舊風。河北則漸染胡俗也。胡俗賤妾甚於漢族者，以其社會亦有階級，種姓之别是也。不如漢族之平等也。

取妾之人，多藉口子嗣，其實則爲淫欲者多。顏氏又云：“今人多不舉女。吾有疏親，家饒妓媵。誕育將及，便遣閽豎守之。體有不安，窺窗倚户。若生女者，輒持將去。母隨號泣，莫敢救之。”此等亦得謂非爲淫慾乎？或謂富貴之人，必饒智力。聽其多置妾媵，優種可以廣傳。此尤荒謬之論。人之富貴，或由生而即然，或則遭遇時會，豈其智力，皆異恒人？彼野變之世，多畜妻婦，猶或利其力，或涎其色。至於專爲縱慾，則必徒取輕盈，不好壯佼。而輕盈之女，多係劣弱之軀。又畜妾徒以多財，則得妾必由價買。而彼粥女之人，亦多愚弱之輩。然則畜妾之男，種未必優；爲妾之女，其種先劣矣。以此而言善種，不亦南轅北轍乎？

妾之地位，後世雖視古爲高。然嫡庶之别，則大抵頗嚴。二妻尤爲大禁。世俗間有行之者，如所謂“兼祧雙娶”是也。《大理院解釋》以後娶者爲妾。統字第四百二十八號。

畜妾既由地位而然，則女子地位，設或特異，自亦可畜男妾。如宋廢帝爲其姊山陰公主置面首左右三十人。齊文帝王皇后，當鬱林王時，尊爲皇太后，稱宣德宫。鬱林爲置男左右三十人是也。但此等事，公然行之者，究甚少耳。

婦女淪落之極，則爲倡伎。管子女閭三百；句踐以寡婦淫佚過犯，皆輸山上；士有憂思者，令遊山上，以喜其意；世多以爲倡伎之原。予謂古代男女，本有會計；又昏妃之事，官司亦加管理；《周官》：“媒氏，掌萬民之判。凡男女自成名以上，皆書年月日名焉。令男三十而娶，女二十而嫁。凡娶判妻入子者皆書之。中春之月，令會男女。於是時也，奔者不禁。若無故而不用令者罰之。司男女之無夫家者而會之。”又《管子·幼官》，春秋皆云：“始卯合男女。”民之廛里，率由官授，則此二事，實不能指爲倡伎。且倡伎者，俗所稱爲賣淫者也。

必賣淫乃可稱爲倡伎，則即官以政令，使婦女與男子亂，亦與所謂倡伎者無涉。倡伎既爲賣淫之謂，則何時有所謂賣；又女子之淫，何時可賣；是即倡伎之始耳。倡伎字本皆從人，可見爲之者不專於女。女之爲倡伎者，遂爲賣淫之婦，男之爲倡伎者，不爲賣淫之男，則猶媵遂爲妾，而御不爲面首耳。故倡伎本非賣淫之謂。特因伎亦賣淫，後世遂以官伎隸教坊。然教坊之伎，法律究許其賣淫，抑僅許其以伎娱人，如日本之所謂藝伎？尚難質言。且如清制，無教坊，衹有樂籍。然《律》："官吏娶樂人爲妻妾者，杖六十，并離異。官員子孫娶者，罪亦如之。"舉人、貢、監、生員宿娼者，皆斥革。惟於庶民不言。豈獨許庶民宿娼乎？故律意究許娼伎賣淫與否，尚待法學專家加以研究也。

後世男女之間，亦有漸趨平等者。古爲父斬衰三年，父在爲母齊衰期。唐高宗時，始以武后請，父在爲母齊衰三年。明太祖使宋濂定《孝慈録》，子爲父母，庶子爲其母，皆斬衰三年。太祖此舉，本出私意，然後遂相沿無改，則以其得人心之同然耳。古之所以尊父於母者，以其時重家族，而父爲家主；而後世則視家族漸輕；故父母之尊，遂平等也。

女權之盛衰，於學説頗有關係。學説固不能不隨社會情況而變遷，然其深入乎人人之心者，則亦足以左右習俗。吾國學説，影響於男女之尊卑者，蓋嘗經一大變。其前一期，遺説僅存於《老子》。《老子》書中，無男女字，衹有雌雄牝牡字，足徵其時代之古。五千言之義，女權皆優於男權。可見邃古女權之盛。《殷易》首坤，蓋猶其遺跡也。至於《周易》，則先乾於坤，而"天尊地卑"、"地道無成"、"扶陽抑陰"諸説，遂相次而起矣。然我國古代哲學，最尊萬有之原。而其説萬物之原，則一切以生物之孳乳相比擬。夫以生物之孳乳相比擬，則"孤陽不生，獨陰不長"，男女固有不得不并重者。故古代哲學，雖因男權盛張，而有"天尊地卑"等説，而陰陽并重之義，亦卒不能泯。故雖重男而抑女亦不甚。此固吾國民尚中庸、好調和之性然也。又古代政治，家國無殊。一家之中，男女固并有治家之責。推此義以言國政，則后妃夫人，亦當輔佐其君子以理國。《詩》首《關雎》，《書》美釐降，《禮》重冠昏，《易》基乾坤，皆是義也。故以吾國之女子而要求參政權，實最與古義相合。夫思想歷時久則入人深。古代之思想，在今日雖爲少年所排斥。然其義既深入於人人之心，則雖排斥之之人，亦有陰受其陶鑄而不自知者。故欲牖民易俗，植基於古代之成説，實最易爲力也。吾國學説，男尊女卑，及男女并重之義，可謂同時并存。苟能善用後一義而發揚之，女權之盛昌，固計日可待矣。

# 第八章　宗　族

世人有恒言曰：集人而成家，集家而成國，集國而成天下。斯言也，謂就今日之家國天下，析而觀之，而見其爲如此則可。因謂家國天下之成，由集小而爲大，則誤矣。此無徵不信之言也。

然則生民之初，果若何情狀乎？曰：此非今日所能知也。勉強推度，則曰：無人我，無羣己，渾然集若干人於一處而已。迨其小進，乃從渾然一大羣中，分爲若干小羣，演進愈深，分析愈細。最後乃知有個人。故法律重視個人之權利，必在稍進化之世。而個人主義之大昌，則近世之事也。

渾然一大羣，何由分爲若干小羣乎？曰：自知血統始。人之相仁偶也，他種關係，皆較後起，惟母之鞠育其子，則必最初即然。不然，人無由生存；且此固禽獸之所知也。特禽獸動作，純任本能。長能自立，則忘其母。母亦不復顧其子。人則知識較高，記憶之力較強；長大之後，慈孝之心仍在耳。故人之相仁偶也，始於知生我之母。知有母，則知有與我同母之人焉。由此而推之，則又知有母之母焉；又知有與母同母之人焉。親族之關係，蓋由此而昉也。《禮記》曰："大上貴德，其次務施報。"《曲禮上》。此言始不知有人我，而後知之也。《左氏》曰："大上以德撫民，其次親親，以相及也。"僖二十四年富辰之言。此言始不知別親疏，而後知之也。

人類之知有統系，率先母而後父。以知父必待夫婦之制既立以後；又古者同族不昏，子女必屬一族；飲食保抱之責，既由母任之，子女自屬母族也。迨男權日張,婦屬於夫,子女亦爲父所有,乃由母系易爲父系。

母系時代,人之聚居,率依其母。男子與異姓匹合,則入居其妻之族,而其身仍屬其母之族。生有子女,亦屬其妻之族。斯時甥舅同族,父子則否。猶後世世叔父同居,而母族爲外家也。淺演之羣,財產或傳諸甥,蓋由於此? 斯時統系,蓋如下圖。

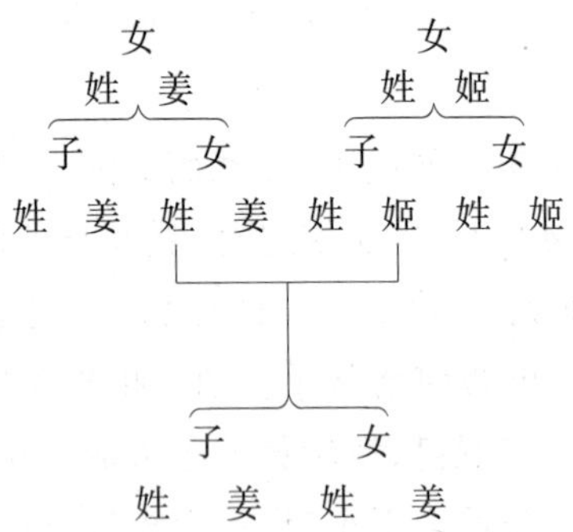


女權與女系異義。女系時代,事權不必皆在女子手中。特是時女子之權利,總較後世爲優耳。大抵漁獵之世,人恒聚族而居。生事簡單,男權不顯。迨乎遊牧須逐水草,農耕須服田疇,則人類由合而分,而女子遂爲男子之私屬。向者一族之中,以女爲主,而男子附之者,今則以男爲主,以女附之。於是系統亦主於男,而所謂氏者興矣。夫生計漸裕,則私產漸多。人之情,莫不私其子。父有財產,恒思傳之於其子。於是欲知財產之誰屬,必先知其父爲何人。又古代職業,恒父子相繼,而其貴賤即因之。酋長之子,所以繼爲酋長者,以其爲酋長之子也。奴隸之子,所以仍爲奴隸者,以其爲奴隸之子也。然則欲知其人之貴賤,亦必知其父爲何人矣。於是表明父爲何人之名興,而氏立矣。故姓之興,所以表血統。氏之興,則所以表地位、財產等系統者也。

《日知録》曰:"《左傳》成十六年,潘尫之黨,潘尫之子名黨也。襄二十三年,申鮮虞之傳摯,申鮮虞之子名傳摯也。按《儀禮·特牲饋食禮》：筮某之某爲尸。《注》曰：某之某者，字尸父而名尸也。原《注》："《少牢饋食禮》同。"亦此類也。"原《注》："《史記・太史公自序》：維仲之省，厥濞王吴。濞乃劉仲之子，稱爲厥濞。"此以父名子者也。案《左》隱六年，頃父之子嘉父。《疏》曰：頃父舊居職位，名號章顯。嘉父新爲大夫，未甚著見，故繫之於父。諸繫父爲文者，義皆同此也。又曰："《左傳》昭元年，當武王邑姜，方震大叔。《漢書・杜欽傳》：皇太后女弟司馬君力。原《注》："蘇林曰：字君力，爲司馬氏婦。"《南齊書》：周盤龍愛妾杜氏，上送金釵鑷二十枚，手敕曰：餉周公阿杜。"此以夫名妻者也。要之表明其有所繫屬而已。此氏之所由興也。

女系時代，聚族而居，蓋全依乎母？其制已不可考。惟今文家説九族，尚兼男女系言之耳。今文家説九族曰："父族四：五屬之内爲一族。父女昆弟適人者，與其子爲一族。己女昆弟適人者，與其子爲一族。己之子適人者，與其子爲一族。母族三：母之父姓爲一族。母之母姓爲一族。母女昆弟適人者爲一族。妻族二：妻之父姓爲一族。妻之母姓爲一族。"此今《戴禮》、《歐陽尚書》説。見《詩・葛藟正義》引《五經異義》。古文家以"上自高祖，下至玄孫爲九族"。見《書・堯典釋文》。此乃九世也，誤矣。俞氏樾説。《白虎通》曰："族者，湊也，聚也。謂恩愛相依湊也。生相親愛，死相哀痛，有會聚之道，故謂之族。"蓋人羣古代之組織，恒因乎親屬也。

宗與族異。族但舉血統有關係之人，統稱爲族耳。其中無主從之别也。宗則於親族之中。奉一人焉以爲主。主者死，則奉其繼世之人。夫於親族中奉一人以爲主，則男女必擇其一。斯時族中之權，既在男而不在女，所奉者自必爲男。此即所謂始祖。繼其後者，則宗子也。《白虎通義》曰："宗者，尊也。爲先祖主者，宗人之所尊也。"是其義也。

宗又有大小之分。宗法之傳於今者，惟周爲詳。蓋其制實至周而備也。今略説之。周代宗法，見於《禮記大傳》。《喪服小記》略同。《大傳》曰："别子爲祖。繼别爲宗。繼禰者爲小宗。有百世不遷之宗。有五世則遷之宗。宗其繼别子者，百世不遷者也。宗其繼高祖者，五世則遷者也。”《注》曰：別子爲祖，“謂公子，若始來在此國者，後世奉以爲祖”。繼別爲宗，“別子之世適也。族人尊之，以爲大宗”。繼禰者爲小宗，“父之適也。兄弟尊之，謂小宗”。又曰：“小宗四，與大宗凡五。”蓋古者“諸侯不敢祖天子，大夫不敢祖諸侯”。故諸侯之子，惟適長繼世爲君。其弟二子以下，則悉不敢禰先君，其後世遂奉以爲祖，是爲別子。別子之世適，謂之大宗。百世不遷。別子弟二子以下，是爲小宗。其子繼之，時曰繼禰小宗。其孫繼之，時曰繼祖小宗。其曾孫繼之，時曰繼曾祖小宗。其玄孫繼之，時曰繼高祖小宗。繼禰者，親兄弟宗之。繼祖者，同堂兄弟宗之。繼曾祖者，再從兄弟宗之。繼高祖者，三從兄弟宗之。至於四從兄弟，則不復宗事其六世祖之宗子。所謂五世則遷也。所以五世則遷者，以“親親以三爲五，以五爲九，上殺，下殺，旁殺而親畢”也。以三爲五，以五爲九，謂上親父，下親子；以父親祖，以子親孫；以祖親曾、高，以孫親曾、玄。然則一人之身，當宗與我同高、曾、祖、父四代之正適，及大宗之宗子。故曰：小宗四，與大宗凡五也。夫但論親族之遠近，則自六世而往，皆爲路人矣。惟共宗一別子之正適，則雖百世而其摶結不散。此宗法之組織，所以爲大而且久也。

**宗法圖**

國君—嗣君適長子—嗣君—嗣君—嗣君—嗣君—嗣君
　└別子大宗之祖—大宗宗子—大宗宗子—大宗宗子—大宗宗子—大宗宗子
　　　　└小宗宗子—繼禰小宗—繼祖小宗—繼曾祖小宗—繼高祖小宗
　　　　　　└小宗宗子—繼禰小宗—繼祖小宗—繼曾祖小宗
　　　　　　　　└小宗宗子—繼禰小宗—繼祖小宗
　　　　　　　　　　└小宗宗子—繼禰小宗
　　　　　　　　　　　　└小宗宗子

公子不得禰先君，因而別爲一宗，爲宗法之一義。始來在此國者，後世奉以爲祖，爲宗法之又一義。兩義之中，後義實爲尤要。此實與封建之制，相輔而行者也。蓋使同出一祖之人，永聚居於一地，則但奉一始祖之正適可矣。惟其有遷居他處者，爲始祖之正嫡治理所不及，乃不得不別立一人以長之。一羣治理之權，既不能一日無所寄。則此分司治理之人,其統緒亦不容絶。於是五世則遷之小宗,不足以當之,而不得不别立一大宗矣。此諸侯初受封,卿大夫初至一國,所以恒爲其國之大宗也。然其於故國舊家,大小宗之關係仍不絶。篤公劉之詩曰:“君之宗之。”毛《傳》曰:“爲之君者,爲之大宗也。”《板》之詩曰:“大宗維翰。”《傳》曰:“王者天下之大宗。”此言天子之於諸侯,諸侯之於大夫,猶大宗之於小宗也。如周公在魯爲大宗,在周爲小宗。三桓在其族爲大宗,在魯爲小宗。當時諸侯稱周爲宗周,此諸侯之宗天子也。《左》哀八年,公山不狃謂叔孫輒曰:“今子以小惡而欲覆宗國,不亦難乎?”此大夫之宗諸侯也。又諸侯與諸侯亦相宗。《孟子》:滕文公欲行三年之喪,父兄百官皆不欲,曰:“吾宗國魯先君莫之行。”《左》僖五年,虞公曰:“晉吾宗也。”是也。此古代修身、齊家、治國、平天下,所以一以貫之也。古代天子諸侯間之關係,實多宗族之關係。天子之撫諸侯,宗子之收恤其族人也。諸侯之尊天子,族人之祗事其宗子也。講信修睦,同族之相親也。興滅繼絶,同族不相翦也。蓋一族之人,聚居一處,久則不足以容,勢不得不分殖於外,此封建之所由興。而分殖於外者,仍不可不思所以聯結之,此宗法之所由立。《傳》曰:“有分土,無分民。”有分土,則封建之謂。無分民者,同出一始祖之後者,無不當受治於大宗之宗子也。夫封建云者,一族之人,據一隅之地,役其民以自養:所據之地日擴,一人之力,治理有所不給,則分遣同族中之一支,前往治之云爾。所分出之一支而所據之地又大,亦用此法。此天子與諸侯,諸侯與大夫之關係,所以其名雖異,其實則同也。然則當時之宗子,必皆有土之君,故能收恤其族人。所謂族人,實與宗子同生息於此封地之上,欲圖自存,即不得不翊衛其宗子。而宗子之所以爲族人所尊,則以其爲先祖主故也。此古代舉一孝字,所以其義蟠天際地。蓋古之摶結惟宗族,而一言孝,則全族自衛之道,靡不該焉。夫力惡其分而不合,亦惡其合而不分。分則力薄,合則力厚,此惡其分而不合之説。分則占地廣而多助,合則占地狹而寡助,此惡其合而不分之説也。封建之行也,得一地,則分同族之人處之,同族之人多,則又闢新地,滅人國以處之。所分出之同族,又復如是,如榦生枝,枝又生葉,而其一族之人,遂徧佈於天下。夫欲滅聚居之一族,苟乘其敝,聚而殲旃可耳。一族之人,而徧佈於天下,則雖有强者,亦末如之何也已。此炎黄之裔,所以傳世長久也。然則何以卒至於滅亡也?曰:行封建之制者雖强,有自亡之道焉。蓋既知宗族,即有親疏,此無可如何之事也。親親以三爲五,以五爲九,至矣,無可復加矣。而立宗法者,必欲以百世不遷之大宗摶結之,使雖遠而不散。其所摶結者,亦其名焉而已,其實則爲路人矣,路人安能無相攻?況乎封建之始,地廣人希,諸侯壤地,各不相接,其後則犬牙相錯矣。封建之始,種族錯雜,所與競者,率多異族,其後則皆伯叔甥舅矣。國與家,大利之所在也。以大利之所在,徒臨之以宗子之空名,而望其不争,豈不難哉?此諸侯卿大夫之間,所以日尋干戈也。天下無不壞之物,至堅而莫之能壞者,即含自壞之道。古一姓之人,藉封建之制,徧佈其種於天下,似無可亡之道也。當時之平民,亦斷無亡之之力也。乃正以其分佈之廣也,而開自相攻擊之端。見吞并者日多,即其族之存者益少。至於最後,則此族之存者惟一人;欲覆此一族者,覆此一人可矣,秦之亡是也。禍福倚伏之理,豈不詭哉?

古未有今所謂國家。摶結之最大者,即爲宗族。故治理之權,咸在於族。族人於小宗宗子,僅以本服服之。於大宗宗子,則五世而外,悉爲之齊衰三月。於其母妻亦然。此庶人爲君之服也。古之所以特重正嫡者亦此義。蓋但論親情,則衆子相等。若欲傳治理之權,則衆子之中,不得不擇其一矣。所謂繼承者,即繼承治理之權之謂也。繼承之法,隨時隨地而異。周代則特重嫡長。正而不體,適孫。體而不正,庶子。正體不傳重,適子有廢疾。傳重非正體,庶孫爲後。皆不爲之服三年之喪。其正體傳重者,則父爲之斬衰三年,母爲之齊衰三年。蓋兼重親情與傳統也。天子諸侯,以尊絶旁親之服。大夫降一等。惟於妻長子之妻皆不降,亦重其傳統也。

古代最重祭祀。故支子不祭,祭必告於宗子。《曲禮下》。曾子問曰:宗子爲士,庶子爲大夫,其祭也如之何?孔子曰:以上牲祭於宗子之家。祝曰:孝子某,爲介子某,薦其常事。若宗子有罪,居於他國,庶子爲大夫。其祭也,祝曰:孝子某,使介子某,執其常事。攝主不厭祭,不旅,不假,不綏祭,不配。佈奠於賓,賓奠而不舉;不歸肉。其辭於賓曰:宗兄、宗弟、宗子在他國,使某辭。曾子問曰:宗子去在他國,庶子無爵而居者,可以祭乎?孔子曰:祭哉。請問其祭如之何?孔子曰:望墓爲壇,以時祭。若宗子死,告於墓,而後祭於家。宗子死,稱名不言孝。身没而已。《曾子問》。《内則》曰:"適子庶子,祗事宗子宗婦。雖貴富,不敢以貴富入宗子之家。雖衆車徒,舍於外,以寡約入。子弟猶歸器。衣服、裘衾、車馬,則必獻其上,而後敢服用其次也。若非所獻,則不敢以入於宗子之門。不敢以貴富加於父兄宗族。若富,則具二牲。獻其賢者於宗子。夫婦皆齊而宗敬焉。終事,然後敢私祭。"可見是時宗子之尊矣。

《喪服傳》曰:"昆弟之義無分。然而有分者,則辟子之私也。子不私其父，則不成爲子。故有東宫，有南宫，有北宫。異居而同財。有餘則歸之宗，不足則資之宗。”案繼父同居，《傳》曰：“夫死妻稺子幼，子無大功之親，與之適人。”《注》：“子無大功之親，謂同財者也。”又云：“小功已下爲兄弟。”《既夕禮》云：“兄弟賻奠可也。”則此所謂同財者，以大功爲限。然收恤所及，初不止此。故晏子父之黨無不乘車者，母之黨無不足於衣食者，妻之黨無凍餒者。宋公孫壽辭司城，使其子意諸爲之。曰：“去官則族無所庇。雖亡子，猶不亡族。”可見是時宗族之間，財産之相通。蓋古者一人本無私財，財皆其族之財。同財而限於大功，其去古已遠矣。《管子·小匡》篇：“公曰：愛民之道奈何？管子對曰：公修公族，家修家族，使相連以事，相及以禄，則民相親矣。放舊罪，修舊宗，立無後，則民殖矣。”《問》篇：“問國之棄人，何族之子弟也？”“問鄉之貧人，何族之别也？”皆若能修其族，則民不患其無養者。《周官》所謂“宗以族得民”，《太宰》。蓋謂此也。

宗法蓋僅貴族有之，以貴族食於人，可以聚族而居。平民食人，必逐田畝散處。貴族治人，其摶結不容涣散。平民治於人，於統系無所知。《喪服傳》曰：“禽獸知母而不知父。野人曰：父母何算焉？都邑之士，則知尊禰矣。大夫及學士，則知尊祖矣。諸侯及其太祖，天子及其始祖之所自出。”其位愈尊，所追愈遠，即可見平民於統系不甚了了。於統系不甚了了，自無所謂宗法矣。《孟子》曰：“死徙無出鄉，鄉田同井，出入相友，守望相助，疾病相扶持，則百姓親睦。”平民之摶結，如是而已。

古無所謂國與家也，人類之摶結，族而已矣。族之大小不一。今古文家所説之九族，皆族之一種也。今文家兼女系言之，時代較早。古文家專就男系言之，蓋在宗法既完備之後也。合族而居，治理之權，必有所寄。所寄者亦不一。周之宗法，亦治理之一法也。古家字有二義：一卿大夫之家，一即今所謂家。《詩序》：“國異政，家殊俗。”《正義》：“此家謂天下民家。《孝經》云：非家至而日見之也，亦謂天下民家，非大夫稱家也。”今所謂家，其職有四：（一）爲夫婦同居之所。（二）上事父母。（三）下育子女。（四）則一家之率同財，有無相通。此所以相生相養也。家之制亦不一。中國普通之家，則係如此。自古迄今，無甚大變。此即古所謂五口八口之家，一夫上父母，下妻子者也。今人多詆中國爲大家族，其實西人之家，較之中國，亦僅少上事父母一端耳。數世同居，宗族百口，在中國亦非恒有之事也。國則操治理之權，謀公益，禁強暴，所以維持現狀，更求進步者也。二者不可缺一，在古代皆宗族職之。其後則相生相養之道歸諸家，治理之權操諸國，而所謂宗與族者，遂有其名而亡其實焉。此其故何哉？曰：社會之變遷爲之也。古代親愛之情，限於同族。《左》僖十年，狐突曰："神不歆非類，民不祀非族。"成四年，季文子引《史佚之志》曰："非我族類，其心必異。"皆古人歧視異族之徵也。後世則擴而漸廣。汎愛之情既進，偏私之念自袪，一也。古代分工未密，交易未開。生事所資，率有自造。既非獨力所及，自不得不合親族爲之。後世則一人之身，而百工之所爲備。所待以生者，實非親族，而爲林林總總，不知誰何之人。生事既不復相資，何必合親盡情疏之人以共處？二也。古者生利之法甚粗，欲利之心亦淡。胼手胝足，皆爲族謀。後世則智巧日開，願望日富。族中有私財之人遂日多。有私財之人多，則如大功以下同財等小團體，潛滋暗長於大族之中矣，三也。聚居之制，必與營生之道不悖，而後可以持久。然如耕農，一夫百畝，方里僅容九夫，其必不能合族而處明矣，四也。凡此皆家之所由興，而族之所由散也。至於國之所以立，則由族長所治，非復一族之人，遂漸變而爲君主。其所遣分治之子弟，亦漸變而爲官吏矣。兩族相遇，不能無争。亦或以治化之優，酋豪才德之異，此族自爲彼族所歸向。皆血統不同之族，所以漸合爲一，而國之所由立也。夫使人類之組織，無大於族，則兩族相遇，苟有齟齬，即須決之以兵争，此殊爲人情所不便。故諸族之中，苟有一族，能平他族之争者，他族自樂歸之。虞、芮質成是也。聯衆族以奉一尊，雖不必出於要束，然能持久而不涣，亦必爲衆之所利，而後能然。故民約之義，不能執史無其事以爲難也。

邃古之民，必篤於教。族各有其所尊祀之神，未必肯捨之而從他族。然各族聯合之際，亦自有其調融之道焉。合諸族以尊一族之神，一也。諸侯助祭於天子，蓋源於此？此非以諸侯與天子同族。"殷士膚敏，祼將於京”，是其驗也。不則以此族之神，加於彼族所奉之神之上。如周人謂“姬姓日，異姓月”是也。《左》成十六年。又不然，則兩族之神，各有所司，亦有更王之道。如通三統及五德迭王之説是也。

人類既知有統系，必有所以表之。時曰姓、氏。姓所以表女系，氏所以表男系也。然及後來，男子之權力既增，言統系者專以男爲主，姓亦遂改而從男。特始祖之姓，則仍從其母耳。周制，始祖之姓杜預《釋例》曰：“别而稱之謂之氏，合而言之則曰族。”案，别而稱之，謂此族之人，以氏與他族别也。合而言之，謂同族之人，皆同此一氏也。曰正姓，百世不改。正姓而外，别有所以表其支派者，時曰庶姓。庶姓即氏也。亦曰族，《論衡·詰術篇》：“古者有本姓，有氏姓。”本姓即正姓，氏姓即庶姓也。隨時可改。《大傳》曰：“四世而緦，服之窮也。五世袒免，殺同姓也。六世親屬竭矣。其庶姓别於上，而戚單於下，昏姻可以通乎？繫之以姓而弗别，綴之以食而弗殊，雖百世而昏姻不通者，周道然也。”《注》：“姓，正姓也。始姐爲正姓，高祖爲庶姓。”《疏》曰：“正姓，若周姓姬，齊姓姜，宋姓子。庶姓，若魯之三桓，鄭之七穆。”蓋正姓所以表大宗，庶姓所以表小宗也。

命氏之法：諸侯即以國爲氏，若踐土之載書，晉重、魯申、衛武、蔡甲午、鄭捷、齊潘、宋王臣、莒期是也。諸侯之子曰公子，公子之子曰公孫。公孫之子，不得上繫於諸侯，則别立氏。立氏則追溯其祖，故以王父字爲氏。其中又分爲二：適夫人之子，以五十字伯仲爲氏，若魯之仲孫、季孫是也。庶子以二十字爲氏，如展氏、臧氏是也。此外得氏之道甚多。鄭氏《通志》列舉之，凡三十二。予更分之爲七類。

第一類　（一）姓　古代表女系之姓，周世所謂正姓也。
第二類　（一）國　包天子諸侯言之，如周、魯是。
（二）邑　卿大夫。
（三）鄉
（四）亭
（五）國系　如唐叔、滕叔。
（六）國爵　如夏侯、息夫。息夫者，息公子爲大夫也。

| | | | |
|---|---|---|---|
| | （七） | 邑系 | 如原伯、申叔。 |
| | （八） | 邑謚 | 如苦成。 |
| 第三類 | （一） | 地 | 謂居地也。如東門襄仲、東里子産。○《潛夫論·志氏姓》：東門、西門、東郭、北郭，所謂居也。 |
| 第四類 | （一） | 字 | |
| | （二） | 名 | |
| | （三） | 次 | |
| | （四） | 族 | 以謚爲族，亦有非謚者。 |
| | （五） | 謚 | |
| | （六） | 族系 | 如叔孫、季孫。 |
| | （七） | 名氏 | 如士季、伍參。 |
| | （八） | 謚氏 | 如楚鬻子之後爲鬻子氏。 |
| 第五類 | （一） | 官 | |
| | （二） | 爵 | |
| | （三） | 技 | 如巫、卜。 |
| | （四） | 官名 | 如師延、史晁。 |
| | （五） | 爵系 | 如王叔。 |
| | （六） | 爵謚 | 如衛成公之後爲成公氏。 |
| 第六類 | （一） | 吉德 | |
| | （二） | 凶德 | 如黥布。 |
| | （三） | 事 | 如漢丞相田千秋，以年老，許乘小車入朝，時人稱車丞相，其後人以車爲氏。 |
| 第七類 | （一） | 代北複姓 | |
| | （二） | 關西複姓 | |
| | （三） | 諸方複姓 | |
| | （四） | 代北三字姓 | |
| | （五） | 代北四字姓 | |

此外又有生而有文一種。如武則天之先，爲周平王之後，生而手有文曰武，遂以武爲氏是也。鄭氏別附之於後，蓋不信之。

顧亭林《原姓篇》曰："男子稱氏。女子稱姓。氏一再傳而可變，姓千萬年而不變。……考之於傳，二百五十五年之間，有男子而稱姓者乎？無有也。女子則稱姓。古者男女異長。在室也，稱姓，冠之以序，叔隗、季隗之類是也。已嫁也，於國君則稱姓，冠之以國，江芈、息嬀之類是也。於大夫則稱姓，冠之以大夫之氏，趙姬、盧蒲姜之類是也。在彼國之人稱之，或冠以所自出之國若氏，驪姬、梁嬴之於晉，顔懿姬、鬷聲姬之於齊是也。……既卒也，稱姓冠之以謚，成風、敬嬴之類是也。亦有無謚而仍其在室之稱，仲子、少姜之類是也。是古氏焉者，所以爲男別也。姓焉者，所以爲女坊也。自秦以後之人以氏爲姓，以姓稱男，而周制亡，而族類亂。"案春秋時之男子，所以不稱姓者，非不重姓也，言氏則姓可知耳。蓋女無外事，但於昏姻時考其姓，以免取同姓之譏，可矣。男子與人交接孔多，必先知其祖父爲何人，不能但知其始祖之姓而止，故必有氏以表之。夫姓不足以表男子者，以其始祖去之久遠，其關係已亡也。然則得氏之祖，去其人久遠者，仍不足以表明其人爲何如人，此氏之所以必時變也。如魯之叔孫氏，所以表明其爲叔牙之後也。然使凡叔牙之後，皆以叔孫爲氏，則但知其爲叔牙之後耳，不知其在叔牙之後中，支分派别爲何如矣。故必別立氏，以表之，如叔仲氏是也。《後漢書・羌傳》曰："氏族無定。"案羌爰劍之後，五世至研。研豪健，羌中號其後爲研種。十三世之燒當，復豪健。其子孫更以燒當爲種號。所以必更者，以研去其時已遠，懷研德者，不如其懷燒當；畏研威者，亦不如其畏燒當也。中國氏之數改，亦同此理。然則非男子不重姓也，男子於姓之外又須有氏，女子則但有姓而已足耳。至秦以後人，所以以氏爲姓者，則因譜牒亡而姓不可知，乃無可如何之事，非其欲如此也。漢人欲求正姓，乃有吹律定姓之法。其理略見《潛夫論・卜列篇》。説甚怪迂，不足信也。

譜牒之原甚古。《周官・小史》：掌邦國之志。尊繫世，辨昭穆。若有事，則詔王之忌諱。大祭祀，讀禮法。史以書叙昭穆之俎簋。《注》："鄭司農云：繫世，謂帝繫、世本之屬。《疏》："天子謂之帝繫，諸侯謂之世本。”先王死日爲忌，名爲諱。”又《瞽矇》：“諷誦詩，世奠繫。”“杜子春云：世奠繫，謂帝繫、諸侯、卿大夫世本之屬是也。小史主次序先王之世，昭穆之繫，述其德行。瞽矇主誦詩，并誦世繫，以戒勸人君也。故《國語》曰：教之世，而爲之昭明德而廢幽昏焉，以休懼其動。”案古代事蹟，率由十口相傳，久之乃著竹帛。瞽矇之職，蓋尚在小史之前。小史能知先世名諱忌日，則於世次之外，必能略記其生卒年月等。瞽矇所諷，可以昭明德而廢幽昏，則并能略知其行事矣。此後世家譜家傳之先河也。此等記載，列國蓋多有之。故《史記·三代世表》，謂“自殷以前，諸侯不可得而譜，周以來乃頗可著”也。《十二諸侯年表》云：“譜牒獨記世謚。”《南史》：王僧孺被命撰譜，不知譜所自起，以問劉杳。杳曰：桓譚《新論》云：太史公《三代世表》，旁行邪上，并效《周譜》。案此語《史通》亦引之。則其既著竹帛之後，體例尚可微窺也。《世本》雖出後人纂輯，所據當係此等譜牒。今其書已亡。竊謂《大戴記·帝繫姓》一篇，實其僅存者。特累經傳寫，遂失旁行斜上之舊式。而《五帝德》一篇，則瞽矇之所諷誦也。《後漢書·盧植傳》：竇武援立靈帝，朝議欲加封爵。植獻書規之曰：“今同宗相後，披圖案牒，以次建之，何勳之有？”則其制至漢尚存。故史公得放效之，而桓譚能知其所取法也。

古代譜牒，後世私家亦多有之。其僅存者，散見《世説新語注》中。《注》所引皆稱譜，惟王渾一條稱家譜。《隋》、《唐志》所著録，則皆稱家譜。其目存於《隋》、《唐志》，《隋志》著録，家傳、家譜，分隸兩門。家傳入傳記，家譜入譜系。《舊唐志》乃并爲一，實非是也。自魏以來，選舉重世族，其學乃大盛。《新唐書·柳冲傳》記其始末曰：“晉太元中，散騎常侍河東賈弼譔《姓氏簿狀》，十八州，百十六郡，合七百一十二篇，甄析士庶無所遺。宋王弘、劉湛好其書。弘每日對千客，可不犯一人諱。湛爲選曹，譔《百家譜》，以助銓序。文傷寡省，王儉又廣之。王僧孺演益，爲十八篇。東南諸族，自爲一篇，不入百家數。弼傳子匪之。匪之傳子希鏡。希鏡譔《姓氏要狀》十五篇，尤所諳究。希鏡傳子執。執更作

《姓氏英賢》一百篇。又著《百家譜》,廣兩王所記。執傳其孫冠。冠撰《梁國親王太子序親簿》四篇。王氏之學,本於賈氏。唐興,言譜者以路敬淳爲宗,柳冲、韋述次之。李守素亦明姓氏。時謂肉譜者。後有李公淹、蕭穎士、殷寅、孔至,爲世所稱。初漢有《鄧氏官譜》。應劭有《氏族》一篇。王符《潛夫論》,亦有《姓氏》一篇。宋何承天有《姓苑》二篇。譜學大抵具此。"又曰:"初太宗命諸儒撰《氏族志》,甄差羣姓。其後門胄興替不常,冲請改修其書。帝詔魏元忠、張錫、蕭至忠、岑義、崔湜、徐堅、劉憲、吴兢及冲,共取德功時望國籍之家,等而次之。夷蕃酋長,襲冠帶者,析著别品。會元忠等相繼物故,至先天時,復詔冲及堅、兢與魏知古、陸象先、劉子玄等討綴,書乃成。號《姓系録》。開元初,詔冲與薛南金復加刊竄,乃定。"此唐以前譜學之大略也。譜系本私家之事。然朝廷以閥閲用人,社會以門第相尚,則其關係甚大,非復一家所得自私。故記載職以官司,私譜不容紊亂。鄭樵所謂"隋、唐而上,官有簿狀,家有譜系;私書濫,糾以官籍;官籍缺,考以私書"者也。當時重之如此。研覈其事者,自可成爲學問。至五代而後,"取士不論家世,昏姻不問閥閲",亦鄭樵語。而其法大壞矣。唐人姓氏之書,存於今者,惟一《元和姓纂》。《通志·氏族略》多與之同,蓋即其所本,此外則皆亡矣。亦可見譜學之衰矣。世皆謂門閥之盛,由於九品中正之制。實則社會故有此階級,而九品中正之制,乃緣之而興;而兩漢選舉之不論門閥,特其偶然伏流耳。

《柳冲傳》又載柳芳論氏族之語,頗可見崇重門第之由來,及譜學所由盛衰。今節録之。其言曰:"氏族者,古史官所記也。昔周小史定繫世,辯昭穆,故古有《世本》,録黄帝以來至春秋時諸侯卿大夫名號繼統。……秦既滅學,公侯子孫,失其本系。漢興,司馬遷父子乃約《世本》,修《史記》,因《周譜》,明世家,乃知姓氏之所由出。虞、夏、商、周、昆吾、大彭、豕韋、齊桓、晉文,皆同祖也。更王迭霸,多者千祀,少者數十代。先王之封既絶,後嗣蒙其福,猶爲彊家。漢高帝興,徒步有天下。命官以賢,詔爵以功;……先王公卿之胄,才則用,不才棄之;不辨士與庶族;然則始尚官矣。然猶徙山東豪傑,以實京師。齊諸田,楚屈、景,皆右姓也。其後進拔豪英,論而録之,蓋七相五公之所由興也。魏氏立九品,置中正;尊世胄,卑寒士,權歸右姓已。其州大中正主簿,郡中正功曹,皆取諸姓士族爲之,以定門胄,品藻人物。晉、宋因之,始尚姓已。然其别貴賤,分士庶,不可易也。於時有司選舉,必稽譜而考其真僞。故官有世胄,譜有世官。賈氏、王氏譜學出焉。由是有譜局,令史職皆具。……夫文之弊,至於尚官。官之弊,至於尚姓。姓之弊,至於尚詐。隋承其弊,不知其所以弊,乃反古道,罷鄉舉,離地著,尊執事之吏。於是乎士無鄉里,里無衣冠,人無廉恥,士族亂而庶人僭矣。故善言譜者,繫之地望而不惑,質之姓氏而無疑,綴之婚姻而有别。"云云。觀其言,可見譜學之興,實由社會故有士庶之别也。

譜牒所以明統系,統系明則氏族不淆。然必社會先有重視氏族之心,而後譜牒之法,得以維持。否則非以僞亂真,即闕而不舉矣。此晚唐以後,譜系之所由不可復問也。自宋學盛行,人有敦宗收族之心,而譜牒之纂修復盛。至於今日,苟非極僻陋之邦,極衰敝之族,殆無不有譜。然其用意,則與古大異矣。今人譜法,率本歐、蘇,而踵事增華,其例實較歐、蘇爲美備。此篇非講譜學,故措勿論。然使今後譜學日以昌明,全國譜牒,皆臻完善,則於治化,固大有裨。何者?人口之增減,男女之比率,年壽之修短,智愚賢不肖之相去,一切至繁至瑣之事,國家竭力考查,而不得其實者,家譜固無不具之,且無不能得其實。苟使全國人家,皆有美備之譜牒,則國家可省無數考查之力,而其所得,猶較竭力調查者爲確實也。惟此事宜以官力輔助之。昔章實齋撰《和州志》,有《氏族表》。撰《永清縣志》,有《氏族表》。其《序》,謂"譜牒之書,藏之於家,易於散亂。盡入國史,又懼繁多。方州之志,考定成編,可以領諸家之總,而備史之要删"。又謂"國史不録,州志不載,譜系之法,不掌於官,則家自爲書,人自爲説,子孫或過譽其祖父,是非或頗謬於國史。其不肖者流,或謬託賢哲,或私鬻宗譜。悠謬恍忽，不可勝言”。“今大江以南，人文稱盛，習尚或近浮華。私門譜牒，往往附會名賢，侈陳德業，其失則誣。大河以北，風俗簡樸，其人率多椎魯無文。譜牒之學，闕焉不備。往往子孫不誌高曾名字；間有所録，荒略難稽，其失則陋。”又謂和州明季乙亥，圖書燬於兵燹，家譜世牒，寥寥無聞；而嘉靖、萬曆中所修州志具在。是在官易守，私門難保之明徵。凡此所言，已足見譜牒之事，不宜專責諸私家，而官司必當相助爲理。抑予尤有進焉者；古代繫世之所以易奠，實以其人皆聚族而居。後世情勢既殊，更欲聯散處之分支，以同歸於一本，力既薄而弗及，情又涣而不親，必非私家之力所克舉，而欲考世系以明史實，辨遺傳以定昏姻，有非合遠近以共觀，則其事不明者。凡若此者，或則行文詢問，或則遣吏考查，亦惟官力爲能行之。且私家譜牒，纂修縱極詳備，終不免限於偏隅。合全國之譜牒而會其通，亦惟官力爲能操其關鍵也。然則國家釐定譜法，責令私家修纂，總其成而輔其不及，實於民政文化，兩有裨益矣。宗法之廢，由於時勢之自然。後人每欲生今反古，謂足裨益治理，其事皆不可行。如令族長戒敕不肖子弟：兩姓有訟，令兩族族長先行調處等皆是。惟藉私家之譜牒，以助官力之調查，則其事極易行，而其所裨實大也。私見如此，竊願承學之士，共究其利害焉。

吾國表女系之姓，與表男系之正姓庶姓并行，及庶姓專行，蓋各有其時代。表女系之姓之盛行，蓋尚在史記之前。姬、姜、姚、姒，在當時，蓋各爲一女系之部落。此等部落，同系者昏姻不通，故以姓别之。迨乎女系易爲男系，婚姻之可通與不可通，亦由男系之同異而别。則表女系之姓，已無所用之。故其名猶是，其實遂非。姬、姜、姚、姒，始以表女系者，至是乃以表炎、黄、舜、禹之後矣。於是表女系之姓亡。時則主男系之宗法方盛，乃以正姓表始祖，以明一本；以庶姓表支派，以别親疏。其時此等大姓；大抵聚居一處。有分出者，非爲諸侯，即爲大夫，譜牒詳明。故雖派别支分，而仍不昧其原本。迨封建破壞，諸侯大夫，降爲編户，則勢散而力薄。遂至但記庶姓，而昧其本姓。封建既廢，既無不敢禰先君之别子，又無特起之大夫，無從别立新氏；而一人之後，亦不復如古代之羣萃州處，無庸多立新名，以表支派，而所謂庶姓者，遂百世不易。於是正姓亡而庶姓專行矣。自唐以前，辨别姓氏甚嚴。如“《新唐書》言河南劉氏，本出匈奴之劉庫仁；柳城李氏，世爲契丹酋長；營州王氏本高麗之類，此同姓而不同族也。又如《魏書·高陽王雍傳》，言博陵崔顯，世號東崔，地寒望劣，此同族而不同望也”。《日知録》卷二十三《通譜》。凡若此者，無非欲嚴其區别，以明其系統而已。乃自譜牒既亡，而此等區别，又不可知。則今日所謂姓氏，即古所謂庶姓者，亦徒有其名，而不能藉此以别統系矣。故自唐以前，可謂庶姓盛行之時；自五代以後，可謂庶姓衰敝之時也。大抵姓氏之淆亂，非由誤分，即由誤合。誤分者，如伏、宓本一，因字形之異而分爲二；共氏、叔氏、段氏，同出鄭共叔段而分爲三是也。誤合者，則如賜姓，改姓，冒姓，子從母姓，奴從主姓，異姓爲後，或因字音字形之淆譌，或則複姓去其一字皆是。古姓之可考見者，遠且勿論，即五代時之《百家姓》所載諸姓，今已有不經見者矣。豈亡氏者如此之多邪？其必有與他姓誤合者，無足疑矣。若皆能如漢武帝之於金日磾，取舊姓所無之字，固不虞其混淆。然造姓者又皆不能。於是新造之姓，又與舊有之姓相混。至於今日，殆於紛紜轇轕，不可究詰矣。《日知録》曰：“洪武元年，禁不得胡姓者，禁中國人之更爲胡姓，非禁胡人之本姓也。三年四月甲子，詔蒙古諸色人等，入仕之後，或多更姓名。朕慮歲久，其子孫相傳，昧其本原，非先王致謹氏族之道。中書省其告諭之。如已更易者，聽其改正。可謂正大簡要。至九年三月癸未，以火你赤爲翰林蒙古編修。更其姓名曰霍莊。蓋亦放漢武賜日磾姓金之意。然漢武取義於休屠王祭天金人，亦以中國本無金姓也。今中國本有霍姓，而賜之霍，則與周霍叔之後無别矣，況其時又多不奉旨而自爲姓者。其年閏九月丙午，淮安府海州儒學正曾秉正言：臣見近來，蒙古色目人，多改爲漢姓，與華人無異，有求仕入官者，有登顯要者，有爲富商大賈者。非我族類，其心必異。宜令複姓，庶可辨識。至永樂元年九月庚子，上謂兵部尚書劉儁曰：各衛韃靼人多同名，宜賜姓以别之。於是兵部請如洪武中故事，編置勘合，給賜姓氏。從之。三年七月，賜把都帖木兒名吴允誠，倫都兒灰名柴秉誠，保住名楊效誠，自此遂以爲例。而華宗上姓，與旃裘之種相亂。”云云。案新姓與舊姓之淆混，以此等關係爲最多。入民國後之滿人，造中國姓名之教士，皆是也。今日更欲追溯正姓,固不可得。即僅就現行之姓,一一追原其始,亦屬無從。然此本無謂之事。吾輩之言譜牒,祇在藉以輔助民政,研究學問。則斷自所知,翔實記載焉可矣。其不可知者,不徒不必強溯。彼強爲附會者,且宜删削,以昭真實也。

合族而居之制,必盛於天造草昧之時。以其時就政治言,就生計言,均無更大之團體,内藉此以治理,外資此以自衛;而分工合作之道,亦即寓於其中也。逮乎後世,安内攘外,既有國家;易事通工,胥資社會;則合族而居之利,已自不存;而族長手握大權,或礙國家之政令;如家長有生殺家人之權,即與國家法律有礙。《春秋》之義,斤斤於父殺其子當誅,必當時之俗,實有父殺其子者。"小杖則受,大杖則走"之義,亦因斯而立也。羣族互相争鬬,尤妨社會之安寧;則破大族而代之以小家,亦勢不容已矣。職是故,書契所記,三代之時,平民之家,不過五口八口。卿大夫之家,雖可聯之以宗法,然同財者仍不過大功以下;且仍許其異居,則其家,亦與平民之家無異矣。夫既許其異居,而猶必聯之以宗法者,則以封建之世,諸侯卿大夫之族,實係高居民上,役人民以自養,不得不謀自衛之道也。後來或無此意,然其制之初立,則確係如此。然則封建廢,則宗法亦當隨之而廢;宗法廢;則貴族之家,亦當一如平民之家矣。然後世猶有以宗族百口,累世同居爲美談者,則由未知宗法爲與封建相輔而行之制,誤以其團結不散,爲倫理所當然;且未知古所謂宗,每年僅合食一次,并無同居之事也。累世同居之事,蓋起於漢。趙氏翼《陔餘叢考》曰:"世所傳義門,以唐張公藝九世同居爲最。然不自張氏始也。《後漢書》:樊重三世共財。繆肜兄弟四人,皆同財業。及各娶妻,諸婦遂求分異。肜乃閉户自撾。諸弟及婦聞之,悉謝罪。蔡邕與叔父從弟同居,三世不分財,鄉黨高其義。又陶淵明《誡子書》云:潁川韓元長,漢末名士,八十而終。兄弟同居,至於没齒。濟北氾幼春,七世同財,家人無怨色。是此風蓋起於漢末。"陳氏《禮書》曰:"周之盛時,宗族之法行,故得以此繫民而民不散。及秦用商君之法,富民有子則分居,貧民有子則出贅。由是其流及上,雖王公大人,亦莫知有敬宗之道。寖淫後世，習以爲俗。而時君所以統馭之者，特服紀之律而已。間有糾合宗族，一再傳而不散者，則人異之，以爲義門。豈非名生於不足歟？”蓋封建之世，宗法之行分合之間，自有定則。固不至如後世之宗族不相恤；亦斷不得生今反古，而同居者至於千百口也。趙氏綜計前史，謂歷代義門，見於各史孝義孝友傳者，《南史》十三人，《北史》十二人，《唐書》三十八人，《五代》二人，《宋史》五十人，《元史》五人，《明史》二十六人。又有不在孝友孝義傳，而雜見於本紀列傳者。又有正史不載，雜見他書者。其風可謂盛矣。然顧亭林《日知録》曰："宋孝建中，中軍府録事參軍周殷啓曰：今士大夫父母在而兄弟異居，計十家而七。庶人父子殊產，八家而五。其甚者，乃危亡不相知，饑寒不相恤。……宜明其禁，以易其風。當日江左之風，便已如此。《魏書·裴植傳》云：植雖自州送禄奉母，及贍諸弟，而各別資財，同居異爨；一門數竈。蓋亦染江南之俗也。隋盧師道聘陳，嘲南人詩曰：共甑分炊飯，同鐺各煮魚。而《地理志》言蜀人敏慧輕急，尤足意錢之戲，小人薄於情禮，父子率多異居。……《宋史》：太祖開寶元年六月癸亥，詔荆蜀民祖父母、父母在者，子孫不得別財異居。……二年八月丁亥，詔川峽諸州，察民有父母在而別籍異財者，論死。太宗淳化元年九月辛巳，禁川峽民父母在出爲贅壻。真宗大中祥符二年正月戊辰，詔誘人子弟析家產者，令所在擒捕流配。其於教民厚俗之意，可謂深且篤矣。原《注》："《遼史》：聖宗統和元年十一月，詔民有父母在，別籍異居者，坐罪。"若劉安世劾章惇，父在，別籍異財，絶滅義禮，則史傳書之，以爲正論。馬亮爲御史中丞，上言父祖未葬，不得別財異居。原《注》："李元綱《厚德録》。"乃今之江南，猶多此俗。人家兒子娶婦，輒求分異。而老成之士，有謂二女同居，易生嫌競；式好之道，莫如分爨者。豈君子之言與？"觀顧氏之言，則知析居之風，由來已久；顧氏又引《抱朴子》："漢桓帝之世，更相濫舉。時人爲之語曰：舉秀才，不知書。察孝廉，父別居。"則其風之盛，實不待宋孝建中矣。且滔滔者天下皆是。趙氏所輯累世同居之事，雖若甚多，實則九牛之一毛耳。此等累世同居之人，其原因有二：（一）由誤謂倫理當然。漢人之行之,蓋以其時去封建之世未遠,習以惇宗睦族爲美談,而不察其實也。後人遂仍其誤,莫之能正。宋儒墨守古人制度,提倡同居尤力。顧氏《華陰王氏宗祠記》曰:“程、朱諸子,卓然有見於遺經。金元之代,有志者多求其説於南方,以授學者。及乎有明之初,風俗淳厚。而愛親敬長之道,達諸天下,其能以宗法訓其家人,或累世同居,稱爲義門者,往往而有。”可見同居之盛,由於理學家之提倡者不少矣。(二)則隨時隨地,各有原因,非逐一考證,不能明瞭。如《日知録》謂“杜氏《通典》言北齊之代,瀛、冀諸劉,清河張、宋,并州王氏,濮陽侯族,諸如此輩,近將萬室。《北史・薛胤傳》:爲河北太守,有韓、馬兩姓,各二千餘家。今日中原北方,雖號甲族,無有至千丁者。户口之寡,族姓之衰,與江南相去夐絶”。陳宏謀《與楊樸園書》,謂“今直省惟閩中、江西、湖南,皆聚族而居,族居有祠”。則聚居之風,古代北盛於南,近世南盛於北。蓋由北齊之代,喪亂頻仍,民多合族以自衛。而南方山嶺崎嶇之地,進化較遲,流移者須合遷徙之人爲一,乃足自安。土著者或與合族而居之時,相距未遠故也。苟欲深明其故,則如《陔餘叢考》所載歷代累世同居之事,非一一按其時地,考厥情形不可,固不容執一端以強斷之矣。

此等聚族而居之事,流弊頗多。讀清高宗乾隆二十九年江西巡撫輔德一疏可見。疏云:“江西民人,有合族建祠之習。本籍城鄉,暨其郡郭,并省會地方,但系同府、同省之同姓,即糾斂金錢,修建祠堂。率皆棟宇輝煌,規模宏敞。其用餘銀兩,置産收租。因而不肖之徒,從中覬覦,每以風影之事,妄啓訟端,藉稱合族公事,開銷祠費。縣訟不勝,即赴府訴。府審批結,又赴省控。何處控訴,即住何處祠堂,即用何處祠費。用竣,復按户派出私財,任意侵用。”又云:“所建府省祠堂,大率皆推原遠年君王將相一人,共爲始祖。如周姓則祖后稷,吴姓則祖泰伯,姜姓則祖太公望,袁姓則祖袁紹。有祠必有譜。其纂輯宗譜,荒唐悖謬,亦復如之。凡屬同府、同省者,皆得出費與祠,送其支祖牌位總龕之内,列名於宗譜之册。每祠牌位,動以千百計。源流支派無所擇。出錢者聯秦越爲一家，不出錢者置親支於局外。原其創建之初，不過一二好事之徒，藉端建議，希圖經手侵漁。訪其同府、同省同姓，或聯絡於生童應考之時，或奔走於農民收割之後。百計勸捐，多方聳動。愚民溺於習俗，樂於輸助。故其費日集而多，其風日踵而盛。初成廣厦，置之空閒。歇訟聚賭，窩匪藏姦，不可究詰。近於省會祠中，復經挐獲私鑄案犯”云云。《清經世文編》卷五十八。其流弊可謂大矣。先是陳宏謀官江西，令民選舉族正族約，官給牌照，令司化導約束之事。其事亦實不可行。乃輔德議廢祠宇，宏謀猶寓書楊樸園，謂其“因偶然之弊，而廢長久之良法”，何其迂而不切於務與！

宗法盛行之時，國家之下，宗亦自爲一集體。龔定庵謂“周之盛也，周公、康叔以宗封。其衰也，平王以宗徙。翼頃父、嘉父、戎蠻子皆以宗降。漢之實陵邑，以六國巨宗徙”是也。《農宗篇》。小程謂漢高祖欲下沛，衹是以帛書與父老，父兄便能率子弟從之。又如相如使蜀，亦遺書責父老，然後子弟皆聽其命。亦由於此。小程謂“必有尊卑上下之分，然後順從而不亂。若無法以聯屬之，安可”？因謂“管攝天下人心，收宗族，厚風俗，使人不忘本，須是明譜系，收世族，立宗子法”。殊不知國家之職，正在使人人直屬於國。宗法盛行之時，其民誠不如後世之散無友紀。自衛之力既強，衛國之力亦大。然其爲政令之梗亦甚。古所以有族誅之刑者，正以其時族之搏結厚，非如此，不足以絶禍根也。若後世，安用此乎？

強宗巨族之害如此，則所謂義門，實不足尚。斯理也，明達事理之士，亦多見及之。其言之最直捷者，無過於李穆堂。穆堂《別籍異財議》曰：“吾江西風俗淳厚。聚族而居，族必有祠，宗必有譜。尊祖敬宗之誼，海内未能或先。至於一家之中，累世同爨，所在多有。若江州陳氏、青田陸氏，并以十世同居，載在史册。今此風亦稍替矣。觀朱子曉諭兄弟争財産事，援據禮律，以敦教化。凡祖父母、父母在堂，子孫別籍異財者，并將鬮約呈首抹毁。不遵者依法斷罪。信乎儒者之政，異乎俗吏之爲之也。然細思之，尚有未盡善者。蓋禁其争財可也,禁其分居,恐未可也。孟子論王政,止稱八口之家。朱子釋之,以弟爲餘夫,壯而有室,即别授百畝,是古者未嘗禁人之分居也。惟是鄉田同井,相友,相助,相扶持,則分而不分耳。迨世既衰,漸失友助扶持之意。於是篤行之士,矯爲累世同居之事。姑以勸親睦而激薄俗耳,非比户所能行也。凡累世同居者,必立之家法,長幼有禮,職事有司,筦庫司稽,善敗懲勸,各有定制。又必代有賢者,主持倡率,而後可行。否則財相競,事相諉,儉者不復儉,而勤者不復勤,勢不能以終日。反不如分居者各惜其財,各勤其事,猶可以相持而不敗也。至於祖父母,父母在堂,亦微有辨。如年踰七十,宜傳家政;或年雖未衰,别有疾病,而不任綜理;則子孫析居,亦無不可。且其家既分析,必其家法未立;又無可兼綜之人。今必責已分者使之復合,是強人以所不能,勢不行矣。"其説可謂甚通。姚崇遺令,以達官身後,子孫失蔭,多至貧寒。斗尺之間,參商是競。欲預爲分定,以絶後争。亭林謂當時老成之士,謂式好之道,莫如分爨。皆與穆堂所見相同者也。

抑民間之分居,尚有出於不得已者。唐玄宗天寶元年,敕:"如聞百姓,有户高丁多,苟爲規避,父母見在,乃别籍異居。宜令州縣勘會。其一家之中,有十丁以上者,放兩丁徵行賦役。五丁以上放一丁。即令同籍共居,以敦風教。其賦丁孝假,與免差科。"謂應賦之丁,遇父母亡則免差科,謂之孝假。蓋古以人丁衆寡,定户等高下,析居所以避多丁,免重役也。宋時之民,有自殺以免其子之役者。此豈空言禮教,所能強使同居哉?

五口八口之家,雖非強宗巨族之比,爲家長者,亦終必帶幾分壓制,況於累世同居者乎?浦江鄭濂,累世同居。明太祖問以其道。對曰:"惟不聽婦人言耳。"此一語盡之矣。清劉紹攽論之曰:"不聽婦言,家亦無有不離者。女子之生,惟夫是依。方其待嫁,未嘗不厚自期許,曰:異日者,佐吾夫,齊吾家。及其既歸,又未嘗不深自黽勉,曰:今日者,幸得佐吾夫,庶幾齊吾家。而夫乃曰:是離吾家者,言不可聽。則其情必睽。夫夫之於婦,其情最篤。篤者睽之,奚論不篤者？吾不知夫之父母、兄弟、姑姊、妯娌之屬，又當何如疑慮，何如防閑？爲之婦者，行且自計：謂我以夫爲家，夫顧外我，家之人從而擯我，然則家非我有，我何幸其齊？又何憂其不齊？適足以毁其家耳。”頗能鍼砭俗儒之失。然今日之所謂家者而不改，女子終不能自拔。争女權者，亦不必計較於百步五十步之間也。

今日之所謂家者不改，又有一弊。亡清之末，議定民律。某君司起草，嘗演説曰："今日政治之不善，中國人重視其家之習，有以爲之累也。國家之任官，將使之行國家之意也。而今之官吏，無不爲財來。故缺有肥瘠，差有美惡。彼直商賈耳，安暇奉公？其所以如此者，皆家爲之累也。今日人人重視其家之習不改，一切皆無可望，亦不獨政治也。"其言善矣。然以此偏責中國人，則亦未是。今日歐美人之家，特較中國人之家，大小不同耳。其性質固無以異也。中國人思自利其家，歐美人獨不思自利其家乎？且由今之道，無變今之俗，即將所謂家者毁棄，亦人人思自利其身耳。人人思自利其身，其貽害於公，與人人思自利其家，有以異乎？無以異乎？此事癥結，自别有在，斷非數條民律，所能移也。

古代財産，本爲一族所公有。爲族長者，持操其管理之權耳。古所以嚴"父母存不有私財"之禁者，非惡其有財，乃惡其侵家長治理之權也。爲家長者，財雖非其私有，然既操管理之權，則其實與私有無異。古代貴族所以争襲者，半亦有此。若平民，則百畝之田，率由公給，轉無所謂繼嗣之争矣。後世財産私有，而其情形乃一變。

財産爲一族所公有之世，爲族長者，雖得操其治理之權，然財究非其私有。則所謂繼嗣者，亦繼嗣其治理之權而已。夫治理之權，固不可分。則於衆子之中，不得不擇其一。其後財爲一族所公有之制既廢，而以一子繼嗣之習猶存，遂成一子襲産之制。專産業於一人，坐視其餘之人無立錐之地，於理殊覺不安。吾國則久行均分之制。《清律》："分析家財田産，不問妻、妾、婢生，但以子數均分。"是也。姦生之子，依子量與半分。無子立繼者，與私生子均分。至此，則所謂宗族者，僅存空名。既無權力，又無財産，南方山嶺之區，或有設立規條，以治理族衆者。然其權力究亦不大。江河流域之平原，則幾於無復此事。即有之，亦僅存其名而已。族中公産，如祭掃等費，亦其微已甚。其小有可觀者，則爲後人放宋范仲淹所置之義田。或由一二人出資，或由合族所醵，用以贍其族之老、幼、孤、寡、貧病者，助其喪葬婚嫁。亦或推廣之，設立義塾，津帖應試者之旅費。此誠得互助之道，然必限之以宗族，則仍未免楚弓楚得，失之不廣也。義田贍族，創之者意誠甚美。然實惠所及，時或不多。以一姓之人口，必降而愈繁，財産不易與之比例而增也。陳宏謀官江西時，嘗勸其民將宗祠經費，舉辦社倉，立還借之法，以期可久。

立後之法，亦今古不同。古者大宗不絶小宗絶，《儀禮·喪服》："大宗者，尊之統也。大宗者，收族者也。不可以絶，故族人以支子後大宗也。"《公羊》莊二十四年《解詁》："小宗無子則絶。"〇宗子爲殤而死，庶子弗爲後，蓋後其父也。今則人人皆欲立後。言禮者多深非之。黄宗羲曰："古來宗法，有大宗，有小宗。餘子無後者，祔祭於宗子之廟。大宗不可絶，故族人以支子後大宗。非大宗而立後者，古未有也。今一人必求一繼者，世俗之瞽説也。"案柳宗元《與許孟容書》，自以得姓來二千五百年，代爲冢嗣，故以無後爲戚。猶非如世俗之人人皆欲立後也。然主張人皆立後者，亦自有其説。其説曰："古者行世官世禄之制，不可令小宗旁支雜出干預。後世則惟有世職、世爵，及如明之屯軍有句丁、鹽丁，工匠有世役者，乃當用此例。此外則入官悉由選舉；庶孽崛起，即同别子之尊；正適失官，還同庶人之賤。其貧富亦視其勤惰奢儉以爲衡。若必責貴家之正適以收族，非廢選舉而行世官，奪庶孽之財，以與正適不可。案此乃後世國權擴大，人人直屬於國之證。古之臣人者，以其宗，非以其人；任人者，亦任其宗，非任其人也。且古之有家，略同有國，統緒不可淪亡。後世既無世官、世禄，但論親情，則適庶長幼，同是五世則遷之宗耳。何必奪人之子以爲子？亦何必捨其父而謂他人父哉？夫如是，則大宗不可立。大宗不立，則人人各親其親，各禰其禰，固其所也。又以祭祀論，古者殤與無後者，祭於宗子之家，從祖祔食。今無宗子，則無祖廟，令其祔食何所乎？且後世田産非由官授，率皆自致，國家亦既許其私之矣，死而收之，諒非人情所願，而於事亦不甚便。令其親族分受，糾紛益多，案舊律自無男歸女，無女入官之條。無男歸女，實爲允協。無女入官，於理亦允，而於事不甚便。恐與其人切近者，知其死後産將入官，於其生前設計攘奪，使老而無後者，不得安其生也。轉不如立一人焉，令其盡生養死葬祭祀之責，而許其承受之爲得也。"凡此，皆主人人可以立後者之説也。并有謂絶父以後大宗，非古人之意者。其説曰："父而可絶，則適子何以不得後大宗，而必以支子乎？"按此古人語不具耳。"大宗無後，族無庶子，當絶父以後大宗。"明見於石渠之議。又《通典》載田瓊之論，亦謂當以"長子後大宗。諸父無後，祭於宗家。後以庶子還承其父"。此事自無疑義也。議論如是，而法律隨之。清代之法，無子者許以同宗昭穆相當之姪承繼。先儘同父周親，次及大功、小功、緦麻。如俱無，許擇立遠房及同姓。此中論序，議論亦不一。如以同父周親論：有謂長房無子，必以次房次子承繼；次房無次子，乃得立三房之次子；不得越次房而及三房，亦不得越次子而及第三子者。有謂除各房之長子，惟其所欲者。有謂宜擇最多子之一房，令其承繼者。并有謂親疏相等，可決之以卜者。於理皆有可通，於禮與律，皆無明據。吾謂以律意推之，自以惟其所欲之説爲最當也。然此但就親族倫序言，而承繼之人，實有承受産業之關係。法律既保護私産，不能強人與所不欲與之人。且承繼之子，當盡奉養其父母之責，亦不能強立其所不愛。故《例》又云："繼子不得於所後之親，聽其告官别立。其或擇立賢能，及所親愛者，若於昭穆倫序不失，不許宗族以次序告争，并官司受理。"蓋專重本人之意思矣。

一族人丁衰少時，往往近親固無多丁，遠房亦無支子。《清律》既禁以異姓爲後，又必令昭穆倫序相當，則欲立後者，乃有無後可立之虞。故高宗時，又定兼祧之法，令一子得兼承兩房之嗣。大宗子兼祧小宗，小宗子兼祧大宗，皆以大宗爲重。爲大宗父母服三年，爲小宗父母服期。小宗子兼祧小宗，以本生爲重。爲本生父母服三年，兼祧父母服期。此所謂大宗，指長房而言。小宗，謂次房以下。而人人皆可立後之義，乃幾於無憾矣。

近人《立後論》云："現行律《男女婚姻條例》：招壻養老者，仍立同宗應繼者一人，承奉祭祀，家産均分。如未立繼身死，從族長依例議立。《立嫡子違法條例》：婦人夫亡無子守志者，合承夫分。須憑族長擇昭穆相當之人繼嗣。據此兩條：無子者須強使立後。無子者之財産，且強使給與嗣子。有親女者，雖招壻養老，亦僅能與嗣子均分。天下不近人情之事，莫過於此。然考此兩條，爲清朝後起之

《例》。明清兩朝《律》文，均無強人立嗣之法。明清《律》但罰異姓亂宗，罰尊卑失序，未嘗言不立嗣者處罰也。即清朝舊《例》：無子者許令同宗昭穆相當之姪承繼，先儘同父周親。次立大功、小功、緦麻，如俱無，方許擇立遠房及同姓爲嗣。所謂許令者，本係聽人之便，非謂無子者必令同宗昭穆相當之姪承繼也。由明清上溯之元。《元史·刑法志户疏議》引《户令》：無子者聽養同宗於昭穆相當者。曰聽養，亦非強人養。可知古法相傳，無強人立嗣之法。宋初新定《刑統》，《户籍資產》下引《喪葬令》：諸身喪户絶者，所有部曲、客女、奴婢、店宅、資財，并令近親轉易貨賣。將營葬事，及量營功德之外，餘財并與女。無女，均入以次近親。無親戚者，官爲檢校。若亡人在日，自有遺屬處分，證驗分明者，不用此令。此《喪葬令》乃唐令。知唐時所謂户絶，不必無近親。雖有近親，爲營喪葬，不必立近親爲嗣子。而遠親不能争嗣，更無論矣。雖有近親爲之處分，所餘財產，仍傳之親女。而近親不能争產，更無論矣。此蓋先世相傳之法，不始於唐。秦漢以前有宗法。秦廢封建，宗法與之俱廢。蕭何定《九章》，乃變爲户法。宗法以宗爲單位。户法以户爲單位。以宗爲單位，有小宗可絶，大宗不可絶之説。以户爲單位，無某户可絶，某户不可絶之理。故《唐律》禁養異姓男，《户令》聽養同宗，乃於可以不絶之時，爲之定不絶之法。《喪葬令》使近親營葬事，親女受遺產，乃於不能不絶之時，爲之定絶法。此户法當然之理也。”

又云：“爲人後之説，始見於《儀禮》。然孔子射於矍相之圃，凡賁軍之將，亡國之大夫，與爲人後者不入。鄭康成曲爲之解，謂與猶奇也。後人者一人而已，既有爲者，而往奇之，是貪財也。觀此解，可知東漢時有争繼之俗，爲人後之弊已見。然與字文義甚明，正不必強訓爲奇。俞樾《茶香室經説》曰：爲人後之禮，當始於周。何以明之？以殷事明之。殷人立弟之法，以次傳訖，仍歸其兄子。如大丁未立而卒，立其弟外丙、中壬，而復立大丁之子大甲是也。然沃丁崩，立其弟大庚，大庚崩，立其子小甲，不復立沃丁之子。小甲崩，立其弟雍己，雍己崩，立其弟大戊，大戊崩，立其子中丁，不復立小甲之子。蓋以沃丁小甲無子故也。無子即無後，可知殷禮不爲無子者立後。是以文王有長子伯邑考，不以武王之子爲之後，猶用殷禮也。孔子有兄孟皮，不以伯魚爲之後，孔子自言殷人，用殷禮也。上古大同之義，不獨親其親，不獨子其子，人固不必皆有後。故古有無服之喪。而喪之無後者，族人與前後家、東西家及里尹，皆得主之，何以立後爲？立後之禮，其起於後世之各親其親，各子其子乎？孔子有志於大道之行，故矍相之圃，創立此法。此説足以釋爲人後者不入之故。讀此，亦可知立後之多事矣。”

又其《讀律餘談》云：“日本法律有女户主。以女子奉祭祀，而贅壻入女子之家。此爲歐西法律所無。然祭祀之俗，既不能廢，爲無子者計，與其以他人之子承祭祀，固不如以親女承祭祀。謂祭祀必有男系相承，亦言之不能成理，不過習慣而已。歐西民法，雖無女户主，然各國憲法，每以女子承王位，則亦女户主之理也。《漢書・地理志》載齊襄公時，令國中民家長女不得嫁，名曰巫兒，爲家主祠。嫁者不利其家。民至今以爲俗。是漢時長女主祠，亦名巫兒。巫兒不必齊襄之法。《秦策》曰：太公望齊之逐夫。《説苑》亦言太公望故老婦之出夫。夫而可逐，可出，則與日本之女户主無異。可知齊國早有巫兒之法也。《賈誼傳》言秦地子長則出贅，本以避賦役。故秦漢之法，薄待贅壻。或加算，或遣戍。因贅壻無籍，以其妻之籍爲籍，此其妻皆巫兒也。觀此，知吾國舊法，與日本同。宋程大昌《演繁露》載，元豐六年，提舉河北保甲司言：乞義子孫、舍居壻、隨母子孫、接脚夫等，見爲保甲者，候分居日，比有分親屬給半。詔著爲令。此所謂舍居壻，即現行律所謂招壻養老，日本《民法》所謂壻養子緣組。所謂接脚夫，即日本《民法》所謂入夫，乃以男子入寡婦之家。現行律及公文書無接脚夫之説，然鄉俗數見不鮮。吾吴謂之填黄泥，或曰爪脚黄泥。爪脚即接脚。接音閉口，例轉幽宵，故譌爲爪脚。黄泥即巫兒。古音兒本讀倪，倪寬即兒寬。巫兒轉爲黄泥，猶胡瓜轉爲黄瓜，無是公作亡是公耳。巫兒本義，爲長女主祀。巫者，女能事無形，以舞降神者也。《詩》曰：誰其尸之，有齋季女。中華定民法，苟不廢祭祀之制，固宜采巫兒之俗，參女户主之法。禮順人情，可免獄訟之勞，杜覬覦之習矣。”

案此説謂女子亦可承襲爲户主，於理甚通。《左》哀六年，陳乞謂諸大夫曰：“常之母有魚菽之祭，願諸大夫之化我也。”《注》云：“齊俗婦人首祭事。”此亦巫兒之類。知《讀律餘談》之説，非附會之談也。惟欲使無子者不立後，則非今日所能。中國人所以必欲立後，蓋中於“不孝有三，無後爲大”之説。古人所以爲此説，則以其謂鬼猶求食之故。今日此等迷信，雖不如古人之深。然亦未盡破除。又人情於其所甚愛者，每不願其滅絶。中國人上不愛其國，下不愛其群。所畢生盡力經營者，厥惟家室。鐘鳴漏盡，猶欲舉其所有，傳之所愛之人；且立一人以主之，勿使之絶，此亦生於此時此地者之恒情。非社會組織大更，其情不能遽變。人心不變，雖強以法律禁止，亦必不能行。女子不得繼嗣，在今日特囿於習俗，而習俗之成，亦有其故。蓋在古昔，法律之效未普，強暴之力横行。欲圖保家，必資剛勁，女子之力，不若男子之強。獨力持門，慮難自守。職是之故，不願付諸親生之女，轉願託之入繼之男。今後法律，果確能保障人權；弱女持家，不慮親隣之陵侮。則私其子姓，人有恒情；固不慮女子之不能襲産。若乃由今之道，無變今之俗；強陵弱，衆暴寡；官司惟作調停之計，鄉里不聞仗義之言。任令羣狡之合謀，坐視孤窮之無告，則利害所在，人同趨避之情。雖歆之曰：此爲文明，斥之曰：彼爲野蠻，又孰願取虚名而受實禍哉？

異姓爲後，古人所非，鄫以外孫爲後，而《春秋》書“莒人滅鄫”是也。《公羊》襄五、六年，《穀梁》義同。然其事爲世俗所恒有。方氏苞曰：“俗之衰，人多不明於天性，而骨肉之恩薄。謂後其父母者，將各親其父母；無父母而自知其所出，猶有外心焉；故常捨其兄弟之子與其族子，而求不知誰何之人，取之襁褓之中，以自欺而欺人。”此猶僅得其一端。以予所見，固有惡同族之覬覦，而甘付諸異姓者矣。天下親愛之情，自近者始。怨毒之結，亦以近者爲深。故親兄弟，同父母，有相疾若仇讎者，路人則反無之。何則？其勢不相及也。此自事勢當然，徒執親疏厚薄之説以責人，皆不通世故者也。立後限於同姓與否，各國立法，亦各不同。今日繼嗣，究重襲産而不重祭祀。苟非共産，産業固當保護。傳諸何人，當一聽其人之自願。禁立異姓爲後之律，今後實宜除之。又養子與立後不同。舊律雖不許立異姓爲後，未嘗不許養異姓爲子；且許其分得資産。而世俗遇此等事，必羣起而攻之，藉口不許亂宗，實欲把持財産。所謂"其言藹如，其心不可問"也。《清律例》："乞養異姓爲子以亂宗族者，杖六十。以子與異姓人爲嗣者，罪同。其子歸宗。其遺棄小兒，年在三歲以下，雖異姓，仍聽收養，即從其姓。仍酌分給財産。又義男女壻，爲所後之親喜悦者，聽其相爲依倚。不許繼子并本生父母用計驅逐，仍酌分給財産。若無子之人家貧，聽其賣産自贍。"除爲亂宗一義所牽率外，所以保護本人之財産權者，亦甚周至矣。清張海珊與其外家嚴姓親族書曰："情之所極，即禮之所通。昔漢秦嘉早亡，妻徐淑，乞子養之。淑亡，子還所生。朝廷通儒，遣其鄉里，録淑所養子，還主秦氏之祀。孫吴周逸，本左氏子。爲周所養。周氏又自有子。人咸譏逸。逸敷陳古今，卒不復姓。董江都一代醇儒，朝有疑義，則使者以片言折衷焉。時有疑獄曰：甲無子，拾道旁棄兒爲己子。乙長殺人，甲匿乙。甲當何論？董曰：甲無子，振養活乙。雖非所生，誰與易之？《春秋》之義，父爲子隱。甲宜匿乙，不當坐。又一事曰：甲有乙，以乞丙。乙後長大，而丙所成育。甲因謂乙曰：汝吾所生。乙怒，杖甲。甲告官。董曰：甲生乙，不能育，義已絶矣。雖杖甲，不應坐。夫藏匿逋逃，斷以父子之律。加杖所生，附於不坐之條。其爲予奪，不既明乎？"案江都明於《春秋》，而其所言，若與"莒人亡鄫"之義相反者？一以公言，一以私言。彼亦謂有國有家之主，不得私以其位授異姓。猶孟子謂"子噲不得與人燕"耳。以私情論，則"子生三年，然後免於父母之懷"，亦以養言，非以生言也。

# 第九章　階　級

吾國古代之階級，最嚴重者，蓋爲國人及野人。《周官》有詢國危、詢國遷、詢立君之禮，享其權者，皆國人也。見《政體篇》。《孟子》曰："國人皆曰賢，然後察之。見賢焉，然後用之。國人皆曰不可，然後察之。見不可焉，然後去之。國人皆曰可殺，然後察之，見可殺焉，然後殺之。"《梁惠王下》。《王制》："爵人於朝，與衆共之。刑人於市，與衆棄之。"即此數語之注脚。朝與市皆在國中者也。大王之遷岐也，屬其耆老而告之。夫豈能盡屬其所統屬之耆老？則其所屬者，皆邑中之耆老而已。民從之者如歸市，亦其所屬之耆老，率其子弟而從之而已。厲王之監謗也，國人莫敢言，道路以目，三年，乃相與畔，襲王流王於彘，亦國人爲之也。古代之國人，所以能享此權利，有此勢力者，蓋其國家之成立，率由部落相并兼。一部落征服他部落，則擇中央山險之地，築城以居，是之謂國。其四面平夷之地，則所征服之民居之，以從事於耕農，是之謂野。故國人者，征服人之族。野人者，爲人所征服之族也。此事最顯明之證據，則國人服兵役，而野人則否，參考古代兵制，自能知之。

職是故，古代國家之基礎，實惟國人；而野人則關係較淺。國以外之土地，可以時有贏縮。但使其國仍在，國人不至盡怨叛以去，如《春秋》所謂"梁亡"者。《公羊》：僖公十九年，"梁亡，此未有伐者。其言梁亡何？自亡也。其自亡奈何，魚爛而亡也"。《注》："梁君隆刑峻法，一家犯罪，四家坐之。一國之中，無不被刑者。百姓一旦相率俱去，狀若魚爛。魚爛從内發，故云爾。"則苟有賢君，仍有復興之望。若夫野人,則賦役輕減,即歌頌德惠;苟遇虐政,則"逝將去女,適彼樂土"而已。古代之國家,疆域之脹縮,户口之增減,率由於此。

國以内之人民,亦有階級否乎?曰:有。此其階級,蓋因職業之不同而生。與國人野人,本爲異部落者不同也。古代職業之别,時曰士、農、工、商。此爲最普通之區别。《穀梁》成公元年:"古者有四民:有士民,有商民,有農民,有工民。"《公羊》成公元年《解詁》:"古者有四民。一曰德能居位曰士;二曰闢土殖穀曰農;三曰巧心勞手,以成器物曰工;四曰通財鬻貨曰商。"《漢書·食貨志》:"學以居位曰士,闢土殖穀曰農,作巧成器曰工,通財鬻貨曰商。"皆與《管子·小匡篇》同。《周官》太宰:"以九職任萬民,一曰三農,生九穀。二曰園圃,毓草木。三曰虞衡,作山澤之材。四曰藪牧,養蕃鳥獸。五曰百工,飭化八材。六曰商賈,阜通貨賄。七曰嬪婦,化治絲枲。八曰臣妾,聚斂疏材。九曰閑民,無常職,轉移執事。"分别非不細密。然其所舉,在士農工商之外者,要不若士農工商之重要也。《史記·貨殖列傳》:"故待農而食之,虞而出之,工而成之,商而通之。《周書》曰農不出則乏其食,工不出則乏其事,商不出則三寶絶,虞不出則匱財少。"此因商賈所販,率多山澤之材,故特舉一虞。《左傳》宣公十二年:"荆尸而舉,商、農、工、賈,不敗其業。"則去士但言農工商,而加以賈字以足句耳。《管子·小匡篇》曰:"士農工商,四民者,國之石民也。不可使雜處。雜處則其言哤,其事亂。是故聖王之處士,必於閑燕;處農必就田野;處工必就官府;處商必就市井。"使之"羣萃而州處","不見異物而遷"。則"其父兄之教,不肅而成;其子弟之學,不勞而能"。是故"士之子常爲士","農之子常爲農","工之子常爲工","商之子常爲商"。職業之不同,既足使權力之大小,因之而異。而其業又守之以世,則積之久而地位之高低隨之,亦其勢也。《淮南子·齊俗訓》:"人不兼官,官不兼事。士農工商,鄉别州異。是故,農與農言力,士與士言行,工與工言巧,商與商言數。是以士無遺行,農無廢功,工無苦事,商無折貨。"説與《管子·小匡篇》同。此等階級中,其權力最大,地位最高者,厥惟世爲官吏之家,時曰百姓。後世百姓與民同義,古代則不然。《書·堯典》:"以親九族,九族既睦,平章百姓,百姓昭明,協和萬邦,黎民於變時雍。"《禮記大傳》:"重社稷,故愛百姓。愛百姓,故刑罰中。刑罰中,故庶民安。"皆以百姓與民分言。間有百姓與民同義者,如《中庸》:"子庶民則百姓勸。"下又云"時使薄斂,所以勸百姓"是也,然不多見。百姓之未受爵者曰士。古者五十而後爵,爵則爲大夫。《冠義》:"天子之元子,猶士也。天下無生而貴者也。"士非爵,而又與庶人不同。蓋有受爵之資格而未爵者也。其所以有受爵之資格,則以生於百姓之家故也。職卑於士者曰庶人。庶人亦治公務,然尊卑與士大異。《孟子·萬章下篇》:"在國曰市井之臣,在野曰草莽之臣,皆謂庶人。庶人不傳質爲臣,不敢見於諸侯。"與士之得見於君者大異矣。蓋一生於世族之家,一生於民之家也。《孝經·庶人章疏》:"嚴植之以爲士有員位,庶人無限極,故士以下皆爲庶人。"不治公務,但事生業者曰民。古民與人異義。《論語·憲問》:"子路問君子,子曰:修己以敬。曰:如斯而已乎?曰:修己以安人。曰:如斯而已乎?曰:修己以安百姓。"《集解》:"孔子曰人,謂朋友九族。"朋友,如秦穆之於三良,故與九族同在百姓上。野人則變民言氓。《周官·遂人注》:"變民言甿,異内外也。"民、氓亦有通言者。《韓非子·難一》:"四封之内,執會而朝名爲臣,臣吏分職受事名曰萌。"此萌字,該内外之民言之。以國人野人,後來其別漸泯也。古之言民,頗以遠近而異。以其時列國并立,非如後世之一統也。《禮記·祭義》:"百衆以畏,萬民以服。"《疏》:"百衆,謂百官衆庶。萬民,謂天下衆民。"衆庶指本國之民,萬民指列國之民也。蓋亦曰黔首。《禮記·祭義疏》:"凡人以黑巾覆頭,故謂之黔首。漢家僕隸謂蒼頭,以蒼巾爲飾,異於民也。"《史記·秦始皇本紀》:二十六年"更命民曰黔首"。竊疑古代黔首,惟氓爲然。其後民氓不別,則有黔首者,有不然者。如皇欲應水德,乃令凡民皆以黑巾覆頭。故當時異軍特起,即以蒼頭爲別者。漢時黔首之俗遂不改,乃以蒼頭施之僕隸也。大抵有官爵者爲君子,無官爵者爲小人。君子小人,後以德言,初當以位言。君子治人,小人治於人。治於人者食人,治人者食於人。此古代社會階級之大凡也。

此等階級,蓋隨世而顯。隆古之世,交通阻隔,生事單簡。各部落互相吞并之事既少,一部落中,因任職之異,以致地位不同者亦希,則其階級不甚顯著。世運日進,社會之組織,日益複雜,則階級之差,亦因之而甚。《禮記·祭義》曰:"有虞氏貴德而尚齒,夏後氏貴爵而尚齒,殷人貴富而尚齒,周人貴親而尚齒。"貴德者,純視其人之德行才能,更無他種差别,可謂最爲平夷。貴爵則始以朝廷之尊顯爲榮矣。貴富者,《注》曰:"臣能世禄曰富。"則始優異及於任職者之子孫矣。貴親者,親其本族,異於他族。則亦將親其本部落,異於他部落。征服者與所征服者之階級,蓋自此而起也。此皆一社會中,組織日益複雜,而各部落又互相吞并爲之也。

階級之别既生,則上等階級之所以自奉養,及其所以自表異者,自有不同。《史記·貨殖列傳》曰："昔先王之制，自天子、公侯、卿、大夫、士，至於皂隸、抱關、擊柝者，其爵禄奉養，宫室、車服、棺椁、祭祀，死生之制，各有差品。小不得僭大，賤不得踰貴。"此即《左傳》所謂"君子小人，物有服章，貴有常尊，賤有等威"者也。《左傳》宣公十二年。《荀子》曰："夫貴爲天子，富有天下，是人情之所同欲也。然則從人之欲，則勢不能容，物不能贍也。故先王案爲之制禮義以分之。使有貴賤之等，長幼之差，知愚能不能之分。皆使人載其事，而各得其宜。是夫羣居和一之道也。故仁人在上，則農以力盡田；賈以察盡財；百工以巧盡械器；士大夫以上，至於公侯，莫不以仁厚知能盡官職；夫是之謂至平。故或禄天下而不自以爲多；或監門、御旅、抱關、擊柝，而不自以爲寡。故曰：斬而齊，枉而順，不同而一，夫是之謂至平。"《荀子·榮辱》。此等議論，乃制度既定後生，固不能謂其無理。然追原其朔，則征服之族，役所征服者以自養；居要地者，朘不居要地者以自肥而已。

或謂既有階級，則一人爲剛，萬夫爲柔；居最高之位者，惟我獨尊可也。而何必於我與下民之間，多設階級？曰：此則賈生言之矣。"人主之尊譬如堂，羣臣如陛，衆庶如地。陛九級上，廉遠地則堂高。陛亡級，廉近地則堂卑。高者難攀，卑者易陵，理勢然也。故古者聖王制爲等列，内有公卿大夫士，外有公侯伯子男。然後有官師小吏，延及庶人。等級分明，而天子加焉，故其尊不可及也。""今自王侯三公之貴，皆天子之所改容而禮之也。古天子之所謂伯父伯舅也。而令與衆庶同黥劓髡刖笞傌棄市之法。然則堂不亡陛乎？被戮辱者不泰迫乎？"《漢書·賈誼傳》。天下惟等級多而去人遠者爲尊。平易近人，未有能自表異者也。君主之尊，原非一蹴而幾；其初原與貴族相去不遠，其後亦未嘗不務鏟除貴族之權力；然於其虚文，必務保存之者，夫固有深意存乎其間也。

階級之别，固非美事。然古之所謂君子，其風概亦有足多者。今試舉其兩端：一曰厲節行，一曰遠禄利。賈生曰："古者禮不及庶人，刑不至大夫。所以厲寵臣之節也。古者大臣,有坐不廉而廢者,不曰不廉,曰簠簋不飾。坐污穢淫亂,男女亡别者,不曰污穢,曰帷薄不修。坐罷軟不勝任者,不謂罷軟,曰下官不職。故貴大臣定有罪矣,猶未斥然正以諱之也,尚遷就而爲之諱也。故其在大譴大何之域者,聞譴何,則白冠氂纓,盤水加劍,造請室而請罪耳。上不執縛繫引而行也。其有中罪者,聞命而自弛。上不使人頸戾而加也。其有大罪者,聞命則北面再拜,跪而自裁。上不使捽抑而刑之也。曰:子大夫自有過耳;吾遇子有禮矣。遇之有禮,故羣臣自熹。嬰以廉恥,故人矜節行。上設廉恥禮義以遇其臣,而臣不以節行報其上者,則非人類也。故化成俗定,則爲人臣者,主耳忘身,國而忘家,公耳忘私;利不苟就,害不苟去,惟義則在,上之化也。故父兄之臣,誠死宗廟。法度之臣,誠死社稷。輔翼之臣,誠死君上。守圄扞蔽之臣,誠死城郭封疆。故曰:聖人有金城者,比物此志也。"《漢書・賈誼傳》。此厲節行之效也。董子曰:"皇皇求財利,常恐乏匱者,庶人之意也。皇皇求仁義,常恐不能化民者,大夫之意也。"《漢書・董仲舒傳》。"公儀子相魯,之其家,見織帛,怒而出其妻。食於舍而茹葵,慍而拔其葵。曰:吾已食禄,又奪園夫女紅利乎?古之賢人君子,在列位者皆如是。是故下高其行而從其教,民化其廉而不貪鄙。"《漢書・董仲舒傳》。此遠禄利之效也。此外古書所謂君子之行,不勝枚舉。其初固由自視與齊民異,有以養成之。然及其既成,則有先憂後樂之心,無朘人自利之念。抑且謙卑自牧,不敢以賢能貴富上人,其風概誠有足多者。在恃一階級爲中堅之世,實國家之楨幹,社會之表率也。有一種社會制度,即有一種與之相應之道德。社會制度既變,則此道德亦隨之而變。古代之道德,永爲後世所矜式者,實以此種君子風概爲多。固有更高於此者,然能領受力行者必少矣。後世社會之階級漸平,階級時代之道德,亦隨之而弛。而新道德迄未成立。至今日,則相需殷而相遇尤疏。此其所以戚然若不可終日也。士之與民,最初蓋截然異其階級。士者戰士,民則農民也。《管子・五輔》:"其士民貴武勇而賤得利,其庶人好耕農而惡飲食。"最可見二者之别。近人輯《中國之近士道》一書，其所載，蓋皆古所謂士之行也。

古代之階級，果何自而平乎？曰：隨社會之組織而變。國人與士大夫，本係同族，所異者職位耳。職位而可以互易，階級即可以漸平。古雖行世官之制，然官家之子弟未必皆才；而草野之賢能，時或可以濟變。則不得不使"卑踰尊，疏踰戚"《孟子·萬章下》。矣。《荀子》曰："王公士大夫之子孫，不能屬於禮義，則歸之庶人。庶人之子孫，積文學，正身行，能屬於禮義，則歸之卿相士大夫。"《荀子·王制》。雖係理想之談，亦必略有事實爲據，不能憑空揑造也。此等情勢，蓋世變愈亟則愈烈，"欒、郤、胥、原、狐、續、慶、伯，降在皂隸。"《左傳》昭公三年。特數十百年間事耳。楚材晉用，春秋時已侈爲美談。降至戰國，則朝秦暮楚，更習爲常事矣。當時僻陋之國，尤藉他國之賢才。秦用百里、由余，吴用巫臣，燕用樂毅是其事。李斯《諫逐客書》所言，亦多情實，非盡巧辭遊説也。秦用商鞅，楚用吴起，皆收富國強兵之效。然二人皆被害，可見貴族與遊士之不并立矣。登用賢才，不論階級，自古即有之。《孟子》曰："舜，發於畎畝之中；傅説，舉於版築之間；膠鬲，舉於魚鹽之中；管夷吾，舉於士；孫叔敖，舉於海；百里奚，舉於市。"舜所居一年成聚，二年成邑，三年成都。師錫之舉，果係明揚側陋與否，誠有可疑，然其初嘗從事於耕稼、陶、漁，則其起自微賤，似無疑義。此外諸臣，尤無可疑矣。《禮記·雜記下》："孔子曰：管仲遇盜，取二人焉，以爲公臣。曰：其所與遊者辟也，可人也。"管仲與鮑叔賈，賈亦當時賤業也。此等事不勝枚舉。古代學校，蓋爲貴族所專有。選舉則自士以下，大夫以上皆世官。然司徒十有二教，其十有一曰以賢制爵，則平民之能獲爵位者，亦必有之。古爵始大夫，士不爲爵。又世官之制，與封建相輔而行。封建廢則世官亦廢。東周而後，封建實已岌岌不能維持。"諸侯不臣寓公"，"寓公不繼世"，則亡國以後，猶得保其地位者，惟國君與其夫人二人。仍以及身爲限。親自公子，貴自大夫，皆已降爲平民矣。《春秋》之中，弒君三十六；亡國五十二；諸侯奔走，不得保其社稷者，不可勝數。然見於《春秋》者，不過十之一二耳。則當時諸侯、卿、大夫，失其位者多矣。此王官之學，所以散爲九流也。又國人與士大夫，本係同族，則婚姻可以互通。其後因職業地位之積重，庸有不通婚姻之事。然界限初不甚嚴。《左傳》定公九年："齊侯伐晉夷儀。敝無存之父將室之，辭，以與其弟。曰：此役也，不死，反必取於高、國。”可見當時平民貴族之通婚，實較晉南北朝時爲易。僖二十五年，王與晉陽樊温、原、欑茅之田。陽樊不服，圍之，倉葛呼曰：“此誰非王之親姻，其俘之也？”可見王之親姻爲平民者不少矣。蓋貴族平民之更迭既烈，王之親姻，固難長保其富貴也。此皆由職業而生之階級，所以漸平。

國之與野，其初階級當較嚴。然考諸書傳，亦無甚嚴之界畫可見，蓋其事已屬過去也。大抵征服人者，與服於人者，其初不免互相嫉視。閱時漸久，則讎恨之念漸消，和親之情日熾。此亦人類之恒情。而事勢之變遷，尤有使階級日趨泯滅者。國有限，野無限，國人人口增加，不得不移居於野，則國人變爲野人矣。世運日進，卿大夫之家邑，日益盛昌，馴至與國都抗衡。因工商業而起之都會，亦日增月盛，則野人變爲國人矣。《王制》：“仕於家者，出鄉不與士齒。”《禮運》：“仕於公曰臣，仕於家曰僕。”可見二者區别之嚴。然及春秋之世，則有以陪臣執國命矣。夫國人與野人，所異者文質耳。國人漸變爲野人，野人漸變爲國人，則二者之區别漸泯，又古之野人，所以與國人權利不同者，以國人當兵，野人則否。後世戰争日烈，數千萬人，不足集事，則不得不推及野人，於是野人之强弱，與國人等。其所享之權利，自亦漸相等矣。又文化日盛，則平等之義日昌。孔譏世卿，墨明尚賢，皆是物也。人心所趨，制度自爲之丕變。於是國人野人之階級，亦歸於消滅矣。

又有所謂奴婢者。則其貴賤與平民絶殊。奴婢古亦曰臣妾。《左傳》僖公十七年：“男爲人臣，女爲人妾。”奴婢緣起，蓋一由罪人，一由俘虜。《周官》司隸有五隸，其罪隸爲罪人、蠻隸、閩隸、夷隸、貉隸，則皆異族。古未聞有虐待異族，使爲奴婢之事，蓋亦俘虜也。《王制》曰：“公家不畜刑人；大夫弗養；士遇之途，弗與言也。屏之四方，不及以政，示弗故生也。”《穀梁》曰：“禮，君不使無恥，不近刑人。不狎敵，不邇怨。賤人非所貴也，貴人非所刑也，刑人非所近也。”《穀梁傳》襄公二十九年。此今文家義。《周官》曰：“墨者使守門，劓者使守關，宫者使守内，刖者使守圄。”此古文家義。《詩·正月》：“民之無辜，并其臣僕。”《毛傳》：“古者有罪，不入於刑，則役之圜土，以爲臣僕。”今文家所謂奴隸，蓋此類也。文王之治岐也，“罪人不孥”《孟子·梁惠王下》。，而《書·甘誓》曰：“予則孥戮汝。”説者謂孥當爲奴，罰止其身。或曰：《甘誓》所言者，軍刑也。《費誓》：“汝則有無餘刑，非殺。”《僞孔傳》曰：“刑者非一也，然亦非殺汝。”《正義》：“言刑者非一，謂合家盡刑之。王肅云：汝則有無餘刑，父母妻子同産皆坐之，無遺免之者，故爲無餘之刑。然入於罪隸，示不殺之。鄭玄曰：無餘刑非殺者，謂盡奴其妻子，不遺其種類。在軍使給厮役，反則入於罪隸舂稾，不殺之。”案《費誓》所言，亦軍刑也。厮役，蓋奴隸給事軍中者。《公羊》宣公十二年：“厮役扈養，死者數百人。”《戰國策》蘇秦説魏襄王，謂魏之卒，有“厮徒十萬”。《周官》春官世婦：“掌女宮之宿戒。”《注》：“女宮，刑女給宮中事者。”秋官司厲：“男子入於罪隸，女子入於舂稾。”蓋其身犯罪者也。《左傳》襄公二十五年：“晉侯伐齊。齊人請成，男女以班。”説者謂爲降禮，以備受俘者之點驗。則古戰敗舉族爲俘之事蓋甚多。春秋時未必如此，特存此禮耳。蓋皆使治勞辱之事，然亦有不必然者。如襄十一年，鄭人賂晉侯以師悝、師觸、師蠲，此皆有才技之人，亦必如蒙古克城，别籍工匠矣。凡奴婢，主人待之，未必皆善。故逃亡之事頗多。《費誓》曰：“馬牛其風，臣妾逋逃，勿敢越逐。只復之。我商賚爾。乃越逐，不復，汝則有常刑。無敢寇攘，踰垣墻，竊馬牛，誘臣妾。汝則有常刑。”《左傳》昭公七年：“楚子有章華之宫，納亡人以實之。無宇之閽入焉。無宇執之。有司執而謁諸王。無宇辭曰：周文王之法曰，有亡荒閲。所以得天下也。吾先君文王，作僕區之法曰：盜所隱器，與盜同罪，所以封汝也。若從有司，是無所執逃臣也。逃而捨之，是無陪臺也。王事毋乃闕乎？昔武王數紂之罪，以告諸侯，曰：紂爲天下逋逃主，萃淵藪，故夫致死焉。”云云。可見逃之多，而容留逃奴者，爲社會所疾惡矣。《方言》：“荆、淮、海岱之間，駡奴曰臧，婢曰獲。燕、齊，亡奴謂之臧，亡婢謂之獲。”

《文選》司馬子長《報任安書》李《注》引韋昭曰：“善人以婢爲妻，生子曰獲。奴以善人爲妻，生子曰臧。齊之北鄙，燕之北郊，凡人男而歸婢謂之臧，女而歸奴謂之獲。”則奴婢之家屬，亦不得爲良人。然脱奴籍并不甚難。《左傳》襄公三十二年：“斐豹，隸也，著於丹書。欒氏之力臣曰督戎，國人懼之。斐豹謂宣子曰：苟焚丹書，我殺督戎。宣子喜曰：而殺之，所不請於君，焚丹書者，有如日。”則純由君主一人之命令耳。此後世之君，所由屢以詔旨，釋放奴婢也。

方氏苞曰：“古無奴婢。事父兄者子弟也，事舅姑者子婦也，事長官者屬吏也。惟盜賊之子女，乃爲罪隸而役於官。戰國秦漢以後，平民始得相買爲奴。然寒素儒生，必父母篤老，子婦多事，然後傭僕賃嫗，以助奉養。金陵之俗，中家以上，婦不主中饋，事舅姑。縫衽補綴，取辦於工。仍坐役僕婦及婢女數人，少者亦一二人。”云云。案此風今徧於全國矣。《周官》：内豎“掌内外之通令，凡小事”。《注》：“以其無與爲禮，出入便疾。”以童子給使令，蓋古之通禮。一以其出入便疾，一亦以幼事長之意也。《曲禮》：“長者賜，少者賤者不敢辭。”《注》：“賤者，僮僕之屬。”少者則子弟也。《左傳》曰：“士有隸子弟。”孔子使闕黨童子將命。子游曰：“子夏之門人小子，灑掃進退則可矣。”皆以少者服勞。《管子·弟子職》所言是其事。《論語》記樊遲御，冉有僕，則雖年長，仍服勞役矣。《左傳》所載：晉侯有豎頭須，《左傳》僖公二十四年。士伯有豎頭孺，《左傳》僖公二十八年。叔孫有豎牛，《左傳》昭公四年。則諸侯大夫，亦不過如此。其奴婢之長大者，皆以任重難之事，所謂“耕當問奴，織當問婢”。非以給使令也，《曲禮》：“大夫七十而致仕，行役以婦人。”《王制》：“八十者，一子不從政。九十者，其家不從政。廢疾非人不養者，一人不從政。”蓋皆其家人惟奴婢仍事耕織，故其數可以甚多。《史記·貨殖列傳》謂：“童手指千，則比千乘之家。”白圭、刁間、蜀卓氏，皆以此起其業，其明驗矣。吕不韋家僮百人，嫪毐家僮數千，留侯家僮三百，皆見本傳及《世家》。卓王孫僮客八百，程鄭數百人，見《司馬相如傳》。

古代社會階級，以予觀之，不過如此。《左傳》昭公七年，陳無宇曰：“天有十日，人有十等。王臣公，公臣大夫，大夫臣士，士臣皂，皂臣輿，輿臣隸，隸臣僚，僚臣僕，僕臣臺。”乃其職事相次；非其人分貴賤，如此其繁。《王制》：“凡執技以事上者，祝史、射、御、醫、卜以百工。凡執技以事上者,不貳事,不移官。出鄉不與士齒。"亦職業之關係,非其人有貴賤也。司馬遷《報任安書》:"僕之先,非有剖符丹書之功。文史、星歷,近乎卜祝之間。固主上所戲弄,倡優畜之,而流俗之所輕也。"

以上所述階級,蓋起於隆古之世。至東周以後,乃逐漸破壞。其所以破壞,一言蔽之,曰:武力衰敝,生計組織變遷而已矣。緬想古代,以一部落征服他部落,則擇中央山險之地,築城居之;而使所征服之民,居於四周,爲之耕稼。是生國人野人之别。而國人之中,亦因職業,才智之異,而生君子小人之别焉。是時國人之武力,蓋誠非野人所及;國中之富厚,亦非野外可比。則國中之文明,自必較野外爲高。國人之性質,亦必較野人爲華。君子爲戰勝之族之領袖,其德智才力,自又非尋常國人所及。此其階級,所以能持久而不敝也。世運日進,人事推移。所謂君子者,既以養尊處優,日即於驕淫矜夸,而漸喪其美德。下級社會之德智才力,或反駕乎其上。又以人民之移植,都邑之增築,人類和親之情之昌盛,而國人野人之階級,亦漸即於平夷。則隆古以來,因武力不同所造成之階級破壞矣。然武力不同之階級雖除,而財力不同之階級又起。蓋在古昔,生事簡單,所謂富者,則廣有土田之君卿大夫;所謂貧者,則力耕百畝之庶民而已。斯時之貴者必富,賤者必貧,亦固其所。後世井田之制漸壞,封君而外,亦有大有土田之人,而秦漢時之大地主以生,耕地而外,山林川澤,古者皆屬公有,後漸爲一二人所佔,則所謂"擅山澤之利"者以起。古代工皆設官。商人貿遷,大者皆在國外。國内之小商賈,不過博錙銖之利而已。後世則工業皆由私營,貿遷化居之事亦日盛。而豪商及大工業家,復乘時崛起焉。人類之競争,既依法律而不容專恃武力,則武士無所用其技;而工於心計,暨能勤事生産之民,日益富厚。勢固然也,富厚所在,則聲勢及權力隨之。《史記・貨殖列傳》云:"編户齊民,富相什則卑下之,百則畏憚之,千則役,萬則僕。"《漢書・貨殖列傳》云:"編户齊民,同列而以財力相君;雖爲僕隸,猶無愠色。"其情形,與現在之社會,無以異矣。

然古之階級，亦非經此一破壞，遂消滅無餘也。語曰："百足之蟲，死而不僵。"人類習以武力相尚，優於武力者，便把持社會之權利。此等局面，既已相沿數千年。安得一朝而遂盡？故其制雖壞，而其遺孽，留於秦漢之世者，猶有二焉：一曰豪族，一曰遊俠。豪族者，蓋古君卿大夫之遺。此等本皆有國有家之君，後雖喪敗，猶爲人民所敬畏。秦始皇滅六國，徙天下豪富於咸陽，十五萬户。漢高祖定天下，亦徙齊楚大族於關中。史云所以"彊干弱枝"抑亦以便監制也。然秦雖如是，而陳勝一呼，不期年，六國皆立。破釜沉船，摧秦征討之師者，楚世將家項氏。沛公因之略韓地，入武關，遂屋秦社者，則五世相韓之張良也。亡秦者蓋猶豪族矣。漢興，海内疲於兵革，亟思休養生息。朝廷亦行寬政，以優細民，清静寧一之治，更未必得罪於臣室。此等人無隙可乘，遂以獲安。然到處有彊宗巨家，或爲政令之梗。其勢力固未盡消滅也。豪右者，古貴族之遺骸，遊俠則其精魂也。古之君卿大夫，蓋多能養士。至於後世，或因其武德之墮落，或因其國家之亡滅，不復能然，然所謂武士者，徒能執干戈，事戰鬥，而不能事家人生産。莫或豢之，則悵悵無所之矣。六國遊士之多，亦以是時國家滅亡者衆，向之仕於小國，或卿大夫之家者，皆失其職也。於斯時也，草野之士，有具武士之風，君人之德，而能收恤困窮者，士固將奔赴之。《史記·遊俠列傳》以延陵、孟嘗、春申、平原、信陵之徒，與閭巷之俠相提并論，可見其實爲同物也。朱家"所藏活豪士以百數。其餘庸人，不可勝言。然終不伐其能，歆其德。諸所嘗施，惟恐見之。振人不贍，先從貧賤始。家無餘財，衣不完采，食不重味，乘不過軥牛。專趨人之急，甚己之私。劇孟死，家無十金之財"。此皆古賢士大夫爲人上者之行，亦即君人之德也。《遊俠列傳》謂遊俠："其言必信，其行必果。己諾必誠，不愛其軀，赴士之阸困。"此皆古交友之道。其借交報讎，則古朋友固有相許以死者也。古者君臣之間，亦重意氣，與朋友之交，本有相似處。遊俠能盡交友之道，亦即其有君人之德，而士之歸之者，其實亦即奉以爲君也。《遊俠列傳》謂"古布衣之俠，靡得而聞已"。又謂"儒墨皆排擯不載"。自秦以前，匹夫之俠，湮滅不見。其實俠皆起於封建破壞，士無所養之世，前此固無有也。此等人皆有徒衆，其善者，則如墨子之徒百八十人，皆可使之赴湯蹈火，用以行義。古儒墨并稱，儒俠亦并稱，明墨之行原於俠。史公謂儒墨皆排擯不載,失其本矣。古所謂道德,皆征服階級之道德,征服階級中,性情和平者則爲儒,激烈者則爲墨。儒者君子之行,墨者武士之風也。其不義者,則如漢高能附沛中子弟,彭越能從澤間少年耳。當時揭竿斬木者,蓋皆此曹。故漢世務摧鋤之也。

四序之運,成功者退。以豪族與遊俠較,則豪族借家世之餘蔭者爲舊,而遊俠起於閭巷之間者爲新。秦漢之際,六國之後,紛紛自立者皆敗,而草澤之雄卒成,蓋由於此。《廿二史劄記》曰:"漢初諸臣,惟張良出身最貴,韓相之子也。其次則張蒼,秦御史;叔孫通,秦待詔博士。次則蕭何,沛主吏掾;曹參,獄掾;任敖,獄吏;周苛,泗水卒史;傅寬,魏騎將;申屠嘉,材官。其餘陳平、王陵、陸賈、酈商、酈食其、夏侯嬰等皆白徒,樊噲則屠狗者,周勃則織薄曲,吹簫給喪事者;灌嬰則販繒者;婁敬則挽車者。一時人才,皆出其中,致身將相,前此所未有也。蓋秦漢間爲天地一大變局。自古皆封建,諸侯各君其國,卿大夫亦世其家。成例相沿,視爲固然。其後積弊日甚。暴君荒主,既虐用其民,無有底止。強臣大族,又篡弑相仍,禍亂不已。再并而爲七國,益務戰争,肝腦塗地,其勢不得不變。而數千年世侯世卿之局,一時亦難遽變。於是先從在下者起。遊説則范雎、蔡澤、蘇秦、張儀等,徒步而爲相。争戰則孫臏、白起、樂毅、廉頗、王翦等,白身而爲將。此已開後世布衣將相之例。而兼并之力,尚在有國者。天方借其力以成混一,固不能一旦掃除之,使匹夫而有天下也。於是縱秦皇,盡滅六國,以開一統之局。使秦皇當日,發政施仁。與民休息,則禍亂不興,下雖無世禄之臣,而上猶是繼體之主也。惟其威虐毒痡,人人思亂,四海鼎沸,草澤競奮,於是漢祖以匹夫起事,角羣雄而定一尊。其君既起自布衣,其臣亦自多亡命無賴之徒,立功以取將相。此氣運使然也。天之變局,至是始定。然楚漢之際,六國各立後,尚有楚懷王心、趙王歇、魏王咎、魏王豹、韓王成、韓王信、齊王田儋、田榮、田廣、田安、田市等,即漢所封功臣,亦先裂地以王彭、韓等,繼分國以侯絳、灌等。蓋人情習見前世封建故事,不得而遽易之也。乃不數年,而六國諸王皆敗滅。漢所封異姓王八人,其七人亦皆敗滅。則知人情猶狃於故見,而天意已另换新局,故除之易易耳。而是時尚有分封子弟諸國。迨至七國反後,又嚴諸侯王禁制,除吏皆自天朝,諸侯王惟得食租衣税,又多以事失侯。於是三代世侯世卿之遺法,始蕩然净盡,而成後世征辟、選舉、科目、雜流之天下矣。豈非天哉?"以遊俠與富豪較,則遊俠襲封建之遺風者爲舊,而富豪憑生計之權借者爲新。故遊俠經景、武之摧殘,遂以澌滅,而富豪則終漢世無如何也。遊俠自武帝以後,日以陵夷。《史記》謂關中長安樊仲子等,"雖爲俠,而逡巡有退讓君子之風"。是也。《漢書·鄭當時傳》,亦可見其概。今録其文如下:"當時以任俠自喜,脱張羽於厄。聲聞梁楚間。孝景時,爲太子舍人。每五日洗沐,常置驛馬長安諸郊,請謝賓客,夜以繼日,至明旦,常恐不徧。當時好黄老言。其慕長者,如恐不稱。自見年少官薄。然其知友,皆大父行,天下有名之士也。武帝即位,當時稍遷,爲魯中尉,濟南太守,江都相,至九卿,爲右内史。以武安、魏其時議,貶秩爲詹事。遷爲大司農。當時爲大吏,戒門下,客至,亡貴賤,亡留門下者。執賓主之禮,以其貴下人。性廉,又不治産。卬奉賜給諸公。然其餽遺人,不過具器食。每朝,候上間説,未嘗不言天下長者。其推轂士及官屬丞史,誠有味其言也,嘗引以爲賢於己。未嘗名吏。與官屬言,若恐傷之。聞人之善,言進於上,惟恐後。山東諸公,以此翕然稱鄭莊。使治决河,自請治行五日。上曰:吾聞鄭莊行千里不賫糧,治行者何也。然當時在朝,常趨和承意,不敢甚斥臧否。漢征匈奴,招四夷,天下費多,財用益屈。當時爲大司農,任人賓客僦。入多逋負,司馬安爲淮陽太守,發其事。當時以此陷罪,贖爲庶人。頃之,守長史。遷汝南太守。數歲,以官卒。昆弟以當時故,至二千石者六七人。當時始與汲黯列爲九卿,内行修。兩人中廢,賓客益落。當時死,家無餘財。先是下邽翟公爲廷尉,賓客亦填門。及廢,門外可設爵羅。後復爲廷尉。客欲往,翟公大署其門曰:一死一生,乃知交情。一貧一富,乃知交態。一貴一賤,交情乃見。"又《灌夫傳》:"夫不好文學,喜任俠,已然諾。諸所與交通,無非豪桀大猾。家累數千萬,食客日數十百人。陂池田園,宗族賓客爲權利,横潁川。潁川兒歌之曰:'潁水清,灌氏寧。潁水濁,灌氏族。'"田蚡之短魏其、灌夫曰:"天下幸而安樂無事,蚡得爲肺腑,所好音樂、狗馬、田宅,所愛倡優、巧匠之屬,不如魏其、灌夫日夜招聚天下豪桀壯士與論議,腹誹而心謗,卬視天,俯畫地,辟睨兩宫間,幸天下有變,而欲有大功。"亦可見遊俠所以見裁抑也。

貧富與賤貴相符之階級,易而爲貧富與賤貴不相符之階級,實出於事勢之自然而無如何。然爲人心所不習,故欲恢復舊制者甚多。商君治秦,"明尊卑爵秩等級。各以差次名田宅臣妾。衣服以家次。《索隱》"謂各隨其家爵秩之班次"。有功者顯榮,無功,雖富,無所芬華"。《史記》本傳。即以法令之力,强復舊制。賈生太息於"後之服,衆庶得以衣孽妾;天子之服,富人大賈,得以被墻"。晁錯謂"今法律賤商人,商人已富貴矣。尊農夫,農夫已貧賤矣"。"俗之所貴,主之所賤,吏之所卑,法之所尊。上下相反,好惡乖迕,而欲國富法立,不可得也"。所疾視者,亦貧富賤貴之不相符也。以理論言,則貧富宜與賤貴符,貴賤宜與才德之大小符。然此事談何容易。言談之徒,徒疾貴富之不必有才德,遂欲國家奮然行其予奪之權。殊不知此事非國家所能任;即能行之,亦斷無以塞衆人之望也。

古代之階級,尚有遺留於後世者,魏晉以後之門閥是也。趙氏翼《陔餘叢考》有一條,述六朝時貴族豪門懸隔之甚,極爲該備。今録其説如下:

《陔餘叢考》曰:"六朝最重氏族。蓋自魏以來,九品中正之法行,選舉多用世族。下品無高門,上品無寒士,當其入仕之始,高下已分。《謝宏微傳》:晉世名家,身有國封者,起家多拜散騎侍郎。《張纘傳》:秘書郎四員,爲甲族起家之選,他人不得與。徐堅《初學記》亦謂秘書郎與著作郎,江左以來,多爲貴遊起家之選。故當時諺曰:上車不落爲著作,體中何如則秘書。齊明帝制:寒人不得用四幅繖。《梁武帝紀》:舊制,甲族以二十登朝。後門以通立始試吏。魏孝文光極堂大選,八族以上,士人品第有九。九品之外,小人之官,復有七等。王儉屬王琨用東海郡吏。琨曰:三臺五省,皆是郎用人。外方小轍,當乞寒賤。省官何爲復奪之?此其大較也。是以矜門第者高自標置。崔悛嘗謂盧元明曰:天下盛門,惟我與爾。荀伯子亦爲王融曰:天下膏粱,惟使君與下官耳。其視後門寒素,不啻如良賤之不可紊越。趙邕寵貴一時,欲與范陽盧氏爲婚。盧氏有女,其父早亡。叔許之。而其母陽氏不肯。携女至母家藏避。崔巨倫婦眇一目,其家議欲下嫁,巨倫姑悲慼,曰:吾兄盛德,豈可令此女屈事卑族。右軍將軍王道隆,權重一時。到蔡興宗前,不敢就席,良久方去。興宗亦不呼坐。何敬容與到溉不協,謂人曰:到溉尚有餘臭,遂學作貴人。以其祖彦之擔糞也。間有不恃門第,肯降心俯就卑秩如羊欣、王筠之流,已傳爲盛德之事。《羊欣傳》:不肯爲會稽世子元顯書扇。元顯亦以欣爲後軍舍人。此職本用寒人,欣不以爲意。《王筠傳》:王氏過江以來,未有居郎署者。筠初署爲尚書郎。或勸不就。筠曰:陸平原、王文度,皆嘗爲之。吾得此踪昔人,何多所恨。而單門寒士,亦遂自視微陋,不敢與世家相頡頏。如吴逵有至行,郡守王韶之擢補功曹。逵以門寒,固辭不就。宗越本南陽次門,以事黜爲役門。後立軍功,啓宋文帝求復次門。其有發跡致通顯,得與世族相攀附,已爲榮幸之極。王敬則與王儉同拜開府儀同。徐孝嗣謂儉曰：今日可謂連璧。儉曰：不意老子遂與韓非同傳。敬則聞之，曰：我南沙小吏，徼幸遂與王衛軍同日拜三公，夫復何恨？會稽郡最重望計及望孝。蔡興宗爲郡守，舉孔仲智子爲望計，賈原平子爲望孝。仲智本高門，而原平一邦至行，遂與相敵。孫搴寒賤，齊神武賜以韋氏爲妻。韋氏乃士人女，時人榮之。郭瓊以罪死，其子婦，范陽盧道虞女也，没官，神武以賜陳元康。元康地寒，人以爲殊賞。可見當時風尚，右豪宗而賤寒畯，南北皆然，牢不可破。高允請各郡立學，取郡中清望，人行修謹者爲學生。先盡高門，次及中等。魏孝文帝以貢舉猥濫，乃詔州郡慎所舉，亦曰：門盡州郡之高，才極鄉里之選。楊公則之在湘州也，悉斷單門以賄求州職者。所辟皆州郡著姓。梁武至班下諸州以爲法。宋弁爲本州大中正，世族多所抑降。反爲時人所非。張纘、李冲、李彪、樂運、皇甫顯宗之徒，欲力矯其弊，終不能挽回萬一。纘爲吏部，後門寒素，皆見引拔，不爲貴門屈意。李冲以魏孝文有高卑出身，各有常分之詔。上疏曰：未審上古以來，置官列位，爲欲爲膏粱地，爲欲贊益時政。李彪疏曰：陛下若專以門第，不審魯之三卿，孰若四科？顯宗曰：陛下不應以貴承貴，以賤承賤。樂運曰：選舉當不限資蔭，惟在得人。苟得其人，自可起厮養而爲卿相。甚至習俗所趨，積重難返，雖帝王欲變易之而不能者。宋文帝寵中書舍人宏興宗，謂曰：卿欲作士人，得就王球坐，乃當判爾。若往詣球，可稱旨就席。乃至，宏將坐，球舉扇曰：卿不得爾。宏還奏。帝曰：我便無如此何。他日，帝以語球，欲令與之相知。球辭曰：士庶區别，國之常也。臣不敢奉詔。紀僧真自寒官歷至尉軍府參軍主簿。宋孝武帝嘗目送之，曰：人生何必計門户。紀僧真，堂堂貴人所不及也。其寵之如此。及僧真啓帝曰：臣小人，出自本州武吏。他無所須，惟就陛下乞作士大夫。帝曰：此事由江斅、謝瀹，我不得措意。可自詣之。僧真承旨詣斅，登榻坐定。斅命左右：移吾床讓客。僧真喪氣而退，告帝曰：士大夫固非天子所命。路太后兄慶之孫瓊之詣王僧達，僧達了不與語。去，遂焚瓊之所坐床。太后泣告帝。帝曰：瓊之年少，無事詣王僧達，見辱乃其宜耳。中書舍人狄當、周赳，并官樞要。欲詣同省張敷,恐其見輕。當曰:吾等并已員外郎,何憂不坐?及二客就席,敷呼左右曰:移吾床遠客。赳等失色而去。建元中,欲以江謐掌選。詔曰:江謐寒人,不得等競華儕。然甚有才干,可遷掌吏部。用一寒人,至特發明詔,似有不得已者。侯景之請婚於王、謝也。梁武帝曰:王、謝門高,可於朱張以下求之。益州刺史鄧元起,功勛甚著,而名地卑瑣,願名挂士流,乞上籍出身州從事。始興王憺命庾蓽用之。蓽不可。憺不能折,乃止。後蓽子喬爲荆州别駕。州人范興話,以寒賤,仕叨九流,選爲州主簿。梁元帝勒喬聽興話到職。喬曰:喬忝爲端右,不能與小人范興話爲雁行。元帝乃停興話。北齊婁太后爲博陵王納崔㥄妹爲妃,敕其使曰:好作法,勿使崔家笑人。歷觀諸史,可見當時衣冠世族積習相仍,其視高資朊仕,本屬分所應得,非關國家之簡付,毋怪乎易代之際,莫不傳舍其朝,而我之門户如故也。甚且以革易爲遷階之地。記傳所載,遂無一完節者。而一二捐軀殉國之士,轉出於寒人。世風至此,國誰與立?可爲浩嘆者也。《唐書·高士廉傳》:太宗以山東人士,好尚閥閲;詔士廉與韋挺、岑文本、令狐德棻刊正姓氏。普責天下譜牒,參考史傳。先宗室,後外戚。抑新門,褒舊望。右膏粱,左寒畯。第爲九等,而崔氏猶爲第一,太宗列居第三。詔曰:曩時南北分析,故崔、盧、王、謝爲重。今天下一家,當朝擢用。古稱立德、立功、立言,次即有爵。遂合二百九十三姓,千六百五十一家爲《氏族志》,頒行天下。然則此風唐初猶未艾,太宗固嘗欲力矯其弊。然觀士廉及《李義府傳》,謂自魏太和中,定望族七姓,子孫迭爲婚姻。唐初作《氏族志》,一切降之。後房玄齡、魏徵、李勣等,仍與爲婚,故望不減。義府爲子求婚不得,乃奏禁焉。其後轉益自貴,稱禁婚家。凡男女潜相聘娶,天子不能禁云。《杜羔傳》:文宗欲以公主降士族,曰:民間婚姻,不計官品,而尚閥閲。我家二百年天子,反不若崔、盧耶?可見唐中葉以後,民間猶仍此風。《五代史·崔居儉傳》:崔氏自後魏、隋、唐爲甲族。吉凶之事,各著家禮,至其子孫,猶以門望自高。又唐莊宗以盧程不能草文書,乃用馮道爲掌書記。程故名族也，乃大恨，曰：用人不以門閥，而先田舍兒耶？則五代時猶有此風矣。《袁朗傳》：袁自漢司徒滂至朗，凡十二世，爲司徒司空者四世。淑、顗、粲皆死難。朗自以人地。雖琅琊王氏多公卿，特以累朝佐命有功，鄙不爲伍。朗孫誼，亦曰：門户者，歷世名節，爲天下所高，老夫是也。山東人尚婚媾，重利禄，何足重哉？此則以節行爲門户，較勝於勢位相高者矣。"《陔餘叢考》卷十七"六朝重氏族"條。

此事之原因，後人率以歸諸九品中正。或謂五胡亂華，衣冠之族，恥血統與異族相混而然，實不盡然。觀柳芳論氏族之語，則知"命官以賢，詔爵以功；先王公卿之胄，才則用，不才則棄"。原爲漢初特有之事。其後"徙山東豪桀，以實京師，而進拔其中之豪英。七相五公，由斯而起"。則已不能盡守其開國之舊。"魏立九品，置中正，尊世胄，卑寒士。"亦習俗使然。蓋自古有士庶之分。士者，所謂先王公卿之胄，庶則故爲平民者也。漢初，君相皆起草澤，與世家大族不相中。故其用人不論門第。然一時之政治，不能勝積久之習俗。故閲時久而門閥之焰復張。九品中正之制，正可云習俗戰勝政治耳。

一階級之崩壞，必其階級之人，自有以致之。《廿二史劄記》有"江左世族無功臣"、"南朝多以寒人掌機要"兩條，可見當時門閥所以亡滅之故。今録如下：

"江左世族無功臣"條云："六朝最重世族，已見《叢考》前編。其時有所謂舊門、次門、後門、勛門、役門之類。以士庶之别，爲貴賤之分。積習相沿，遂成定制。陶侃微時，郎中令楊晫與之同乘。温雅謂晫曰：奈何與小人同載？郗鑒陷陳午賊中。有同邑人張實，先附賊。來見，竟卿鑒。鑒曰：相與邦壤，義不及通。何可怙亂至此？實慚而退。楊方在都，搢紳咸厚之。方自以地寒，不願留京，求補遠郡。乃出爲高梁太守。王僧虔爲吴興郡守。聽民何系先等一百十家爲舊門，遂爲阮佃夫所劾。張敬兒斬桂陽王休范，以功高，當乞鎮襄陽，齊高輔政，以敬兒人位本輕，不欲便處以襄陽重鎮。侯景請婚王、謝，梁武曰：王、謝門高，可於朱張以下求之。一時風尚如此。即有出自寒微，奮立功業，官高位重，而其自視，猶不敢與世族較。陳顯達既貴，自以人微位重，每遷官，常有愧懼之色，誡諸子曰：我本志不及此，汝等勿以富貴驕人。又謂諸子曰：麈尾是王、謝家物，汝不須捉此。王敬則與王儉同拜開府，褚淵戲儉，以爲連璧。儉曰：老子遂與韓非同傳。或以告敬則。敬則欣然曰：我本南沙小吏，今得與王衛軍同拜三公，復何恨？《北齊書・敬則傳》。王琳爲梁元帝所忌，出爲廣州刺史。琳私謂李膺曰：官正疑琳耳。琳分望有限，豈與官争爲帝乎？何不使琳鎮雍州？琳自放兵作田，爲國捍御外侮也。《北齊書・王琳傳》。且不特此也。齊高在宋，以平桂陽之功，加中領軍，猶固讓，與袁粲褚淵書，自稱下官常人，志不及遠。《北齊書・褚淵傳》。及即位後，臨崩遺詔亦曰：吾本布衣素族，念不到此。可見當時門第之見，習爲固然，雖帝王不能改易也。然江左諸帝，乃皆出自素族。宋武本丹徒京口里人。少時伐荻新洲。又嘗負刁逵社錢，被執。其寒賤可知也。齊高自稱素族，則非高門可知也。梁武與齊高同族，亦非高門也。陳武初館於義興許氏，始仕爲里司，再仕爲油庫吏，其寒微亦可知也。其他立功立事，爲國宣力者，亦皆出於寒人。如顧榮、卞壺、毛寶、朱伺、朱序、劉牢之、劉毅等之於晉。檀道濟、朱齡石、沈田子、毛修之、朱修之、劉康祖、劉彦之、沈慶之等之於宋。王敬則、張敬兒、陳顯達、崔慧景等之於齊。陳伯之、陳慶之、蘭欽、曹景宗、張惠紹、昌義之、王琳、杜龕等之於周。文育、侯安都、黄法氍、吴明徹等之於陳。皆御侮戡亂，爲國家所倚賴。而所謂高門大族者，不過雍容令僕，裙屐相高，求如王導、謝安，柱石國家者，不一二數也。次則如王宏、王曇首、褚淵、王儉等，與時推遷，爲興朝佐命，以自保其家世。雖朝市革易，而我之門第如故。以是爲世家大族，迥異於庶姓而已。此江左風會習尚之極敝也。”

“南朝多以寒人掌機要”條云：“魏正始，晉永熙以來，皆大臣當國，晉元帝忌王氏之盛，欲政自己出。用刁協、劉隗等爲私人，即召王敦之禍。自後非幼君,即孱主,悉聽命於柄臣。八九十年已成故事。至宋、齊、梁、陳諸君,則無論賢否,皆威福自己,不肯假權於大臣,而其時高門大族,門户已成。令僕三司,可安流平進。不屑竭智盡心,以邀恩寵。且風流相尚,罕以物務關懷。人主遂不能借以集事。於是不得不用寒人。人寒則希榮切而宣力勤,便於驅策,不覺倚之爲心膂。《南史》謂宋孝武不任大臣,而腹心耳目,不能無所寄,於是戴法興、巢尚之等,皆委任隆密。齊武帝亦曰:學士輩但讀書耳,不堪經國,經國一劉系宗足矣。此當時朝局相沿,位尊望重者,其任轉輕,而機要多任用此輩也。然地當清切,手持天憲,口銜詔命,則人雖寒而權自重。權重則勢利盡歸之。如法興威行内外,江夏王義恭,雖録尚書事,而積相畏服,猶不能與之抗。阮佃夫、王道隆等,權侔人主。其捉車人官武賁中郎將,傍馬者官員外郎。茹法亮當權,大尉王儉嘗曰:我雖有人位,權寄豈及茹公。朱异權震内外,歸飲私第,慮日晚臺門閉,令鹵簿自家列至城門,門者遂不敢閉。此可見威勢之薰灼也。法亮在中書,嘗語人曰:何須覓外禄?此户内歲可辦百萬。佃夫宅舍園池,勝於諸王邸第。女妓數十,藝貌冠絶當時。出行,遇勝流,便邀與同歸。一時珍饈,莫不畢具,凡諸火劑,并皆始熟,至數十種。雖晉之王、石不能過。此可見賄賂之盈溢也。蓋出身寒賤,則小器易盈,不知大體。雖一時得其力用,而招權納賄,不復顧惜名檢。其中亦有如法興,遇廢帝無道,頗能禁制。然持正者少,乘勢作姦者多。唐寓之反,説者謂始於虞玩之,而成於吕文度,此已見蠹國害民之大概。甚至佃夫弒主而推戴明帝。周石珍當侯景圍臺城,輒與景相結,遂爲景佐命。至陳末,施文慶、沈客卿用事,自取身榮,不存國計。隋軍臨江,猶曰:此常事,邊臣足以當之,不復警備,以致亡國。小人而乘君子之器,其害可勝道哉?大臣不能體國,致人主委任下僚;人主不信大臣,而轉以羣小爲心膂,此皆江左之流弊也。"

地位之高,由於權力。權力之大,在能把持。其人雖處高位,見尊重,而實不能任事,則地位權力之失,特時有早暮耳。故斯時爲門閥極盛之世，亦即門閥將衰之日也。語其亡滅，事有數端：一由選法之變。隋廢九品中正，則尊世胄、卑寒士之制，根本已不復存。然使是時，仍沿漢之州郡察舉，則高門大族，猶必多佔便宜。而隋又廢之而行科舉。科舉之制，士得投牒自列，而試之以一日之短長。雖其時尚無糊名易書之制，試官亦只得採取譽望，而不敢逕貴華族。則寒門清望，進取之路惟鈞矣。柳芳謂“隋世士無鄉里，里無衣冠”，由其“罷鄉舉，雜地著”者此也。一由世族利寒門之富，與結婚姻。《廿二史劄記》曰：“魏齊之時，婚嫁多以財幣相尚。蓋其始高門與卑族爲婚，利其所有，財賄紛遺，其後遂成風俗。凡婚，無不以財幣爲事。争多競少，恬不爲怪也。魏文成帝嘗詔曰：貴族之門，多不奉法。或貪利財賄，無所選擇，令貴賤不分，虧損人倫，何以示後？此可見財婚由來久矣。《封述傳》：述爲子取李士元女。大輸財聘。及將成禮，猶競懸違。述忽取所供像，對士元打碎爲誓。士元笑曰：封翁何處常得此應急像？須誓使用。述又爲次子娶盧莊女。述訴府云：送騾乃嫌脚跛。評田則云鹵簿，銅器又嫌古廢。皆爲財聘，以致紛紜。可以見是時習尚也。”《廿二史劄記》卷十五《財婚》。案齊永明中，王源與滿氏聯姻，致爲沈約所彈，亦以受聘錢五萬，則南朝亦有此風矣。彈文見《文選》卷四十，頗可見當時士庶不通婚，及士族利庶姓之富，與結姻好之俗。今録其辭如下，原文曰：“臣聞齊大非偶，著乎前誥。辭霍不婚，重稱往烈。若乃交二族之和，辨伉合之義，升降窳隆，誠非一揆。固宜本其門素，不相奪倫。使秦晉有匹，涇渭無舛。自宋氏失御，禮教雕衰。衣冠之族，日失其序。姻婭淪雜，罔計厮庶。販鬻祖曾，以爲賈道。明目腆顔，曾無愧畏。若夫盛德之胤，世業可懷。欒、郤之家，前徽未遠。既壯而室，竊資莫非皂隸。結褵以行，箕帚咸失其所。志士聞而傷心，舊老爲之嘆息。自宸歷御寓，弘革典憲。雖除舊佈新，而斯風未殄。陛下所以負扆興言，思清弊俗者也。臣實儒品，謬掌天憲，雖埋輪之志，無屈權右，而狐鼠微物，亦蠹大猷。風聞東海王源，嫁女與富陽滿氏。源雖人品庸陋，胄實參華。曾祖雅，位登八命。祖少卿，内侍帷幄。父璿，升采儲闈，亦居清顯。源頻叨諸府戎禁，豫班通徹，而託姻結好，惟利是求，玷辱流輩，莫斯爲盛。源人身在遠，輒攝媒人劉嗣之，到臺辯問。嗣之列稱：吴郡滿璋之，相承云是高平舊族，寵奮胤胄，家計温足，託爲息鸞覓婚。王源見告窮盡，即索璋之簿閥，見璋之任王國侍郎，鸞又爲王慈吴郡正閣主簿。源父子因共詳議，判與爲婚。璋之下錢五萬，以爲聘禮。源先喪婦，又以所聘餘直納妾。如其所列，則與風聞符同,竊璋之姓族,士庶莫辨。滿、奮身隕西朝,胤嗣殄滅。武秋之後,無聞東晉。其爲虚託,不言自顯。王、滿連姻,實駭物聽。潘、楊之睦,有異於此。且買妾納媵,因聘爲資。施矜之費,化充床笫。鄙情贅行,造次以之。糾慝繩違,允兹簡裁。源即主。臣謹案南郡丞王源,忝藉世資,得參纓冕。同人者貌,異人者心。以彼行媒,同之抱布。且非我族類,往哲格言。薰蕕不雜,聞之前典。豈有六卿之胄,納女於管庫之人?宋子河魴,同穴於輿臺之鬼?高門降衡,雖自己作,蔑祖辱親,於事爲甚。此風勿翦,其源遂開。點世塵家,將被比屋。宜寘以明科,黜之流伍。使已污之族,永愧於昔辰,方媾之黨,革心於來日。臣等參議,請以見事,免源所居官,禁錮終身。輒下禁止視事如故。"云云。世族之家,必能自相嫁娶,乃得表異於齊民。今以貪財,競婚卑族。則閱時既久,士庶不分,族望將不可保矣。一則世族貪利,與寒門通譜。《日知録》曰:"同姓通族,見於史者,自晉以前未有。《晉書·石苞傳》:曾孫樸没於寇。石勒以與樸同姓,俱出河北,引樸爲宗室,特加優寵,位至司徒。《南史·侯瑱傳》:侯景以瑱與己同姓,託爲宗族,待之甚厚,此以殊族而附中國也。《晉書·孫旂傳》:旂子弼及弟子髦、輔、琰四人,并有吏材,稱於當世,遂與孫秀合族。《南史·周弘正傳》:諂附王偉,與周石珍原注:建康之厮隸也,爲梁制局監。降侯景。合族。《舊唐書·李義甫傳》:義甫貴之後,自言本出趙郡,始與諸李叙昭穆,而無賴之徒苟合,借其權勢,拜伏爲兄叔者甚衆。《李輔國傳》:宰相李揆,山東甲族,見輔國,執子弟之禮,謂之王父。此以名門而附小人也。"又曰:"史言唐梁之際,仕宦遭亂奔亡,而吏部銓文書不完,因緣以爲姦利。至有私鬻告敕,亂易昭穆。而季父母舅,反拜侄甥者。"原注:《豆盧革傳》。《册府元龜》:"長興初,鴻臚卿柳膺,將齋郎文書兩件,賣與同姓人柳居則,大理寺斷罪當大辟,以遇恩赦,減死,奪見任官,罰錮,終身不齒。制曰:一人告身,三代名諱,傳於同姓,利以私財,上則欺罔人君,下則貨鬻先祖,罪莫大焉。自今以後,如有此弊,傳者受者,并當極法。"《册府元龜》卷二十三《通譜》。《通志·氏族略》謂"隋唐而上,官有簿狀,家有譜系。私書濫,糾以官籍,官籍缺,考以私書"。自唐末大亂,官私譜籍,并皆亡佚;詐冒粥賣,無可考校;而士庶之别,蕩焉無存矣。《通志》謂"五季取士不問家世,婚姻不問閥閱"。亦勢所不得不然也。唐以前氏族之書,今存者惟一《元和姓纂》。而《通志·氏族略》,多與之同。蓋鄭氏所見,亦僅此矣。今私家譜系,多起自宋。唐以前,非闕佚,即妄溯也。

門閥之制,雖若興於魏晉,實則自古相沿。兩漢時不過暫爾伏流,前既明之。然則古代之階級,實至晚唐五代之世,乃鏟除净盡也。至此,則除官吏地位較尊,富人實有權勢外,可謂毫無階級矣。然本族之階級雖平,而本族與異族之間,階級復起,則五代而降,中國兵力之不競爲之也。異族與我族之階級,五胡亂華時,即已有之。高歡之告鮮卑曰:"漢民是汝奴;夫爲汝耕,婦爲汝織,輸汝粟帛,令汝温飽,汝何爲陵之?"告華人則曰:"鮮卑是汝作客;得汝一斛粟,一匹絹,爲汝擊賊,令汝安寧。汝何爲疾之?"以漢人任耕,鮮卑任戰,儼然有一爲武士,一爲農奴之觀焉。魏太武圍盱眙,遺臧質書曰:"吾今所遣鬥兵,盡非我國人。城東北是丁令與胡。南是氐、羌。設使丁令死,正可減常山、趙郡賊。胡死,減并州賊。氐、羌死,減關中賊。卿殺之,無所不利。"此以異族任戰者。當時此等事亦多。然所用多非漢人。一以諸胡較漢人強悍,一以漢人能勤生産,爲賦税所自出,諸胡皆不能也。鮮卑在五胡中,最能撫效漢人,而猶如此。氐、羌、胡、羯,不言可知。惜史不盡載耳。遼、金、元、清之事,則可考者較多。

遼之建國,合兩種人而成,一北方遊牧之族,一漢地州縣之民也。北方遊牧之族,又分兩種:一爲部族,一爲屬國。部族者,遼之國民,屬國則通朝貢,有事量借兵糧而已。高居於部族之上者,爲三耶律、二審密氏。三耶律者,大賀、遥輦、世里,迭居汗位。二審密者,乙室、已拔里,世昏皇室,所謂國舅也。《遼史·刑法志》謂:"遼太祖時,治契丹及諸夷,皆用舊法,漢人則斷以律令。太宗時,治渤海人亦依漢法。道宗時,始以國法不可異施,命更定律令。其不合者别存之。"則道宗以前,契丹、漢人,實未嘗受治於同一法律之下。又遼人設官,財賦之司,徧在南京,亦朘漢人以自肥也。金自世宗後,遷猛安謀克户入中原,所佔之地甚廣,而税極薄。又多括良田與之。其後卒以此遭殺戮之禍。《廿二史劄記·金末種人被害之慘》云:"一代敝政,有不盡載於正史,而散見於他書者。金制,以種人設猛安謀克分領之,使散處中原。世宗慮種人爲民害,乃令猛安謀克,自爲保聚。其土地與民犬牙相入者互易之,使種人與漢民各有界址,意至深遠也。

其後蒙古兵起，種人往戰輒敗。承安中，主兵者謂種人所給田少，不足豢身家，故無鬥志。請括民田之冒税者給之。於是武夫悍卒，倚國威以爲重。有耕之數世者，亦以冒佔奪之。及宣宗貞祐間，南渡，盜賊羣起。向之恃勢奪田者，人視之爲血仇骨怨。一顧盼之頃，皆死於鋒鏑之下。雖赤子亦不免。事見元遺山所作《張萬公碑文》。又《完顔懷德碑》亦云：民間讎撥地之怨，睚眦種人，期必殺而後已。尋踪捕影，不三二日，屠戮净盡。甚至掘墳墓，棄骸骨。惟懷德令臨淄，有惠政。民不忍殺，得全其生。可見種人之安插河北諸郡者，盡殲於貞祐時。蓋由種人與平民雜處，初則種人倚勢虐平民，後則平民報怨殺種人。此亦一代得失之林也。然《金史》絶不載此事，僅於《張萬公傳》中略見之，則知《金史》之缺漏多矣。”蓋遼人未嘗與漢雜居，而金人不然，故其虐漢人爲甚，而其受報復亦酷也。元代分人爲蒙古、色目、漢人、南人四等。蒙古、色目種姓，詳見《輟耕録》。漢人爲滅金所得。南人則滅宋所得也。一切權利，皆不平等。如官制、學校、選舉等。而漢人、南人入奴籍者尤多。《廿二史劄記·元初諸將多掠人爲私户》云：“元初起兵朔漠，耑以畜牧爲業。故諸將多掠人户爲奴，課以遊牧之事，其本俗然也。及取中原，亦以掠人爲事。并有欲空中原之地，以爲牧場者。耶律楚材當國時，將相大臣，有所驅獲，往往寄留諸郡，楚材因括户口，并令爲民，匿佔者死。立法未嘗不嚴，然諸將恃功牟利，迄不衰止。而尤莫甚於阿里海涯。《張雄飛傳》：阿里海涯行省荆湖，以降民三千八百户没入爲家奴，自置吏治之，歲收其租賦，有司莫敢問。雄飛爲宣撫使，奏之。乃詔還籍爲民。《世祖本紀》：至元十七年，詔核阿里海涯等所俘三萬二千餘人，并赦爲民。十九年，御史臺又言：阿里海涯佔降民爲奴，而以爲征討所得。有旨：降民還之有司，征討所得，籍其數賜臣下。宋子貞又以阿里海涯所庇逃民千人，清出屯田。可見其所佔之户，以千萬計。蓋自破襄樊後，伯顔領大兵趨杭州，留阿里海涯平湖廣之未附者。兵權在握，乘勢營私，故恣行俘掠，且庇逃民，佔降民，無不據爲己有。遂至如此之多也。他如《宋子貞傳》：東平將校，佔民爲部曲户，謂之脚寨。擅其賦役，幾四百所。子貞言於嚴實，乃罷歸州縣。《張德輝傳》：兵後孱民依庇豪右，歲久掩爲家奴。德輝爲河南宣撫使，悉遣爲民。《雷膺傳》：江南新附，諸將往往强籍新民爲奴隸。膺爲湖北提刑按察使，出令，還爲民者數千。《王利用傳》：都元帥塔兒海，抑巫山民數百口爲奴。利用爲提刑按察，出之。《袁裕傳》：南京總管劉克興，掠良民爲奴。裕出之爲民。此皆散見於各傳者也。兵火之餘，徧地塗炭，民之生於是時者，何以爲生邪？”案欲盡殺漢人，以其地爲牧地，係太宗近臣别迭之事，後又欲分裂州縣，以賜親王功臣，以耶律楚材力諫而止，見《耶律楚材傳》。《太宗本紀》：十二年，籍諸大臣所俘男女爲民。則分封之事，雖未果行，而諸王大臣所俘人户，實不少矣。《世祖本紀》：至元二十年，“禁權勢没人口爲奴，及黥其面者”。《廉希憲傳》：至元十二年，行省荆南。令凡俘獲之人，敢殺者，以故殺平民論。有立契券質妻子者，重其罪。

仍没入其直。則當時之於奴隸，刑殺亦皆任意也。《元史·刑法志》："諸蒙古人，因争及醉，毆死漢人者，斷罰出征，并全征燒埋銀。"則當時蒙古人殺漢人，并不論死也。亦可謂不平矣。清入中國，亦圈近畿之地，以給旗民，宗室有莊園，勳戚、世爵、職官、軍士有莊田，皆盡免征輸。其刑法，則宗室、覺羅及旗人，皆有换刑。宗室者，顯祖之後。又有有爵閑散之分，俗所謂黄帶子。宗室而降爲覺羅，則俗所稱紅帶子也。凡宗室、覺羅，皆有養贍銀米，婚喪有恩賞。漢人殺傷之者，罪加一等。惟不繫紅黄帶子，入茶坊酒肆則否。官缺：内官皆滿、漢平分。又有若干蒙古、漢軍、包衣缺。包衣者，滿洲人之奴隸也。清代滿漢不雜居，不通婚，故其争鬥不如金代之烈。然其意乃欲隔絶滿漢，使滿人保其强武之風，非爲保安漢人起見也。

《廿二史劄記》云："前明一代風氣，不特地方有司私派横征，民不堪命，而縉紳居鄉者，亦多倚勢恃强，視細民爲弱肉。上下相護，民無所控訴也。今按《楊士奇傳》：士奇子稷，居鄉，嘗侵暴殺人。言官交劾，朝廷不加法，以其章示士奇。又有人發稷横虐數十事，乃下之理。士奇以老病在告，天子不忍傷其意，降詔慰免，士奇感泣，遂不起。是時士奇方爲首相，而其子至爲言官所劾，平民所控，則其肆虐已極可知也。又《梁儲傳》：儲子次攄，爲錦衣百户。居家，與富人楊端争民田。端殺田主，次攄遂滅端家二百餘人。武宗以儲故，僅發邊衛立功。《朝野異聞録》又載：次攄最好束人臂股或陰莖，急迫，而以針刺之，血縷高數尺，則大叫稱快。此尤可見其恣虐之大概矣。《焦芳傳》：芳治第宏麗，治作勞數郡。是數郡之民，皆爲所役。又《姬文允傳》：文允宰滕縣。白蓮賊反，民皆從亂。文允問故。咸曰：禍由董二。董二者，故延綏巡撫董國光子，居鄉暴横，民不聊生。故被虐者甘心從賊，則其肆毒更可知也。又《琅琊漫抄》載：松江錢尚書治第，多役鄉人，磚甓亦取給於役者。有老傭後至，錢責之。對曰：某擔自黄瀚墳，路遠，故遲耳。錢益怒，荅曰：黄家墳亦吾所築，其磚亦取自舊冢，勿怪也。此又鄉官役民故事也。其後昆山顧秉謙附魏忠賢，得入閣。忠賢敗,乘謙家居,昆民焚掠其家。秉謙竄漁舟以免。《明史·顧秉謙傳》。時秉謙已失勢,其受侮或不足爲異,至如宜興周延儒,方爲相,陳於泰,方爲翰林,二家子弟暴邑中,興民至發延儒祖墓,又焚於泰、於鼎廬。《明史·祁彪佳傳》。王應熊方爲相,其弟應熙横於鄉,鄉人詣闕擊登聞鼓,列狀至四百八十餘條,贓一百七十餘萬。其肆毒積怨於民可知矣。温體仁當國,唐世濟爲都御史,皆烏程人。其鄉人盜太湖者,以兩家爲奥主,兵備馮元颺捕得其魁,世濟族子也。《明史·馮元颺傳》。是鄉官之族,且庇盜矣。又有投獻田産之例。有田産者,爲姦民籍而獻諸勢要,則悉爲勢家所有。天順中,曾翬爲山東佈政使。民墾田無賦者,姦民指爲閑田,獻諸戚畹,翬斷還民。《明史·李棠傳》。河南瀕黄河淤地,民就墾,姦民指爲周王府屯場,獻王邀賞,王輒據而有之。原傑請罪獻者,并罪受者。《明史·原傑傳》。又《戒菴漫筆》:萬曆中,嘉定、青浦間,有周星卿者,素豪俠。一寡婦薄有資産,子方幼。有姪,陰獻其産於勢家,勢家方坐樓船,鼓吹至閲莊。星卿不平,糾強有力者,突至索門,乃懼而去。訴於官。會新令韓某,頗以扶抑爲己任,遂宜其事。此亦可見當時獻産惡習。此一家因周星卿及韓令得直,其他小民被豪佔而不得直者,正不知凡幾矣。"案如此暴横,唐宋之世,皆所罕聞,蓋由元代異族肆虐,民無所控訴,積漸之勢,有以致之也。清代於紳士,管束最嚴,故此風漸戢。然清之嚴束紳士,亦慮其有故國之思,能用其民,則將不利於己耳。非真爲漢人平不平也。順治三年,四月,盡革前代鄉宦、監生等名色。一應地丁、錢糧、雜汎差役,與民一體承當。見《東華録》。自此紳士不能包庇賦税,投獻之風絶矣。

奴婢之制,自秦漢迄清皆有之,大抵以罪没入者爲官奴婢,以貧窮而賣買者爲私奴婢,奴婢以漢代爲最盛。以其時去階級之世未遠,又當生計劇變之時也。漢高祖嘗令民得賣子。賈誼謂其時之民,歲惡不入,則"請爵賣子"。可見其習爲常事。又謂"今之賣僮者,爲之繡衣絲履,偏諸緣納諸閑中"。則幾視人如貨物矣。其時官奴婢甚衆。晁錯勸文帝募民以丁奴婢贖罪,及輸奴婢以拜爵。武帝募民入奴,得以終身復，爲郎增秩。又遺御史廷尉正監分曹，即治郡國緡錢，得民奴婢以千萬數。分諸苑養狗馬禽獸，及與諸官。徙奴婢衆，下河漕，度四百萬石，及官自糴乃足。《杜延年傳》：坐官奴婢乏衣食免官。元帝時，貢禹言：官奴婢十餘萬，遊戲無事，稅良民以給之。馬貴與曰："豪家奴婢，細民爲飢寒所驅而賣者也。官奴婢，有罪而没者也。民以飢寒，至於棄良爲賤，上之人不能有以振救之，乃復效兼并者所爲，令入奴婢以拜爵復役，是令飢寒之民，無辜而與罪隸等也。況在官者十餘萬人，復稅良民以給之，則亦何益於事哉？"以政治論，以理財論，誠可謂兩失之矣。私家奴婢，亦多而僭侈，成帝永始四年。《詔》曰："公卿列侯，親屬近臣。多畜奴婢，被服綺縠。其申飭有司，以漸禁之。"哀帝即位，議限田。有司條奏所限奴婢之數：諸侯王二百人。列侯公主百人。關内侯吏民三十人。限制之數如此，不限之時可知。後此例亦以親貴不便，卒未行也。并得專其殺生。《食貨志》：董仲舒説武帝，"請去奴婢，除專殺之威"。王莽大更漢法，亦僅改其名爲私屬，令不得賣買而已，莽更名天下田曰王田，奴婢曰私屬，皆不得賣買。此仍視人與物等，不欲兼并者多畜奴婢而已，非知奴婢之有人權也。不能使之爲良也。後漢光武一朝，免奴最多。建武二年，五月，癸未，詔曰："民有嫁妻賣子，欲歸父母者，恣聽之。敢拘執，論如律。"六年，十一月，丁卯，"詔王莽時没入爲奴婢，不應舊法者，皆免爲庶人"。七年，五月，甲寅，"詔吏人遭飢亂，及爲青、徐賊所略，爲奴婢下妻，欲去留者，恣聽之。敢拘制不還，以賣人法從事"。十二年，三月，癸酉，詔隴蜀民被略爲奴婢自訟者，及獄官未報，一切免爲庶民。十三年，十二月，甲寅，"詔益州民自八年以來，被略爲奴婢者，皆一切免爲庶民。或依託人爲下妻，欲去者，恣聽之。敢拘留者，比青、徐二州，以《略人法》從事"。十四年，十二月，癸卯，"詔益涼二州奴婢，自八年以來，自訟在所官，一切免爲庶民。賣者無還值"。又令殺奴婢不得減罪；炙灼奴婢論如律；所炙灼者爲庶民。除奴婢射傷人棄市律，十一年。案宋真宗咸平六年，"詔士庶家雇僕，有犯，不得黥其面"。天禧時，大理寺言：按律，諸奴婢有罪，其主不請官司而殺者，杖一百。無罪而殺者，徒二年。又諸條主毆部曲至死者，徒一年。故殺者加一等。其有愆犯，決罰至死，及過失殺者，勿論。自今人家傭賃，當明設要契。及五年，主因過毆決至死者，欲望加部曲一等。但不以愆犯而殺者，減常人一等。如過失殺者勿論。從之。則私殺奴婢，後世仍有之。且其論罪，不與凡同，不如漢世之文明多矣。由漢世法律，多用經義也。殆可稱中國之林肯。自漢以後，大抵遇喪亂饑饉，人民無以爲生，則奴婢之數增多。及承平，則或以命令迫令放免；或官出資爲贖；唐昭宗大順二年，“敕天下州府及在京諸軍，或因收擄百姓男女，宜給内庫銀絹，委兩軍收贖，歸還父母。其諸州府，委本道觀察使取上供錢充贖。不得壓良爲賤”。或令以賣直爲傭資，計數相當則免之，韓愈《柳子厚墓誌銘》：“元和中，嘗例召至京師。又偕出爲刺史，而子厚得柳州。”“其俗以男女質錢，約不時贖，子本相侔，則没爲奴婢。子厚與設方計，悉代贖歸。其尤貧力不能者，令書爲傭，相當，則使歸其質。觀察使下其法於他州，比一歲，免而歸者且千人。”官奴婢則以赦免；唐制：凡反逆相生，没其家爲官奴婢。一免爲蕃户，再免爲雜户，三免爲良人。皆因赦宥所及則免之。或立年限，及年則免。漢哀帝議限田及蓄奴婢，有司條奏官奴婢年五十以上，免爲庶人。雖多寬典及優恤之政，要不能摧陷廓清，令其絶跡也。

《古文苑》有王褒《僮約》，頗可見漢世使役奴婢之狀。今録其辭如下。《僮約》曰：“蜀郡王子淵，以事列湔，止寡婦楊惠舍。惠有夫時奴，名便了。子淵倩奴行酤酒，便了拽大杖上夫冢巔曰：大夫買便了時，但要守家，不要爲他人男子酤酒。子淵大怒曰：奴寧欲賣邪？惠曰：奴大忤人，人無欲者。子淵即決買券云云。奴復曰，欲使皆上券。不上券，便了不能爲也。子淵曰：諾。券文曰：‘神爵三年正月十五日，資中男子王子淵，從成都安志里女子楊惠，買亡夫時户下髯奴便了。決賈萬五千。奴當從百役使，不得有二言。晨起早掃，食了洗滌。居當穿臼縛帚，裁盂鑿井，浚渠縛落，鉏園斫陌。杜埤地，刻大枷。屈竹作杷，削治鹿盧。出入不得騎馬載車，踑坐大呶。下床振頭，捶鈎刈芻，結葦臘纑。汲水酪，佐鱸䣰。織履作粗，黏雀張烏。結網捕魚，持梢牧猪。種薑養芋，長育豚駒。糞除堂廡，喂食馬牛。鼓四起坐，夜半益芻。二月春分，被隄杜疆。落桑皮棕，種瓜作瓠。别茄披葱，焚槎發芋，壟集破封。日中早熭，鷄鳴起舂。調治馬户，兼落三重。舍中有客，提壺行酤。汲水作餔，滌杯整桉。園中拔蒜，斲蘇切脯。築肉臛芋，膾魚炰鱉，烹荼盡具。已而蓋藏，關門塞竇。餧猪縱犬，勿與鄰里爭鬥。奴當飯豆飲水，不得嗜酒。欲飲美酒，惟得染脣漬口，不得傾盂覆斗。不得辰出夜入，交關伴偶。舍後有樹，當裁作船，上至江州下到湔，主爲府掾求用錢。推訪垩，販棕索。縣亭買席，往來都落，當爲婦女求脂澤。販於小市，歸都擔枲。轉出旁蹉，牽犬販鵝。武都買茶，楊氏擔荷。往來市聚，慎護姦偷。入市不得夷蹲旁卧，惡言醜駡。多作刀矛，持入益州，貨易羊牛。奴自教精慧，不得痴愚。持斧入山，斷輮裁轅，若有餘殘，當作俎豆几、木屐及彘盤。焚薪作炭，礨石薄岸。治舍益屋，削書伐牘，日暮欲歸，當送乾薪兩三束。四月當披，九月當穫，十月收豆，掄麥窖芋。南安拾栗採橘，持車載輳。多取薄苧，益作繩索。雨墮無所爲，當編蔣織薄。種桃、李、梨、柿、柘、桑，三丈一樹，八樹爲行。果類相從，縱横相當。果熟收斂，不得吮嘗，犬吠當起，警告鄰里。棖門柱户，上樓擊鼓。荷盾曳矛，還落三周。勤心疾作，不得敖遊。奴老力索，種莞織席。事訖休息，當舂一石。夜半無事，浣衣當白。若有私錢，主給賓客。奴不得有姦私，事事當關白。奴不聽教，當笞一百。'讀券文適訖，詞窮詐索。仡仡叩頭，兩手自搏。目淚下落，鼻涕長一尺。審如王大夫所言，不如早歸黄土陌，蚯蚓鑽額。早知當爾，爲王大夫酤酒，真不敢作惡。"此文爲遊戲之作，當時使用奴婢，未必酷虐至是。然奴婢所作之事，則可想見矣。

晉武平吴之後，王公以下，皆得蔭人爲衣食客及佃客，東晉猶然。此蓋漢世封君食邑户之遺制，與奴婢有别。其數因官品而有差。客皆注家籍。其課：丁男調布絹各二丈，絲三兩，綿八兩；禄絹八尺，禄棉三兩二個；租米五石。丁女并半之。男女十六亦半課。年十八正課。六十六免課。其男丁歲役不過二十日。其田，畝税米二升。又有所謂部曲者，蓋戰亂之世，吏士夷爲將帥之私屬，《續書·百官志》："大將軍營五部。部校尉一人，比二千石。軍司馬一人，比千石。部下有曲，曲有軍候一人，比六百石。曲下有屯，屯長一人，比二百石。其不置校尉部，但軍司馬一人。"此部曲本義。《三國魏志·李典傳》："典宗族部曲，三千餘家，居乘氏。自請願徙詣魏郡。太祖笑曰：卿欲慕耿純耶？典謝曰：典駑怯功微，而爵寵過厚。誠宜舉宗陳力，加以征伐未息，宜實郊遂之内，以制四方，非慕純也。遂徙部曲宗族萬三千餘口居鄴。"《吴志·孫策傳》："興平元年，從袁術，術甚奇之，以堅部曲還策。"此部曲專屬將帥之證。其後將帥亦招人民爲之。《魏志·衛覬傳》："鎮關中，時四方大有還民，關中諸將，多引爲部曲。覬書與荀彧曰：關中膏腴之地，頃遭荒亂，人民流入荆州者，十餘萬家。聞本土安寧，皆企望思歸。而歸者無以自業，諸將各競招懷，以爲部曲。郡縣貧弱，不能與争，兵家遂強。一旦變動,必有後憂。”云云。此等本皆良民,然自爲部曲,遂不得與平民并。自魏晉至宋皆有之。見前引宋天禧時大理寺之言,又案部曲較平民爲賤,而較奴婢爲貴。故唐高宗顯慶二年,有“放諸奴婢爲良及部曲客女者聽之”之敕。客女,部曲之婦女也。

以異族爲奴婢,中國亦有其事。《史記·西南夷列傳》謂:“巴蜀民或竊出商賈,取其筰馬,僰僮、髦牛,以此巴蜀殷富。”《貨殖列傳》亦謂巴蜀“南御滇僰”。僰僮,則秦漢之世已有之。《北史·獠傳》,謂其“親戚相賣如猪狗,被賣者號哭不服,逃竄避之。乃將買人捕逐,若亡叛,獲便縛之。但被縛,即服爲賤隸,不敢稱良矣。梁武帝時,梁、益二州歲歲伐獠以自利,後周武帝平梁、益,歲命隨近州鎮,出兵討之,獲其生口,以充賤隸,謂之壓獠。商旅往來,亦資爲貨。公卿民庶之家,多有獠口”。則幾於白人之販鬻黑奴矣。唐武後大足元年,“敕以北緣邊州郡,不得畜突厥奴婢”。穆宗長慶元年,“詔禁登、萊州及緣海諸道,縱容海賊,掠賣新羅人口爲奴婢”。則海陸緣邊,皆有販鬻外國人之事。而本國人亦有鬻賣入外國者。如宋太宗淳化二年,“詔陝西沿邊諸郡:先歲飢,貧民以男女賣與戎人。宜遣使者與本道轉運使,分以官財物贖,還其父母”。真宗天禧三年,“詔自今掠賣人口入契丹界者,首領并處死。誘至者同罪。未過界者,決杖黥配”是也。

收買奴婢之人,又有轉雇與人,以取其利者。宋太祖開寶四年,“詔應廣南諸郡,民家有收買男女爲奴婢,轉將傭雇,以輸其利者,今後并令放免。敢不如詔旨者,決杖流配”是也。人類之牟利,可謂無所不至矣。

唐武宗會昌五年,“中書門下奏:天下諸寺奴婢,江淮人數至多。其間有寺已破廢,全無僧衆,奴婢既無衣食,皆自營生,洪、潭管內,人數倍多。一千人以下五百人以上處,計必不少。并放從良百姓,旨依”。按是年廢天下佛寺,故奴婢并獲放免也。平時則不可考矣。以歷代佛寺之盛通計之,其數必不少也。遼以良民賜諸寺。分其税一半輸官,一半輸寺,謂之二税户。金世宗大定二年,嘗免之。章宗即位，又括中都及北路二税户。凡無憑驗，其主自言之者，及因通檢而知之者，其税半輸官，半輸主。有憑驗者，悉放爲良。此則僧人衣食租税，同於封君矣。

《日知録》曰："《顔氏家訓》：鄴下有一領軍，貪積已甚。家僮八百，誓滿一千。唐李義府多取人奴婢，及敗，各散歸其家，時人爲露布云：混奴婢而亂放，各識家而競入。原注：潘岳《西征賦》曰：混鷄犬而亂放，各識家而競入。太祖數諒國公藍玉之罪，曰：家奴至於數百。今日江南士大夫，多有此風。一登仕籍，此輩競來門下，謂之投靠。多者亦至千人。而其用事之人，則主人之起居食息，以至於出處語默，無一不受其節制，有甘於毁名喪節而不顧者。《漢書·霍光傳》：任宣言：'大將軍時，百官已下，但事馮子都、王子方等，原注：皆老奴。初光愛幸監奴馮子都，常與計事。原注：師古曰：監奴，奴之監知家務者也。及顯原注：光妻。寡居，與子都亂。夫以出入殿門，進止不失尺寸之人，而溺情女子小人，遂至於此。今時士大夫之僕，多有以色而升，以妻而寵。夫上有漁色之主，則下必有烝弑之臣。清斯濯纓，濁斯濯足，自取之也。'嚴分宜之僕永年，號曰鶴坡，張江陵之僕游守禮，號曰楚濱，原注：古詩：昔有霍家奴，姓馮名子都。而晉灼引漢語以爲馮殷，則子都亦字也。不但招權納賄，而朝中多贈之詩文，儼然與搢紳爲賓主，名號之輕，文章之辱，至斯而甚。異日媚閹建祠，非此爲之嚆矢乎？"

又曰："人奴之多，吴中爲甚。原注：史言吕不韋家僮萬人。嫪毐家僮數千人。今吴中仕宦之家，有至一二千人者。其專恣暴横，亦惟吴中爲甚。有王者起，當悉免爲良，而徙之以實遠方空虚之地。士大夫之家，所用僕役，并令出資雇募，如江北之例。原注：鄭司農《周禮》司厲《注》曰：今之奴婢，古之罪人也。《風俗通》言：古制本無奴婢，奴婢皆是犯事者。今吴中亦諱其名，謂之家人。則豪横一清，而四鄉之民，得以安枕。其爲士大夫者，亦不受制於人，可以勉而爲善。訟簡風淳，其必自此始矣。"觀此可知明代吴中風俗之壞。夫投靠爲僕隸者，其人亦宦寺之流耳。降志辱身，所爲何事？安得不作姦犯科，招權納賄，以累其主乎？

近代削除階級，當以清雍正時爲最多。元年，則有山、陝之樂户，紹興之墮民。五年，則有徽州之伴當，寧國之世僕。八年，則有常熟、昭文之丐户。乾隆三十六年，又命廣東之蛋户，浙江之九姓、漁户及各省之似此者，悉令該地方查照雍正元年山、陝樂户成案辦理。在清代，所謂身家不清白者，僅娼、優、皂隸，及曾鬻身爲奴者，三世不得應試入仕而已。包衣仍得入仕。惟雖至極品，對其舊主，仍執僕禮。後曾有旨，命三品以上包衣皆出籍。然此等賤民，雖見放免，在民間仍未能皆以平等待之也。

# 第十章　國　體

我國今日，巍然以大國立於世界矣。然此等局面，特自秦以來耳。由此上溯之，則爲大國七，小國十餘。更上溯之，則國名之見於《春秋》及《左氏》者，凡百四十。又上溯之，其確數雖不可知，古所謂萬國、三千、千七百云者，乃約略或設法之辭，不足爲據。見後。然時愈古則國愈多，則理之可信者也。然則衆國分立之中國，果何由而成爲大一統之局邪？

凡天下龐然大物，未有可一蹴而成者也。譬諸生物，其始也，物一細胞耳；寖假而合諸細胞以爲一器官；寖假而成較大之動物；寖假而成更大之動物；最後乃成爲人。國家之成，亦猶是也。今日極大之國家，其始，未有不自極小之部落來者也。我以爲國家之成，實經三時代：（一）部落時代；（二）封建時代；（三）郡縣時代。

生民之始，果若何情狀乎？蓋難言之。據書史所載，及存於今之原人推測之，則亦一毫無組織之羣而已。稍進乃知有血統。富辰所謂："太上以德撫民，其次親親以相及也。"《左》僖二十四年。血統之知必始於母，其後乃知有父。知有母，則知有同母之人焉。又知有母之母，及與母同母之人焉。知有父，則知有父之父，又知有與父同父之人焉。自此而推之則成族。一族之人，羣萃州處，必有操其治理之權者，於是乎有宗。宗與族，固國家之所由立也。然究不得遂謂爲國家。何者？宗族之結合由於人；而國家之成，則必以地爲限界。宗族之中，治人者治於人者，皆有親族之關係；而國家之政治，則與親戚無闢。夫以一宗之主，推其權力，及於宗族以外，合若干地方之人民而統治之，此則所謂部落者也。部落與宗族，并行不悖。爲部落酋長者對其宗族，固亦仍爲首長也。

部落之世，交通不便，人民亦蒙昧而寡欲。諸部落之間，殆彼此無甚關係。《老子》曰："鄰國相望，鷄犬之聲相聞，民至老死不相往來。"所追想者，即此等境界也。如是者，蓋不知其若干年。

世運漸進，人智日開，嗜欲日多，交通益便。往來既數，争奪遂萌。乃有以一部落而兼并他部落，懾服他部落者。乃漸入於封建之世。

封建之道，蓋有三端：懾服他部，責令服從，一也。替其酋長，改樹我之同姓、外戚、功臣、故舊，二也。開闢荒地，使同姓、外戚、功臣、故舊移殖焉，三也。由前二説，蓋出於部落之互相吞并。由後之説，則出於一部落之内外拓殖者也。一部落之拓殖於外者，於其故主，固有君臣之分；異部落之見懾服者，對其上國，亦有主從之别；此天子諸侯尊卑之所由殊，而元后羣后之所以異也。自彼此無關係之部落，進而爲有關係之天子諸侯，則自分立進於統一之第一步也。

封建之地，蓋古小而後世大。封建之國，則古多而後世少。此足徵諸國吞并之益烈，拓殖之益盛。封建之漸進於郡縣，實由此也。曷言乎封建之地古小而後世大也？《王制》説五等之封曰："王子之田方千里，公侯田方百里，伯七十里，子男五十里。不能五十里者，不合於天子，附於諸侯，曰附庸。"《白虎通》以此爲周制。《孟子·萬章篇》答北宫錡之問同。引《含文嘉》，謂殷爵三等。合子男從伯。或曰：合從子，貴中也。地三等不變。《含文嘉》又謂夏制亦三等，見《王制疏》。《春秋繁露》又分附庸字者方三十里，名者二十里，人氏者方十五里。《周官·大司徒》則謂諸公之地，封疆方五百里，諸侯四百里，諸伯三百里，諸子二百里，諸男一百里。封地之大小互異，爲今古文家聚訟之端。其實皆設法之辭，無足深辯。設法二字，見《禮記》、《周官》鄭《注》，謂假設平正之例以示人。《漢書·食貨志》論井田，終之曰："此謂平土可以爲法者也。"亦此義。近人誤以古書所云，係述當時實事，遂疑其不足信，非也。然設法之辭，何以如此？亦必有其所以然。我蓋觀於古書言諸國之里數，而知古代列國漸次擴大之跡，及設法之説之所由來也。《易·訟卦》九二："不克訟，歸而逋，其邑人三百户。"《疏》謂："此小國下大夫之制。《周禮·小司徒》，方十里爲成，九百夫之地。溝渠，城郭，道路，三分去一，餘六百夫。又以不易、一易、再易，定受田三百家。"此蓋封地之最小者。《左氏》所謂夏少康"有田一成"者也。其制之存於春秋時者，則《論語》謂管仲"奪伯氏駢邑三百"是也。此等小國寡民，在古代蓋曾以之建侯。故《吕覽》謂王者封建，"海上有十里之諸侯"。至春秋之世，則但以爲下大夫之食邑而已。此封地之最小而最古者也。進一步，則爲今文家所言之制。秦漢時之縣，多古國名。蓋沿自春秋戰國之世，滅國而以爲縣也。縣大率方百里，與今文家所言公侯之地合。《孟子》謂"今滕，絶長補短，將五十里也"，亦與附庸之地合。知古確有此等國，非虚構也。更進一步，則爲《周官》所言之數。鄭玄糅雜今古，謂周公擴大土宇，增益諸侯之封，以牽合《王制》、《周官》，其説蓋不足信。鄭氏所以爲此説者，蓋欲將今古文所言服之里數，封建之國數，牽合爲一故也。《禹貢》："五百里甸服：百里賦納總，二百里納銍，三百里納秸服，四百里粟，五百里米。五百里侯服：百里采，二百里邦，三百里諸侯。五百里綏服：三百里揆文教，二百里奮武衛。五百里要服：三百里夷，二百里蔡。五百里荒服：三百里蠻，二百里流。"舊有三説：《今尚書》歐陽、夏侯説，謂中國方五千里。史遷同。一也。《古尚書》説：謂五服旁五千里，相距萬里。二也。賈逵、馬融，謂《甸服》之外，百里至五百里米，特有此數。其侯、綏、要、荒服各五百里。是面三千里，相距爲方六千里。三也。如《古尚書》説，則與《周官·職方》，方千里曰王畿，其外侯、甸、男、采、衛、蠻、夷、鎮、藩九服，服各五百里者相合。《王制》："凡四海之内九州。州方千里。州建百里之國三十，七十里之國六十，五十里之國百有二十，凡二百一十國。天子之縣内，方百里之國九，七十里之國二十有一，五十里之國六十有三，凡九十三國。九州，千七百七十三國。"大界方三千里，三三而九，爲方千里者九。《周官·職方氏》，"凡邦國千里，封公以方五百里則四公，方四百里則六侯，方三百里則七伯，方二百里則二十五子，方百里則百男"，七伯當作十一伯。如此説亦欲封至二百一十國，則必九州大界，方七千里。七七四十九，爲方千里四十有九。其一爲畿内，餘四十八州，各有方千里者六，乃能容之。若大界方七千里，而封國之數與《王制》同，則可得萬國。鄭氏乃謂黄帝之時，中國疆域，本有萬里。堯遭洪水，僅方五千里。分爲五服，服各五百里。禹平水土，復各以五百里弼之。書所謂弼成五服是也。故其時封國之數有萬，《左氏》謂禹會諸侯於塗山，執玉帛者萬國是也。夏衰，夷狄内侵，諸侯相并，土地減，國數少。殷湯承之，更制中國方三千里之界。亦分爲九州，而建千七百七十三國，則《王制》所言是也。周公復唐虞之舊域，分其五服爲九。其要服之内，亦方七千里。因殷諸侯之數，廣其土，增其爵，則《周官》所言是也。將今古異説，悉貫串爲一。説非不巧，然終嫌附會耳。以上所引之説，見《禹貢》、《王制》、《周官》及《詩·商頌正義》。然周代諸國疆域，確有與《周官》所言相近者。《明堂位》謂成王封周公於曲阜，地方七百里。《史記·漢興以來諸侯王年表》謂周封伯禽、康叔於魯、衛，地各四百里，太公於齊，兼五侯。孟子告慎子，謂魯方百里者五。《告子》。《管子·輕重甲篇》“管子問於桓公曰：敢問齊方幾何里？桓公曰：方五百里”是也。案古書言封建，與《王制》合者，十之九而強；與《周官》合者，十不得一。謂周封齊、魯、衛方四五百里，或七百里，蓋亦不足信之辭。所以有此説者，則因後來諸國疆域廓張，數典忘祖，遂以是爲初封時事也。東周諸國之地，又有較《周官》所言爲大者。子産謂“大國地多數圻”。《左》襄三十五年。《孟子》謂“海内之地，方千里者九，齊集有其一《梁惠王》下。”是也。亦可謂周初所封乎！蓋吞并及拓殖，爲封建之所由興。封建既興，二者仍進行不已。其進行之速率，雖諸國不等，亦有大致可求。最古之世，蓋不過一成之地。其後漸進至百里。又漸進至五百里。其情勢特異者，則又開拓至千里或數千里焉。此爲古代事實。《王制》、《周官》等書，皆古人虚擬之制，欲見諸施行者。虚擬之制，必切時勢以立言。今文家源出孔子，欲復周初之制，故主百里、七十里、五十里之封。《周官》爲戰國時書，根據春秋以來諸國封域，故增大至五百里、四百里、三百里、二百里、百里也。虚擬之辭，雖不容徑認爲事實，正可由此窺見事實之真矣。

然則古代之封國，何以不務其大，而以小自安也？曰：封國必察其時之情勢。《穀梁》曰：“古者天子封諸侯，其地足以容其民，其民足以滿城而自守也。”襄二十九年。此以人口之衆寡言之。《孟子》曰：“天子之地方千里，不千里，不足以待諸侯。諸侯之地方百里，不百里，不足以守宗廟之典籍。”此自國用之多少言之。故曰：“周公之封於魯，爲方百里也，地非不足，而儉於百里。太公之封於齊也，亦爲方百里也，地非不足也，而儉於百里。”《告子》。蓋自有其欲大不能，欲小不可之勢也。《吕覽》謂：“王者之封建也，彌近彌大，彌遠彌小，海上有十里之諸侯。”《慎勢》。《管子》謂：“天子之制，壤方千里。齊諸侯方百里。負海：子七十里，男五十里。”蓋中原民衆而土地闢，故其國可大。負海民寡而土地荒蕪，故其國當小也。此亦封國大小，有其自然之勢之一徵也。然則今古文經所擬之制，蓋皆就其時勢以立言。孔子生於春秋時，主復三代盛時之制。《周官》則戰國時書，主就東周以後列國之疆域整齊之也。此設法之談之所以然也。

曷言乎封國之數，隨世而減也？古書所言國數，皆約略，或設法之辭，不足爲據，已見前。然其謂古國多，後世國少，則固綜合史事以立説，非虚語也。《左》哀七年，諸大夫對孟孫之辭曰：“禹會諸侯於塗山，執玉帛者萬國。今其存者，無數十焉。”《荀子》謂：“古有萬國，今有十數。”《富國篇》。又《君道篇》十數作數十。《墨子》謂：“古者天子之始封諸侯也萬有餘。今以并國之故，萬國有餘皆滅，而四國獨立。”《非攻》下。《吕覽》謂：“當禹之時，天下萬國。至於湯而三千餘國。”《用民》。又謂：“周之所封四百餘，服國八百餘，今無存者矣。雖存，皆嘗亡矣。”《觀世》。可見古者列國并吞之烈也。

封建有滅人之國，仍其舊君者。亦有改樹我之同姓、外戚、功臣、故舊者。又有開拓荒地，使同姓、外戚、功臣、故舊主之者。前已言之。其中同姓、外戚、功臣、故舊之分封，實於我國之統一關係極大。蓋古者車未同軌，書未同文，行未同倫，所恃以團結異族，樹統一之基者，實賴開化較早民族，將其文明，移殖各地也。《左氏》載成鱄之言曰，“武王克商，光有天下。其兄弟之國者十有五人，姬姓之國者四十人”。《左》昭二十八年。即《史記》所謂“武王、成、康，所封數百，而同姓五十五”者也。《漢興以來諸侯王年表》。又《荀子·儒效篇》：“周公立七十一國，姬姓居五十三。”《左》僖二十四年，富辰諫王伐鄭，曰：“太上以德撫民，其次親親，以相及也。昔周公弔二叔之不咸，故封建親戚，以蕃屏周。管、蔡、郕、霍、魯、衛、毛、聃、郜、雍、曹、滕、畢、原、酆、郇，文之昭也。邘、晉、應、韓，武之穆也。凡、蔣、邢、茅、胙、祭，周公之胤也。召穆公思周德之不類，故糾合宗族於成周而作詩，曰：'棠棣之華，鄂不韡韡，凡今之人，莫如兄弟。'其四章曰：'兄弟鬩于墻，外禦其侮。'如是，則兄弟雖有小忿，不廢懿親。今天子不忍小忿，以棄鄭親，其若之何？"昭二十六年，王子朝使告於諸侯曰："昔武王克殷，成王靖四方，康王息民。并建母弟，以蕃屏周。亦曰，吾無專享文、武之功，且爲後人之迷敗傾覆，而溺入於難，則振救之。至於夷王，王愆於厥身。諸侯莫不并走其望，以祈王身。至於厲王，王心戾虐，萬民弗忍，居王於彘。諸侯釋位，以間王政。宣王有志，而後效官。至於幽王，天不弔周，王昏不若，用愆厥位。攜王奸命，諸侯替之，而建王嗣，用遷郟鄏。則是兄弟之能用力於王室也。至於惠王，天不靖周，生頽禍心，施於叔帶，惠、襄辟難，越去王都。則有晉、鄭，咸黜不端，以綏定王家。則是兄弟之能率先王之命也。"於宗周之厚撫同姓，周姓之翼戴王室，可謂歷歷言之。襄二十九年，晉平公合諸侯以城杞。子大叔曰："晉國不恤周宗之闕，而夏肄是屏。其棄諸姬，亦可知也已。諸姬是棄，其誰歸之？"於同異姓之疏戚，尤昭然若揭焉。夫"周之宗盟，異姓爲後"，《左》隱十一年。寧得不謂之私？然先同姓，次外戚，次功臣、故舊，星羅棋佈，用作藩屏。而一族之勢力，由此徧佈於寰區。一族之文化，由此廣推於各地矣。即仍其故君者，亦豈遂無裨於統一哉？朝覲有常，會盟有令。共球咸受，集萬國之冠裳，文軌是同，昭一朝之制度。固與夫尊稱南越，竊帝號以自娱，邑據夜郎，擬漢封之孰大者，迥不侔矣。謂漢族統一中國，封建之制，實有功焉，非虛語也。

古代封建之制，與宗族之制，關係最密。職是故，古代國際間之道德，亦與同族間之道德，大有關係。古之言政治者，恒以興滅國、繼絶世爲美談。所謂興滅國、繼絶世，則同族間之道德也。《尚書大傳》曰："古者諸侯始受封，必有采地。其後子孫雖有罪黜，其采地不黜。使子孫賢者守之世世，以祠其始受封之人。此之謂興滅國、繼絶世。"

蓋古代最重祭祀，所謂興滅國、繼絶世者，則不絶始封之君之祀而已。此義多有行之者。《史記・秦本紀》：莊襄王元年，“東周君與諸侯謀秦，秦使相國吕不韋誅之，盡入其國秦，不絶其祀，以陽人賜周君奉其祭祀。”即所謂采地不黜，使子孫賢者守之者也。《吕覽》曰：“周之所封四百餘，服國八百餘，今無存者矣。雖存，皆嘗亡矣。”云嘗亡而復存，則知當時興滅國、繼絶世者甚多。楚莊王既滅陳，以申叔時一言而復之。《左》宣十一年。其後靈王滅陳、蔡，平王又復之。《左》昭十三年。誘殺戎蠻子，而復立其子，《左》昭十六年。皆是物也。不寧惟是，古者天子可封諸侯，諸侯亦可封大夫。大夫以下，亦得以地分其宗族。故《禮運》謂：“天子有田以處其子孫，諸侯有國以處其子孫，大夫有采以處其子孫。”師服謂“天子建國，諸侯立家，卿置側室，大夫有貳宗，士有隸子弟，庶人工商，各有分親”。《左》桓二年。雖大小不侔，而原理則一。故天子之所以封諸侯者，諸侯之於大夫，亦宜守之。諸侯之所以交諸侯者，大夫之於大夫，亦當遵之。楚莊王之滅若敖氏也，子文孫箴尹克黄使於齊，歸復命，而自拘於司敗。王思子文之治楚國也，曰：“子文無後，何以勸善？”使復其所，改命曰生。《左》宣四年。平王殺鬥成然，滅養氏之族。使鬥辛居鄖，以無忘舊勛。《昭》二十四年。亦興滅國、繼絶世之義也。於死者不絶其祀，即於生者宜繼其食。故紀季之以酅入齊也，魯子曰：“請後五廟，以存姑姊妹。”《公羊》莊公三年。諸侯不臣寓公。《禮記・郊特牲》。寓公雖不繼世，妻得配夫，猶託衣食於公家。《公羊》桓公七年《解詁》。皆同族相恤之義也。古於同族之厚如此，則《春秋》之法，滅同姓者與失地者俱名，亦宜矣。

惟其如是，故古代之一姓，不得勢則已，苟得勢，則其覆亡頗難。以其同族之蟠據者衆，平民無力足以覆亡之也。然其族卻有自亡之道。何則？始封之時，天子諸侯之間，非伯叔，則甥舅。否亦先王老臣，當佇孿倖，其關係原極親密。一再傳後，寖以疏隔，久則成爲路人矣。且古代地廣人稀，列國利害，無甚關係，至後世則不然也。於是相吞相并，至始皇而遂統於一。夫舉天下而奉諸一人，其勢可謂極強。然此族之高居民上者,遂惟此一人。欲覆此一族者,覆此一人可矣,秦之亡是也。然則凡物極盛之候,即其將衰之時。物無足以亡之,其身遂寓自亡之道。禍福倚伏之理,盈虛消長之機,豈不異哉!豈不異哉!

封建之世,諸國星羅棋佈,其關係一若甚疏。所恃以相維相繫者,則巡守、朝貢之制是也。巡守朝貢之制,古書所説互異。今姑勿具論。但藉此一考列國之關係如何,亦足見古代之政體矣。《王制》述巡守之事曰:“覲諸侯,問百年者就見之。命太師陳詩,以觀民風。命市納賈,以觀民之所好惡,志淫好辟。命典禮,考時月定日。同律,禮樂,制度,衣服正之。山川神祇,有不舉者爲不敬。不敬者君削以地。宗廟有不順者爲不孝。不孝者君絀以爵。變禮易樂者爲不從。不從者君流。革制度衣服者爲畔。畔者君討。有功德於民者,加地進律。”《孟子》曰:“入其疆,土地闢,田野治。養老尊賢,俊傑在位,則有慶,慶以地。入其疆,土地荒蕪,遺老失賢,掊克在位,則有讓。一不朝,則貶其爵。再不朝,則削其地。三不朝,則六師移之。”則古代之天子,所以督責其諸侯者蓋甚至。此等制度,後人每疑其不能實行。此由狃於春秋戰國時勢而然,而不知古代非春秋戰國比也。古代疆域小,人民樸。人民樸則上下不隔,疆域小則巡覽易周。《孟子》又曰:“春省耕而補不足;秋省斂而助不給。”“夏諺曰:吾王不遊,吾何以休?吾王不豫,吾何以助?”則巡守之始,原不過周覽田野之間,猶後世刺史郡守,巡行所屬,考其治跡耳。至於提封萬里之世,則方行海表,原非平時所能。穆王欲肆其心,周行天下,而《祈招》之詩作矣。入朝者,小國對於大國,所以表示其恭敬之心。齊頃公敗於鞌而朝晉,韓厥舉爵曰,“臣之不敢愛死,爲兩君之在此堂”《左》成三年。是也。入貢一端,尤於大國之財政,大有裨益。《周官·大司徒》:“諸公之地,封疆方五百里,其食者半。諸侯之地,封疆方四百里,其食者參之一。諸伯之地,封疆方三百里,其食者參之一。諸子之地,封疆方二百里,其食者四之一。諸男之地,封疆方百里,其食者四之一。”鄭玄云:“足其國禮俗、喪紀、祭祀之用,乃貢其餘。若今度支經用,餘爲司農穀矣。”《左》文四年:“曹伯如晉會正。”《注》:“會受貢賦之政也。”《左》襄四年,公如晉聽政,晉侯享公。公請屬鄫,《注》:“使助魯出貢賦。”晉侯不許。孟獻子曰:“以寡君之密邇於仇讎,而願固事君,無失官命。《注》:“晉官徵發之命。”鄫無賦於司馬,爲執事朝夕之命敝邑,敝邑偏小,闕而爲罪,寡君是以願借助焉。”又二十九年,晉侯使司馬女叔侯來治杞田,弗盡歸也。晉悼夫人慍曰:“齊也取貨。先君若有知也,不尚取之。”公告叔侯,叔侯曰:“魯之於晉也,職貢不乏,玩好時至,公卿大夫相繼於朝,史不絶書,府無虚月。如是可矣,何必瘠魯以肥杞?”合此諸文觀之,可見當時大國之求取。又襄二十二年,“臧武仲如晉,雨,過御叔。御叔在其邑,將飲酒,曰:焉用聖人?我將飲酒而已。雨行,何以聖爲?穆叔聞之,曰:不可使也,而傲使人,國之蠹也。令倍其賦”。《注》:“古者家其國邑,故以重賦爲罰。”《疏》引《大司徒》鄭《注》,又引《司勳》“凡頒賞地,三之一食”。鄭氏《注》云:“賞地之稅,三分計稅,王食其一,二全入於臣。”謂“諸侯之臣受采邑者,亦當三分之一而歸於公。故云古者家其國邑。言以國邑爲己之家。有貢於公者,是減己而貢之。故以重賦爲罰”。則諸侯之於天子,大夫之於諸侯,一也。《中庸》以“厚往而薄來”,爲懷諸侯之義。《聘義》曰:“以圭璋聘,重禮也。已聘而還圭璋,此輕財重禮之義也。”恐能行之者甚少耳。

巡守朝貢而外,尚有制馭列國,保其統一之策,是爲伯主。《王制》曰:“千里之外設方伯,五國以爲屬,屬有長。十國以爲連,連有帥。三十國以爲卒,卒有正。二百一十國以爲州,州有伯。八州,八伯,五十六正,百六十八帥,三百三十六長。八伯各以其屬。屬於天子之老二人。分天下以爲左右,曰二伯。”《注》:“老謂上公。”《春秋傳》曰:“自陝以東,周公主之。自陝以西,召公主之。”《公羊》云:“天子三公者何?天子之相也。”“自陝而東者,周公主之。自陝而西者,召公主之。一相處乎内。”《公羊》隱五年。則《王制》所謂二伯,即《公羊》

所謂三公也。《尚書大傳》有八伯,蓋亦即《王制》所謂八州之伯。其在周世,周、召二公,世爲輔相,蓋猶是分陝之舊制,特不能舉其職耳。《左》僖四年,管仲告楚人之辭曰:"昔召康公命我先君大公曰:五侯九伯,女實征之,以夾輔周室。賜我先君履,東至於海,西至於河,南至於穆陵,北至於無棣。"則《王制》所謂一州之伯也。《王制》曰:"天子使其大夫爲三監,監於方伯之國:國三人。"武王使三叔監殷,蓋係此制。秦三十六郡皆有監,亦倣諸此也。此等制度,蓋亦肇於疆域狹小之世。後世提封既大,遂不易實行。然齊桓、晉文之迭興,則固一州之伯之舊制。特其會盟征伐,聲威之所被愈遠耳。秦穆破西戎,而天子致伯,蓋即命爲雍州之伯也。知羣經所述制度,雖出虛擬,亦必有據依矣。

以上爲封建之世列國并列之情形。由部落而至封建,由封建而至郡縣,原因雖多,而列國國力之擴張,實爲其主要者。部落之世,如何擴張而入於封建之世,遺跡之可考者甚鮮。至封建之世,列國國力之擴張,則尚有可考者。今試陳其義,亦足見統一之業所由成焉。

封建之初,列國蓋尚星羅棋佈於大陸之上,故斯時列國之疆域,皆不甚相接。必待其人口漸繁,開拓日廣,乃成犬牙交錯之形焉。顧氏棟高有《春秋列國不守關塞論》,見《春秋大事表》。俞氏正燮有《越國鄙遠論》,《癸巳存稿》。謂春秋之世,越國鄙遠,乃其恒事。此等衡以後世之事,於理殊不可通,而當時能行之者,則以其地廣人稀故也。《穀梁》僖五年,"晉人執虞公,執不言所於地,緼於晉也。"《注》:"時虞已包裹屬於晉。"國爲人所包裹而猶不知警,受其璧馬而假之道,其輕視土地,可謂甚矣。輕視土地,則地廣人稀之世之遺習也。惟其地廣人稀,故其所謂越國者,初非如今日經過他國之土地,特經過其國旁之荒地而已。所謂鄙遠者,亦非如我國今日,忽越土耳其斯坦,而縣小亞細亞,亦經過荒地,以至屬於我之城邑而已。猶今之航海者,歷重洋而至孤嶼也。所以不守關塞者,守關塞所以衛平地,當時平地多荒棄,無待於衛。抑荒地多則隨處可入,雖扼一二要地,亦不足資掎角也。此等情勢,謂春秋之世,列國皆然,容或過當,然必有此等情形。由春秋上推之,愈古,則此等情形愈甚矣。人類之作事,恒有其惰力,故至春秋之世而猶然也。

由此緬想封建之初,國都而外,其餘之地,搏結皆不甚堅凝。故其民之離散,地之削小甚易。春秋時,興大師以攻圍一邑者甚少,往往一用兵即直傅國都,以此也。然則國力之所聚,在一都城而已。

國邑一也,都城。大小異耳。國邑之起,蓋起於人類之聚居。我族最初聚居之所,則島嶼是也,此其證甚多。州島同音,一也。天子之畿内謂之縣,縣之本字爲環,環則水繞其四周之謂也。《王制》縣内諸侯,《穀梁》隱元年作寰内諸侯。《釋文》:"寰音縣。古縣字一音環。"《國語》:"管子制齊三鄉爲寰",即三鄉爲縣也。顔師古曰:"書縣邑字皆作寰。縣爲縣挂字。後人轉用爲州縣字。其縣挂之縣,又加心以别之也。"古代天子之居,實惟明堂。明堂蓋國之前身,而亦環之以水,二也。後世之築城者,必溝水以繞之,蓋猶島居之遺習,三也。近人有《神權時代天子居山説》,蓋猶後起之事矣。

島居爲最初情形,稍進則居山。益進,不畏毒蛇猛獸之害。又能重門擊柝,以待暴客。於是降丘宅土,乃有城郭,以爲守禦之資。此時競争,蓋不甚烈,故所謂建國者,不過於適中之地,築一城而居之,而險要與否,在所勿論。《孟子》稱君子之欲,在"中天下而立,定四海之民。"《盡心》。《荀子》謂:"王者必居天下中央。"《大略》。《管子》曰:"天子有萬諸侯也,其中有公侯伯子男焉,天子中而處。"《度地》。又曰:"地之東西二萬八千里,南北二萬六千里,天子中而立。"《輕重》。《吕覽》曰:"古之王者,擇天下之中而立國,擇國之中而立宫,擇宫之中而立廟。"《慎勢》。皆古代建國,但求適中,不務險要之明證。賈生曰:"古者天子地方千里,中之而爲都,輸將繇使,遠者不五百里而至。公侯地方百里,中之而爲都,輸將繇使,遠者不五十里而至。"《屬遠》。何君曰:"王者封諸侯,必居土中,所以教化者平,貢賦者均,在德不在險。"《公羊》僖元年《解詁》。蓋由競争不烈,故但圖行政之利便,不計用兵之形勢也。夫競争不烈,則列國未甚接觸之徵。列國未甚接觸,則其國力未甚發展之徵也。

斯時之疆域，初不甚嚴，徒恃人造之溝封以爲固。《周官·大司徒》：“辨其邦國都鄙之數，制其畿疆而溝封之。”《注》：“畿疆，猶界也。”“溝，穿地爲阻固也。封，起土界也。”其域民亦恃此而已。《左》昭元年，趙孟之言曰：“疆埸之邑，一彼一此，何常之有？王伯之令也，引其封疆而樹之官。”“過則有刑，猶不可壹。”“封疆之削，何國蔑有？主齊盟者，誰能辯焉？”又哀八年，“武城人或有因於吴竟田焉，拘鄫人之漚菅者，曰：‘何故使我水滋？’”《注》謂武城人“僑田吴界，鄫人亦僑田吴”。皆古代疆域，不甚謹嚴之證也。間有恃人造之關者，孟子謂齊宣王：“臣始至於境，問國之大禁，然後敢入。臣聞郊關之内，有囿方四十里。”《左》襄十四、二十六年，載蘧伯玉、大叔文子之去衛，皆自近關出是也。宣二年，宣子未出山而復。仲尼惜其亡不越境，則以山爲境，非古代通常情形也。

古代較大較完固之城，在一國之内，惟有一都城而已。祭仲諫鄭莊公曰：“先王之制，大都不過三國之一，中五之一，小九之一。今京不度，非制也。君將不堪。”《左》隱元年。則於國以外之城邑，不徒不以其宏大爲喜，抑且以其過制爲憂。然及後來，則此等情形，逐漸改變，遂有所謂縣者出焉。古之所謂邑者，蓋農民聚居之所，即重門擊柝，以待暴客之制。何君《公羊解詁》謂“秋冬之時，入保城郭。春夏之時，出居田野”是也。宣十五年。此等邑，蓋處處有之。邑之大者曰都，小者曰聚，《史記》言舜所居一年成聚，二年成邑，三年成都，故知聚較邑爲小，都較邑爲大。《左》莊二十八年，“邑有宗廟先君之主曰都，無曰邑。”亦以其大，故有宗廟先君之主也。皆有城郭，以資守禦。古代民居最小之區域爲里。里統於鄉，亦統於邑。《史記》：老子，楚苦縣厲鄉曲仁里人；高祖，沛豐邑中陽里人是也。邑亦有繫鄉言之者，孔子，生魯昌平鄉陬里是也。《日知録》云：“鄉亦有城。”引《漢書·朱邑傳》，其子葬之桐鄉西郭外爲證。案鄉以地言，邑以城言，邑爲鄉之邑，故名繫於鄉，非鄉可統邑。至於鄉之城，則自即邑之城，非邑城之外，鄉又别有其城也。古代之邑蓋甚小，及後世則漸大。《公羊》隱五年，“宋人伐鄭，圍長葛。邑不言圍，此其言圍何？彊也”。六年，“冬，宋人取長葛。外取邑不書，此何以書？久也”。一邑也，支持敵兵，至於一年有餘，其非寡小可知矣。莊三十年，“齊人降鄣。鄣者何？紀之遺邑也”。留吁、鐸辰，《穀梁》亦以爲潞之遺邑。可見滅國之後，邑仍有不易服者矣。襄十五年，“季孫宿、叔孫豹帥師城成郛”，則邑亦有郭。《左》昭二十六年，成大夫公孫朝謂平子曰：“有都以衛國也，請我受師。”其所以有恃而無恐也。此等大邑，叛服於兩國之間，頗足爲患。彊臣擅之，其君往往無如之何。《左》僖二十年，“滑人叛鄭而服于衛。夏,鄭公子士、泄堵寇帥師入滑”。二十四年,“鄭之入滑也,滑人聽命。師還,又即衛”。又臧武仲以防,求爲後於魯是也。隱元年,鄭大叔命西鄙、北鄙貳於己。又收貳以爲己邑,至於廩延。亦藉邑之力以叛君也。邑雖有此等大者,然仍以小者爲多。故當時卿大夫之邑皆甚多。《左》襄二十六年,取衛西鄙懿氏六十,以與孫氏。又與免餘邑六十。二十八年,“與晏子邶殿,其鄙六十”是也。卿大夫既兼有多邑,則其所治之邑,規制必大,遂成大邑矣。合所耕之地而言之則曰鄉。并諸鄉而統治之者爲縣。《史記·商君列傳》“集小鄉聚邑爲縣”是也。縣本區宇之稱,故合若干地方而一之,則稱爲縣。縣之設,一爲政治所自出,一爲甲兵之所聚。縣爲令、丞所在,《商君列傳》:“集小鄉聚邑爲縣,置令、丞。”其爲政治所自出,事至易明。曰爲甲兵所聚者,春秋時之縣,其大皆足與古一國相敵。古代一國,本爲一軍區也。《左》昭十二年,楚靈王謂子革曰:“今我大城陳、蔡、不羹,賦皆千乘,子與有勞焉。諸侯其畏我乎?”對曰:“畏君王哉!是四國者,專足畏也,又加之以楚,敢不畏君王哉?”陳、蔡、不羹皆故國,是時爲楚之一縣。以兵制論,仍自爲一區。故知爲甲兵所聚也。《左》昭五年,薳啓彊謂“韓賦七邑皆成縣”。又謂“因其十家九縣,長轂九百。其餘四十縣,遺守四千”。亦縣爲兵力所聚之一證。春秋戰國時之縣,蓋多滅國爲之。亦有以治理之密新設者。滅國爲之者,如陳、蔡、不羹是也。凡春秋戰國地名,秦漢縣名,可知其本爲國名者,皆古國之見滅者也。新設者,如“集小鄉聚邑爲縣”是也。斯時也,不獨方百里、七十里、五十里之國,夷滅而爲大國之縣,即卿大夫亦有縣甚多。如《左》昭二十八年,晉分祁氏之田以爲七縣,羊舌氏之田以爲三縣是也。卿大夫之邑,亦有爲古國者,如《左》閔元年,晉獻公滅耿,以賜趙夙;滅萬,以賜畢魏是也。古代各自獨立之國,既爲大國所夷滅,即卿大夫亦統地日廣,而統一之機迫矣。封地大小,隨世變遷。古百里之國稱公,楚縣尹亦稱公,非苟僭也。其地之大,固與古公侯之國相當也。至戰國時,封地愈廣,則穰侯、文信侯等皆稱侯矣。此與諸侯封地之漸大,同一理也。

由縣更進一步,則有所謂郡。郡之區域,本較縣爲小。《周書·作雒篇》,“千里百縣,縣有四郡”是也。《説文》:“周制:地方千里,分爲百縣,縣有四郡。”而至戰國,忽以郡統縣,何哉?姚氏鼐曰:“郡之稱,蓋始於秦晉。以所得戎翟地遠,使人守之,爲戎翟民君長,故名曰郡。如所云陰地之命大夫，蓋即郡守之謂也。案見《左》哀四年。《注》曰："命大夫，別縣監尹。"《正義》曰："陰地者，河南山北東西横長，其間非一邑，特命大夫總監陰地。"趙簡子之誓曰：上大夫受縣，下大夫受郡。郡遠而縣近，縣成聚富庶而郡荒陋，故以美惡異等。《晉語》：夷吾謂公子縶曰：'君實有郡縣。'言晉地屬秦，異於秦之近縣，非云郡與縣相統屬也。及三卿分范、中行、知氏之縣，其縣與己故縣隔絶，分人以守，略同昔者使人守遠地之體，故率以郡名。然而郡乃大矣，所統有屬矣。"愚案《史記》：甘茂謂秦王曰："宜陽大縣，名爲縣，其實郡也。"春申君言於楚王曰："淮北地近齊，其事急，請以爲郡便。"《匈奴列傳》謂："趙置雲中、雁門、代郡，燕置上谷、漁陽、右北平、遼西、遼東郡以拒胡。魏有河西、上郡，以與戎界邊。"則郡率有戰備，姚氏謂爲邊遠之地是也。蓋統一之途，不外吞并人國，開拓荒地二者。縣之設，由吞并人國者多。郡之設，則由開拓荒地者多也。

荒地既日益開拓，則列國境域，漸次相接，故其重視封疆，亦非前世之比。考重視封疆之事，春秋時即已有之。如《公羊》昭公元年，"叔弓帥師疆運田。疆運田者何？與莒爲境"是也。《左》襄六年，"齊侯滅萊"，"高厚、崔杼定其田"。《注》曰："定其疆界。"八年，"莒人伐我東鄙，以疆鄫田"。《注》："莒既滅鄫，魯侵其西界。故伐魯東鄙，以正其封疆。"二五之説晉獻公也，曰："蒲與二屈，君之疆也。""疆埸無主，則啓戎心。"已漸有陳兵守境之勢矣。至於戰國，列國殆無不慎固封守者。蘇秦説齊宣王，謂"韓魏戰而勝秦，則兵半折，四境不守"，"所以重與秦戰而輕爲之臣"是也。觀於拓地之益廣，守境之日嚴，而知統一之運之日迫矣。

古代最小之國，其地有僅一成者。稍進則爲百里、七十里、五十里之國。又進則大國至五百里，前已言之。列國之吞并開拓，速率雖不得齊等，大致要亦相同。而春秋時之晉、楚、齊、秦，戰國時之燕，拓地皆至方數千里，何哉？其立國皆在邊徼，與戎狄爲鄰，戎狄賤土，易於開拓故也。《王制》曰："天子之縣，内諸侯禄也，外諸侯嗣也。"賜爵頒禄，内外諸侯皆同。所異者，世襲與不世襲而已。諸侯之國其地之大,寖至與王畿等,則其國内,自亦有如内諸侯之大夫,楚縣尹稱公是也。諸侯之臣,亦有世襲者。蓋爲地遠,制馭之力不及,如楚之於夔是也。其近者亦不世襲,《王制》謂"諸侯之大夫,不世爵禄"是也。天子之於諸侯,諸侯之於大夫,名異,其實一也。權力所及之地愈廣,則行外諸侯之制之地益少,而行内諸侯之制之地益多。然則滅國爲縣無他,漸廢外諸侯之制,推行内諸侯之制而已。春秋時,晉文公降原,"問原守於寺人勃鞮"。《左》僖二十五年。戰國時,吴起爲魏守西河。皆郡守之類也。古者國小,甲兵少,交通不便,懸遠之地,爲駕馭所不及,則建國以守之。後世國大,甲兵多,交通便,懸遠之地,亦爲力所能及,則擇人守之。此建國之所以易爲制郡也。然則郡之置,又建國之因時制宜,而不行世襲之制者耳。封建之變爲郡縣如此。

封建之制所以能行者,以其地廣人稀,交通不便,王室制馭之力不及,而列國亦不相接觸故也。及其户口日繁,土地日闢,交通日便,則制馭之勢既易,接觸之事亦多。制馭易,則宅中圖治者,務求指臂之相聯。接觸多,則狡焉思啓者,不容弱小之存在。封建至此,遂不能不廢矣。秦漢時之縣,即古者百里之國也。其郡,則五百里之國也。封建至此,已屬勉強維持,過此即斷難存立矣。漢初所封大國,跨郡五六,連城數十,是六國之形也。"漢獨有三河、東郡、潁川、南陽,自江陵以西至蜀,北自雲中至隴西,與内史,凡十五郡"。《史記·漢興以來諸侯王年表》。以視嬴秦,抑又過之。以嬴秦臨六國,豈聞能久安者哉? 此異姓諸王,所以不久滅亡,而同姓亦卒釀七國之變也。豈人謀之不臧哉? 世運則然也。

以上所論,皆周以前事。至於秦而我國之國體定矣。然天下凡事皆有其惰力性。部落封建之制,行之既數千年,其不能一旦剗除净盡,亦自然之勢也。故自秦以後,封建制度之大反動凡四,而部落之制,亦至近代而剗除猶未盡絶焉。今更略論之。

世每稱秦人廢封建,行郡縣,其説誤也。廢封建是一事,行郡縣又是一事。郡縣之制,戰國以前,早已有之,已見前。惟盡廢封建,確自秦始。故謂秦人行郡縣,不如謂秦人廢封建之爲得當也。六國之滅也,丞相王綰等,謂“燕、齊、荆地遠,不爲置王,無以填之”。後始皇置酒咸陽宫,博士淳于越又進曰:“臣聞殷、周之王千餘歲,封子弟功臣,自爲枝輔。今陛下有海内,而子弟爲匹夫,卒有田常,六卿之臣,無輔拂,何以相救哉?事不師古,而能長久者,非所聞也。”皆欲復行封建者也。李斯之駁王綰等也,曰:“周文武所封子弟同姓甚衆,然後屬疏遠,相攻擊如仇讎。諸侯更相誅伐,周天子弗能禁止。今海内賴陛下神靈一統,皆爲郡縣,諸子功臣,以公賦稅重賞賜之,甚足易制。天下無異意,則安寧之術也。置諸侯不便。”始皇之裁決之也,曰:“天下共苦戰鬥不休,以有侯王。賴宗廟,天下初定,又復立國,是樹兵也,而求其寧息,豈不難哉!廷尉議是。”封建之制,由此遂不復行。由今觀之,始皇、李斯之議爲是,固無待再計矣。始皇之令議帝號,丞相綰,御史大夫劫、廷尉斯等皆曰:“昔者五帝地方千里,其外侯服夷服諸侯或朝或否,天子不能制。今陛下興義兵,誅殘賊,平定天下,海内爲郡縣,法令由一統,自上古以來未嘗有,五帝所不及。”又《琅邪刻石》曰:“古之帝者,地不過千里,諸侯各守其封域,或朝或否,相侵暴亂,殘伐不止,猶刻金石,以自爲紀。古之五帝三王,知教不同,法度不明,假威鬼神,以欺遠方,實不稱名,故不久長。其身未殁,諸侯倍叛,法令不行。今皇帝并一海内,以爲郡縣,天下和平。昭明宗廟,體道行德,尊號大成。”云云。所斤斤自詡者,皆在封建之廢。由今日言之,封建之廢,固已習爲故常。由當時言之,則秦之爲治,確與三代以前,截然有别,亦無怪其自多耳。

然此非當時之人所知也。當時之人,蓋視秦之滅六國,爲無道之舉,而視列國并立,爲當然之事。其詆秦曰“暴”,曰“無道”,曰“强虎狼”,非必以其虐民,亦以其盡滅六國,又不封建子弟,爲專有前人之功,又背興滅、繼絶之義也。當時六國之人,視六國之復,亦爲當然之事。陳勝之謀起兵也,曰:“等死,死國可乎?”范增之説項梁也,曰:“今君起江東,楚蠭起之將,皆争附君者,以君世世楚將,爲能復立楚之後也。”皆此等思想也。人心如此,滅秦之後,自無一人專據有之之理,其不得不出於封建者勢也。

周以前之封建,制度本不一定。如地有大小,爵分三等或五等之類。由前所述,已可見之。古代有天下者之號,蓋皆曰王,今文經說,謂王者受命,存二代之後,與己并稱三王,三王之前曰五帝。此因經説,非事實。然經説亦必有所依據。《尚書大傳》述舜事曰:"帝乃稱王而入唐。"可見王爲當時之稱,帝爲後世之號矣。其下則有三等五等之爵。至秦楚之際,則稱天下之共主爲帝,而凡有國者皆稱王。項籍尊楚懷王爲義帝,所分封者皆稱王是也。古代諸侯,本有長,至此諸侯皆稱王,則爲之長者,自宜稱霸王,項籍自爲之。此時之封建,蓋較諸前世,規模莫大矣。

當時受封者有兩種人:一六國之後,西魏王豹,故魏王。韓王成,代王歇,故趙王。濟北王安,齊王建孫,皆六國後。膠東王市,故齊王,亦齊王族。遼東王韓廣,故燕王,雖非燕後,然當時燕後無自立者,廣固亦自謂恢復燕國也。一滅秦有功之人也。西楚霸王項籍,漢王劉邦,常山王張耳,皆起兵叛秦者。河南王申陽,張耳嬖人。殷王司馬卬,趙將。九江王英布,楚將。衡山王吴芮,秦鄱陽令,起兵從諸侯入關。臨江王共敖,義帝柱國。燕王臧荼,燕將。齊王田都,齊將。雍王章邯、塞王司馬欣、翟王董翳,則秦降將也。然封建之實,既已不存,則雖勉強爲之,亦終不能久。故封國雖多,卒之争霸中原者,劉、項二人而已。項滅劉興,而所對諸國,亦如摧枯拉朽,忽焉以盡焉。是爲封建第一次反動。

第二次反動,即繼第一次而起。蓋分割天下,各據一方之勢,雖明知其不可久,然衆建親戚,以爲屏藩之夢,則猶未能醒也。漢初所王,異姓凡七,楚王韓信、梁王彭越、趙王張敖、韓王信、淮南王英布、燕王臧荼、長沙王吴芮。蓋本出於不得已。故除長沙而外,皆不旋踵而亡。同姓子弟王者九國,齊王肥、淮南王長、燕王建、趙王如意、梁王恢、代王恒、淮陽王友,皆高帝子。楚王交,高帝弟。吴王濞,高帝兄子。皆跨郡五六,連城數十,此則七國之亂之原也。天下事有一時之用,有恒久之用。恒久之用,如築室然,必期若干年之安居。一時之用,則蘧廬一宿而已。其物本爲芻狗,用已即可棄,不能以其爲時之短,而譏其無用也。漢初封建即如此。欲如三代之封建,歷千餘載,以蕃衛王室,夫固有所不能。然謂其并一時之效而無之,則亦過矣。試即漢初之情勢,一陳論之。

漢高祖定天下,反側之心,未嘗消也。韓信、彭越,皆與高帝故等夷,雖曰"角力而臣之",其能心服者,亦有限耳。高祖南征北討,不恒厥居。有天下後，在長安之時甚少。是時代之而主大計者，果何人哉？蕭何邪？無論高祖不能深任。即曰能之，而其人故刀筆吏，主簿書錢穀則可，參替大計，非所任也。張良邪？彼徒輕俠策士耳。坐而運籌則可，起而行，亦非所能也。然則高祖之所任，果何人哉？曰：吕后也。史稱“后爲人剛毅，佐高祖定天下。所誅大臣，多吕后力”。《史記·吕太后本紀》。夫吕后剛毅或有之，究之一女子耳。功臣宿將，何畏之深？而韓信、彭越，束手就戮。陳平、周勃當后世，亦戢戢不敢動哉？曰：此非一人之足畏，外戚之在當時，固自有其勢力也。古代所任，首在同姓，次則外戚，人心習爲固然。一矣。高祖之起，吕氏蓋有力焉。建成、周吕，雖非信、越之倫，抑亦曹、滕之亞，樊噲尤項王所稱壯士也，相與輔相之，此韓信、彭越所以束手受戮，陳平、周勃所以屏息不敢出氣也。謍陵謂“吕氏雅故，推轂高帝就天下”，信不誣矣。二也。有此二因，則高祖非任吕后一人，而任吕氏一族也。當時可畏者，莫如功臣。高祖外封子弟，内任外戚，皆所以禦功臣也。至高祖死，遂成吕氏一門内鬥功臣外鬥宗室之局，吕后死而齊王起兵，則宗室之鬥外戚也。使灌嬰擊齊，而灌嬰與之連和，平、勃等遂乘機而起於内，則功臣之鬥外戚也。兩力合而外戚以亡。然當其未亡時，挾天子之尊，據建瓴之勢，其力固雄，其名固順。使産、禄謹守太后遺教，不輕棄軍，則蕭墻之禍不作。吴王濞弱歲冠軍，白頭舉事，猶尚無成，況齊王兒子乎？其成敗固未可知，然則外戚固足用也。夫以外戚之勢，可畏如此，而吕雉終不能如武曌之易唐而周，則以高祖子弟擁強國者之多也，功臣之深謀祕計，何所不至。然諸臣雖拒立齊王，終不敢不迎文帝於代，其故亦由是也。宋昌勸文帝決，入曰“高帝封王子弟，地犬牙相制，此所謂磐石之宗也，天下服其彊”，《史記·孝文本紀》。可謂知言矣。然則衆建親戚，在後來雖致七國之亂，而當天下初定時，固未嘗不收其效。欲如殷、周所封，歷千餘載，自全以爲藩衛，夫固有所不能。而一時夾輔之效，固不能謂其無有也。故曰：事有永久之效，有一時之效。以其無永久之效，而并昧其一時之效焉，亦不察時勢之談也。

然封建在後世，畢竟爲芻狗可棄之物。故其效雖著，其弊已彰。則吴楚七國之亂是也。七國之亂，或追咎文帝之養癰，或蔽罪鼂錯之操切，亦不衷情實之談，以當時諸侯之形勢，不反一次，其勢固終不可止，所謂力之所蕴，不洩不畢也。七國亂後，乃摧抑諸侯，不得自治民補吏。武帝又用主父偃之議，令諸侯得以其邑分封子弟，而賈生"衆建諸侯而少其力之策"行矣。《漢書・主父偃傳》：偃説武帝曰："願陛下令諸侯得推恩分子弟，以地侯之。彼人人喜得所願，上以德施，實分其國，必稍自銷弱矣。"於是武帝從其計。漢代之封建，至是遂名存實亡，是爲封建第二次反動。

封建制度既亡，王室遂莫爲支輔。王莽以外戚移漢祚，如反掌焉。光武定天下，首以息民爲務。又是時人心雖思漢，而攀龍鱗附鳳翼者，皆異姓功臣，宗支固莫能自振。光武久在行間，苦用兵。羣雄定後，雖郡國都尉，猶且罷之，况於立國以樹敵乎？職是故，後漢鑒於前漢之亡，理宜崇宗支，而抑外戚，而事卒不然也。魏文帝與陳思王争爲魏世子，積不相能。任城威王，亦其所忌。故篡漢後，所以摧抑諸王者甚至。當時諸王，名爲分藩，實同禁錮。行動且不自由，求爲匹夫而不可得。雖有封建之名，亦徒有其名而已。迨晉有天下，鑒於己所以得之者，實由魏之寡助，復思衆建親戚，以爲屏藩，而封建之反動又起，晉室諸王，皆得置兵選吏。而入典機衡，出作岳牧，倚畀之重，視漢抑又過之，遂至釀成八王之亂。東渡而後，雖不復行封建，然迄於南朝，諸王往往出典大郡，或則兼督若干州軍馬，而斯時中央州郡之相猜，諸王遂承其敝而受其禍。如宋孝武、齊明帝之屠戮宗室，梁武帝被圍臺城，諸子曾莫顧恤，而争擁兵相屠，皆其禍之最甚者也。此實承封之餘敝也。是爲封建之第三次反動。

至唐代而其制大異。唐制封爵之名雖異，語其實，則皆漢之關内侯也。馬貴與曰："秦漢以來，所謂列侯者，非但食其邑入而已，可以臣吏民，可以布政令。若關内侯，則惟以虚名受廩禄而已。西都景武而後，始令諸侯王不得治民，漢置内史治之。自是以後，雖諸侯王，亦無君國子民之實，不過食其所封之邑入，況列侯乎？然所謂侯者，尚裂土以封之也。至東都，始有未與國邑，先賜美名之例，如靈壽王、征羌侯之類是也。至明帝時，有四姓小侯，乃樊氏、郭氏、陰氏、馬氏諸外戚子弟，以少年獲封者。又肅宗賜東平王蒼列侯印十九枚，令王子五歲以上能趨拜者，皆令帶之。此二者，皆是未有土地，先佩印，受俸廩。蓋至此，則列侯有同於關内侯者矣。"《文獻通考》卷二百六十九。按封建之制分析之，其原素有二：爵以貴之；禄以富之。其權皆出於朝廷，與凡官吏同。君國子民，子孫世襲，則其爲部落酋長時固有之權利也。至於封國而無土，則存朝廷富貴之典，而去其固有之權。封建至此，遂名存實亡矣。唐制，分爵凡九：曰親王，皇兄弟，皇子。曰郡王，以封太子之子。惟庶姓有大功者，亦得封之。曰國公，曰郡、縣開國公，曰侯，曰伯，曰子，曰男，皆無土，加實封者，乃以其租調與之。蓋徒錫以榮名，并實禄亦不能盡給焉。"爵者，上之所擅，出於口而無窮。"漢晁錯語。禄固爲物力所限也。封建之制如此，在君主之世，可謂有利而無弊，故後世率仍之。

元代封建，規模可謂極大，太祖四子分地，幾於包舉亞洲之西、北、中三部，且跨有歐洲。然其地皆不在中國。中國境内，固未嘗無諸王分地。即后妃、公主，亦各有食邑。然其賦不得私徵，皆輸之有司之府，視其當得之數而給之，故其禍不烈。明太祖定天下，封諸子三十九人，各設官屬、傅相，置衛兵。雖不得干預政事，而體制頗崇，可稱封建第四次反動。然封建至此，實已成強弩之末，故其影響初不大。靖難之變，實以成祖居北藩，兵力本強，與其爲燕王無涉。至宸濠，則徒妄人耳。以宸濠之狂悖，遇武宗之荒淫，雖不假之以寧王之名，彼亦未必不反也。故明太祖之封建，實屬無大關係。至清初之封三藩，則本非其心之所欲。與其謂爲藩封之背叛，尚不如謂爲軍人之跋扈，漢族遺臣之圖恢復者耳。故封建之反動，實至第四次而終。

封建者，統一之反也。封建之制廢，則統一之業成矣。然後世又有爲統一之梗者，則叛民、叛將之割據是也。柳子厚謂秦有叛民，而無叛吏;漢有叛國,而無叛郡;唐有叛將,而無叛州。蓋郡縣之設,既無世襲,不得私有其土而有其民,而又不假之以兵,其勢固無從叛。所可慮者,則天災流行,政令失當,揭竿斬木,紛紛而起。或則多事之秋,武人跋扈,私其土地,傳之子孫耳。大抵一郡之地,勢不足以自立,欲割據者,必得一州之地而後可。故行兩級制,則外輕而内重。行三級制,則外重而内輕。秦漢皆行兩級制,至後漢末年,乃改刺史爲州牧。於是,以一人據有一州或數州,遂至紛紛割據,卒離爲三國者數十年。晉之東渡,上流勢重。荆江二州,迄與揚州相持。至宋武帝出,雄才大略,盡剗除同時之武人,而政令始出於一。方其未出於一時,始有王敦之叛,繼有蘇峻之亂,又有桓温之廢立,終以桓玄之篡。即其貌若無事時,亦内外相猜,日以心鬥。坐視北方之喪亂而不能乘,致失恢復中原之機會。蓋分裂之禍,若斯其酷也。宋武帝雖暫剗除武人,然統一之業不成,則外兵終不可廢。故南北朝之世,内外仍不免相猜。每當中央紛亂之時,擁强兵於外者,必挺戈而起。兩朝四代之革易,皆是物也。此以其成者言。其叛而敗亡或降敵者,尚不可僂指數。北方之終不可復,非拓跋氏之强,實南方之權力不出於一,而終不競也。唐初行府兵之制,兵不屯聚,將不擅兵,故令行萬里,莫之能梗。至藩鎮之兵起,而天下分裂矣,卒至離爲五代十國,亦數十年而後定。其事人人所知,無待深論。北宋之世,兵權亦集中央。迨南渡初,藉諸將之兵以禦敵,而諸將中有驕恣不聽命令者。“及其或殺或廢,惕息俟命,而後江左得以少安。”葉適語。此皆柳氏所謂叛將也。秦末之揭竿斬木,莽末之新市、平林,後漢末之黄巾,隋末之羣雄,唐末之黄巢,南北宋間之義軍,元末紛起之漢族,明末之飢民,清代之洪、楊,皆柳氏所謂叛民者也。其事或成或不成。成則或爲帝,如漢高祖、明太祖是也。次乃割據一方,緜歷若干年,否則不旋踵而敗。大凡叛民之擾亂,不如叛將割據之久長,以其根柢固不如叛將之深厚也。此外,又有異族侵入中原,割據其地者,如五胡、西夏、遼、金、元、清,皆是。此非我國之自行分裂,當别論。

論一國之國體，當主其常，不主其變。猶之論人之生理者，當主其平時，不當主其病時也。以變態論，自秦以後，分裂之時，亦不爲少。然以常理論，則自秦以後，確當謂之統一之國，以分裂之時，國民無不望其統一；而凡分裂之時，必直變亂之際，至統一則安定也。

然則我國之爲統一國，固二千餘年於兹矣。秦始皇二十六年，滅齊，統一天下，當民國紀元前二千一百三十二年。其稍爲統一之累者，則爲境内異族之未盡同化。此等異族，我國往往因其未服，即其地立郡縣之名，而以其官授其酋長。外觀與漢官無異，實則仍保其君國子民之舊。如唐之羈縻州，及元、明、清三代之土官、土司是也。其中管理嚴密者，承襲須待朝令、政令或受監督。征討之際，亦聽徵調。有不順命或背叛者，則發兵夷之。又或因其政治之虐亂，繼嗣之紛争，種落之猜携，鄰敵之攻擊，輒廢其人而代以漢官。此等可謂自部落變爲封建，自封建變爲郡縣。其爲力所不及者，則一再傳後，輒又廢絶，無可稽考。譬諸古代要荒之國，貢會無常。此則仍止可謂之部落耳，并不足語於封建也。大抵今日我國内地，純然自爲風氣之部落，已可云無有。西南土官，改流將盡。存者不久亦必列爲郡縣矣。惟蒙、藏、青海，清代所行，亦祇可云封建之制，所以摶結之者，初不甚密，至今日而蒙藏且叛去矣。此則重煩我國民之殷憂者也。

# 第十一章 政 體

政體可以分類，昔日所不知也。昔者習於一君專制之治，以爲國不可一日無君；既集人而成國，則惟有立一君而衆皆受命焉爾矣。此由一君專制之治，行之既久，而遂忘其朔。其實天下事無一蹴而成者。中國後世之政體，雖若一君專制之外，更無他途可出；而推其原始，出治之法，實亦不止一途；而古代之君主，與後世之君主，名雖同，其實亦迥異也。

政體之分類。至今繁雜極矣。然推諸古代，固不如是。欲講古代之政體，我謂亞里士多德之説，仍可用也。亞里士多德以治者之多少，分政體爲三：曰君主政體，以一人主治者也；曰貴族政體，以少數人主治者也；曰民主政體，以多數人主治者也。予謂昔以多數人主治之事甚少。所謂多數少數，亦就一階級言之耳。中國政體，於此三者，亦均有形跡可求。特其後君主之治獨存，而餘二者，遂消滅而不可見耳。今略述其事如下：

邃古之世，草木榛榛，鹿豕狉狉，所謂君長者，不知其果何情狀也。《孟子》載許行之言曰："賢者與民并耕而食，饔餐而治。"此蓋邃古之俗。近人謂《孟子》"有爲神農之言者許行"，爲諸子託古之鐵證。意謂許行造作言語，託之神農也。然此實誤解。此"神農"二字，乃學派之名，非人名，其學即《漢志》所謂農家。《漢志》謂"鄙者爲之，以爲無所事聖王，欲使君臣并耕"，正指許行之説也。"有爲神農之言者"，爲當訓治。與《漢書・武帝紀》"丞相綰奏所舉賢良方正，或治申、商、韓非、蘇秦、張儀之言"，句法相同。猶言有治農家之學者耳。許行所稱，蓋農家之説。而農家此言，則欲以邃古之治爲法。猶老子以鄰國相望，鷄犬之聲相聞，民至老死不相往來，爲至治之世也。猶烏桓大人,"各自畜牧營産,不相傜役"也。《後漢書·烏桓傳》。此等君主,猶後世一村長耳。最初所謂君長者蓋如此。《漢書·西域傳》:烏貪訾離國,户四十一,口二百三十一,勝兵五十七人。狐胡國,户五十五,口二百六十四,勝兵四十五人。此僅如今日之村落矣。

最初之君長,何自來邪?果如柳子厚之言:"假物者必争,争而不已,必就其能斷曲直者而聽命焉。其智而明者,所伏必衆,告之以直不改,必痛之而後畏,由是君長刑政生焉。近者聚而爲羣。羣之分,其争必大,大而後有兵有德。又有大者,衆羣之長,又就而聽命焉。是故有里胥而後有縣大夫,有縣大夫而後有諸侯,有諸侯而後有方伯連一,有方伯連一而後有天子"邪?《封建論》。非也。國之初,蓋原於氏族。氏族之長,固有權以治其衆。夫其所以治其衆者,乃由於親屬,非世所謂政治也。人類最初之結合,蓋以親屬爲限。然同處一地者,勢不能皆爲親屬。非親屬不能無争。其和親者,亦有公共之事,勢不能無所聽命。其所聽者,或以德爲衆之所歸;或以智爲衆之所信;或其力爲衆之所懾;或則以小族聽命於大族,而大族之長,遂爲小族所尊;皆事所可有者也。此爲衆所聽命之人,其所治者,不以親屬爲限。凡同處於一地方者,皆受治焉,則始有土地人民,而其所代表者,遂爲國家之主權矣。

邃初之君主,或曰必帶神權性質,亦不盡然。以能行巫覡之事,而爲衆所歸仰者,固未必無人,然不必盡由乎此。大抵古人信教篤,而社會組織,亦統於一尊。祭所嚴事之神,或即推統率之人主祭。又凡爲君主者,必係一族之長。祭其族中之神,彼固恒爲之主。後人不知其以爲君長故乃主祭,遂謂其以主祭故而爲君長矣。至於造作"感生""受命"等説,以愚其民,則必國大民衆,君主尊嚴益甚,然後有之,非邃初所有也。

邃初之君主,本無世襲之理。其所以變爲世襲者,則以部落之君,多係一族之長;一族之長,本自有其當襲之人。苟一部落中,諸族之尊事一族不變,則此一族中,繼爲族長之人,自亦仍爲部落之長;久之則成定法矣。此君位繼承,所以每與親族繼承,合而爲一也。亦有羣族所奉,出於公推,不必即爲一族之長者,此即選君之制。然人情恒私其子姓。所選者權力既大,選之者不復能制,則毁壞舊法,以傳諸其所欲傳之人矣。

我國君主之可考者,始於三皇五帝。參看附録《三皇五帝考》。三皇之爲何如人?其繼承之際何如?不可考矣。大約非身相接。五帝則據《史記》及《大戴禮記》,《帝繫姓》。實出一族。其世次未必可據,古書所謂某生某者,未必皆父子。而其統系或不盡誣。據此二書,圖其世系則如下:

黄帝{玄囂——蟜極——高辛——堯<br>昌意——顓頊——窮蟬——敬康——句望——橋牛——瞽叟——舜

其中無一身相接者。昔人謂傳子之局定於禹,信不誣也。

君位傳襲之法,據古書所載觀之,有同族相襲,世次無定者。如堯、舜、禹之相傳是。禹父鯀,據《大戴禮記》及《史記》,亦顓頊子。此制儒家稱爲傳賢,亦謂之禪。其正字當作嬗。其事究竟如何,殊難論定。今附録予所作《廣疑古》一篇於後,以見予對此事之見解而已。"孔子曰:唐、虞禪、夏后、殷、周繼,其義一也。"《孟子·萬章》上篇。則繼與禪爲相對之稱。其中又分爲二:(一)父子相傳;(二)兄弟相及。《公羊》莊三十二年,"魯一生一及。"《解詁》:"父死子繼曰生,兄死弟繼曰及。"案《公羊》此文,《史記·魯世家》作"一繼一及。"父子相傳之法,蓋定於夏,夏除仲康及扃外,無兄弟相及者。圖見後。至殷忽行相及之制。此非殷之變夏,古蓋自有此兩法也。《春秋繁露》云:"商質者主天,夏文者主地。主天者法商而王,故立嗣予子,篤母弟。主地法夏而王,故立嗣予孫,篤世子。"《三代改制質文篇》。《公羊解詁》云:"母弟,同母弟。母兄,同母兄。分别同母者,《春秋》變周之文,從殷之質;質家親親,明當厚異於羣公子也。"隱公七年。大丁之死也,其弟外丙、仲壬繼立,皆短祚,乃立大丁之子大甲。沃甲之於祖丁也亦然。則商代相及,蓋以同母弟爲限。同母弟盡,則還立長兄之子。《史記》云:"自仲丁以來,廢適而更立諸弟子,弟子或争,相代立。"此所謂適,兼指弟與子言。明弟與子各有其當立者也。春秋時,宋宣公舍其子殤公而立其弟穆公,穆公仍傳諸殤公。隱公三年。宋固殷後。《禮記·檀弓》:“公儀仲子之喪,檀弓免焉。仲子舍其孫而立其子。檀弓曰:何居?我未之前聞也。趨而就子服伯子於門右。曰:仲子舍其孫而立其子,何也?伯子曰:仲子亦猶行古之道也。昔者文王舍伯邑考而立武王,微子舍其孫腯而立衍也。夫仲子亦由行古之道也。”微子殷人。子服伯子所謂古,蓋指殷言之也。又春秋時,吴謁、餘蔡、夷昧、季子四人,約以兄弟相及。夷昧死,僚以庶長即位。謁子闔廬曰:“將從先君之命與,則國宜之季子者也。如不從先君之命與,則我宜立者也。僚惡得爲君乎?”遂弒僚而立。吴僻陋,蓋猶沿殷法。亦足證殷兄弟相及,以同母爲限也。《史記》以僚爲夷昧子。案《公羊》載季子謂闔閭曰:“爾殺吾兄。”則《史記》誤也。《世本》以闔閭爲夷昧子。亦必誤。

立子之法,最爲普通。然亦有别,所欲立則立之,是爲“立愛”,一也。或論長幼,或論適庶,則有定分,二也。純乎立愛,於史無徵。惟“母愛子抱”,時時以此私情,破壞定制耳。立長立少,隨俗不同,我國則多立長。“楚國之舉,恒在少者”,《左》文元年。又昭十三年,叔向曰:“羋姓有亂,季必實立。”蓋亦以定制如此,定亂者多依法擁立少者也。其特異者也。適庶之分,必在妻妾之别既嚴之後,其起於何時不可知。《吕覽》謂“紂母之生微子啓與仲衍也尚爲妾,已而爲妻而生紂。紂之父欲置微子啓,太史據法而争之。”《當務》。《史記》則謂“啓母賤不得嗣”。説雖不同,其有適庶之分則一。殷兄弟相及,而以同母爲限,蓋亦以嫡庶殊貴賤也。《左》昭二十六年,王子朝告諸侯之辭曰:“先王之命曰:王后無適,則擇立長。年鈞以德,德鈞以卜。王不立愛,公卿無私,古之制也。”襄三十一年,穆叔曰:“大子死,有母弟則立之,無則長立,年鈞擇賢,義鈞則卜,古之道也。”此所謂古,蓋皆指周之先世。王子朝所謂先王,必周之先世也。周制蓋兼取立適立長二義者也。爲後世所遵行。

以卜定繼嗣,古代多有之。《檀弓》:“石駘仲卒,無適子,有庶子

(一)—(二)啓{(三)太康
(四)仲康—(五)相—(六)少康—(七)予—(八)槐—(九)芒—
—(十)泄{(十一)不降—(十四)孔甲—(十五)皋—(十六)發—(十七)履癸
(十二)扃—(十三)廑

(一)成湯{大丁—
(二)外丙
(三)仲壬}(四)太甲{(五)沃丁
(六)大庚{(七)小甲
(八)雍己
(九)大戊{(十)中丁
(十一)外壬
(十二)河亶甲—
—(十三)祖乙{(十四)祖辛—(十六)祖丁{(十八)陽甲
(十九)盤庚
(二〇)小辛
(二一)小乙—(二二)武丁{(二三)祖庚
(二四)祖甲{(二五)廩辛
(二六)庚丁—
(十五)沃甲—(十七)南庚
—(廿七)武乙—(廿八)大丁—(廿九)乙—(三十)辛

六人，卜所以爲後者。”《左》昭十三：“楚共王無冢適，有寵子五人，無適立焉。乃大有事於羣望，而祈曰：請神擇於五人者，使主社稷。乃徧以璧見於羣望，曰：當璧而拜者，神所立也，誰敢違之？既乃與巴姬密埋璧於大室之庭，使五人齋而入拜。”定元年，子家曰：“若立君，則有卿大夫士與守龜在。”皆是也。足徵此爲古代通行之法。然立君而謀諸卜筮，究爲不可恃之道。迷信甚深之世，守龜所示，庸或莫之敢違。至於天道遠，人道邇，爲衆所著知，則龜筮之從，有難戢其爭奪之心者矣。又義鈞則卜，必先之以年鈞擇賢，賢否固無一定；而異母之子，又可同時而生，實致爭亂之道也。故春秋所定之法，較周法尤嚴。《公羊》曰：“立適以長不以賢，立子以貴不以長。”《解詁》曰：“適，謂適夫人之子。尊無與敵，故以齒。子，謂左右媵及姪娣之子。位有貴賤，又防其同時而生，故以貴也。禮：適夫人無子，立右媵；右媵無子,立左媵。左媵無子,立嫡姪娣;嫡姪娣無子,立右媵姪娣;右媵姪娣無子,立左媵姪娣。質家親親,先立娣。文家尊尊,先立姪,嫡子有孫而死。質家親親,先立弟。文家尊尊,先立孫。其雙生也,質家據見,立先生。文家據本意,立後生。”隱元年。凡可以致争端者,無一不豫爲之防,其立法可謂密矣。隱四年,“衛人立晉。”《公羊》曰:“立者何? 立者,不宜立也。其稱人何? 衆立之之辭也。衆雖欲立之,其立之非也。”春秋之立君,主依法,不主從衆,以成法易循,衆意難見。且衆之所是,未必是也。

立子善乎? 立弟善乎? 曰: 立子善矣。人之情不能無私。兄弟之親,不及父子。又兄弟之年恒相近,少者或無登位之望,不免争奪相殺。魯桓公、宋太宗是也。立子以適、不以適孰善? 曰: 立適善矣。古代夾輔,每資外戚。鄭忽以不昏於齊而敗,其明證也。立長善乎? 立少善乎? 曰: 立長善矣。立長則君位早定,立少則必有季康子之事矣。《左》哀三年。

古代君權,蓋甚微薄。然至後世則漸重。果以何因緣而至是乎? 曰: 其故有三:

(一) 君脱離親族之關係,而成其爲君。

(二) 臣子之權漸削。

(三) 君與教務漸疏,政務日親。

曷言乎君脱離親族之關係,而成爲君也? 君主亦必爲一族中人。其對異族,雖論君臣之分,其對同族,仍有伯叔甥舅之親,其權力不得絶殊。而當君主幼沖,或昏庸時,族衆之權力,或且駕乎其上,亦勢也。然君主所治,不獨一族,使對同族之人,專論親族之關係,國法必爲之破壞。故國愈大,所轄之民愈衆,則其法愈嚴,而君主之親族,能與君主論親族之關係者即愈少。縣子曰:“古者不降,上下各以其親。”《禮記・檀弓》。可見自殷以前,君主與親族之關係,尚無異於恒人。至周則天子諸侯絶旁期,大夫降一等,以貴貴壓親親矣。《文王世子》曰:“族人不敢以其戚戚君。”《郊特牲》曰:“諸侯不敢祖天子,大夫不敢祖諸侯。"皆所以全乎其爲君也。方其始也,君臣之異,僅在幾微之間,故"君不與同姓同車,與異姓同車不同服";《禮記·坊記》。"唯名與器,不可以假人"。《左》成二年。及後世,則天澤之分既嚴,無藉此等虚文以爲别矣。

曷言乎臣子之權日削也?古代貴族,與君相去固近,即貴臣亦非甚遠。《燕義》:"不以公卿爲賓,而以大夫爲賓,爲疑也,明嫌之義也。"何則?君與臣本共治一事之人,其職雖有尊卑大小,其地位實非絶殊,理至易見,而亦事勢之自然也。君臣係共治一事,而臣非其君之私人,在古代義本明白。《墨子》曰:"天子立,以其力爲未足,又選擇天下之賢可者,置之以爲三公。天子三公既已立,以天下爲博大,遠國異土之民,是非利害之辨,不可一二而明知,故畫分萬國,立諸侯國君。諸侯國君既已立,以其力爲未足,又選擇其國之賢可者,置立之以爲正長。"《晏子》曰:"君民者,豈以陵民?社稷是主。臣君者,豈爲其口實?社稷是養。故君爲社稷死則死之,爲社稷亡則亡之,若爲己死而爲己亡,非其私暱,誰敢任之?"是其義矣。君臣之義,惟在君爲出命者,臣爲受命者,所謂"君能制命爲義,臣能受命爲信"也。又君當督責其臣,臣當受督責於其君。故曰:"事君者,先資其言,拜自獻其身,以成其信。故君有責於其臣,臣有死於其言。"君臣之義,不過如此。臣不曠其職守,君即不容濫用威權。所謂"君使臣以禮,臣事君以忠"也。《坊記》曰:"事君大言入則望大利,小言入則望小利。故君子不以小言受大禄,不以大言受小禄。"《燕義》曰:"臣下竭力盡能,以立功於國,君必報之以爵禄。""禮無不答,言上之不虚取於下也,上必明正道以道民,民道之而有功,然後取其什一。故上用足而下不匱也,是以上下和親而不相怨也。""此君臣上下之大義也。"其報施之道,及彼此各有分職之義,可謂昭然明白矣。古禮亦有臣一似其君之私人者。如"君有疾飲藥,臣先嘗之";"君適其臣,升自阼階";"君於臣,有取無假"等是。此由古代父至尊親,資於事父以事君,故有此禮。然"子之於親也,三諫而不聽,則號泣而隨之。爲人臣之禮,三諫而不聽,則逃之"。其可絶與不可絶,究有不同。且嘗藥等本非大臣之事也。臣之以身殉君者,非爲其私暱,則由意氣相得。此猶朋友之相許以死耳。古朋友本有以死相許者也。《假樂》之詩曰:"之綱之紀,燕及朋友。"《毛傳》曰:"朋友,君臣也。"君臣以職守論,則猶同寮;以交誼論,則由朋友矣。秦穆公與三良飲酒而樂曰:"生共此樂,死共此哀。"三人者皆許諾。穆公死,三人皆自殺以殉之。此君臣之以意氣相死者也。人之情,每易濫用其權力。君權大則下侵其臣,臣權大則上陵其君。求其各守分職,不相侵犯者,蓋不易得。古之所患,在臣上陵其君者多,君下侵其臣者少。此由古代事勢,與後世不同。讀《墨子·尚同篇》,可以見之。蓋專制大甚固爲患,而分裂大甚,是非無準，紛争莫爲之平，其爲患尤甚也。孔子曰："天無二日。民無二王。嘗禘郊社，尊無二上。"凡事皆欲定一尊以息紛争，蓋不獨君臣之義然矣。社會思想如此，君臣之義自日昌。《左》襄二十年，甯惠子疾，召悼子曰："吾得罪於君，悔而無及也。名藏在諸侯之策，曰：'孫林父、甯殖出其君。'君入則掩之。若能掩之，則吾子也；若不能，猶有鬼神，吾有餒而已，不來食矣。"此等悔心，皆君臣之義之昌明，有以使之然也。此事於君權之張，所關實大。又居總攝之地者，侵削其下究較易。故君權日張，臣權日削也。古之所謂世臣者，其位蓋有所受之，非人君所得擅去。故如周之周、召，齊之國、高，魯之三桓，鄭之七穆，無不世執政柄。世臣與國家休戚，相關甚大。故《孟子》曰："所謂故國者，非謂有喬木之謂也，有世臣之謂也。"然其弊也，"政由甯氏，祭則寡人。"又其甚者，則"萬乘之國，弑其君者，必千乘之家。千乘之國，弑其君者，必百乘之家。"不奪不厭矣。又臣與其君，亦可以論曲直。元咺與衛侯訟是也。《左》襄二十八年。後世則無此事矣。臣非無上陵其君者，然特竊君之權而然，非其固有此權矣。

曷言乎君與教務日疏，政務日親也？邃古之世，政教不分，其或分殊，教務亦重於政務。故爲人君者，往往躬攬神教之大權，而政務則不屑措意。世殊時異，主教者僅存虚號，秉政者實有大權。古代君人之學，首重無爲。所謂無爲，在後來言之，固非不事事之義。然其初義，則恐正如此。孔子曰："爲政以德，譬如北辰。居其所，而衆星拱之。"此謂爲人君者，當法昊天上帝也。古者天有六：青、赤、黄、白、黑帝，各有所職。惟昊天上帝，則無所事事。所謂"天立五帝以爲相"也。無爲初義，蓋實如此。後乃以他義釋之耳。《禮運》曰："宗祝在廟，三公在朝，三老在學。王前巫而後史；卜筮瞽侑，皆在左右。王中心無爲也，以守至正。"此則儼然入定之僧矣。此等人焉能躬攬政務哉？《禮運》所述，蓋王居明堂之禮，邃古之制也。逮於後世，則"一日二日萬幾"，人君於政務，無所不親攬，其權力亦非古代比矣。

以上三端，皆君權之所以由演進也。此等不能確指其在何時。并無從鑿指某事某事以實之。特合前後事蹟觀之，則其理如此耳。

神教之力，頗足以限制君權。《表記》曰："唯天子，受命於天。士受命於君。故君命順，則臣有順命。君命逆，則臣有逆命。"猶西方政教分離以前,教權出於君權之上也。臨之以天,爲君者即不容自恣。兩漢之世,遇日食災變,則下詔責躬求言。又或策免三公,猶存此意。魏晉以後,老莊之學大行,人皆崇尚自然,而此意亡矣。然神教能限制君權,亦能輔助君權。後世所謂天子者,特謂事天如父,而天亦視之如子而已。古代則不然。《詩》稱后稷之生,由姜嫄履巨人跡;契之生,由簡狄吞燕卵,是謂"感生"。感生者,感天而生,蓋誠以爲天帝之子也。如是,則帝王之種,自與人殊矣。受命二字,在後世亦成空言。古代則又不然。《召誥》曰:"皇天上帝,改厥元子,兹大國殷之命。"又曰:"今天其命哲,命吉凶,命曆年。""王其德之用,祈天永命。"蓋誠以爲一姓之王天下,實天之曆數使然。故有卜世卜年之舉。而周德雖衰,王孫滿猶以"天命未改",折楚莊之問鼎也。不甯惟是,有大功德者,經一再傳之附會,而其人遂介於人與神之間。開國之祖,大率有功德者也,本易爲人所追慕,所傳述。況復加之以其子孫之崇奉,用配天等禮,昭示於衆乎?其爲萬民所歸仰,宜矣。有盛德者必百世祀。祖宗之聲名,固亦足以大庇其後嗣也。後世所謂攝政者,特代行君主之事耳,其人則猶居臣位也。古代則不然。《明堂位》曰:"昔者周公朝諸侯於明堂之位,天子負斧依南鄉而立。"《注》:"天子,周公也。"又曰:"武王崩,成王幼,周公踐天子之位,以治天下。"此與清末朝會,溥儀居位,載灃斜身恭扶者大異矣。《書·大誥》之"王若曰",王肅以爲成王,鄭玄以爲周公。《公羊》隱四年,"隱曰:吾使脩塗裘,吾將老焉"。何君曰:"將老焉者,將辟桓,居之以自終也。故南面之君,勢不可復爲臣,故云爾。"《孟子·萬章篇》:"咸丘蒙問曰:語云,盛德之士,君不得而臣,父不得而子。舜南面而立,堯帥諸侯北面而朝之,瞽瞍亦北面而朝之。舜見瞽瞍,其容有蹙。""孟子曰:此非君子之言,齊東野人之語也。"衡以何君之説,謂堯北面朝固非,謂舜南面而立則是矣。然則攝政者,特有期限,期滿當退,爲異於真君耳。執此義以推之,則似古代嗣君服喪之時,其位皆由他人攝代。《論語·憲問》:"子張問曰:《書》云高宗諒陰,三年不言,何謂也?子曰:何必高宗?古之人皆然，君薨，百官總己，以聽於冢宰，三年。”然則三年之中，嗣君本不自爲政，故伊尹可放太甲於桐也。《書・無逸》曰：“高宗亮陰，三年不言。其惟不言，言乃雍。”《論語・學而》：“子曰：父在觀其志，父殁親其行。三年無改於父之道，可謂孝矣。”三年無改於父之道，蓋謂三年喪畢，所行克肖其先君，即“其惟不言，言乃雍”之謂也。《坊記》曰：“升自客階，受弔於賓位，教民追孝也。未殁喪，不稱君，示民不争也。”蓋古人居喪，一切不事事，故嗣君亦然也。君而可以三年不事事，可見是時君位所繫，未若後世之重。君位而可以他人攝代三年，可見是時君臣相去之不甚遠矣。

古代政體之奇異者，莫如共和。《史記・周本紀》云：厲王“暴虐侈傲，國人謗王，王怒。得衛巫，使監謗者，以告則殺之。國人莫敢言，道路以目。乃相與畔，襲王。厲王出奔於彘。太子静，匿召公之家，國人圍之。召公曰：昔吾驟諫王，王不從，以及此難也。今殺王太子，王其以我爲讎而懟怒乎？乃以其子代王太子，太子竟得脱。召公、周公二相行政，號曰‘共和’。共和十四年，厲王死於彘。太子静長於召公家，二相乃共立之爲王，是爲宣王”。是周之無君者，十有四年也。案國本非君所獨治，特後世君權重，人臣之位，皆受之於君，無君，則臣莫能自安其位。又視君位嚴，君之職，莫敢輕於攝代，故不可一日無君。若古代，則君臣共治其國之義尚明，臣之位亦多有所受之，非人君所能任意予奪。君權既小，則一國之政，必待人君措置者較少。人臣攝代其君，亦視爲當然，而其顧慮，不如後世之甚，則無君自屬無妨。《左》襄十四年，衛獻公出奔，衛人立公孫剽。孫林父、甯殖相之，以聽命於諸侯。此雖立君，實權皆在二相，亦猶周召之共和行政也。然究猶立一公孫剽。若魯昭公之出奔，則魯亦并不立君也。然則此等事，古代必尚不乏，特書闕有閒，不盡傳於後耳。晉惠公之爲秦所禽也，“使郤乞告瑕吕飴甥，且召之。子金教之言曰：朝國人，而以君命賞。且告之曰：孤雖歸，辱社稷矣。其卜貳圉也。衆皆哭。”“吕甥曰：君亡之不恤，而羣臣是憂，惠之至也，將若君何？衆曰：何爲而可？對曰：征繕以輔孺子。諸侯聞之，喪君有君，羣臣輯睦，甲兵益多，好我者勸，惡我者懼，庶有益乎？”可見喪君無君者，當時亦不乏也。韋昭釋共和曰:“公卿相與和而修政事。”可見無君而不亂,實由百官之克舉其職也。《汲冢紀年》及《魯連子》。以共和爲共伯和行天子之事,其說不足信,已見《史記正義》。案《左》昭二十六年,王子朝告諸侯之辭曰:“至於厲王,王心戾虐,萬民弗忍,居王於彘。諸侯釋位,以間王政。宣王有志,而後效官。”《紀年》及《魯連子》,蓋因此僞造。其實所謂諸侯釋位者,諸侯即指周召等言。近人或曰:中國歷代,有暴民革命,無市民革命。有之者惟共和一役耳。案此役逐厲王者爲國人。古代所謂國人,實國之楨幹,而與野人異其階級者也。

後世革命之人有六:曰宗室,若齊明帝、明成祖。曰外戚,若王莽、隋文帝。曰權臣,若魏、晉、劉宋。曰軍人,若梁太祖、宋太祖。曰女主。唐武后。漢呂后僅臨朝稱制。此皆舊朝之戚屬,或其所委任,仍帶舊性質。惟起於草野之羣衆,乃可稱真革命耳。其以少數族入主中原者,則性質又異,不能名革命矣。

歷代之革命,有自外而入者,有即行之於内者。行之於内者,又可分爲二:(一)本係在内之權臣,如王莽是。(二)則在外之強臣或軍人,入據中央政府,如曹操、劉裕是。大抵内重之世,革易多在中朝。外重或内外俱輕之世,則或起於外而傾覆舊政府;或先入據舊政府,造成内重之局,而後行革易之事焉。以王步雖改,朝市不驚論,則起於内者爲優。然以除舊布新論,則起於外者,爲力較大也。

秦以後之革命,大率如此。然秦漢之際之革易,外觀雖同,而其實大異。此役也,實政體轉變之關鍵,不容與其餘諸役等量齊觀也。何也?自周以前之革命,皆以諸侯滅天子。此役則亡秦者皆起於草野,無尺土一民。一也。當時紛紛而起者,六國之後,若六國將相之後,皆無成功。卒登帝位者,乃一貧賤無行之劉季。其將相,亦多貧賤無賴之徒。二也。故此役,實開平民革命之局。自此以後,遂人人可登帝位矣。參看《階級篇》自明。

貴族之權力,及神教限制君權之力,經漢世乃剗削浄盡。故秦漢之世,實古今轉變之大關鍵也。漢初,内任外戚,外任宗室,前篇已言之。漢世之任宗室外戚,與後世不同。後世委任宗支,徒成虛語。漢世則誠有“廣疆庶孽,以鎮撫四海,藩衛天子”之意。當時所封同姓,

“跨郡五六，連城數十”，尾大不掉之勢，顯然易見。然初不以爲慮者，以封建同姓，爲當時之道也。漢初即有吕氏之禍，而元帝以後，任用外戚如故。前漢亡於王莽，而後漢之世，任用外戚如故。不特此也，哀帝去王氏，所以代之者，則外家丁氏及祖母族傅氏也。後漢外戚，殆無善終者。然一外戚去，一外戚復繼之。此何故哉？亦以任用外戚，爲當然之道也。凡一種制度，未至廢棄時，雖或不善，人恒以爲行此制者之不善，而不以爲此制度之不善。即明知制度不善，亦必以爲無可如何之事。既不容廢，又無可以代之者。如君主專制之世，去一君必更立一君是也。陳平謂：“項王所任愛，非諸項，即妻之昆弟。”知項氏苟得天下，其封建子弟，任用外戚，亦必無以異於劉氏矣。此固非一二人之所爲，而其時代思想爲之也。自魏晉以後，則情勢大異矣。

趙氏翼曰：“上古之時，人之視天甚近。迨人事繁興，情僞日起，遂與天日遠一日。以《六經》而論，《易》最先出，所言皆天道。《尚書》次之，《洪範》一篇，備言五福六極之徵。其他詔誥，亦無不以惠迪、從逆爲吉凶。至《詩》、《禮》、《樂》盛於商周，則已多詳人事，而天人相應之理略焉。如“正月繁霜”諸作，不一二見也。惟《春秋》記人事，兼記天變，蓋猶是三代以來記載之古法，非孔子所創也。戰國紛爭，詐力相尚。至於暴秦，天理幾於滅絶。漢興，董仲舒治《公羊春秋》，始推陰陽，爲儒者宗。宣元之後，劉向治《穀梁》，數其禍福，傅以《洪範》，而後天之與人又漸覺親切。觀《五行志》所載，天象每一變必驗一事，推既往以占將來。雖其中不免附會，然亦非盡空言也。昌邑王爲帝無道，數出微行。夏侯勝諫曰：久陰不雨，臣下有謀上者。時霍光方與張安世謀廢立，疑安世漏言。安世實未言。乃召問勝。勝對《洪範五行傳》云：皇之不極，厥罰常陰，時則有下人謀上者。光、安世大驚。宣帝將祠昭帝廟。旄頭劍落泥中，刃向乘輿。帝令梁丘賀筮之，云有兵謀，不吉。上乃還。果有任宣子章匿廟間，欲俟上至爲逆。事發，伏誅。京房以《易》六十四卦，更直日用事，以風雨寒温爲候，各有占驗。每先上疏言其將然,近者或數月,遠或一歲,無不屢中。翼奉以成帝獨親異姓之臣,爲陰氣太盛。極陰生陽,恐反有火災。未幾,孝武園白鶴館火。是漢儒之言天者,實有驗於人。愚案此非其言果有徵驗,正由當時迷信者多,故神其説耳。故觀何時詭異之説,徵驗之多,便可知其時迷信之盛。《左氏》一書,載災祥占驗之説最多,亦同此理。故諸上疏者,皆言之深切著明,無復忌諱。而其時人君,亦多遇災而懼。如成帝以災異,用翟方進言,遂出寵臣張放於外,賜蕭望之爵,登用周堪爲諫大夫。又因何武言,擢用辛慶忌。哀帝亦因災異,用鮑宣言,召用彭宣、孔光、何武,而罷孫寵、息夫躬等。其視天,猶有影響相應之理,故應之以實不以文。降及後世,機智競興,權術是尚。一若天下事,皆可以人力致而天無權。即有志圖治者,亦徒詳其法制禁令,爲人事之防,而無復有求端於天之意。故自漢以後,無復援災異以規時政者。間或日食求言,亦祇奉行故事。而人情意見,但覺天自天,人自人,空虚寥廓,與人無涉。"云云。《廿二史劄記》卷二"漢儒言災異"。又"漢重日食"、"漢詔多懼詞"兩條,可以參看。愚案吾國迷信之衰,實緣魏晉時玄學盛行而然。而魏晉玄學之興,又根於東漢古學之盛。蓋今學多傳微言大義,古學偏重名物訓詁。重名物訓詁者,偏於考據,注重實事,迷信自然漸衰也。故東、西漢之間,實古今風氣之一大轉捩也。風氣變而制度隨之矣。

藉神教以鼓動者,歷代未嘗無之。然無一能成事者。如漢之張角、張魯,晉之孫恩,近代之白蓮教、天理教等是也。洪秀全若但言逐滿復漢,未始不足號召。乃必模放天主教,則適足以自亡矣。蓋我國之民,信教之心素淡。故借資神教,僅足鼓動最愚之民。不必智者,凡普通人即皆不之信。其所能鼓動者,在一國中實居最少數也。

神教之權既破,稍足限制君權者,乃在社會慣習,人倫日用之間。即國民共視爲當行之道者是也。日本織田萬曰:"崇古之風,爲支那民族之特質。遺訓舊制,改廢尤難。苟或反之,即爲大戾,歷朝革命,非革古法、舊習,乃裁制破壞古法、舊習者耳。"《清國行政法》第一編第一章。其言亦殊有理。蓋一國之民,不能無所信守。他國之民,所視爲應守之道者，出於神教所啓牖。而我國之民，所視爲應守之道者，出於古訓之昭垂。其所守異，而其有所守則同。守之固，則皆足以禁人之破壞耳。

漢代君權，尚有受限制者一事，相權之重是也。乃至東漢漸變，至魏晉之世而大壞。此事須參考官制乃能明之。

魏晉而後，君主之權力大張。古訓及社會慣習而外，幾無足以限制之者。而盜竊其權者，則歷代皆有。權姦、宵小、女謁、宦寺是也。此乃依附君主而行，非法賦之權，足與君主相抗也。於政體無關係。

所謂民主政體者，謂凡事不容決之以一人，并不容決之以少數人，而必決之以多數人耳。其所謂多數，以全國言之，實非多數，又是一事。此則議事之初，本係如此。雖甚桀驁，能令衆人服從其議者有之矣。使衆人懾其威而不敢言，止矣。謂公共之事，衆人本不當與，惟一人或少數人尸之，此非積漸，必不能致也。故民主政體者，乃政之初制也。我國所以無之者，則以地勢便於統一，世愈降，國土愈廣，集衆而議，勢所不行。貴族專制，則較君主專制尤惡，故君主削貴族之權，人民實陰相之。遂至舉一國之權，而奉諸一人耳。

民主政體，於古有徵乎？曰：有。《坊記》引《詩》曰："先民有言，詢于芻蕘。"鄭《注》曰："先民，謂上古之君也。言古之人君，將有政教，必謀之於庶民乃施之。"案《繁露》有六十四民，爲上古無名號之君。《書·甫刑》："苗民弗用靈。"鄭《注》亦以爲"有苗之君。"《禮記·緇衣正義》。則此先民釋爲人君，義自可通。此最古之世，人民之得以參與政事者也。然僅言其事，未詳其制也。詳其制者，莫如《周官》。《周官·小司寇》之職："掌外朝之政，以致萬民而詢焉。一曰詢國危，二曰詢國遷，三曰詢立君。其位：王南向，三公及州長百姓北面。羣臣，卿大夫。西面。羣吏，府史。東面。小司寇擯以叙進而問焉。以衆輔志而弊謀。"《周官》雖虛擬之書，亦必有所依據。試徵之他書：《左氏》定公八年，"衛侯欲叛晉，朝國人，使王孫賈問焉"。哀公元年，"吴之入楚也，使召陳懷公，懷公朝國人而問焉"。則《周官》所謂詢國危者也。《書·盤庚》上:“王命衆悉造於庭。”《孟子》謂大王之遷岐也,“屬其耆老而告之”。則《周官》所謂詢國遷者也。《書·堯典》:“師錫帝曰:有鰥在下曰虞舜。”《左》僖十五年,“晉侯使郤乞告瑕吕飴甥,且召之。子金教之言曰:朝國人,而以君命賞,且告之曰:孤雖歸,辱社稷矣。其卜貳圉也”。昭二十四年,“晉侯使士景伯涖問周故,士伯立於乾祭,王城北門。而問於介衆”。介大也。哀二十六年,“越人納衛侯,文子致衆而問焉”。則《周官》所謂詢立君者也。知古確有是事矣。鄉大夫之職,“大詢於衆庶,則各帥其鄉之衆寡而致於朝”。《注》:“鄭司農云:大詢於衆庶,《洪範》所謂謀及庶民。”則斯制由來甚遠。《洪範》所謂“謀及卿士,謀及庶人,謀及卜筮者”,亦必實有其法,而非虚語矣。

其議事之法,亦有可見者。陳懷公之朝國人也,曰:“欲與楚者左,欲與吴者右。”《韓非子·外儲説》:“齊桓公將立管仲,令羣臣曰:寡人將立管仲爲仲父。善者入門而左,不善者入門而右。”此猶今之議院,可否者各自一門出也。《洪範》:“七,稽疑:擇建立卜筮人。……三人占,則從二人之言。汝則有大疑,謀及乃心,謀及卿士,謀及庶人,謀及卜筮。汝則從,龜從,筮從,卿士從,庶民從,是之謂大同。身其康彊,子孫其逢,吉。汝則從,龜從,筮從,卿士逆,庶民逆,吉。卿士從,龜從,筮從,汝則逆,庶民逆,吉。庶民從,龜從,筮從,汝則逆,卿士逆,吉。汝則從,龜從,筮逆,卿士逆,庶民逆,作内吉,作外凶。龜筮共違於人,用静吉,用作凶。”《公羊》桓公二年,蔡侯、鄭伯會於鄧。離不言會,此其言會何?蓋鄧與會爾。《注》:“二國會曰離。二人議,各是其所是,非其所非。所道不同。不能決事,定是非,立善惡。不足採取,故謂之離會。時因鄧都,得與鄧會。自三國以上言會者,重其少從多也。能決事,定是非,立善惡。《尚書》曰:三人議,則從二人之言。蓋取諸此。”又僖公三十一年,“夏,四月,四卜郊,不從,乃免牲。猶三望。曷爲或言三卜,或言四卜?三卜禮也,四卜非禮也。三卜何以禮?四卜何以非禮?求吉之道三”。《注》:“三卜,吉凶必有相奇者。可以決疑,故求吉必三卜。”此皆多數議決之法也。

《韓非子·内儲説》:“魯哀公問於孔子曰:鄙諺曰:莫衆而迷。今寡人舉事,與羣臣慮之,而國愈亂,其故何也?孔子對曰:明主之問臣,一人知之,一人不知也。如是者,明主在上,羣臣直議於下。今羣臣無不一辭同軌乎季孫者。舉魯國盡化爲一,君雖問境内之人,猶不免於亂也。一曰:晏嬰子聘魯,哀公問曰:語曰:莫三人而迷。今寡人與一國慮之,魯不免於亂,何也?晏子曰:古之所謂莫三人而迷者,一人失之,二人得之,三人足以爲衆矣。故曰莫三人而迷。今魯國之羣臣,以千百數,一言於季氏之私。人數非不衆,所言者一人也。安得三哉?”又曰:“張儀欲以秦韓與魏之勢伐齊荆,而惠施欲以齊荆偃兵。二人争之。羣臣左右,皆爲張子言,而以攻齊荆爲利,而莫爲惠子言。王果聽張子,而以惠子言爲不可,攻齊荆事已定。惠子入見。王曰:先生毋言矣。攻齊荆之事果利矣。一國盡以爲然。惠子因説:不可不察也。夫齊荆之事也,誠利,一國盡以爲利,是何智者之衆也?攻齊荆之事誠不利,一國盡以爲利,何愚者之衆也?凡謀者疑也。疑也者,誠疑,以爲可者半,以爲不可者半。今一國盡以爲可,是王亡半也。劫主者,固亡其半者也。”案今人恒言,多數不免於愚。其實非愚之爲患,而不能公之爲患,苟人人本其大公至正之心以議事,未有合多數而成衆愚者也。何則?愚人而宅心公正,則經智者之譬曉,必能舍己而從之矣。經智者之譬曉而猶不悟,此爲下愚之不移。下愚與上智,在羣中同居少數,必不至如其意以決議也。然則民主政體之難行,實非識不足之爲患,而道德不足之爲患,風氣誠樸之世,率有衆斷之遺跡存焉。誠樸愈漓,則專制之威愈甚。其故可深長思矣。《左》成六年,晉欒書救鄭,與楚師遇於繞角。楚師還。晉師遂侵蔡。楚公子申、公子成以申息之師救蔡,禦諸桑隧。趙同、趙括欲戰,請於武子。武子將許之。知莊子、范文子、韓獻子諫,乃還。“於是軍師之欲戰者衆。或謂欒武子曰:聖人與衆同欲,是以濟事。子盍從衆?子爲大政,將酌於民者也。子之佐十一人,其不欲戰者,三人而已。欲戰者,可謂衆矣。《商書》曰:三人占,從二人。衆故也。武子曰:善鈞從衆。夫善,衆之主也。三卿爲主,可謂衆也。從之,不亦可乎?”此别是一理。雖未必非,然實失從衆之意矣。

古代採取輿論之事甚多。但用否之權，仍操諸上，不如議會之有定法耳。《管子·桓公問》："齊桓公問管子曰：吾念有而勿失，得而勿忘，爲之有道乎？對曰：勿創勿作，時至而隨。毋以私好惡害公正。察民所惡，以自爲戒。黄帝立明臺之議者，上觀於賢也。堯有衢室之問者，下聽於人也。舜有告善之旌，而主不蔽也。禹立諫鼓於朝，而備訊唉。湯有總街之庭，以觀人誹也。武王有靈臺之復，而賢者進也。此古聖帝明王，所以有而勿失，得而勿忘者也。桓公曰：吾欲效而爲之，其名云何？對曰：名曰嘖室之議。曰：法簡而易行，刑審而不犯，事約而易從，求寡而易足。人有非上之所過，謂之正士。内於嘖室之議，有司執事者，咸以厥事奉職而不忘爲。此嘖室之事也。請以東郭牙爲之。此人能以正事争於君前者也。桓公曰：善。"此似納諫進賢等事，皆該括焉。《左》襄三十年，"鄭人遊於鄉校，以論執政。然明謂子産曰：毁鄉校何如？子産曰：何爲？夫人朝夕退而遊焉，以議執政之善否。其所善者，吾則行之。其所惡者，吾則改之。是吾師也。若之何毁之"？此則察衆論之從違，以定政令之行止者也。《孟子》曰："國人皆曰可殺，然後察之。見可殺焉，然後殺之。"《王制》曰："疑獄，氾與衆共之。衆疑，赦之。"則古時刑獄，亦有采取輿論之法，但未知其法如何耳。

立君爲民，而國非君主一人所私有，此理本古人所深知。《吕覽》曰："凡人之性，爪牙不足以守衛，肌膚不足以扞寒暑，筋骨不足以從利辟害，勇敢不足以卻猛禁悍，然且猶裁萬物，制禽獸，寒暑燥溼弗能害，不惟先有其備而以羣聚邪？羣之可聚也，相與利之也。利之出於羣也，君道立也。自上世以來，天下亡國多矣。而君道不廢者，天下之利也。四方之無君者，其民少者使長，長者畏壯，有力者賢，暴傲者尊。日夜相殘，無時休息，以盡其類。聖人深見此患也，故爲天下長慮，莫如置天子也。爲一國長慮，莫如置君也。置君，非以阿君也。置天子非以阿天子也。置官長，非所以阿官長也。德衰世亂，然後天子利天下，國君利國，官長利官。此國所以遞興遞廢也，亂難所以時作也。"《恃君覽》。此等議論，古書中不可勝舉。如《管子·君臣》，《商君·修權》，議論皆與此篇相出入。如是，其視誅鋤暴君，自爲當然之事。其言之尤痛快者，莫如《淮南子》。《淮南子》曰："聖人之用兵也，若櫛髮耨苗，所去者少，而所利者多。殺無罪之民，而養無義之君，害莫大焉。殫天下之財，而澹一人之欲，禍莫深焉。使夏桀、殷紂，有害於民而立被其患，不至於爲炮烙。晉厲、宋康，行一不義而身死國亡，不至於侵奪爲暴。此四君者，皆有小過而莫之討也，故至於攘天下，害百姓。肆一人之邪，而長海内之禍，此大倫之所不取也。所爲立君者，以禁暴討亂也。今乘萬民之力，而反爲殘賊，是爲虎傅翼，曷爲弗除？夫畜池魚者必去猵獺，養禽獸者必去豺狼，又況治人乎？"《兵略訓》。其言之可謂深切著明矣。古之賢君，亦頗有能知此義者。《左》文十三年，"邾文公卜遷於繹。史曰：利於民而不利於君。邾子曰：苟利於民，孤之利也。天生民而樹之君，以利之也。民既利矣，孤必與焉。左右曰：命可長也，君何弗爲？邾子曰：命在養民。死之短長，時也。民苟利矣，遷也，吉莫如之。遂遷於繹"。《説苑・至公篇》載南宫邊子之言曰："昔周成王之卜居成周也，其命龜曰：予一人兼有天下，辟就百姓，敢無中土乎？使予有罪，則四方伐之，無難得也。周公卜居曲阜，其命龜曰：作邑乎山之陽，賢則茂昌，不賢則速亡。季孫行父之戒其子也，曰：我欲室之挾於兩社之閒也，使我後世有不能事上者，使其替之益速。"此等，疑古者或將指爲後人所傅會。然當時既有此理，固不容謂爲君長者必不之知也。儒家發揮民貴君輕之義最力者爲孟子。其説，皆孔門成説也。見附録。

國非君主所私有，秦漢之際，其義尚明。《至公篇》又曰："秦始皇帝既吞天下，乃召羣臣而議曰：古者五帝禪賢，三王世繼，孰是？將爲之，博士七十人未對。鮑白令之對曰：天下官則讓賢是也，天下家則世繼是也，故五帝以天下爲官，三王以天下爲家。秦始皇帝仰天而歎曰：吾德出於五帝，我將官天下，誰可使代我後者。鮑白令之對曰：陛下行桀紂之道，欲爲五帝之禪？非陛下所能行也。秦始皇帝大怒曰：令之前。若何以言我行桀紂之道也，趣説之。不解則死。

令之對曰：臣請説之。陛下築臺干雲，宫殿五里。建千石之鍾，萬石之簴。婦女連百，倡優累千。興作驪山，宫室至雍，相繼不絶。所以自奉者，殫天下，竭民力。偏駮自私，不能以及人。陛下所謂自營僅存之主也，何暇比德五帝，欲官天下哉？始皇闇然，無以應之。面有慙色。久之曰：令之之言，乃令衆醜我。遂罷謀，無禪意也。”此或後人之寓言。然眭孟推《春秋》之意，謂：“漢帝宜誰差天下，求索賢人，嬗以帝位，而退自封百里。”蓋寬饒引《韓氏易傳》言：“五帝官天下，三王家天下。家以傳子，官以傳賢。若四時之運，功成者去。不得其人，則不居其位。”俱見《漢書》本傳。則事實矣。漢高祖滅項羽，諸侯及將相，共請尊爲皇帝。高祖曰：“吾聞帝，賢者有也。空言虚語，非所守也。我不敢當帝位。”此言甚質，乃誠高祖之言，非後世文飾之亂比也。文帝元年，有司請立太子。“上曰：朕既不德，上帝神明未歆享；天下人民，未有嗛志。今縱不能博求天下賢聖有德之人而禪天下焉，而曰：豫建太子，是重我不德也。謂天下何？”皆見《史記》本紀。此等詔令，後世絶不聞矣。亦足覘社會思想之變遷也。

立君爲民之義，其亡於東、西漢之際乎？眭孟之説，出自《春秋》。寬饒有言，徵之《易傳》，足徵今學昌明之世，立君爲民之義，爲儒生所共知，非世主所能諱。迨王莽謀篡，乃僞造圖讖，傅以經説，名之曰緯。如圖讖之説，則一姓之興，皆由天命，徵以禎祥。傳世久遠，亦皆前定，由於歷數，無復“天視自我民視，天聽自我民聽”，“惟命不於常，道善則得之，不善則失之”之意。自此以後，居帝位者，遂侈自以爲當然矣，豈非思想之一大轉變乎？

無政府之説，中國無之。《老子》謂：“大道廢，有仁義。慧智出，有大僞。”“絶聖棄智，民利百倍。絶仁棄義，民復孝慈。絶巧棄利，盜賊無有。”《莊子》謂：“民有常性。”“至德之世，其行填填，其視顛顛。”“同乎無知，其德不離。同乎無欲，是謂素樸。素樸而民性得矣。及至聖人，蹩躠爲仁，踶跂爲義，而天下始疑矣。澶漫爲樂，摘僻爲禮，而天下始分矣。故純樸不殘，孰爲犧尊？白玉不毁，孰爲珪璋？道德不廢，安取仁義？性情不離，安用禮樂？”“夫殘樸以爲器，工匠之罪也。毁道德以爲仁義，聖人之過也。”《馬蹄》。似有有政府不如無政府之意。然此仍是“天下皆知美之爲美，斯惡矣；皆知善之爲善，斯不善矣”之旨。欲使治天下者，謹守無爲之教，還風俗於純樸。非謂既有政治，可一旦撤去之，而還於無政治也。有政治而復還於無政治，姑無論其可不可，試先問其能不能。老莊即愚人，豈至於是？故以老莊之説，附會今之無政府之説者繆也。至以許行之言，附會今之無政府，則其説尤繆。陳相謂“從許子之道，則市賈不貳，國中無僞。雖使五尺之童適市，莫之或欺。布帛長短同，則賈相若。麻縷絲絮輕重同，則賈相若。五穀多寡同，則賈相若。屨大小同，則賈相若”。苟無政府，試問誰爲釐定其賈，責其遵守乎？彼謂“賢者與民并耕而食，饔飧而治”，乃謂不剥民以自奉，非謂無君也。不然，又安有所謂賢者，以别於所與并耕之民乎？許行之説，蓋古農家之言。其所欲取法者，乃極簡陋之世。雖簡陋，仍有政府，初非今克魯泡特金等之説也。後世誦法老莊，以爲有君不如無君者，爲晉之鮑敬言。其説，見於《抱朴子》之《詰鮑篇》，殊粗淺不足觀。然亦謂後世有君之時，不如上古無君之世，非謂既有君，仍可去之也。鮑氏説雖粗淺，葛洪詰鮑之言，却頗有理致。其言曰：“遠古質樸，蓋其未變。譬夫嬰孩，智慧未萌，非爲知而不爲，欲而忍之也。”又曰：“若令上世，人如木石，玄冰結而不寒，資糧絶而不饑者，可也。衣食之情，苟在其心，則所争豈必金玉？所競豈必榮位？橡芋可以生鬥訟，藜藿足用致侵奪矣。夫有欲之性，萌於受氣之初。厚己之情，著於成形之日。賊殺并兼，起於自然。必也不亂，其理何居？”於世風之不可返，古代之未必勝於後世，言之鑿鑿，與今進化之説，若合符節焉。大抵進化之説，皆就一端而言。若合全體觀之，則世事祇有變遷，更無所謂進退。且如今日，民權之説既張，平等之義亦著。迴視疇昔，則君主威權無限，社會階級不平，謂其大不如今可也。然昔日風氣，確較誠樸，今則巧詐益滋矣。則謂今不如昔亦可也。故《管子》謂“古者智者詐愚，強者陵弱，老幼孤獨，不得其所，故智者假衆力以禁強虐而暴人止，爲民興利除害，正民之德，而民師之”。以爲無君之世，不如有君可也。莊子謂“聖人不死，大盜不止”，“剖斗折衡，而民不争”。則有君之世，反不如無君亦可也。各就一端言之也。夫言豈一端而已，夫各有所當也。《管子》之説，見《君臣篇》。

以天下爲一人所私有，蓋從古未有此説。然君主之權，既莫爲之限制，則其不免據天下以自私，亦勢所必至也。積之久而其弊大著，乃有起而矯正之者，是爲黄梨洲。《明夷待訪録·原君篇》曰："有生之初，人各自私也，人各自利也，天下有公利而莫或興之，有公害而莫或除之。有人者出，不以一己之利爲利，而使天下受其利；不以一己之害爲害，而使天下釋其害。此其人之勤勞，必千萬於天下之人。夫以千萬倍之勤勞，而己又不享其利，必非天下之人情所欲居也。故古之人君，量而不欲入者，許由、務光是也。入而又去之者，堯舜是也。初不欲入而不得去者，禹是也。豈古之人有所異哉？好逸惡勞，亦猶夫人之情也。後之爲人君者不然，以爲天下利害之權皆出於我。我以天下之利盡歸於己，以天下之害盡歸於人，亦無不可。使天下之人不敢自私，不敢自利。以我之大私爲天下之公。始而慚焉，久而安焉，視天下爲莫大之産業，傳之子孫，受享無窮。漢高帝所謂某業所就，孰與仲多者，其逐利之情，不覺溢之於辭矣。此無他，古者以天下爲主，君爲客，凡君之所畢世而經營者，爲天下也。今也以君爲主，天下爲客，凡天下之無地而得安甯者，爲君也。是以其未得之也，屠毒天下之肝腦，離散天下之子女，以博我一人之産業。曾不慘然，曰：我固爲子孫創業也。其既得之也，敲剥天下之骨髓，離散天下之子女，以奉我一人之淫樂，視爲當然。曰：此我産業之花息也。然則爲天下之大害者，君而已矣。向使無君，人各得自私也，人各得自利也。嗚呼！豈設君之道固如是乎？古者天下之人愛戴其君，比之如父，擬之如天，誠不爲過也。今也天下之人怨惡其君，視之如寇讎，名之爲獨夫，固其所也。而小儒規規焉以君臣之義無所逃於天地之間。至桀紂之暴，猶謂湯武不當誅之，而妄傳伯夷、叔齊無稽之事，乃兆人萬姓崩潰之血肉，曾不異夫腐鼠？豈天地之大，於兆人萬姓之中，獨私其一人一姓乎？"《原臣篇》曰："天下之大，非一人所能治，而分治之以羣工。故我之出而仕也，爲天下，非爲君也。爲萬民，非爲一姓也。""世之爲臣者，昧於此義。以爲臣，爲君而設者也。君分我以天下而後治之，君授我以人民而後牧之。視天下人民爲人君橐中之私物。

今以四方之勞擾，民生之憔悴，是以危我君也，不得不講治之牧之之術。苟無係於社稷之存亡，則雖有誠臣，亦以爲纖芥之疾也。夫治天下，猶曳大木。然前者唱邪，後者唱許。君與臣共曳木之人也。若手不執紼，足不履地，曳木者惟娛笑於曳木者之前，從曳木者以爲良，而曳木之職荒矣。嗟乎！後世驕君自恣，不以天下萬民爲事，其所求乎草野者，不過欲得奔走服役之人，乃使草野之應於上者，亦不出夫奔走服役，一時免於寒餓，遂感在上之知遇，不復計其禮之備與不備，躋之僕妾之間，而以爲當然。”“又豈知臣之與君，名異而實同耶？”其言可謂深切著明矣。大抵立論恒因乎時勢。民主政體，古代既無其制，貴族執政，實較一人專制爲尤惡。故孔子謂“天下有道，則禮樂征伐，自天子出。天下無道，則禮樂征伐，自諸侯出。自諸侯出，蓋十世希不失矣。自大夫出，五世希不失矣。陪臣執國命，三世希不失矣”。《論語·季氏》。墨子欲使鄉長壹同鄉之義，國君壹同國之義，天子壹同天下之義。《墨子·尚同》。皆欲舉治理之權，奉諸一人。以其時分裂之弊方著，專制之害未形也。自秦以來，君權日張，至晚近而其弊大著矣。故有梨洲之論。皆時勢使然也。

後來北族之敗亡，無不以繼嗣之争者。今不暇備述。試取前、後《漢書·匈奴傳》，《隋書》、《唐書·突厥傳》讀之，可以見其略也。今但略述蒙古之事，以見君位繼承之有定法，亦必累經進化而後能然。而我國古代之或禪或繼，亦可以此爲借鏡，而知其所以然焉。案蒙古始祖曰孛兒帖赤那，始居斡難沐漣之源。十八傳至海都，始有汗號。海都而後，汗立闕者二世。至其曾孫哈不勒乃復稱汗。哈不勒死，其再從兄弟俺巴孩繼之。亦海都曾孫。蒙古與主因塔塔兒世仇。主因塔塔兒誘執俺巴孩，送之於金。金人以木驢殺之。非刑之名。俺巴孩使告其子合答安大石，及合不勒子忽圖剌，爲之報仇。於是部人共議，立忽圖剌爲汗。《秘史》謂“是役也，會於豁兒豁納川。既立忽圖剌，遂燕於大樹之下。衆達達欣喜，遶樹跳躍，蹋地成深溝。”蓋斯時選舉之儀式然也。忽圖剌死，蒙古復無共主。成吉思少時，備受同族齮齔。稍長，諸部歸嚮者漸多。始與其安答蒙古語。譯言交物之友。札答闌、部名，亦氏族名。札木合同牧。已而去之。諸部多從之者。《源流考》謂是時諸部共推成吉思爲汗，蓋以繼忽圖剌也。及漠南北平，諸部族復大會於斡難沐漣，共上成吉思汗之號。拉施特《蒙古全史》曰："成，堅強也。吉思，多數也。猶契丹之稱古兒汗。古兒汗者，衆汗之汗也。"《蒙古全史》。蓋即所謂大汗也。至此，則推戴成吉思者，非徒蒙古人，而成吉思亦非但蒙古人之汗矣。《源流考》巴圖蒙克七歲稱達顔汗，四十一歲又即汗位，蓋亦始爲蒙古汗，繼爲衆部族之汗也。達顔即大元異譯，足徵達顔汗之稱，乃繼承蒙古本族之統緒。蒙古自憲宗以前，汗位繼承，必由宗王、駙馬、萬户、千户等會集推戴，謂之忽烈而台。譯言大會。蓋其本部族之汗，及諸部族之大汗，皆本無世襲之法也。此等立君，雖曰公推，初無定法。孰可與會，既無法律定之。孰可見推，自亦并無限制。惟就事勢言之，則所推者，總不越成吉思汗之子孫耳。斯時雖無世繼之法，而舊可汗之遺言，於新可汗之見推，甚有關係。觀俺巴孩遺命合答安大石及忽圖剌爲之報仇，而蒙人立汗，遂必於二人中擇其一可知。成吉思四子：長曰朮赤，次曰窩闊台，次曰察合台，次曰拖雷。蒙古之俗，財産傳諸幼子。幼子謂之斡赤斤，譯言守竈。然此祇是承受産業，與汗位繼承，了無干涉。蓋一爲家事，一爲國事也。爵位等之承襲，仍以長子爲多。於此可悟古者兄弟相及之理。蓋國固利有長君，而年長者任事較久，威望亦易孚於衆也。成吉思汗之妻曰孛兒帖，翁吉剌氏。嘗爲蔑兒乞所篡。成吉思結札木合等，復篡之歸。歸未久而生朮赤。諸弟皆以此歧視朮赤，不敬之。朮赤從成吉思西征，遂留西北不歸，實蒙古之泰伯也。成吉思之死也，遺言立窩闊臺。忽烈而台無異議。是爲太宗。太宗死，忽烈而台立其子定宗。定宗病不事事，三年而殂。其子忽察、太宗孫失烈門、拖雷子蒙哥，皆覬覦汗位。然太宗後人，多不愜衆望。成吉思之分部兵於四子也，拖雷以斡赤斤故，所得獨多。功臣宿將，多隸麾下。拖雷之死，諸子皆幼。其妻唆魯禾帖尼，實主政事。唆魯禾帖尼有才略，部下皆歸心焉。宗王最有威望者，爲朮赤子拔都。唆魯禾帖尼深結之。故拔都亦欲立蒙哥。定宗死之明年，拔都召開忽烈而台於阿勒台忽剌兀。地在今新疆省精河縣南。諸王以會議非地，多不至。明年，復會於客魯沐漣。今克魯倫河。唆魯禾帖尼主議，太宗及察合台後人無至者。拔都唱議立蒙哥，是爲憲宗。太宗後人謀叛，欲立失烈門。憲宗殺其黨七十人，并殺定宗可敦，及其用事大臣。謫失烈門爲探馬赤。世祖之侵宋也，請於憲宗，令其隨軍立功自贖。及憲宗自將南伐，仍命投諸水，殺之。憲宗又裂太宗分地，以封其後人，賈生所謂衆建諸侯而少其力也。太宗舊部，皆易其將，所以奪其兵柄也。論者譏其失成吉思固本睦族之訓焉。憲宗既立，使其弟忽必烈治漠南，阿里不哥治漠北。憲宗伐宋，死於合州。忽必烈方圍鄂州，遽與宋和，北歸，至開平，自立，是爲世祖，始不待忽烈而台之推戴矣。阿里不哥亦立於和林，與世祖戰，敗績，乃降。而太宗之孫海都，乘機自立。蒙古諸宗王多附之。至其子察八兒，乃來降。自海都之叛，蒙古大汗之號令，不復行於分封諸國。曠古未有之版圖，遂自此解體矣。綜觀蒙古之立君，其始也，必有足以統攝全族者，而後舉之，無其人則闕。其舉之也，上遵先君之遺命，下待輿情之允洽。選者無偏黨，無私曲，亦不聞植黨違道以求立者，誠可爲選君之模範。蓋部族小則汗位不尊，其利不足爭，而是非利害易見，其衆亦不易誑也。迨成吉思東征西討，所攝服者衆，進而爲諸部族之大汗，則其情勢非復如此，而其事亦無以善其後矣。於此可悟選君民主之法，皆易行於小國寡民，至於廣土衆民之世，則不然也。我國之由官天下易爲家天下，得毋其理亦如此邪？

中國一君專制政體，實事勢所造成，前已言之。蓋在古昔，強陵弱，衆暴寡之燄方張，而一人專制之弊未著，故人民寧戴一最強者，以圖息肩也。逮乎後世，君主專制之治，業已情見勢絀。言政治者，宜其惡君主而欲去之矣。然凡事習之久則不覺其非。古代君權未盛之世，其事蹟既多湮晦，又無他國之事，以資觀感，則思慮有所不及。即有一二人偶得之，亦迫於勢而不敢言。此數千年來，君主專政體，所以安若泰山也。逮乎明清之交,閹宦横於上,"流寇"起於下,生民之道既絶,清人乘之入主。論者窮極根原,乃覺一君專制之害之大,而梨洲原君之論出焉。尚未爲多數人所注意也。適會西人東來,五口通商而後,無一事不受外侮。我國人始覺時局之大異於昔。今所謂外夷者,非復古之外夷,乃漸次加以考察。剥蕉抽繭,愈考察而愈近乎其真。而中日戰後,時勢之亟,又迫我不得不圖改變。於是新機風發泉湧,改革之勢,如懸崖轉石,愈進愈激。圖窮而匕首見,而君主政體動摇矣。或曰:梨洲與宋儒,同講理學。明末固有閹宦之禍、"流寇"之事,然唐宦官亦不可謂不專横。藩鎮之割據,其害亦未必減於宦官之禍也。遼金雖未入主中國,然禍害至此,亦前古所無矣。梨洲能發原君之論,宋儒顧大倡尊王之義者何?應之曰:宋儒之所倡者,爲尊王攘夷。攘夷,梨洲與宋儒之所同欲也。特宋儒謂必尊王乃可攘夷。梨洲則謂必明乎天下非一人所私有之義,乃可以攘夷,其所以攘夷者不同耳。蓋宋儒鑒於晚唐五代藩鎮之禍,患紀綱之不立,故主尊王。梨洲鑒於明事之敗壞,半由君主之昏庸,深知私天下於一人之弊,故有原君之論耳。

中國之大改革,始於光緒戊戌之變法。是時所欲效者,則日之睦仁,俄之彼得而已,未嘗擬議及於政體也。政變而後,康有爲設保皇黨於海外。斯時所謂新者徒,所跂望者,則德宗親政,復行新法而已,猶未及於政體也。庚子以後,人民乃知清室之不足有爲。是時留學者日多,知外事稍浹。孫文唱道多年之革命,附和者乃漸多。梁啓超初亦主革命,後與其師康有爲論辯,折而從之,遂主君主立憲。於是革命、立憲,兩派對峙。章炳麟所主《民報》,梁啓超所主《新民叢報》爲之魁。兩派議論雖不同,其主改政體則一也。斯時在國内,主張立憲者,可以明目張膽。圖謀革命者則不然。立憲派之勢力,自較革命派爲盛。日俄戰後,時局益急。主立憲者,又謂日以立憲而勝,俄以專制而敗。議論風靡全國。内外大臣,亦有主之者。於是有派載澤等出洋考察憲政之舉。還奏,皆主立憲。疆臣又多奏請者。乃於光緒三十二年,下詔豫備立憲,從改革官制入手。三十四年八月,定豫備之期限爲九年。溥儀立,人民請速開國會,又改其期爲五年。中國民主之義,本甚昌大,特爲事勢所遏,鬱而未發。是時遭際時會,浡焉以興。清室即真能立憲,亦未足厭人民之望。況其所謂立憲者,毫無真誠。而内外官吏,借籌備立憲爲名,多所興作,擾民愈甚。主立憲者難之曰:“所以欲立憲者,以政治不善也。今將一切新政,悉行舉辦,名之曰籌備立憲,則籌備告竣時,政治既已舉矣,尚何以立憲爲?既知專制之不如立憲,又不肯先立憲而後舉辦庶政,其意果何居乎?”主立憲者之論如此,主革命者可知。清室之所爲,終不足以平民氣而圖自保也審矣。而是時滿漢交惡之勢又漸熾,於是事勢益急。辛亥八月,義師起於武昌。薄海響應,捷於桴鼓。而清社以屋,而民國以成。

民國成立,可爲創數千年未有之局。然異族君主之遺孽,迄今仍未克盡除。我國民不可不深念也。初清室之退位也,民國與訂《優待條件》。其中第一款,許其存尊號,民國以外國君主之禮待之。第二款,與以歲費四百萬。第三款,許其暫居宫禁,日後移居頤和園。第四款,許其奉祀宗廟陵寢,民國爲之保護。第五款,民國許代完德宗崇陵工程。第六款,宫内執事人員,許其留用。唯以後不得再閹人。第七款,民國許保護清室私産。於清皇族,亦許仍其世爵,公私權同於民國國民,而不服兵役,且保護其私産。於旗民,許爲代籌生計。未籌定前,八旗兵弁俸饟,照舊發給。亦可謂仁至義盡矣。乃清室仍居宫禁,迄不遷移。違背條件之事,尤不一而足。民國六年,又有復辟之役。京師既復,民國本應加以澈究。徒以是時執政柄者,爲清室舊臣,自謂不忍於故君,遂忘服官民國應盡之責任。多數議員,醉心禄利,縱横捭闔,日争政權,但圖苟全一己生命財産,不復計綱紀順逆,無能督責政府者。清帝遂仍安居故宫,一若未犯叛逆之罪。直至十三年,馮玉祥軍入京師。國務院始與改訂《優待條件》,廢其尊號,令其出宫。然猶年給家用五十萬。并一次支出二百萬,開辦北京貧民工廠,儘先收容旗籍貧民。清室所佔公産,歸諸民國政府,而私産仍爲其所有。彌可謂仁之至,義之盡矣。乃清遺臣寶熙等,猶責民國不守《優待條件》,何其悖哉?今節録孫中山秘書處覆寶熙之函如下,於此事癥結，最爲了然。讀此函，而此事之當如何措置，不待再計矣。函云："中山先生以爲條件契約，義在共守。《優待條件》第三款，載明大清皇帝辭位以後，暫在宮禁，日後移居頤和園。又民國三年，《清皇室優待條件善後辦法》第二款，載稱清皇室對於政府文書，及其他履行公權私權之文書契約，通用民國紀年，不用舊曆及舊時年號。第三款載稱清皇帝諭告及一切賞賜，但行於宗族家庭，及其屬下人等。其於官民贈給，以物品爲限。所有賜謚及其他榮典，概行廢止。乃清室始終未踐移宮之約。於文書契約，仍沿用宣統年號。對於官吏頒給榮典賜謚等，亦復相仍弗改。是於民國元年《優待條件》，三年《優待條件善後辦法》中，清室應履行各款，已悉行破棄。逮民國六年復辟之舉，實犯破壞國體之大眚。《優待條件》，至此毀棄無餘。清室已無再責民國政府踐履《優待條件》之理。雖清室於復辟失敗後，自承爲張勳迫脅而成。然張勳既死，清室又予以忠武之謚。是明示國人以張勳有造於清室，復辟之舉，實爲清室所樂從。綜斯數端，民國政府，於《優待條件》，勢難繼續履行。我所以認十一月間攝政内閣修改《優待條件》，及促清室移宮之舉，按之情理法律，皆無可議。"云云。其後清室善後委員會，點查清宮物品，發見清室與其遺臣密謀復辟文件，函請高等檢察廳起訴。高等檢察廳謂事在十四年一月一日赦令以前，遂爲不起訴處分。委員會復函云："本年一月一日大赦令，其主旨，係因民窮俗偷，多陷刑辟。故曹錕一案，不在赦列。其強盜匪徒殺人等案，情節較重，亦不在赦列。陰謀復辟，非普通罪犯可比。推翻國體，罪更浮於賄選。細繹此次令旨，實無赦及屢犯不悛，進行不已，復辟罪犯之意。爲此仍請貴廳實行依法檢舉。"云云。高等檢察廳終不聽。

# 附録一　三皇五帝考

言古史者必稱三皇五帝。三皇之名，不見於經。五帝則見《大戴禮記》。然説者猶多異辭。蓋嘗博考之。三皇之異説有六，五帝之異説有三。《河圖》、《三五曆》云："天地初立，有天皇氏，十二頭。澹泊無所施爲而俗自化。木德王。歲起攝提。兄弟十二人，立各一萬八千歲。地皇十一頭。火德王。姓十一人，興於熊耳、龍門等山，亦各萬八千歲。人皇九頭。乘雲車，駕六羽，出谷口。兄弟九人，分長九州，各立城邑。凡一百五十世，合四萬五千六百年。"司馬貞《補三皇本紀》。此三皇之説一也。《史記·秦始皇本紀》：丞相綰等與博士議帝號曰："古有天皇，有地皇，有泰皇，泰皇最貴。"此三皇之説二也。《尚書大傳》以燧人、伏羲、神農爲三皇。《含文嘉》、《風俗通》引。《甄燿度》、宋均注《援神契》引之，見《曲禮正義》。《白虎通正説》、譙周《古史考》《曲禮正義》。并同。惟《白虎通》伏羲次燧人前。此三皇之説三也。《白虎通》或説，以伏羲、神農、祝融爲三皇。此三皇之説四也。《運斗樞》、鄭注《中候勑省圖》引之，見《曲禮正義》。《元命苞》，《文選·東都賦注》引。以伏羲、女媧、神農爲三皇。此三皇之説五也。《尚書僞孔傳序》、皇甫謐《帝王世紀》、孫氏注《世本》，以伏羲、神農、黄帝爲三皇。《史記·五帝本紀正義》。此三皇之説六也。太史公依《世本》、《大戴禮》，以黄帝、顓頊、高辛、唐堯、虞舜爲五帝。譙周、應劭、宋均皆同。《五帝本紀正義》。此五帝之説一也。鄭注《中候勑省圖》，於黄帝、顓頊之間，增一少昊，謂德合五帝坐星者爲帝，故實六人而爲五。《曲禮正義》。此五帝之説二也。僞孔、皇甫謐、孫氏以少昊、顓頊、高辛、唐、虞爲五帝。《五帝本紀正義》。此五帝之説三也。案《大傳》云:"燧人以火紀。火,太陽也,故託燧皇於天。伏羲以人事紀,故託戲皇於人。神農悉地力,種穀蔬,故託農皇於地。天地人之道備,而三、五之運興矣。"則三皇之説,義實取於天地人,猶五帝之義,取於五德迭代也。伏生者,秦博士之一。《始皇本紀》所謂天皇、地皇、泰皇者,蓋即《大傳》所謂燧皇、羲皇、農皇。《史記索隱》:"天皇、地皇之下,即云泰皇,當人皇也。"雖推測之辭,説自不誤。《河圖説》雖荒怪,然其天皇、地皇、人皇之號,仍本諸此也。《白虎通》釋祝融之義曰:"祝者,屬也。融者,續也。言能屬續三皇之道而行之。"司馬貞《補三皇本紀》曰:"女媧氏代伏羲立,無革造,惟作笙簧,故《易》不載,不承五運。一曰:女媧亦木德王。蓋伏羲之後,已經數世。金木輪環,周而復始。特舉女媧,以其功高而充三皇。"無革造及同以木德王,皆與屬續之義相關,未知《白虎通》意果誰主? 然司馬氏之言,則必有所本也。《補三皇本紀》又曰:"當其末年,諸侯有共工氏,與祝融戰,不勝,而怒,乃頭觸不周山崩。天柱折,地維缺。女媧乃煉五色石以補天,斷鼇足以立四極。"云云。原注:"按其事出《淮南子》。"上云祝融,下云女媧,則祝融、女媧一人。蓋今文家本有此異説。故《白虎通》并列之,造緯候者亦可之也。

實六人而爲五,立説殊不可通。然實僞孔説之先河。《後漢書·賈逵傳》:逵奏《左氏傳》大義長於二傳者曰:"五經家皆言顓頊代黄帝,而堯不得爲火德。《左氏》以爲少昊代黄帝,即圖讖所謂帝宣也。如令堯不得爲火。則漢不得爲赤。"此古文家於黄帝、顓頊之間,增一少昊之由。然以六爲五,於理終有未安。僞孔乃去燧人而升黄帝爲三皇,則少昊雖增,五帝仍爲五人矣。且與《易繫》蓋取一節,始伏羲而終堯、舜者相合,此實其説之彌縫而更工者也。僞孔以《三墳》爲三皇之書,《五典》爲五帝之典,據《周官·外史疏》,其説實本賈、鄭。增改之跡,固可微窺。然則三皇之説,義則託於天地人。其人則或爲燧人、伏羲、神農,或爲伏羲、神農、祝融,此經師舊説也。因天地人之名,而立爲怪説者,緯候也,五帝本無異説。古文家增一少昊,僞孔遂并三皇而易其人。異説雖多,固可窮其源以治其流矣。

問曰：三皇五帝之義,及其人之爲誰某,則既聞之矣。敢問舊有此説邪？抑亦儒家所創也？應之曰：三皇五帝之名,舊有之矣。以爲天地人之道備,而三五之運興之義,蓋儒家所創也。《周官》:“都宗人掌都宗祀之禮。凡都祭祀,致福於國。”《注》:“都或有山川及因國無主,九皇六十四民之祀。”《疏》:“史記伏羲以前,九皇六十四民,并是上古無名號之君,絶世無後,今宜主祭之也。”按《注》以因國無主之祀,釋《周官》之都宗人,蓋是。以九皇六十四民,説周因國無主之祭,則非也。《周官》雖戰國時書,然所述必多周舊制。九皇六十四民,見《春秋繁露·三代改制質文篇》。其説：存二王之後,以大國,與己并稱三王。自此以前爲五帝,録其後以小國。又其前爲九皇,其後爲坿庸。又其前爲民,所謂六十四民也。其説有三王九皇而無三皇。《周官》,“外史,掌三皇五帝之書”。伏羲者,三皇之一。《疏》引史記,史記爲史籍之通稱。今之《史記》,古稱《太史公書》。漢東觀所續,猶稱史記。蓋未有專名,故以通名稱之也。此疏所引史記,不知何書。然必南北朝舊疏,其説必有所本也。云伏羲以前,明在三皇五帝之前,其説必不可合。鄭蓋但知《周官》都宗人所祀,與《繁露》九皇六十四民,并是絶世無名號之君,遂引彼注此,鄭注好牽合,往往如此。《疏》亦未知二説之不可合,謂史記所云伏羲以前上古無名號之君,即鄭所云九皇六十四民,遂引以疏鄭也。《史記·封禪書》:“管仲曰：古者封泰山禪梁父者七十二家。”又曰:“孔子論述六藝傳,略言易姓而王,封泰山禪乎梁父者七十餘王矣,其俎豆之禮不章,蓋難言之。”而《韓詩外傳》曰:“孔子升泰山,觀易姓而王,可得而數者七十餘人,不得而數者萬數也。”《封禪書正義》引。今本無之。然《書序疏》及《補三皇本紀》并有此語,乃今本佚奪,非張氏誤引也。萬蓋以大數言之。然其數必不止七十二可知。數不止七十二,而管仲、孔子,皆以七十二言之者,蓋述周制也。七十二家,蓋周登封之所祀也。曰俎豆之禮不章,言周衰,不復能封禪,故其禮不可考也。《春秋》立新王之事,不純法古制,然損益必有所因。因國無主之祭，及於遠古有功德於民之人，忠厚之至也。蓋孔子之所因也。然不能無損益。《王制》者，孔子所損益三代之制也。《王制》多存諸經之傳，如説巡守禮爲《堯典》之傳是也。皆孔門《六經》之義，非古制。鄭以其與《周官》不合，多曲説爲殷制，大非。《王制》曰："天子諸侯祭因國之在其地而無主後者。"此《周官》都宗人之所掌，蓋孔子之所因也。《繁露》曰："聖王生則稱天子，崩遷則存爲三王，絀滅則爲五帝，下至附庸，絀爲九皇，下極其爲民。有一謂之三代，雖絶地，廟位祝牲，猶列於郊號，宗於岱宗。"絶地者，六十四民之後，封爵之所不及，故命之曰民。絶地而廟位祝牲，猶列於郊號，宗於岱宗，此蓋周登封時七十二家之祭矣。周制，蓋自勝朝上推八世，謂之三皇五帝，使外史氏掌其書，以備掌故。自此以往，則方策不存，徒於因國無主及登封之時祀之而已。其數凡七十二，合本朝爲八十一。必八十一者，九九八十一；九者數之究；八十一者，數之究之究者也。孔子則以本朝合二代爲三王，又其上爲五帝，又其上爲九皇，又其上爲六十四民。必以本朝合二代爲三王者，所以明通三統之義也。上之爲五帝，所以視昭五端之義也。九皇之後，絀爲附庸；六十四家徒爲民，親疏之義也。此蓋孔子作新王之事，損益前代之法，《春秋》之大義。然此於《春秋》云爾。其於《書》，仍存周所謂三皇五帝者，以寓天地人之道備，而三五之運興之義。故伏生所傳，與董子所説，有不同也。《古今注》："程雅問於董生曰：古何以稱三皇五帝？對曰：三皇者，三才也。五帝，五常也。"三才者，天地人也。五常可以配五行。董子之言，與伏生若合符節。故知三皇五帝爲《書》説，三王、五帝、九皇、六十四民爲《春秋》義也。或曰：《繁露》謂"湯受命而王，親夏，故虞，絀唐，謂之帝堯，以神農爲赤帝。周以軒轅爲黄帝。因存帝顓頊、帝嚳、帝堯之帝號，絀虞而號舜曰帝舜，推神農以爲九皇"。明九皇六十四民，爲周時制也。應之曰：此古人言語與今人不同，其意謂以殷周之事言之當如此，非謂殷周時實然也。或曰，《管子》曰："古者封泰山禪梁父者七十二家，夷吾所記，十有二焉。"下歷舉無懷、伏羲、神農、炎帝、黄帝、顓頊、帝嚳、堯、舜、禹、湯、周成王之名，凡十二家。明三皇五帝，即在七十二家之中。應之曰：此亦古今言語不同。上云七十二家，乃極言其多。下云十二家，則更端歷舉所能記者，不蒙上七十二家言。此以今人語法言之爲不可通，然古人語自如是，多讀古書者自知之也。《莊子・胠篋篇》列古帝王稱號，有容成氏、大庭氏、伯皇氏、中央氏、栗陸氏、驪連氏、軒轅氏、赫胥氏、尊盧氏、祝融氏，多在三皇以前。古人同號者甚多。大庭氏不必即神農，軒轅、祝融亦不必即黄帝、女媧也。《禮記・祭法正義》引《春秋命曆序》："炎帝號曰大庭氏，傳八世，合五百二十歲。黄帝，一曰帝軒轅。傳十世，二千五百二十歲。次曰帝宣，曰少昊。一曰金天氏，則窮桑氏，傳八世，五百歲。次曰顓頊，則高陽氏，傳二十世，三百五十歲。次是帝嚳，即高辛氏，傳十世，四百歲。"又《曲禮正義》："《六藝論》云：燧人至伏羲，一百八十七代。宋均注《文耀鉤》云：女媧以下至神農，七十二姓。譙周以爲伏羲以次有三姓，始至女媧。女媧之後五十姓至神農，神農至炎帝，一百三十三姓。"説雖怪迂，然三皇五帝，不必身相接，則大略可知，亦足爲《韓詩》不得而數者萬數作佐證也。二千五百二十歲之二，閩本、宋本作一。

# 附録二 廣疑古篇

劉子玄《疑古》之説，後儒多訾之，此未有史識者也。彼衆人不知，則其論事，恒以大爲小。今有十室之邑，醵資而爲社，舉一人主其事，意有不樂，褰裳去之可也。假爲千室之邑，則其去之，有不若是其易者矣。受任於敗軍之際，奉命於危難之間，拂衣而去，在一人誠釋重負。然坐視繼任之無人，而國事遂至敗壞，衆民無所託命，必有蹙然不安者。古之居高位，當重任者，曷嘗不思息仔肩？然終不得去者，固未必無貪戀權力，沈溺富貴之私。然念責任不得遽卸，不忍脱然而去，以壞大局，其情亦必有之，厚薄不同而已。非如世俗所測度，徒據高位，貪厚禄而不肯去。苟肯棄高位，捨厚禄，即無不可去，無不得去也。彼世俗之見，亦適成其爲世俗之見而已。儒者之稱堯舜禪讓，而譏後世簒奪，將毋同？

子玄曰："魏文帝曰：舜禹之事，我知之矣。漢景帝曰：學者無言湯武受命不爲愚。斯并曩賢精鑑，已有先覺。而拘於禮法，限以師訓，雖口不能言，而心知其不可者，蓋亦多矣。"案《汲冢紀年》，明係僞物。其所以爲僞，殆亦因口不能言，而託之於古與？夫書傳無説，而我以意度，以爲必然。書傳有説，而我以意度，以爲必不然。此學者之所深訾，亦恒情之所不服。然天下事固有意度未必非，左證完具，未必是者。今謂自有地球，則天無二日，書傳無徵也。謂古者十日并出，則傳有其辭矣。二者果孰是乎？蓋治社會科學者，其視人之行爲與物同。今夫無生之物，其變動，最易逆測者也。植物動物，猶可逆測也，惟人則不然。

雖甚聖智，不能必得之於至愚者矣。雖然，人人而觀之，其舉動殆不可測。而合全社會而觀之，則仍有其必至之符。儒夫見弱，稽顙搏頰，壯士則有不膚撓不目逃者。其勇怯之相去，若莛與楹。國民則未有見侮而不鬥者也。且即人人而觀之，其度量之相越，亦自有其限界，不能一爲神而一爲禽也。宋之田舍翁，其雄略，孰與唐之太宗？然宋太祖與唐太宗，則相去初不甚遠。明之賣菜傭，其智力，孰與漢之鄭康成？然以顧亭林與鄭康成比，則度長絜大，殆有過之，謂古今人不相及，姑以是砭末俗而寄其思古之情，則可矣。以是爲實，殆不然也。然則謂後世惟有王莽、曹操、司馬懿、劉裕、楊堅、李淵、朱温、趙匡胤，古獨有堯、舜、禹、湯、文、武，無有是處。

子玄疑古，皆據《汲冢書》及《山海經》。此皆僞物，不足據。亦其所以不見信於世也。百家之言堯、舜、湯、武者多矣。非儒之於儒，猶儒之於非儒也。舉其説，猶不足以服儒家之心。今試以儒攻儒，則其可疑者，亦有五焉。

《書》曰："無若丹朱傲，惟慢遊是好，傲虐是作。罔晝夜頟頟。罔水行舟，朋淫於家，用殄厥世。"《釋文》："傲，字又作奡。"《説文》奡下引"《虞書》：若丹朱奡"。又引"《論語》：奡盪舟"。俞理初《癸巳類稿》曰："奡與丹朱，各爲一人，皆是堯子。《莊子・盜跖篇》曰：堯殺長子。《釋文》引崔云：長子考監明。又《韓非子・説疑篇》云：《記》曰：堯誅丹朱。堯時《書》稱胤子朱，《史》稱嗣子丹朱。朱至虞時封丹，則堯未誅丹朱。又據《吕氏春秋・去私篇》云：堯有子十人。高誘《注》云：孟子言九男事舜，而此云十子，殆丹朱爲胤子，不在數中。其説蓋未詳考。《吕氏・求人篇》云：妻以二女，臣以十子。《吕氏》實連丹朱數之，而《孟子》止言九男。《淮南・泰族訓》亦云：堯屬舜以九子。合五書，知堯失一子。《書》又云殄厥世。是堯十子必絶其一，而又必非丹朱也。《管子・宙合篇》云：若覺臥，若晦明，若敖之在堯也。即《史記・夏本紀》若丹朱傲。《漢書・楚元王傳》劉向引《書》無若丹朱敖之敖。房喬《注》云：敖，堯子丹朱。謂取敖名朱，若舉其謚者，尤不成辭。案《説文》言丹朱奡，《論語》已偏舉奡。司馬遷、劉向言丹朱敖，《管子》已偏舉敖，則奡與朱各爲一人，有三代古文爲證，無疑也。《漢書・鄒陽傳》云：不合則骨肉爲仇敵，朱、象、管、蔡是已。漢初必有師説。朱與奡以傲虐朋淫相惡，亦無疑也。故《經》曰奡頟頟，罔水行舟，則《論語》云奡盪舟也。《經》曰奡朋淫於家，則鄒陽云骨肉爲仇敵也。《經》曰奡殄厥世，則《論語》云不得其死。《孟子》、《吕氏》、《淮南》十子九男之不同；《莊子》言殺長子；《韓非子》言誅丹朱，皆可明其傳聞不同之故。又得《管子》、《論語》偏舉之文，定知言奡者不是丹朱矣。”趙耘崧《陔餘叢考》曰：“羿善射，奡盪舟，解以有窮后羿及寒浞之子，其説始於孔安國，而朱《注》因之。寒浞之子名澆，《左傳》并不言奡。澆之盪舟，不見所出。陸德明《音義》，於丹朱傲云，字又作奡。宋人吴斗南，因悟即此盪舟之奡，與丹朱爲兩人也。蓋禹之規戒，若但作傲慢之傲，則既云無若丹朱傲矣，下文何必又曰傲虐是作乎？以此知丹朱與奡爲兩人也。曰罔水行舟，正此陸地行舟之明證也。曰朋淫於家，則丹朱與奡二人同淫樂也。吴氏之説，真可謂鐵板注脚矣。”予案奡能罔水行舟，則其人必有勇力。似與舜抗而不勝，而堯其餘九男，乃往事舜者，此可疑者一也。

太史公曰：“夫學者載籍極博，猶考信於六藝。《詩》、《書》雖缺，然虞夏之文可知也。堯將遜位，讓於虞舜，舜禹之間，岳牧咸薦，乃試之於位，典職數十年，功用既興，然後授政。示天下重器，王者大統，傳天下若斯之難也。而説者曰：堯讓天下於許由，許由不受，恥之，逃隱。及夏之時，有卞隨、務光者。此何以稱焉？太史公曰：余登箕山，其上蓋有許由冢云。孔子序列古之仁聖賢人，如吴太伯、伯夷之倫，詳矣。余以所聞，由、光義至高，其文辭不少概見，何哉？”史公此文，蓋深慨載籍所傳之説，與《書》義不符，欲考信而無從也。案宋于庭《尚書略説》據《周禮疏序》引鄭《尚書注》云：四岳，四時之官，主四岳之事。始羲和之時，主四岳者，謂之四伯。至其死，分岳事置八伯，皆王官。其八伯，惟驩兜、共工、放齊、鯀四人而已。其餘四人，無文可知矣。案上文羲和四子，分掌四時，即是四岳，故云四時之官也。云八伯者，《尚書大傳》稱陽伯、儀伯、夏伯、羲伯、秋伯、和伯、冬伯，其一闕焉。鄭《注》以陽伯爲伯夷掌之，夏伯棄掌之，秋伯咎繇掌之，冬伯垂掌之，餘則羲和、仲叔之後。《堯典注》言驩兜四人者；鄭以《大傳》所言，在舜即真之年，此在堯時，當别自有人，而經無所見，故舉四人例之。案唐虞四岳有三：其始爲羲和之四子，爲四伯。其後共驩等，爲八伯。其後伯夷諸人爲之。《白虎通・王者不臣篇》：先王老臣不名。親與先王戮力，共治國，同功於天下，故尊而不名也。《尚書》曰咨爾伯，不言名也。案班氏説《尚書》，知伯夷逮事堯，故居八伯之首，而稱太岳。《春秋左氏》隱十一年，夫許，太岳之胤也。申、吕、齊、許同祖，故吕侯訓刑，稱伯夷、禹、稷爲三后。知太岳定是伯夷也。《墨子・所染篇》、《吕氏春秋・當染篇》并云：舜染於許由、伯陽。由與夷，夷與陽，并聲之轉。《大傳》之陽伯，《墨》、《吕》之許由、伯陽，與《書》之伯夷，正是一人，伯夷封許，故曰許由。《史記》堯讓天下於許由，正傅會咨四岳巽朕位之語。百家之言，自有所出。《周語》太子晉稱共之從孫四岳佐禹。又云：胙四岳國，命爲侯伯，賜姓曰姜，氏曰有吕。《史記・齊太公世家》云：吕尚，其先祖嘗爲四岳。佐禹平水土。虞、夏之際，封於吕，姓姜氏。此云四岳，皆指伯夷。蓋伯夷稱太岳，遂號爲四岳。其實四岳非伯一人也。據此，則孔子於許由，未嘗無辭，史公偶未悟耳。而知宋氏之説，則四岳之三，即在四罪之中，豈不可駴？又神農姜姓，黄帝姬姓。《史記・五帝本紀》謂黄帝與炎帝戰於阪泉之野，又謂黄帝與蚩尤戰於涿鹿之野。其實阪泉、涿鹿，即是一役；蚩尤、炎帝，正是一人。予别有考。自黄帝滅炎帝後，至於周，有天下者，皆黄帝之子孫。而共工、三苗，則皆姜姓也。伯夷雖得免患，卒亦不能踐大位。唐虞之際，其殆姬姜之争乎？此可疑者二也。

《小戴記・檀弓》："舜葬於蒼梧之野。"各書皆同。惟《孟子》謂："舜生於諸馮，遷於負夏，卒於鳴條。"未知何據。案《史記・五帝本紀》："舜耕歷山，漁雷澤，陶河濱；作什器於壽丘，就時於負夏。"《索隱》引《尚書大傳》："敗於頓丘。就時負夏。"則史公、孟子，同用今文

《書》説。《史記》下文又云:“南巡狩,崩於蒼梧之野,葬於江南九疑,是爲零陵。”蓋又一説也。古衡山,或以爲在今湖南,或謂實今安徽之霍山。竊疑古代命山,所包甚廣。衡霍峯嶺相接,實通名爲衡山。衡者,對從而言,以其脈東西綿亘而名之也。而唐虞之世,所祀爲嶽主峯者,則實爲今之霍山。何者?禹會諸侯於塗山,又會諸侯於會稽,皆在淮南北、浙東西之地。而三苗之國,衡山在南,岐山在北,至禹時猶勤兵力以征之,舜未必能巡守至此也。自秦以前,戡定天下者,皆成功於今安徽。桀奔鳴條;武庚之叛,淮夷、徐戎并興;楚之亡亦遷壽春是也。竊疑舜卒於鳴條,實近當時之南嶽。後人誤以唐虞時南嶽,亦今衡山,乃并舜之葬處,而移之零陵耳。然無論其爲鳴條,爲蒼梧,其有敗逋之嫌則一。鳴條,桀之所放。蒼梧、九疑,則近乎舜放象之有庳矣。果其雍容揖讓,何爲至於此乎?此可疑者三也。

《史記·秦本紀》:“秦之先,帝顓頊之苗裔孫,曰女脩。女脩織,玄鳥隕卵,女脩吞之,生子大業。大業取少典之子,曰女華。女華生大費。與禹平水土。已成,帝錫玄圭。禹受曰:‘非予能成,亦大費爲輔。’帝舜曰:‘咨爾費,贊禹功,其賜爾皁游。爾後嗣將大出。’乃妻之姚姓之玉女。大費拜受。佐舜調馴鳥獸,鳥獸多馴服,是爲柏翳。”《正義》:“《列女傳》云:陶子生五歲而佐禹。”曹大家《注》云:“陶子者,皋陶之子伯益也。”按此,即知大業是皋陶。《索隱》曰:“尋檢《史記》上下諸文,伯翳與伯益是一人不疑。而《陳杞世家》,即叙伯翳與伯益爲二,未知太史公疑而未決邪?抑亦謬誤爾?”案《陳杞世家》,叙唐虞之際,有功德之臣十一人:曰舜,曰禹,曰契,曰后稷,曰皋陶,曰伯夷,曰伯翳,曰垂、益、夔、龍。《索隱》曰:“秦祖伯翳,解者以翳益,則一人,今言十一人,叙伯翳,而又別言垂、益,則是二人也。且按《舜本紀》叙十人,無翳,而有彭祖,彭祖亦墳典不載,未知太史公意如何,恐多是誤。然據《秦本紀》叙翳之功,云‘佐舜馴調鳥獸’,與《舜典》‘命益作虞,若予上下草木鳥獸’文同。則爲一人必矣,今未詳其所由也。”案《陳杞世家》之文,蓋漏彭祖。所以叙翳,又別言益者,以垂、益、夔、龍四字爲句。雖并舉益，實但指垂。此古人行文足句之例。詳見予所撰《章句論》。十一人去舜得十，加十二牧，凡二十二人。《五帝本紀》上文云："禹、皋陶、契、后稷、伯夷、夔、龍、垂、益、彭祖，自堯時而皆舉用，未有分職。"次云："命十二牧。"下乃備載命禹、棄、契、皋陶、垂、益、伯夷、夔、龍之辭，而終之曰："嗟！女二十有二人。"明二十二人，即指十二牧及前所舉十人。特失命彭祖之辭耳。然則翳、益爲一人不疑也。《夏本紀》曰："帝禹立，而舉皋陶薦之，且授政焉，而皋陶卒。而后舉益，任之政。"禹行禪讓，而所傳者反父子相繼，何邪？此可疑者四也。

《孟子》："萬章問曰：人有言，至於禹而德衰，不傳於賢而傳於子。有諸？孟子曰：否，不然也。天與賢，則與賢。天與子，則與子。……丹朱之不肖，舜之子亦不肖。舜之相堯，禹之相舜也，歷年多，施澤於民久。啓賢，能敬承繼禹之道。益之相禹也，歷年少，施澤於民未久。舜、禹、益相去久遠，其子之賢不肖，皆天也，非人之所能爲也。莫之爲而爲者，天也；莫之致而至者，命也。"辨矣。然《淮南子》曰："有扈氏爲義而亡。"《注》："有扈，夏啓之庶兄也。以堯、舜舉賢，禹獨與子，故伐啓。啓亡之。"《淮南子·齊俗訓》。《新序》曰："禹問伯成子高曰：昔者堯治天下，吾子立爲諸侯。堯授舜，吾子猶存焉。及我在位，子諸辭侯而耕，何故？子高曰：昔堯之治天下：舉天下而傳之他人，至無欲也；擇賢而與人，至公也。舜亦猶然。今君之所懷者私也，百姓知之，貪争之端，自此始矣。德自此衰，刑自此起矣。我不忍見，是以野處也。"《新序·節士》。《淮南》世以爲雜家，而主於道，其實多儒家言，予别有考，今姑勿論。《新序》之爲儒家言，則無疑矣，而其言如此。又《書·甘誓序疏》曰："自堯、舜，受禪相承，啓獨見繼父，以此不服，故伐之。"《義疏》所本，亦必儒家言也。然則夏之世繼，儒家傳説，亦有異辭矣。得毋三王之事，或隱或顯，姑以意言之邪？其可疑者五也。

周公攝政，亦今古文之説不同。今文家謂武王克殷二年，天下未集，有疾，周公乃自以爲質，告於大王、王季、文王，藏其策金縢匱中。武王崩，成王少，周公恐天下聞而畔，乃踐阼，代成王，攝行政，當國。管叔及其羣弟流言於國。周公告太公望，召公奭曰：我之所以弗辟，攝行政者，恐天下畔周，無以告我先王大王、王季、文王。於是卒相成王。管、蔡、武庚等果率淮夷而反。周公乃奉成王命，興師東伐。誅管叔，殺武庚，放蔡叔。寧淮夷土，二年而畢定。周公歸報成王，乃爲詩詒王，命之曰《鴟鴞》。成王七年，成王長，能聽政，周公乃還政於成王。初，成王少時，病，周公乃自揃其爪以沈於河，以祝於神曰：王少未有識，奸神命者乃旦也。亦藏其策於府。成王病有瘳。及成王用事，人或譖周公，周公奔楚。成王發府，見周公禱書，乃泣，反周公。《史記·魯世家》、《蒙恬列傳》。周公死，成王狐疑，欲以天子禮葬公。公人臣也，欲以人臣禮葬公。公有王功，天大雷雨，禾偃，大木拔。及成王寤金縢之策，改周公之葬，申命魯郊，而天立復風雨，禾稼盡起。《論衡·感類篇》。《後漢書·周舉傳》注引《尚書·洪範·五行傳》。古文家以爲武王崩，成王年十歲。年十二，喪畢，稱己小，求攝。周公將代之，管蔡流言，周公懼，明年，出居東國，待罪以須君之察己。周公之屬黨，與知居攝者，周公出皆奔。又明年，盡爲成王所得。周公傷其屬黨，無罪將死，恐其刑濫，又破其家，而不敢正言，乃作《鴟鴞之詩》以詒王。明年，有雷風之異，王乃改先時之心，更自新，以迎周公於東。周公反，則居攝之元年。時成王年十五。書傳所謂一年救亂。明年，誅武庚、管、蔡等，書傳所謂二年克殷。明年，自奄而還，書傳所謂三年踐奄。四年，封康叔，書傳所謂四年建侯衛。時成王年十八。明年，營洛邑，故書傳云五年營成周。六年制禮作樂。七年，致政成王，成王年二十一。明年，乃即政，年二十二也。《禮記·明堂位》、《詩·七月鴟鴞東山疏》。案《義疏》所引，雖鄭氏一家之言，然《論衡·感類篇》曰："古文家以武王崩，周公居攝，管、蔡流言。王意狐疑周公，周公奔楚，故天雷雨，以悟成王。"則鄭所用，乃古文家之公言也。案周公既以成王幼而欲攝政，而又出居東國，待罪以須君之察己，不合情理。自當以今文説爲是。古文之説，蓋誤居東與奔楚爲一談也。

周初之楚，在今丹、淅二水入漢之處。宋翔鳳《過庭録·楚鬻熊居丹陽武王徙郢考》。文王化行江漢，實得此震蕩中原。迨穆王南巡守不反，則自武關東南出之道絶，而王室之威靈稍替矣。《左氏》昭公七年，“公將適楚，夢襄公祖。梓慎曰：襄公之適楚也，夢周公祖而行。子服惠伯曰：先君未嘗適楚，故周公祖以道之。襄公適楚矣，而祖以道君”。可見周公奔楚，確有其事。此事自當如今文説，在成王親政之後。謂屬黨之執，亦在斯時，則怡然冰釋，涣然理順矣。丹、淅形勝之地，周公據之，意欲何爲，殊不易測。其如何復反於周，亦不可考。發府見書之説，乃諱飾之辭，不足信也。雷風示變，因以王禮改葬，申命魯郊，其事亦殊可異。《漢書·匈奴傳》：“貳師在匈奴歲餘，衛律害其寵，會母閼氏病。律飭胡巫言先單于怒，曰：‘胡故時祠兵，常言得貳師以社，今何故不用？’於是收貳師，貳師罵曰：‘我死必滅匈奴！’遂屠貳師以祠。會連雨雪數月，畜産死，人民疫病，穀稼不熟，單于恐，爲貳師立祠室。”生則虐之，死又諛之，巫鬼之世，常有之矣，不足怪也。然則周公其果以功名終邪？此可疑者六也。

此等疑竇，一一搜剔，實不知凡幾。今特就其較顯著者言之耳。然儒家所傳，是否事實，固已不能無疑。則亦無怪子玄之疑之矣。近人有孔子託古改制之説。其甚者，至謂三代以前，皆獉狉之世；堯、舜、禹、湯、文、武，爲不知誰何之人，皆孔子造作，以寄其意。此亦太過。無徵不信，豈能以一手掩盡天下目邪？且孔子固曰“我欲託之空言，不如見之行事之深切著明”矣。立説而蘄爲世之所信，固莫如即其所信而增飾之。然則儒家之言，仍是當日流傳之説。儒家特加以張皇，爲之彌縫耳。仲任謂“聖人重疑，因不復定”，其説最允矣。《論衡·奇怪篇》。

然當日雖有此流傳之説，而爲之張皇其辭，彌縫其闕者，則固儒家爲之，則亦足以考見儒家之主張矣。儒家之書言禪繼之義者，莫備於《孟子·萬章上篇》。今試就其言考之。其第一步，實在破天下爲一人所私有之説，故曰：“天子不能以天下與人。”然則孰與之？曰：

“天與之。”“天與之者，諄諄然命之乎?”曰:“非也。”“天視自我民視，天聽自我民聽。”故舜禹之王，必以朝覲、訟獄之歸，益之繼世亦然也。此所謂“天與賢則與賢，天與子則與子”也。故曰:“唐、虞禪，夏后、殷、周繼，其義一也。”設詰之曰:“德若舜禹，必天之所生，欲命以爲天子者也，而何以仲尼不有天下?”則曰:“無天子薦之也。”設又詰之曰:“啓、太甲、成王之德，不必如益、伊尹、周公也，而何以益、伊尹、周公不有天下?”曰:“繼世而有天下，天之所廢，必若桀紂者也。”如常山蛇，擊首則尾應，擊尾則首應，其立説可謂完密矣。當時雖未能行，卒賴其説，深入於民心，而兩千年後，遂成國爲民有之局。誦儒家言者，尊孔子爲制法主，宜哉。

於史事不諦，而以意爲説，不獨儒家然也。《韓非子・忠孝》曰:“瞽瞍爲舜父而舜放之。象爲舜弟而殺之。放父殺弟，不可謂仁。妻帝二女而取天下，不可謂義。”《外儲説》曰:“燕王欲傳國於子之也，問之潘壽。對曰:禹愛益，而任天下於益，已而以啓人爲吏。及老，而以啓爲不足任天下，故傳天下於益，而勢重盡在啓也。已而啓與友黨攻益，而奪之天下。”舜禹曾操懿之不若矣。然《五蠹篇》則曰:“堯之王天下也，茅茨不翦，采椽不斲;糲粢之食，藜藿之羹;冬日麑裘，夏日葛衣;雖監門之服養，不虧於此矣。禹之王天下也，身執耒臿，以爲民先;股無胈，脛不生毛;雖臣虜之勞，不苦於此矣。以是言之，夫古之讓天子者，是去監門之養，而離臣虜之勞也。”則説又大異，何哉?一以明讓非定位一教之道，一以明争讓由於養之厚薄也。皆取明義而已。事之實不實，非所問也。子玄所謂“輕事重言”者也。

或曰:古之讓國者亦多矣。許由、務光、王子搜《莊子・讓王》、《吕覽・貴生》。等，姑勿論，其見於故書雅記者，若伯夷、叔齊，若吴泰伯，若魯隱公，若宋宣公，《春秋》隱公三年。若曹公子喜時，成公十六年。若吴季札，襄公二十九年。若邾婁叔術，昭公三十一年。若楚公子啓，哀公八年。皆是也。盡子虚邪?曰:夷齊之事，殊不近情。周大王之爲人，何其與晉獻公相類也?此外苟察其實，有一如儒家所傳，堯、舜、禹授受之事者邪?

# 第十二章　户　籍

《中論》曰："治平在庶功興，庶功興在事役均，事役均在民數周。民數周，爲國之本也。故先王周知其萬民衆寡之數，乃分九職焉。九職既分，則劬勞者可見，怠惰者可聞也。然而事役不均者，未之有也。事役既均，故民盡其力。而人竭其力，而庶功不興者，未之有也。庶功既興，故國家殷富，大小不匱，百姓休和，下無怨疚焉。然而治不平者，未之有也。故曰：水有源，治有本。道者，審乎本而已矣。……今之爲政者，未知恤己矣。譬由無田而欲樹藝也；雖有良農，安所措其彊力乎？"偉長此篇，言民數之宜審，最爲警切。蓋凡治皆以爲民，凡事皆待人爲，故周知民數，爲設治之本也。

然中國數千年來，見於戴籍之民數，殆無一確實者。有之，其惟古代乎？然其數不可考矣。古代民數，所以較確實者，以其國小而治纖悉。斯時去遊牧之世未遠，遊牧之世，治本屬人而非屬地。其後雖進於耕稼，猶存屬人之意。故統屬編制，咸有定法。《周官》六鄉，五家爲比，五比爲閭，四閭爲族，五族爲黨，五黨爲州，五州爲鄉；遂則五家爲隣，五隣爲里，四里爲酇，五酇爲鄙，五鄙爲縣，五縣爲遂，皆以五起數，與軍制相應。《管子·立政》：分國以爲五鄉，分鄉以爲五州，分州以爲十里，分里以爲十游；十家爲什，五家爲伍，什伍皆有長焉。《小匡》：五家爲軌，十軌爲里，四里爲連，十連爲鄉，五鄉一師。其制，鄙則五家爲軌，六軌爲邑，十邑爲率，十率爲鄉，三鄉爲屬，五屬一大夫。《史記·商鞅列傳》："令民爲什伍，而相牧司連坐。"亦皆以五起數。《尚書大傳》："古八家爲鄰，三鄰而爲朋，三朋而爲里，五里而爲邑，十邑而爲都,十都而爲師,州十有二師焉。”則以三起數,與井田之制相應。雖其制不同,而其有統屬編制則一。《内則》:子之生也,“夫告宰名,宰徧告諸男名,書曰:某年,某月,某日,某生。而藏之。宰告閭史。閭史書爲二,其一藏諸閭府,其一獻諸州史。州史獻諸州伯,州伯命藏諸州府”。是凡一人之生,州閭及其家,皆有記録也。《周官·司民》:“掌登萬民之數,自生齒以上,皆書於板。《注》:“男八月、女七月而生齒。”辨其國中,與其都鄙,及其郊野,異其男女,歲登下其死生。及三年大比,以萬民之數詔司寇。司寇及孟冬祀司民之日,獻其數於王,王拜受之,登於天府。内史、司會、冢宰貳之,以贊王治。”是爲專司民數之官。而小史徒頒比法於六鄉,使各登其鄉之衆寡、六畜、車輦。自鄉大夫以下,皆司其事。遂亦如之。三年大比,則普加簡閲。由是以起軍旅,作田役,比追胥,令貢賦,均土地焉。《媒氏》:“掌萬民之判。凡男女,自成名以上,皆書年、月、日、名焉。”《注》:“謂子生三月,父名之。”“中春之月,令會男女。”蓋即《禮運》、《管子》所謂“合男女”者也。《周語》:“宣王既喪南國之師,乃料民於太原。仲山甫諫曰:民不可料也!夫古者不料民而知其多少。司民協孤終,司商協民姓,司徒協旅,司寇協姦,牧協職,工協革,場協入,廩協出,是則少多、死生、出入、往來,皆可知也。於是乎又審之以事。王治農於籍,蒐於農隙,耨穫亦於籍,獮於既蒸,狩於畢時,是皆習民數者也,又何料焉?”蓋凡政令,無不與民數相關。其知之之途多,故其所知之數審也。

後世之民數,所以幾不可知者,其故有四:古代設治極密,大國百里,其君不過後世一縣令耳。而其下設官甚多,君主既不甚尊嚴,大夫士尤易巡行田野。其人皆生長其地,世守其土,民情不易隱匿。賦役之登耗,尤與其禄入有關。其能周知隱曲,自在意計之中。後世則親民之官,惟一縣令,政不逮下。其輔之爲治者,則吏胥及里閭之長耳。縣令皆異地人,有并其所治之地之言語而不能通者,而民情無論矣。久任者絶罕,大率不數年而去。增加賦入,初無益於私計。隱匿户口,轉可以寬考成。彼亦何樂而徧行鄉曲,以覈其實哉?里閭之長,非惷愚不能任事,則思魚肉鄉里以自肥,吏胥更無論矣,安可託以清查乎？即託以清查,又焉能集事乎？此由於設官之疏闊者一也。古者周知民數,蓋將以爲治。如徐偉長所謂"以分田里,以令貢賦,以造器用,以制禄食,以起田役,以作軍旅"者也。後世度地居民之制既亡,計口授田之法亦廢,貢賦不覈其實,禄食不依於田,田役久闕成規,軍旅出於召募,設工官以造械器,更絶無其事矣。一切養生送死之事,莫不由人民自謀,國家初不過問。周知民數,無益於政,且不免煩擾之虞;不知民數,不闕於事,轉可獲清静之益,安得不聽其自生自死,而不一問其增耗也？此由於政事之廢弛者二也。古代田宅,皆受諸官。人民應役,固因耕地之肥瘠而有重輕;而其受田,亦因人口之多寡而異肥瘠。《周官·小司徒》:"乃均土地,以稽其人民,而周知其數。上地家七人,可任也者家三人。中地家六人,可任也者二家五人。下地家五人,可任也者家二人。"隱匿口數,是自棄其承受田宅之利也。後世則不授以田,而徒役其身,徵其税。有丁有田者,苟能漏籍,即同寬免之條,貧無立錐者,不能免役,且輸無田之税,孰不欲爲亡命之徒乎？此由於産業制度之不同者三也。古者生事簡,域民嚴,民去其鄉者少。比閭族黨之制,既足周知農民之數,出於耕農之外者,其業各有統屬,有如中山甫所述之制,亦足知之。後世職業繁,交通便,既無津梁符傳之限制,復獲箕裘弓冶之自由,背井離鄉,有如獸走鳥飛,莫之能制。列廛比肆,又如秦肥越瘠,各不相知。又有所謂"遊民紛於鎮集,技業散於江湖"者,彼既不樂人之知之,人亦無從而知之。户口之數,即令知之多途,核之有道,亦安能如古代之翔實哉？此由於社會組織之複雜者四也。凡此,皆古代之民數所以精詳,而後世則幾於不可知之原因也。而户籍役籍并爲一談,尤爲清查人口之大累。

古代户籍,蓋亦惟州閭所藏,爲全國人口總數。此外諸官所記,蓋亦取與職事有關。雖其所記,或仍與人口總數相近,然其清查之意,則已不爲人口而爲財用矣。詳見拙撰《論中國户口册籍之法》一篇,兹不更贅。後世制度日異,生子而書名州閭,業已絶無其事。政治闊疏，除收口税之册外，更無他籍。而口税之册，失實特甚。全國人口，遂至無可稽考矣。今試略舉往史所載户籍失實情形如次：

《文獻通考·職役考》："齊高祖建元二年，詔朝臣曰：黄籍民之大紀，國之治端。自頃氓俗巧僞已久，乃至竊注爵位，盜易年月，增損之狀，貿襲萬端，或户存而文書已絶，或人在而反託死叛，停私而云隸役，身强而稱六疾。編户齊民，少不如此，皆政之巨蠹，教之深疵。比年雖卻改籍書，終無得實。若約之以刑，則人僞已遠，若綏之以德，則勝殘未易。卿諸賢并深明理體，各獻嘉謀，以何科算，能革斯弊也？虞玩之上表曰：宋元嘉二十七年，八條取人，孝建元年書籍，衆巧之所始也。元嘉中，故光禄大夫傅崇，年出七十，猶手自書籍，躬加隱校。""古之共理天下，惟良二千石。今欲求理取正，其在勤明令長。凡受籍縣，不加檢勘，但封送州。州檢得知，方卻歸縣。吏貪其賂，人肆其姦。姦彌深而卻彌多，賂逾厚而笞逾緩。自泰始三年至元徽四年，揚州等九郡四號黄籍，共卻七萬一千餘户。於今十一年矣，而所正者猶未四萬。神州奥區，尚或如此，江湘諸郡，尤不可言。愚謂宜以元嘉二十七年籍爲正。人惰法既久，今建元二年書籍，宜更立明科，一聽首悔。倍而不念，依制必戮。使官長審自檢校，必令明洗，然後上州，永以爲正。若有虚昧，州縣同咎。今户口多少，不減元嘉，而版籍頓闕，弊亦有以。自孝建以來，入勳者衆。其中操干戈衛社稷者，三分殆無一焉。""尋蘇峻平後，庾亮就温嶠求勳簿，而嶠不與，以爲陶侃所上，多非實録。尋物之懷私，無代不有。""又有改注籍狀，詐入士流，昔爲人役者，今反役人。又生不長髮，便謂道人。""或抱子并居，竟不編户。遷徙去來，公違土斷。屬役無漏，流亡不歸。法令必行，自然競反。""爲理不患無制，患在不行；不患不行，患在不久。帝省表納之，乃别置板籍，官置令史，限人一日得數巧，以防懈怠。至武帝永明八年，謫巧者戍緣淮各十年，百姓怨咨。帝乃詔曰：既往之愆，不足追咎。自宋昇明以前，皆聽復注。其有謫邊疆，皆許還本。自此後有犯，嚴其罪。"又見《南齊書·虞玩之傳》。案此可見官長怠惰，吏胥舞弊，人民詐僞情形。

又："梁武帝時，所司奏南徐、江、郢，逋兩年黄籍不上。尚書令沈約上言曰：晉咸和中，蘇峻作亂，版籍焚化。此後起咸和三年，以至乎宋，并皆詳實。朱筆隱注，紙連悉縫，而尚書上省庫籍，惟有宋元嘉以來者。晉代舊籍，并在下省左人曹，謂之《晉籍》。自東西二庫，既不係尋檢，主者不復經懷，狗牽鼠嚙，雨溼沾爛，解散於地，又無扃縢。此籍精詳，實宜保惜。位高官卑，皆可依按。宋元嘉二十七年，始以七條徵發。既立此科，苟有迴避，姦僞互起，歲月滋廣，以至於齊。於是東堂校籍，置郎令史以掌之，而簿籍於此大壞矣。凡粗有衣食者，莫不互相因依，競行姦貨。落除卑注，更書新籍。通官榮禄，隨意高下。以新換故，不過用一萬許錢。昨日卑微，今日仕伍。凡此姦巧，并出愚下。不辨年號，不識官階。或注義熙在寧康之前，或以崇安在元興之後。此時無此府，此年無此國。元興惟有三年，而猥稱四年。又詔書甲子，不與長曆相應。如此詭謬，萬緒千端，校藉諸郎，亦所不覺，不才令史，更何可言。且籍字既細，難爲眼力，尋求巧僞，莫知所在，徒費日月，未有實驗。假令兄弟三人，分爲三籍，却一籍祖父官。其二初不被却，同堂從祖以下，固自不論。諸如此例，難可悉數。或有應却而不却，不須却而却，所却既多，理無悉當，懷寃抱屈，非止百千。投辭請訴，充曹牣府，既難領理，交興人怨。於是悉聽復注，普停洗卻。既蒙復注，則莫不成官。此蓋稽核不精之巨弊也。臣謂宋、齊二代，士庶不分，雜役減闕，職由於此。自元嘉以來，籍多假僞，景平以前，既不係檢，凡此諸籍，得無巧换。今雖遺落，所存尚多，宜有徵驗，可得信實。其永初景平籍，宜移還上省。竊以爲《晉籍》所餘，須加寶愛。若不留意，則遠復散失矣。不識胄胤，非謂衣冠，凡諸此流，罕知其祖，假稱高曾，莫非巧僞。質諸文籍，姦事立露，徵覆矯詐，爲益寔弘。又上省籍庫，雖直郎題掌，而盡日科校，惟令史獨入。籍既重寶，不可專委羣細。若入檢籍之時，直郎直都，應共監視。寫籍皆於郎都目前，并皆掌置，私寫私换，可以永絶。事畢郎出，仍自題名。

臣又以爲巧僞既多,并稱人士。百役不及,高臥私門,致令公私闕乏,是事不舉。宜選史傳學士,諳究流品者爲左人。即左人尚書,專共校勘。所貴卑姓雜譜,以《晉籍》及宋永初、景平籍在下省者,對共讎校。若譜注通籍有卑雜,則條其巧謬,下在所科罰。帝以是留意譜籍,詔御史中丞王僧孺改定百家譜。由是有令史書吏之職,譜局因此而置。”亦見《梁書·王僧孺傳》。案此因當時士族,可以免役,故行賄以求預也。不重現在之丁資,而寶前代之舊籍,但稽官姓,不覈人丁,斯時册籍,概可知矣。

前代户籍,久已不可得見,而敦煌石室,藏有昔人寫經,其紙之一面,乃西涼李暠建初十二年,即晉安帝義熙十二年户籍,下距民國紀元一千四百九十六年矣,誠瑰寶也。籍存者凡十户,完具者九,今録其一户之式如下:

敦煌郡敦煌縣西宕昌鄉高昌里兵吕德年卌五。

妻唐,年卌一。

息男明天,年十七。

明天男弟愛,年十。

愛女妹媚,年六。

媚男弟興,年二。

丁男二。

小男二。

女口二。

凡口六。

居趙羽塢。

建初十二年正月。依他户,“月”字下應有“籍”字。

此籍記載,頗爲精詳,蓋晉舊式。晉籍之式,當沿自漢、魏,漢、魏亦當沿之自古。然則我國最古户籍之式,據此竟可推想矣。如此籍男女、年歲、親屬、職業,均有可稽,何以當時政府深以户籍不明爲患?竊疑上諸政府者,與地方所存,實非一物也。參看附録《論中國户口册籍之法》。

漢代算賦,計口出錢,故亦稱口錢。自晉武制户調之式,而户賦始重。其後遂并力役亦按户科之。《通考》謂"齊文宣立九等之户,富者税其錢,貧者役其力"是也。唐人因之。唐制:三年一造户籍。一留縣,一送州,一送户部。其所致謹者,恐亦不過户等之升降而已。宋世役法大壞,户籍之失實尤甚。今試更舉《通考》所載兩事如下:

"政和三年,詳定《九域圖志》。蔡攸、何志同言:今所取會天下户口數,類多不寔。且以河北二州言之。德州主客户五萬二千五百九十九,而口纔六萬九千三百八十五。霸州主客户二萬二千四百七十七,而口纔三萬四千七百一十六。通二州之數,率三户四口,則户版刻隱,不待校而知之。乞詔有司,申嚴法令,務在覈實。從之。"《户口考》。

"李心傳《建炎以來朝野雜記》:西漢户口至盛之時,率以十户爲四十八口有奇,東漢户口,率以十户爲五十二口,準周之下農夫。唐人户口至盛之時,率以十户爲五十八口有奇,可準周之中次。自本朝元豐至紹興,户口率以十户爲二十一口,以一家止於兩口,則無是理。蓋詭名子户,漏口者衆也。然今浙中户口,率以十户爲十五口有奇。蜀中户口,率以十户爲二十口弱。蜀人生齒,非盛於東南。意者蜀中無丁賦,於漏口少爾。昔陸宣公稱租庸調之法曰:不校閱而衆寡可知。是故一丁授田,決不可令輸二丁之賦。非若兩税,鄉司能開闔走弄於其間也。自井田什一之後,其惟租庸調之法乎?"《户口考》。

馬貴與曰:"古今户口之數,三代以前姑勿論。史所載西漢極盛之數,爲孝平元始二年,人户千一百二十三萬三千。東漢極盛之時,爲桓帝永壽三年,户千六十七萬七千九百六十。原注:此《通典》所載之數。據《後漢書·郡國志》:計户一千六百七萬九百六,則多《通典》五百八十三萬有奇,是又盛於前漢矣。三國鼎峙之時,合其户數,不能滿百二十萬。昔人以爲纔及盛漢時南陽、汝南兩郡之數。蓋戰争分裂,户口虚耗,十不存一,固宜其然。晉太康時,九州攸同,然不可謂非承平時矣,而爲户只二百四十五萬九千八百。自是而南北分裂，運祚短促者固難稽據，姑指其極盛者計之：則宋文帝元嘉以後，户九十萬六千八百有奇。魏孝文遷洛之後，祇五百餘萬。則混南北言之，纔六百萬。隋混一之後，至大業二年，户八百九十萬七千有奇。唐天寶之初，户八百三十四萬八千有奇。隋、唐土地，不殊兩漢，而户口極盛之時，纔及其三之二，何也？蓋兩漢時户賦輕，故當時郡國所上户口版籍，其數必實。自魏晉以來，户口之賦頓重，則版籍容有隱漏不寔，固其勢也。南北分裂之時，版籍尤爲不明，或稱僑寄，或冒勳閥，或以三五十户爲一户，苟避科役，是以户數彌少。隋、唐混一之後，生齒宜日富，休養生息，莫如開皇、貞觀之間，考覈之詳，莫如天寶，而户數終不能大盛。且天寶十四載所上户，總八百九十一萬四千七百九，而不課户至有三百五十六萬五千五百。夫不課者，鰥寡、廢疾、奴婢，及品官有蔭者皆是也。然天下户口，豈容鰥寡、廢疾、品官居其三之一有奇乎？是必有説矣。然則以户口定賦，非特不能均貧富，而適以長姦僞矣。又按漢元始時，定墾田八百二十七萬五千三十六頃，計每户合得田六十七畝百四十六步有奇。隋開皇時，墾田千九百四十萬四千二百六十七頃，計每户合得田二頃有餘。夫均此宇宙也，田日加於前，户日削於舊，何也？蓋一定而不可易者田也，是以亂離之後，容有荒蕪，而頃畝猶在。可損可益者户也，是以虚耗之餘，并緣爲弊，而版籍難憑。杜氏《通典》以爲我國家自武德初至天寶末，凡百三十八年，可以比崇漢室，而人户纔比於隋氏。蓋有司不以經國馭遠爲意，法令不行，所在隱漏之甚，其説是矣。然不知庸調之征愈增，則户口之數愈減，乃魏晉以來之通病，不特唐爲然也。漢之時，户口之賦本輕，至孝宣時，又行蠲減，且令流徙者復其賦。故膠東相王成，遂僞上流民自佔者八萬餘口，以徼顯賞。若如魏晉以後之户賦，則一郡豈敢僞佔八萬口，以貽無窮之累乎？"同上《田賦考》。

明代定役，漸側重於農田。詳天下之户口者，乃有黄册。其法：以百十户爲一里。在城曰坊，近城曰厢。里推丁糧多者十人爲長，餘百户爲十甲,甲十人。歲役里長一人,甲長十人,以司其事。黄册以户爲經,以田爲緯,亦由里長司之,上於縣,縣上於府,府上於布政司,布政司上之户部。户部於年終進呈,命户科給事中一人、御史二人、户部主事四人校之。其立法本極精詳,然有司之意,總止於取辦賦役,人口之登耗,在所不問,黄册遂有名無實。官吏據定賦役者,别爲一書,謂之白册,而黄册寖至廢闕矣。

清張玉書曰:"古者司民掌登萬民之數,自生齒以上,皆書於版,歲登下其死生。三年大比,而民數上於天府。公家之事,國中自七尺以及六十,野自六尺以及六十有五,皆征之。其貴者、賢者、能者、服公事者、老者、疾者皆捨,亦以歲時上其書。是則生齒之數,與力役之數,當各有籍,而非以賦役之多寡,爲生齒之贏絀也。自西漢初有口錢算賦,而户口之賦以起。歷代相沿未變。獨所紀户口登耗之差,不知自生齒以上悉紀之歟? 抑收口錢算賦,然後列於丁男之數歟? 如以口錢算賦爲紀,則民間漏籍,不可勝指,而即據此以爲贏絀,可歟? 隋制:男女三歲以下爲黄,十歲以下爲小,十七歲以下爲中,十八歲以上爲丁,六十爲老。唐制:始生爲黄,四歲爲小,十六爲中,二十一爲丁,六十爲老。不知隋、唐所紀户口,自黄口以上悉紀之否歟? 我國家户口册,仍前明黄册之制,分舊管、新收、開除、實在四則,以田土從户口,分豁上、中、下三等,立軍、民、匠、竈等籍,而役之輕重準焉。顧西北土滿人稀,隱避恒寡。東南則有田然後有丁,其載諸册籍者,皆實收丁糧之人。而一户之中,生齒雖盛,所籍丁口,率自其高曾所遺,非析産不增丁。則入丁籍者,常不過數人而已。其在仕籍及舉、貢、監、生員,與身隸營伍者,皆例得優免。而傭保、奴隸,又皆不列於丁。則所謂户口登耗之數,於生齒之贏絀,總無與也。按黄册載某户丁幾名,於某丁下載男婦若干口,而總數專載實在當差丁若干名。似宜變通昔人之法,分爲二册,一載實在當差丁共若干名,一載不當差人口若干名,以爲每歲登耗之驗。"《清經世文編》卷三十。按明制:鰥寡孤獨不任役者,附十甲後爲畸零。僧道有田者,編册如民科,無田者亦爲畸零。則不役之男女，册亦咸具其數，而所統計者，乃專在當差之丁，則因役籍户籍，并爲一談，有司之意，有所側重，遂至全國人口都數，册籍更無可徵也。案軍、民、匠、竈，爲清初定律之稱，沿襲明制。其後匠已無役。《嘉慶會典》乃更爲民、軍、商、竈。軍謂屯衛之兵，遣犯之子孫。商則商人子弟，許附籍於行商省分者也。中國爲農國，其民皆安土重遷，故法律亦重祖籍。寄居地方，必置有墳廬，已逾二十年者，乃准入籍，仍稱寄籍，而以原籍爲祖籍。出仕者，祖籍、寄籍須一體回避。文員罷職，不准寄居官所，亦不得在任所地方置買田宅。必本身已故，子孫於他省有田地丁糧者，乃許入籍。武職罷任後，原籍無産業、宗族可歸，願於任所入籍者，副將以上，由督撫具奏請旨。參將以下報部。《嘉慶會典》所定如此。

唐、宋役法，本通計丁資，以定户等。明世因計資不能得實，漸趨於專論丁糧，以應役偏責諸有田之人，未爲平允，未能遽定爲法。然中葉後卒行之，所謂一條鞭也。至此，則役法田賦，實已并爲一談，不啻加田賦而免其役。乃以應徵丁錢，攤派之於田畝，所謂"丁隨糧行"也。明制：五年均役，十年一更造黄册。此本非清查人口，祇是因田畝换易，丁口登耗，爲是以求役法之均平耳。清代所謂編審，則全是將應收丁賦，設法攤派，與清查人口了無干涉矣。今録陸隴其知靈壽縣時《詳文》，及蘇霖渤爲御史時一《疏》如下，以見當時所謂編審者之概。兩文皆見《清經世文編》卷三十。

陸氏《詳文》云："靈壽人丁舊額，順治十四年《賦役全書》載三等九則，通折下下人丁萬四千七百零一丁。歷年遞增，至康熙二十二年《賦役全書》，實在下下則人丁一萬五千六百八十八丁。查其遞增之故，則非盡民庶而富加於其舊也。因編審者惟恐部駁，必求足額，故逃亡死絶者，俱不敢删除，而攤派於現存之户。且又恐僅如舊額，猶免於駁也，必求其稍益而後止。更復嚴搜徧索，疲癃殘疾，鰥寡孤獨，無得免者。溝中之瘠，猶是册上之丁。黄口之兒，已登追呼之籍。小民含辛茹苦，無所控愬。加以屢歲荒旱，上年又被水災。現在強壯之民，飢寒切身，不能自給，而又責其包賠逃亡之糧，代供老幼之差。所以民生日蹙，閭井蕭條。卑職編審之際，號呼滿堂，不忍見聞。然亦恐缺額太多，不敢盡數芟除。其間逃而有著落可招撫者即不除；亡而有地畝遺下,即量加於承受之人而不除;孩童而有産業者,即不除;老而有産業者,即量加於子孫而不除;窮無寸土,而未至垂斃者,即不除。惟是逃亡之無踪跡,老幼之無立錐者,鳩形鵠面,奄奄一息者,雖欲不除,不得不除。因復搜求新增之丁,冀其不失舊額,而應增之數,不足以抵删去之數。共計現今審定丁數,較之賦役全數之額,缺一千五百五十六丁。此等缺額之丁,實因屢年編審,有增無減。今若照舊攤派,以求無缺,恐非憲臺軫恤窮民之意,而卑職一點良心,亦不肯自昧也。謹將增除數目,造册呈報,伏候憲裁。"

蘇氏《疏》云:"臣謹查各省倉穀,每歲將存用實數,通盤彙核,可以酌盈劑虚,實於民生大有禆益。惟是歲查各省民數一事,臣竊反覆思惟,而覺有不便施行者,不敢不直陳之。蓋古者民皆授田於官,故民數與田數相爲表裏,可以按籍而稽,毋容隱混。且耕三餘一,耕九餘三,皆寔有數年之蓄,而後可以穀數之盈絀,待民數之多寡。後世時異勢殊,古制遠不能復,民皆各自爲謀。然爲上者,誠因其所利而利之,擇人而牧之,厚積儲以補助之,有所養而無所擾,則亦足以臻治安。古今異宜,事勢各别,正不盡規倣舊文,始可講求康阜也。今天下生齒日繁,上届編審,新舊人丁,共二千六百三十餘萬。雖係照例按户定丁,尚非詳細寔數。然一户之數,不過八口以内。按册而推,再參以糧賦之多寡,亦可得其大略。至各省倉穀,現奏報有二千六百餘萬石,亦屬豐裕。但貯穀雖多,亦止存以備常年之借糶,凶饑之散賑,爲因時補救之計,原不能計口授食,徧給閭閻。而借糶應聽貧民自便,無容按户派領。若散賑則皆地方大吏,臨時督率有司,清查被災各户,分别造册賑濟。是不遇荒歉,不動倉儲,既無從據此民數辦理,即遇荒歉散賑之時,仍係另造應賑確册,勢不能照平時之户口均攤,是又無從據此民數辦理也。至若人滿滋慮,先事綢繆,則如開墾樹植,薄徵免賦,轉粟通商,一切政務,我皇上念切民生,已無不次第舉行,亦豈俟查清民數,而後見之設施乎?故臣就此時揆度事勢,而覺民數一項,僅可以驗生息之蕃,實難據作施行之用,似可緩其清查。

至若查之而轉致滋弊,則又有難於縷陳者。蓋州縣民户之多,類皆散處鄉僻。若令其攜妻抱子,絡繹公庭而赴點,則民不能堪。若令地方官徧歷村莊,挨家查驗以稽數,則官不能堪。是仍不過委之吏胥,造册以畢其事耳。而吏胥果可委任乎?事本煩重,則借口之需索多端;地復遼闊,則乘便之貪求無厭。重則入室搜查,生端挾詐;輕則册費路費,坐索無休。至斂錢之鄉保人等,就中分肥,皆屬情所不免。州縣官刑名錢穀,趕辦不遑,加以造册紛紜,日不暇給,雖有精明之員,亦難勝稽查之力。是小民未及沾惠,先已耗財不貲矣。夫五年編審,事已不易,況欲年年徧察而無遺?是雖奉行盡善,似亦難爲常繼也。再如行商寓旅,往來無定,流民工役,聚散不常,以及番界苗疆,人性頑蠢,亦有種種不便清查之處。且吏胥造册,自料地廣人衆,本官不能詰問,暮改朝遷,寔數無憑指證,勢必任意隱漏,草率完事。迨至彙册奏聞,仍僅得其大略,究非確數。而小民滋累,亦不可以數計也。伏乞皇上俯念,編審業有成規,億萬生民,難以歲歲輕擾,恩准將每年清查民數一事,收回成命,特賜停止。惟於各省倉儲,嚴查寔貯,以期有備無患。因利勸導,順時休養,四海蒸黎,自沐皇仁於永久矣。"

讀此兩文,可知清代之編審,與清查人口了無干涉矣。增丁即是增税,減税只須減丁。朝廷苟無意增税,丁數自可無庸增加。此則康熙時所以有"滋生人丁,永不加賦"之舉也。

清初定法,三年一編審。順治十三年,紓其期爲五年。康熙二十五年,以其期太寬,胥吏得以上下其手,定每年陸續稽查,下次編審時補足。五十二年,詔嗣後滋生人丁,永不加賦,丁賦之額,以五十年册籍爲準。此時本可將丁銀攤入地糧,以有司憚更張,未即籌辦。然額丁之後,多寡不同,遂有以數十百丁,承納一丁,或以一丁承納一二十丁之税者。又有户絶而無從完納者。雍正以後,卒將丁税陸續并入地糧焉。詳見俞正燮《癸巳類稿·地丁原始》。并丁銀於地糧,即加田賦而免丁税,乃事勢之自然。明中葉後久已行之,非清人之所創也。乃當時之人，遂以此爲清廷之仁政，爲之建立皇恩浩蕩碑亭。亦見俞氏文中。至今日，猶有援此以頌清德者，真可謂不知故事者矣。

户籍役籍，并爲一談，不獨人口之數，因此不能得實也，其貽患又特巨焉。就其見於載籍者，概括言之，凡得十二。貪酷之吏，增户以肆誅求，一也。但顧考成，明知人户之彫殘，而不敢減少，二也。貨賄出入，三也。任意去留，四也。截期務速，草率了事，五也。紙墨飯食，乘機勒索，六也。此皆弊之在官吏者也。豪強佔隱，虧公賦以圖私利，七也。元魏之初，民多蔭附，三五十家，方爲一户。豪強徵斂，倍於官賦。明代江南，多冒稱官户、儒户。官之子孫，又妄立子户之名，隱蔽他户，使不應役。甚有及於鄰縣者，求其隱蔽，謂之寄門投獻，公然行之，故下户之負擔愈重。丁壯詐稱老幼，康強謬云疾病，八也。寄籍他方，自託僑户，九也。妄冒官勳，以圖優免，十也。子姓衆多，不立新户，十一也。丁隨糧行之世，則或聯數姓爲一户，或寄産業於他人，或託之豪強，或謬稱遠方不可知之人。甚或虛立户口，謂之鬼户，十二也。此皆弊之在人民者也。有此諸弊，則役籍特叢弊之藪耳。況所謂編審，久成攤派丁税之舉，絶無清查户口之意。丁銀既攤入地糧，尚何取此有名無實之事以厲民哉？故乾隆五年，遂停之，而憑保甲以造户口册。《清律》：脱户、漏口、隱蔽他人、合户、附籍、詐、冒、脱、免、避重就輕，皆有罪。里長亦有失於取勘之罪。因賦役之有無輕重爲差。其用意，重於賦役，而不在清查人口，昭然可見矣。

保甲之法，起於宋之王安石。其法：以十家爲保，保有長。五十家爲大保，有大保長。十大保爲都保，有都保正、副。户有二丁者，以其一爲保丁。日輪五人儆盜。後又教保長以武藝，使轉教保丁，用爲民兵焉。安石罷政，其法尋廢。後世亦常行之。清保甲之法："户給以門牌，書其家長之名，與其丁男之數，而歲更之。出注所往，入注所來。户有遷移，隨時换給。十家爲牌，牌有頭。十牌爲甲，甲有長。十甲爲保，保有正，皆以誠實識字，有身家者充，限年更换，稽其犯令作慝者。各府廳州縣所屬城厢、市鎮、村屯土著軍民，自搢紳以至商賈農工，吏役兵丁，皆挨户編審。客民在地方開張貿易，即與土著一律挨編。其往來無定之商賈，令客長稽察。至客商投寓店埠，皆令店主埠頭,詢明來歷,并騎馱夥伴,去來日月,循環册報。山居棚民,按户編册,令地主保正結報。寺觀僧道,令僧綱道紀,按季册報。”《嘉慶會典》。保甲爲古什伍之制,意主於監察保衛,清查人口,初非專責,故如登下死生等法皆闕焉。蓋清查户口,我國久無其事,故非寄之於役籍,即寄之於保衛稽察之司也。

清代旗人,别有户籍,亦稱旗檔。滿、蒙、漢軍,皆入此籍,掌於八旗俸饟處。見《石渠餘紀》。八旗編制,起自佐領。每佐領轄三百人。滿語曰牛録額真。五佐領置一參領。滿語曰甲喇額真。五參領置都統一,滿語曰固山額真。副都統二。滿語曰梅勒額真。都統之駐防者曰將軍。八旗三年一編審,由户部移各將軍、都統、副都統,飭所屬佐領,簡稽丁壯,造册送部,彙疏以聞。其在各省營生食力者,呈明本旗都統及所在督撫,由督撫於歲終具册,咨部彙奏。《乾隆會典》。又有所謂包衣者,爲滿洲人之奴,其籍屬内務府。《息樓談餘》曰:内務府各官,皆包衣旗人爲之。包衣旗者,名雖滿人,實漢軍也。自太宗御宇之初,簡先朝俘虜,明人之驍健者,成漢軍左右兩翼,設都統統之,以備折衝之用。後以降人衆,乃分爲漢軍八旗。官職俸饟,一如滿洲八旗之制。其留以給事宫庭,與分配諸王府供奔走者,皆撥入滿洲,而錫之名曰包衣旗,以示區别於漢軍焉。雍正中,復定制:漢軍上三旗,每旗設佐領四十人,下五旗,每旗設佐領三十人。其有畸零之數,不能成一佐領者,皆撥入内務府,隸包衣旗籍。是以内務府旗人,既有滿姓,復有漢姓。如前户部尚書立山,姓楊氏,前大學士崇禮,姓蔣氏之類是。蓋其先世,皆出自漢人也。

蒙古編丁,亦起佐領。其轄治一旗者曰札薩克。札薩克之佐曰協理台吉。所屬有管旗章京、副章京。丁百五十,則設一佐領。其下有驍騎校一,領催六。族長,每族一人。什長,每十家一人。三年一編審。六十以下,十八以上皆入册。有疾者除之。札薩克至什長,按佐領察覈,造册送理藩院。

往史所載户口之數,以前所述,實極不足信。欲知歷代户口,宜别設法,從他方面考究。徒據前史所載,無益也。今兹未能,則姑録其數如下。此可見歷代出税户口之數耳,與全國户口之數,實無涉也。

| 年　　代 | 户　　數 | 口　　數 |
|---|---|---|
| 漢孝平帝 | 一二二三三〇六二 | 五九五九四九七八 |
| 後漢光武帝中元二年 | 四二七九六三四 | 二一〇〇七八二〇 |
| 明帝永平十八年 | 五八六〇一七三 | 三四一二五〇二一 |
| 章帝章和二年 | 七四五六七八四 | 四三三五六三六七 |
| 和帝永興元年 | 九二三七一一二 | 五三二五六二二九 |
| 安帝延光四年 | 九六四七八三八 | 四八六九〇七八九 |
| 順帝建康元年 | 九九四六九一九 | 四九七三〇五五〇 |
| 沖帝永嘉元年 | 九九三七六八〇 | 四九五二四一八三 |
| 質帝本初元年 | 九三四八二二七 | 四七五六六七七二 |
| 桓帝永壽二年 | 一六〇七〇九〇六 | 五〇〇六六八五六 |
| 魏 | 六六三四二三 | 四四三二八八一 |
| 蜀漢昭烈帝章武元年 | 二〇〇〇〇〇 | 九〇〇〇〇〇 |
| 蜀亡時 | 二八〇〇〇〇 | 九四〇〇〇〇 |
| 吴大帝赤烏三年 | 五二〇〇〇〇 | 二三〇〇〇〇〇 |
| 吴亡時 | 五三〇〇〇〇 | 二三〇〇〇〇〇 |
| 晉武帝太康元年平吴後。 | 二四五九八〇四 | 一六一六三八六三 |
| 前燕亡時 | 二四五八九六九 | 九九八七九三五 |
| 宋孝武帝大明八年 | 九〇六八七〇 | 四六八五五〇一 |
| 陳武帝 | 六〇〇〇〇〇 | |
| 後主 | 五〇〇〇〇〇 | 二〇〇〇〇〇〇 |
| 魏 | 三三七五三六八 | |
| 北齊亡時 | 三〇三二五二八 | 二〇〇〇〇〇 |
| 後周静帝大象中 | 三五九〇〇〇〇 | 九〇〇九六〇四 |
| 隋煬帝大業二年 | 八九〇七五三六 | 四六〇一九九五六 |
| 唐高宗永徽元年 | 三八〇〇〇〇〇 | |
| 中宗神龍元年 | 六三五六一四一 | |
| 玄宗開元十四年 | 七〇六九五六五 | |
| 天寶十三載 | 九六一九二五四 | |
| 天寶十四載 | 八九一九三〇九 | 一二九〇九三〇九 |
| 肅宗至德二載 | 八〇一八七〇一 | |

| | | |
|---|---|---|
| 乾元三年 | 一九三三一二五 | |
| 代宗廣德二年 | 二九三三一二五 | |
| 德宗建中元年 | 三八〇五〇七六 | |
| 憲宗 | 二四七三九六三 | |
| 穆宗 | 三九四四五九五 | |
| 敬宗 | 三九七八九八二 | |
| 文宗開成四年 | 四九九六七五二 | |
| 武宗 | 四九五五一五一 | |
| 宋太祖建隆元年 | 九六七三五三 | |
| 平荆南得 | 一四二三〇〇 | |
| 平湖南得 | 九七三八八 | |
| 平蜀得 | 五三四〇二九 | |
| 平廣南得 | 一七〇二六三 | |
| 平江南得 | 六五五〇六五 | |
| 建隆九年 | 三〇九〇五〇四 | |
| 太宗至道三年 | 四一三二五七六 | |
| 真宗天禧五年 | 八六七七六七七 | 一九九三〇三二〇 |
| 仁宗天聖七年 | 一〇一六二六八九 | 二六〇五四二三八 |
| 慶曆八年 | 一〇七二三六九五 | 二一八三〇〇六四 |
| 嘉祐八年 | 一二四六二三一七 | 二六四二一六五一 |
| 英宗治平三年 | 一二九一七二二一 | 二九〇九二一八五 |
| 神宗熙寧八年 | 一五六八四五二九 | 二三八〇七一六五 |
| 元豐六年 | 一七二一一七一三 | 二四九六九三〇〇 |
| 哲宗元祐六年 | 一八六五五〇九三 | 四一四九二三一一 |
| 元符二年 | 一九七一五五五五 | 四三四一一六〇六 |
| 徽宗崇寧元年 | 二〇〇一九〇五〇 | 四三八二〇七六九 |
| 高宗紹興三十年 | 一一三七五七三三 | 一九二二九〇〇八 |
| 孝宗乾道二年 | 一二三三五四五〇 | 二五三七八六八四 |
| 光宗紹熙四年 | 一二三〇二八七三 | 二七八四五〇八五 |
| 寧宗嘉定十六年 | 一二六七〇八〇一 | 二八三二〇〇八五 |
| 理宗景定五年 | 五六九六九八九 | 一三二六五三二 |

| | | |
|---|---|---|
| 金世宗大定初 | 三〇〇〇〇〇〇 | |
| 大定二十七年 | 六七八九四四九 | 四四七〇五〇八六 |
| 章宗明昌元年 | 六九三九〇〇〇 | 四五四四七九〇〇 |
| 明昌六年 | 七二二三四〇〇 | 四八四九〇四〇〇 |
| 泰和七年 | 七六八四四三八 | 四五八一六〇七九 |
| 元太宗五年括中州户《本紀》。 | 七三〇〇〇〇 | |
| 七年《地理志》。 | 八七三七八一 | 四七五四九七五 |
| 八年復括中州户《本紀》。 | 一一〇〇〇〇〇 | |
| 太宗十三年《兵志》。 | 一〇〇四六五六 | |
| 世祖中統二年 | 一四一八四〇九 | |
| 至元十二年 | 四七六四〇七七 | |
| 至元十三年平宋。 | 九三七〇四七二 | 一九七二一〇一五 |
| 至元二十七年《地理志》。 | 一三一九六二〇六 | 五八八三四七一一 |
| 至元二十八年 | 一三四三〇三二二 | 五九八四八九六四 |
| 文宗至順元年 | 一三四〇〇六九九 | |
| 明太祖洪武二十六年 | 一〇六五二八七〇 | 六〇五四五八一二 |
| 成祖永樂九年 | 一一四一五八二九 | 六六五九八三三七 |
| 英宗天順元年 | 九四六六二八八 | 五四三三八四七六 |
| 憲宗成化二年 | 九二〇一七一八 | 六〇六五三七二四 |
| 孝宗弘治四年 | 九一一三四四六 | 五三二八一一五八 |
| 武宗正德元年 | 九一五一七七三 | 四六八〇〇〇二五 |
| 世宗嘉靖元年 | 九七二一六五二 | 六〇八六一二七三 |
| 嘉靖六年 | 一〇六二一四三六 | 六〇六九二八五六 |
| 熹宗天啓元年 | 九八二五四二六 | 五一六五五四五九 |

以上所列,係就正續《文獻通考》鈔撮,原書材料,有根據正史者,有出於正史之外者。蓋皆歷代官家册籍之數。至於學者推測之辭,因其所用之法太粗,不足爲據,如謂"禹平水土,人口千三百五十五萬三千九百二十三。塗山之會,執玉帛者萬國。湯受命,存者三千餘國,方於塗山,十損其七。周武王定天下,列五等之封,凡千七百七十三國,又減湯時千三百國。人口之損亦如之"之類。不録。歷代史籍,間載各地方户口之數,頗足考見當時人口之分佈,及各地方之盛衰。惟此等紀載,爲數太少。歷代區畫,又各不同。非作極詳密之

研究，一時無所用之，故亦未録。

清代户口，可考之數較多，未能悉列爲表，今述其大略如下。案清當徵收丁税以前，其户口之數，與前代無甚出入。如康熙五十年，人口爲二千四百萬是也。乾隆六年，始憑保甲造册。自此户口歲增。是年口數，爲一萬四千餘萬。二十七年，爲二萬萬餘。五十八年，始逾三萬萬。道光十五年，又踰四萬萬。其間雖小有升降，大體總屬增加。最後宣統二年，郵政局調查，爲四萬三千八百四十二萬五千口。後習稱中國口數爲四萬萬，由此也。

康熙之永不加賦，意本在於清查人口，故諭旨有"朕欲知人丁實數，不在增加錢糧"之語。朝意如此，册報者自不免希旨增加。保甲本不爲清查户口而設，且亦有名無實。故謂清免除丁税後，户口之數，仍未必得實，或且近於誇張，亦情理之談也。然所册報，較諸户籍役籍并爲一談之世，總覺得實多多。乾隆四十年上諭，謂從前歷辦民數册，應城一縣，每歲祇報滋生八口。應山、棗陽祇報二十餘口及五六七口，且歲歲滋生之數，一律雷同。此與宋代之三户四口，同一可笑矣。乃近之論者，或又估計務從其少。如謂日本人年食鹽二十二斤，華人稱日費四五錢，則一年當得十斤。中國食鹽，合官私歲銷，不過二十六萬餘斤，則中國人數，不過二萬六千餘萬。又有列舉種種減少人口及阻礙人口增加之事以爲證者，則又未免矯枉過直矣。善夫！近人蕭一山氏之論也。其言曰："余按户口多寡，昔時調查統計，既不精密，無正確數目，蓋難諱言。然因編制保甲之故，乃以住户爲調查統計之基礎，丁口多少，雖可以任意增減，而户之數目，則當與實際不相懸殊。吾人由户之多寡，以推測人口，而以折衷之數平均之，則户口之真，雖不能無漏無溢，要亦所差不遠矣！若此以取乾隆十八年之户數爲例，據《會典》爲三千八百八十四萬五千三百五十四户，平均每户八口，尚三萬一千餘萬口。至乾隆五十八年人口之數，乃適與推測之數相符，案是年口數，見於《東華録》者，爲三萬一千三百二十八萬一千七百九十五。是則一方知據此推測之不謬，一方可爲漸趨於實在之明證也。"中國食鹽銷鹽之數，兩俱不確，據以推測人口，殊難徵信。王慶雲《熙朝紀政》曰："國家户口之登耗，視其時之治亂。若夫以治繼治，無兵革凶荒，夭札疵癘之凋耗，日繁月衍，不數十年，輒自倍以登。此可驗之一鄉，而知天下者。"茅謙《水利芻議》曰："吾家京口，有駐防旗兵丁口檔册，生卒極詳。四十幾年前，男丁不足三千，半未婚者。及辛亥改革時，已有一萬幾千。是四十餘年，除去死亡，男女已增一倍餘也。宣統初年，旗民以限於糧額，男女之三十不婚配者，又已有千計。儻使生計稍增，尚不止此數。是吾四百兆人民，就令凋喪災害，由光緒中葉以來，至少亦加至半倍，爲六百兆人民矣。"二家皆目驗之論。蕭氏據此，謂減耗雖多，終不如增加之速，説亦極確。然則自乾隆以來，户口之數，固當較歷代所傳爲近實也。蕭氏之論，見所撰《清朝通史》卷中。

且即謂乾隆以來所報之數爲誇大，今日學者推測之數爲不誤，中國人口亦當在二億六七千萬之間，與往史所載之數，相去仍屬甚遠。予故謂清查人口，最大之累，厥惟丁税也。然此爲法令責其清查，因與税法牽涉，不能得寔者，尚有法令本未加以清查，或雖清查，而不入普通户口册籍者，則其數無可稽考矣。如《金史》於普通户口之外，别載猛安謀克户口數。元至元二十七年之户口數，《元史》明言山澤溪峒之民不與。又如吴、蜀之亡，前表所列户口數外，史謂蜀别有將士十萬二千，吏四萬；吴别有將士二十三萬，吏三萬二千，後宫五千是也。户口之數，理應按年列表，其有特殊情形者，尤應加以説明，方足考其升降。而史氏於此，都不之及。此半由材料闕乏，半由史家未知此事關係之重要也。即如史所載唐憲宗時户數，爲二百四十七萬三千九百六十三，李吉甫《元和國計簿》所載，則爲二百四十四萬有三百五十四，數極相近。《元和國計簿》云：鳳翔等十五道七十一州不申，則史所載，亦非當時全國户數矣。又如元太宗七年户口之數，見於《地理志》者，與《本紀》所載八年户數，《兵志》所載十三年户數，相差頗遠。《兵志》載太宗之言，謂除逃户外，實得户七百二十三萬九百十，則相差無幾。《續通考》謂《紀》及《兵志》所載，爲括籍所得總數；《地理志》所載，爲除去逃户寔數,説頗近之。而史家於此,不予説明,未免失之粗略矣。此等處,乃因材料偶然散見,故能推校而知。其材料不存,無從推校者,蓋不知凡幾。即如後漢冲、質二帝,在位皆僅一年,前所列順帝建康、冲帝永嘉、質帝本初,三年實相銜接。永嘉户數,僅損建初萬餘,而本初户數,乃損永嘉五十八萬。又如宋元豐六年以前户口之數,《通考》謂皆出《宋會要》,而又載畢仲衍《中書備對》所載各路户口數,其總數爲户一千四百八十五萬二千六百八十四,口三千三百三十萬三千八百九十九,與元豐六年之數,亦相差頗甚。昔時官吏,皆以户口登降爲考成,賦税則視户口登降爲增減。既不敢輕減,亦豈敢妄增,以益催科之累?則知此等升降,當時必有其由,今因史文闕略,無可考究矣。又如三國户數,合計僅百有八萬,《續漢書·郡國志》謂魏陳留王奂景元四年,與蜀通計,户九十四萬三千四百二十三,口五百三十七萬二千八百九十一。又齊王芳正始五年,揚威將軍朱照日上吴所領兵户,凡十三萬二千。推其民數,亦不能多於蜀,與前列之數,相去不遠。而《續漢書·郡國志補注》載南陽户數五十餘萬,汝南四十萬,豈有合三國之衆,僅敵二郡之民者?其必有由,尤不俟言也。又有史家所言,明屬誤繆者,如元至元二十七年、天順元年户口之數,皆見於《元史·地理志》。《志》但就此兩年比較,而云天順又增二十萬有奇,一似天順爲元户口最盛之時者。然以天順元年較《紀》所載至元二十八年,户數實損四十餘萬。作史者蓋未詳考也。故知據往史所載户口之數,爲當時户口實數固非,即以爲當時册籍所載之數,亦未必盡是也。

史事有雖乏紀載,仍可推測而知者。有不然者。最易推測者,厥惟自然現象,如日月之運行,陵谷之遷變是也。社會現象,則推測較難。人口升降等,須有確實數目者,可謂竟無從推測。然必欲得其大略,亦非遂無策。如欲得戰國人數,試先據蘇秦説齊宣王之辭,謂"臨淄七萬户,户不下三男子,不待發於遠縣,而臨淄之卒,固已二十一萬。"假定徵發皆屬壯夫,老弱之男倍於丁壯,女子之數與男相等,則臨淄口數,當得八十四萬。更據《史記·貨殖列傳》,知薊、邯鄲、宛、江陵、吴、壽春、番禺，與臨淄并稱當時都會。假定此諸地方，繁盛當臨淄之半，則其口數，合計爲二百九十四萬。而戰國時最大都會之人口，略可覩矣。次更鈎稽當時所謂縣與邑者，當得幾何。每縣每邑之人口，均計當得幾何。以其總數，與都會人口相加，而當時居於城市之民，總數略可覩矣。當時之兵，皆出於民。蘇秦説六國，備言其士卒之數。苟能知當時兵制，若干人出一兵，則亦可知各國民數。各國之土地，不能無肥瘠之殊，即其居民，不能無疏密之異。孟子言齊鷄鳴狗吠相聞，達於四境，而《漢志》謂楚火耕水耨，是齊之人口，較楚爲密也。試以各國面積，除所推得各國人口，觀其所得疏密，與《孟子》、《漢志》之言相應否，如其相應，則七國人數，大略可覩矣。一時代之大略既得，後此一時代即可由此而推；前此一時代亦可由此追溯。如戰國時，秦與三晉爭戰最烈。燕、齊與秦戰較稀，而猶自相攻伐。蜀則被兵之事殆寡。楚、漢之際，龍拏虎攫，亦多在漢中以北，江陵以東。然則西漢之世，巴、蜀人口，當最繁密。往史所載之數，果與此説相應，則吾所推測爲不誤，更可由此以推他時代。如不相應，則必尚有他種原因，爲吾所不及知者，又當深思博考以求之。如是輾轉鈎稽，記載雖乏，未有不能得其大略者，特程功匪易耳。

# 附録　論中國户口册籍之法

《東方雜誌》二十五卷第四册，載有《千五百年前敦煌户口册與中國史籍户口比率》一文，爲英人齊爾士所撰，吾國王庸譯。原文所據，係得自敦煌石室西涼李暠建初十二年户籍殘紙。凡十户，完具者九。口數都三十六，户適得四口。齊爾士因此推論，吾國歷代户口比率，嘗在户四口弱至五口強之間。獨趙宋則最多不足三口，最少且不及二户三口。據《文獻通考》"乾德元年，令諸州歲奏男夫，二十爲丁，六十爲老，女口不豫"之文，謂宋世口數，但指男子。元豐三年，畢仲衍《中書備對》各路口數，皆丁口并列。其數户一千四百八十五萬二千六百八十四，口三千三百三十萬三千八百八十九，丁一千七百八十四萬六千八百七十三。以千七百萬之丁，而人口總數僅得三千三百萬，未免太少。若謂口數僅指男子，則人口總數可假定爲六千六百萬，户、口比率，仍近一與四矣。王氏盛稱之。謂吾國學者於此未能注意，即李微之、馬貴與亦未計及，直待數百年後，發之英人，豈不異哉？予謂宋世常行之法，李、馬二氏無容不知。歷代公家計帳，不合情理者甚多，正不容強執事理，以求解釋。齊爾士之見，亦適成其爲外人之見而已。此事不足深論。予顧因此而欲一論歷代户口册籍之法焉。

吾國古代户口之籍，蓋僅藏於州閭。其登諸天府者，則僅取與國用有關。此徵諸禮而可知者也。《禮記・内則》：子生三月，父名之，遂告宰名。宰書曰：某年，某月，某生而藏之。宰告閭史，閭史書爲二,其一藏諸閭府,其一獻諸州史。州史獻諸州伯,州伯命書而藏諸州府。是一人之生,州閭之府,咸有其名籍也。此制僅士夫之家如此,抑全國之民皆然?僅男子之生如此,抑女子之生亦然?頗難質言。案《周官》媒氏,“掌萬民之判。凡男女自成年以上,皆書年、月、日、名焉。仲春之月,則令會男女”。會男女即合男女,見《禮記·禮運》、《管子·幼官》。古人民嫁娶,法令頗加干涉,故《孟子》以内無怨女、外無曠夫爲仁政。《梁惠王》下。《墨子》亦謂聖王之法,丈夫年二十,毋敢不處家,女子年十五,毋敢不事人也。《節用》上。此必舉國之男女。則書名州閭者,必不僅士夫之家,亦必不限於男子矣。媒氏之成名,鄭即援《内則》子生三月父名之爲釋,於禮固無不合也。此所謂全國民籍,藏於州閭者也。《周官》專司民數之官,實爲司民。其職曰:“掌登萬民之數。自生齒以上,皆書於版。辨其國中都鄙及郊野,異其男女,歲登下其死生。及三年大比,以萬民之數詔司寇。司寇及孟冬祠司民之日,獻其數於王。王拜授之,登於天府。内史、司會、冢宰貳之,以贊王治。”此所登,亦近全國人口總數。然其意,則不爲清查人口,而爲會稽穀食。故不以成名之月,而以生齒之時。小司寇之職曰:“及大比,登民數。自生齒以上,登於天府。内史、司會、冢宰貳之,以制國用。孟冬祀司民,獻民數於王。王拜受之,以圖國用而進退之。”意尤明白可見。《賈子》曰:“受計之禮,主所親拜者二:聞生民之數則拜之,聞登穀則拜之。”《禮篇》。尤可見二者之相關也。小司徒之職,掌建邦之教法,以稽國中及四郊都鄙之夫家九比之數。乃頒比法於六鄉之大夫,使各登其鄉之衆寡、六畜、車輦。大比以起軍旅,作田役,比追胥,令貢賦,故以已昏妃者爲限。大比之政,凡鄉遂之官,皆有責焉,無不言夫家者。《鄉師》云:“以時稽其夫家衆寡。”《鄉大夫》云:“以歲時登其夫家之衆寡。”《族師》云:“校登其族之夫家衆寡。”《縣師》云:“辨其夫家人民田萊之數。”《遂人》云:“以歲時登其夫家之衆寡。”《遂師》同。《遂大夫》云:“以歲時稽其夫家之衆寡。”《鄰長》云:“以時校登其夫家,比其衆寡。”惟《閭師》但云:“掌國中及四郊之人民六畜之數。”《鄙師》云:“以時數其衆庶。”皆無夫家之文。然此諸官所職,皆係一事,特其文有詳略,則無可疑也。此猶後世之役籍,役固國用之大端也。故曰自州閭之府以外,户口之籍,皆其與國用有關者也。

漢世民數,蓋在計簿。計簿之式,今不可知。《小司寇注》曰:"版,今户籍也。"漢治最近古。鄭君之言,或不僅取以相況。《史記·秦始皇本紀》後附《秦紀》:獻公十年,"爲户籍相伍"。什伍即州閭之制,此即《内則》所載書名州閭之法。蓋秦至是始有之。又始皇十六年,"南陽假守騰,初令男子書年"。蓋獻公雖創户籍,所書仍未精詳,故騰又更其法。《漢書·高帝紀》:"五年五月,詔曰:民前或相聚保山澤,不書名數。今天下已定,令各歸其縣,復故爵田宅。"師古曰:"名數,謂户籍也。"此籍之詳者,亦當在鄉亭,其都數當上之郡縣耳。是時尚無紙,户籍稱版,可知不書以縑帛,斷不能悉致諸郡縣之廷也。漢法多沿自秦,觀秦有户籍之晚,知其制必不能大異於古,則漢法亦必無以大異於古。賈生所言雖古禮,或仍爲當世之典,亦未可知。則其登諸計簿者,亦必非全國人口總數,而僅取與穀食有關,亦可推測而得矣。

媒氏主判合,司民會口實,其所登,自不容限於男子。大比之法,主爲兵役,而亦不遺女子者,古兵役固不獨在男也。《商君書·兵守》有"壯男爲一軍,壯女爲一軍,男女之老弱者爲一軍"之文。《墨子·備城門》諸篇,亦有以丁女充軍之説。齊將下晉,男女以班。《左》襄二十五年。楚圍漢王於滎陽,漢軍絶食,乃夜出女子東門,二千餘人被甲。女子可調集、可編制,其非無名籍審矣。漢惠帝六年,"令民女子,年十五以上,至三十不嫁五算"。《注》引《漢律》"賈人及奴婢倍算"。則口賦亦不異男女,女子不容無籍可知。降逮後世,户調之式,均田之令,租庸調之法,田皆男女并授,更不必論矣。《通考》乾德六年之令,當别是一事,與奏報民數無關。齊爾士引《宣化府志》及《畿輔通志》大名宋代户口比率,與《通考》所載不同,宣化一比五又七五,大名一比三又六六。而《畿輔通志》霸州比率,則又相近,一比一又三五。可見歷代官中册籍,悠繆不可究詰者甚多,正不容強執情理,以相揆也。

古代民數,當較後世爲得實,讀史者蓋無異辭,而《周官·職方氏》所載九州男女比率，乃殊不可信。揚州二男五女，荆州一男二女，豫州二男三女，青州二男二女，兗州二男三女，雍州三男二女，幽州一男三女，冀州五男三女，并州二男三女。予謂古代受計，必不能徧及九州。《周官·小司徒》："三年大比，則受邦國之比要。"邦國二字，當作縣内諸侯解。書言邦國者多如此，非謂九州萬國也。《周官》之説，疑雜陰陽數術之談，非據册籍會稽而得也。或謂古人言數，皆不舉畸零，故其説若不可通如此，此亦可備一説。

# 第十三章　賦　役

税賦二者，古本有别，税以足食，賦以足兵，然至後世，則二者漸混而爲一。至於役，則係徵收其勞力，與税賦二者，尤截然不同。然至近世，則亦并爲一談矣。此中變遷甚多，今以次述其大要。

欲知古代之税法，必先知古代之田制。欲明古代之田制，則井田制必當先考。案井田之制，漢人述之最詳者，爲《漢書·食貨志》及《公羊》何《注》，《公羊》宣十五年。然皆漢人説也。周以前言之最詳者，莫如《孟子》。《孟子·滕文公》上：滕文公問爲國。孟子曰："夏后氏五十而貢，殷人七十而助，周人百畝而徹，其實皆什一也。徹者，徹也；助者，藉也。龍子曰：治地莫善於助，莫不善於貢。貢者，校數歲之中以爲常。樂歲，粒米狼戾，多取之而不爲虐，則寡取之；凶年，糞其田而不足，則必取盈焉。爲民父母，使民盻盻然，將終歲勤動，不得以養其父母，又稱貸而益之，使老稚轉乎溝壑，惡在其爲民父母也？夫世禄，滕固行之矣。《詩》云：雨我公田，遂及我私。惟助爲有公田。由此觀之，雖周亦助也。"使畢戰問井地。孟子曰："夫仁政，必自經界始。經界不正，井地不均，穀禄不平，是故暴君汙吏必慢其經界。經界既正，分田制禄可坐而定也。夫滕壤地褊小，將爲君子焉，將爲野人焉。無君子，莫治野人；無野人，莫養君子。請野九一而助，國中十一使自賦。卿以下必有圭田，圭田五十畝，餘夫二十五畝。死徙無出鄉，鄉田同井，出入相友，守望相助，疾病相扶持，則百姓親睦。方里而井，井九百畝，其中爲公田。八家皆私百畝，同養公田。公事畢，然後敢治私事，所以别野人也。”

觀此，知古代田税，有貢、助、徹三者之别。夏、殷、周三代相承，何以夏授田五十畝，殷變爲七十，周又變爲百畝，昔人頗以爲疑。此由昔人視古制，皆以爲盡量推行，致有此誤。其實古代之王室，亦不過列國之一。後世中朝之制，尚不能推行全國，況古代乎？夏、殷、周都邑，初不相承，各自推行其法於王畿之内，固無足怪也。但徹、助二者，其别究如何？孟子既言周人百畝而徹，何以又引《詩》言雖周亦助？又“夫世禄，滕固行之矣”一句，與分田於民何涉？近人亦頗以爲疑。案，古代人民，征服者處於國以内，謂郭以内。被征服者處於國以外，而國必建於山險之地，故曰：“王公設險以守其國。”《易·坎卦彖辭》。又曰：“域民不以封疆之界，固國不以山谿之險。”《孟子·公孫丑》下。近人餘杭章氏有神權時代天子居山説，尤可考見此事之起源。山險之地，必難平正畫分，故行貢或徹法，即孟子所謂“什一使自賦”，而殷人之助爲例外。國外之地，則平正易畫分，故行井田之法。滕文公時，井田之法已壞，而徹法猶存，故孟子於周人百畝而徹，斷然言之而不疑，而於助法則僅能據《詩》句爲想像也。圭田，即《王制》“夫圭田無征”之圭田。《説文》、《楚辭》王逸注皆以田五十畝曰畦。《蜀都賦》劉《注》引班固説同，且謂即《孟子》所言圭田。《文選注》引劉熙云：今俗以二十五畝爲小畦，以五十畝爲大畦。又《九章》有圭田法，凡零星不成井之田，一以圭法量之。焦循曰：“《荀子·王制》篇：雖王公士大夫之子孫，不能屬於禮義，則歸之庶人。然則士大夫之子孫，不能嗣爲士大夫者，即授之田。”“餘夫亦蒙上圭田而言。”予案，此蓋士大夫之子孫所受之田，亦在國中，而得蒙免税之典，又與什一使自賦者異，故特言之。惟方里而井一節，乃爲國以外被征服之人所耕，乃爲井田制，故《孟子》明言之曰：“所以别野人也。”

古代平民生活狀況，據井田之制，有可推見者。今録《公羊》何《注》一段如下。《孟子·梁惠王》篇、《書大傳》、《公》、《穀》二傳、《韓詩外傳》、《漢書·食貨志》等書，可以參看，不能徧舉也。其中惟《漢書》參用古文説，有不能盡合處。

《公羊》何《注》曰："聖人制井之法，而口分之，一夫一婦受田百畝，以養父母妻子。五口爲一家。公田十畝，即所謂十一而税也。廬舍二畝半，凡爲田一頃十二畝半。八家而九頃，共爲一井，故曰井田。廬舍在内，貴人也。公田次之，重公也。私田在外，賤私也。""種穀不得種一穀，以備災害。田中不得有樹，以妨五穀。還廬舍種桑荻雜菜。畜五母鷄，兩母豕。瓜果種疆畔。女上蠶織。老者得衣帛焉，得食肉焉。死者得葬焉。多於五口，名曰餘夫。餘夫以率受田二十五畝。""司空謹别田之高下善惡，分爲三品。上田一歲一墾，中田二歲一墾，下田三歲一墾。肥饒不得獨樂，磽确不得獨苦，故三年一换主易居。""在田曰廬，在邑曰里。一里八十户，八家共一巷。中里爲校室，選其耆老有高德者，名曰父老，其有辯護伉健者爲里正，皆受倍田，得乘馬。父老比三老孝弟官屬，里正比庶人在官。吏民春夏出田，秋冬入保城郭。田作之時，春，父老及里正旦開門坐塾上，晏出後時者不得出，莫不持樵者不得入。五穀畢入，民皆居宅。里正趨緝績。男女同巷，相從夜績，至於夜中。故女功一月得四十五日。作從十月盡，正月止。男女有所怨恨，相從而歌，飢者歌其食，勞者歌其事。男年六十，女年五十無子者，官衣食之，使之民間求詩，鄉移於邑，邑移於國，國以聞於天子。故王者不出牖户，盡知天下所苦，不下堂而知四方。"

按《禮記・王制》："冢宰制國用，必於歲之杪。五穀皆入，然後制國用。用地小大，視年之豐耗，以三十年之通，制國用。量入以爲出。祭用數之仂。喪三年不祭，唯祭天地社稷，爲越紼而行事。喪用三年之仂。喪祭，用不足曰暴，有餘曰浩。祭，豐年不奢，凶年不儉。國無九年之蓄，曰不足；無六年之蓄，曰急；無三年之蓄，曰國非其國也。三年耕，必有一年之食。九年耕，必有三年之食。以三十年之通，雖有凶旱水溢，民無菜色。然後天子食，日舉以樂。"一國之財政，全以農業爲基礎，可見當時農業關係之重要，亦可見古代政費之支出，全恃田税也。古代人民對於土地，并無所有權之觀念。必欲問其所有者爲誰，則惟有所謂“普天之下，莫非王土”之一茫漠觀念而已。同時，又有所謂“分土”之一觀念，天子之封諸侯，諸侯之封大夫是也。至天子、諸侯、大夫以何種觀念分配土地於耕者，則在歷史上及學説上皆不甚明瞭。大抵古代社會本行共産制，除征服者侵入，爲寄生者，強人民納税，將彼視爲禄田外，本無私有之觀念也。

力役之征，今文家説不甚詳，僅《王制》有“用民之力，歲不過三日”之説而已。古文家説則見於《周官》。《周官·均人》：“掌均地政，均地守，均地職，均人民、牛馬、車輦之力政。凡均力政，以歲上下，豐年則公旬用三日焉，中年則公旬用二日焉，無年則公旬用一日焉。凶札則無力政。”案人民之力政，指治城郭、涂巷、溝渠。言牛馬車輦之力政，指轉輸委積之屬而言。蓋工程及運輸之事，皆以責之矣。又案古代力役與兵役不甚區别。小司徒之職曰：“掌建邦之教法，以稽國中及四郊都鄙之夫家，九比之數，以辨其貴賤、老幼、廢疾，凡征役之施捨……乃頒比法於六鄉之大夫，使各登其鄉之衆寡、比要，乃會萬民之卒伍而用之。五人爲伍，五伍爲兩，四兩爲卒，五卒爲旅，五旅爲師，五師爲軍。以起軍旅，以作田役，以比追胥，以令貢賦。乃均土地，以稽其人民，而周知其數。上地家七人，可任也者家三人；中地家六人，可任也者二家五人；下地家五人，可任也者家二人。凡起徒役，毋過家一人。以其餘爲羨，惟田與追胥竭作。”《鄉大夫》“以歲時登其夫家之衆寡，辨其可任者。國中自七尺以及六十，野自六尺以及六十有五，皆征之。十五以下爲六尺，二十爲七尺。其捨者，國中貴者、賢者、能者、服公事者、老者、疾者，皆捨。”遂大夫之職略同，皆以兵事與田役并言，然二者亦自有别。《白虎通·三軍》篇：“年三十受兵何，重絶人世也！師行不必反，戰不必勝，故須其有世嗣也。年六十歸兵者何？不忍并鬬人父子也。”《王制正義》引《五經異義禮》戴説、《易》孟氏、《韓詩説》并同，與《周官》“國中自七尺以及六十，野自六尺以及六十有五”之説異，而《周官》之説與《管子》“六十以上上所養，十五以上上所強”之説同。豈《周官》、《管子》所載爲服力役之年限,而《白虎通義》之説,則服兵役之年限邪?《後漢書·班超傳》:班昭上書:妾聞古者十五受兵,六十還之。亦混二者爲一。

春秋戰國時,井田之法漸壞,而税法乃一變。案井田之壞,世皆以爲商鞅一人之咎,其實非也。朱子《開阡陌辨》曰:“《漢志》言秦廢井田,開阡陌。説者之意,皆以開爲開置之開。言秦廢井田,而始置阡陌也。……按阡陌者,舊説以爲田間之道。蓋因之疆畔,制其廣狹,辨其横縱,以通人物之往來。……當世衰法壞之時,則其歸授之際,必不免有煩擾欺隱之姦。而阡陌之地,切近民田,又必有陰據以自私,而税不入於公上者。是以一旦奮然不顧,……悉除禁限,而聽民兼并賣買,……使民有田即爲永業,而不復歸授,以絶煩擾欺隱之姦。使地皆爲田,而田皆出税,以覈陰據自私之幸。……故《秦紀·鞅傳》皆云:爲田開阡陌封疆而賦税平。蔡澤亦曰:決裂阡陌,以静生民之業,而一其俗。”《晦庵先生朱文公文集》。

馬端臨亦曰:井田未易言也。田土之肥瘠,民口之衆寡,民務農之勤怠,其民之或長或少,或爲士,或爲商,或爲工,必能備知,然後授受無弊。蓋古之帝王,分土而治。外而公侯伯子男,内而孤卿大夫,所治不過百里,皆世其土,子其人。春秋之世,土地寖廣,又皆爲世卿强大夫所裂,亦皆世有其地。邾、莒、滕、薛土地不過五七十里。竊意當時有國者,授民以田,不過如後世大富之家,以世有之田授之佃客。東阡西陌之利病,皆少壯所習聞,無俟考覈,而姦弊自無所容矣。降及戰國,井田之法未全廢,而弊已不可勝言。故《孟子》有“今也制民之産,仰不足以事父母,俯不足以畜妻子;又有暴君汙吏,更慢其經界”之説。可見當時未嘗不授田,而地廣人衆,考覈難施,故法制隳弛,而姦弊滋多也。秦人盡廢井田,任民所耕,不計多少,而隨其所佔之田以制賦。蔡澤言商君決裂井田,廢壞阡陌,以静百姓之業,而一其志。夫静曰一,可見授田之制,至秦必擾亂無章,輕重不均矣。漢不能復,蓋守令之遷除,其歲月有限,而田土之還授,姦弊無窮。受成吏手，安保無弊，争田之訟，歷數十年不決。官授人以田，而欲其均平乎？晉太康時，雖有男子一人佔地七十畝之制，而史不詳言其還受之法。未幾五胡雲擾，則以無所究詰。直至魏孝文始行均田，然其立法大概，亦不過因田之在民者而均之。一傳而後，政已圮亂。齊、周、隋因之，得失無大相遠。唐太宗口分世業之制，亦多踵後魏之法，且聽其買賣而爲之限，永徽後兼并如故矣。《文獻通考・田賦考》。

春秋戰國時，井田制度大壞。蓋由古者本有平民貴族之分，井田制度之壞，大抵貴族侵奪平民致之也。《漢書・食貨志》載董仲舒之言，謂富者田連阡陌，貧者無立錐之地，可以想見其情形矣。漢人於此，乃務輕其田租，以爲救濟。《食貨志》曰："上漢高祖。於是約法省禁，輕田租，什五而税一。"文帝從晁錯之言，"下詔賜民十二年租税之半。明年，遂除民田之租税。後十三歲，孝景二年，令民半出田租，三十而税一也"。

案十一之税，古已視爲仁政。漢代所取，乃僅其三之一，可謂厚矣。然曾無補於農民之困。荀悦謂"豪強人佔田逾侈，輸其賦大半。官家之惠，優於三代，豪強之暴，酷於亡秦"。案，董仲舒謂"耕豪民之田，見税什五"。王莽行王田令，亦謂"豪民侵陵，分田劫假，厥名三十，實什税五"。當時私家租額，可以考見。董仲舒謂"古井田法雖難卒行，宜少近古，限民名田"。武帝不能用。哀帝即位，師丹輔政，復建此議。天子下其議，丞相孔光、大司空何武奏請："諸侯王、列侯皆得名田國中。、列侯在長安，公主名田縣道，及關内侯、吏民名田，皆無過三十頃。"丁、傅用事，董賢隆貴，皆不便也。詔書且須後，遂寢不行。及王莽乃斷然下治，更名天下田曰王田，奴婢曰私屬，皆不得賣買。男口不滿八，而田過一井者，分餘田與九族鄉黨。犯令，法至死。制度又不定，吏緣爲姦，陷刑者衆。三歲，莽知民愁，遂廢其法。然莽末大亂，土田失主，地權轉因此而稍均。觀荀悦論井田，謂"土地佈列在豪強，卒而革之，并有怨心，則生紛亂，制度難行。若高祖初定天下，光武中興之後，人衆稀少，立之易矣"。可見光武初年，大地主不如前漢之多也。

後漢仍行三十税一之制。《光武紀》：建武六年十二月癸巳，詔曰："頃者師旅未解，用度不足，故行什一之税。今軍士屯田，糧儲差積。其令郡國收見田租，三十税一如舊制。"則其初年，嘗行什一之税，然爲時甚暫也。《桓帝紀》：延熹八年八月戊辰，初令郡國有田者畝斂税錢。《注》：畝十錢也。《靈帝紀》：中平二年二月，税天下田畝十錢。《注》：以修宫室。此爲末年之横斂。古代軍賦，雖亦井田以定法，乃令民出馬、牛、車輦等，以供軍用，與田税之出粟米以供政費者，截然殊途。漢代軍賦，變爲口率出錢，後世田税，亦漸改征錢帛，而二者遂漸相混矣。今考漢口賦之制見於《漢書》及各家注者，具述如下。

《漢書·高帝紀》：四年，"八月，初爲算賦"。如淳曰："《漢儀注》：民年十五以上至五十六出賦錢，人百二十，爲一算，爲治庫兵、車馬。"十一年，"二月，詔曰：欲省賦甚。今獻未有程，吏或多賦以爲獻，而諸侯王尤多，民疾之。令諸侯王、通侯常以十月朝獻，及郡各以其口數率，人歲六十三錢，以給獻費"。《惠帝紀》：六年，"女子年十五以上至三十不嫁，五算"。《注》引應劭曰："《國語》：越王句踐令國中女子年十七不嫁者，父母有罪，欲人民繁息也。漢律：人出一算，算百二十錢，唯賈人與奴婢倍算。今使五算，罪謫之也。"《武帝紀》：建元元年，"春二月，赦天下，賜民爵一級。年八十，復二算。九十，復甲卒"。張晏曰："二算，復二口之算也。復甲卒，不豫革車之賦也。"《昭帝紀》：元鳳四年，"春正月丁亥，帝加元服。……毋收四年、五年口賦"。如淳曰："《漢儀注》：民年七歲至十四，出口賦錢，人二十三。二十錢以食天子。其三錢者，武帝加口錢以補車騎馬也。"元平元年春二月，"詔曰：天下以農桑爲本。日者省用，罷不急官，減外繇，耕桑者益衆，而百姓未能家給。朕甚愍焉。其減口賦錢，有司奏請減十三。上許之"。《宣帝紀》：五鳳三年，"減天下口錢"。甘露二年，詔曰："減民算三十。"《成帝紀》：建始二年春正月辛巳，上始郊祀長安南郊。詔曰："減天下賦錢算四十。"孟康曰："本算百二十，今減四十，爲八十。"《貢禹傳》:"禹以爲古民亡賦算口錢,起武帝,征伐四夷,重賦於民,民産子三歲則出口錢,故民重困。至於生子輒殺,甚可悲痛。宜令兒七歲去齒,乃出口錢,年二十乃算。……天子下其議,令民産子七歲,乃出口錢,自此始。"案口率出錢,雖與古之出車馬等物者異,然其用途,則固以給軍用品爲主也。又有更賦、兵役與力役,亦不甚别。《昭帝紀注》:"如淳曰:更有三品,有卒更,有踐更,有過更。古者正卒無常人,皆當迭爲之,一月一更,是爲卒更也。貧者欲得雇更錢者,次直者出錢雇之,月二千,是爲踐更也。天下人皆直戍邊三日,亦名爲更,律所謂繇戍也。雖丞相子亦在戍邊之調。不可人人自行三日戍,又行者當自戍三日,不可往便還,因便住一歲一更。諸不行者,出錢三百入官,官以給戍者,是爲過更也。律説,卒踐更者,居也,居更縣中五月乃更也。後從尉律,卒踐更一月,休十一月也。《食貨志》曰:又加月爲更卒,已復爲正,一歲屯戍,一歲力役,三十倍於古。此漢初因秦法而行之也。後遂改易,有謫乃戍邊一歲耳。"

兩漢時,儒者亟言制民之産,然終不能行。迨晉以後,乃有頗近於此之制度,則晉之户調、魏之均田、唐之租庸調是也。按是三者,制相一貫,而其淵源則仍出於魏。《晉書·食貨志》:"魏武之初,九州雲擾。……軍旅之資,權時調給。……乃募良民屯田許下,又於州郡列置田官,歲有數千萬斛,以充兵戎之用。及初平袁氏,以定鄴都,令收田租畝粟四升,户絹二匹而綿二斤,餘皆不得擅興。"及晉武平吴,乃制户調之式。其制:"丁男之户,歲輸絹三匹,綿三斤,女及次丁男爲户者半輸。其諸邊郡或三分之二,遠者三分之一。夷人輸賨布,户一匹,遠者或一丈。男子一人佔田七十畝,女子三十畝。其外丁男課田五十畝,丁女二十畝,次丁男半之,女則不課。男女年十六已上至六十爲正丁,十五已下至十三、六十一已上至六十五爲次丁,十二以下六十六以上爲老小,不事。遠夷不課田者輸義米,户三斛,遠者五斗,極遠輸算錢,人二十八文。其官品第一至於第九,各以貴賤佔田。"

《魏書·食貨志》:"魏初不立三長,故民多蔭附。蔭附者皆無官役。豪强徵斂,倍於公賦。十年,給事中李沖上言:'宜準古五家立一鄰長,五鄰立一里長,五里立一黨長。長取鄉人彊謹者。鄰長復一夫,里長二,黨長三。所復,復征戍,餘若民。三載忘衍,則陟用,陟之一等。其民調:一夫一婦帛一匹,粟二石。民年十五以上未娶者,四人出一夫一婦之調。奴任耕、婢任績者,八口當未娶者四。耕牛二十頭,當奴婢八。其麻布之鄉,一夫一婦布一匹。下至牛,以此爲降。大率十匹爲工調,二匹爲調外費,三匹爲内外百官俸,此外雜調。民年八十以上,聽一子不從役。孤獨、癃老、篤疾、貧窮不能自存者,三長内迭養食之。'書奏,諸官通議,稱善者衆。高祖從之,於是遣使者行其事。乃詔曰:'……自昔以來,諸州户口,籍貫不實,包藏隱漏,廢公罔私。富强者并兼有餘,貧弱者糊口不足。賦税齊等,無輕重之殊;力役同科,無衆寡之别。雖建九品之格,而豐埆之土未融;雖立均輸之楷,而蠶績之鄉無異。'……初,百姓咸以爲不若循常,豪富并兼者尤弗願也。事施行後,計省昔十有餘倍。於是海内安之。"

太和八年,始準古班百官之禄,以品第各有差。先是天下户以九品混通,户調帛二匹,絮二斤,絲一斤,粟二十石。又入帛一匹二丈,委之州庫,以供調外之費。至是,户增帛三匹,粟二石九斗,以爲官司之禄。復增調外帛二匹。所調各隨其土所出。

九年,下詔均給天下民田。諸男夫十五以上,受露田四十畝。婦人二十畝。奴婢依良。丁牛一頭,受田三十畝。限四牛。所受之田率倍之,三易之田再倍之,以供耕作及還受之盈縮。諸民年及課則受田,老免及身没則還田。奴婢、牛隨有無以還受。諸桑田不在還受之限,但通入倍田分。於分雖盈,没則還田,不得以充露田之數。不足者以露田充倍。諸桑田皆爲世業,身終不還。恒從見口,有盈者無受無還,不足者受種如法。盈者得賣其盈,不足者得買所不足。不得賣其分,亦不得買過所足。諸麻布之土,男夫及課,别給麻田十畝。婦人五畝。奴婢依良。皆從還受之法。

齊、周、隋三朝之制,大略相沿,皆見《隋志》。

唐制：凡民始生爲黄，四歲爲小，十六爲中，二十一爲丁，六十爲老。授田之制，丁男十八以上者人一頃。老及篤疾、廢疾者人四十畝。寡妻妾三十畝。當户者增二十畝。皆以二十畝爲永業，其餘爲口分。田多可以足其人者爲寬鄉，少者爲狹鄉。狹鄉授田，減寬鄉之半。其地有厚薄，歲一易者倍授之，寬鄉三易者不倍授。工商者寬鄉減半，狹鄉不給。凡庶人徙鄉及貧無以葬者，得賣世業田。自狹鄉徙寬鄉者，得并賣口分田。已賣者不復授。死者收之，以授無田者。凡收、授，皆以歲十月。授田先貧及有課役者。凡田，鄉有餘以給比鄉，縣有餘以給比縣，州有餘以給近州。

| 授田者 | 丁 | 租 | 歲輸粟二石。 |
|---|---|---|---|
| | | 庸 | 用人之力，歲二十日，閏加二日，不役者日爲絹三尺。 |
| | | 調 | 隨鄉所出，歲輸綾絹絁各二丈，布加五之一。輸綾絹者綿三兩，輸布者麻三斤。 |

有事加役二十五日，免調。三十日，租調皆免。通正役并不過五十日。

嶺南諸州税米，上户一石二斗，次八斗，下六斗。夷僚之户半輸。

蕃人内附者，上户丁税錢十文，次五，下免。内附經二年，上户丁羊二口，次一，下三户一。

水旱蟲蝗，十損四以上免租，六以上免租調，七以上課役皆免。

《文獻通考》徵科之數，依《通典》、《唐會要》所載，《陸宣公奏議》、《通鑑》同。《新唐書·食貨志》：凡授田者，歲輸粟二斛，稻三斛，謂之租。丁隨鄉所出，歲輸絹二匹，綾、絁二丈，布加五之一，綿三兩，麻三斤，非蠶鄉輸銀十四兩，謂之調。疑太重，不取。

租庸調法，以人丁爲本。開元後久不爲版籍，法度廢弊，丁口轉死，田畝换易，貧富升降，悉非向時。户部歲以空文上之。又戍邊者蠲其租庸。玄宗時，戍者多死，邊將諱不以聞，故貫籍不除。天寶中，王鉷爲户口使，務聚斂，以籍存而丁不在，是隱課不出，乃按舊籍除當免者，積三十年，責其租庸。至德後，人口凋耗，版圖空虚，賦斂之司，莫相統攝，紀綱大壞，王賦所入無幾。科斂凡數百名，廢者不削，重者不去，吏因其苛，蠶食於人。富人多丁者，以宦學釋老得免。貧人無所入則丁存。故課免於上，賦增於下，天下殘瘁，蕩爲浮人，土著十不四五。德宗時，楊炎爲兩税法，夏輸無過六月，秋輸無過十一月，置兩税使以總之。百役之費，先度其數。其賦於人，量出制入。户無主客，以見居爲簿。人無丁中，以貧富爲差。不居處而行商者，在所州縣税三十之一。租庸雜徭悉省，而丁額不廢。田畝之税，以大曆十四年墾田之數爲準而均徵之。史稱天下便之，人不土斷而地著，賦不加斂而增入，版籍不造而得其虚實云。馬端臨云："秦廢井田之制，……始舍地而税人。……漢高四年，初爲算賦。《注》：民十五以上至六十五，出賦錢人百二十，爲一算。七歲至十五，出口賦，人錢三十。此每歲所出也。然至文帝時，即令丁男三歲而一事賦四十，則是算賦減三之一。且三歲方徵一次，則成丁者一歲所賦，不過十三錢有奇。其賦甚輕。至昭、宣帝以後，又時有減免。蓋漢時官未嘗有授田、限田之法，是以豪強田連阡陌，而貧弱無置錐之地，故田税隨佔田多寡爲之厚薄，而人税則無分貧富。……魏武初平袁紹，乃令田每畝輸粟四升，又每户輸絹二匹，綿二斤，則户口之賦始重矣。晉武帝又增而爲絹三匹，綿三斤，其賦益重。然晉制男子一人佔田七十畝，女子及丁男丁女佔田皆有差，則出此户賦者，亦皆有田之人，非鑿空而税之，宜其重於漢也。自是相承，户税皆重。然至元魏，而均田之法大行，齊、周、隋、唐因之，賦税沿革，微有不同。史文簡略，不能詳知。然大概計畝而税之令少，計户而税之令多。然其時户户授田，則雖不必履畝論税，逐户賦之，則田税在其中矣。至唐始分爲租庸調，田則出粟稻爲租，身與户則出絹布綾錦諸物爲庸調。然口分世業，每人爲田一頃，則亦不殊元魏以來之法。……中葉以後，法制隳弛，田畝之在人者，不能禁其賣易，官授田之法盡廢，則向之所謂輸庸調者，多無由之人矣。乃欲按籍而徵之，令其與豪富兼并者一例出賦，可乎？……雖授人以田，而未嘗别有户賦者，三代也。不授人以田，而輕其户賦者，兩漢也。因授田之名，而重其户賦，田之授否不常，而賦之重者已不可復輕，遂至重爲民病，則自魏至唐之中葉是也。自兩税之法行，而此弊革矣。”《文獻通考·田賦考》。

又云：“夾漈鄭氏言：井田廢七百年，至後魏孝文……行均田之法。然晉武帝時，已行户調之法，則亦非始於後魏也。但史不書其還受之法，無由考其詳耳。後魏立法，所受者露田，諸桑田不在還受之限，意桑田必是人户世業，是以栽植桑榆其上。露田不栽樹，則似所種者皆荒閒無主之田。必諸遠流配讁無子孫及户絶者，盡爲公田，以供授受，則固非奪富者之田以予貧人也。又令有盈者無受不還，不足者受種如法。盈者得賣其盈，不足者得買所不足。不得賣其分，亦不得買過所足。是令其從便賣買，以合均給之數，又非强奪之以爲公田，而授無田之人，與王莽所行異矣。此所以稍久而無弊歟?”《文獻通考·田賦考》。

宋税賦之類有五，曰公田之賦，曰民田之賦，曰城郭之賦，曰丁口之賦，曰雜變之賦。一、二爲田税。三爲宅税、地税之類。四爲身税。所謂雜變者，唐以來民計田輸賦外，增取他物，復折爲賦，亦謂之“沿納”。名品煩細，其類不一。官司歲附帳籍，并緣侵擾。明道中，詔三司以類并合，悉除諸名品，并爲一物，夏秋歲入，第分粗細二色，百姓便之。

其取之用兩税之法所賦之物，有四類，曰穀，曰泉，曰金鐵，曰物產。凡歲賦，穀以石計，錢以緡計，帛以匹計，金銀、絲綿以兩計，藁秸、薪蒸以圍計，他物各以其數計。

宋代賦税，有所謂支移、折變者。支移者，變其所輸之地。折變者，變其所取之物。支移本以便邊饟，内郡罕用焉。間有移用，則輸本色於支移之地，或輸脚費於所居之邑，亦得自擇。又當依户籍等第，以定支移里數。折變之法，以納月初旬估中價準折，仍視歲之豐歉，以定物之低昂，俾官吏毋得私其輕重。然支移之病：一、不能先富後貧，自近及遠，有不均之患；二、但計一方所乏，不計物之有無，責民以所無；三、且有既支移而又取其脚價者。折變之弊，在以所折復變他物，或增取其直，如西蜀初税錢三百，折絹一匹，草十圍，計錢二十。宣和時，絹一匹，折草百五十圍，圍估錢百五十，税錢三百，乃輸至二十三千。

宋承晚唐、五季税法大亂之後，未嘗加以根本之整理，故其取民頗薄，而民卒不富。《宋史·食貨志》云："宋克平諸國，每以恤民爲先務，累朝相承，凡無名苛細之斂，常加剗革，尺縑斗粟，未聞有所增益。一遇水旱徭役，則蠲除倚格，殆無虚歲，倚格者後或凶歉，亦輒蠲之。而又田制不立，甽畝轉易，丁口隱漏，兼并冒僞，未嘗考按，故賦入之利視前代爲薄。丁謂嘗言：二十而税一者有之，三十而税一者有之。"又云："景德中，丁謂著《會計録》云，總得一百八十六萬餘頃。以是歲七百二十二萬餘户計之，是四户耕一頃，由是而知隱田多矣。……皇祐、治平，三司皆有《會計録》。……而叙《治平録》者以謂此特計其賦租以知頃畝之數，而賦租所不加者十居其七。"蔡儒等計德、霸二州户口，率三户四口。然田畝混淆，税法不立，所利者皆豪強，於平民初無與也。今略舉當時貴富者兼并掊克農民困苦之情形如下：

太宗時，比年多稼不登，富者操奇贏之資，貧者取倍稱之息，一或小稔，富家責償愈急，税調未畢，資儲罄然。遂令州縣戒里胥，鄉老察視，有取富民穀麥資財，出息不得踰倍，未輸税毋得先償私逋，違者罪之。

仁宗即位之初，上書者言賦役未均，田制不立。因詔限田，未幾即廢。時又禁近臣置别業京師及寺觀毋得市田。後承平寖久，勢官富姓，佔田無限，兼并冒僞，習以成俗，重禁莫能止焉。

哲宗即位，宣仁太后臨朝，起司馬光爲門下侍郎，委之以政。詔天下臣民皆得以封事言民間疾苦。光抗疏曰："四民之中，惟農最苦。……幸而收成，公私之債，交争互奪。穀未離場，帛未下機，已非己有，所食者糠籺而不足，所衣者綈褐而不完。直以世服田畝，不知捨此之外，有何可生之路耳。"

觀此，可知宋代農民之困苦。其所由然，則以歷代開國之初，皆略有制民之産之意，如晉之户調、魏之均田、唐之租庸調是也，而宋則無之。又承晚唐、五代大亂之後，故豪強愈以恣睢，貧弱困於無告也。喪亂之際，豪強最易得勢，其理由約有數端：亂時田多荒蕪，豪強乘機佔爲己有，一也；貧者無以自立，或以迫於苛税，棄田而去，亦爲富者所佔，二也；亂時民多去農操兵，田益易荒，三也；暴政皆擇小民而施，民不得不託庇於豪強，四也。喪亂之際，社會上及政治上易産生特殊勢力。既有特殊勢力，則侵佔兼并，及與官吏勾結，皆易矣。

因田畝之混淆，賦税之不平，於是有均田之議。仁宗即位之初，因上書者言，下詔限田，公卿以下毋過三十頃，牙前將吏應復役者毋過十五頃，止一州之内，過是者論如違制律，以田賞告者。既又聽數外置墓田五頃。任事者以爲不便，未幾即廢。景祐時，諫官王素言："天下田賦輕重不等，請均定。"歐陽修亦言："秘書丞孫琳嘗往洺州肥鄉縣，與大理寺丞郭諮以千步方田法括定民田，願詔二人者任之。"三司亦以爲然，且請於亳、壽、蔡、汝四州擇尤不均者均之。於是遣諮詣蔡州，括一縣，均其賦。既而諮言州縣多逃田，未可盡括，朝廷亦重勞人，遂罷。後田京知滄州，均無棣田，蔡挺知博州，均聊城、高唐田。滄州之民不以爲便，詔輸如舊。嘉祐五年，復詔均定，遣官分行諸路，纔數郡而止。至神宗熙寧五年，乃重修定方田法，詔司農以《方田均税條約并式》頒之天下。以東西南北各千步爲一方。歲以九月，縣委令、佐分地計量，隨陂原平澤而定其地，因赤淤黑壚而辨其色。方量畢，以地及色參定肥瘠而分五等，以定税則。至明年三月畢，揭以示民，一季无訟，即書户帖，連莊帳付之，以爲地符。均税之法，縣各以其租額税數爲限。若瘠鹵不毛，及衆所食利山林、陂塘、溝路、墳墓，皆不立税。令既具，乃以濟州鉅野尉王曼爲指教官，先自京東路行之，諸路倣焉。至元豐八年，乃罷。時天下之田，已方而見於籍者，爲二百四十八萬四千三百四十九頃。崇寧三年，蔡京請詔諸路提舉常平官選官習熟其法，諭州縣官吏以豐稔日推行，自京西、河北兩路始。五年，罷。大觀二年，復詔行之，四年罷，其税賦依未方舊則輸納。政和時，復行其法。宣和二年，又罷之，并詔自今諸司毋得起請方田。

南渡以後，兼并之患尤甚，乃有經界之法，紹興六年，知平江府章誼言："民所甚苦者，催科無法，税役不均。彊宗巨室，阡陌相望，而多無税之田，使下户爲之破産。"淳祐六年，殿中侍御史兼侍講謝方叔言："今百姓膏腴，皆歸貴勢之家，租米有及百萬石者。小民百畝之田，頻年差充保役，官吏誅求百端，不得已，則獻其産於巨室，以規免役。小民田日減而保役不休，大官田日增而保役不及。"咸淳十年，侍御史陳堅等言：今"邸第戚畹，御前寺觀，田連阡陌，亡慮數千萬計，皆巧立名色，蠲二税。州縣乏興，鞭撻黎庶，鬻妻賣子，而鐘鳴鼎食之家，蒼頭廬兒，漿酒藿肉；琳宫梵宇之流，安居暇坐，優游死生"。然亦罕能實行。惟朱熹行之漳州，趙惡夫行之婺州，頗見成效。

南宋病民尤甚者，則爲官公田。官田謂籍没之田募民耕者，皆仍私租舊額。私租額重而納輕，承佃尤可；公租額重而納重，民乃不堪。而州縣胥吏與倉庫百執事，又皆從而浸漁之。季世金人乍和乍戰，戰則軍需浩繁，和則歲幣重大，國用常告不繼。於是，因民苦官租之重，命有司括賣官田以給用，其初弛其力役以誘之，其終不免於抑配，此官田之弊也。嘉定以後，又有所謂安邊所田。開禧三年，韓侂胄誅，金人講解。明年，用廷臣言，置安邊所，凡侂胄與其他權倖没入之田，及圍田、湖田之在官者皆隸焉，以給行人金、繒之費。迨與北方絶好，軍需邊用每於此取之，收其租以給歲幣，至其將亡。又限民名田，買其限外所有，謂之公田。初，議欲省和糴，以紓民力，而其弊極多，其租尤甚。宋亡，遺患猶不息也。浙西田畝有值千緡者，似道均以四十緡買之。數稍多，與銀絹。又多，與度牒告身。吏又恣爲操切，浙中大擾。有奉行不至者，提領劉良貴劾之。有司争相迎合，務以買田多爲功，皆謬以七八斗爲石。其後田少與磽瘠虧租，與佃人負租而逃者，率取償田主，六郡之民破家者衆。

明、越皆有陂湖，大抵湖高於田，田又高於江、海。旱則放湖水溉田，澇則決田水入海，故無水旱之災。慶曆、嘉祐間，始有盜湖爲田者，其禁甚嚴。政和以來，創爲應奉，始廢湖爲田。自是兩州之民，歲被水旱之患。餘姚、上虞每縣收租不過數千斛，而失民田常賦，動以萬計。其他會稽之鑑湖、鄞之廣德湖、蕭山之湘湖等處尚多。瀕太湖之地，多爲兵卒侵據，累土增高，長垣彌望，名曰壩田。旱則據之以溉，而民田不沾其利，澇則遠近泛濫，不得入湖，而民田盡没矣。

常平漢以平穀價，義倉隋以備凶災。惠民倉者，周顯德間，以雜配錢分數折粟貯之，歲歉，減價出以惠民。宋兼存其法。又有廣惠倉者，募人耕没入户絶田，收其租別爲倉貯之，以給州縣郭内老幼貧疾不能自存之人。常平所以平款價，充振即失本意。且皆公帑，又所蓄不厚，不足以資振救，故不得不資義倉也。

青苗法者，李參始行之陝西，令民自隱度麥粟之羸，先貸以錢，俟穀熟還官，號爲青苗錢。熙寧二年，條例司請以諸路常平、廣惠倉錢穀，依陝西例，預借於民，令出息二分，隨夏秋税輸納，願輸錢者，從其便。如遇災傷，許展至豐熟日納。自河北、京東、淮南三路施行，俟有緒推之諸路。許之。其理由在：一、不使并兼之徒乘民之急，以邀倍稱之息。二、常平廣惠之物，收藏積滯，必待年儉物貴，然後出糶，所及者不過城市遊手之人。今通一路有無，貴發賤斂，以廣蓄積，平物價，使農人有以赴時趨事，而兼并者不得乘其急也。

反對者之理由謂：一、以錢貸民，出納之際，吏緣爲姦，法不能禁。二、錢入民手，雖良民不免非理使用；及其納錢，雖富民不免違限。如此鞭笞必用，州縣多事。三、良懦者不願與州縣交易，不免抑配。且上户必不願請，近下等第與無業客户，雖或願請，必難催納，必有行刑督索，及勒干系人同保均陪之患。四、無賴子弟，欺謾尊長，錢不入家，甚有他人冒名詐請，莫知爲誰者。五、鄉村上等户并坊郭有物業者，乃從來兼并之徒，亦依鄉户例支借，是官自放錢取息，與初詔違戾。六、出息二分太重。案青苗立法之意頗善。當時民間舉債出息，重至一倍，約償緡錢，而穀粟、布縷、魚鹽、薪蔌、耰鉏、斧錡之屬，皆雜取之。見《宋史》卷三三一《陳舜俞傳》。取息二分，亦實不重，但奉行不善事亦有之。其最大之弊，在於抑配慮貧民不能償，則令貧富相保。試觀元祐元年，罷此法未幾，范純仁即以國用不足，建議復散，可知當時行此，不免有藉以取息之意也。純仁建議後，立常平錢穀給斂出息之法。王巖叟、蘇轍等復争之，乃詔更不俵散。及紹聖三年，乃仍許請給。案純仁亦舊者徒，而亦主俵散，則青苗法雖有弊，亦不如舊黨所言之甚可知。又，案和糴之中，有所謂俵糴者，度民田入多寡，都提舉市易司預給錢物，秋成於指定之地入米麥，或召農民相保，預兑官錢，或坊郭鄉村以等第給錢，俟收成，以時價入粟，亦與青苗相類。

和糴所以代漕運，其法：某處歲稔，則命使置場增價市糴，某處轉餉難，即就置場，或内府出綾羅錦綺，緡錢金帛，付轉運使糴粟，或賜常平錢，給度牒。或别遣官經畫市糴。其立法之意本善，然如推置、京東西、陜西、河北缺兵食，州縣括民家所積糧市之，謂之推置。括糴、括索羸糧之家，量存所用，其餘盡糶入官。均糴均敷於州縣，州縣又以家業差等，均敷於民家。等法，本不免有弊。宋初河東既下，減其租賦。有司言土沃民勤，頗多積穀，乃定每歲和市，令隨常賦輸送。官雖量與錢、布，而所得細微，歲凶不蠲，河東税三十九萬，而和糴乃入十二萬，則其厲民可知。南渡以後，或强給官告度牒鈔引，或降金銀錢帛，而州縣阻節不即還，又或强配於民，抑勒其價，或石取其耗，或取其頭子錢，而糴入之米，又有陳腐不可用者，其弊更不可勝窮矣。

布帛亦有折科、和市，又有預給錢於民，隨後輸帛者，則謂之預買。蠶事不登，亦許以錢及大小麥折輸。其事或由産地主之，亦或選官置場。其弊也，或物重而價輕，或出抑勒，亦有物價已漲，而仍以舊值市之者。或外增名目收錢，或不即給價，甚有不給直變爲賦税者，亦有給不如數者。預買亦或不時給直。南渡後絹價大漲，而朝廷乏錢，乃創爲折帛之説，以爲寬民而利公。既有夏税折帛，又有和買折帛。其後絹價平，而民所納之折帛錢已不可變，遂至三倍於本色焉。至此則和買已變爲賦税，而其法又不均。如浙東和預買絹歲額爲九十七萬，而越州乃佔六十萬。和糴和買，賦税，青苗法則始終未爲賦税，不另爲篇，姑附於此。

宋代厲民之政，莫甚於役。蓋以古者庶人在官者之事，責諸平民，以爲力役之征也。其弊起於晚唐，至宋而尤甚。役之名色，曰衙前，主官物；曰里正、户長、鄉書手，課督賦税；曰耆長、弓手、壯丁，逐捕盗賊；曰承符、人力、手力、散從，官給使令。此外，縣曹司至押、録，州曹司至孔目官，下至雜職、虞候、揀、掐等人，各以鄉户等第差充。然命官形勢之家，佔田無限，皆得免役。而應役之户，困於繁數，里正、衙前，主典府庫，輦運官物，多致破産。於是有鬻田減其户等者；有僞爲券售田於形勢之家，假佃户之名，以避徭役者；又有竄名浮屠籍，號爲出家，以避役者，趙州至千餘人。景德中，嘗詔出家者須落髮爲僧，乃聽免役。田歸官户不役之家，而役并於同等見存之户。人民因避户等，土地不敢多耕，骨肉不敢生聚。於是上户寖少，中下户寖多，役使頻仍，生資不足，遂轉爲工商，流爲盜賊矣。皇祐中，知并州韓琦疏曰："州縣生民之苦，無重於里正衙前。有孀母改嫁，親族分居，或棄田與人，以免上等，或非命求死，以就單丁，規避百端，苟免溝壑之患。"《宋史·食貨志》。治平中，三司使韓絳言："京東民有父子二丁將爲衙前役者，其父告其子曰：吾當求死，使汝曹免於凍餒。遂自縊而死。又聞江南有嫁其祖母，及與母析居以避役者。"《宋史·食貨志》。可謂酷矣！

人之才性，本各有所宜。一役也，未必人人能之，故簽差決不如雇募。又賦課貴於平均，力役亦賦課之一，以錢雇募，則損有餘之地之財，以濟貧瘠之鄉之役。且就一小區域中計其貧富，以定户等，而爲應役之重輕，就令正確公平，而合全國而觀之，其不公不平實已甚，況乎一小區域内之公平，亦不可得乎？此又差役之不如雇役也。《宋史·食貨志》：韓琦即謂："每鄉被差疏密，與資力高下不均。假有一縣甲乙二鄉，甲鄉一等户十五户，計資爲錢三百萬，乙鄉一等户五户，計資爲錢五十萬；番役遞休，即甲鄉十五年一周，乙鄉五年一周。富者休息有餘，貧者敗亡相繼。"其一例也。

景德中，命募人充役。慶曆中，王逵爲荆湖轉運使，率民輸錢免役，史謂王逵得緡錢三十萬，進爲羡餘，蒙詔奬。由是他路競爲掊克以市恩。夫其進羡餘非，其令民輸錢免役則是也。已開荆公雇役法之先聲。神宗閲内藏庫奏，有衙前越千里，輸金七錢，庫吏邀乞，踰年不得還者，乃詔制置條例司講立役法。久之，定免役之法，先於京畿行之。其法分畿内鄉户爲五等,歲以夏秋隨等輸錢。鄉户四等,坊郭六等,以下勿輸。用其錢募三等以上税户代役,次乃頒其法於天下。凡當役人户,以等第出錢,名免役錢。坊郭等第户及未成丁、單丁、女户、寺觀、品官之家,舊無役而出錢者,名助役錢。凡敷錢,先視州縣應用雇直多少,隨户等均取。又率其數,增取二分,以備水旱欠閣,謂之免役寬剩錢。坊場河渡舊以酬獎衙前,至是官自撲賣,以其錢同役錢,隨分數給之。至熙寧九年,乃停給,蓋役錢有餘也。當時又因免役錢以禄内外胥吏,有禄而贓者,用倉法重其坐。免役寬剩錢又用常平法給散生息,添給吏人餐錢。

荆公所行之法,以免役爲最合理,且最有益,而足以救時弊。而當時反對者亦蜂起,然其所言理由,皆不充足也。如謂(一)不問户之高低,例使出錢,上户則便,下户實難。又謂(二)舊上户役數而重,下户役簡而輕,今不問上下,概視物力出錢,上户幸之,下户則以爲苦。然輸錢多少,固依户等而分,極下等户,且免輸也。(三)謂非如税賦,有倚閣減放之期。然免役寬剩,即所以爲蠲減之備。舊日之役,則凶荒不免也。(四)謂錢非田所出,直使輸錢,絲帛粟麥必賤,若用他物準直,則又退揀乞索,且爲民害。然當時立法者固云,或納見錢,或納斛斗,皆從民便也。(五)謂破産惟鄉户衙前。至於長名衙前,在公精熟,每經重難,別得優輕場務酬獎,往往致富。不知長名衙前,與雇募異名同實,此足助雇役之論,而非所以爲難也。(六)謂用鄉户,爲其有常産則自重,招雇恐得浮浪姦僞之人,帑庾、塲務、綱運恐不勝盜用,弓手、耆、壯、承符、散從、手力、胥吏之類,恐遇寇縱逸,因事騷擾。近邊姦細應募,則恐焚燒倉庫,或守把城門,潛通外境。然元祐議復差役,蘇轍言:"熙寧以前,諸路衙前多雇長名當役,如西川則全是長名,淮南、兩浙長名大半以上,餘路亦不減半。"則當時曾布奏辨謂"今投名衙前半天下,未嘗不典主倉庫、場務、綱運"者,非虚言也。蘇轍又謂:"初疑衙前多是浮浪投雇,不如鄉差税户可託。然行之十餘年,投雇者亦無大敗闕。"劉摯謂:"五路弓手,熙寧未變法前，身自執役，最號强勁，其材藝捕緝勝於他路。近日復差，不聞有不樂，而願出錢雇人。惟是川、蜀、江、浙等路，昨升差上一等户，皆習於驕脆，不肯任察捕之責。欲乞五路必差正身，餘路即用新敕。"謂許民雇代。上官均亦謂"熙寧募法久行，何嘗聞盜賊充斥？彼自愛之民，承符帖追逮則可，俾之與賊角死，豈其能哉？兩浙諸路以法案差弓手，必責正身，至有涕泣辭免者"云云，則可見弓手等役之非不可雇募也，況曾布謂"承符、手力之類，舊法皆許雇人"乎？（七）謂寬剩數多，募直輕而倉法重，疑設法聚斂，則據曾布所言，當時畿内免役之錢，用以募役，固所餘無幾；且制用必求其有餘，亦不得以爲聚斂也。（八）謂其升户失實，則曾布謂"三年一造簿書，等第嘗有升降，則今品量增減亦未爲非；又況方曉諭民户，苟有未便，皆與釐正"。又言者"於祥符等縣，以上等人户數多減充下等，乃獨掩而不言"。荆公謂"外間扇摇役法者，謂輸多必有贏餘，若羣訴必可免"，則攻者之詞，亦未必情實矣。

主免役者，謂所裁取者，乃仕宦兼并能致人言之豪右；所寬優者，皆村鄉朴惷不能自達之窮甿。此自爲得實之語。曾布舉畿内爲例，謂上等户罷衙前之役，所輸錢減十之四五；中等户本充弓手、手力、承符、户長，今使上等及坊郭、寺觀、單丁、官户皆出錢以助之，所輸減十之六七；下等户盡除前日冗役，專充壯丁，且不輸一錢，所輸減十之八九。然當時主其事者，有求增加收入之意。人民雖得免役，仍以輸錢爲苦，亦誠有之。且下户雖得寬閒，而向不輸錢之户，乃須出錢助役，此尤所以致嘖有繁言之一因也。役法改後，省役額甚多，而民間輸數一切如舊。元祐初，剩餘之額已達三千萬貫，可見收入增加非少。故元祐時議役法，蘇軾極言"可雇不可差，第不當於雇役實費之外，多取民錢"。范百禄言："熙寧免役法行，百禄爲咸平縣，開封罷遣衙前數百人，民皆欣幸。其後有司求羨餘，務刻剥，乃以法爲病。今第減助免錢額以寬民力可也。"自是持平之論。

又蘇轍謂"坊郭人户舊苦科配，新法令與鄉户并出役錢，而免科配，其法甚便。……熙寧以前，散從、弓手、手力諸役人常苦逆送，自新法以來,官吏皆請雇錢,役人既便,官亦不至闕事”云云,則新法所除,固不獨衙前之害矣。

元祐初,司馬光爲門下侍郎,議復差法。初,命役人用見數爲額,惟衙前用坊場、河渡錢雇募,不足,方許揭簿定差。其餘役人,惟該募者得募,餘悉定差。諸路坊郭五等以上,單丁、女户、官户、寺觀三等以上,舊輸免役錢減爲五分,下此者悉免輸。尋以衙前不皆有雇直,改雇募爲招募。蘇轍言:“既非明以錢雇,必無肯就招者,勢須差撥。”又明許民户雇代,户少之鄉,應差不及三番者,許以六色錢募州役,衙前當休無代,即如募法給直,則差法之不可復,實格於事勢,舊黨亦無如何矣。一時言差法不便者甚衆,如李常謂:“差法詔下,民知更不輸錢,惟歡呼相慶,行之既久,始覺不輸錢爲害。何也?差法廢久,版籍不明,重輕無準,鄉寬户多者僅得更休,鄉狹户窄者頻年在役。上户極等昔有歲輸錢百千至三百千者,今止差爲弓手,雇人代役,歲不過用錢三四十千。中下户舊輸錢不過三二千,而今所雇承符、散從之類,不下三十千。”蘇軾言:“三等人户,方雇役時,户歲出錢極不過三四千,而今一役二年,當費七十餘千。休閑不過六年,則是八年之中,昔者徐出三十餘千,而今者并出七十餘千,苦樂可知。”哲宗親政後,復行雇法,敷錢之數,取三年雇直之平均數,寬剩錢不得過十分之一。建炎初,罷之,復行差法。乾道五年,處州松陽縣倡爲義役,衆出田穀,助役户輪充,推行之處甚多。朱熹謂“踵之者不能皆善人,於是其弊日開,其流日甚。或以材智把握,而專義役之利;或以氣力凌駕,而私差役之權。虐貧優富,凌寡暴孤”。蓋義役爲人民自動之事,若爲官紳假借名義,則仍不免於有弊也。

役起於物力,故物力升降,貴乎不殽。熙寧變法時,常責郡縣考察升降,後又以吕惠卿議,行手實法。其法:官定田産中價,民各隨價自估,仍并屋宅分有無蕃息立等,凡居錢五當蕃息之錢一。將造簿,預具式示民,令依式爲狀,縣受而籍之。分爲五等。參會通縣役錢之額,定所當輸,明書其數,示衆兩月。後御史中丞鄧綰言其不便,罷之。南渡以後,乃講究推割、推排之法。推割者,凡百姓典賣田業,税賦與物力一并推割。推排則用其資産之進退爲之升降,三歲而一行之。南宋推排、手實二法并行。議者以推排爲便,以推排委之鄉都,逕捷而易行,手實責之人户,散漫而難集也。然當時之弊,或以小民粗有米粟,僅存室廬,凡耕耨刀斧之器,鷄豚犬彘之畜,纖微細瑣,皆得而籍之。吏視賂之多寡,爲物力之低昂。於是又爲之限制,除質庫房廊、停塌店舖、租牛、賃船等外,不得以猪羊雜色估計。其後并耕牛租牛免之,而江之東西,又有以畝頭計税,不待推排者,則不啻加田賦而免其役矣。

契丹生業,注重畜牧。《遼史·食貨志》云:"契丹舊俗,其富以馬,其強以兵。縱馬於野,弛兵於民。有事而戰,彍騎介夫,卯命辰集。馬逐水草,人仰湩酪,挽強射生,以給食用,糗糧芻茭,道在是矣。以是制勝,所向無前。"《食貨志》述太祖時畜牧之盛,"括富人馬,不加多,賜大、小鶻軍萬餘匹,不加少"。又云:"自太宗及興宗垂二百年,羣牧之盛如一日。天祚初年,馬猶有數萬羣,每羣不下千匹。"又述諸國每歲貢馬之數,東丹一千匹,女真一萬匹,直不古等國一萬匹,阻卜及吾獨婉、惕德各二萬匹,西夏、室韋各三百匹,越里篤、剖阿里、奥里米、蒲奴里、鐵驪等諸部各三百匹。然亦頗重農業。《遼史》云:"初,皇祖匀德實爲大迭烈府夷離堇,喜稼穡,善畜牧,相地利以教民耕。仲父述瀾爲於越,飭國人樹桑麻,習組織。太祖平諸弟之亂,弭兵輕賦,專意於農。嘗以户口滋繁,糺轄疏遠,分北大濃兀爲二部,程以樹藝,諸部效之。"道宗時,"西蕃多叛,上欲爲守禦計,命耶律唐古督耕稼以給西軍。唐古率衆田臚朐河側,歲登上熟。移屯鎮州,凡十四稔,積粟數十萬斛,每斗不過數錢"。以馬人望前爲中京度支使,視事半歲,積粟十五萬斛。"遼之農穀,至是極盛。而東京如咸、信、蘇、復、辰、海、同、銀、烏、遂、春、泰等五十餘城内,沿邊諸州,各有和糴倉依祖宗法,出陳易新,許民自願假貸,收息二分。所在無慮二三十萬石,雖累兵興,未嘗用乏。迨天慶間,金兵大入,悉爲所有。"聖宗乾亨十三年,詔諸道置義倉。歲秋,社民隨所穫,户出粟庤倉,社司籍其目。歲儉,發以振民。

其税賦之制,無可考。據《遼史·食貨志》所載,但知在屯耕公田者,不輸税賦,其應募治在官閑田者,則計畝出粟。各部大臣從上征伐,俘掠人户,自置郛郭,爲頭下軍州,則市井之賦,各歸頭下,唯酒税赴納上京而已。

金法,官地輸租,私田輸税,租之制不傳,大率分田之等爲九而差次之。税法則如下:

一、夏税畝取三合,秋税畝取五升。又納秸一束,束十有五斤。

二、夏税六月止八月,秋税十月止十二月,爲初、中、末三限,州三百里外,紓其期一月。章宗泰和五年,以十月民穫未畢,不可遽令納税,改秋税限十一月爲初。中都、西京、北京、上京、遼東、臨潢、陝西地寒,稼穡遲熟,夏税限以七月爲初。

三、凡輸送粟麥,三百里外石減五升,以上每三百里遞減五升。粟折秸百稱者,百里内減三稱,二百里減五稱,不及三百里減八稱,三百里及輸本色槀草,各減十稱。興定四年十二月,鎮南軍節度使温迪罕思敬請民輸税者,止輸本郡,謂"今民輸税,其法大抵有三,上户輸遠倉,中户次之,下户最近。然近者不下百里,遠者數百里,道路之費,倍於所輸,而雨雪有稽違之責,遇盜有死傷之患"云云。

四、墓田、學田,租税皆免。

五、凡請射荒地者,以最下第五等減半定租,八年始徵之。若作已業者,以第七等減半爲税,七年始徵之。自首冒佃比鄰地者,輸官租三分之二。佃黄河退灘者,次年納租。泰和八年八月,户部尚書高汝礪言,舊制人户請佃荒地者,寬以徵納之年。"小民不爲久計,比至納租之時,多巧避匿,或復告退,蓋由元限太遠,請佃之初無人保識故耳。今請佃者可免三年,作已業者免一年,自首冒佃并請退灘地,并令當年輸租,以鄰首保識,爲常制。"

《續通考》云:金之官田租制雖不傳,以泰和元年學田之數考之,生員給民田官佃六十畝，歲支粟三十石，則畝徵五斗矣。雖地之高下肥瘠不同，租宜有别，然視民田五升三合，草一束之數，必倍蓰過之，是亦官田租重之一徵也。

牛具税即牛頭税，猛安謀克户所輸之税也。其制，每耒牛三頭爲一具，限民口二十五受田四頃四畝有奇，歲輸粟不過一石，官民佔田無過四十具。太宗天會三年，以歲稔，官無儲積，無以備饑饉，命一耒賦粟一石，每謀克别爲一廩貯之。四年九月，詔内地諸路，每牛一具，賦粟五斗，爲定制。世宗大定十二年，尚書省奏："唐古部民舊同猛安謀克定税，其後改同州縣，履畝立税，頗以爲重。"命從舊制。

世宗大定五年，以京畿兩猛安民户不自耕墾，及伐桑爲薪鬻之，命大興少尹完顔讓巡察。十七年，謂省臣曰："官地非民誰種，然女直人户自鄉土三四千里移來，盡得薄地，若不拘刷良田給之，久必貧乏，其遣官察之。"又謂參知政事張汝弼曰："先嘗遣問女直土地，皆云良田。及朕出獵，因問之，則謂自起移至此，不能種蒔，斫蘆爲席，或斬芻以自給。卿等其議之。"省臣奏，官地所以人多蔽匿盜耕者，由其罪輕故也。乃更條約，立限令人自陳，過限則人能告者有賞。遣同知中都路轉運使張九思往拘籍之。十九年十二月，謂宰臣曰："朕聞括地事所行極不當，如皇后莊、太子務之類，止以名稱便爲官地，百姓所執憑驗，一切不問。"云云。後又謂："凡犯秦漢以來名稱，如長城、燕子城之類者，皆以爲官田。"則當時擾累可想。然拘田以給軍户之事，終金世不絶，而軍户且有冒名增口，以請官地及取民田，致令民空輸税賦者，貽累如此。而猛安謀克户得田，初不能耕。大定二十一年，世宗謂宰臣曰："山東、大名等路猛安謀克户之民，往往驕縱，不親稼穡，不令家人農作，盡令漢人佃蒔，取租而已。富家盡服紈綺，酒食遊宴，貧者争慕效之，欲望家給人足，難矣。近已禁買奴婢，約其吉凶之禮，更當委官閲實户數，計口授地，必令自耕，力不贍者方許佃於人。仍禁其農時飲酒。"六月，遣使閲視秋稼，聞猛安謀克人惟酒是務，往往以田租人，而預借三二年租課，或種而不耘，聽其荒蕪。自今皆令閲實各户人力,可耕幾頃畝,必使自耕耘之,其力果不及者方許租賃。如惰農飲酒者,勸農謀克及本管猛安謀克并都管,各以等第科罪。收穫數多者,亦以等第遷賞。案《熙宗紀》:即位之年,即詔公私禁酒,則女直人之沈湎久矣。二十二年,以附都猛安户不自墾種,悉租與民,有一家百口壠無一苗者。從大興少尹王脩所奏,不種者杖六十,謀克四十,受租百姓無罪。合此數條,當時猛安謀克户之怠於農業,可知矣。章宗南遷,盡徙河北軍户於河南,或主括地界之耕,或主益賦以給之,以高汝礪力争,乃倍加官田之租,而未括地,然軍餉亦衹半給。當時女直户亦自言,得半餉猶可勉活,得田實不能耕也。

元之取民,大率以唐爲法。取於内郡者,曰丁税,曰地税,倣唐之租庸調也。取於江南者,曰秋税,曰夏税,倣唐之兩税也。丁税、地税之法,自太宗始行之。初,每户科粟二石,後以兵食不足,增爲四石。至丙申年,乃定科徵之法,令諸路驗民户成丁之數,每丁歲科粟一石,驅丁五升,新户丁驅各半之,老幼不與。其間有耕種者,或驗其牛具之數,或驗其土地之等徵焉。丁税少而地税多者納地税,地税少而丁税多者納丁税。工匠僧道驗地,官吏商賈驗丁。世祖申明舊制,於是輸納之期、收受之式、關防之禁,會計之法,莫不備焉。中統十七年,命户部大定諸例:

全科户丁税,每丁粟三石,驅丁粟一石,地税每畝粟三升。減半科户丁税,每丁粟一石。

新收交參户,第一年五斗,第二年一石,第三年一石二斗五升,第四年一石五斗,第五年一石七斗五升,第六年入丁税。

協濟户丁税,每丁粟一石,地税每畝粟三升。

隨路近倉輸粟,遠倉每粟一石,折納輕齎鈔二兩。富户輸遠倉,下户輸近倉,郡縣各差正官一員部之,每石帶納鼠耗三升,分例四升。凡糧到倉,以時收受,出給米錢。輸納之期,分爲三限:初限十月,中限十一月,末限十二月。成宗大德六年,更定上都、河間輸納之期。上都,初限次年五月,中限六月,末限七月。河間,初限九月,中限十月，末限十一月。

秋税、夏税之法，行於江南。初，世祖平宋，除江東、浙西，其餘獨徵秋税而已。至元十九年，用姚元之請，命江南税糧依宋舊例，折輸綿絹雜物。是年二月，又用耿左丞言，令輸米三之一，餘并入鈔爲折焉。以七百萬錠爲率，歲得羨鈔十四萬錠。其輸米者，止用宋斗斛，以宋一石當元七斗故也。至成宗元貞二年，乃定其制：秋税止命輸租，夏税則輸以木綿布絹絲綿等物。其所輸之數，視糧以爲差。糧一石輸鈔三貫、二貫、一貫，或一貫五百文、一貫七百文。皆因其地利之宜、人民之衆，酌中數取之。其所輸之物，各隨時估之高下以爲直。獨湖廣則異於是。初，阿里海牙克湖廣，罷宋夏税，依中原例，改科門攤，每户一貫二錢，視夏税增鈔五萬餘錠。至大德二年，宣慰張國紀又請科夏税，於是湖廣重罹其害。俄詔罷之。三年，又改門攤爲夏税而并徵之。每石計三貫四錢以上，視江、浙等爲尤重云。江、浙等一石輸至鈔三貫。在官之田，許民佃種輸租，皆不科夏税。

遼役法不可考，惟據《遼史·食貨志》：統和中，耶律昭言：西北之衆，每歲農時，一夫偵候，一夫治公田，二夫給糺官之役，則知其屯田戍兵，給役殊重。《聖宗紀》：統和三年三月乙巳朔，樞密使奏：契丹諸役户多困乏，請以富户代之。上因閲諸部籍，涅剌、烏隈二部户少而役重，并量免之。又《馬人望傳》：拜南院樞密使，當時民所甚患者，驛遞、馬牛、旗鼓、鄉正、廳隸、倉司之役，至破産不能給。人望使民出錢，官自募役，時以爲便。

金制，户有數等，有課役户、有物力者。不課役户、無物力者。本户、女直。雜户、漢人及契丹。正户、猛安謀克之奴婢免爲良者，止隸本部。監户、没入官良人，隸宫籍監者。官户、没入官奴婢，隸太府監者。奴婢户、二税户。遼以良民賜諸寺，分其税一半輸官，一半輸寺，謂之二税户。金世宗大定二年，嘗免之。章宗即位，又括北京路及中都路二税户。凡無憑驗，其主自言之者，及因通檢而知之者，其税半輸官，半輸主。有憑驗者，悉放爲良。户以五家爲保。户主推其長充。

男女二歲以下爲黄，十五以下爲小，十六爲中，十七爲丁，六十爲老,無夫爲寡妻妾,諸篤廢疾不爲丁。

凡户口計帳,三年一籍。自正月初,州縣以里正、主首,猛安謀克則以寨使,詣編户家責其手實,具男女老幼年與姓名,生者增之,死者除之。正月二十日以實數報縣,二月二十日申州,以十日内達上司,無遠近皆以四月二十日到部呈省。

凡漢人、渤海人不得充猛安謀克户。太祖即位之二年,以三百户爲謀克,謀克十爲猛安。又嘗以北部遼人百三十户爲一謀克,諸州漢人六十五户爲一謀克。王伯龍、高從祐并領所部爲一猛安。熙宗皇統五年,又分猛安謀克爲上、中、下三等。海陵天德二年,削其名,但稱爲諸猛安謀克。世宗大定十五年十月,遣官十人,分行天下,再定猛安謀克户,每謀克户不過三百,七謀克至十謀克置一猛安。

舊以五家爲保,泰和六年,令從唐制,以五家爲鄰,五鄰爲保,以相檢察。京府州縣郭下則置坊正,村社則隨户衆寡爲鄉置里正,以按比户口,催督賦役,勸課農桑。村社三百户以上則設主首四人,二百户以上三人,五十户以上二人,以下一人,以佐里正禁察非違。置壯丁,以佐主首巡警盜賊。猛安謀克部村寨,五十户以上設寨使一人,掌同主首。寺觀則設綱首。凡坊正、里正,以其户十分内取三分,富民均出雇錢,募強幹有抵保者充,人不得過百貫,役不得過一年。

凡遇差科,必按版籍,先及富者,勢均則以丁多寡定甲乙。有横科,則視物力,循大至小均科。不可分摘,則以次户濟之。又計民田園、屋舍、車乘、牛羊、樹藝之數,及其藏鏹之多寡徵錢,曰物力錢。物力之徵,上自公卿大夫,下逮民庶,無苟免者。近臣出使外國,歸必增物力錢,以其受饋遺也。凡民物力,居宅不與。猛安謀克户、監户,官户,於所居外自置田宅,則預焉。墓田、學田,租税、物力皆免。

章宗明昌元年,刑部郎中路伯達言:民地已納税,又通定物力,比之浮財所出差役,是重并也。命詳酌民地定物力,減十之二。

金制:"凡叙使品官之家,并免雜役,驗物力所當輸者,止出雇錢。進納補官未至蔭子孫、及凡有出身者、《金史·食貨志》原注:"謂司吏譯人等。"

出職帶官敘當身者、雜班敘使五品以下、及正品承應已帶散官未出職者，子孫與其同居兄弟，下逮終場舉人、係籍學生、醫學生，皆免一身之役。三代同居，已旌門則免差發，三年後免雜役。"《金史・食貨志》。

有司初以三年一籍，後變爲通檢，又變爲推排。大定四年，以自國初佔籍之後，至是承正隆師旅之餘，民之貧富變更，賦役不均。乃命泰寧軍節度使張弘信等二十四人，《金史・食貨志》作十三人。分路通檢天下物力以差定賦役。諸使往往以苛酷多得物力爲功，弘信檢山東州縣尤酷暴。惟梁肅爲河北轉運副使，通檢東平、大名兩路，稱平允。見本傳。五年，有司奏諸路通檢不均，詔再以户口多寡，富貴輕重，適中定之。既而，又定通檢土地等第税法。十五年，以自通檢以來十餘年，貧富變易，賦調輕重不均，遣濟南尹梁肅等二十六人，分路推排物力。二十年四月，推排猛安謀克物力。二十二年八月，始集耆老，推貧富，驗土地、牛具、奴婢之數，分爲上、中、下三等。二十六年，命吏部侍郎李晏等分路推排。章宗承安二年十月，命吏部尚書賈執綱等分路推排。三年九月，奏十三路籍定推排物力錢二百五十八萬六千七百二貫四百九十文，舊額三百二萬二千七百十八貫九百二十二文，以貧乏除免六十三萬八千一百一十一貫。除上京、北京、西京路無新強增者，餘路計收二十萬二千九十五貫。泰和元年八月，詔推排西京、北京、遼東三路人役物力。（至五年，以西京、北京邊地，常罹兵荒，復遣使推排之。大定二十六年所定三十五萬三千餘貫，減爲二十八萬七千餘貫。）二年閏十二月，定人户物力隨時推收法，典賣事産者隨業推收，別置標簿，臨時止拘浮財。八年，命吏部尚書賈守謙等十三人，分詣諸路，與按察使官一員，推排民户實力，擾民頗甚。承安時，吏部侍郎高汝礪《請據實通檢疏》曰："自大定四年通檢，迄今三十餘年，其間雖兩經推排，其浮財物力惟憑一時小民之語，以爲增減，有司惟務速定，不復推究其實。由是豪強有力者扶同而幸免，貧弱寡援者抑屈而無伸。欲革其弊，莫若據實通檢。"云云。通檢之弊既如大定四年所行矣，推排之弊又如此，差役之法何適而可哉？

元制差科之名有二：曰絲料，曰包銀。各驗其户之上下而科焉。絲料、包銀之外，又有俸鈔之科，其法亦以户之高下爲等。

絲料之法，始行於太宗八年。每二户出絲一斤，并隨路絲綫、顔色輸於官。五户出絲一斤，并隨路絲綫、顔色輸於本位。

包銀之法，定於憲宗五年。初，漢民科納包銀六兩，至是止徵四兩，二兩折收絲絹、顔色等物。（此據《元史・食貨志》。是初徵六兩，至五年始減。《王玉汝傳》謂：憲宗即位，有旨令常賦外，歲出銀六兩，謂之包垜銀。玉汝糾率諸路管民官，愬之闕下，得減三分之一。《史楫傳》：朝廷始徵包銀，楫請以銀與物折，仍減其元數，詔從之，則減於方徵之始。《張晉亨傳》則朝議户賦銀六兩，以晉亨言，蠲户額三之一，仍聽民輸他物。是初議時已減爲四兩矣，或各地不一律歟?）

世祖中統元年，立十路宣撫司，定户籍科差條例。其户大抵不一，有元管户、交參户、漏籍户、協濟户。於諸户之中，又有絲銀全科户、減半科户、止納絲户、止納鈔户；又有攤絲户、儲也速觧兒所管納絲户、復業户，并漸成丁户。户既不等，數亦不同。又有俸鈔之科，亦以户之高下爲等。於是以合科之數，作大門攤，分爲三限輸納。被災之地，聽輸他物折焉，其物各以時估爲則。凡儒士及軍、站、僧、道等户，皆不與。

又泰定之初，有所謂助役糧者。命江南民户有田一頃以上者，於所輸税外，每頃量出助役之田，具書於册，里正以次掌之，歲收其入，以助充役之費。凡寺觀田，除宋舊額，其餘亦驗其多寡令出田助役焉。

元諸王及后妃公主，皆有食采分地。其路府州縣得薦其私人以爲監，秩禄受命如王官，而不得以歲月通選調。其賦則五户出絲一斤，不得私徵之，皆輸諸有司之府，視其當得之數給之。其歲賜則銀幣各有差，始定於太宗之時，而增於憲宗之日。及世祖平江南，又各益以民户。時科差未定，每户折支中統鈔五錢，成宗後加至二貫。至於勳臣亦同。

明初定賦役法,一以黄册爲準。册有丁有田。丁有役。田有租。租曰夏税,曰秋糧。夏税毋過八月,秋糧無過明年二月。

魚鱗册成於洪武二十年。太祖定天下,覈實天下土田。而兩浙富民畏避徭役,大率以田産寄他户,謂之貼脚詭寄。是年,命國子生武淳等分行州縣,隨糧定區。區設糧長,量度田畝方圓,次以字號,悉書主名及田之丈尺,編類爲册,狀如魚鱗,號曰魚鱗圖册。先是,詔天下編黄册,以户爲主,詳具舊管、新收、開除、實在之數爲四柱式。而魚鱗圖册以土田爲主,諸原坂、墳衍、下溼、沃瘠、沙鹵之别畢具。魚鱗册爲經,土田之訟質焉。黄册爲緯,賦役之法定焉。凡質賣田土,備書税糧科則,官爲籍記之,毋令産去税存,以爲民害。賦役之籍魚鱗册與黄册相須而成,迄乎歲久,魚鱗册漫漶至不可問,而田得買賣,糧得過都圖,賦役册獨以田從户,而田所在不復可辨。《春明夢餘録》。執魚鱗册以按田,既無從知此田爲誰家所有,或且以魚鱗册不存,而田并不能按籍而稽。執黄册以求各户所有之田,亦徒有其名。以魚鱗册不存,不復能知其田之何在,即無從考證其田之果有與否。於是貧者無田而有税,富者有田而無税,其弊也有所謂坍江、已爲江水淹没者。事故移流亡絶,田棄糧存者。者,悉責賠於里甲,攤徵於貧民,而姦富猾胥遂得肆其詭寄那移之弊。富人不納糧而貧民代輸,貧民逃亡則責之里長,里長逃絶則糧長負累,其弊極矣。此履畝丈量之議所由起也。

丈量之議,起於嘉靖八年。霍韜奉命修《會典》,言:“天下額田減强半,司國計者,可不究心。”時桂蕚等先後疏請覈實田畝,而顧鼎臣請履畝丈量。江西安福、河南裕州首行之,而法未詳具,人多疑憚。其後福建諸州縣,爲經、緯二册,其法頗詳。然率以地爲主,田多者猶得上下其手,神宗初,建昌知府許孚遠爲歸户册,以田從人,其法始簡而密矣。

神宗時,用大學士張居正議,天下田畝通行丈量,限三歲竣事。用開方法,以徑圍乘除,畸零截補。於是豪猾不得欺隱,里甲免賠累,而小民無虚糧。計田數視弘治羸三百萬頃。然居正尚綜核,頗以溢額爲功。有司争改小弓以求田多,或掊克現田以充虚額。北直隸、湖廣、大同、宣府,遂先後按溢額田增賦焉。

糧長者,洪武四年九月,以郡縣吏徵收賦税,輒侵漁百姓,乃命户部,令有司科民土田,以萬石爲率,田多者爲糧長,督其鄉賦税。歲七月,州縣委官偕詣京師,領勘合以行。糧萬石,長、副各一人。十五年,革罷。十八年,復設。三十一年,更定每區正、副二名輪充。永樂十九年,命暫於南京户部宣諭給勘合,後遂爲例。宣宗宣德間,復永充。科斂横溢,民受其害,或私賣官糧以牟利。其罷者,虧損公賦,事覺,至隕身喪家。景泰時,革糧長,未幾又復。自官軍兑運,糧長不復輸京師,而州里間頗滋害。嘉靖時,諭德顧鼎臣極陳之。

洪武元年三月,命中書省議役法,田一頃出丁夫一人,不及頃者以他田足之,名曰均工夫。八年三月,編應天十八府州,江西九江、饒州、南康三府均工夫圖册。每歲農隙赴京,供役三十日遣歸。田多丁少者,以佃人充夫,而田主出米一石資其用。非佃人而計畝出夫者,畝資米二升五合。

迨造黄册成,以一百十户爲一里,里分十甲曰里甲。以上、中、下户爲三等,五歲均役,十歲一更造。一歲中諸色雜目應役者,編第均之,曰均徭。他雜役曰雜泛。凡祗應、禁子、弓兵,悉僉市民,毋役糧户。額外科一錢、役一夫者,罪流徙。

英宗正統初,行均徭鼠尾册法。先時編徭役里甲者,以户爲斷,放大户而勾單小。議者言,均徭之法,按册籍丁糧,以資産爲宗,覈人户上下,以蓄藏得實也。稽册籍,則富商大賈免役,而土著困;覈人户,則官吏里胥輕重其手,而小民益窮蹙。二者交病。然專論丁糧,庶幾古人租庸調之意。乃以舊編力差、銀差之數當丁糧之數,難易輕重酌其中。役以應差,里甲除當復者,論丁糧多少編次先後,曰鼠尾册,按而徵之。市民商賈家殷足而無田産者,聽自佔,以佐銀差。正統初,僉事夏時創行於江西,他省倣行之,役以稍平。其後諸上供者,官爲支解,而官府公私所需,復給所輸銀於坊里長,責其營辦。給不能一二,供者或什佰,甚至無所給,惟計值年里甲祗應夫馬飲食,而里甲病矣。凡均徭,解户上供爲京徭,主納爲中官留難,不易中納,往復改貿,率至傾産。其他役苛索之弊,不可毛舉。明初,令天下貢土所有,有常額,珍奇玩好不與。即須用,編之里甲,出銀以市。顧其目冗碎,姦黠者緣爲利孔。又大工營繕,祠官祝釐,用繁資溢。迨至中葉,倭寇交訌,仍歲河決,國用耗殫。於是里甲、均徭,浮於歲額矣。

凡役民,自里甲正辦外,如糧長、解户、馬船頭、館夫、祗候、弓兵、皂隸、門禁、厨斗爲常役。後又有斫薪、擡柴、修河、修倉、運料、接遞、站鋪、戍夫之類,因事編簽,歲有增益。嘉、隆後,行一條鞭法,通計一省丁糧,均派一省徭役。於是均徭、里甲與兩税爲一,小民得無擾,而事亦易集。然糧長、里長,名罷實存,諸役卒至,復僉農氓。法行十餘年,規制頓紊,不盡遵也。

孫承澤《春明夢餘録》曰:"一條鞭者,其法通府州縣十歲中夏税秋糧存留起運額若干,通爲一條,總徵而均支之也。其徵收不輪甲,通一縣丁糧均派之,而下帖於民,備載一歲中所應納之數於帖,而歲分六,限納之官。其起運完輸若給募,皆官府自支撥。蓋輪甲則遞年十甲充一歲之役;條鞭則合一邑之丁糧充一年之役也。輪甲則十年一差,出驟多易困;條鞭令每年出辦,所出少易輸。譬則十石之重,有力人弗勝,分十人而運之,力輕易舉也。諸役錢分給主之官承募人,勢不得復取贏於民。而民如限輸錢訖,閉户臥可無復追呼之擾。此役法之善者也。"

凡軍、匠、竈户,役皆永充。軍户死若逃者,於原籍勾補。匠户二等:曰住坐,曰輪班。住坐之匠,月上工十日。不赴班者,輸罰銀一月六錢,故謂之輸班。監局中官,多佔匠役,又括充幼匠,動以千計,死若逃者,勾補如軍。竈户有上、中、下三等。每一正丁,貼以餘丁。上、中户丁力多,或貼二三丁,下户概優免。

明季重斂極多,自武宗正德九年建乾清宫,加賦百萬,至世宗初年,天下財賦入太倉庫者,二百萬兩有奇。舊制以七分經費,而存積三分,備兵歉,以爲常。世宗中年,邊供費繁,加以土木、禱祀,月無虚日,帑藏匱竭。二十九年,俺答犯京師,增兵設戍,餉額過倍。三十年,京邊歲用至五百九十五萬,户部尚書孫應奎蒿目無策,乃議於南畿、浙江等州縣增賦百二十萬,加派於是始。嗣後,京邊歲用,多者過五百萬,少者亦三百餘萬,歲入不能充歲出之半。由是度支爲一切之法,其箕斂財賄、題增派、括贓贖、算税契、折民壯、提編、均徭、推廣事例興焉。《食貨志》:提編者,加派之名也。其法,以銀力差排編十甲,如一甲不足,則提下甲補之。時東南備倭,南畿、浙、閩皆有額外提編。江南至四十萬。及倭患平,仍不能減。諸例既興,初亦賴以濟匱,久之,諸所灌輸益少。又四方多事,有司往往爲其地奏留或請免。浙、直以備倭,川、貴以採木,山、陝、宣、大以兵荒,不惟停格軍興所徵發,即歲額二百萬,且虧其三之一。而内廷之賞給,齋殿之經營,宫中夜半出片紙,吏雖急,無敢延頃刻者。三十七年,大同右衛告警,賦入太倉者僅七萬,帑儲大校不及十萬。户部尚書方鈍等憂懼不知所出,乃乘間具陳帑藏空虚狀,因條上便宜七事以請。既,又令羣臣各條理財之策,議行者凡二十九事,益瑣細,非國體。而累年以前積逋無不追徵,南方本色逋賦亦皆追徵折色矣。

神宗萬曆六年四月,詔户部歲增金花銀二十萬兩。户科給事中石應岳奏:金花銀實小民惟正之供,先朝量入度出,定爲一百萬兩,額派解進,僅有此數,原無剩餘。今若添進,必借之太倉。夫太倉之儲,各邊糧餉、城築、召募、調遣諸費之所待用也。上供歲多二十萬之進,則邊儲歲少二十萬之積。願百凡費用,止取給於百萬兩之中。而太倉所儲,專以備軍國重大之費。不從。據此,則當時折色之供宫廷費用者,止以百萬爲限,而神宗則不恤國而增加之也。

九年,通行一條鞭法。一條鞭法者,總括一州縣之賦役,量地計丁,丁糧畢輸於官。一歲之役,官爲僉募。力差,則計其工食之費,量爲增減;銀差,則計其交納之費,加以增耗。凡額辦、派辦、京庫歲需與存留、供億諸費,以及土貢方物,悉并爲一條,皆計畝征銀,折辦於官。立法頗爲簡便。嘉靖間,數行數止。迨隆、萬之世,提編增額既如故,又多無藝之征,逋糧愈多,規避亦益巧。已解而愆限或至十餘年,未徵而報收,一縣有至十萬者。逋欠之多,縣各數十萬。賴行此法,無他科擾,民力不大絀。據《食貨志》:先是又有綱銀、一串鈴諸法。綱銀者,舉民間應役歲費,丁四糧六總征之,易知而不繁,猶網之有綱也。一串鈴,則夥收分解法也。

四十六年九月,加天下田賦。前此接踵三大征,頗有加派,事畢旋已。四十一年,鳳陽巡撫陳薦以倭警需餉急,請加派銀十五萬兩有奇,從之。至是驟增遼餉三百萬。時内帑充積,帝靳不肯發。户部尚書李汝華乃援征倭、播例,畝加三釐五毫,天下之賦增二百萬有奇。明年復加三釐五毫。四十八年,以兵工部請,復加二釐。通前後九釐,增賦五百二十萬,遂爲歲額。所不加者,畿内八府及貴州而已。貴州以地磽,兼有民變,故不加。

熹宗天啓二年九月,復增田賦。時又設州縣兵,按畝供餉,從御史馮英請也。莊烈帝崇禎三年十二月,復增田賦充餉。時以軍興,於九釐外,畝復徵三釐。惟順天、永平以新被兵無所加,餘六府畝徵六釐,得他省之半,共增賦百六十五萬四千有奇。合舊所增,凡六百八十餘萬。

六年正月,遣使分督直省逋賦。六月,太監張彝憲又請催逋賦千七百餘萬。八年十月,户部尚書侯恂請嚴徵新舊逋賦,從之。十年二月,復遣使督逋賦。

八年,徵助餉銀。加之田賦,每兩一錢。總督盧象昇請加宦户田賦十之一,民糧十兩以上同之。既而概徵每兩一錢,名曰助餉。十年,行均輸法。是年三月,起楊嗣昌爲兵部尚書,議增兵十二萬,增餉二百八十萬。措餉之策有四。一曰因糧,因舊額量加,畝輸六合,石折銀八錢。又畝加增一分九釐四絲,塲地不與。歲得銀百九十二萬九千有奇。一曰溢地,土田溢原額者,核實輸賦,歲得銀四十萬六千有奇。一曰事例,富民輸資爲監生。一曰驛遞,前此郵驛裁省之銀,以二十萬充餉。議上,帝遂改因糧爲均輸,佈告天下。

十二年六月,加增練餉。廷臣多請練邊兵,帝命楊嗣昌定議,邊鎮及畿輔、山東、河北、凡四總督、十七總兵官,各抽練額兵總七十三萬有奇。又汰郡縣佐貳,設練備練總,專練民兵,於是有練餉之議。初嗣昌增剿餉,期一年而止。後餉盡而事未平,詔征其半。於是剿餉外,復畝加練餉銀一分,共增七百三十萬。蓋自神宗末增賦五百二十萬,崇禎初再增百四十萬,總名遼餉,至是復增剿餉,先後增賦千六百七十萬。據御史郝晉言,則萬曆末年,合九邊餉止二百八十萬。十三年,以給事中左懋第言,今州縣上災者新舊練三餉并停,中災者止征練餉,下災者秋成督征。十四年,懋第督催漕運疏言,山東米石二十兩,河南百五十兩。十五年後,諸邊士馬報户部者,浮兵部過半,耗糧居多,而屯田、鹽引、民運,每鎮至數十百萬,一聽之邊臣。天津海道輸薊遼米豆三百萬,惟倉場督臣及天津撫臣出入部中,皆不稽覈。且所練之兵,實未嘗練,徒增餉七百萬爲民累耳。帝乃命户部并三餉爲一。州縣追比,仍是三餉。

清初定《賦役全書》,征收之額,一以萬曆以前爲準。亦用一條鞭法,夏税秋糧存留起運之額,通爲一條,總徵而均支之,運輸之費,由官支撥,而民不與焉。地丁徵銀。漕糧本色米豆麥草,各視所産。折色以銀代。米江蘇、安徽、江西、浙江、湖南、湖北、河南、山東八省有之,約共四百五十萬石,運儲京通各倉,以供官俸軍餉。後均改折色。海運者惟江、浙耳。州縣據以徵收者,亦爲黄册及魚鱗册。黄册亦名糧户册。魚鱗亦名丈量册。然自編審不行,遂惟據魚鱗册以造串票。清初五年一編審,州縣造册申府,府申司,司申督撫以達部,部以聞。亦以百十户爲里,里推丁多者十人爲長,餘百户分爲十甲。甲系以户,户系以丁,計丁出賦,以代力役。甲長司其册籍。民年六十以上開除,十六以上添注。康熙五十二年,詔嗣後滋生人丁,永不加賦。丁賦之額,以五十年册籍爲準。雍正間,攤入地糧,地丁始合徵。乾隆五年,遂停編審,憑保甲造册。保甲之法,户給印單,書其姓名、習業及人數，出注所往，入注所來。十户爲牌，十牌爲甲，十甲爲保，皆有長。八旗户口，三年一編審。户部移八旗滿、蒙、漢軍都統、盛京將軍、各省駐防將軍、都統、副都統，飭所屬佐領，簡稽丁壯，造册送部，彙疏以聞。其編丁起於佐領，每佐領三百人，五佐領爲一參領，五參領設一都統。末年，乃有變通旗制，京旗及各省駐防，皆以所住地方爲本籍之議。串票者，州縣分别上中下三則每畝應徵錢糧實數，刊給納户，以爲徵收之據者也。始於順治十年。其時用二聯，鈐印中分，官民各執其半。奸胥以查對爲名，收回業户所執，遂有一票再徵，及浮收之弊。康熙二十八年，改爲三聯，以一付役應比焉。雍正三年，改爲四聯，以一送府。八年，仍復三聯之制，又有易知由單，刊刻賦則尤詳備，與串票并行，然實際不盡行也。廳州縣地丁除支用外，例應送府。府復除其支用之數，送布政司。司具完解欠支之數，報部核銷，名奏銷册，亦名四柱册。然其後多直送司。

明清二代，銀之爲用日廣，而折色以起。《明史·食貨志》："洪武九年，天下税糧，令民以銀、鈔、錢、絹代輸。""十七年，雲南以金、銀、貝、布、漆、丹砂、水銀代秋租。於是謂米麥爲本色，而諸折納税糧者，謂之折色。"三十年，諭户部：天下逋租，任土所産，折收布、絹、棉花、金銀等物，著爲令。成祖永樂五年，始置交阯布政司，命以絹、漆、蘇木、翠羽、紙扇、沈速安息諸香代租賦。是時，雖歲貢銀三十萬兩有奇，而民間交易用銀，仍有厲禁。英宗正統元年，始折徵金花銀。以副都御史周銓言：京師官俸，俱持帖赴南京領米，而道遠難運，輒以米易貨，以致虧短故也，始行之。南畿、浙江、江西、湖廣、福建、廣東、廣西米麥四百餘萬石，折銀百萬餘兩，入内承運庫，謂之金花銀。其後概行於天下。起運兑軍外，糧四石收銀一兩解京，以爲永例。憲宗成化十三年，李敏巡撫大同，見山東、河南轉餉至者，道遠耗費，乃會稽歲支外，悉令輸銀。二十三年，本傳作二十一年，此從《七卿表》。李敏爲户部尚書，并請畿輔、山西、陝西州縣歲輸糧各邊者，每糧一石徵銀一兩，以十九輸邊，依時值折軍餉，有餘則召糴以備軍興。從之。自是諸方賦入皆折銀,而倉廩之積漸少矣。穆宗隆慶元年十二月,户部奏請止將南京官吏月糧及向來積久京儲,盡行改折每石七錢,在北者量折十之二,每石一兩,米價昂則仍徵本色。從之。

《續通考》曰:"田賦輸銀,始見於宋神宗熙寧十年。時夏税有銀三萬一千九百四十兩,秋税有銀二萬八千一百九十七兩。原注:"見馬端臨《通考》。"金元以來無行之者。明洪武九年,雖有聽民以銀準米之令,永樂時歲貢銀有三十萬兩,亦不過任土便民,與折麻苧、香漆之屬等耳。自正統初以金花銀入内庫,而折徵之例定,自是遂以銀爲正賦矣。唐德宗作兩税而以錢代輸,明英宗折金花而以銀充賦,皆古今農政中更制之大端也。然正統時以銀一兩當米四石,成化時一兩止當一石,行法未幾,而民之苦樂,前後又復頓殊。"

《食貨志》云:"初,歲賦不徵金銀,惟坑冶税有金銀,入内承運庫。其歲賦偶折金銀者,俱送南京供武臣禄。而各邊有緩急,亦取足其中。正統元年改折漕糧,歲以百萬爲額,盡解内承運庫,不復送南京。自給武臣禄十餘萬兩外,皆爲御用。所謂金花銀也。七年乃設户部太倉庫。""凡折銀者,皆入太倉庫。籍没家財,變賣田産,追收店錢,援例上納者,亦皆入焉。專以貯銀,故又謂之銀庫。"折徵既興,乃有所謂火耗。明舊制,收糧令納户平準,石加耗不得過五升。至憲宗即位,倉吏多侵害,申禁焉。後加耗至八升。久之,復溢,屢禁不能止也。洪武時,内府所用白熟粳糯米及芝麻、黄豆等,并各官吏俸米,皆於蘇、松、常、嘉、湖五府秋糧内派納。武宗正德時,驟增内使五千人,糧亦加十三萬石。世宗嘉靖元年,從户部侍郎李充嗣言,減從故額,時凡輸運内府白熟粳糯米十七萬四十餘石,内折色八千餘石,各府部糙粳米四萬四千餘石,内折色八千八百餘石,謂之白糧。收受之際,每多加耗,頗爲民累。至三年,命内官監收受白糧正糧一石,交耗一斗,不許分外多收。此皆但名耗而不曰火耗。顧炎武《錢糧論》曰:"火耗之所由名,其起於徵銀之代乎?原夫耗之所生,以一州縣之賦繁矣。户户而收之,銖銖而納之,不可以瑣細而上諸司府,是不得不資於火。有火則必有耗。此火耗之所由名也。”云云。久之，火耗遂成大宗款項。至清雍正時，悉數提歸藩司，而酌給官吏以養廉焉。又有所謂平餘者，乾隆初四川巡撫碩色奏請提解歸公。

明清江南賦税最重，此其由來甚久。《明史·食貨志》云：“太祖定天下官、民田賦，凡官田畝税五升三合五勺，民田減二升，重租田八升五合五勺，没官田一斗二升。惟蘇、松、嘉、湖，怒其爲張士誠守，乃籍諸豪族及富民田以爲官田，按私租簿爲税額。而司農卿楊憲又以浙西地膏腴，增其賦，畝加二倍。故浙西官、民田視他方倍蓰，畝税有二三石者。大抵蘇最重，松、嘉、湖次之，常、杭又次之。”七年五月，命減蘇、松、嘉、湖極重田租，如畝税七斗五升者，除其半。十三年三月，復命户部裁其額，畝科七斗五升至四斗四升者減十之二，四斗三升至三斗六升者俱止徵三斗五升，以下者仍舊。《續通考》云：“是時浙西賦極重，而浙東賦有極輕者。《實録》云：洪武元年，有司奏定、處州七縣田賦，畝税一升。帝以劉基故，命青田縣止徵其半。原注：“《基行狀》：帝曰：使伯温鄉里子孫，世世爲美談也。”據此，則不但青田之賦極輕，其餘六縣亦僅比民田三分之一。”惠帝建文二年二月，詔曰：“江、浙賦獨重，而蘇、松準私租起科，特以懲一時頑民，豈可爲定則以重困一方。宜悉與減免，畝不得過一斗。”成祖盡革建文政，浙西賦復重。宣宗時，廣西布政使周幹，巡視蘇、常、嘉、湖諸府還，言民多逃亡，詢之耆老，皆云重賦所致。請將没官田及公侯還官田租，俱視彼處官田起科，畝税六斗。海水淪陷田，悉除其税。命部議行之。宣德五年二月詔：“舊額官田租，畝一斗至四斗者各減十之二，四斗一升至一石以上者減十之三。著爲令。”九月，命周忱巡撫江南諸府，總督税糧。蘇府官、民田租共二百七十七萬石，而官田之租，乃至二百六十二萬石，民不能堪。忱乃與知府況鍾曲算累月，減至七十二萬餘石，他府亦以次減，民始少甦。忱又請令松江官田依民田起科，帝不能從。時天下財賦多不理，而江南爲甚，蘇州一郡，積逋至八百萬石。忱始至，召父老問逋税故，皆言豪富不肯加耗，并徵之細民。民貧逃亡，而税額益缺。

忱乃創爲平米法，令出耗必均，又以支撥餘米，貯之倉曰濟農，耕者借貸，必驗中下事力及田多寡給之，秋與糧并賦。雖與民爲期約，至時多不追取。每歲徵收畢，踰正月中旬，輒下檄放糧，曰："此百姓納與朝廷賸數，今還百姓用之。努力種田，秋間又納朝廷税也。"於是兩税無逋，公私饒足。又民間馬草，歲運兩京，勞費不貲。忱請每束折銀三分，南京則輕齎即地買納。又言丹徒、丹陽二縣，田没入江者，賦尚未除。國初蠲租之家，其田多并於富室，宜徵其租，没於江者除之。無錫官田賦白米太重，請改征租米。悉報可。至景帝時，户部括所積餘米爲正賦，儲備蕭然。其後吴大饑，道殣相望，課逋如故矣。穆宗隆慶元年十二月，户部奏各省糧額，俱以夏税秋糧馬草爲正賦，差徭編增爲雜派，惟蘇、松諸郡不分正雜而混徵之，名曰平米。其中如馬役料價義役，原非户部之加增，如輕齎脚米户口鹽鈔，亦非糧額之正數。雜派漸多，常賦反累。宜令清查舊額所增之數，造册送部裁減。從之。

《續通考》云："馬草爲明正賦，與夏税秋糧并徵，《明史》不詳其制。考《會典》：弘治後始有徵收之數，惟及南直隸十三府，四川、北直隸八府二州，并浙江、山東、山西、河南、陝西五省。其支給之例，始見於永樂時。大率馬一匹，日支草一束，束重十五斤，豆則三四升上下不等。其後有折支者，或以鈔，或以布，或以銀。有限月支折者，或歲給其半，或給以強半，或給以少半。因夏秋草盛而價賤，有放牧樵采之利；冬春專賴芻藁，每有不足，故視時值之貴賤、差用之勞逸而爲之制。惟常令在京坊場，歲有一百五十萬束之積以備用。原注："隆慶三年制。"此支折所以不同，而秋草與穀草又必兼收而交濟也。此外又有納鈔贖罪、納鈔中鹽例，召商納草豆例，商販納草入關例，凡此雖非正賦，而藉以佐正賦所不及，亦時事之不得不然耳。"

英宗正統元年閏六月，再減浙江、蘇、松等處官田税。其官田準民田起科，每畝秋糧四斗一升至二石以上者減作三斗，二斗一升以上至四斗者減作二斗，一斗一升至二斗者減作一斗。

英宗天順初，令鎮守浙江尚書孫原貞等定杭、嘉、湖官、民田平米則例，官田畝科一石以下，民田七斗以下者，每石歲徵平米一石三斗。官民田四斗以下者，每石歲徵平米一石五斗。官田二斗以下，民田二斗七升以下者，每石歲徵平米一石七斗。官田八升以下，民田七升以下者，每石歲徵平米二石二斗。凡起科重者徵米少，起科輕者徵米多，欲使科則適均。而畝科一石之數，未嘗減云。

明初官田，皆宋、元時入官田地。厥後有還官田、没官田、斷入官田、學田、皇莊、馬草場、城壖、苜蓿地、牲地、園陵、墳地、公占隙地、諸王公主勳戚大臣内監寺觀賜乞莊田、百官職田、軍民商屯田，通謂之官田。其餘爲民田。

草場頗多佔奪民業。而爲民厲者，莫如皇莊及諸王、勳戚、中官莊田。太祖賜勳臣公侯丞相以下莊田，多者百頃，親王莊田千頃。又賜公侯暨武臣公田。又賜百官公田，以其租入充禄。指揮没於陣者，皆賜公田。勳臣莊佃，多倚威扞禁。帝召諸臣戒諭之。其後公侯復歲禄，歸賜田於官。仁、宣之世，乞請漸廣，大臣亦得請没官莊舍。英宗以後，諸王外戚中官，或賜，或請，或佔奪，姦民又有獻地王府者。雖有世次遞減之限，然或隱匿不還，或當減而奉詔姑留。而自憲宗即位，以没入曹吉祥地爲宫中莊田，於是又有所謂皇莊者。其後皇莊亦日廣。弘治二年，户部尚書李敏上言："畿内皇莊有五，共地萬二千八百餘頃。勳戚、中官莊田三百三十有二，共地三萬三千餘頃。管莊官校招集羣小，稱莊頭、伴當，佔地土，斂財物，汙婦女。稍與分辨，輒被誣奏。官校執縛，舉家驚惶。民心傷痛入骨。"神宗時，福王分封，括河南、山東、湖廣田爲王莊，至四萬頃。羣臣力争，乃減其半。王府官及諸閹丈地徵税，旁午於道，扈養廝役廩食以萬計。漁斂慘毒，駕帖捕民，格殺莊佃，所在騷然。其爲禍可爲烈矣！

清定鼎後，以近畿州縣荒地及明官莊爲莊田，分賜宗室勳戚，皆免賦。順治七年，定親王園八所，每所百八十畝。郡王五所，貝勒四所，貝子三所，公二所，鎮國將軍二百四十畝，輔國將軍百八十畝，奉國將軍百二十畝，奉恩將軍六十畝。嗣後受封者，皆依次撥給，不得買賣。此項莊田屬内務府，不屬州縣。莊皆有長，以收其賦。在盛京户部奏請簡派大臣，會同徵收旗人田地租税，由協領、城守尉、佐領、防禦、驍騎校等徵收，在熱河者由總管大臣派員徵收。

明代各藩所佔地，清時歸人民耕種者，謂之更名田。

# 第十四章 征 榷

租税宜多其途以取之，然後國用抒而民不至於困。然中國政治家於此不甚明瞭。自隋唐以前，迄認田租口賦爲正税。唐中葉後，藩鎮擅土，王賦所入無幾，不得已，取給於鹽鐵等雜税。宋以後遂不復能免。至於今日，而關鹽等税且爲國家收入之大宗焉。然此乃事實上之發達，在理論上則古人初未嘗認此爲良好之税源也。

古代制度并無正式記載，祇能在各家學説中見之。其見於今文經説者，耕地有分賦之法，耕地以外之土地則否，《王制》"名山大澤不以封，林麓川澤以時入而不禁"是也。而其取之，則有一定之法度，《孟子》所謂"數罟不入洿池"，"斧斤以時入山林"是也。關於狩獵之規則，《王制》云："天子諸侯無事，則歲三田，一爲乾豆，二爲賓客，三爲充君之庖。無事而不田，曰不敬。田不以禮，曰暴天物。天子不合圍，諸侯不掩羣。天子殺則下大綏，諸侯殺則下小綏，大夫殺則止佐車，佐車止則百姓田獵。獺祭魚，然後漁人入澤梁。豺祭獸，然後田獵。鳩化爲鷹，然後設罻羅。草木零落，然後入山林。昆蟲未蟄，不以火田。不麛，不卵，不殺胎，不殀夭，不覆巢。"關於商業，今文家主張無税，《王制》"古者市廛而不税，關譏而不征"是也。《孟子》："昔者文王之治岐也，關市譏而不征。"又曰："市廛而不征，法而不廛。"工業則全立於國家監督之下，尤無所謂税。

古文家之説，當以《周官》爲其代表。《周官・太宰》："以九職任萬民：一曰三農，生九穀。二曰園圃，毓草木。三曰虞衡，作山澤之材。四曰藪牧,養蕃鳥獸。五曰百工,飭化八材。六曰商賈,阜通貨賄。七曰嬪婦,化治絲枲。八曰臣妾,聚斂疏材。九曰閒民,無常職,轉移執事。"其所述職業之範圍,較他書爲廣。又以"九賦斂財賄","七曰關市之賦,八曰山澤之賦",即後世所謂商税、關税、雜税也。《周官》商政掌於司市、質人、廛人、胥師、賈師、司虣、司稽、胥、肆長等官。質人"掌成市之貨賄、人民、牛馬、兵器、珍異。凡賣儥者質劑焉。大市以質,小市以劑。掌稽市之書契,同其度量,壹其淳制,巡而考之"。《注》謂質劑兩書一札,同而别之。大市人民牛馬之屬用長券,小市兵器珍異之物用短券。書契謂取予市物之券。廛人"掌斂市紋布、總布、質布、罰布、廛布,而入於泉府"。紋布謂列肆之税,猶後世之鋪税。總布爲守斗斛銓衡者之税,猶後世之牙税。質布爲犯質劑之罰。或謂質劑官造而取期税,則似後世之契税。罰布爲犯市令之罰。廛布爲邸舍之税,猶後世之棧費也。司關"司貨賄之出入者,掌其治禁,與其征廛"。《注》:"征廛者貨賄之税與所止邸舍也。關下亦有邸客舍,其出布如市之廛。"案廛之有税,今古文所同,惟今文家"市廛而不征,關譏而不征"。《周官、司市》云:"國凶荒札喪,則市無征而作布。"《司關》云:"國凶札,則無關門之征。"則平時有征,此其所以爲異也。又《載師》:"以廛里任國中之地。""國宅無征,園廛二十而一。"《注》以國宅爲"官所有宫室,吏所治者";廛爲"民居之區域",鄭司農云:市中空地未有肆。里爲民居,是國中民居有税。又云:"凡宅不毛者有里布。凡田不耕者出屋粟。凡民無職事者,出夫家之征。"宅不毛者,鄭司農謂"不樹桑麻",《漢志》謂"城郭中宅"。泉府"掌以市之征布斂市之不售貨之滯於民用者,以其賈買之。物楬而書之,以待不時而買者"。"凡賒者,祭祀無過旬日,喪紀無過三月。凡民之貸者,與其有司辨而授之,以國服爲之息"。此則對於消費者及商人均爲之保障,并爲借貸之機關,其事惟古代小經濟團體乃能行之耳。田獵之政令,《周官》掌於跡人及《天官》獸人。林麓掌於林衡。川澤掌於川衡。國澤掌於澤虞。adad征掌於adad人。角人"掌徵齒角,凡骨物於山澤之農"。羽人"掌徵羽翮於山澤之農”。掌葛“掌徵絺綌之材於山農”。委人“掌斂野之賦斂、薪蒭，凡疏材木材，凡畜聚之物”。金玉錫石之地，則掌於卝人。

漢初用度省而取民亦寡，《食貨志》所謂“上於是約法省禁，輕田租，什五而税一，量吏禄，度官用，以賦於民。而山川園池市肆租税之入，自天子以至封君湯沐邑，皆各爲私奉養，不領於天子之經費”者也。此時之財權，蓋不甚集於中央。然《吴王濞傳》云：“孝惠、高后時，天下初定，郡國諸侯各務自拊循其民。”則亦無甚厲民之政也。至武帝時，而取民乃多，其中重要者，一爲鹽鐵、均輸、酒酤，一爲算緡。《漢書・食貨志》：“以東郭咸陽、孔僅爲大農丞，領鹽鐵事，而桑弘羊貴幸。咸陽，齊之大鬻鹽，孔僅，南陽大冶，皆致産累千金，故鄭當時進言之。弘羊，洛陽賈人之子，以心計，年十三，侍中。”“大農上鹽鐵丞孔僅、咸陽言：山海，天地之臧，宜屬少府，陛下勿私，以屬大農佐賦。願募民自給費，因官器作鬻鹽，官與牢盆。浮食奇民欲擅斡山海之貨，以致富羡，役利細民。其沮事之議，不可勝聽。敢私鑄鐵器鬻鹽者，鈦左趾，没入其器物。郡不出鐵者，置小鐵官，使屬所在縣。使僅、咸陽乘傳舉行天下鹽鐵，作官府，除故鹽鐵家富者爲吏。”“孔僅使天下鑄作器，三年中至大司農，列於九卿。而桑弘羊爲大司農中丞，管諸會計事，稍稍置均輸以通貨物。”元封元年，“桑弘羊爲治粟都尉，領大農，盡代僅斡天下鹽鐵。弘羊以諸官各自市相争，物以故騰躍，而天下賦輸或不償其僦費，迺請置大農部丞數十人，分部主郡國，各往往置均輸鹽鐵官，令遠方各以其物，如異時商賈所轉販者爲賦，而相灌輸。置平凖於京師，都受天下委輸。召工官治車諸器，皆仰給大農。大農諸官盡籠天下之貨物，貴則賣之，賤則買之。如此，富商大賈亡所牟大利，則反本，而萬物不得騰躍。故抑天下之物，名曰平凖。天子以爲然而許之”。“昭帝即位六年，詔郡國舉賢良文學之士，問以民所疾苦，教化之要。皆對願罷鹽鐵酒榷均輸官。……弘羊難，以爲此國家大業，所以制四夷，安邊足用之本，不可廢也。迺與丞相千秋共奏罷酒酤。”《武帝紀》天漢三年二月，初榷酒酤。元帝時，嘗罷鹽鐵官，三年而復之。《續漢書·百官志》："其郡有鹽官、鐵官、工官、都水官者，隨事廣狹置令、長及丞。"本注曰："凡郡縣出鹽多者置鹽官，主鹽税。出錢多者置鐵官，主鼓鑄。有工多者置工官，主工税物。有水池及魚利多者置水官，主平水收漁税。"《後漢書·鄭衆傳》："建初六年，代鄧彪爲大司農。是時肅宗議復鹽鐵官，衆諫以爲不可。詔數切責，至被奏劾。衆執之不移。帝不從。"《和帝紀》：即位四月戊寅，詔曰："昔孝武皇帝致誅胡、越，故權收鹽鐵之利，以奉師旅之費。自中興以來，匈奴未賓，永平末年，復修征伐。先帝即位，務休力役，然猶深思遠慮，安不忘危，探觀舊典，復收鹽鐵，欲以防備不虞，寧安邊境。而吏多不良，動失其便，以違上意。先帝恨之，故遺戒郡國罷鹽鐵之禁，縱民煮鑄，入税縣官如故事。其申勑刺史、二千石，奉順聖旨，勉弘德化，布告天下，使明知朕意。"算緡之制，《漢書·食貨志》：公卿言："異時算軺車賈人之緡錢皆有差，請算如故。諸賈人末作貰貸賣買，居邑貯積諸物，及商以取利者，雖無市籍，各以其物自佔，率緡錢二千而算一。諸作有租及鑄，率緡錢四千算一。非吏比者、三老、北邊騎士，軺車一算；商賈人軺車二算；船五丈以上一算。匿不自佔，佔不悉，戍邊一歲，没入緡錢。有能告者，以其半畀之。"《志》言："於是告緡錢縱矣。""楊可告緡徧天下，中家以上大氐皆遇告。""迺分遣御史廷尉正監分曹往，往即治郡國緡錢，得民財物以億計，奴婢以千萬數，田大縣數百頃，小縣百餘頃，宅亦如之。於是商賈中家以上大氐破，民媮甘食好衣，不事畜臧之業。"其爲禍可謂烈矣。

鹽鐵、均輸、酒酤、算緡等政，皆藉口於摧抑豪強，然其結果皆成爲厲民之政，則以自始本無誠意，徒以是爲藉口也。而王莽之六筦，則頗有利民之心，不能以其辦理之不善，而并没其初意也。《志》又云："遂於長安及五都立五均官，更名長安東西市令及洛陽、邯鄲、臨甾、宛、成都市長皆爲五均司市稱師(稱字衍)。東市稱京，西市稱畿，洛陽稱中，餘四都各用東西南北爲稱，皆置交易丞五人，錢府丞一人。工商能採金銀銅連錫登龜取貝者，皆自佔司市錢府，順時氣而取之。

又以《周官》税民：凡田不耕爲不殖，出三夫之税；城郭中宅不樹藝者爲不毛，出三夫之布；民浮游無事，出夫布一匹。其不能出布者，宂作，縣官衣食之。諸取衆物鳥獸魚鼈百蟲於山林水澤及畜牧者，嬪婦桑蠶織紝紡績補縫，工匠醫巫卜祝及它方技商販賈人坐肆列里區謁舍，皆各自佔所爲於其在所之縣官，除其本，計其利，十一分之，而以其一爲貢。敢不自佔，自佔不以實者，盡没入所採取，而作縣官一歲。諸司市常以四時中月實定所掌，爲物上中下之賈，各自用爲其市平，毋拘它所。衆民賣買五穀布帛絲緜之物，周於民用而不讎者，均官有以考檢厥實，用其本賈取之，毋令折錢。萬物卬貴，過平一錢，則以平賈賣與民。其賈氐賤減平者，聽民自相與市，以防貴庾者。民欲祭祀喪紀而無用者，錢府以所入工商之貢但賒之，師古曰："但，空也，徒也，言空賒與之，不取息利也。"祭祀毋過旬日，喪紀毋過三月。民或乏絶，欲貸以治産業者，均授之，除其費，計所得受息，毋過歲什一。羲和魯匡言：名山大澤，鹽鐵錢布帛，五均賒貸，斡在縣官，唯酒酤獨未斡。""請法古，令官作酒。""除米麴本賈，計其利而什分之，以其七入官，其三及醩截灰炭給工器薪樵之費。羲和置命士督五均六斡，郡有數人，皆用富賈。""乘傳求利，交錯天下。因與郡縣通姦，多張空簿，府臧不實，百姓俞病。莽知民苦之，復下詔曰：夫鹽，食肴之將；酒，百藥之長，嘉會之好；鐵，田農之本；名山大澤，饒衍之臧；五均賒貸，百姓所取平，卬以給澹；鐵布銅冶，通行有無，備民用也。此六者，非編户齊民所能家作，必卬於市，雖貴數倍，不得不買。豪民富賈，即要貧弱，先聖知其然也，故斡之。每一斡爲設科條防禁，犯者罪至死。"觀其取民與平物價及賒貸并行，即知其非以爲利也。

《晉書·食貨志》："建安初，關中百姓流入荆州者十餘萬家，及聞本土安寧，皆企望思歸，而無以自業。於是衛覬議爲鹽者國之大寶，自喪亂以來放散，今宜如舊置使者監賣，以其直益市犁牛，百姓歸者以供給之。於是魏武遣謁者僕射監鹽官，移司隸校尉居弘農。流人果還，關中豐實。"

《魏書·食貨志》:"河東郡有鹽池,舊立官司以收稅利,是時案指孝文帝時。罷之,而民有富彊者專擅其用,貧弱者不得資益。延興末,復立監司,量其貴賤,節其賦入,於是公私兼利。世宗即位,復罷其禁。自後豪貴之家,復乘勢佔奪,近池之民,又輒障吝。神龜初,復置監官以監檢焉。其後更罷更立,以至於永熙。自遷鄴後,於滄、瀛、幽、青四州之境,傍海煮鹽。又於邯鄲置竈四。"《隋書·食貨志》:後周太祖創制六官,掌鹽"掌四鹽之政令。一曰散鹽,煮海以成之。二曰鹽鹽,引池以化之。三曰形鹽,物地以取之。四曰飴鹽,於戎以取之。凡鹽鹽、形鹽,每地爲之禁,百姓取之皆稅焉"。

又開皇三年,先是尚依周末之弊,官置酒坊收利,鹽池鹽井皆禁百姓採用,至是罷酒坊,通鹽池鹽井,與百姓共之。

《魏書·食貨志》:"孝昌二年冬,稅京師田租畝五升,借賃公田者畝一斗。又稅市,入者人一錢,其店舍又爲五等,收稅有差。"

《隋書·食貨志》:武平之後,"給事黄門侍郎顔之推奏,請立關市、邸店之稅。開府鄧長顒贊成之。後主大悦,於是以其所入,以供御府聲色之費,軍國之用不豫焉"。

又周閔帝元年,初除市門稅。及宣帝即位,復興入市之稅。高祖登庸,除入市之稅。

又晉自過江,凡貨賣奴婢、馬牛、田宅,有文券,率錢一萬,輸估四百入官,賣者三百,買者一百。無文券者,隨物所堪,亦百分收四,名曰散估。歷宋、齊、梁、陳如此,以爲常。又都西有石頭津,東有方山津,各置津主一人,賦曹一人,直水五人,以檢察禁物及亡叛者。其荻炭魚薪之類過津者,并十分稅一以入官。其東路無禁,故方山津檢察甚簡。淮水北有大市百餘,小市十餘所。大市備置官司,稅斂既重,時甚苦之。

唐有鹽池十八,井六百四十,皆隸度支。

天寶、至德間,鹽每斗十錢。乾元元年,鹽鐵、鑄錢使第五琦初變鹽法,就山海井竈近利之地置監院。游民業鹽者爲亭户,免雜徭。盜鬻者論以法。及琦爲諸州榷鹽鐵使，盡榷天下鹽，斗加時價百錢而出之，爲錢一百一十。自兵起，流庸未復，税賦不足供費，鹽鐵使劉晏以爲因民所急而税之，則國足用。於是上鹽法輕重之宜，以鹽吏多則州縣擾，出鹽鄉因舊監置吏，亭户糶商人，縱其所之。江、嶺去鹽遠者，有常平鹽，每商人不至，則減價以糶民。吴、越、揚、楚之鹽，有監十，歲得錢百餘萬緡，以當百餘州之賦。晏之始至也，鹽利歲纔四十萬緡，至大曆末，六百餘萬緡。天下之賦，鹽利居半。明年而晏罷。貞元四年，淮南節度使陳少游奏加民賦，自此江淮鹽每斗亦增二百，爲錢三百一十，其後復增六十，河中兩池鹽每斗爲錢三百七十。順宗時，始減江淮鹽價，每斗爲錢二百五十，河中兩池鹽，斗錢三百。其後鹽鐵使李琦奏江淮鹽斗減錢十以便民，未幾復舊。兵部侍郎李巽爲使，以鹽利皆歸度支，物無虚估，天下糶鹽税茶，其赢六百六十五萬緡。初歲之利，如劉晏之季年，其後則三倍晏時矣。時兩池鹽利，歲收百五十餘萬緡。憲宗之討淮西也，度支使皇甫鎛加劍南東西兩川、山南西道鹽估以供軍。自兵興，河北鹽法羈縻而已。至皇甫鎛又奏置榷鹽使，如江淮榷法。及田弘正舉魏博歸朝廷，穆宗命河北罷榷鹽。宣宗即位，茶鹽之法益密。其後兵徧天下，諸鎮擅利。

唐初無酒禁。廣德二年，定天下酤户以月收税。建中元年，罷之。三年，復禁民酤，以佐軍費，置肆釀酒，斛收直三千，州縣總領，醨薄私釀者論其罪。尋以京師四方所湊，罷榷。貞元二年，復禁京城、畿縣酒，天下置肆以酤者，斗錢百五十，免其徭役，獨淮南、忠武、宣武、河東榷麴而已。元和六年，罷京師酤肆，以榷酒錢隨兩税青苗斂之。太和八年，遂罷京師榷酤。凡天下榷酒爲錢百五十六萬餘緡，而釀費居三之一，貧户逃酤不在焉。

青苗錢者，大曆元年，天下苗畝税錢十五，市輕貨給百官手力課。以國用急，不及秋，方苗青即征之，號青苗錢。又有地頭錢，每畝二十，通名爲青苗錢。後青苗錢畝加一倍，而地頭錢不在焉。

初，德宗納户部侍郎趙贊議，税天下茶、漆、竹、木，十取一，以爲常平本錢。及出奉天,乃罷之。諸道鹽鐵使張滂奏,出茶州縣若山及商人要路,以三等定估,十稅其一。自是歲得錢四十萬緡。穆宗即位,鹽鐵使王播增天下茶稅,率百錢增五十。江淮、浙東西、嶺南、福建、荆襄茶,播自領之,兩川以户部領之。天下茶加斤至二十兩,播又奏加取焉。其後王涯判二使,置榷茶使,徙民茶樹於官場,焚其舊積者,天下大怨。令狐楚代爲鹽鐵使兼榷茶使,復令納榷,加價而已。李石爲相,以茶稅皆歸鹽鐵,復貞元之制。武宗即位,鹽鐵轉運使崔珙又增江淮茶稅。是時茶商所過州縣有重稅,或掠奪舟車,露積雨中,諸道置邸以收稅,謂之塌地錢。大中初,鹽鐵轉運使裴休著條約。廬、壽、淮南皆加半稅。天下稅茶增加。貞元江淮茶爲大模,一斤至五十兩。諸道鹽鐵使于悰每斤增稅錢五,謂之剩茶錢,自是斤兩復舊。

銀銅鐵錫之冶,德宗時户部侍郎韓洄建議,山澤之利宜歸王者,自是皆隸鹽鐵使。開成元年,復以山澤之利歸州縣,刺史選吏主之。其後諸州牟利以自殖,舉天下不過七萬餘緡,不能當一縣之茶稅。及宣宗增河湟戍兵衣絹五十二萬匹,鹽鐵轉運使裴休請復歸鹽鐵使以供國用。

田賦而外,各種稅入如上所述者,雖亦歷代皆有,而其視爲國家重要之收入,則實自唐中葉以後。蓋經安史之亂,北方大敝,而富力之重心移於江淮,藩鎮擅土,賦稅不入,而中央所仰給,乃在雜稅,故其初於江淮置租庸使,又置度支鹽鐵使,皆爲財政要職,後遂至以轉運使掌外,度支使掌内,永泰二年,分天下財賦、鑄錢、常平、轉運、鹽鐵,置二使。東都畿内、河南、淮南江東西、湖南、荆南、山南東道,以轉運使劉晏領之;京畿、關内、河南、劍南、山南西道,以京兆尹、判度支第五琦領之。琦貶,以户部侍郎、判度支韓滉與晏分治。而財政上之機關,亦與古大異矣。自此逐漸變遷,遂成爲宋以後之税制。

宋代鹽利:一、“解鹽”,解州、安邑兩池。二、“海鹽”,京東、河北、兩浙、淮南、福建、廣南六路。三、“鹻鹽”,并州永利鹽。仁宗時,分永利爲東西兩監,東隸并州,西隸汾州。四、“井鹽”,益、梓、夔、利四路。其製鹽之法,解鹽則籍民户爲畦夫,官廩給之,復其家後稍以傭夫代之。製海鹽之民,謂之亭户,亦曰竈户。户有鹽丁,歲課入官,受錢或折租賦兩浙又役軍士爲之。鹻鹽則籍民之有鹻土者,謂之鐺户,歲輸鹽於官,名課鹽。井鹽大者爲監,小者爲井,監由官掌,井則土民自製輸課。其售鹽之法,有官鬻、通商二者。通商者又得入芻粟於邊,或入錢帛金錢及粟於京師。入芻粟於邊,及於指定處所納錢帛金銀,始於雍熙間。京師置折中倉令商人入中斗斛,始於端拱二年。於京師榷貨務入納錢帛金銀,始於天聖七年。官賣之弊,在於役民運輸,勞擾頗甚。又水運處役民伐木造船,陸運處役及車户。而官鹽價貴,私鹽遂繁,藪奸叢盜。通商似較合理,入中之法尤可省運輸而集財權,然行之亦不能無弊,則以官吏之理財,每至成爲弊藪也。宋鹽利厚於海,而海鹽之利厚於東南。東南之鹽關係尤大者,厥惟淮南,次則兩浙。京東或官賣,或通商,利不甚厚。河北始終通商。元豐七年乃行榷法,元祐罷之。元符復榷,至蔡京而京東、河北乃皆行鈔法焉。福建上四州建、劍、汀、邵。行官賣法,下四州福、泉、漳、化。行産鹽法。令民隨税輸鹽。廣南行榷法而主以漕司。廣南所産大抵以給廣東、西兩路。四川井鹽聽民販賣,惟不得出川峽。歸、峽二州各有二井,亦同。并州銷行於河東之大部分,大略皆專給一方,故鹽利厚於淮、浙、解池。而解池與陝西邊郡芻粟關係較深,淮南之鹽置轉般倉於真州、漣水軍。江南、荆湖歲漕米至而運鹽以歸,與漕關係較密,故二者所繫尤重也。

解鹽初由官賣於本州及三京、京東西、陝西、河東、淮南、河北。而京西、陝西、河北皆通商。天聖八年,罷三京、二十八州軍榷法,聽商人入錢若金帛於京師榷貨務,而受鹽於兩池。元昊反,入中芻粟者予券趨京師榷貨務受錢及金銀,入中他貨者羽毛、筋角、膠漆、鐵、炭、瓦、木等。受鹽兩池。猾商貪吏,表裏爲姦,至入椽木二,估錢千,給鹽一大席,凡二百二十斤。虚費池鹽,不可勝計。乃復於多地行榷法,而民苦運輸,入中者專恃緡錢以給之,京師錢又不足供。慶曆八年,范祥製置解鹽，乃令一切通商，商人願得鹽者，全入實錢，官以錢市芻粟，其弊乃革。祥擢轉運使，以他事貶，并邊復聽入芻粟，虛估之弊復起。嘉祐三年，以祥總鹽事，稍復舊觀，自此迄行通商。至熙寧中，乃復榷。時增加鹽價，民不肯買，乃至課民買而隨其貧富作業以爲高下之差焉。其後或通商，或官賣，至蔡京出而其法乃大變。崇寧元年，蔡京議更鹽法，遂變鈔法，置買鈔所於榷貨務。初鹽鈔法之行，積鹽於解池，積錢於京師榷貨務，積鈔於陜西沿邊諸郡，商賈以物斛至邊入中，請鈔以歸。物斛至邊有數倍息，惟患無回貨，故極利於得鈔。京欲囊括四方之錢入中都，乃使商人先輸錢請鈔，然後赴産鹽郡授鹽，大概見行之法，售給纔通，輒復變易，名對帶法，季年又變對帶爲循環。循環者，已賣鈔，未授鹽，輒更鈔；已更鈔，鹽未給，復貼輸錢，凡三輸錢，始獲一直之貨。民無資更鈔，已輸錢悉乾没，數十萬券一夕廢棄，朝爲豪商，夕儕流丐，有赴水投繯而死者。淮鹽亦廢轉般，而使商人以長短引經銷於四方焉。南渡之後，淮、浙亭户，由官給本錢。諸州鎮置合同，商販入錢請引，大抵類茶法而嚴密過之。福建、廣南曾行鈔法，不久即罷，視舊法無大更革。乾道六年，户侍葉衡奏："今日財賦，鬻海之利居半。"又湖北鹽商吴傳言："國家鬻海之利，以三分爲率，淮東居其二。"四川四千九百餘井，收入四百餘萬緡，則南渡鹽利蓋厚矣。《宋史》云："唐乾元初，第五琦爲鹽鐵使，變鹽法，劉晏代之，當時天下鹽利，歲纔四十萬緡。至大曆，增至六百餘萬緡，天下之賦，鹽利居半。元祐間，淮鹽與解池等歲四百萬緡，比唐舉天下之賦已三分之二。紹興末年以來，泰州海陵一監，支鹽三十餘萬席，爲六七百萬緡，則是一州之數，過唐舉天下之數矣。"案此言不計貨幣價格之低昂，而但就數字相比較，殊不足據。然鹽利之降而愈厚，則事實也。

茶亦爲厚利所在，於要會之地置榷貨務六：一、江陵府，二、真州，三、海州，四、漢陽軍，五、無爲軍，六、蘄州之蘄口。初，京城、建安及襄復州皆置務，後建安、襄復州務皆廢，京城務但會給交鈔而不積茶貨。除淮南十三場之茶就本場出鬻外，餘悉送榷貨務鬻之。私販者計直論罪，惟川峽、廣南聽其自賣，而禁出境。製茶者曰園户，歲課作茶輸租，所餘者官悉市之。凡市於官者，皆先受錢而後入茶，謂之本錢。又所輸税願以茶代者聽，謂之折税茶。商賈貿易，入錢若金帛於京師榷貨務，給券隨所射與之，願就東南入錢若金帛者亦如之。雍熙後，入芻粟於邊者，授之券，酬以京師榷貨務緡錢及東南茶鹽。端拱二年，置折中倉，聽商人輸粟京師，給茶鹽於江、淮。淳化三年，監察御史薛映、秘書丞劉式等請罷諸榷務，令商人就出茶州軍官場算買，既省輦運，又商人皆得新茶。詔以雷有終、張觀制置諸路茶鹽。四年，廢沿江八務，大減茶價。商人頗以江路回遠非便，有司又以損直虧課爲言，乃罷制置，復置八務。至道二年，從發運兼制置茶鹽使楊允恭請，禁淮南十二州軍鹽，商人入金帛者悉償以茶，歲課增加五十萬餘貫。乾興以來，西北兵費不足，募商人入中芻粟如雍熙法給券，以茶償之。後又益以東南緡錢、香藥、犀齒，謂之三説，虛估日高，茶日益賤，入實錢金帛日益寡。而入中者多土人，不知茶利厚薄，且急於得錢，得券則轉鬻於茶商或京師交引鋪，交引鋪者，坐賈置鋪，隸名榷貨務。行商懷交引者，鋪爲保任，詣榷貨務取錢，南州取茶。若非行商，則鋪賈自售之，轉鬻與茶賈。獲利無幾。茶商、交引鋪或以券取茶，或收蓄貿易，以射厚利。虛估之利，皆入豪商巨賈，券之滯積，雖二三年茶不足以償，而入中者以利薄不趨，邊備日蹙，茶法大壞。天聖元年，三司使李諮請罷三説，行貼射法，并計十三場茶本息之數，罷官給本錢，使商人與園户自相交易。然必輦茶入官，隨商人所指予之，給券爲驗，以防私售，而官收其息。如舒州羅源場茶，每斤賣出之價爲錢五十六，而本錢二十五。今官不給本錢，而使商人出息錢三十一。貼射不盡，或無人貼射，仍官賣之。園户過期輸不足者，亦須計所負數出息如商人。其入錢以射六務茶者，如舊制，乃募入錢六務。其商人入芻粟塞下者，實估給券至京，一切償以見錢，謂之見錢法。使茶與邊糴，各以實錢出納，不得相爲輕重，以絶虛估之弊。行之期年，所省及增收計六百五十餘萬緡。邊儲向不足一歲者，至是多者有四年，少者有二年之蓄，而論者多言其不便。天聖三年，使孫奭等同究利害，其法遂罷，茶法寖壞。景祐三年，李諮執政，乃復行之。舊北商持券至京師，必得交引鋪保任，并得三司符驗，然後給錢。諮悉罷之，令商持券徑趨榷貨務驗實，立償以錢。久之，上書者復以爲言，三説稍復用矣。慶曆八年，三司請并用茶、鹽、香藥、緡錢四物，謂之四説。

自是三説、四説并行於河北,不數年,茶法復壞。芻粟之直,虚估者居十之八。券至京師,爲南商所抑,每直十萬,僅售三千,富人乘時收蓄,轉取厚利。久之,售三千者,又僅得二千,且往往不售。北商無利,入中者寡,公私大弊。皇祐二年,三司請復行見錢法,然京師見錢入中,商人持券以俟,動彌歲月,至損其直售於蓄賈之家,虚估之弊復起。至和三年,河北提舉糴便糧草薛向建議,罷并邊入粟,自京輦見錢和糴。三司使楊察請從其説。初尚募商人入錢并邊,京師以見錢茶絹償之,其入芻豆者,仍償以茶,後并罷之。於是茶不爲邊糴所須,而通商之議起矣。初,官既榷茶,民私蓄盜販皆有禁,臘茶之禁又嚴於他茶,歲報刑辟,不可勝數。園户困於征取,官司并緣侵擾,因陷罪戾至破産逃匿者,歲歲有之。而茶法屢變,歲課日削。至和中,歲售錢并本息計之,纔一百六十七萬二千餘緡。官茶所在陳積,縣官獲利無幾,論者皆謂弛禁便。案崇寧元年,蔡京言:"祖宗立禁榷法,歲收净利凡三百二十餘萬貫,而諸州商税七十五萬貫有奇,食茶之算不在焉,其盛時幾五百餘萬緡。"案人民買以自飲者謂之食茶。嘉祐三年,命韓絳、陳升之、吕景初即三司置局議之,言宜約至和後一歲之數,以所得息錢均賦茶民,恣其買賣,所在收算。四年,下詔行之,以三司歲課之半,均賦茶户,三十三萬八千餘緡,蓋以歲課之半,取於茶户,其半則取之商税。謂之租錢。租錢與諸路本錢,悉儲以待邊糴。自是惟臘茶禁如舊,餘茶肆行天下矣。

| 治平中收入 | 緡 |
|---|---|
| 茶户租錢 | 三二九八五五 |
| 内外茶税 | 四九八六〇〇 |
| 儲本錢 | 四七四三二一 |

歷神宗、哲宗朝,無大改革。崇寧元年,蔡京乃復榷荆湖、江、淮、兩浙、福建七路茶,於産茶州郡置場,仍收園户租折税茶,而嚴商人園户私易之禁,産茶州軍之民許其赴場輸息,給短引,於旁近郡縣鬻賣,餘悉聽商人於榷貨務入納金銀、緡錢或并邊糧草,即本務給鈔於場,别給長引,從所指州軍鬻之。商税至所指地盡輸。四年,罷官置場,商旅并

即所在州縣或京師給長短引，自買於園户。大觀三年，七路一歲之息一百二十五萬一千九百餘緡，榷貨務再歲一百十八萬五千餘緡。政和六年收息至一千萬緡。及方臘起事，乃詔權罷州郡比較之法焉。蜀之茶園，皆民兩税地，賦税一例折輸。税額三十萬。王韶開熙河，言商人頗以善馬至邊，乏茶與市。乃詔三司幹當公事李杞入蜀經畫，著作佐郎蒲宗閔同領其事，即諸州縣創設官場而行榷法。南渡後，東南産茶者十路所行之法無大變更。蜀茶，趙開於建炎二年變法，亦仿蔡京之法，給茶商以引，俾即園户市茶焉。

酒，宋諸州城内皆置務釀酒，縣、鎮、鄉間或許民釀而定其歲課。三京官造麯，聽民納直以取。天聖後，北京亦售麯，如三京法，官售酒麯亦有疆界。其弊也有課民婚喪，量户大小令酤者，民甚被其害。而蠲禁之地，榷酤歲課附兩税均納，是又使"豪舉之家坐專其利，貧弱之户歲責所輸"也。撲買之法，宋初即有之，至南宋而其法大敝。凡撲買不及者，則爲敗闕而當停閉，然坊場停閉而輸額如故，則責民按户納錢，以北宋坊場僅用以酬獎役人，而南宋則用爲中央或各路之政費也。添酒錢之舉，濫觴於徽宗時，崇寧二年，上酒升增二文，下酒一文。宣和二年，發運使陳遘於江、淮等路上酒升增五文，次增三文，供江、浙新復州縣之用，後尚書省令他路悉行之。亦至南渡後而更甚。建炎四年，上酒升增二十文，下酒十八文。紹興元年，上酒又增二十文，下酒增十文。五年，又皆增五文。而其尤其者，則四年令諸州軍賣酒虧折者，隨宜增價。先是酒有定價，每增須上請。是後，郡縣始各自增，而價不一矣。或主於提刑，或領於漕司，或分隸經、總制司。七年，行在立贍軍酒庫，後罷，隸户部，而諸帥亦各擅榷沽之利。三十一年以後，乃皆歸之朝廷。而四川則趙開立隔釀法，即舊撲買坊場置隔槽，設官主之，令民以米入官自釀，而徵其税。斛輸錢三十，又頭子錢二十二。收入大增，然其後醞賣虧欠，仍責認輸，不覈其米而第取其錢，而民始病矣。

礬自五代以來，始創務制官吏，而宋因之。有鑊户製造入官，由官鬻之，亦許以金銀、絲綿、布帛、茶等博易，又許入芻粟，而官償以礬。天聖後，晉、慈二州募民鬻之。熙、豐間，東南九路官自賣礬，發運司總之。元祐初通商，紹聖復熙、豐之制。大觀元年，罷官賣，行商販。政和初，復官鬻。南渡後，撫州有膽礬，鉛山有場，潭州瀏陽縣及韶州亦有場，皆給引，有常額。阬冶，金、銀、銅、鐵、鉛、錫，或官置監冶場務，或聽民承買，以分數中賣於官，内隸金部，外隸轉運司，悉歸之内帑。大率山澤之利有限，或暴發輒竭，或採取歲久，所得不償其費，而歲課不足，有司必責主者取盈。仁宗、英宗每降赦書，輒委所在視冶之不發者，或廢之，或蠲主者所負歲課；有司有請，亦輒從之，無所吝。故冶之興廢不常，而歲課增損隨之。崇寧以後，乃置專官提舉。凡屬提舉司謂之新阬冶，用常平錢與剩利錢爲本，金銀等物，往往積之大觀庫。迄於政和，專司數罷數復。然告發之地，多壞民田，承買者立額重，或舊有今無、亦不爲損額。欽宗即位，詔悉罷之。建炎元年，詔仍隸金部及轉運司。

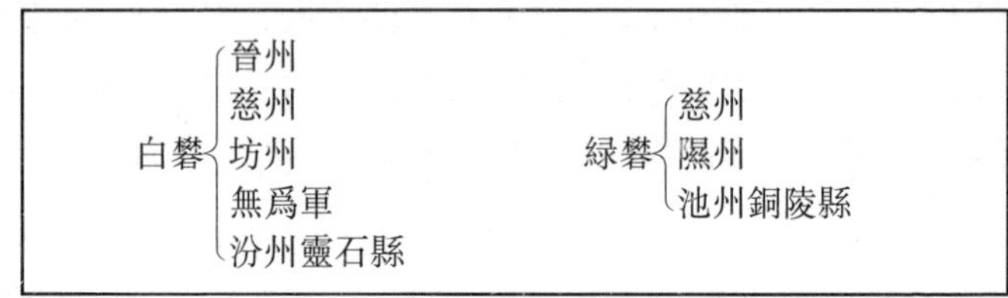


商税起唐藩鎮，五季諸國，征榷尤繁。宋興，所下之國，必詔蠲省，然仍其制而不廢。其法：凡州縣皆置務，關鎮亦或有之，大則專官監臨，小則令、佐兼領，諸州仍令都監、監押同掌。行者齎貨，謂之“過税”，每千錢算二十。居者市鬻，謂之“住税”，每千錢算三十。其名物各隨地宜不一。其見於《宋史》者，有耕井、販牛、蒲、魚、果、竹木、炭箔、柴草、力勝錢——載米之商船、典賣牛畜舟車、衣屨、布絮、穀菽、鷄魚、蔬菜、油、麵、瓷瓦器等。常税名物，令有司件析頒行天下，揭於版，置官署屋壁，俾共遵守。販鬻不由官路者罪之。熙寧五年，在京商税院嘗隸市易提舉司。市易提舉司者，始於熙寧五年。先是有魏繼宗者，自稱草澤，上言：“京師百貨無常價，貴賤相傾。富人大姓，乘民之亟，牟利數倍，財既偏聚，國用亦絀。請假榷貨務錢，置常平市易司，擇通財之官任其責，求良賈爲之轉易。使審知市物之價,賤則增價市之,貴則損價鬻之,因收餘息,以給公上。"於是中書奏在京置市易務官。凡貨之可市及滯於民而不售者,平其價市之,願以易官物者聽。若欲市於官,則度其抵而貸之錢,責期使償,半歲輸息十一,及歲倍之。貸市易錢貨者,許以金帛爲抵。以田宅抵久不還者,估實直,如賣坊場、河渡法。以吕嘉問爲都提舉市易司,諸州市易務皆隸焉。論者訾其貴鬻賤市,挾官府爲兼并,且請貸不能無亡失。元祐一切罷之。紹聖復置。元符三年,改爲平準務,後罷。崇寧又復。司之初設,嘗約諸行利入厚薄,令輸免行錢以禄吏,而蠲其供官之物。其後免行錢亦成常賦焉。

與市易并稱者,又有均輸。熙寧二年,制置三司條例司言:"典領之官,拘於弊法,内外不相知,盈虚不相補。諸路上供,歲有常數。豐年便道,可以多致而不能贏;年儉物貴,難於供億而不敢不足。遠方有倍蓰之輸,中都有半價之鬻,徒使富商大賈乘公私之急,以擅輕重斂散之權。令發運使實總六路賦入,其職以制置茶、鹽、礬、酒税爲事,軍儲國用,多所仰給。宜假以錢貨,資其用度,周知六路財賦之有無而移用之。凡糴買税斂上供之物,皆得徙貴就賤,用近易遠。令預知中都帑藏年支見在之定數,所當供辨者,得以從便變易蓄買,以待上令。稍收輕重斂散之權歸之公上,而制其有無,以便轉輸,省勞費,去重斂,寬農民。庶幾國用可足,民財不匱。"詔本司具條例上聞,而以發運使薛向領均輸平準事,其後亦無甚成效。

南渡之初,四方商税,間有增置,後屢省免。然貪吏并緣,苛取百出。私立税場,算及緡錢、米薪、菜茹之屬,擅用稽察措置,添置專欄收檢。虚市有税,空舟有税,以食米爲酒米,以衣服爲布帛,遇士夫行李則搜囊發篋,目以興販。甚至貧民貿易瑣細於村落,指爲漏税,輒加以罪。空身行旅,亦白取百金,方紆路避之,則攔截叫呼。或有貨物,則抽分給賞,斷罪倍輸,傾囊而歸矣。

宋對遼、夏互市,意不在於牟利,惟熙寧間,王韶置市易司於秦州,則意在以茶易馬。而海路互市,則於國計關係頗大。開寶四年,始置市舶司於廣州，後又於杭、明州置司。太宗時，置榷署於京師，詔諸蕃香藥寶貨至廣州、交阯、兩浙、泉州，非出官庫者，毋得私相貿易。後乃詔珠貝、玳瑁等外，他藥聽市於民。雍熙中，商人出海外蕃國販易者，并詣兩浙市舶司請給官券，違者没入其寶貨。大抵海船至，十先榷其一，價直酌蕃貨輕重而差給之。天聖以來，寶貨充牣府庫，嘗斥其餘以易金帛、芻粟，縣官用度實有助焉。元豐三年，廣東、西以轉運使，兩浙以副使，福建以判官領之。罷廣東帥臣兼領。元祐二年，置泉州板橋市舶司。三年，又增置於密州板橋焉。

宋代横歛最甚者，莫如經總制錢、月樁錢、板帳錢。所謂經總制錢者，政和三年，方臘初平，江、浙諸郡未有常賦，乃詔陳亨伯以大漕之職，經制七路財賦，許得移用，監司聽其按察。於是亨伯收民間印契及鬻糟醋之類爲錢，凡七色，州縣遂有所謂經制者。建炎二年，高宗在揚州，四方貢賦不以時至，用吕頤浩策，令兩浙、江東西、荆湖南北、福建、兩廣收添酒錢、添賣糟錢、典賣田宅增牙税錢、官員等請給頭子錢、樓店務增三分房錢，充經制錢，以憲臣領之，通判歛之，季終輸送。紹興五年，參政孟庾提領措置財用，請以總制司爲名，又因經制之額增析而爲總制錢焉。所謂月樁錢者，始於紹興二年。時韓世忠駐軍建康，宰相吕頤浩、朱勝非議令江東漕臣月樁發大軍錢十萬緡，以朝廷上供經制及漕司移用等錢供億。當時漕司不量州軍之力，一例均科，既有偏重之弊，於是郡縣横歛，銖積絲累，江東西之害尤甚。十七年，詔州郡以寬剩錢充月樁，以寬民力，遂減江東西之錢二十七萬七千緡有奇。板帳錢者，軍興後所創。如輸米則增收耗剩，交錢帛則多收糜費，幸富人之犯法而重其罰，恣吏胥之受賕而課其入，索盜贜則不償失主，檢財産則不及卑幼，亡僧、絶户不俟覈實而入官，逃産、廢田不與消除而抑納，他如此類，不可徧舉。州縣固知其非法，然以板帳錢額重，雖欲不横取於民，不可得也。

遼雜税多不可考。會同初，晉獻瀛、莫，始得河間煮海之利，置榷鹽院於香河縣。一時産鹽之地，五京計司各以其地領之。其煎取之制，歲出之額，不可得而詳矣。以上鹽税。太祖置羊城於炭山北，起榷務以通諸道市易。太宗得燕，置南京，城北有市，令有司治其征，餘四京及他州縣貨産懋遷之地，置亦如之。雄州、高昌、渤海亦立互市，以通南宋、西北諸部、高麗之貨。以上征商。太祖始并室韋，其地産銅、鐵、金、銀，其人善作銅鑄器。參看《五代史·室韋傳》。又有曷术部者，多鐵部，置三冶。神册初，平渤海鐵利府，改曰鐵利州，地亦多鐵。又東平縣本漢襄平縣地，産鐵礦，置採鍊者三百户，隨賦供納。以諸阬冶多在國東，故東京置户部司，長春州置錢帛司。太祖征幽、薊，師還，次山麓，得銀、鐵礦，令置冶。聖宗太平間，於潢河北陰山及遼河之源，各得金、銀礦，興冶採煉。自此以迄天祚，國家皆賴其利。以上阬冶。

金榷貨之目有十，曰酒、麴、茶、醋、香、礬、丹、錫、鐵，而鹽爲稱首。鹽亦行鈔、引之法。貞元初，蔡松年爲户部尚書，始行之。山東、滄、寶坻以三百斤爲袋，二十五袋爲大套，鈔、引、公據三者俱備然後聽鬻。小套或十袋，或五袋，或一袋，每套鈔一，引如袋之數。寶坻零鹽校其斤數，或六之三，或六之一，又爲小鈔引給之，以便其鬻。解鹽二百五十斤爲一席，五席爲套，鈔引與陝西轉運司同鬻，其輸粟於陝西軍營者，許以公牒易鈔引。西京等場鹽以石計，五石爲大套，三石爲小套。北京四石爲大套，一石爲小套。皆套一鈔，石一引。零鹽積十石，亦一鈔而十引。榷酤因遼、宋舊制。世宗大定二十七年，天下院務依中都例，改收麴課，而聽民酤。醋税，大定初，以國用不足，設官榷之。二十三年，府庫充牣，罷之。明昌五年，復榷，後罷。承安三年，復榷。五百貫以上設都監，千貫以上設同監一員。茶，宋人歲供外，皆貿易於宋界之榷場。章宗承安三年，以爲費國用而資敵，命設官置之。四年，於淄、密、寧海、蔡州各置一坊，造新茶，依南方例一斤爲一袋，直六百文。以商旅卒未販運，命山東、河北四路轉運司以各路户口均其袋數，付各司縣鬻之。泰和四年，每袋減價三百。泰和五年，罷茶坊。六年十一月，尚書省奏："茶，飲食之餘，非必用之物。比歲上下競啜，農民尤甚，市井茶肆相屬。商旅多以絲絹易茶，歲費不下百萬。"遂命七品以上官方許食茶，仍不得賣及饋獻。不應留者，以斤兩立罪賞。七年、八年及宣宗元光二年，又

更定其制。泰和間,嘗禁與宋貿易茶,後以和罷。軍興,復禁之。然犯者不少衰。見元光二年省臣奏。此外,金税制之可考見者:

大定二年八月,罷諸路關税。

大定二十年,定商税法,金銀百分取一,諸物百分取三。

大定二年,制院務創虧及功酬格。三年,尚書省奏,山東西路轉運司言,坊場河渡多逋欠,詔如監臨制,以年歲遠近爲差,蠲減。

明昌元年,勅尚書省,定院務課商税額,諸路使司院務一千六百十六處,遂罷坊場。五年陳言者乞復舊置坊場,不許,惟許增置院務。

大定三年,以尚書工部令史劉行義言,定城郭出賃房税之制。

明昌元年,免賃房税。三年,詔減南京出賃官房及地基錢。

大定五年,以前此河濼罷設官,復召民射買,兩界之後,仍舊設官。章宗大定二十九年,户部言天下河泊已許與民同利,其七處設官可罷之。

明昌二年,司竹監歲採入破竹五十萬竿,春秋兩次輸都水監,備河防,餘邊刀笋皮等賣錢三千貫,葦錢二千貫,爲額。

其阬冶則大定三年制金銀阬冶許民開採,二十分取一爲税。十二年,詔金銀阬冶咨民採,毋收税。二十七年,尚書省奏,聽民於農隙採銀,承納官課。明昌三年,以提刑司言,封諸處銀冶,禁民採煉。五年,以御史臺奏,請令民採煉隨處金銀銅冶,命尚書省議之。宰臣言禁有名無實,官無利而民多犯法。如令民射買,則貧民得生計,且勝官役雇工,乃仍許民射買。

榷場爲與敵國互市之所。皆設場官,嚴厲禁,以通二國之貨,歲之所獲,亦大有助於經用焉。各地時有罷有置。用兵則罷。大抵與宋通貿易者,泗、壽、鄧、鳳翔、唐、潁、蔡、鞏、洮、秦等州、膠西縣、密州。泗州場,大定間,歲獲五萬三千四百六十七貫,承安元年,增爲十萬七千八百九十三貫六百五十三文。與夏則蘭州、保安、綏德、東勝、環州。金初又嘗於西北招討司之燕子城、北羊城之間置之,以易北方牧畜。《金史·食貨志序》:"歷觀自古……國亡財匱,比比有之,而國用之屈,未有若金季之甚者。……括粟、闌糴，一切掊克之政，靡不爲之。加賦數倍，豫借數年，或欲得鈔則豫買下年差科。高琪爲相，議至榷油。進納濫官，輒售空名宣勅，或欲與以五品正班。僧道入粟，始自度牒，終至德號、綱副威儀、寺觀主席亦量其貲而鬻之。甚而丁憂鬻以求仕，監户鬻以從良，進士出身鬻至及第。”

元鹽每引四百斤，其價太宗庚寅十兩，中統二年七兩，至元十三年九貫，二十六年五十貫，元貞二年六十五貫，至大二年至延祐二年累增爲一百五十貫。行鹽各有郡邑。煎鹽者各處有官設鹽鋪，亦有商賣，又有食鹽地方驗户口之多寡輸納課鈔。見《元史》卷九十七。

茶於江州設榷茶都轉運司，仍於各路出茶之地設提舉司七處，專任散據賣引。引制定於至元十三年，長引茶一百二十斤，收鈔五錢四分二釐八毫。短引茶九十斤，收鈔四錢二分八毫。十七年，除長引，專用短引，每引收二兩四錢五分，草茶每引收二兩二錢四分。後每引增一兩五分，通爲三兩五錢，又增爲五貫。二十六年，丞相桑哥增爲十貫。引之外又有茶由，以給賣零茶者。初，每由茶九斤，收鈔一兩，後自三斤至三十斤，分爲十等。

酒醋，太宗辛卯年立酒醋務坊場官，榷沽辦課，仍以各州府司縣長官充提點官，隸徵收課税所，其課額驗民户多寡定之。甲午年，頒酒麴醋貨條禁，私造者依條治罪。

商税，凡爲商賈及以官銀賣買之人，并令赴務輸税，入城不弔引者同匿税法。又，典賣田宅亦須納税。

市舶司，上海、澉浦、杭州、慶元、温州、泉州、廣東七處，然時有省罷。凡商船發舶回帆，必著其所至之地，驗其所易之物，給以公文，爲之期日，大抵行抽分法時最多。亦有既抽分而又税之者。又有時官具船給本，選人入番，貿易而分其息，則禁人下番。

歲課謂山林川澤之産，若金、銀、珠、玉、銅、鐵、水銀、朱砂、碧甸子、鉛、錫、礬、硝、鹼、竹、木之類，因土人呈獻而定其歲入之課，多者不盡收，少者不強取。

額外課者，歲課皆有額，而此課不在其額中也。課之名凡三十有二：

（一）曆。

（二）契本。

（三）河泊。

（四）山場。

（五）窰冶。

（六）房地租。

（七）門攤。

（八）池塘。

（九）蒲葦。

（十）食羊。

（十一）荻葦。

（十二）煤炭。

（十三）撞岸。

（十四）山查。

（十五）麴。

（十六）魚。

（十七）漆。

（十八）酵。

（十九）山澤。

（二十）蕩。

（二十一）柳。

（二十二）牙例。

（二十三）乳牛。

（二十四）抽分。

（二十五）蒲。

（二十六）魚苗。

（二十七）柴。

（二十八）羊皮。

（二十九）磁。

（三十）竹葦。

（三十一）薑。

（三十二）白藥。

其中惟(一)(二)兩課通行全國,餘皆止行於一地或數地。

明鹽制亦同前代,而其最要者爲中鹽。中鹽始洪武三年,令商人輸糧於邊而給以引。後亦行之行省,令納糧於倉。正統三年,西北邊又有納馬中鹽之例,始驗馬乃給鹽,後納銀於官,以市馬銀入市政司,皆供他用,而納馬之本意亡矣。中鹽之制,編置勘合及底簿,發各布政司及都司、衛所。商納糧畢,書所納糧及應支鹽數,賫赴各轉運提舉司照數支鹽。轉運諸司亦有底簿比照,勘合相符,則如數給與。

其後以守支年久,淮、浙、長蘆以十分爲率,八分給守支商,曰常股,二分收貯於官,曰存積,遇邊警,始召商中納。凡中常股者價輕,存積者價重,然人甚苦守支,爭趨存積,而常股壅矣。景帝時,邊圉多故,存積增至六分。後減爲常股七分,存積三分,然中存積者爭至,遂仍增至六分。淮、浙鹽猶不能給,乃配支長蘆、山東以給之。一人兼支數處,道遠不及親赴,邊商輒貿引於近地富人。自是有邊商、内商之分。内商之鹽不能速獲,邊商之引又不賤售,報中寖怠,存積之滯遂與常股等。存積非國家大事、邊境有警,未嘗妄開。開必邊臣奏請,經部覆允。正德時,權倖乃奏開"殘鹽",改存積、常股皆爲正課,且皆折銀。商人無利不願中鹽,鹽臣又承中璫旨,列零鹽所鹽諸名目以假之。至嘉靖五年,乃復常股存積四六分之制。

中鹽初由户部出榜召商,成化時,富人吕銘等始託勢要奏請,於是有勢豪"攙中"之弊。憲宗末,閹宦奏討淮、浙鹽無算,商引益壅。孝宗時,乃有買補餘鹽之議。餘鹽者,竈户正課外所餘之鹽也。洪武初制,商支鹽有定場,毋許越場買補。勤竈有餘鹽送場司,二百斤爲一引，給米一石。其鹽召商開中，不拘資次給與。成化後，令商收買，而勸借米麥以振貧竈。至是清理兩淮鹽法，侍郎李嗣請令商人買餘鹽補官引，而免其勸借，且停各邊開中，俟逋課完日，官爲賣鹽，三分價值，二充邊儲，而留其一以補商人未交鹽價。由是以餘鹽補充正課，而鹽法一小變。是時以濟逋課，後令商人納價輸部濟邊。武宗時，權要開中既多，又許買餘鹽，一引又有用至十餘年者。明初竈户工本，每引給米一石，錢鈔兼支，而以米爲準，後乃定鈔數。是時所以優恤竈户者甚厚。後設總催，朘削竈户，竈户貧困，始多逃亡。中葉以後，鹽價十倍於初，而所給工本不及一，故私鹽遂多。嘉靖二十七年，兩淮竈户餘鹽，每引官給銀二錢，以充工本，謂之工本鹽。商中額鹽二引，帶工本鹽一引。三十九年，嚴嵩黨鄢懋卿揔理淮、浙、山東、長蘆鹽務，既增工本鹽額，又有所謂添單添引者，正課愈滯。嵩敗，乃罷懋卿所增。四十四年，巡鹽御史朱炳如乃并奏罷兩淮工本鹽焉。

明初，各邊開中商人，招民墾種，築臺堡自相保聚，邊方菽粟無甚貴之時。成化間，始有折納銀者，然未嘗著爲令也。弘治五年，商人困守支，户部尚書葉淇請召商納銀運司，類解太倉，分給各邊。每引輸銀三四錢有差，視國初中米直加倍，而商無守支之苦，一時太倉銀累至百餘萬。然赴邊開中之法廢，商屯撤業，菽粟翔貴，邊儲日虚矣。嘉靖八年以後，稍復開中，邊商中引，内商守支。末年，工本鹽行，内商有數年不得掣者，於是不樂買引，而邊商困，因營求告掣河鹽。河鹽者，不上廩囷，在河涇自超掣，易支而獲利捷。河鹽行，則守支存積者愈久，而内商亦困，引價彌賤。於是姦人專以收買邊引爲事，名曰囤户，告掣河鹽，坐規厚利。時復議於正鹽外附帶餘鹽，以抵工本之數，囤户因得賤買餘鹽而貴售之，邊商與内商愈困矣。隆慶二年，乃罷河鹽。四年，罷官買餘鹽。

此外，仁宗以鈔法不通，嘗定納鈔中鹽之法，未幾即停。

茶法亦略如前代，而四川、陝西之茶，用以易西番之馬，關係特重。偶因饑荒令商人入粟中茶，又或令中糧草以備邊餉。初禁私茶特嚴，犯者及失察者皆凌遲處死,後乃稍寬。初易西番馬甚多,然私茶卒不能盡禁。中葉後,往往於正引外,給商人以嘗由票,私茶益盛,上馬皆入商人,茶司所得乃其中下而已。而將吏又以私馬竄番馬,以易上茶,茶法遂壞。萬曆五年,俺答款塞,請開茶市。御史李時成言:"番以茶爲命。北狄若得,藉以制番,番必從狄,貽患匪細。"部議乃許給百餘篦,而不許其市易。蓋明代茶市實有制馭西番之意,非徒爲利也。

坑冶之課,金、銀、銅、鐵、鉛、汞、硃砂、青緑,而金銀礦最爲民害。蓋歷代礦之厲民,無過(一)産額減而課額不減,甚或已無所得而課額如故;(二)或役民夫開採;(三)而私人開採者亦多非良善之流,其盜採者則尤易成爲盜也。明則開採必遣中官。天順時,已分遣中官詣浙江、雲南、福建、四川。萬曆二十四年以後,更無地不開,中使四出,皆給以關防,并偕原奏官往。礦脈微細無所得,勒民償之,而姦人假開採之名,乘傳横索民財,陵轢州縣。有司恤民者,罪以阻撓,逮問罷黜。中官多暴横,而使德安之陳奉尤甚。富家鉅族則誣以盜礦,良田美宅則指以爲下有礦脈,率役圍捕,辱及婦女,甚至斷人手足投之江。自二十五年至三十三年,諸璫所進礦税銀幾及三百萬兩,羣小藉勢誅索,不啻倍蓰,民不聊生。識者以爲明之亡肇於此云。

關市之征,宋、元頗繁瑣。明初務簡約,其後增置漸多,行齎居鬻,所過所止各有税。其名物件析榜於官署,按而征之,惟農具、書籍及他不鬻於市者勿算,應征而藏匿者没其半。買賣田宅頭匹必投税,契本别納紙價。凡納税地,置店歷,書所止商民名物數。官司有都税,有宣課,有司,有局,有分司,有抽分場局,有河泊所。所收税課,有本色,有折色。凡諸課程,始收鈔,間折收米,已而錢鈔半,後乃折收銀,而折色、本色遞年輪收,本色歸内庫,折色歸太倉。凡税課,徵商估物貨;抽分,科竹木柴薪;河泊,取魚課。又有門攤課鈔,領於有司。初,京師軍民居室皆官所給,比舍無隙地。商貨至,或止於舟,或貯城外,駔儈上下其價,商人病之。太祖乃命於三山門外,瀕水爲屋,名塌房,以貯商貨。永樂時,凖南京例,置京城官店塌房。洪熙元年,增市肆門攤課鈔。宣德四年，以鈔法不通，由商居貨不税，由是於京師商賈湊集地，市鎮店肆門攤税課，增舊凡五倍。兩京蔬果園不論官私種而鬻者，塌房、店舍居商貨者，騾驢車受雇裝載者，悉令納鈔。委御史、户部、錦衣衛、兵馬司官各一，於城門察收。舟船受雇裝載者，計所載料多寡、路近遠納鈔。鈔關之設自此始。於是有漷縣、濟寧、徐州、淮安、揚州、上新河、滸墅、九江、金沙洲、臨清、北新諸鈔關，量舟大小修廣而差其額，謂之船料，不税其貨。惟臨清、北新則兼收貨税，各差御史及户部主事監收。隆慶二年，始給鈔關主事關防敕書，尋令鈔關去府近者，知府收解；去府遠者，令佐貳官收貯府庫，季解部。主事掌覈商所報物數以定税數，收解毋有所與。此等税至鈔法通後，皆有減革。始而鈔關估船料定税，既而以估料難覈，乃度梁頭廣狹爲準，自五尺至三丈六尺有差。世宗令成尺爲限，勿科畸零。

萬曆十一年，革天下私設無名税課。然自隆慶以來，凡橋梁、道路、關津私擅抽税，罔利病民，雖累詔察革，不能去也。迨兩宫三殿災，營建費不貲，始開礦增税。中官徧天下，非領税即領礦。

榷税之使，自二十六年千户趙承勛奏請始。或徵市舶，或徵店税，或專領税務，或兼領開採。姦民納賄於中官，輒給指揮千户劄，用爲爪牙。水陸行數十里，即樹旗建廠。視商賈懦者肆爲攘奪，没其全貲。負戴行李，亦被搜索。又立土商名目，窮鄉僻塢，米鹽鷄豕，皆令輸税。所至數激民變，帝皆庇不問。諸所進税，或稱遺税，或稱節省銀，或稱罰贖，或稱額外贏餘。又借買辦、孝順之名，金珠寶玩，貂皮名馬，雜然進奉。三十三年，始詔罷採礦，以税務歸有司，而税使不撤。光宗立，始盡蠲天下額外税，撤回税監。按明初商税三十取一，後則各機關皆立有定額。諸税收機關時有增省，定額亦時有增減。然其厲民最甚者，則宣德時因鈔法不通而增税，及萬曆時之税使也。

市舶司，洪武初設於太倉黄渡，尋罷。復設於寧波、通日本。泉州、通琉球。廣州。通占城、暹羅、西洋諸國。琉球、占城諸國皆恭順，任其時至。惟日本，限其期爲十年，人數爲二百，舟爲二艘，以金葉勘合表文爲驗，以防詐僞侵軼。永樂時，設交阯雲南市舶提舉司。嘉靖初，給事中夏言言倭患起於市舶，遂罷之。三十九年，鳳陽巡撫唐順之議復三市舶司。部議從之。四十四年，浙江以巡撫劉畿言，仍罷。福建開而復禁。萬曆中，悉復。按《明史·食貨志》云："明初，東有馬市，西有茶市，皆以馭邊省戍守費。海外諸國入貢，許附載方物與中國貿易。因設市舶司，置提舉官以領之，所以通夷情，抑姦商，俾法禁有所施，因以消其釁隙也。"蓋明之與國外通市，其意皆在消邊患，非以爲利，故永樂初，西洋剌泥國回回哈只馬哈没奇等來朝，附載胡椒與民互市，有司請徵其税，成祖不可。武宗時，提舉市舶太監畢真言："舊制，泛海諸船，皆市舶司專理，近領於鎮巡及三司官，乞如舊便。"禮部議：市舶職司進貢方物，其泛海客商及風泊番船，非敕旨所載，例不當預也。夫許外國互市，而曰"入貢，許附載方物與中國貿易"，而市舶司且若以接待貢使爲要職。永樂三年，又置驛於三市舶司，以待諸番貢使，豈真信其來爲入貢而不爲貿易哉？夫亦曰勒令必入貢而後許貿易，則不至與沿海之民私相貿易，而官司無所稽考，以是爲制馭之一術云爾。此等辦法似乎多事，然亦略有益處。蓋客強主弱，乃有清中葉以後之情形，而前此則適相反。故嘉靖倭變，朱紈訪知由"舶主皆貴官大姓，市番貨皆以虚直，轉鬻牟利，而直不時給"，而史且謂"市舶既罷，日本海賈往來自如，海上姦豪與之交通，法禁無所施"也。蓋市舶官吏原未嘗不有贓私之行，然視土豪勢家則終有間矣。

永樂間，設馬市三：一在開原南關，以待海西；一在開原城東五里，一在廣寧，皆以待朶顔三衛。定直四等：上直絹八疋，布十二，次半之，下二等各以一遞減。既而城東、廣寧市皆廢，惟開原南關馬市獨存。大同馬市始正統三年。也先貢馬互市，王振裁其馬價，遂致土木之變。成化十四年，陳鉞撫遼東，復開三衛馬市。通事劉海、姚安肆侵牟，朶顔諸部懷怨，擾廣寧，不復來市。兵部尚書王越請令參將、布政司官各一員監之，毋有所侵剋。尋令海西及朶顔三衛入市。開原月一市，廣寧月二市，以互市之税充撫賞。嘉靖三十年，以總兵仇鸞言，於宣府、大同開馬市，俺答大同市則侵宣府，宣府市則侵大同。然諸部嗜互市利，未敢公然大舉，邊臣亦多以互市啗之。明年，罷大同馬市,宣府猶未絶。侵擾不已,乃并絶之。隆慶四年,俺答孫把漢那吉來降,於是封貢互市之議起。而宣、大互市復開,邊境稍静。然撫賞甚厚,司事者復從中乾没,邊費反過當矣。遼東義州木市,萬曆二十三年開,事具《明史·李化龍傳》。二十六年,罷之,并罷馬市。其後總兵李成梁力請復,而薊遼總督萬世德亦疏於朝。二十九年復開木、馬二市,後以爲常。

清制鹽以運司、鹽道掌之,鹽政督之,户部司其出納。其制因明沿海及有池井之地,聽民闢場置竈爲鹽,而售之商,或出帑收鹽,授商行之行。鹽之符信曰引。每歲户部覈計各路額銷之引,分一路爲綱,頒於鹽政,鹽政受而頒之商,商納課於運道庫,乃捆鹽於場,掣鹽於批驗所,轉運於應行之地,是謂正引。其商皆世業。或引多而商少,則設票而售之民,聽其轉售,不問所之,是謂票引。其商皆臨時報資充當,歲終鹽政收回已行之引,截角報部覈銷,更頒新引。場稅鹽課大,使徵之輸運道庫。開徵時給單據於竈户,書其應納之數。歲或不登,則辨其等而蠲緩之,略如田賦之法。産鹽之地,分爲九區,曰兩淮,曰兩浙,曰長蘆,曰河東,曰廣東,曰福建,曰甘肅,曰四川,曰雲南。清初,長蘆、河東、兩淮、兩浙設巡鹽御史,專司鹽政,謂之鹽院。雍正二年,鹽政并歸督撫,而鹽院猶未盡撤。道光十年,兩江總督陶澍奏裁兩淮鹽院,以節商家之費,各省鹽政悉歸督撫兼管矣。立法之初,計口授鹽,故按地給引,無鹽之地則設商轉運。其後户口日增,而商所承運引數如故;通路既改,而商所畫分地界如故,故運道迂折,鹽貴病民。商既把持地段,引鹽不敷行銷,以引爲護,夾帶私鹽,先私後官,則引銷滯,課入絀而官病。商所夾帶私鹽,一切規費取給價與官鹽同,故民販私鹽又賤於商。順治初年,行鹽一百六十一萬六千六百二十五引,課銀五十六萬三千三百十兩,乾隆時增至五百萬兩。咸、同後屢次加價,末年乃達一二千萬兩,而鹽商遇事,又有報效。蓋國家保護少數鹽商,從而取其利,由來久矣。明末鹽之加派亦多,清初亦悉免之。

茶法初亦循明設茶馬事例,以茶易西番之馬。雍正後廢之。徵稅之法,略同於鹽。茶引亦由部頒。各省引數時有增減,總數約七千萬引。

《清通典》惟載雲、貴、廣東礦課確數,此外有(一)"四分解部,六分抵還工本";(二)"官收四分,六分給民";(三)"官收半稅";(四)"二八收課"諸例。又有(五)"十分稅二之外,官買其四分"者;有以(六)"一成抽課,其餘盡數官買"者;有以(七)"三成抽課,其餘聽商自賣"者;有(八)"官發工本,招商承辦"者。鑒於明之覆轍,上下頗以言礦利爲戒。

此外各稅,惟牙稅、契稅全國俱有。牙帖初由藩司頒簽,而收其課報部存案。康熙初,或言地方光棍,自稱經紀,十百爲羣,逐日往州縣中領牙帖數十紙,每紙給銀二三錢不等,持帖至集,任意勒索,遂命各省藩司查禁。雍正十一年,諭内閣各省商牙雜稅額設牙帖,俱由藩司衙門頒發,不許州縣濫給,所以防增添之弊。近聞各省牙帖,歲有增添,即如各集場中有雜貨小販向來無籍牙行者,今概行給帖,而市井奸牙,遂藉此把持,抽分利息。著各省藩司,因地制宜,著爲定額。後牙帖改由部發,各省按所給以其稅解中央。稅則約分三等,上則納銀三兩,下一兩,私立牙行名色者有禁。當稅亦給當帖。順治九年,定直省典鋪稅例,每年五兩。康熙三年,定京城當鋪稅同外省,嗣改京城當鋪上等稅五兩,餘二兩五錢。契稅之例,清初變更綦多。順治四年,定凡買田地房屋增用契尾每兩輸銀三分。康熙十六年至二十一年,增定江、浙、山東、江西等省契稅。雍正七年,准契稅每兩三分之外,加徵一分,爲科場經費。十三年,禁止用契紙契根,并停徵收稅課議敘之例。乾隆四年,復契尾舊例。十三年,諭民間買賣田房,例應買主輸稅交官,官用印信鈐蓋契紙,所以杜奸民捏造文券之弊,原非爲增課也。後經田文鏡創爲契紙契根之法,預用布政司印信發給州縣。行之既久,官吏夤緣爲奸,需索之費,數十倍於前。嗣後民間買賣田房,仍照舊例,自行立契,按則納稅,將契紙契根之法永行禁止。乾隆初,巡撫楊永斌奏:"向來民間執契投稅,官給司頒契尾一紙,粘連鈐印,令民間收執爲據。蓋因廣東田房稅價，贏縮不齊，若止就民間自立之契印稅，則藩司衙門無數可稽，不肖官吏得以私收飽橐。且民交易之後，往往延挨不稅，候至官廳離任之頃，假託親知書吏，或乞恩蓋印，或量減稅銀。彼忽忙解組之員，多寡視爲倖獲，豈能詳審。於是有揑造假契，乘機投稅，致滋訐訟不休者，是以《會典》開載，凡買田地房産，必用布政司契尾，非惟防私徵，亦以杜假冒也。迨後因用契紙，而契尾之例遂爾停止。今契紙既已革除，而契尾尚未復設，似應仍請復設，照依舊例。"從之。十二年，由定契稅例，凡民間置買田房，令布政司使頒發契尾，編刻字號，於騎縫鈐印，發各州縣填注業户姓名價值，一存州縣，一同季册報司。如不投稅無契尾者，事發照漏稅例治罪。此外有漁課、竹稅、木稅、牛馬牲畜稅等。凡雜稅均由地方官徵收，解省報部覈銷，然事瑣細，多中飽。關稅舊有者曰常關。江、浙、閩、廣四省之海關稅，亦與通商以後海關不同。其稅有三，曰正稅，按出産地徵收；曰商稅，按物價徵收；曰船料稅，按船之梁頭大小徵收。各關有特派王大臣監督者，京師之崇文門左右翼是也；有派户部司員監督者，張家口、殺虎口是也；有由將軍兼管者，福州之閩海關是也；有由織造兼管者，蘇州之滸墅關、杭州之南北新關是也。其由督撫總理者，皆委道府監收。各關稅入酌中定額不及者，於吏議所虧之數，勒令賠償。

落地稅沿自明末，附於關稅則例。蓋前代商稅中之所謂住稅也。其稅無定地，無定額，流弊甚大。雍正十三年諭謂耰鋤、箕帚、薪炭、魚蝦、蔬菜之屬，其直無幾，必查明上稅，方許交易，且販於東市，既已納課，貨於西市，又復重徵，至於鄉村僻遠之地，有司耳目所不及，或差胥役徵收，或令牙行總繳其官者甚微，不過飽姦胥猾吏之私橐。著通行内外各省，其在府州縣城内人煙湊集貿易，易於稽查者，照舊徵收，若鄉鎮村落，則全行禁革。

清開海禁在康熙時，於寧波、上海、福州、廣州設四海關，委幫商經理其事，誅求甚苛。英人屢請裁減，不許。迨道光之季，五口通商，而新海關即俗所稱洋關者，乃出現焉。新海關之稅則，《江寧條約》第十條訂明秉公議定則例，由部頒發曉示。明年，《中英通商章程》乃云覈估時價，照值百抽五例徵稅。是時估價之權，尚操之我。其後續修增改各國通商進口稅則章程乃云，估價之法，亦須訂定，以昭平允，於是有附録税則所列各類貨價表。《江寧條約》本兼進出口税言之，咸豐八年《中英通商章程善後條約》第一款亦云，凡貨物僅載進口税則者，遇有出口，皆應照進口税則納税，或有僅載出口税則未載進口税則者，遇有進口，亦皆照出口税則納税。各國條約因有最惠國關係，均係如此訂立。道光二十四年美、法、比、瑞、挪諸約，咸豐十一年德約，同治元年葡約，二年丹麥、荷蘭兩約，三年西班牙約，五年意約，八年奥約，十年日本約，十三年秘魯約，光緒七年巴西約。最惠國條款，始於道光二十三年《五口通商附粘善後條款》第八款，明年美約第二款，中法約第六、第三十五款因之，嗣後各國新約續約大抵相因耳。其意義廣泛，并不限於經濟上，實束縛最深之條約。

是爲進口正税、出口正税。洋貨轉運別口，三十六個月内免税，踰期照完正税，是爲復進口正税。土貨轉運他口，直百抽二又五，爲復進口半税。火輪夾板等船百五十噸以上，噸納銀四錢，以下一錢爲船鈔。咸豐十一年，《長江通商收税章程》第十二款云，洋商由上海運土貨進長江，應在上海交納出口正税，并先完長江復進口之半税。其由別口運到上海，在別口已完出口税，上海已完復進口税者，則無庸另納此兩税，見第三款。又長江復進口半税所以必在上海豫納者，以是時粤事未平，長江流域不在清人手中故也。粤事平後，均在所進之口完納，并不豫徵。到長江各口後，一經離口販運，無論洋商華商，均逢關納税，遇卡抽釐。案本國之沿海貿易，本有出口進口兩税，復進口半税者，即沿岸貿易之進口税也。所以必税之者，以貨物自内地運往，亦有税也。當時中國沿岸貿易，亦有在外人手中者，故須訂入約章。

同治二年《中丹條約》第四十四款載明，通商各口載運土貨，約准出口，先納正税，復進他口，再納半税。後欲復運他口，以一年爲期，准向該關取給半税存票，不復更納正税，惟到改運之口，再納半税。其時抽税之法，尚係臨時另估，從量從價，各口不一律。光緒元年，乃改定辦法，一律完正税之半，不另估。免税品亦完百分之二又五。子口税者，所以替代内地之税釐者也，亦曰抵代税。以其税率爲進口之半，故又稱子口半税，或内地半税。《江寧條約》第十款謂英國貨物照例納税後，即准中國商人徧運天下，所過税關，祇可照估價則例加税幾分。蓋慮我別設新章，以阻難洋貨，欲求與土貨之經過税關者享同一之權利也。咸豐八年,《中英天津條約》第二十八款以英商稱貨物自內地至口岸,自口岸至內地,各子口恒設新章,實於貿易有損,定立約之後,各領事移文各關監督,由關監督將所經之處應納税數,明晰照復,彼此出示,曉諭漢英商民。惟英商願一次納税,以免各子口徵收紛繁者,亦可照准其税。洋貨在海口完納,内地貨在首經之子口完納,税率爲百分之二又五,俟在上海重修税則時,亦可將各貨應納之數議定。是年,《中英通商章程善後條約》第七款載明,入口貨在海關完納,内地税餉由海關發給内地税單,經沿途子口時,呈驗蓋戳放行。其在内地置貨者,到第一子口驗貨,發給執照,各子口查驗蓋戳,至最後子口,先赴出口海關報完内地税項,方許通過。俟下船出口時,再完出口税。而將前得由關監督照復税數一節取銷。此時,此項辦法限於洋商。光緒二年,《中英煙台條約》乃云,嗣後各關發給單照,應由總理衙門覈定,畫一款式,不分華洋商人,均可請領。惟又云,若非英商自置土貨,該貨若非實在運往海關出口者,不得援照辦理。蓋所以保護固有之國内通過税也。自有此約,洋貨進口後,無論在洋商手,抑在華商手,均不受内地税釐之阻難矣。光緒二十一年,《中日馬關條約》第六款第四項云,日本臣民在中國製造一切貨物,其於内地運送税,即照日本臣民運入中國之貨物一體辦理。於是洋商所置土貨,不出洋而運往通商各口供洋廠家製造者,亦得享一次納百分之二又五之内地税不再重徵之權利。然華商則除機製及倣造洋貨許呈請政府完直百抽五之出口税豁免沿途税釐外,其餘原料品及非機製品,均須逢關納税,遇卡抽釐也。

《馬關條約》第六款第四項爲洋商在内地設廠所自始。其文云:"日本臣民得在中國通商口岸、城邑,任便從事各項工藝製造。又得將各項機器任便裝運進口,祇交所定進口税。日本臣民在中國製造一切貨物,其於内地運送税,内地税鈔課雜派,以及在中國内地沾及寄存棧房之益,即照日本臣民運入中國之貨物一體辦理,自應享優例豁除,亦莫不相同。"此款非徒許其在中國設廠,并税率亦加協定,則我不能加税，以阻其設立。明年，《中日通商口岸日本租界專條》又名《中日公立文憑》第三款云："日本政府允中國政府任便酌量課機器製造貨物税餉，但其税餉不得比中國臣民所納加多，或有殊異。"則我雖欲減輕本國廠税，以事保護，亦有所不能矣。此類條件，看似彼此平等，然彼在我國設廠，而與我國人所自設者一律，且以我國幼稚之工業，而與彼在同一條件之下競争，其不平等實已甚也。

陸路通商始於俄。康熙二十八年《尼布楚條約》，雍正五年《恰克圖條約》，咸豐元年《伊犂塔爾巴哈台通商章程》，八年《瑷琿條約》，十年《北京條約》，均係無税。徵税始同治元年之《通商章程》。光緒七年收回伊犂，重訂《陸路通商章程》，訂明十年修改一次，然其後迄未修改。光緒十七年，《通商章程》所定兩國邊境百里内爲不納税地方。伊犂、塔爾巴哈台、喀什噶爾、烏魯木齊、關外天山南北路各城爲暫不納税地方。其俄商運貨物至天津、肅州者照海關税則三分減一。如運至天津之貨再由海道往通商各口，應將原免三分一之税補繳。如係運往内地者，并須交子口半税。俄商在天津、通州販土貨由陸路回國者，應照税則完納出口正税。在張家口販賣土貨出口回國者，在該口納一子口半税。如由内地販賣土貨運往通州、張家口回國者，照各國在内地販賣土貨成例，交一子口半税。光緒二十二年，《東省中俄合辦鐵路公司合同章程》第十款規定："貨物由俄國經此鐵路運往中國，或由中國經此鐵路運赴俄國者，應照各國通商税則，分别交納進口出口正税。惟此税較之税則所載之數減三分之一交納。若運往内地，仍應交納子口税，即所完正税之半。"但鐵道竣工後，中國迄未設立税關。至光緒三十一年，《中日協約》中國開放滿洲商埠多處，俄人恐中國在開放之地設立税關，損及俄商特權，乃要求中國協定北滿税關。三十三年，兩國委員議定税關章程大綱。明年正月，吉林交涉局總辦與俄總領事訂結章程：（一）兩國邊境各百里仍爲無税區域；（二）由鐵路輸出入之物，照海關税率三分減一；（三）輸入東三省之物，照海關税率減三分之二課通過税；輸入内地之物，照海關税率減二分之一課通過稅。其輸入稅則照海關稅率徵收章程定。後於鐵路兩端綏芬河、滿洲里各設稅務分局,於哈爾濱設總局。

中法陸路通商,光緒十一年《中法新約》、十二年《越南邊界通商章程》其中第十一、第十二兩款爲互惠條款。規定,法貨運進雲南、廣西者,按照中國海關稅則減五分之一。十三年,續訂《商務專條》十條,其中第三、第四兩款爲互惠條款。規定進出口稅均減十分之四。

中英藏印間,光緒十九年《中英會議藏印條款九款續款》三款開亞東爲商埠,并規定免稅五年。後又增開江孜、噶大克爲商埠,并規定凡關涉亞東各款,亦應在江孜、噶大克一律施行。當時雖規定免稅五年,然其後迄未收稅。滇緬之間,光緒二十年《中英續議滇緬界商務條款》二十條其中第八、第九、第十三數條爲互惠條款。與二十三年《中緬條約附款》規定,英商可於思茅等地貿易,貨自緬運入中國者,完稅照海關稅則減十分之三,若貨由中國運緬者減十分之四。

道咸間允許外國船舶在通商口岸間載貨往來營業,本係各國所無之例。光緒二十五年《中墨條約》第十一款云:"兩國商船,准在彼此現在或將來開准通商各口,與外洋往來貿易;但不准在一國之内各口岸往來載貨貿易。蓋於本國之地往返各口運貨,乃本國子民獨享之利也。如此國將此例施於別國,則彼國商民自應一律均霑,但須妥立互相酬報專條,方可照行。"似有意於挽救矣。乃二十八年《中英商約附加章程》又許外國商船往返於通商口岸,至其内地之間,如奉允准,并得由此不通商口岸之内地,至彼不通商口岸之内地,專行往來,反較舊例又加甚焉。豈戰敗之後,有所不暇顧慮邪?抑雖欲顧慮而不得邪?

新海關之設,初由各國領事按貨課稅,交我政府。後各領事各徇其私,咸豐元年,乃改由我官吏課稅。其時上海稅關設於舊城。三年八月,小刀會佔上海,海關關吏以下皆棄職而去。英、法、美領事以照約未完稅之商船不得出口,乃派員代徵其稅,或使商人立約,於恢復後如數償還。明年正月,三國領事以改良稅關組織,請命上海道與議。六月二十九日，上海道與三領事訂立章程，聘英人微德 T. Wade，或作維德，或作威妥瑪。法人斯密次 A. Smith，美人卡爾 L. Carr 襄辦。《税務章程》第一條謂此項人員應由道臺慎選遴委，并應予以信任事權，俾得改良一切云。於是建海關新屋於租界。三外人中，微德嫻中國語言，故實權皆歸其手。一年後，微德去，繙譯官勒伊 H. N. Lay 或作萊以，或作李泰國。繼之，税收大增，政府善之，而外商多以爲税重。咸豐八年，《天津條約》規定改訂税則，欽差大臣桂良、花沙納、何桂清與各國公使在上海訂定新税率，遂任勒伊爲税務司。其權限及任用規定，於附章第十款中謂任憑總理大臣邀請英人幫辦税務，毋庸英官指薦干預云云，則任用之權，固在我也。是時總税務司屬理藩院。咸豐十年總署設立後改屬之。明年，勒伊因病請假回國，以赫德 Robert Hart 署理。本係廣州海關副税務使，同治二年爲中國海關總税務司。同治四年，遷總税務司署於北京總理衙門，命赫德訂募用外人幫辦税務章程，於是各關税務司悉用洋人矣。光緒二十四年，《中英通商條約》規定，英人對華貿易超過各國時，總税務司一職應用英人。中國亦聲明，英國對華貿易苟不能超過各國，則此約當然無效。而是年《英德借款約》第六條第二項又申明，在此借款未清償前，中國政府不得變更海關行政之組織，其處心積慮深矣，宜乎他國之不平也！光緒三十四年，赫德病歸，以布雷頓代理。宣統三年，赫德没，以安格聯繼之。庚子賠款以海關税爲擔保，其時海關税入僅二千萬。《辛丑條約》乃將各通商口岸常關暫撥歸洋關管理。清末磅價高漲，又益以常關五十里内各分口。民國十五年一月十九日，汕頭海關監督兼交涉員馬文車以洋關及通商口岸常關所入，已足敷賠債所需，而炮臺口司事王盛唐舞弊案，牽涉副税務司馬多隆，呈請東征軍總指揮批准，於是日將潮海關 50 里内各分口，派員收回。税務司提出抗議，國民政府以馬氏事前未得政府許可，手續不合，於二月五日撤消之。

今日海關行政，全在外人手中。據近來調查，税務司 43，英人 27；副税務司 30，英人 18；幫辦 157，英人 62。華人之爲副税務司者，惟清季亞東關有一人，民國五年有一人，至民國十五年，華人之升稅務司者乃得一人（思第），升副稅務司者得三人云。粵海常關、秦皇島、嘉興分關。各海關本有監督，然條約上稅務司係受命於總稅務司，故監督命令，稅務司不之聽，必呈財政部，由部咨稅務處轉，由總稅務司下令也。稅務處設於光緒三十二年，有督辦稅務大臣，總稅務司以下，皆受管轄，後并入度支部。民國以來，亦歸財政部管轄，各關監督有專任兼任之分，專任監督兼管所在地之常關，兼任者以道尹爲之。

關稅存放，民國以來亦成爲一問題。我國以關稅擔保債款，由來已久。咸豐八年、十年英法賠款，即以關稅指撥，至同治四年清訖。同治六年甘肅軍事借款，亦以關稅擔保。其後，甲午俄法英德各款及庚子賠款，亦均以關稅爲擔保。清時關道有庫，海關收入皆交關道指定之中國銀錢號，由關道指撥道庫，海關自身并無經營收付之權也。即海關經費，亦向關道具領。應付債賠各款，由關道按期或按月或半年。將本息交付銀行或銀團，平時則分存上海各銀錢號，其時收入，年約 4 000 餘萬。上海銀錢號得此大宗存款，頗足以資周轉。辛亥革命，銀行錢莊倒閉，關款始有虧欠。先是庚子賠款，因海關收入不足以償，分攤之於各省，各省所認亦悉交上海道。及是各省或則不認，或雖認而解不以時，償賠各款始有拖欠。各外銀行乃在滬組織委員會，以清理積欠爲名，爲處分押品之計，擬具辦法八條，呈諸外交團。外交團略加改動，於民國元年一月，由領銜駐使交我政府，勒逼照行。該委員會係以對 1900 年以前，以關稅作保而現未清償之債款及庚子賠款，有關係之銀行，即匯豐、德華、道勝分存，總稅務司應將關稅淨收入報告該委員會，至中國政府能付債賠各款爲止。民國二年，政府恐内地稅款收解之權，亦落外人之手，由外財兩部及稅務處組織關稅委員會研究此事，結果與稅務司商定征收稅款，統交中、交兩行，訂立合同九條，然稅務司祇認爲中、交兩行營業之關係，不認爲關稅與國庫之關係，故積有成數，即照解匯豐，存行之期，至多不過 7 日，爲數至多不過 10 萬而已。

現在海關税存放辦法，係每月按期平均分作三份，以三分之二存於匯豐、道勝兩行，爲債之擔保。該兩行即以所收數目支配於以下五項：(一) 1898 年四釐半金債，每月撥匯豐。(二) 1896 年五釐金債，每月撥匯豐。(三) 1895 年四釐金債，每年於 6 月及 12 月撥道勝。(四) 由總税務司以命令照撥之關餘。(五) 彌補庚子賠款，按月撥入庚子賠款項下。此外三分之一，則存入匯豐之總税務司海關收入保留項下。通商口岸 50 里以内之常關税，繫在匯豐，爲賠款之擔保，記入總税務司常關税存款項下，以定率分作八份，每月按四期分配於以下兩項：(一) 庚子賠款項下此項尚有由海關税按月撥入者，向分存正金、匯豐、荷蘭、華比、花旗、道勝、匯理七銀行。歐戰起，英法美日俄意比等國以我加入參戰之故，自 1917 年起，准我停付庚子賠款五年，我即以此停付部分擔保七年公債基金，悉以關銀折算存入總税務司，擔保七年短期内國公債項下，而以總税務司之命令，分存於正金、匯理、華比、花旗、道勝、匯豐六銀行。(二) 總税務司常關收入保留項下，向爲撥存德華銀行，以抵(甲)償還奥賠款，(乙)部分的德國賠款之用，自對德奥宣戰停付後，即改由匯豐保管，其中關於德國部分已移充民三、民四兩種内國公債之擔保，奥國部分則撥中國銀行，充作兩種關税借款之擔保。所謂關餘者，係關税所入，支配上項各款，尚有盈餘，然後再交政府者。故關餘名詞，實始於 1917 年也。現在關税存放支配之權，完全操諸外人，而外人復有改善税款存放之主張，即(一) 取利益均沾主義，須分存與中國有關係各銀行，不能由一二銀行壟斷。(二) 特組税務銀行，由海關當局及各債權關係國派人共同管理。華會之際，日本代表會有希望將海關税，由日本銀行保管一部分之要求，并另附有意見書，法代表贊同日代表主張，亦有同樣之書面聲明。比國意國代表并與日法代表聲明，取同一態度。我國自華會決定加税之後，因外人議及存放問題，始知其關係重大，乃始加以研究，有(一) 應由中央金庫保管説。(二) 指定銀行保管説。主此説者，以中央金庫之銀行，往往對政府濫行借債，致失信用，不如分存各商辦大銀行，由税務司指定較爲可靠,亦少流弊。(三)國民銀行保管説。欲集全國商會,共同發起組織。(四)新舊税分管説。主此説者,以舊税向存外國銀行,抵償外債,已成慣例,一旦收回,恐不易辦。新附加税,則必争歸本國銀行保管。(五)舊税亦必撥存本國銀行一部分説。主此説者,以關税按月有盈,盈餘部分及已退還之賠款,亦應争回。(六)組織關税保管委員會説。以財長税務處督辦總税務司審行公會會長總商會會長組織之。

又按關款之充債賠款者,英葡由滙豐存付,美由花旗存付,俄由道勝存付,日由正金存付,法、西、瑞典由東方滙理存付,意由華義銀行存付,比由華比銀行存付,荷由荷蘭銀行存付,最近道勝又以倒閉聞矣。

最近關税問題,皆因《辛丑條約》及《九國關税條約》而起。《辛丑條約》賠款負擔既重,我國要求加税,各國乃以裁釐爲交換條件。英約第八款,許我裁釐後,進口貨税加至值百抽十二又五,出口貨税不踰值百抽七又五,其中絲斤不踰值百抽五。美約第四款,日約附加第一款,葡約第九款略同。并許我裁釐後對土貨征銷場税、以常關爲征收機關,常關以載在《清會典》及《户部則例》者爲限。惟(一)有海關無常關,(二)沿邊沿海而非通商口岸,(三)新開口岸,皆可增設。出廠税。本款第九節已見前,美約略同。美約附件又許我抽出産税。照英約本應於1904年1月1日實行。然政府既憚裁釐,又習於因循,迄未籌備,釐金所病者,華商至外貨入中國内地,本有半税可代,且通商口岸愈增,則内地愈少,故外人亦迄未提及。光緒三十四年外務部乃向各國提議加税,英日謂我於原約未曾履行,遂又延宕。至華府會議開會,中國代表提出關税自主案,其結果乃有所謂九國中國關税條約者,最近之關税會議,實根據此約而來者也。九國者,美比英華法意日荷葡也。

(一)修正1918年12月19日上海修正税則委員會,所定海關進口貨税表,以期切實值百抽五。此項委員會,由上開各國及列席華府會議各國承認之政府,曾與中國訂有值百抽五之税則之條約,而願參與修正之各國代表組織之。本案議決之日起,四個月以内修正完竣。至早公佈後兩個月實行。

（二）由特别會議立即設法，以便從速籌備，廢除釐金，并履行1902 年 9 月 5 日《中英商約》第八款，1903 年 10 月 8 日《中美商約》第四款第五款及 1903 年 10 月 8 日《中日附加條約》第一款所開之條件，以相征收各該條款内所規定之附加税。特别會議由簽字本約各國之代表組織之，凡依據本約第八條之規定，願參與暨贊成本約之政府，亦得列入。該會議應於本條約實行後三個月内，在中國會集，其日期與地點由中國定之。

（三）特别會議應考量裁釐，履行第二條所載，各條約諸條款所定條件之前，所應用之過渡辦法，并應准許對於應納關税之進口貨，得征收附加税，其實行日期用途及條件，均由特别會議議決之。此項附加税，一律值百抽二又五，惟某種奢侈品，據特别會議意見，能負較大之增加，尚不至有礙商務者，得將總額增加，惟不得踰值百抽五。

（四）中國進口貨海關税表，按照第一條，立即修改完竣。四年後，應再行修正，以後每七年修改一次，以替代中國現行條約每十年修改之規定。

（五）關於關税各項事件，締約各國應有切實之平等待遇及機會均等。

（六）中國海陸邊界，劃一征收關税之原則，即予以承認，特别會議應商定辦法，俾該原則得以實行。凡因交换局部經濟利益，曾許以關税上之特權，而此種特權，應行取消者，特别會議得秉公調劑之。一切海關税率，因修改税則而增加者，與各項附加税，因本約而增收者，陸海邊界均應一律。

（七）第二條所載辦法，尚未實行以前，子口税一律值百抽二又五。

（八）凡締約各國，從前與中國所訂各條約，與本條約各規定有抵觸者，除最惠國條款外，咸以本條約各條款爲准。

所謂切實值百抽五者，吾國關税雖協定爲值百抽五，然因貨物估價之關係，實祇值百抽一二。《辛丑條約》乃有切實值百抽五之説，於是年修改一次。民國七年，因加入參戰，對協約國要求實行值百抽五，又將税則修改一次。據熟於商情者評論，其結果亦不過值百抽三又七一五而已。其時歐戰未平，貨價異常，外交部及各國駐使均備文申明，俟歐戰終結後二年，再行修改。九國條約改定修改税則委員會，於十一年三月二十一日在上海開會，我國派蔡廷幹爲委員，與會者有英法意荷西葡比丹瑞挪瑞士美日。并中國，凡十三國。所修税則於十二年一月十七日實行。近人云南京條約後，入口税則，共修改四次。出口税至今未改，或云 1858 年，即咸豐八年，曾隨進口税修改一次，未知然否？又云我國出口税，皆係從量，故隨物價之變，征税輕重，大有不同。如茶自 1806 年以前，由中國壟斷，其時茶價最高，自此以後，遂逐漸降低。而茶之從量征税如故，則加重。又如絲價逐漸高漲，而其從量征税如故，則減輕是也。我國出口税率，無原料、製造品……分别，概從一律協定，以致欲免某物之税，或欲加重某物之税，以圖保護，皆有所不能，實一大缺點也。

關税特别會議，民國十一年十二月五日派顧維鈞爲籌備處處長，八日許顧辭，以王正廷代之。先是五月間，黑河華僑商會請召集各省商會各派代表在京開關税研究會議，財農兩部從之。九月九日成立商會，所推副會長張維鏞，又邀各商會代表及全國商會聯合會駐京評議員開商約研究會，於十月一日成立。

關税研究會中，所争論最大者，爲産銷税問題。商會代表欲廢産銷税，以營業所得兩税代之。其理由謂現有常關 43，又 50 里内常關 19，合分關分卡，約 340—350，其收入 50 里内常關 500 餘萬，50 里外常關 700 餘萬。實爲釐金之變相，存之仍不免留難。又英約常關以《清會典》所有爲限，沿邊及有海關處，雖可添設，内地則可移動而不能增設。關既有限制，征收必難普徧公平，且釐局長由省委任，要求撤换較易，關監督由中央委任，呼吁赴訴更難也。邊遠省份尤爲不便。又英約無出産税，日約第一款雖有出産字樣，而訂明悉照中國與各國商定辦法，毫無歧異，則出産税可辦與否尚屬疑問。至於銷場税，則如何辦法，約文未言。當時總署飭赫德，即謂未知議約大臣意旨所在，難以擬具。何者釐既裁矣，查驗爲約文所禁，有限之常關，斷不能徧征全國之銷場税也。政府之意，主就條約所許，存留常關，以征産銷兩税。財部所擬辦法，産税於起運後第一常關征收，銷税於最後常關征收，惟特種大宗貨物得就地征收産税。此據英約第八款第三節第七第八節。又産税得於最後常關征收，并征銷場税。距常關遠者，并得由當地商會代征。補征産税亦然。通商口岸現有海關而無常關者，沿邊區域包水陸沿海三者及内地自闢商埠，一律添設。各常關管轄區域另定，有海關處，常關仍照現在辦法，輪船由海關收税，民船由常關收税。其税額，産税爲百之二又五，銷税競争品如絲茶、需要品如糧食百之二又五，資用品百之五，奢侈品百之七又五。此省運至彼省，途經通商口岸，在海關完過出口税者，如已滿産銷兩税總額，即免征銷場税，否則照不足之數補征。將税司兼管 50 里内常關之權解除，而照英美約，由省長官在海關人員中選一人或數人爲常關監察員，不限外人。當時政府及商會代表争持不決，後乃融通定議，謂趕於兩年以内，將所得税、營業税、出産税、銷場税等同時籌備，而究行何税，則俟特别會議議定。土貨出口税，照約尚可加抽二又五，合爲七又五之數，商會代表要求分别貨物之性質原料競争品、手工製造品等。以定，或應減輕，或應全免，議決由政府與商民合組商品研究會，隨時討論施行。九國條約第六款，所謂關税上之特權，應指中英續議滇緬條約及中法會議越南邊界通商章程續議專條内，彼此允讓之利益而言，議決此事，須爲進一步之要求於特别會議，提出局部經濟交换之利益，與最惠國條款不相衝突。各國對於商約中關税部分，不能引機會均等各例，要求利益均沾，如此辦法并可由單制協定漸入於復制協定。迭次修改税則，派員協定貨價，時間每慮匆促，辦理易致遷延。議次各財政討論會所議，預定公佈洋貨進口貨價辦法，由政府於上海、漢口、天津、廣州、大連五口設立調查機關，求平均之貨價，供隨時之修改。按此案後僅辦到上海一處。過渡期内值百抽二又五之進口附加税。華會宗旨欲以整理外債，或可提出一部爲行政必要經費及教育公益事業之處，商會代表欲存爲裁釐擔保。議決將來會議時，如能擬出擔保或裁釐辦法，地方長官不致顧慮反對，則亦可將增收之附加稅，撥充整理公債之用。

民國十四年八月五日九國公約批准文件全到華盛頓，按該約第十條，該約即發生效力。政府乃於八月十八日召集各國開特別會議，十月二十六日開會，我以王寵惠爲全權代表，與會者凡十二國，會中組織四委員會，第一委員會處理關税自主問題，第二委員會處理關税自主以前應用之過渡辦法，第三委員會處理其他有關事件，第四委員會爲起草委員會。當 1922 年太平洋與遠東問題委員會開第十七次會議時，中國委員宣言，對於關税條約，雖予承認，并無放棄關税自主之意，召集照會中即報此，再行提出。關税會議既開，中國政府提出：(一) 與議各國向中國政府正式聲明，尊重關税自立，并承認解除現行條約中所包含之關税束縛，并中國國定關税條例於 1929 年 1 月 1 日發生效力。(二) 我國政府允裁釐，與國定關税定率條例同時實行。(三) 未實行國定關税定率條例以前，於現行值百抽五外，加收臨時附加税。普通品值百抽五，甲種奢侈品，即煙酒值百抽三十，乙種奢侈品值百抽二十。(四) 臨時附加税條約簽字後，三個月開始征收。

關於(一) 十四年十一月十九日，在第一二委員會議合通過，中國亦公佈關税定率條例。據某當局談話云：實附有數種保留條件，其時法意代表知會我國代表團，謂法意政府，祇能照下列條件贊同上項議案，即(1) 已納關税之洋貨，不得加征捐税。(2) 各種條件互相維繫。(3) 裁釐應由雙方承認與實行。(4) 意國單獨提出整理外債互惠税率問題。駐京日使館與外交部於十五年一月二十日、二十七日先後换文兩次，文内所列原則：(1) 此互惠辦法之施行，係爲締約國雙方之利益。(2) 締約國之某種貨物，得享互惠税率之利益。(3) 互惠協定期間之規定，必須能符合締約國兩方經濟變遷之情形之需要。(4) 互惠協定一俟中國關税定章實行，即行有效。(二) 中國政府曾正式聲明，盡十八年一月一日前切實辦竣。又宣言抛棄不出之土貨之出口税，復進口半税，以爲裁釐初步。關於(三) 中國嘗公佈煙酒進口税條例，日主實行華約第三條第二段，美主立即征收二又五附加税，奢侈品可值百抽五，水陸一律。英亦主水陸一律。又日欲於過渡期内，議訂新條約，規定某物互惠的協定税率與國定税率，同時施行。

海關施行附加稅後之進款,美主(1) 祇補各省裁釐損失。(2) 各省違背裁釐復行征稅,對於被稅者予以賠償。(3) 整理無抵押借款。(4) 中央行政費。後各國允將附加稅增至"收入可增至 7 000 萬元至 9 000 萬元之間"之數,未能正式決定。政變作,我國代表多不能出席。七月三日英美法意日比西荷葡宣言,俟中國代表能正式出席時,立即繼續會議。我國政府乃修正關稅會議委員會組織條例,派蔡廷幹、顧維鈞、顔惠卿、王寵惠、張英華、王蔭泰爲全權代表,然各國代表多已出京,迄今未曾開會。會中提出者,又有(一) 外僑納稅案。自與各國通商以來,無論何項條約,均未許外人在租界内租界外免納稅捐。邇年中國推行稅務,外僑輒藉口租界,託詞未奉本國政府訓令,抗不交納,租界外鐵道附屬地亦然,華人住租界鐵道附屬地者,亦不令納稅。中國政府不得已,暫在租界及鐵道附屬地周圍,設卡征收,於外國商務,實亦有關礙。故政府宣言,凡外僑在中國領土居住者,無論在租界内或租界外,或鐵道附屬地及其他區域,均與中國人民同一服從中國政府公佈之辦法,負擔其一切捐稅。(二) 從前偏訂貨價,亦出協定(1) 集會愆期,(2) 會議中間停頓,(3) 已訂施行遲延,以致多所延擱。華府會議業經要求先收回調查貨價之自由,并應用自動修改之原則,今者 1929 年 1 月 1 日後當然修改,亦依中國法令,在此過渡期間,仍依據華會精神,擬具修改稅則章程草案提交關會第二委員會,希望予以同意。

南方對於關餘。民國八年至九年三月之關餘,本曾分付廣東政府,占全額百分之十三又七。後因七總裁意見分歧,政府瓦解,遂仍付諸北方。九年底南方政府恢復,要求照撥,并還以前積欠。總稅務司暨外交團謂須請示本國政府,後美政府電謂應交外國所承認之政府,關餘遂盡歸北方。十二年九月五日南方政府照會北京外交團,請"各使訓令代理關稅各銀行,將關餘撥交總稅務司,由本政府訓令總稅務司,分解南北,并令總稅務司以政府轄境内之關餘,須另行存儲,并將 1920 年 3 月以後之關餘補撥,否則將另委員海關總稅務司"。外人疑南方政府將干涉海關行政,外交團令駐華海軍赴廣州,電領事團轉復南方政府,謂關餘爲中國所有,外交團不過保管人,如欲分取,當與北京政府協議云云。此事遂未有結果。當時實業界,因民國十年北方政府曾定以關餘爲内國公債基金,頗反對南方分用。據南方政府之言,則謂此項基金,尚可以 1 400 萬元鹽餘及 1 000 萬元煙酒税充之,且北方政府本不應自由處置南方應得之關餘也。迨"五卅"案起,廣東又有六月廿二日之沙基慘案,粤人封鎖港澳。十五年中央政治會議第二十六次會議,決定征收入口貨之消費税,普通貨物百分之二又五,奢侈品百分之五,以爲解除封鎖最低限度,交换條件於十月十一日施行。照會中仍申明無意干涉海關行政。封鎖亦即於是日取消。駐粤首席總領事曾稟承駐京首席公使之訓令,向粤政府提出抗議,粤政府以不能承認北京首席公使駁覆之。領袖公使亦曾向北方政府提出抗議,以廣東與山東及其他地方官吏并言。

歐戰後,中國於對德和約未曾簽字,十年五月二十日所結中德協約第四條,兩國有關税自主權,惟人民所辦兩國間或他國所産未製已製貨物,其應納之進口出口税,不得超過本國人民所納税率。奥約則我仍簽字,奥放棄 1902 年 8 月 29 日關於中國關税之協定。中俄解決懸案大綱協定第十三條,兩締約國政府允在本協定第二條所定之會議中,訂立商約時,將兩締約國關税税則,採取平等相互主義,同意協定。

内地常關,清季惟崇文門左右翼及張綏各邊關直隸中央,此外均由各省派員征收。民國二年將淮安、臨清、鳳陽、武昌、漢陽、夔、贛等關改歸中央,等派監督管理。三年設局多倫,四年改爲税關。又將舊屬於省之潼關、辰州、潯州、成都等關改簡監督,雅安、寧遠兩關,改歸部轄。廣元、永寧兩關屬之成都,打箭爐關屬之雅安。

釐金,清咸豐三年,太常寺卿雷以諴餉軍揚州,始倡之於仙女廟,幕客錢江之謀也。本云事定即裁,後遂留爲善後經費,由布政使派員征收。釐局之數,據前數年之調查,全國凡 700 餘處,但衹指總局而言,分局及同類之稽征局不在其内。

| | | | | | | | |
|---|---|---|---|---|---|---|---|
| 直隸 | 15 | 奉天 | 34 | 黑龍江 | 31 | 甘肅 | 43 |
| 新疆 | 11 | 山西 | 42 | 山東 | 10 | 河南 | 32 |
| 江蘇 | 58 | 浙江 | 42 | 湖南 | 34 | 四川 | 20 |
| 福建 | 45 | 廣東 | 29 | 廣西 | 30 | 貴州 | 44 |
| 吉林 | 44 | 江西 | 47 | 安徽 | 42 | 陜西 | 30 |
| 湖北 | 25 | 雲南 | 44 | 共 735 釐局。 | | | |

其收入光緒初年爲 2 000 萬兩,據云實有 7 000 萬,餘皆被中飽。清末預算所列爲 3 500 萬兩,民國初年,預算所列爲 2 400 萬兩。最近之調查則如下:

**釐金收入調查一**

| | |
|---|---|
| 1912 年 | 36 584 005 元 |
| 1913 年 | 36 882 877 元 |
| 1914 年 | 34 186 047 元 |
| 1916 年 | 40 290 084 元 |
| 1919 年 | 39 251 522 元 |

**釐金收入調查二**

| | | |
|---|---|---|
| 直隸　681 295 元 | 吉林　1 267 087 元 | 山東　227 888 元 |
| 山西　623 504 元 | 安徽　1 599 412 元 | 奉天　4 169 733 元 |
| 黑龍江　537 087 元 | 河南　615 553 元 | 江蘇　5 791 113 元 |
| 江西　2 651 936 元 | 福建　1 238 737 元 | 湖北　5 049 819 元 |
| 湖南　2 598 722 元 | 浙江　4 225 532 元 | 陜西　933 791 元 |
| 新疆　391 079 元 | 甘肅　995 806 元 | 四川　636 989 元 |
| 廣東　2 545 568 元 | 廣西　982 784 元 | 雲南　398 000 元 |
| 貴州　525 561 元 | 熱河　319 621 元 | 察哈爾　250 894 元 |
| 總計　39 257 518 元 | | |

(譯自日本《中華經濟》)

釐金之中飽，據各方面之調查，皆云超過歸公之數。其病民在於設卡之多，一宗貨物經過一次，釐卡收税即不甚重，而從起運以至到達，究須經過幾次，能否免於重征，初無把握。釐本百分抽一之謂，據調查實在百分之五至百分之十之間，且皆非從價而從量，蓋因征收者之無能也。又有七四釐捐、抽百之一又一。九釐捐抽千分之九。等。凡抽税，何者爲税之物？何物税率如何？必有一定之法，并須明晰榜示。即如《清會典》與户部關税云：凡貨財之經過關津者，必行商大賈挾資貨殖以牟利者。乃征之物有精粗，值有貴賤，利有厚薄，各按其時也，以定應征之數，部設條科，頒於各關，刊之木榜，俾商賈周知，而吏不能欺……至小民日用所需，擔負奇零之物，皆不在征榷之條，以歷代之通法也。惟釐金不然，開辦雖須得中央覈准，然辦法則并無一定，税品税率以及征收之方法，皆由各省官吏，各自爲政，其可隨時改變。據調查江蘇一省，即有八種不同之辦法云。各省後來亦謀改良，然其所謂改良者，大抵名異而實則相差無幾也。下表爲民國四年以後各省所行之釐税。

| 省　名 | 税　　名 | 税　　率 |
|---|---|---|
| 直　隸 | 釐金(一次抽收) | 天津 1.25%<br>大石高黄 1% |
| 奉　天 | 産銷税 | 普通貨物 2%<br>糧 1%<br>豆 3% |
| 吉　林 | 銷場税 | 運銷本省貨物 2% |
| 黑龍江 | 銷場税 | 5% |
| 甘　肅 | 統捐落地捐 | 統捐 5%　落地捐 2.5% |
| 新　疆 | 統捐 | 3% |
| 山　西 | 釐金(一次抽收)<br>落地捐 | 1.2%—2.4%<br>1.5% |
| 陝　西 | 統捐 | 5%—6% |

續　表

| 省　名 | 税　　名 | 税　　率 |
|---|---|---|
| 山　東 | 釐金地捐 | 釐金約 2% |
| 河　南 | 釐金(一次抽收) | 1.25% |
| 江　蘇 | 寧屬釐金<br>認捐<br>落地捐<br>蘇屬統捐(兩次抽收) | 約一分外加出江捐一道<br><br>2.5%<br>2% |
| 安　徽 | 統捐<br>釐金<br>落地捐<br>包捐 | 2% |
| 江　西 | 統捐(四次抽收) | 3%—2.5% |
| 湖　北 | 過境税<br>銷場税<br>落地捐 | 2%<br>5%<br>2%—4% |
| 浙　江 | 統捐(兩次抽收)<br>落地捐 | 約 5%<br>2.5% |
| 湖　南 | 釐金(一次或兩次抽收)<br>落地捐 | 3%—1.5% |
| 四　川 | 統捐(一次抽收) | 5% |
| 福　建 | 釐金(四次抽收) | 10% |
| 廣　東 | 釐金(兩次抽收) | 内地 2%<br>沿海 1%—1.6% |
| 廣　西 | 統捐 | 梧州賀縣 2.5%—5%,糧石 3.5%—5%,他地普通貨物值百抽五 |
| 雲　南 | 征釐加釐 | 5% |
| 貴　州 | 釐金 | 未詳 |

統捐即一次征收。産銷税照例産地在本省,而銷地不在本省者,即不征銷税。銷地在本省而産地不在者,即不征産税,但通過者,即兩税皆不征,過境税則又不然。落地税者,繳銷子口單之拘,承買商人直指銷貨地點,完税一次。征收方法,除由官吏征收外,又有認捐及包捐,認捐由本業中人與税務機關商定,認數由財廳覈準,包捐則由業外之人爲之,此兩法可免檢查之煩,及節省征收費,然認包之人,所有之權太大。鐵路興後,有寓徵於運之議。民國二年通過國務會議,擬先從國有鐵路試辦,苟有成效,再推及其他各路及他種運輸業。五年交通部擬裁路釐,創辦一特别運輸税,皆未能行。

最近政府已在特别會議宣布裁釐,財政善後委員會所擬辦法,釐金、統捐、統税、貨物税、鐵路貨捐以及名異實同之通過税,商埠50里内外常關正雜各税之含有通過性質者,海關征收之子口税、復進口半税及由此口到彼口之出口税,均在裁撤之列,合計所裁之數爲7 500餘萬元。裁釐自是善政,然以此與加税爲交换條件,則不當。何則?釐乃内政,苟以裁釐與列國交换,當以各國減輕中國貨物之入口税爲條件也。且有謂裁釐,決非三數年間所能辦到者,其説由美之産業税,行之百餘年,無人不以爲惡税,亦能於三年内裁之邪?

鹽税自擔保借款以來,於主權亦頗有關係。現在鹽務行政,由財部附設之鹽務署主管。督辦由財政總長兼任,署長由次長兼任。署中設總務處及場産運銷二廳,總務處司鹽務人員之任用及考績,場産廳司建造鹽場倉棧及緝私之事,運銷廳司運銷,此外有鹽運使10人,副使4人,總場長2人,鹽場知事127人,榷運局9所,官硝總廠1所,掣驗局2所,蒙鹽局1所,揚子總棧1所,運銷局1所。爲擔保善後大借款,故於署内設稽覈總所,總辦由署長兼任,會辦聘外人任之。産鹽地方設稽覈分所,經理由華員任之,協理亦聘外人任之。鹽税均存銀行,非總會辦會同簽字,不能提用也。該借款契約且訂明本利拖欠踰展緩近情之日期,即須將鹽政事宜歸入海關管理。

| 鹽　産　地 | 引　　　地 |
| --- | --- |
| 兩淮 十五場 海鹽 | 江寧舊寧屬六縣南通及如皋、泰興兩縣及揚州府屬(以上爲淮南食岸),淮安府屬及今徐海道(除銅山豐沛蕭碭,以上爲淮北食岸),湖南殆全省(淮南湘岸),湖北武昌等 31 縣(淮南鄂岸。另鍾祥等 30 縣與川鹽并消),江西南昌等 57 縣(淮南西岸),安徽懷寧等 50 縣(淮南皖岸) |
| 兩浙 二十九場 海鹽 | 浙江全省,江蘇鎮、蘇、常、松、太、海門 25 縣,安徽休寧、廣德、建平等 8 縣,江西玉山等 7 縣 |
| 雲南 十二場 井鹽 | 雲南殆全省,貴州普支等 4 縣 |
| 陝西 四場 土鹽 | 即産鹽之朝邑、蒲城、榆林、富平 4 縣附近 |
| 長蘆 三場 海鹽 | 京兆直隸及河南之開封、陳留等 52 縣 |
| 山東 六場 海鹽 | 山東全省,江蘇之銅山及豐沛蕭碭,安徽之渦陽、宿縣,河南之商邱、寧陵、鹿邑、夏邑、永城、虞城、睢縣、考城、柘城 |
| 福建 十二場 海鹽 | 福建殆全省 |
| 四川 二十三場 井鹽 | 四川全省,貴州之殆全省,湖北恩施等 8 縣,雲南昭通、宣威等 8 縣 |
| 河東 一場 池鹽 | 本省 45 縣,河南伊陽等 32 縣,陝西長安等 35 縣 |
| 東三省 七場 海鹽 | 東三省全部 |
| 兩廣 十九場 海鹽 | 兩廣及湖南永興等 11 縣,江西興國等 17 縣,福建長汀等 8 縣,貴州下江等 11 縣 |
| 甘肅十四場 | 甘肅殆全省,陝西甘泉等 47 縣 |

稅率輕重不等，最重者，每百斤至四元七角及三兩。最輕者不滿一元。因生產運輸之費不同，以此調劑之。鹽稅當擔保庚子賠款，時每年收入不過1 200萬兩，近年則在9 000萬元左右。除善後大借款外，民國元年之克利斯浦500萬金鎊，借款亦以鹽稅爲擔保。民國十年三月北方政府指定每年鹽稅中，撥1 400萬元爲内國公債基金。鹽稅自擔保大借款後，征稅之地，均能交中交兩行，每十日由中交兩行匯交就近外國銀行，再匯至匯豐、道勝、德華、正金、匯理五銀行。對德宣戰後，由四行經理。民國十一年，因關稅收入增加，借款本息均以關稅支付，鹽款實際已與借款無關，然此項辦法仍未變更。民國十五年，道勝銀行停業，稽覈所令道勝經理之款，概交匯豐，匯往倫敦，名爲：鹽務稽覈總所撥備歸還俄發債券本息帳。其德發債票向由道勝匯出者，亦令該三行分匯倫敦，經閣議議決照辦。但令該財部對三行聲明："對於道勝經理中國各種外債之權利，政府保留自由處分移轉之特權。"

民國二年，財政部頒行鹽稅條例，除蒙古、青海、西藏外，産鹽銷鹽各地方劃爲兩區，第一區爲奉天、直隸、山東、山西、甘肅、陝西、江蘇之淮北各産地及吉林、黑龍江、河南、安徽之皖北各銷鹽地方。第二區爲江蘇之淮南、兩浙、福建、廣東、四川、雲南各産地，安徽之皖南，江西、湖北、湖南、廣西、貴州各銷鹽地方。三年，第一區百斤稅二元，第二區仍照從前稅則，四年以後，與第一區同，此爲第一期辦法，至第二期，則均改爲二元五角，其後此項稅率未能實行。

清時茶稅，隨地附加之捐頗多。故各省稅率互有輕重，一省之中，亦彼此互殊。咸同以後，原定引制，漸成具文，光宣之交，各省或設統捐，或抽釐捐，或又按引征課，稅率亦不一致。大較西北重於東南。民國三年十月，因華茶運銷外洋者，江河日下，將出口茶葉，向來每擔征銀一兩二五者減爲一兩，而湘鄂皖贛洋莊紅茶，求減輕茶釐，則未能實行。

煙酒牌照稅，係民國元年熊希齡以總理兼財長時所辦，整賣年稅

40 元,零賣分 16 元、8 元、4 元三等。紙煙輸入,當清光緒二十六年,年僅 3 000 元,民國元年已達 3 000 萬元(現在 1.7 億元)。當時舉辦煙酒税,意在對外國輸入之捲煙加以抽收,而結果僅辦到牌照税而止。民國四年,政府曾於京兆,設煙酒公賣局,定有暫行章程十四條,旋又定全國煙酒公賣局暫行章程二十條,立全國煙酒事務署,以鈕傳善爲督辦,各省皆設煙酒公賣局,由商人承辦分棧,前此各省所收煙酒税如煙葉捐、煙絲捐、刨煙捐、釀造税、燒鍋税之類。及煙酒牌照税,均歸并征收。傳善去後,張壽齡繼之,於民國十年八月三日,與英美煙公司立聲明書十一條:凡自通商口岸運入内地者,無論其自外洋運來,抑在中國所製,除海關税及北京崇文門税外,均完一内地統捐,分四等,第一等每 5 萬支,完 12.375 元,次 7.125 元,次 4.125 元,次 2.25 元,完過此項統捐者,各省釐金及各種税捐均免。在華製者,每 5 萬支另完出廠捐 2 元,其在通商口岸或商埠銷售者,出廠捐外,不完内地統捐,各省各有更税者,得以捐單爲據,抵繳此項應納捐款,惟營業税、牌照税不在此例。另以公函聲明,廣東、廣西、湖南、雲貴五省爲例外。遂於上海設全國紙煙捐總局,津、漢設捐務處,前此各省自抽之零星紙煙捐税陸續取消,均歸滬局征收。收入年約 200 餘萬元。而浙江於十二年三月開辦紙煙特税,江蘇、安徽、江西、湖南、湖北、直魯豫川陜等繼之,或稱銷場税或營業税,其税率大約爲百分之二十,仿光緒初等洋藥税釐并征之額也。英美煙公司,遂以此抵繳煙酒事務署所收之捐,英美公使亦迭向外部提出抗議。汪瑞闓爲全國紙煙捐務督辦,欲修改聲明書,令英美煙公司於原有二五捐外,加捐若干,撥歸各省應用,而使各省取消特税。曾於民國十三年與英領事及江蘇所派委員,在江蘇省公署協議,議未有成。十四年三月,督辦全國煙酒事務姚國楨,與英美煙公司續訂聲明書四條,於十六日呈奉段執政覈准。據該續訂聲明書,公司於先所認捐項外,加征保護捐一道,其額爲百分之五,照紙煙所銷售之省份,撥歸該省,以抵補特税。倘各省於此外,再行征收,得將所征之數,於應繳該省數内扣抵,扣抵不足,仍得將應繳煙酒署之捐扣抵,此項辦法於各省取消特税時發生效力。煙酒署與英美煙公司所訂聲明書,據輿論之批評,損失頗大。(一)通商口岸及商埠定爲免捐區域。續訂聲明書時,據煙酒署云:煙公司已允實行,時通商口岸及商埠,均貼印花。然係口頭聲明。(二)出廠税例,征百分之五,今校最下等内地統捐之數,尚覺不及。(三)出廠捐條文云:"在華製造行銷各省",因之運銷國外者海參崴、南洋羣島等。均不納税。(四)海關税除外,而50里内常關漏未提及,以致外商投報常關扣抵應納之捐。而其關係尤大者。(五)子口税本所以代内地釐金,故在英文爲 Transit Duty 沿途税。光緒二十四年總署咨准洋商進口貨物領有税單者,自通商口岸至單内指定之地,允免重征,既至該地後,子口税單即應繳銷,子口税單既經繳銷,即與無單之貨無異。故落地税等,我國向來自由征收,絶不受條約限制。浙江之洋廣貨落地捐,江蘇之洋廣貨業認捐等是。質言之,我國受條約限制者,惟(A)國境税及(B)國内税之通過税。釐金及類似釐金之税。今乃許其將釐金及各種税捐概行免納,是并國内税而亦與協定也。又(六)該聲明之第九條,公司聲明條約應享之權利,毫不拋棄。然則條約所享之權利優,即以條約爲據,條約外之權利,又可以聲明書攫得之,設使各種商業而皆如此,條約將等於無效矣。(七)煙税各國皆重,美國五萬支抽至美金百元,日本值百抽二百。實爲良好税源,若與外人協定,姑不論他種捐税,外人踵起效尤,即就煙税而論,已失一筆大宗收入。日本至一萬數千萬元。(八)至續訂聲明書所加税率,亦僅百分之五,此乃汪瑞闓在江寧省署協議時,煙公司已允,而我方未之許者,且此事之得失,不在税率之重輕,苟與協定,即税率加重,在彼方猶爲有利也。(九)聲明書期限爲8年,財部宣布,照會英使時,曾聲明如實行加税,修改税則,不受此聲明書有效期間之限制,然除此以外,吾國改訂税法,則不能不受其限制矣。然此項聲明書實係違反約章,故以法律論,嘗無效力之可言。各省開辦卷煙特税,英美提出交涉,謂聲明書允免重征,據吾國人之解釋,則此項捐納,乃所以代子口半税,子口半税,則所以代釐金,故所免者,亦應以釐金及與釐金同性質之税捐爲限，各省所辦非營業税，即銷場税性質，營業税聲明書且已除外，銷場税據馬凱條約，必入口洋貨加征至百分之十二又五時，乃限制僅可征於土貨，否則固當任我征收也。或謂營業税係行爲税，當按商店純益，用累進法征收，性質與所得税相似。今按值百抽幾，對貨征收，明明非營業税，江蘇官場解釋，謂日本營業税以(1) 售出貨價，(2) 賃房價格，(3) 店夥人數爲征收之標準。我國省略(2)(3)兩項手續耳。又我方謂免納限於英美煙公司。今營業税，取之營銷店鋪，間接取之吸户。營業者爲我國人營業店鋪之物，實爲我國之物。彼謂批發商大都公司代理人，貨物仍係公司財産。我方謂約章外商不得在内地開設行棧，我惟認爲中國商人，故許其在内地營業，且製造營銷合爲一人時，兩税當分别征收，固各國之通例也。又議决本省單行條例及省税，爲省議會之職權，中央亦不能干涉。各省所辦紙煙特税，成績不甚佳良。浙省除開支外，僅得數十萬，而中央所收，爲煙公司扣抵者百餘萬，蘇省初云招商包辦，實多業外之人，化名承充，尤屬責有繁言。民國十四年，湖北督軍蕭耀南曾派軍需課長與公司交涉，就廠征税，訂立草合同。蕭卒後，吴佩孚派軍警督察處長李炳煦，將草合同修正，即派李爲湖北全省紙煙捐務總辦，於十五年三月十六實行。原設特捐總處分局及包，概行取消。土産酒類公賣章程行後，久經征税，各省税率且逐漸增加，洋酒自民國四五年後輸入日多，華洋商人，又多在華仿製者，近年政府乃頒行機制酒類販賣條例，於京兆設機制酒類征税處，向販賣洋酒商店征收。

漁税向視爲雜税之一，沿海州縣間或征收。此外則吏役埠頭需索，水師營汛私費而已。日人既據大連青島，徧設水産組合所，向中國漁民索取組合費，不納則禁其捕魚，而彼在中國沿海卻肆意濫捕，又將所得組合費作爲經營漁業之資。大連水産會社水産試驗場、滿洲漁市場、東洋捕鯨會社、青島漁業會社等經費，不下數千萬元。據報載多出自組合費，費之變相漁税。又據報載農商部嘗與日本締結漁業借款 600 萬元，以七省領海劃作數漁區爲抵押品。長此以往，我國沿海漁民必將失業，難免不流爲海盜，甚可慮也。近年農商部始公佈漁業條例，“非中華民國人民不得在中華民國領海採捕水産動植物及取得關於漁業之權利”。第一條。然日本漁輪仍有利用我國人，巧立名目，朦混注册者。歐美日本對於領海，均有捕魚區域及禁區域之别，凡屬民船採捕之地，漁輪機船不許羼入，所以維沿海漁民之生計也。臺灣此項區域，以沿海島嶼燈塔向外量起，自 10 海里至 60 海里不等，平均計算離島嶼約 35 海里。民國十年，外海兩部匯訂領海綫，以各島潮落，向外起算3英里爲界。江浙漁會曾函上海總商會，擬議擴充。

煙酒牌照税爲營業税之一。此外屬於營業税者，有牙税、有領帖費，有常年税，自十餘元至數百元。當税、特種營業執照税。民國三年，定分十三種，計其資本抽百分之二又五。

登録税分契税及注册費兩種。契税所包其廣凡産業移轉有契爲憑者，皆税焉。注册費分(1) 輪船，(2) 鐵路，(3) 商業，(4) 公司，(5) 礦業，(6) 律師，(7) 著作權七類。

清代鑒於明末礦税之弊，各地之礦；有司多奏請封閉，惟雲南有銅礦，户工二部恃以鑄錢。此外率多私採。民國乃定礦税條例，分爲礦區税、礦産税，視其種類及礦區之大小，礦産之多少而定。

印花税民國二年所行者，第一類發貨票、銀錢收據15種，第二類提貨單、股票、匯票等11種。三年八月續頒人事憑證帖用印花條例，爲出洋及内國游歷護照、免税單照、官吏試驗合格證書、中學以上畢業證書、婚書等。

牲畜税及屠宰税本係雜税。清初凡貿易之牲畜，值百抽三，屠宰無税，季年東南各有屠宰税，民國因之。民國三年冬，財政部調查各省牲畜税爲騾馬驢牛羊豕六種，西北多於東南。四年正月，財政部頒屠宰税簡章，以猪牛羊三種爲限。

房捐起於清末，清初大興宛平有鋪面税，仁和、錢塘有間架房税，江寧有市廛鈔，北京琉璃高瓦兩廠，有計檁輸税之法，新疆烏魯木齊亦有鋪面税，康雍間先後奉旨豁免。由各地方自辦，民國亦有仍之者。

# 第十五章　官　制

官制一門,在制度中最爲錯雜,此由歷代設官時有變遷,即其制不變者,其職亦或潛行改易。最初因事設官,即因事立名,不難循名而知其職。變遷既甚,則或有其名而無其實,或無其實而有其名,於是循其名不能知其職之所在。而駢枝之官錯出,與固有之官之分職,又多出於事之偶然,而無理之可求,則知之彌艱矣。夫制度因事實而立,亦必因事實而變,此爲理之當然。然思想之變遷,必不如事實之變遷之速,往往制度已與事實不切,人猶墨守舊制而不知更。然雖欲墨守舊制,而其制既與事實不合,在勢必不能行,而名是實非之弊遂起。一朝創制之時,未始不欲整齊之,使歸於畫一,然思想之變更既不能與事實之變更相副,則所定之制度,往往與實際不合,制甫定而潛行變遷之勢已起於其中,此官制之所以錯雜而難理也。然官制實爲庶政之綱,研求史事者必不容不究心,最好以官制與他種制度相參考,既就一切政事求其屬於何官,更就凡百職官求其所司何事,更通觀前後而知其所以變遷之由,考諸并時而得其所以分職之故,則不獨官制可明,即於一切庶政,亦彌覺若網在綱矣。

官之緣起,予舊作《釋官》一篇可以明之,今録其辭如下。原文曰:

"《曲禮》曰:'在官言官,在府言府,在庫言庫,在朝言朝。'《注》曰:'官謂板圖文書之處,府謂寶藏貨賄之處也,庫謂車馬兵甲之處也,朝謂君臣謀政事之處也。'然則官字古義與今不同,今所謂官,皆爲政事所自出,古則政出於朝,官特爲庋藏之處,與府庫同耳。蓋古者政簡,不須分司而理,故可合謀之於朝。後世政治日繁,勢須分職,而特設之機關遂多,各機關必皆有文書,故遂以藏文書之處之名名之也。

"官既爲庋藏文書之處,則處其間者不過府史之流,位高任重者未必居是。《論語》:'冉子退朝。子曰:何晏也?對曰:有政。'《子路》。荀子入秦,'及都邑官府,其百吏肅然。……入其國,觀其士大夫,出於其門,入於公門,出於公門,歸於其家',《荀子·強國》。其證也。然則司政令者不居官,居官者不司政令,故官在古代不尊,所尊者爲爵。《儀禮·士冠禮》曰:'以官爵人,德之殺也。死而謚,今也。古者生無爵,死無謚。'《檀弓》謂士之有誄,自縣賁父始。誄所以作謚,明古者大夫有謚,士無謚。生無爵,則死無謚,明大夫爲爵,士不爲爵也。《王制》曰:'司馬辨論官材,……論定然後官之,任官然後爵之,位定然後禄之。'官之者任以事,是爲士,爵之禄之則命爲大夫也。《曲禮》曰:'四十曰強,而仕。'《士冠禮》曰:'古者五十而後爵。'則任事十年,乃得爲大夫矣,所謂'任官然後爵之'也。《檀弓》又曰:'仕而未有禄者,君有饋焉曰獻,使焉,曰寡君,違而君薨,弗爲服也。'《王制》云:'士禄以代耕',而此曰未有禄者。《曲禮》又曰:'無田禄者,不設祭器;有田禄者,先爲祭服。'禄指土田言,故代耕所廩,不爲禄也。《檀弓》:工尹商陽曰:'朝不坐,燕不與,殺三人,亦足以反命矣。'《注》:'朝燕於寢,大夫坐於上,士立於下。'坐於上爲有位,立於下爲無位,必爵爲大夫,然後有田,則所謂位定然後禄之也。古者國小民寡,理一國之政者,亦猶今理一邑之事者耳,勢不得甚尊。至於國大民衆而事繁,則其勢非復如此矣。則凡居官任事者,皆有以殊異於齊民矣。上下之睽,自此始也,故曰德也。"以上《釋官》原文。

我國官制當分爲五期。三代以前爲列國之制。秦制多沿列國之舊。而漢因之,以其不宜於統一之世,東漢以後,乃逐漸遷變,至隋唐而整齊之。然其制與隋唐之世又不適合,唐中葉後又生遷變而宋因之。元以蒙古族入主中國，其治法有與前代不同者。明人顧多沿襲，清又仍明之舊，故此三朝之治，又與唐宋不同。此我國官制之大凡也。

古代官制不甚可考，今文家言天子三公、九卿、二十七大夫、八十一元士、《王制》，《昏義》，《尚書大傳》，《韓詩外傳》，《春秋繁露》，《白虎通》，《五經異義》，《今尚書》夏侯、歐陽説皆同。公卿、大夫、元士凡百二十。《白虎通》云："下應十二子。"《異義》云："在天爲星辰，在地爲山川。"二百四十三下士。《春秋繁露·官制象天篇》合公卿、大夫、元士凡三百六十，法天一歲之數。案《洪範》曰："王省惟歲，卿士惟月，師尹惟日。"與此説合。此僅言有爵者之數耳，未嘗詳其官職也。三公之職，諸書皆云司馬、司徒、司空。九卿即不詳，或曰：《荀子·王制序官》所列舉者，曰宰爵，曰司徒，曰司馬，曰大師，曰司空，曰治田，曰虞師，曰鄉師，曰工師，曰傴巫跛擊，曰治市，曰司寇，曰冢宰。除冢宰及司徒、司馬、司空外，恰得九官，即九卿也。然此特數適相合耳，更無他證，似不應武斷。古文家謂天子立三公，曰太師、太傅、太保，與王同職。又立三少以爲之貳，曰少師、少傅、少保，是爲三孤。冢宰、司徒、宗伯、司馬、司寇、司空，是爲六卿。古《周禮》，説見《五經異義》。僞《古文尚書·周官篇》同。案冢宰似不當與餘官并列，司馬、司徒、司空三官確較他官爲要，宗伯、司徒似亦不當與之并列。撰《周官》者蓋雜取古代制度纂輯之，而未計及其不相合。漢武謂爲瀆亂不驗之書，良有以也。諸書又有言四輔、言五官者，皆取配四方五行而已，與分職授政實無涉也。

侯國之官，《春秋繁露》謂三卿、九大夫、二十七上士、八十一下士，《王制》則云三卿、五大夫，此主大國及次國言之，小國則二卿。《王制》曰："大國三卿，皆命於天子。下大夫五人，上士二十七人。次國三卿，二卿命於天子，一卿命於其君，下大夫五人，上士二十七人。小國二卿，皆命於其君，下大夫五人，上士二十七人。"鄭《注》："小國亦三卿，一卿命於天子，二卿命於其君。此文似誤脱耳，或者欲見畿内之國二卿與。"鄭《注》蓋據上文"小國之上卿，位當大國之下卿，中當其上大夫，下當其下大夫"言之。《公羊》襄十一年《解詁》曰："古者諸侯有司徒、司空、上卿各一，下卿各二；司馬事省，上下卿各一。"《疏》云："所謂諸侯之制三卿五大夫矣。"《王制疏》引崔氏，謂司徒兼冢宰，司馬兼宗伯，司空兼司寇。司徒下小卿二，曰小宰、小司徒。司空下小卿二，曰司寇、小司空。

司馬下惟小卿一，曰小司馬。則又牽合《周官》爲説也。未知孰是。要之，其制略與天子之國同也。古官因事而名，司其事者即可稱之，不關體制也。如司徒、司馬爲王國之官，然《檀弓》云："孟獻子之喪，司徒旅歸四布。"《左》昭二十五年"叔孫氏之司馬鬷戾"，是大夫家亦有司徒、司馬也。大夫家亦有宰，但不稱冢宰而已。

分地而治之官，今文家云："古八家而爲鄰，三鄰而爲朋，三朋而爲里，五里而爲邑，十邑而爲都，十都而爲師，州十有二師焉。"《尚書大傳》。又曰："一里八十户，八家共一巷。"《公羊》宣十五年《解詁》。與井田之制相合。古文則鄉以五家爲比，比有長；五比爲閭，閭有胥；四閭爲族，族有師；五族爲黨，黨有正；五黨爲州，州有長；五州爲鄉，鄉有大夫。遂以五家爲鄰，鄰有長；五鄰爲里，里有宰；四里爲酇，酇有長；五酇爲鄙，鄙有師；五鄙爲縣，縣有正；五縣爲遂，遂有大夫。《周官》。比長爵下士，自此遞升一級，至鄉大夫爲上大夫。遂則鄰長無爵，里宰爲下士，自此遞升一級，遂大夫爲中大夫。與軍制相應，疑古代國中之人充兵，用什伍之制，野外之人爲農，依井田編制也。《史記·商君列傳》："令民爲什伍，而相牧司連坐。"又云："集小都鄉邑聚爲縣。"此兩事蓋相因，縣固甲兵所自出也。《管子·立政》："分國以爲五鄉，鄉爲之師。分鄉以爲五州，州爲之長。分州以爲十里，里爲之尉。分里以爲十游，游爲之宗。十家爲什，五家爲伍，什伍皆有長焉。"《乘馬》："五家而伍，十家而連，五連而暴，五暴而長，命之曰某鄉。"亦皆以五起數。《禮記·雜記》："里尹主之。"《注》："里尹，閭胥里宰之屬。《王度記》曰：百户爲里，里一尹，其禄如庶人在官者。"《疏》："按《别録王度記》云：似齊宣王時淳于髡等所説也。其記云：百户爲里，里一尹。其禄如庶人在官者，則里尹之禄也。按《撰考》云：古者七十二家爲里。《洛誥傳》云：古者百家爲鄰，三鄰爲朋，三朋爲里。鄭云：蓋虞夏時制也。其百户爲里，未知何代，或云殷制。"案《後漢書·百官志》云："里有里魁，民有什伍，善惡以告。本《注》曰：里魁掌一里百家。"與《王度記》説合。又案七十二家爲里，即三朋爲里也。百户爲里，或即此制，而舉成數言之耳。或疑什伍之制，後世行之，今文家所述之制，何以不可見，不知此由井田廢壞故也。爵禄内官與外諸侯無異，所異者世襲與不世襲耳。然其後内官亦多世襲，則事實爲之，而非法本如此也。《王制》："王者之制禄爵，公、侯、伯、子、男凡五等。諸侯之上大夫卿、下大夫、上士、中士、下士凡五等。天子之田方千里，公侯田方百里，伯七十里，子男五十里。不能五十里者，不合於天子，附於諸侯，曰附庸。天子之三公之田視公侯，天子之卿視伯，天子之大夫視子男，天子之元士視附庸。"又曰："天子之縣内諸侯，禄也。外諸侯，嗣也。"

漢制多沿自秦，秦制則沿自列國時代，故此一期之官制，去古最近。秦制掌丞天子，助理萬機者爲丞相。秦有左右，高帝即位，置一丞相。十一年，更名相國。孝惠、高后時，置左右丞相。文帝二年，復爲一丞相。丞相之貳爲御史大夫。主兵者曰太尉，漢初仍之，哀帝時乃改太尉爲司馬，丞相爲司徒，御史大夫爲司空，其議建自何武，蓋行今文經説也。後漢同，惟改大司馬爲太尉。其太傅前漢惟高后元年、八年置之。後漢每帝初即位，則置太傅録尚書事，薨即省。此與古文經説無涉。惟哀帝元壽二年置太傅，而平帝始元二年又置太師、太保，其時王莽輔政，係行古文經説耳。《漢書・朱博傳》："初，漢興，襲秦官，置丞相、御史大夫、太尉。至武帝罷太尉，始置大司馬，以冠將軍之號，非有印綬官屬也。及成帝時，何武爲九卿，建言：'古者民樸事約，國之輔佐必得賢聖，然猶則天三光，備三公官，各有分職。今末俗之弊，政事煩多，宰相之材不能及古，而丞相獨兼三公之事，所以久廢而不治也。宜建三公官，定卿大夫之任，分職授政，以考功效。'其後上以問師安昌侯張禹，禹以爲然。時曲陽侯王根爲大司馬驃騎將軍，而何武爲御史大大。於是上賜曲陽侯根大司馬印綬，置官屬，罷驃騎將軍官，以御史大夫何武爲大司空，封列侯，皆增奉如丞相，以備三公官焉。議者多以爲古今異制，漢自天子之號，下至佐史，皆不同於古，而獨改三公，職事難分明，無益於治亂。是時御史府吏舍百餘區井水皆竭；又其府中列柏樹，常有野烏數千棲宿其上，晨去暮來，號曰朝夕烏，烏去不來者數月，長老異之。後二歲餘，朱博爲大司空，奏言：'帝王之道，不必相襲，各繇時務。高皇帝以聖德受命，建立鴻業，置御史大夫，位次丞相，典正法度，以職相參，總領百官，上下相監臨，歷載二百年，天下安寧。今更爲大司空，與丞相同位，未獲嘉祐。故事，選郡國守相高第爲中二千石，選中二千石爲御中大夫，任職者爲丞相，位次有序，所以尊聖德，重國相也。今中二千石未更御史大夫而爲丞相，權輕，非所以重國政也。臣愚以爲大司空官可罷，復置御史大夫，遵奉舊制。臣願盡力，以御史大夫爲百僚率。'哀帝從之，乃更拜博爲御史大夫。會大司馬喜免，以陽安侯丁明爲大司馬衛將軍，置官屬，大司馬冠號如故事。後四歲，哀帝遂改丞相爲大司徒，復置大司空、大司馬焉。"案政治各有統系，選舉亦宜有次序，當時議者及朱博之言是也。漢世自改三公之後，權轉移於尚書。而曹操欲攬大權，仍廢三公而置丞相，可見總揆之職，不宜分立衆司，而事之克舉與否，初不係設司之多寡矣。

奉常、秦官。掌宗廟禮儀。景帝中六年，更名太常。郎中令、秦官。掌宫、殿、掖門户。武帝更名光禄勳。衛尉、秦官。掌宫門衛屯兵。太僕、秦官。掌輿馬。廷尉、秦官。掌刑辟。景帝、哀帝皆嘗改爲大理，旋復故。典客、秦官。掌諸歸義蠻夷，武帝更名大鴻臚。宗正、秦官。掌親屬。治粟内史、秦官。掌穀貨，武帝更名大司農。少府,秦官。掌山海池澤之税,以給供養。皆中央政府分理衆事之官,漢以爲九卿,分屬三公。奉常、郎中令、衛尉,太尉所部。太僕、廷尉、大鴻臚,司徒所部。宗正、大司農、少府,司空所部。此亦取應經説而已,無他義。又有將作少府、秦官。掌治宫室。景帝更名將作大匠。典屬國、秦官。掌蠻夷降者。成帝省并大鴻臚。水衡都尉、武帝置掌上林苑,後漢省。大子太傅、少傅、詹事、秦官。掌皇后、太子家。成帝省,并屬大長秋。長信詹事、掌皇太后家。景帝更名長信少府,平帝更名長樂少府。將行秦官。景帝中六年,更名大長秋。或用中人,或用士人。等。

武官通稱尉。太尉、衛尉外,有中尉、秦官。掌徼循京師。武帝更名執金吾。護軍都尉、秦官。武帝元狩四年,屬大司馬。成帝綏和元年,居大司馬府,比司直。哀帝元壽元年,更名司寇。平帝元始元年,更名護軍。案高帝以陳平爲護軍中尉,即此官,主護諸將,故人讒平受諸將金,多者得善處,少者得惡處也。魏晉以後爲護軍將軍,主武官選。司隸校尉、武帝征和四年初置。持節,從中都官徒千二百人,捕巫蠱,督大姦猾。後罷其兵,察三輔、三河、弘農。哀帝屬大司空,比司直。後漢時領州一,郡七,比刺史。城門校尉。掌京師城門屯兵。又有中壘、掌北軍壘門内外,掌西域。後漢但置中侯,以監五營。《續書・百官志》:"大將軍營五部,部校尉一人。部下有曲,曲有軍侯一人。"屯騎、掌騎士。步兵、掌上林苑門屯兵。越騎、掌越騎。長水、掌長水、宣曲胡騎。胡騎、掌池陽胡騎。不常置,後漢并長水。射聲、掌待詔射聲士。虎賁掌輕車。後漢并射聲。八校尉,各統特設之兵。參看《兵制》篇。其西域都護,則爲加官。宣帝地節二年初置,以騎都尉諫大夫使護西域三十六國。有副校尉,後漢通西域時亦置之。又有戊、己校尉,元帝初元二年置,亦治西域。後漢但置己校尉。又有使匈奴中郎將、主護南單于度遼將軍、明帝初置,以衛南單于衆新降有二心者。其後數有不安,遂爲常守。護烏桓校尉、護烏桓。護羌校尉,護西羌。皆主護各夷之降者也。

内史,秦官,掌治京師。後分置左右。武帝更右内史曰京兆尹,左内史曰左馮翊。又改都尉主爵中尉,秦官,掌列侯。景帝中六年,更名都尉。爲右扶風,治内史右地,列侯更屬大鴻臚。是爲三輔。後漢更以河南爲尹。以三輔陵廟所在,不改其號,但減其秩而已。

外官分郡縣兩級。縣列侯所食縣曰國。皇太后、皇后、公主所食曰邑。蠻夷曰道。萬户以上曰令,秩千石至六百石。減萬户曰長,秩五百石至三百石。皆有丞、尉。秩四百石至二百石,是爲長吏。百石以下,有斗食、佐史之秩,是爲少吏。師古曰:"《漢官名秩簿》云:斗食月俸十斛,佐史月俸八斛也。一説斗食者歲俸不滿百石,計日而食一斗二升,故云斗食也。"《續漢書·百官志》:"邊縣有障塞尉。"郡守漢景帝更名太守,秩二千石。有丞。邊郡又有長史,掌兵馬。秩皆六百石。郡尉景帝更名都尉,掌佐守,典武職甲卒。秩比二千石。亦有丞。秩六百石。又有關都尉、後漢省。農都尉、邊郡主屯田植穀。屬國都尉。《漢書·武帝紀》元狩二年《注》:"凡言屬國者,存其國號,而屬漢縣,故曰屬國。"郡有鹽官、鐵官、工官、都水官者,隨事廣狹,置令長及丞。

監御史,秦官,掌監郡。漢省。丞相遣史分刺州,不常置。武帝元封五年,初置部刺史,掌奉詔條察州。《後漢書·百官志》云:"蔡質《漢儀》曰:詔書舊典,刺史班宣,周行郡國,省察治狀,黜陟能否,斷理冤獄,以六條問事,非條所問,即不省。一條:強宗豪右,田宅踰制,以強陵弱,以衆暴寡。二條:二千石不奉詔書,遵承典制,倍公向私,旁詔守利,侵漁百姓,聚斂爲姦。三條:二千石不卹疑獄,風厲殺人,怒則任刑,喜則任賞,煩擾苛暴,剥戮黎元,爲百姓所疾。山崩石裂,妖祥訛言。四條:二千石選署不平,苟阿所愛,蔽賢寵頑。五條:二千石子弟,怙恃榮勢,請託所監。六條:二千石違公下比,阿附豪強,通行貨賂,割損正令。"員十三人。成帝綏和元年,更名牧。哀帝建平二年,復爲刺史。元壽二年,復爲牧。後漢光武建武十八年,復爲刺史。十二人,各主一州。其一州屬司隸校尉。案漢刺史監糾非法,不過六條。《日知録·六條之外不察》:"漢時部刺史之職,不過以六條察郡國而已,不當與守令事。故朱博爲冀州刺史,敕告吏民欲言縣丞尉者,刺史不察黄綬,各自詣郡。鮑宣爲豫州牧,以聽訟所察過詔條被劾。而薛宣上疏言:吏多苛政,政教煩碎,大率咎在部刺史,或不循守條職,舉錯各以其意,多與郡縣事。《翟方進傳》言:'遷朔方刺史,居官不煩苛,所察應條輒舉。'自刺史之職下侵,而守令始不可爲。天下之事,猶治絲而棼之矣。""傳車周流,匪有定鎮。"劉昭語。《後漢書·百官志》:"諸州常以八月巡行所部郡國,録囚徒,考殿最。初歲盡詣京都奏事,中興但因計吏。"《三國志》:司馬宣王報夏侯太初書曰:"秦時無刺史,但有郡守長吏。漢家雖有刺史,奉六條而已,故刺史稱傳車,其吏言從事,居無常治,吏不成臣,其後轉更爲官司耳。"實非理人之官也。成帝時,丞相翟方進、大司空何武乃奏:"古選諸侯賢者以爲州伯,《書》曰咨十有二牧,所以廣聰明,燭幽隱也。今部刺史居牧伯之位,任重職大,《春秋》之義,用貴治賤,不以卑臨尊,刺史位下大夫,而臨二千石,輕重不相準，失位次之序。臣請罷刺史，更置州牧，以應古制。”此成帝所由改制。及哀帝時，朱博奏言：“部刺史奉使典州，督察郡國，吏民安寧。故事居部九歲，舉爲守相。其有異材，功效著者，輒登擢。秩卑而賞厚，咸勸功樂進。前丞相方進奏罷刺史，更置州牧，秩真二千石，位次九卿。九卿缺，以高第補。其中材則苟自守而已，恐功效陵夷，姦宄不禁。請罷州牧，置刺史如故。”此哀帝所由復舊。元壽二年之改制，蓋王莽所爲。莽事多泥古，不足論。《後漢書·劉焉傳》：“靈帝政化衰缺，四方兵寇。焉以爲刺史威輕，既不能禁，且用非其人，輒增暴亂。乃建議改置牧伯，鎮安方夏，清選重臣，以居其任。”《三國志·二牧傳》亦載此事，而不如《後漢書》之詳。於是“改刺史，新置牧”。《靈帝紀》中平五年。史以爲“州任之重，自此而始”焉。《魏志》言：“漢季以來，刺史總統諸郡賦政於外，非復曩時司察之任而已。”案刺史之職，秩卑而權重。秩卑則其人激昂，權重則能行其志，“得有察舉之勤，未生陵犯之釁”。《後漢書·百官志》劉昭注語。《王制》：“天子使其大夫爲三監，監於方伯之國，國三人。”金華應氏曰：“方伯權重則易專，大夫位卑則不敢肆，此大小相維，内外相統之微意也。”《日知録·部刺史》。古者諸侯各統其國，置牧伯以監之，以爲權歸於上矣。後世天下一家，以事權委郡守，設刺史以督察之，斯其宜也，焉用假牧伯以重權以致尾大不掉乎？何武之言，實爲不達世變者矣。漢世郡守皆有兵權，小盜自可逐捕，大盜則當命將專征，事已即罷，亦不必立方伯而重其權也。劉焉既創斯議，遂牧益州，終至竊據，故劉昭譏其“非有憂國之心，專懷狼據之策”。《申鑒時事》：“或問曰：州牧刺史、監察御史之制孰優？曰時制而已。古諸侯建家國世，權柄存焉。於是置諸侯之賢者爲牧，總其紀綱而已，不統其政，不御其民。今郡縣無常，權輕不同，而州牧秉其權重，勢異於古，非所以強幹弱枝也，而無益治民之實，監察御史斯可也。若權時之宜，則異論也。”顧亭林謂“自古迄今，小官多者其世盛，大官多者其世衰”。其言殊有至理。《三國志·夏侯玄傳》：“以爲司牧之主，欲一而專。”“始自秦世，不師聖道，私以御職，姦以待下。懼宰官之不修，立監牧以董之，畏督監之容曲，致司察以糾之。宰牧相累，監察相司，人懷異心，上下殊務。漢承其緒，莫能匡改。”“今之長吏，皆君吏民，橫重以郡守，累以刺史。若郡所攝，惟在大較，則與州同，無爲再重。宜省郡守，但任刺史。”“縣皆徑達，事不擁隔。”案兩漢之制，自後世觀之，已覺其簡易直截。而太初更欲省郡存州，刺史非治民之官，則成一級制矣。此自非後世所能行，然漢刺史之職，則當時之良法也。

漢初,封建體制崇隆,諸侯王皆得自治其國,有太傅以輔,二内史以治國民,中尉掌武職,丞相統衆官。羣卿大夫都官如漢朝,國家惟爲置丞相。其御史大夫以下,皆自置之。景帝中五年,乃令諸侯王不得復治國,天子爲置吏,改丞相曰相,諸官或省或減,其員皆朝廷爲署,不得自置。成帝綏和元年省内史,令相治民,如郡太守,中尉如都尉,自此郡之與國,徒異其名而已。列侯所食縣爲侯國,功大者食縣,小者食鄉亭,得臣其所食吏民。武帝令諸侯王得推恩分衆子土,國家爲封,亦爲列侯。每國置相一人,至治民如令長不臣也,但納租於侯,以户數爲限。關内侯無土,寄食所在縣,民租多少,各有户數。

秦漢去古未遠,故古代設治繁密之意,猶有存者。《漢書·百官公卿表》曰:"大率十里一亭,亭有長。十亭一鄉,鄉有三老、有秩、嗇夫、游徼。三老掌教化。嗇夫職聽訟,收賦税。游徼徼循禁賊盜。縣大率方百里,其民稠則減,稀則曠,鄉、亭亦如之,皆秦制也。"《後漢書·百官志》:"又有鄉佐,屬鄉,主民收賦税。"《注》引《漢官儀》曰:"五里一郵,郵間相去二里半。"《後漢書·百官志》曰:"里有里魁,民有什伍,善惡以告。"本《注》曰:"里魁掌一里百家。什主十家,伍主五家,以相檢察。民有善事惡事,以告監官。"此等制度,後世亦非無之,然特虚有其名,漢世則不然。高帝二年二月,"舉民年五十以上,有修行,能帥衆爲善,置以爲三老,鄉一人。擇鄉三老一人爲縣三老,與縣令、丞、尉以事相教"。高帝爲義帝發喪,以洛陽三老董公之説。皆見《漢書·高帝紀》。武帝明戾太子之寃,亦以壺關三老茂上書。《漢書·武五子傳》。爰延爲外黄鄉嗇夫,仁化大行,民但聞嗇夫,不知郡縣。《後漢書·爰延傳》。朱邑自舒桐鄉嗇夫官至大司農,病且死,屬其子曰:"必葬我桐鄉。後世子孫奉嘗我,不如桐鄉民。"其子葬之桐鄉西郭外,民共爲起冢立祠,歲時祠祭。《漢書·循吏傳·朱邑傳》。蓋其上之重之,而民之尊之如此,此其所以能有所爲也。後世一縣百里之地曠焉,無一鄉亭之職,其職當古鄉官者,非窮困無聊,聽役於官,則欲藉官之權勢,以魚肉其鄰里者耳。令長孤立於上,政令恩意皆不下逮,是古百里之國有公侯而無卿大夫士也,何以爲治乎?

漢世宰相權重而體制亦崇。丞相進,天子御坐爲起,在輿爲下。丞相有病,皇帝法駕親至問疾。丞相府門無闌,不設鈴,不警鼓,言其深大闊遠,無節限也。自東漢以後,其權乃移於尚書。魏晉以後,又移於中書。劉宋以後,又移於其門下。尚書本秦官,漢武帝游宴後庭,始用宦官,改名中書謁者令,《後漢書・百官志》。《漢書・司馬遷傳》:"遷既被刑之後,爲中書令,尊寵任職。"即此官也。不言謁者,文省耳。爲置僕射。《漢書・成帝紀》四年《注》引臣瓚説。宣帝時弘恭、石顯爲之。元帝時,蕭望之白,欲更置士人,卒爲恭、顯譖殺,其權力可謂大矣,然特宦寺之弄權者耳。成帝建始四年,罷中書宦官,置尚書員五人,分主内外官、庶人上書、外國刑獄之事。師古曰:"《漢舊儀》云:尚書四人爲四曹:常侍尚書,主丞相御史事。二千石尚書,主刺史二千石事。户曹尚書,主庶人上書事。主客尚書,主外國事。成帝置五人,有三公曹,主斷獄事。"其後增置日多,分曹亦日廣,而三公之權遂潛移於其手焉。中書者,魏武帝爲魏王,置祕書令,典尚書奏事。文帝改爲中書,置監、令,以孫資、劉放爲之。明帝大漸,本欲用燕王宇等輔政,而資、放乘帝昏危,引用曹爽,參以司馬懿,卒以亡魏,見《魏志・明帝紀》注引《漢晉春秋》。其權任可想。晉荀勖自中書監遷尚書令,或賀之。勖怒曰:"奪我鳳皇池,諸公何賀焉?"可見是時中書較尚書爲親。侍中在漢爲加官,初以名儒爲之,其後貴戚子弟或濫其職。宋文帝與大臣不相中,信荆州王府舊僚,皆置之侍中。自此侍中又較中書爲親。至隋唐乃即以此三省長官爲相職焉。尚書省以令爲長官,僕射副之,領録皆重臣秉樞要者爲之,不常置也。尚書及諸曹郎皆統於令、僕。尚書有兼曹,有不兼曹,尚書曹郎不相統也。隋始以令、僕總吏部、禮部、兵部、都官、度支、工部,六尚書分統列曹侍郎。煬帝增置左右丞,六曹各一侍郎,其餘諸曹但曰郎,是爲後世以六部分統諸司之本。分曹之數,歷代不一。漢初設四曹,蓋因秦之舊,秦尚書四人也。其後事務益繁,則分置益多。魏、晉以後,大抵分二三十曹,皆不相統。煬帝之以六尚書分統諸曹侍郎,蓋取法於《周官》,實近沿盧辯之制也。唐太宗嘗爲尚書令,其後臣下避不敢當,故唐尚書省以僕射爲長官。魏文帝改祕書爲中書,置監、令及通事郎。晉改通事郎爲中書侍郎,江左命舍人通事謂之通事舍人。元魏亦置監、令、侍郎、舍人,别爲省,領於中書。隋改中書省曰内史省,廢監,置令二舍人,不别爲省。唐仍曰中書。門下省,漢有侍中、給事黄門侍郎、散騎常侍、給事中、通直散騎常侍、員外散騎常侍、散騎侍郎、通直散騎侍郎、員外散騎侍郎等。宋、齊以後，别爲集書省，魏、齊同。又有諫議大夫。隋廢集書諸官，皆隸門下。唐置散騎常侍、諫議大夫、補闕、拾遺，皆分左右，右隸中書，左隸門下。三省之職，中書主取旨，門下司封駁，尚書承而行之，然其後仍合議於政事堂。即三省長官亦不輕以授人，多以他官居之，而假以他名焉。《新唐書·百官志》曰："其品位既崇，不欲輕以授人，故常以他官居宰相職，而假以他名。自太宗時，杜淹以吏部尚書參議朝政，魏徵以祕書監參預朝政，其後或曰參議得失、參知政事之類，其名非一，皆宰相職也。貞觀八年，僕射李靖以疾辭位，詔疾小瘳，三兩日一至中書門下平章事，而平章事之名蓋起於此。其後，李勣以太子詹事同中書門下三品，謂同侍中中書令也，而同三品之名蓋起於此。然二名不專用，而他官居職者猶假他名如故。故自高宗以後，爲宰相者必加同中書門下三品，雖品高者亦然；惟三公、三師、中書令則否。其後改易官名，而張文瓘以東臺侍郎同東西臺三品。同三品入銜，自文瓘始。永淳元年，以黄門侍郎郭待舉、兵部侍郎岑長倩等同中書門下平章事。平章事入銜，自待舉等始。自是以後，終唐之世不能改。"又曰："初，三省長官議事於門下省之政事堂，其後，裴炎自侍中遷中書令，乃徙政事堂於中書省。開元中，張説爲相，又改政事堂號中書門下，列五房於其後：一曰吏房，二曰樞機房，三曰兵房，四曰户房，五曰刑禮房，分曹以主衆務焉。"

漢世宰相，於事無所不統。其佐之爲治者，當屬曹掾。丞相曹掾不可考。三公曹掾分職甚詳，疑本因丞相之舊也。西曹主府史署用。東曹主二千石長吏遷除及軍吏。户曹主民户、祠祀、農桑。奏曹主奏議事。辭曹主辭訟事。法曹主郵驛科程事。尉曹主卒徒轉運事。賊曹主盜賊事。決曹主罪法事。兵曹主兵事。金曹主貨幣、鹽、鐵事。倉曹主倉穀事。黄閣主簿録省衆事。自尚書列曹分綜庶務，而宰相遂無實權。東漢以後，攬重權者必録尚書事。丞相則自魏以後不復置，其有之，則人臣篡奪之階也。三公亦無實權，然開府分曹，舊規猶在。至隋唐而公、孤等官，乃無復官屬，徒以處位望隆重之人而已。魏初置太傅，末年又置太保。晉初以景帝諱，置太宰以代太師，而太尉、司徒、司空亦并存，大司馬、大將軍又各自爲官，於是八公并置，然非相職也。諸將軍、左右光禄、光禄大夫，開府者位亦從公，皆置官屬。江左相承，以太尉、司徒、司空爲三公，惟梁太尉不爲公。魏齊以太師、太傅、太保爲三師，大司馬、大將軍爲二大，太尉、司徒、司空爲三公，亦皆有僚屬。隋無二大，三師不與事，不置府僚，三公參國大事，有僚屬，而位多曠。唐三師、三公皆無官屬。

秦御史大夫本有兩丞。一爲中丞，外督部刺史，内領侍御史，受公卿奏事，舉劾案章。漢因之。成帝更御史大夫爲大司空，而中丞官職如故。哀帝建平二年，復爲御史大夫。元壽二年，又爲大司空，而中丞出外御史爲臺主。東漢、魏、晉皆沿其制。侍御史，兩漢所掌凡有五曹。魏置八人。晉置九人，分掌十三曹。漢宣帝幸宣室，齋居而決事，使兩侍御史侍側。後因别置，謂之治書侍御史。魏又置治書執法，掌奏劾，而治書侍御史掌律令。晉惟置治書侍御史四人，後爲二人。殿中侍御史者，魏蘭臺遣二御史居殿中，伺察非法，即其始也。晉置四人，江左二人，後復爲四人。魏、齊御史臺有中丞二，隋有大夫一。治書侍御史二，侍御史八，殿中侍御史十二，煬帝省四。檢校御史十。隋曰監察御史，煬帝增爲十六。唐有大夫一人，中丞三人爲之貳，所屬分三院：曰臺院，侍御史隸焉；曰殿院，殿中侍御史隸焉；曰察院，監察御史隸焉。

後漢將軍比公者四，第一大將軍，次驃騎將軍，次車騎將軍，次衛將軍。大將軍之職，大抵外戚居之。晉時諸號將軍開府者，位皆從公。梁置二十五號將軍，凡十品二十四班，叙於百官之外。晉、宋以領軍、護軍、左右衛、驍騎、游擊將軍爲六軍，又有左右前後四將軍，屯騎、步兵、越騎、長水、射聲五校尉，虎賁、冗從、羽林三將，積射、强弩二軍，殿中將軍，武騎之職，皆以分司丹禁，侍衛左右。梁天監六年，置左右驍騎、左右游擊將軍。改舊驍騎曰雲騎，游擊曰游騎。又置朱衣直閤將軍，以經方牧者爲之。隋煬帝置十二衛。左右翊衛、左右驍衛、左右武衛、左右屯衛、左右禦衛、左右候衛。唐爲十六衛。左右衛、左右驍衛、左右武衛、左右威衛、左右領軍衛、左右金吾衛、左右監門衛、左右千牛衛。

衆務既統於尚書，則九卿一類之官，理宜并省，乃覺統系分明。然歷代皆不然。晉世將作大匠、太后三卿、衛尉、少府、太僕，以太后所居宫名爲號，在同名卿上。大長秋，皇后卿。與漢時九卿，并爲列卿。梁以太常、宗正、大司農爲春卿，大府、梁所置，掌金帛、關市。隋、唐掌左右藏、京市。少府、太僕爲夏卿，衛尉、廷尉、大匠爲秋卿，光禄、鴻臚、大舟漢有水衡都尉，又有都水長丞，屬太常。東漢省都尉，置河隄謁者，魏因之。晉武省水衡，置都水使者一人，以河隄謁者爲其官屬。江左省河隄謁者，置謁者二人。梁改都水使者爲大舟卿。爲冬卿。北朝以大常、光禄、衛尉、宗正、太僕、大理、鴻臚、司農、少府爲九寺，各有卿、少卿、丞。隋、唐因之。煬帝又以祕書、魏文既置中書令，改祕書爲監，晉武嘗并中書，惠帝復置。元魏曰省。唐仍曰監。殿内，煬帝分太僕門下二司所立。與尚書、門下，内史合稱五省謁者，魏置僕射，掌大拜，授百官班次統謁者十人。司隸與御史并稱三臺，唐無謁者司隸，而有司天臺。國子、國子學，晉所立。北齊曰寺，隋仍爲學，煬帝改曰監。少府、將作、都水、魏、齊有都水，稱臺。隋廢，入司農，煬帝改爲監。長秋魏、齊有長秋寺、中侍中省，并用宦者。隋省長秋寺，改中侍中省爲内侍省。煬帝改爲長秋監，參用士人。唐仍爲内侍省。合稱五監。唐以國子，少府、將作、都水、軍器爲五監。

自後漢改刺史爲州牧，而外官遂成三級制。晉武既定天下，罷州牧，省刺史兵，令專監察之事，如兩漢。案論者多以晉武罷州郡兵爲致亂之源，此誤也。晉之致亂，别有其由。其省州牧，罷刺史兵，則正所以去靈帝以來尾大不掉之弊，而復兩漢之良規也。劉昭述其詔曰："上古及中代，或置州牧，或置刺史，置監御史，皆總綱紀，而不賦政，治民之事，任之諸侯郡守。昔漢末四海分崩，因以吴、蜀自擅，自是刺史内親民事，外領兵馬，此一時之宜爾。今賴宗廟之靈，士大夫之力，江表平定，天下合之爲一，當韜戢干戈，與天下休息。諸州無事罷其兵，刺史分職，皆如漢氏故事，出頒詔條，入奏事京城。二千石專治民之重，監司清峻於上，此經久之體也。其便省州牧。"劉昭以爲"雖有其言，不卒其事"。其後强藩自擅，有踰漢末，曷嘗有已亂之效乎？昭論見《後漢書・百官志注》。其後九州雲擾，南北分離，而所謂使持節都督者盛焉。《晉書・職官志》曰："前漢遣使始有持節。光武建武初，征伐四方，始權時置督軍御史，事竟罷。建安中，魏武爲相，始遣大將軍督之。魏文帝黄初三年，始置都督諸州軍事，或領刺史。又上軍大將軍曹真都督中外諸軍事、假黄鉞，則總統内外諸軍矣。魏明帝太和四年秋，宣帝征蜀，加號大都督。高貴鄉公正元二年，文帝都督中外諸軍，尋加大都督。及晉受禪，都督諸軍爲上，監諸軍次之，督諸軍爲下；使持節爲上，持節次之，假節爲下。使持節得殺二千石以下；持節殺無官位人，若軍事，得與使持節同；假節惟軍事得殺犯軍令者。江左以來，都督中外尤重，唯王導等權重者乃居之。"是時境土日蹙，而好多置州郡，遂有所謂僑郡者，并有所謂雙頭郡者，譏之者所謂"十室之邑，亦立州名，三家之村，虚張郡號"者也。於是州之疆域與郡無異。漢十三州，梁但有南方之地，乃百有七州。至隋文帝罷郡以州統縣，開皇三年。《通典》謂其"職同郡守"。煬帝改州爲郡，復爲兩級制焉。

監察之職，唐中宗神龍二年始分天下爲十道，道置巡察使二人。

睿宗景雲二年,改爲按察使,道一人。玄宗開元二十二年,改爲采訪處置使,理於所部之大郡。天寶九載詔但采舉大綱,郡務并委郡守。肅宗至德後,改爲觀察使。分天下爲四十餘道,道大者十餘州,小者二三州,此古刺史之任也。魏、晉以來之都督,後周改曰總管。隋文於并、益、荆、揚四州置大總管。其餘總管府置於諸州,分上、中、下三等,加使持節。煬帝悉罷之。唐諸州復有總管,亦加號使持節。刺史加號持節後,改大總管府曰大都督府,總管府曰都督府,分上、中、下三等。後亦停罷。然又有所謂節度使者,參看《兵制》篇。其初僅置於邊方,安史亂後,乃徧於内地。節度本僅主兵,然觀察多由節度兼領,遂成一道長官,復變爲三級制云。《新唐書》:李景伯爲太子右庶子,與太子舍人盧俌議:"今天下諸州,分隸都督,專生殺刑賞。使任非其人,則權重釁生,非強幹弱枝、經邦軌物之誼。願罷都督,留御史,以時按察,秩卑任重,以制姦宄便。由是停都督。"《舊唐書·烏重胤傳》:"元和十三年,爲横海節度使。上言曰:臣以河朔能拒朝命者,其大略可見。蓋刺史失其職,反使鎮將領兵事。若刺史各得職分,又有鎮兵,則節將雖有禄山、思明之姦,豈能據一州爲叛哉?所以河朔六十年能拒朝命者,祇以奪刺史、縣令之職,自作威福故也。臣所管德、棣、景三州,已舉公牒,各還刺史職事訖,應在州兵,并令刺史收管。從之。由是法制修立,各歸名分。"嗣後雖幽、鎮、魏三州以河北舊風,自相更襲,在滄州一道,獨稟命受代,自重胤制置使然也。

唐初官制,至中葉以後又有變遷,而宋代因之。南朝官制,沿自魏、晉。魏、晉變自東京,後魏道武皇始元年,始倣中國置官。其後數有改革。孝文太和中,王肅來奔,爲定官制,百司位號,皆準南朝。周、齊沿焉。周太祖命盧辯依《周官》改定官制,見《北史·辯本傳》。隋受周禪,仍去之,從前朝之制。唐又因隋。故自東京至唐,官制實相一貫。制度久則與事實不切,故至唐中葉以後,而變遷復起焉。宋置中書於禁中,號爲政事堂。尚書、門下并列於外。宰相曰同平章事,無常員。有二人,則分日知印。次相曰參知政事。蓋沿唐三省長官不以授人,而名雖分立,實仍合議於政事堂之舊也。其財權皆在三司,鹽鐵、度支、户部各有使、副判官。又置三司使、副判官以總之。三司號曰計省,三司使亦稱計相。兵權皆在樞密,或置使副,或置知院、同知院,資淺者以直學士簽書院事。則以唐中葉後户部不能盡筦天下之財,財利分在度支、鹽鐵,而樞密自五代以來爲主兵之官故也。環衛祇爲武散官,全國之兵悉隸三衙。殿前司及侍衛馬步軍司,皆有正、副都指揮使及正、副都虞侯。此爲宋代特創之制，所以集兵權於中央也。

宋代之官，治事悉以差遣，其事亦始於唐。《宋史・職官志》曰："唐天授中，始有試官之格，又有員外之置，尋爲檢校、試、攝、判、知之名。其初立法之意，未嘗不善。蓋欲以名器事功甄别能否，又使不肖者絶年勞序遷之覬覦。而世戚勳舊之家，寵之以禄，而不責以猷爲。其居位任事者，不限資格，使得自竭其所長，以爲治效。且黜陟進退之際，權歸於上，而有司若不得預。殊不知名實混淆，品秩貿亂之弊，亦起於是矣。"又謂：宋"臺、省、寺、監，官無定員，無專職，悉皆出入分涖庶務。故三省、六曹、二十四司，類以他官主判，雖有正官，非别敕不治本司事，事之所寄，十無二三。其官人受授之别，則有官、有職、有差遣。官以寓禄秩，叙位著，職以待文學之選，而别爲差遣以治内外之事。其次又有階、有勳、有爵。故仕人以登臺閣、升禁從爲顯宦，而不以官之遲速爲榮滯；以差遣要劇爲貴途，而不以階、勳、爵邑有無爲輕重。"蓋在唐世，因官制與事實不合而變遷隨之以生，宋則承唐遷流所届，而未嘗加以釐訂也。

宋代釐定官制，始於神宗時。熙寧末，命館閣校《唐六典》。元豐三年，以摹本賜羣臣，乃置局中書，命翰林學士張璪等詳定。八月，下詔肇新官制。其所改多以《唐六典》爲本，蓋欲舉唐中葉以後之變遷，還諸唐初之舊制也。然唐舊制實不能盡合事勢，故元豐定制後，又時有變遷焉。元豐之制，以中書、門下、尚書三省爲相職，侍中、中書令、尚書令以官高不除。又以尚書令之貳左、右僕射爲宰相，左兼門下侍郎，以行侍中，右兼中書侍郎，以行中書令之職，左右丞貳之。政和改左、右僕射爲太宰、少宰，仍兼兩省侍郎。靖康復舊。建炎三年，吕頤浩請左、右僕射并加同中書門下平章事，門下、中書兩侍郎并改參知政事，而廢尚書左、右丞，於是三省之政合乎一。乾道八年，改左、右僕射爲左、右丞相，復置左、右丞，則删去三省長官虚稱，與宋初之制無異矣。

宋初，兵事歸樞密院。元豐還其職於兵部，然仍留樞密爲本兵之職，略如今之參謀部也。宋初，兵財兩權皆非宰相所有，南渡後，宰相始有兼樞密使者。始於紹興七年張浚。特用兵時然，兵罷則免。開禧時，韓侂胄爲之，遂成永制。平章軍國重事，或稱同平章軍國事。元祐初，文彦博、吕公著爲之，五日或兩日一朝，非朝日不赴都堂。後蔡京、王黼以太師總二省事，宋太師、太傅、太保爲三師，太尉、司徒、司空爲三公，爲宰相、親王使相加官，不與政事。政和二年，以太師、太傅、太保爲三公，爲真相；少師、少傅、少保爲三孤，爲次相，而罷太尉、司徒、司空。三日一赴都堂。開禧元年，韓侂胄以平章軍國事爲名，省“重”字，則所預者廣，去“同”字，則所任者專也。邊事起，乃命一日一朝，省印亦歸其第，宰相不復知印矣。

宋初，六部之職，除户部在三司，兵部在樞密外，其吏部則在審官院，禮部在禮儀院，刑部在審刑院，工部在文思院，將作少監、軍器監等，元豐悉還其職於本部，惟文思院、將作少監、軍器監未廢。文思院隸屬工部。南渡後，將作少監、軍器亦隸焉。

宋初有宣徽南北院，總領内諸司及三班内侍之籍，猶各國之有宫内省也。元豐以其職分隸省寺。宋九卿與隋、唐同，初以他官主判，元豐時各還其職。大宗正司置於景祐三年，元豐仍之。國子、少府、將作、軍器、都水五監，亦各正其職。罷司天監，立太史局，隸祕書省。

學士之職，起於唐，而實原於古之祕書。祕書者，藏圖籍之所，簡文學之士掌之，亦或以備顧問，司撰述。唐初，有弘文館，隸門下集賢殿書院，屬中書，皆有學士，亦以典圖籍、侍講讀、司撰述而已。文書詔令，皆中書舍人掌之。翰院者，侍詔之所也。藝能技術之流雜居焉。太宗時，召名儒學士草制，未有名號。乾封後，召文士草諸文辭，常於北門候進止，時人謂之北門學士，非官稱也。玄宗置翰林待詔，以張説等爲之，掌四方表疏批答，應和文章，既而以中書務劇，文書壅滯，選文學之士，號爲供奉，與集賢學士分掌制誥詔敕。開元二十六年，改翰林供奉爲學士，别置學士院，無所屬。此時已與翰林分離，然猶冒其名。專掌内命。即内制也，對中書制言之。其後選用益重，禮遇益隆，至號爲内相焉。順宗聽王叔文欲除宦官，叔文迄居翰林中謀議，亦可見其權任矣。唐翰林學士無定員，自諸曹尚書下至校書郎，皆得與選，班次各以其官。宋改弘文館爲昭文館，與史館、集賢院并稱三館，皆寓崇文院。端拱元年，又就崇文院中堂建祕閣，藏三館真本書籍及内出古畫、墨跡，於是儒館有四，例以上相爲昭文館大學士，監修國史，次爲集賢殿大學士，若置三相，則昭文、集賢兩學士與監修國史各除。祕閣以兩制以上官判。三館爲儲才之地，直館、直院謂之館職，以他官兼謂之貼職。其殿學士，則資望極峻。觀文殿大學士以曾任宰相者爲之。觀文殿學士及資政殿大學士以曾任執政者爲之。端明殿學士以待學士之久次者。南渡後，拜簽樞者多領焉。又有龍圖(太宗)、天章(真宗)、寶文(仁宗)、顯謨(神宗)、徽猷(哲宗)、敷文(徽宗)、焕章(高宗)、華文(孝宗)、寶謨(光宗)、寶章(甯宗)、顯文(理宗)諸閣，以藏歷代御書御集，皆有學士、直學士、待制所謂職也。此所以厲文學、行義之士，高以備顧問，次以與論議、典校讎。得之爲榮，選擇尤精。元豐廢崇文院爲祕書監，建祕閣於中，三館之直館、直院皆罷，獨以直祕閣爲貼職。庶官之兼職名者皆罷，滿歲補外，然後加恩兼職焉。翰林學士掌制誥詔令撰述之事。學士久次者稱承旨。他官入院未除學士者，謂之直院。學士俱闕，他官暫行院中文書者，謂之權直。元豐官制，學士院承唐舊典不改。侍讀學士、侍講學士唐隸集賢殿，宋亦冒以翰林之名，秩卑資淺者，爲崇政殿説書。元豐去之，專爲經筵官焉。南渡後，言路多兼經筵。

三衙之制，元豐無所更改，以宋兵制與前代異故也。渡江草創三衛之制未備，其後稍稍招集三帥資淺者，則稱主管某司公事。又嘗置御營司，以王淵爲統制。舊制，出師征討，諸將不相統一，則拔一人爲都統制以總之。紹興十一年，三大將之罷，其兵仍屯駐諸州，冠以"御前"字，擢其偏裨爲御前統領官，以統制御前軍馬入衛，秩高者則稱御前諸軍都統制，以屯駐州名冠軍額之上云。

宋代使名最多，因兵事而設者，有制置、經略安撫、宣撫、鎮撫、招討、招撫等名。南渡後岳飛、韓世忠、張浚并爲宣撫使，卒爲秦檜所罷。惟四川地遠不便遥制，仍設制置使以總之。因財政而設者，有發運使，掌漕淮、浙、江、湖六路之粟，兼制茶鹽、泉寶。各路皆設轉運使,以經畫一路之財賦。南宋有軍旅之事,或别置隨軍轉運使。其諸路事體當合一者,則别置都轉運使以總之。此外常平、茶鹽、茶馬、坑冶、市舶各設提舉。又有總領財賦,起於張浚之守川、陝,以趙開爲之。稱總領四川財賦。其後大軍在江上,版曹或太府、司農卿爲調錢糧,皆以總領爲名。三大將之兵既罷,設淮東西、湖廣三總領,以朝臣爲之,仍帶專一報發御前軍馬文字。蓋又使與聞軍政矣。提點刑獄起太宗淳化二年,命諸路轉運使各命常參官一人,專知糾察州軍刑獄。真宗景德四年,始獨立爲一司焉。

宋承唐五代藩鎮之弊,務集權於中央。藝祖召諸鎮節度會於京師,賜第以留之,分命朝臣出守列郡,號權知軍州事,軍謂兵,州謂民也。葉適謂藝祖"始置通判,以監統刺史而分其柄。案宋通判大郡置二員,餘置一員,州不及萬户者不置,如武臣知州,則雖小郡亦特置焉。建隆四年,詔知府公事并須長吏、通判簽議連書。方許行下。令文臣權知州事,使名若不正,任若不久者,以輕其權。監當知榷税,都監總兵戎,而太守塊然,徒管空城,受詞訴而已。諸鎮皆束手請命,歸老宿衛。昔日節度之害盡去,而四方萬里之遠,奉尊京城。文符朝下,期會夕報,伸縮緩急,皆在朝廷矣"。是宋初本有刺史,而别設知州以代其權,後則罷刺史而專用知州,以權設之名爲經常之任矣。縣令亦選京朝官知。大縣四千户以上,選京官知。小縣三千户以下,選朝官知。蓋由五代注官甚輕縣令,《宋朝事實》云:"凡曹掾、簿尉,有齷齪無能,以至昏老,不任驅策者,始注爲縣令。故天下之邑,率皆不治,甚者誅求刻剥,穢跡萬狀。"案《北史·元文遥傳》:"北齊宇文多用厮濫,至於士流恥於百里。"則輕視守令之選,殆亂世之常矣。故以此矯其弊也,可謂知所本矣。

真宗咸平三年,濮州盗夜入城,略知州王守信、監軍王昭度。知黄州王禹偁上言,謂"太祖、太宗削平僭僞,當時議者,乃令江、淮諸郡毁城隍,收兵甲,撤武備。書生領州,大郡給二十人,小郡十五人,以充長從。號曰長吏,實同旅人;名爲郡城,蕩若平地"云云。宋初之削外權,可謂矯枉過直矣。然宋之削弱,則初不由此,而論者多以其廢藩鎮爲召外侮之原,則不察情實之談也。《宋史》劉平爲鄜延路總管,上言:"五代之末,中國多事,惟制西戎爲得之。中國未嘗遣一騎一卒遠屯塞上，但任土豪爲衆所服者，封以州邑，徵賦所入，足以贍兵養士，由是無邊鄙之虞。太祖定天下，懲唐末藩鎮之盛，削其兵柄，收其賦入，自節度以下，第坐給俸禄。或方面有警，則總師出討，事已則兵歸宿衛，將還本鎮。彼邊方世襲，宜異於此，而誤以朔方李彝興、靈武馮繼業一切亦徙内地，自此靈、夏仰中國戍守，千里饋糧，兵民并困矣。"《路史·封建後論》曰："馮暉節度靈武，而楊重勛世有新秦，藩屏西北。暉卒，太祖乃徙其子馮翊，而以近鎮付重勛，於是二方始費朝廷經略。折、李二姓自五代來世有其地，二寇畏之。太祖於是俾其世襲，每謂邊寇内入，非世襲不克守。世襲則其子孫久遠，家物勢必愛吝，分外爲防。設或叛涣，自可理討，縱其反噬，原陝一帥禦之足矣。況復朝廷恩信不爽，奚自有他，斯則聖人之深謀，有國之極算，固非流俗淺近者之所知也。厥後議臣以世襲不便，折氏則以河東之功，姑令仍世，而李氏遂移陝西，因兹遂失靈、夏，國之與郡，其事固相懸矣。議者以太祖之懲五季，而解諸將兵權，爲封建之不可復。愚竊以爲不然。夫太祖之不封建，特不隆封建之名，而封建之實固已默圖而陰用之矣。李漢超以齊州防禦監關南兵馬凡十七年，敵人不敢窺邊。郭進以洺州防禦守西山巡檢累二十年。賀惟忠守易，李謙溥刺隰，姚内斌知慶皆十餘載。韓令坤鎮常山，馬仁瑀守瀛，王彦昇居原，趙贊處延，董遵誨屯環，武守琪戍晉，何繼筠牧棣若，張美之守滄景，咸累其任，管榷之利，賈易之權，悉以畀之。又使得自誘募驍勇，以爲爪牙，軍中之政，俱以便宜從事，是以二十年間，無西北之虞。"云云。此兩條《日知録》採之，意亦以宋廢藩鎮爲致弱之由也。其實不然。宋之失在於平定中原之後，未能盡力經略西北耳。太宗之下北漢，正直契丹之強，不度事勢，輕用疲兵，一戰而北，其後再舉不克，遂至賫志以殂。繼位者無復雄才，徒欲藉天書懾敵，以固和議。見《宋史·真宗紀論》。西夏一方，初以爲邊隅小寇，無足輕重，鞭長莫及，遂爾置之，坐令元昊以梟雄崛起，盡服諸部，而其勢遂不可制矣。然後來王韶以一人之力，竟復熙河，則西夏究未足稱大敵也。使有如太祖之才以繼太宗之後，訓卒厲兵，以伺二方之隙，契丹未必遂無可乘，而況於西夏乎？焉用重邊將之權，與敵相守，使之尾大不掉，徒爲政令之梗，而其兵亦終入於暮氣而不可用乎？《老子》曰："抗兵相加，哀者勝矣。"哀者，驕之對也。兵屯駐久則必驕，驕則不足禦外侮，而適足以滋内亂。河北抗命，契丹坐大，正其覆轍，豈可因循。若其反噬，禦以一帥，又何言之易乎？

遼、金本族官制，見杜撰《中國民族史》附録《契丹部落》、《金初官制》二條。其模倣中國者，無足稱述，今姑略之。

元代官制，大體模倣宋朝，而又有其特創之處，爲明、清二代所沿襲，與近代政治關係頗大，今述其略。元代官制定自世祖，時以中書省、樞密院對掌文武二柄，而以御史臺司監察，蓋倣宋制也。尚書省屢設屢罷，至大四年并入中書省。省廢而六部仍在，明、清兩代皆沿其制。元六部中，户、工二部設官最多，以其好聚斂，務侈靡也。宣政院爲元所特有，掌釋教僧徒及吐蕃之境，吐蕃有事則設分院往鎮，大征伐則會樞府議，其用人自爲選，其選則僧俗并用，而軍民通攝。蓋以吐蕃信佛，特設此官以治之，因以舉國之釋教隸之也。此外蒙古翰林院、掌譯寫一切文字及頒降璽書，并用蒙古新字，仍各以其國之字爲副。蒙古國子監、國子學屬焉。藝文監、天曆二年置。專以國語敷譯儒書，兼治儒書之合校讎者。内八府宰相，掌諸王朝覲儐介之事，遇有詔令，則與蒙古翰林院官同譯寫而潤色之。謂之宰相者，其貴似侍中，其近似門下，故特寵以是名。雖有是名，而無授受宣命，秩視二品。亦爲元所特有。

元代官制關係最大者，厥惟行省。行省之制，由來已久，前代之尚書行臺，即是物也，但皆非常設耳。金初行軍設元帥府，其後設尚書行省，兵罷即廢。元則於全國設行中書省十一，省有丞相一，平章二，右左丞各一，參知政事二。行御史臺二，設官亦如内臺，一在江南，一在陝西。以統宣慰司，而以宣慰司統路、府、州、縣，遂於監司之上，又增一級焉。明雖廢中書行省，改設布政、按察兩司，然區域一仍其舊。清代督撫復成常設之官，民國以來之巡閱使、督軍，即督撫之蜕化也。

中國行政最小之區域爲縣，自創制迄今，未嘗有變。縣以上曰郡，郡以上曰州，秦、漢之制如是。東晉以降，州郡大小相等，則合爲一級，或以郡號，或以州名。至於府，惟建都之地稱之。唐初惟京兆、河南二府。後以興元爲德宗行幸之地，升爲府。宋時，大郡多升爲府，幾有無郡不府之勢。其上更有監司之官，即漢刺史之任也。元以宣慰司領郡縣，實與唐、宋監司相當。然腹地有以路領府，府領州，州領縣者；府與州又有不隸路，直隸行省者。蓋由各府州名雖同而大小閒劇不同故也。元初省冗官，兼領縣事。明初遂并附郭縣入州，於是隸府之州與縣無別，而不隸府之州地位仍與縣同，遂有散州與直隸州之別，名之不正甚矣。

明初承元制，設中書省爲相職。洪武十三年，宰相胡惟庸謀反伏誅，乃罷中書省，并敕嗣君毋得議置丞相，臣下有奏請設立者，處以極刑。二十八年事。析中書之政，歸之六部，以尚書任天下事，侍郎貳之。於是吏、户、兵三部之權爲重，以翰林、春坊詳看諸司奏啓，兼司平駁。殿閣學士特侍左右，備顧問而已。成祖即位，特簡解縉、胡廣、楊榮等直文淵閣，參預機務。閣臣與務自此始。然是時入内閣者，皆編、檢、講讀之官，不置官屬，不得專制諸司。諸司奏事，亦不得相關白。仁宗以楊士奇、楊榮東宫舊臣，升士奇爲禮部侍郎兼華蓋殿大學士，榮爲太常卿兼謹身殿大學士，閣職漸崇。宣宗時，事無大小，悉下大學士楊士奇等參可否，雖吏部蹇義、户部夏原吉時召見，得與諸部事，然希闊，不敵士奇等親。自是内閣權日重，一二吏、兵之長，與執持是非輒敗。景泰後，誥敕房、制敕房俱設中書舍人，六部靡所不領，閣權蓋重。至世宗中葉，夏言、嚴嵩遂赫然爲真宰相矣。嘉靖後，朝會班次俱列六部之上。明學士繫華蓋殿、文華殿、武英殿、文淵閣、東閣，皆太祖置。謹身殿，仁宗置。世宗時，改華蓋爲中極，謹身爲建極。殿閣學士授餐大内，常侍天子，殿閣之下，避宰相之名，故稱内閣焉。洪武時，令編修、檢討、典籍同左春坊左司直郎、正字、贊讀考駁諸司奏啓，平允則署其銜曰："翰林院兼平駁諸司文章事某官某"，列名書之。成祖特簡講、讀、編、檢等官參預機務，謂之内閣。然解縉、胡廣等既直文淵閣，猶相繼署院事。至洪熙以後，楊士奇等加至師保，禮絶百僚，始不復署。嘉、隆以前，文移關白，猶稱翰林院，以後則逕稱内閣矣。

清未入關時，置文館以司文書。天聰十年，設内三院，曰内國史院，司記事。曰内祕書院，擬諭旨。曰内弘文院，譯漢書。各設學士一人。順治元年，又各增一人。二年，以翰林官分隸之。十五年，改内三院爲内閣學士，俱加閣銜。殿之名四，曰中和，曰保和，曰文華，曰武英。閣之名二，曰文淵，曰東閣。然中和殿之名，實未嘗用，後删之而增體仁閣。翰林院别爲官。十八年，復爲内三院，廢翰林院。康熙九年，復爲内閣，翰林院亦復。内閣學士初無定員，康熙間率四人，雍正時至六人，後又增協辦一二人，乾隆十三年定大學士滿、漢各二，協辦各一，内閣學士則滿六漢四焉。侍讀學士滿四、蒙漢各二。内閣爲政治之樞機，軍事則付議政王大臣議奏，蓋其未入關時舊習。雍正用兵西北，始設軍需房於隆宗門内，選内閣中書謹密者内直繕寫，後稱爲軍機處。自軍機處立，而内閣之權分矣。軍機大臣無定員，大率四人至六人。軍機章京辦理文書，滿、漢各十六人。清代奏章在内部院經送内閣，曰部本；在外由通政司轉達内閣，曰通本。凡本皆有正副。正本得旨後即交察院，副本由内閣票籤，由滿籤票處交批本處進呈，既奉批則稱紅本。紅本逐日由内閣收發，紅本處交給事中，歲終仍交還内閣。内閣有稽察房選侍讀任其事。凡奉旨交部院議奏之事，由票簽處傳送稽察房，依次登載，月終察其議覆與否而彙奏焉。又有稽察欽奉上諭事件處，以大學士、尚書、左都御史管理其事。部院事件每月檢閲存案，年終彙奏一次，八旗之事，三月彙奏一次，故内閣實政治之總匯也。自有軍機處，乃有所謂廷寄諭旨者，凡慮機事漏泄，不便發鈔者，由軍機大臣撰擬呈進，發出後即封入紙函，鈐用辦理軍機處銀印，交兵部加封驛遞。凡諭旨非即時奉行者，軍機處簿記，至時乃再奏請；若事涉機密，則亦密封存記，及時乃發焉。必事後查無違礙，乃以付内閣。故自軍機處設，而内閣之於政治，始有不與聞者矣。

明代六部，皆以尚書一人爲長官，侍郎貳之，下有郎中、員外郎、主事，分設清吏司，以理事務。清則尚書、侍郎，皆滿、漢并置，而吏、户、兵三部，又皆有管理事務大臣，理藩院亦然。於是互相牽掣，一事不辦。六部設於天聰四年，每部皆以貝勒管理。崇德三年七月，更定六部、理藩院、都察院衙門官制，都設滿洲承政一員，其下設左右參政、理事、副理事、主事等官。順治五年，改承政爲尚書，六部皆置漢尚書，侍郎則滿、漢各二，都察院亦置漢都御史，是爲六部、都察院長官滿、漢并置之始。先是各部皆命諸王貝勒管理，及是仍命親王、郡王或内閣大學士管部，後以親王、郡王權力過大，專用大學士。趙翼《簷曝雜記》云："一部有滿、漢兩尚書、四侍郎，凡核議之事，宜允當矣。然往往勢力較重者一人主之，則其餘皆相隨畫諾，不復可否。

若更有重臣兼部務，則一切皆惟所命，而重臣者實未嘗檢閲也，但聽司員立談數語，即畫押而已。故司員中爲尚書所倚者，其權反在侍郎上。爲兼管部務之重臣所熟者，其權更在尚書上。甚有尚書、侍郎方商榷未定，而司員已持向重臣處畫押來，皆相顧不敢發一語。"云云，其弊可謂甚矣。又明初本以六部爲相職，後雖見壓於内閣，而事權猶在。吏、兵二部權尤重。明代吏部真能用人，兵部真能選將，非如清代京官五品、外官道府以上，悉由樞桓，選將籌邊，皆在軍機，吏、兵二部僅掌籤選也。郎中、員外郎多自進士出身，遷除較速，明郎中一轉京卿，可放巡撫；主事一轉御史，可放巡按。清則進士分部十餘年，乃得補缺；又十餘年，乃得外放知府也。仍得召見奏事，故年少氣盛，猶可有爲。清則初壓於内閣，再壓於軍機，尚書非入直樞垣者，皆累日乃得召見，京官無大功績，循資遷授，率六七十乃至尚書，管部又係兼差，志氣昏耄，事冗鮮暇，一切聽命吏胥而已。此清代之六部所以奄奄無生氣，而爲叢弊之藪也。六部爲全國政事所萃，親務者實曹郎也。故部郎關係極重。漢初三公曹掾，率皆自辟。上自九卿二千石，下至草澤奇士，皆得爲之，故得人極多。其後政歸臺閣，則尚書郎亦極清要之選，諸曹郎與尚書同隸令、僕，左右丞尚書亦有兼曹者，曹郎不隸尚書也。隋以六曹統二十四司，六曹皆置侍郎，而二十四司但置郎，始分貴賤。然唐時尚書三品，侍郎四品，郎中五品，相去一階而已。自宋迄清，尚書遞升至一品，侍郎二品，而郎中仍爲五品，於是高下懸殊，而郎署無一人才矣。

理藩院雖以院名設官，亦同六部。清代設此以理蒙、藏之事，亦猶元設宣政院之意也。清初有所謂蒙古衙門者，崇德三年，改名理藩院，設承政及左右參政。順治元年，改承政爲尚書，參政爲侍郎。十六年，以其并入禮部。十八年如故，有尚書一，左右侍郎各一，任用不分滿、漢，額外侍郎一，以蒙古貝勒、貝子任之。其下亦設郎中、員外郎，分清吏司。御史一官，至明而權力極大。明初亦設御史臺，後改爲都察院，置都御史、副都御史、僉都御史，皆分左右，十三道監察御史百有十人。浙江、江西、河南、山東各十人，福建、廣東、廣西、四川、貴州各七人，陝西、湖廣、山西各八人，雲南十一人。在外巡按，北直隸二人，南直隸三人，宣大一人，遼東一人，甘肅一人，十三省各一人。清軍，提督學校，兩京各一，萬曆末南京增一。巡鹽，兩淮一人，兩浙一人，長蘆一人，河東一人。茶馬，陝西。巡漕，巡關，宣德四年設立鈔關御史，至正統十年始遣主事。儹運，印馬，屯田。師行則監軍紀功，各以其事專監察。而巡按代天子巡守，所按藩服大臣、府州縣官諸考察，舉劾尤專，大事奏裁，小事立斷，其權尤重。清左都御史滿、漢各一,左副都御史滿、漢各二,右都御史、右副都御史以授在外督撫。光緒三十三年,改官制,改爲都御史一,副都御史二。監察御史分十五道,凡五十六人。京畿、河南滿、漢各二,江南各四,浙江、山西各二,山東各三,陝西、湖廣、江西、福建各二,四川、廣東、廣西、雲南、貴州各一。凡監察御史,亦分察在内各衙門。

給事中一官,歷代本屬門下。明廢門下省,而獨存給事中,分六科,以司封駁稽察。吏、户、禮、兵、刑、工皆都給事中一,左、右給事中各一,吏科給事中四,户科八,禮科六。都給事中掌本科印,謂之掌科。雖分六科,而重事,各科皆得奏聞,但事屬某科,則列某科爲首耳。旨必下科,其有不便,給事中駁正到部,謂之科參。六部之官,無敢抗科參而自行者,故其品卑而權特重。顧亭林謂"萬曆之時,九重淵默,泰昌以後,國論紛紜,維持禁止,往往賴抄參之力"焉。清雍正時,以隸都察院,分察在内各衙門。給事中遂失其獨立。又自軍機處設,惟例行本章乃歸内閣,率皆無足置議,封還執奏,有其名無其事矣。此外,明官又有通政使司、使一,左右通政參議皆各一。清使副參議皆滿、漢各一。明時内外章奏皆由通政司。清世宗始命機要者直達内閣。宗人府、令一,左、右宗正、宗人皆各一,以親王領之,後以勳戚大臣攝府事,不備官,所屬皆移之禮部。清令一,由親王、郡王中特簡,左、右宗正由親王、郡王、貝勒、貝子、鎮國公、輔國公中特簡,左、右宗人由貝勒、貝子、鎮國公、輔國公、鎮國將軍、輔國將軍中特簡,惟府丞一爲漢人,用以校理漢文册籍,餘皆用宗室。旗人宗室,覺羅議叙議處,無職者專歸宗人府,有職者宗室由府會同吏、兵二部,覺羅由吏、兵二部會府辦理。宗室覺羅之訟,專歸府理。與民訟者,宗室由府會户、刑部,覺羅由户、刑部會府。左、右翼宗學、八旗覺羅學皆屬宗人府。大理寺、寺皆有卿、少卿。清皆滿、漢并用,末年改官制,以爲最高審判。太常寺、光禄寺、吴元年置宣徽院,洪武元年改爲光禄寺。太僕寺、鴻臚寺、清太常、鴻臚二寺,皆有管理事務大臣,太僕故有之,雍正十三年革。翰林院、明有學士一,侍讀、侍講學士、侍讀、侍講各二。清掌院學士滿、漢各一,由大學士、尚書中特簡。侍讀、侍講學士滿二漢三,侍讀、侍講滿三漢四。修撰、編修、檢討、庶吉士,兩朝皆無定員。翰林院至明代極清要,内閣後雖獨立,其初實自此出。六部自成化時,周洪謨以後,禮部尚書、侍郎必由翰林,吏部兩侍郎必有一由翰林。其由翰林者,尚書兼學士,侍郎兼侍讀、侍講學士。六部皆然。詹事府及坊、局官,視其品級,亦必帶翰林院銜焉。詹事府、詹事一,少詹事二,丞二,通事舍人二,所屬左右春坊,皆有大學士,庶子、諭德各一,中允、贊善、司直各二。清詹事、少詹事皆滿、漢各一,左右春坊庶子、中允、贊善亦皆滿、漢各一。魏、晉以來,太子官稱春坊。

唐置詹事府,以比尚書,左右春坊以比門下中書。明初廢宰相,詹事府與翰林官同侍左右,備顧問,已見前。清不建儲,但爲翰林敭歷之階而已。光緒二十八年,改官制,并翰林院。國子監、祭酒、司業各一。清祭酒滿、漢各一,司業滿、蒙、漢各一。欽天監、正一,副二。清初皆漢人。康熙四年,定滿、漢監正各一人,左右監副各二人。八年,廢監正,用西洋人爲監修。雍正三年,授爲監正,以滿人爲副。太醫院,使一,判二。清代皆漢人。清代皆因之。衛尉、司農、太府之官,至明皆廢,宗正改爲宗人。明以六部尚書、都御史、通政使、大理寺卿爲九卿。清以宗人、順天二府,大理、太常、光禄、太僕、鴻臚五寺,國子監、通政司爲九卿。

明有中、東、西、南、北五城兵馬指揮司,各指揮一,副指揮四,掌巡捕盜賊,疏理街道溝渠及囚犯、火禁之事。唐、宋時職在府尹。清巡視五城御史,皆滿、漢各一,由給事中及十五道監察御史任之。二年交代。其下有兵馬司正副指揮。巡城御史得專決杖以下罪,徒以上送部。又有步軍統領,統八旗步軍及巡捕五營,除户婚田土外,巡城御史所理之事,步軍統領亦得理焉。大興、宛平二縣,幾於僅理民事。光緒庚子,聯軍入京,城内之地,由各國分管,皆設安民公所,雇中國人爲巡捕,以其憲兵督之。辛丑後,遂沿其制,而設工巡總局,以大臣一人管理其事,其下有工巡總監及副總監,分工程、巡捕二局。自此内城警察事務,歸諸工巡總局,五城御史僅管外城矣。

明宦官有十二監、四司、八局,所謂二十四衙門也。此外監、司、庫、局與諸門官尚多。太祖定制,内侍毋許識字。洪武十七年,鑄鐵牌,文曰:“内臣不得干預政事,犯者斬。”置宫門中。又敕諸司毋得與内宫監文移往來。然洪武時已不能盡守其法。成祖入京,藉宦官爲内應,任之尤深。太祖洪武二十五年,命聶慶童往河州敕諭茶馬,實爲中官奉使之始。成祖時,中官四出。永樂元年,李興等齎敕勞暹羅國王,此奉使外國之始也。三年,命鄭和等率兵二萬,行賞西洋古里、滿剌諸國,此將兵之始也。八年,敕王安等監都督譚青等軍,馬靖巡視甘肅,此監軍、巡視之始也。及洪熙元年,以鄭和領下番官軍守備南京,遂相沿不改。敕王安鎮守甘肅,而各省皆設鎮守矣。宣德四年,特設文書房,命大學士陳山專授小内使書,而太祖不許讀書識字之制,由此而廢。其後内閣之票擬,決於内監之批紅,而明代宦豎之專權,遂爲歷代所無有矣。清代供奉總於内務府，所屬有七司一處，上駟、武備二院及奉宸苑亦屬焉。有總管大臣，無員限，以大學士、六部尚書、侍郎爲之，多用旗籍或包衣，以下各官亦皆用包衣。宦官初有十三衙門，乾清宮執事官：司禮監、御用監、内官監、司設監、尚膳監、尚衣監、尚寶監、御馬監、惜薪司、鐘鼓司、直殿局、兵仗局。聖祖廢之，立敬事房以管理太監，屬内務府。太監選取，由内務府會計司。犯罪慎刑司治之，笞杖專決，徒以上報刑部。

明初略定地方，皆置行省。洪武九年，改設承宣布政使司。督撫在明代非常設之官，至清代變爲常設。明時布政司之參政、參議，分司各道。按察司之副使、僉事，分巡各道。本係兩司屬官，至清代亦若在府司之間，别成一級，於是地方行政督撫、司、道、府、縣遂若成爲五級矣。

明代巡按秩卑任重，與漢之刺史相似，而其一年一代，又非漢制所及。論者極稱之。既有巡按，即不必再行遣使，然又時遣巡撫等，以其與巡按御史不相統屬，乃定以都御史爲巡撫。其兼軍務者加提督，所轄多事重者曰總督。尚書、侍郎總督軍務者，亦兼都御史。清代因之，凡總督皆帶兵部尚書、右都御史提督軍務兼理糧饟，凡巡撫皆帶兵部侍郎、右副都御史亦有提督軍務兼理糧饟之銜。山東西、河南、新疆四省不設總督，其巡撫皆兼提督，以巡撫本主撫民，必兼提督，乃有統軍之權也。江西、安徽兩巡撫有提督銜。貴州巡撫有節制兵馬銜。以兩江、雲貴總督轄境皆遠，雲貴尤苗族等錯處，恐總督不能兼顧故也。自督撫變爲常設，藩臬遂爲所壓，不復能專摺奏事，雖可會銜參劾督撫，亦多成具文，外重之勢寖成矣。

清代督撫之設，略如下表，乃康、雍、乾以來逐漸所改定也。末造論者多以督撫同城爲非，德宗變法，嘗裁湖北、雲南、廣東三巡撫，孝欽后垂簾復之，後湖北、雲南又裁。十八省外，臺灣嘗改爲行省，以福建巡撫移駐焉。新疆於光緒十年改省，亦惟設巡撫。關東改省，事在末年，見下。其非綜理地方而專治一事者，則有河道及漕運總督，後皆裁撤。明成化時，始設總河侍郎，後常以都御史總督河道。清初，設河道總督，駐濟甯。康熙時，移駐清江浦。雍正時，改稱總河，并設副總河，旋改總河爲江南河道總督，副總河爲河南、山東河道總督，增設直隸河道水利總督及副總河。乾隆時，裁之，并其職於直隸總督。咸豐時，黄河北徙，又裁江南河督，其後遂并河南、山東之河督而裁之。漕運總督亦駐清河，管山東、河南、江蘇、安徽、江西、浙江、湖北、湖南八省漕政。清末改爲江淮巡撫，欲分江蘇、安徽之北别爲一省，旋不果行。清代督撫所統既廣，於事幾無所不與，如直隸、兩江總督兼南、北洋大臣，統率南、北洋水師，其一端也。光緒二十四年十一月上諭："向來沿海沿江通商省分，交涉事務本繁，及内地各省，亦時有教案，應行核辦。如直省將軍、督撫，往往因事隸總理衙門，不免意存諉卸；總理衙門亦以事難懸斷，未便遥行，以致往還轉折，不無延誤。嗣後各省將軍、督撫，均著兼總理各國事務大臣，仍隨時與總理衙門大臣和衷商辦。"及改總理衙門爲外務部，二十七年六月。乃諭"各將軍督撫毋庸兼銜，惟交涉一切關係繁重，皆地方大吏分内應辦之事，該將軍督撫仍當加意講求"云。清代外交，初本倚重疆吏，至此時猶未能破此積習，亦可見積重之勢矣。

| 省　名 | 總　督 | 巡　撫 |
| --- | --- | --- |
| 直　隸 | 直隸總督 | 以總督兼 |
| 江　蘇 | 兩江總督 | 有 |
| 安　徽 | | 有 |
| 江　西 | | 有 |
| 湖　南 | 湖廣總督 | 有 |
| 湖　北 | | 有 |
| 雲　南 | 雲貴總督 | 有 |
| 貴　州 | | 有 |
| 廣　東 | 兩廣總督 | 有 |
| 廣　西 | | 有 |

續表

<table>
<tr><th>省名</th><th>總督</th><th>巡撫</th></tr>
<tr><td>陜西</td><td rowspan="2">陜甘總督</td><td>有</td></tr>
<tr><td>甘肅</td><td>以總督兼</td></tr>
<tr><td>浙江</td><td rowspan="2">閩浙總督</td><td>有</td></tr>
<tr><td>福建</td><td>有</td></tr>
<tr><td>四川</td><td>四川總督</td><td>以總督兼</td></tr>
<tr><td>山東</td><td></td><td>有</td></tr>
<tr><td>山西</td><td></td><td>有</td></tr>
<tr><td>河南</td><td></td><td>有</td></tr>
</table>

明時分守、分巡諸道，名目孔多。分守有督糧督册，分巡有督學、清軍、驛傳、兵備、水利、屯田、鹽法等。蓋一省事務本繁，故令兩司丞屬分地以司之也。兩京不設布、按，則繫銜於鄰近之省。清初守、巡之别猶存，如康熙八年，改通、薊爲守，總管錢糧，霸、易道爲巡，總管刑名。九年，定順天府所屬州縣錢穀歸守道，刑名屬巡道是也。其後漸泯，而道遂若自爲一級，不屬於兩司者焉。道多特有所司，如通商之處則置海關道，大多以守巡道兼。福州之船政廠令鹽道兼管，不置運使之地，鹽務即屬其他之鹽法道是也。

明時巡鹽茶馬等務，悉委御史，已見前。清代鹽政設於長蘆、河東、兩淮，或特簡，或由都察院奏差。福建、兩廣以總督兼理，兩浙以巡撫兼理，甘肅、四川、雲南、貴州均由巡撫管理。都轉運鹽使司，明設於兩淮、兩浙、長蘆、河東、山東、福建，清設於長蘆、山東、河東、兩淮、兩廣，而兩浙設運副。鹽課提舉司，明設於四川、雲南（井鹽）及蒙古（池鹽）、遼東（煎鹽），清惟設於雲南。市舶提舉司，明設於太倉、黄渡、泉州、明州、廣州，茶馬司設於洮、秦、河三州，清代皆不設其官。明於順天、應天，清於順天、奉天二府皆置尹。清順天又有管理府事大臣。爲六部漢尚書、侍郎兼差。此外，府有知府，州有知州，縣有知縣。州有直隸州、散州之别，直隸州視府，散州視縣。清代同知通判有駐地者曰廳，亦有散廳與直隸廳之别。直隸州無附郭縣，府則有之，惟承德、思恩及貴州諸府爲獨異。直隸州皆領縣，廳則否，惟叙永爲獨異。關東當明末即爲滿洲所據，滿洲兵民合一，故亦治民與治兵之官不分。除奉天以爲陪都，置府尹，又本有錦州一府外，吉林、黑龍江皆僅有將軍、副都統，旗漢事務皆其所理。奉天有户、禮、兵、刑、工五部，各有侍郎，大抵民刑之事，皆歸户、刑二部，將軍則專治軍。其後漢人出關者日衆，咸豐以降，乃於三省設理事同知以治之。清代同知、通判，皆冠以所司事務之名，如緝捕、軍糧、管河、江防、海防等是也。其設於八旗駐防之地，以理旗民詞訟者，曰理事同知。光緒二年，從奉天將軍崇實言，將軍加兵部尚書、右都御史銜，以行總督之事，府尹加副都御史銜，以行巡撫之事，知府以下官皆加理事銜，改省之機始肇。及日、俄戰後，危機益迫，乃改三省官，皆如内地各設巡撫，而合三省設一總督焉。

新疆及蒙古、青海、西藏，清代皆以駐防之官治之。於青海、蒙古曰西甯辦事大臣，駐甘肅之西甯。於内屬察哈爾則以察哈爾都統、副都統、駐宣化。綏遠城將軍、駐綏遠。歸化城副都統駐歸化。領之。内蒙古無駐防。其漢人移殖者，口北道所屬三廳、歸綏道所屬十廳，皆有理事撫民同知、撫民通判。其承德之事，則熱河都統。口北三廳之事，則察哈爾都統。歸綏十廳之事，則綏遠城將軍，亦可與直督晉撫會奏焉。新疆於伊犂置將軍，副都統二人，亦駐伊犂。統參贊、一駐伊犂，一駐塔城，一駐烏什。領隊、分駐伊犂、塔城、庫爾喀喇、烏蘇烏什、吐魯番。辦事、分駐葉爾羌、和闐、喀什喀爾、庫車、哈喇沙爾、吐魯番、阿克蘇、烏什、哈密。協辦諸大臣，分駐烏什、葉爾羌、喀什噶爾、和闐。分駐各處。烏魯木齊亦有都統、副都統。西藏有西藏辦事大臣、幫辦大臣，分駐前後藏。宣統三年，裁幫辦大臣，設左右參贊。左參贊與駐藏大臣皆駐前藏。右參贊駐後藏。後新疆改爲行省，蒙古、西藏亦有改省之議，迄未果行。

以上爲清閉關時官制，與各國交通後，首設總理各國事務衙門，大臣無定員，所派者多係兼差，頗似軍機處。次設海軍衙門。海軍衙門經費皆入頤和園，爲孝欽所私費，故甲午戰敗，而海軍衙門轉裁。庚子以後，改總署爲外務部。班在各部前，有管理事務大臣一，會辦大臣一，尚書一，侍郎二，下有左右丞、左右參議，分四司。又設政務處、練兵處、財政處、學務處、税務處、商部、巡警部。光緒三十二年，既定立憲，乃改官制。時則有外務、吏、民政、巡警部改。度支、户部改，財政處、税務處并入。禮、太常、光禄、鴻臚三寺并入。學、學務處改，國子監并入。陸軍、兵部改，太僕寺、練兵處并入。農工商、工部改，南部并入。郵傳、理藩、理藩院改。法刑部改。十一部。除外務部外，皆設尚書一、侍郎二，不分滿、漢。都察院改都御史、副都御史，大理寺改政院，設資政、審計二院。宣統二年，立責任内閣，設總協理大臣，裁軍機處、政務處及吏、禮二部，并職内閣。而增設海軍部及軍諮府，改尚書爲大臣，與總協理負聯帶責任。外官亦改，按察司爲提法，學政爲提學，與布政、東三省稱民政。鹽運、交涉，凡五司。裁分巡、分守，設勸業、巡警二道，而以督撫爲長官焉。

民國肇建，臨時政府組織大綱定行，改設五部，曰外交，曰内務，曰財政，曰軍務，曰交通。後修改此條，設陸軍、海軍、外交、司法、財政、内務、教育、實業、交通九部，時採美制，不設總理。孫文既遜位，袁世凱就職北京，《臨時政府組織大綱》改爲《臨時約法》，設總理，析實業爲農林、工商二部。三年，袁世凱開約法會議，修改《臨時約法》爲《中華民國約法》，即所謂新《約法》，復廢總理，設國務卿，并農林、工商二部爲農商部。袁世凱死，黎元洪爲總統，復設總理、外官。民軍起義時，執一省之軍權者曰都督，司民治者曰民政長，廢司道府州，但存縣。袁氏改都督曰將軍，民政長曰巡按使，設道尹。護國軍起，掌軍者復稱都督。黎元洪爲總統，改都督將軍皆曰都督，巡按使曰省長。凡督軍皆專一省之兵，侵及民政，論者因有軍民分治之議，不果行。其所轄跨數省，或兼轄數省者，則稱巡閱使云。此民國以來，北京政府官制之大略也。

古代地方自治之制，久廢墜於無形。清光緒末葉，既定行立憲，乃從事預備，城鎮鄉自治爲第一年應行之事，於是，於光緒三十四年十二月頒布章程。府廳州縣治爲城，此外人口滿五萬曰鎮，不滿五萬曰鄉。宣統元年復訂京師地方自治章程，民國以來各省有自訂章程試辦者，三年二月袁世凱通令停辦，十二月公佈重訂地方自治試行條例，明年四月復公佈其施行細則，然迄亦未行。

官品之别，蓋原於古之命數。周代官有九命，《儀禮·喪服注》："命者加爵服之名。"蓋所以别其位之高卑，定其禮之差等也。漢代食禄多寡，即所以辨官位之高下。後世九品之制，蓋起自曹魏，而晉以後因之。《通典》載魏以後官，皆明列等第。岳珂《愧郯録》疑之，然《通典》亦必有所據。梁時九品之外，又有十八班。品以少爲尊，班則以多爲貴。後魏初制九品，各分正從，正從之中，復分上、中、下階，後惟四品以下分上、下階，周、隋革之。南朝陳氏僅有九品，不分正從。唐時四品至九品，亦各分上、下階，蓋周、隋暫廢之制至此而復也。自宋以後，乃但以九品分正從，更無所謂階。又前代官分清濁，梁制别有流外七班以處寒微，魏亦九品之外，小人之官復有七等。至宋以後，此等區别亦俱泯矣。

散官之名，肇見於隋，而其實則由來已久。漢之大夫、郎等，既無職守，亦無員數，但備侍從顧問，特進、奉朝請亦優游無所事，即後世所謂散官也。但未嘗别立散官之名，與執事官相對耳。魏、晉以降，開府儀同、特進以及諸號大夫、諸號將軍不任職者甚多，猶漢法也。隋置上柱國、柱國、上大將軍、大將軍、上開府儀同三司、開府儀同三司、上儀同三司、儀同三司、大都督、帥都督、都督，總十一等以酬勳勞，是爲唐所謂勳官。又以特進及諸號大夫爲散官，諸號將軍爲散號，是則唐所謂文武散官也。煬帝及唐皆有改革，然官名雖改，而勳散恒析爲兩途。而唐又有檢校之法、太師、太傅、太保、太尉、司徒、司空、左右僕射、六部尚書等，宋初猶必加檢校，然後得除開府；既開府，然後得除三司。功臣之號，始於德宗。故唐臣之有功者，或叙階，或賜勳，或加檢校，或賜名號，又申之以封爵，重之以實封，其酬奬之法，初無一定。宋則合爲一途，郊祀則功臣酬勳若干級，進階若干等，徹國若干户，舉以與之。人但見其煩，而不知其用意之周矣。明代仍有文武勳官。清省。

官禄至近代而大薄，亦爲官吏不能清廉之原因。古者禄以代耕，以農夫一人所入爲單位，自士以至於君，禄或與之埒，或加若干倍。在位者之所得，在一國中居何等，較之平民相去奚若，皆顯而易見。後世生計日益複雜，此等制度自不易行。然歷代官禄多錢穀并給，或給以田，至明世始專以銀爲官俸，而其所給，乃由鈔價轉折而來。清代制禄，顧以此爲本，而銀價又日落，官吏恃俸給遂至不能自存矣。漢代官禄：大將軍、三公奉月三百五十斛，中二千石奉月百八十斛，二千石奉月百二十斛，比二千石奉月百斛，千石奉月八十斛，六百石奉月七十斛，比六百石奉月五十斛，四百石奉月四十五斛，比四百石奉月四十斛，三百石奉月四十斛，比三百石奉月三十七斛，二百石奉月三十斛，比二百石奉月二十七斛，百石奉月十六斛。漢一斛當今六十斤，則中二千石月得今百餘石。即百石亦近今十石，而賞賜又在其外。元帝時，貢禹上書："臣爲諫議大夫，秩八百石，奉錢月九千二百，廩食太官。又拜爲光禄大夫，秩二千石，俸錢月萬二千。禄賜愈多，家日以益富。"案前漢官禄，亦錢穀并給，見於此。漢時穀價石僅數錢，黄金一斤值錢萬，而當時賞賜金有至千斤者，亦可謂厚矣。二千石以上致仕者，又得以三分之一禄終其身。成帝綏和二年詔。案宣帝時，嘗以張敞、蕭望之言，益百石以下俸十五。是年又益三百石以下俸。後漢則千石以上減於西京，六百石以下增於舊秩。其能優游盡職，而無後顧之憂，宜也。漢禄之重如此，然荀悦已議其輕於古矣。見《申鑒・時事》。晉制，尚書令食俸日五斛，春秋賜綿絹，百官皆有職田，一品五十頃，遞減五，至九品十頃。又得蔭人爲衣食客。隋制，正一品食禄九百石，每差以百，至從四品爲二百五十石，自此差以五十，至從六品爲九十石，自此差以十，至從八品五十石而最微。隋九品官不給禄。刺史、太守、縣令則計户數爲九等之差。州以四十爲差，自六百二十石至三百石。郡以三十爲差，自二百四十石至百石。縣以十爲差，自百四十石至六十石。内官初給廨錢，回易生利，後罷之，改給職田。外罷，給禄一斛，給地二十畝。唐制，略因隋舊。宋代給賜名目尤多，亦有職田，又有祠禄，以養罷劇告休之臣。要之，歷代制禄厚薄雖有不同，其足以養其身，贍其家，使其潤澤及於九族鄉黨而猶有餘裕，則一也。自元代以鈔制禄，明時鈔法既廢，而官禄顧折高價以給之，又罷其實物之給，而官吏始蹙然無以自給矣。《日知録・俸禄》條曰："前代官吏皆有職田，故其禄重。禄重則吏多勉而爲廉，如陶潛之種秫，阮長之之芒種前一日去官，皆公田之證也。《元史》：世祖至元元年八月乙巳，詔定官吏員數，分品從官職，給俸禄，頒公田。《太祖實録》：洪武十年十月辛酉，制賜百官公田，以其租入充俸禄之數。是國初此制未廢，不知何年收職田以歸之上，而但折俸鈔。原《注》："《實録》、《會典》皆不載。"其數復視前代爲輕，始無以責吏之廉矣。"又曰："《大明會典・官員俸給條》云：每俸一石，該鈔二十貫；每鈔二百貫，折布一匹。後又定布一匹，折銀三錢。是十石之米，折銀僅三錢也。"自古官禄之薄，未有如此者。而清定官禄，顧以此爲本，正一品歲俸銀百八十兩，至從九品僅三十兩，給米斛數如銀兩之數，然米實不給，銀又多折罰以盡。雍正後雖加養廉，猶不足自贍。於是京曹望得總裁、主考、學政等差，以收門生而取其贄敬，或抽豐於外官，收其冰敬炭敬。御使不肖者，參劾可以賣買。部曹之取費於印結，則明目張膽矣。上官取於屬員，時曰辦差；小官取諸地方，則曰陋規。清節既隳，貪風彌肆，人人蹙然若不可終日，官官以私利相護，委差缺則曰調劑，有虧累則責令後任彌補，若市鬻求匄然，無復以爲怪者。今日中國之官吏以好賄聞於天下，明清制禄之薄，固有以使之也。或曰："財産私有之世，人孰不求利，既求利豈有限極，而不聞亭林之言乎？亭林曰：'天啓以前，無人不利於河決者。侵尅金錢，則自總河以至於閘官，無所不利。支領工食，則自執事以至於游閒無食之人，無所不利。其不利者，獨業主耳。而今年決口，明年退灘，填淤之中，常得倍蓰，而溺死者特百之一二而已。於是頻年修治，頻年衝決，以馴致今日之害，非一朝一夕之故矣。……不獨此也，彼都人士，爲人説一事，置一物，未有不索其酬者；百官有司受朝廷一職事一差遣，未有不計其獲者。自府吏胥徒至於公卿大夫，真可謂同心同德者矣。苟非返普天率土之人心，使之先義而後利，終不可以致太平。愚以爲今日之務，正人心急於抑洪水也。’《日知録·河渠》。此不啻爲今日之官吏寫照也。夫人心不正，則雖厚官吏之禄，亦安能使之不貪乎？若曰禄厚則人重其位，不敢爲非也。吾見夫爲非者未必誅，守正者未必賞也。既上下交征利，則此必相護，爲非者安得覺。且禄厚則其位極不易得，必以賄得之，以賄則必取償於既得之後，吾見其貪求乃愈甚耳。今之居官富厚者，孰不足以贍其身家及於數世，其孰肯遂止。況於侈靡之事所以炫惑誘引之者，又日出而不窮乎？厚禄豈有益哉！”是固然，然則待至財産公有，人人不憂凍餒，不私貨利，而後任官乎？處財産私有之世，欲人自不嗜利，終不可得，勢不能已於監察，然亦必禄足以贍其身，而後監察有所施。不然，雖管、葛復生，無益也。人之度量，相越固遠，衆雖嗜利，固必有一二人不嗜利者，今日所冀，則此不嗜利之人獲處於監察之位，使衆嗜利之徒有所憚而不敢肆耳。重禄者所以使監察有所施，非謂恃此而遂已也。趙廣漢請令長安游徼獄吏秩百石，其後百石吏皆差自重，不敢枉法妄繫留人，楊綰承元載汰侈，欲變以節儉，而先益百官之俸，可謂知所務矣。

# 第十六章　選　舉

選舉之制，古者蓋重世官。《王制》曰："司徒脩六禮以節民性，明七教以興民德，齊八政以防淫，一道德以同俗，養耆老以致孝，恤孤獨以逮不足，上賢以崇德，簡不肖以絀惡。命鄉，簡不帥教者以告，耆老皆朝於庠。元日，習射尚功，習鄉尚齒，大司徒帥國之俊士與執事焉。不變，命國之右鄉簡不帥教者移之左。命國之左鄉簡不帥教者移之右，如初禮。不變，移之郊，如初禮。不變，移之遂，如初禮。不變，屏之遠方，終身不齒。命鄉，論秀士，升之司徒，曰選士。司徒論選士之秀者，而升之學，曰俊士。升於司徒者，不征於鄉。升於學者，不征於司徒，曰造士。樂正崇四術，立四教，順先王《詩》、《書》、《禮》、《樂》以造士。春秋教以《禮》、《樂》，冬夏教以《詩》、《書》。王大子、王子、羣后之大子、卿大夫元士之適子，國之俊選，皆造焉。凡入學以齒。將出學，小胥、大胥、小樂正簡不帥教者以告於大樂正，大樂正以告於王。王命三公九卿、大夫、元士皆入學。不變，王親視學。不變，王三日不舉，屏之遠方，終身不齒。大樂正論造士之秀者以告於王，而升諸司馬，曰進士。司馬辨論官材，論進士之賢者以告於王，而定其論。論定，然後官之。任官，然後爵之。位定，然後禄之。"如此説，則教育選舉合冶一爐，鄉人與王大子等得以同入大學。所争者，鄉人須"節級升之"，"王子與公卿之子，本位既尊，不須積漸，學業既成，即爲造士"而已。《王制疏》。其在王畿之外者，又有貢士、聘士之法。《白虎通》曰："諸侯三年一貢士者，治道三年有成也。諸侯所以貢士於天子者，進賢勸善者也。天子聘求之者，貴義也。治國之道，本在得賢。得賢則治，失賢則亂。故《月令》：季春之月，開府庫，出幣帛，周天下，勉諸侯，聘名士，禮賢者。有貢者復有聘者何？以爲諸侯貢士，庸才者貢其身，盛德者貢其名，及其幽隱，諸侯所遺失，天子之所昭，故聘之也。”《白虎通》佚文，據陳立疏證本。可謂廓然大公矣。然俞氏正燮曰：“周時，鄉大夫三年比於鄉，考其德行道藝，而興賢者出使長之，用爲伍長也。興能者入使治之，用爲鄉吏也。其用之止此。《王制》推而廣之，升之司馬曰進士焉止矣。諸侯貢士於王，以爲士焉止矣。太古至春秋，君所任者，與共開國之人及其子孫也。慮其不能賢，不足共治，則選國子教之。上士、中士、下士、府吏、胥徒，取諸鄉興賢能。大夫以上皆世族，不在選舉也。故孔子仕委吏乘田，其弟子俱作大夫家臣。周單公用羈，鞏公用遠人，皆被殺。齊能用管敬仲、甯戚，秦能用由余、百里奚，楚能用觀丁父、彭仲爽，善矣。戰國因之，招延游談之士夫。古人身經百戰而得世官，而以游談之士加之，不服也。立賢無方，則古者繼世之君，又不敢得罪於巨室也。”《癸巳類稿·鄉興賢能論》。蓋《王制》之説，徵諸古籍，未見實行。《周官》所云，則任之止於士，雖未嘗不可升爲大夫，然究係破格之舉。平民之與貴族，仕進自不同途也。《管子·大匡》、《小匡》兩篇所言，亦平民選舉之法，可與《周官》參看。

俞氏謂“古人身經百戰而得世官”，不肯輕棄，此據後世事推度，古代情形實異於此。古人摶結，非以其族，則以其宗。爲人臣者舉其宗族與同患難休戚，固非羈旅之人所得比也。孟子謂齊宣王曰：“所謂故國者，非謂有喬木之謂也，有世臣之謂也。王無親臣矣，昔者所進，今日不知其亡也。”親臣者，恩禮相結，意氣相孚，若三良之於秦穆，豫讓之於智伯是也，猶不足比於世臣，世臣之爲國柱石可見矣。若周、召二公之於周，令尹子文之於楚，蓋其選也。孟子道殷之不易亡，謂其故家猶有存者，蓋誠有以夾輔之，豈特如楊愔之事齊文宣，主昏於上，政清於下而已哉。所以然者，古諸侯之國與卿大夫之家，雖有大小之異，其爲舉族之所託命則同。既爲君臣，則其家國之存亡恒相共，其休戚自相關也。若夫游士則不然，朝秦暮楚，以一身託於人，不合則納履而去耳。故有不惜爲傾危之行，賣人之國以自利者矣。故秦散三千金，而天下之士鬥。《史記·田敬仲世家》曰："后勝相齊，多受秦間金，多使賓客入秦。秦又多予金。客皆爲反間，勸王去從朝秦，不脩攻戰之備，不助五國攻秦。秦以故得滅五國。五國已亡，秦兵卒入臨淄，民莫敢格者。王建遂降，遷於共。齊人歌之曰：松邪柏耶？住建共者客耶？疾建用客之不詳也。"蘇秦曰："使我有雒陽負郭田二頃，吾豈能佩六國相印乎！"游士之所求，大之富貴利達，小之衣食而已，宜其以人之家國爲孤注也。

然世官終不能不廢，游士終不能不用者，何也？則以世禄之家，習於驕奢淫佚，不能任事，而能任事者，轉在游士也。術家所爲焦脣苦口，明督責之義，貴法術之士者以此。法、術有別。法所以治民，術所以治治民之人。見《韓非子·定法篇》。秦之商鞅、楚之吴起，皆爲貴族所深仇，而其君卒深信而不疑者，亦以此也。古代草野之士，莫能任事，而後世則不然者，何也？曰一以政術之精深，一以等級之平夷，一亦以在官之學散在民間。《王制》曰："凡執技以事上者，不貳事，不移官。"此制爲後世所沿，而普通官吏則不能。然其在古昔，王公大人與執技以事上者，流品之貴賤雖有不同，其學有專長，非凡人所可攝代，則一也。至在官之學散在民間，而情勢一變矣。孔譏世卿，《公羊》隱公三年。墨明尚賢，亦時勢使然也。

古代黜陟之權，蓋在大宰，而選士之權，則在司馬。《周官》：大宰"以八柄詔王馭羣臣。一曰爵，以馭其貴。二曰禄，以馭其富。三曰予，以馭其幸。四曰置，以馭其行。五曰生，以馭其福。六曰奪，以馭其貧。七曰廢，以馭其罪。八曰誅，以馭其過。"内史"掌王之八枋之法，以詔王治"。蓋大宰之貳也。司士"掌羣臣之版，以治其政令，歲登下其損益之數，辨其年歲與其貴賤，周知邦國都家縣鄙之數，卿大夫士庶子之數"。司士屬司馬，與《王制》司馬辨論官材合，可想見古代登庸，悉以武力也。

戰國之世，游士徧天下。至漢初，公卿皆起於屠販，先王公卿之胄，才則用，不才則棄，古代用人重階級之習始漸破除。漢世入仕，其途孔多，今約舉之。一曰任子。《漢書·哀帝紀》元年"除任子令"《注》："應劭曰：任子令者，《漢儀注》吏二千石以上視事滿三年，得任同産若子一人爲郎。"成帝時，侯霸以族父任爲大子舍人。平帝時，龔勝、邴漢乞骸骨，詔上，子若孫若同産子一人，皆除爲郎，則并及兄弟之子矣。哀帝雖有此令，然東漢仍有任子之法。故《後漢書·楊秉傳》謂宦官任人及子弟爲官，佈滿天下也。一曰吏道。漢時儒吏未隔，士之起家於吏者甚多，郡國上計之吏，尤爲入仕要途。《後漢書·和帝紀》永元十四年，"始復郡國上計補郎官"。《注》："上計，今計吏也。《前書音義》曰：舊制使郡丞奉歲計。武帝元朔中，令郡國舉孝廉各一人，與計偕，拜爲郎中，中廢，今復之。"《楊秉傳》云："時郡國計吏，多留拜爲郎。秉上言：三署見郎，七百餘人。帑藏空虚，浮食者衆。而不良守相，欲因國爲池，澆濯釁穢。宜絶横拜，以塞覬覦之端。自此終桓帝世，計吏無復留拜者。"計吏之盛，可以想見。《論衡》謂世俗共短儒生，儒生之徒亦自相少，則漢世選用吏，且視儒爲優也。一曰辟舉。公府及二千石長吏皆得自辟所屬。《後漢書·百官志》引或説曰："漢初掾史辟，皆上言之，故有秩比命士。其所不言，則爲百石屬。其後皆自辟除，故通爲百石云。"辟除之廣，亦可見矣。而其關係最大者，實惟郡國選舉之制。

《漢書·董仲舒傳》：仲舒對策曰："長吏多出於郎中、中郎，吏二千石子弟選郎吏，又以富訾，未必賢也。臣愚以爲使諸列侯、郡守、二千石各擇其吏民之賢者，歲貢各二人以給宿衛，且以觀大臣之能；所貢賢者有賞，所貢不肖者有罰。夫如是，諸侯、吏二千石皆盡心於求賢，天下之士可得而官使也。"此古諸侯貢士之法，《漢書》謂州郡舉茂材孝廉，實自仲舒發之。案高帝十一年詔曰："蓋聞王者莫高於周文，伯者莫高於齊桓，皆待賢人而成名。今天下賢者智能豈特古之人乎？患在人主不交故也，士奚由進！今吾以天之靈，賢士大夫定有天下，以爲一家,欲其長久,世世奉宗廟亡絶也。賢人已與我共平之矣,而不與吾共安利之,可乎? 賢士大夫有肯從我游者,吾能尊顯之。布告天下,使明知朕意。御史大夫昌下相國,相國酇侯下諸侯王,御史中執法下郡守,其有意稱明德者,必身勸,爲之駕,遣詣相國府,署行、義、年。有而弗言,覺,免。年老癃病,勿遣。"文、景之世,亦屢詔公卿郡國舉士,則其事實不始於武帝,然前此皆有特詔則舉,無則曠絶,至武帝以後乃爲典常矣。此《漢書》所以歸功於仲舒也。《後漢書・百官志注》: 應劭《漢官儀》曰:"世祖詔: 方今選舉,賢佞朱紫錯用。丞相故事,四科取士。一曰德行高妙,志節清白;二曰學通行修,經中博士;三曰明達法令,足以決疑,能案章覆問,文中御史;四曰剛毅多略,遭事不惑,明足以決,才任三輔。令: 皆有孝悌廉公之行。自今以後,審四科辟召,及刺史、二千石察茂才尤異孝廉之吏,務盡實覈,選擇英俊、賢行、廉潔、平端於縣邑,務授試以職。有非其人,臨計過署,不便習官事,書疏不端正,不如詔書,有司奏罪名,并正舉者。《漢官目録》曰: 建武十二年八月乙未詔書,三公舉茂才各一人,廉吏各二人,光禄歲舉茂才四行各一人,察廉吏三人;中二千石歲察廉吏各一人,廷尉、大司農各二人;將兵將軍歲察廉吏各二人;監察御史、司隸、州牧歲舉茂才各一人。"《後漢書・百官志》云:"孝廉,郡口二十萬舉一人。"《後漢書・丁鴻傳》:"時大郡口五六十萬舉孝廉二人,小郡口二十萬并有蠻夷者,亦舉二人。帝以爲不均,下公卿會議。鴻與司空劉方上言: 凡口率之科,宜有階品,蠻夷錯雜,不得爲數。自今郡國率二十萬口歲舉孝廉一人,四十萬二人,六十萬三人,八十萬四人,百萬五人,百二十萬六人。不滿二十萬二歲一人,不滿十萬三歲一人。帝從之。"《三國・魏志》黄初二年,初令郡國口滿十萬者,歲察孝廉一人,其有秀異,無拘户口。此皆歲舉之常選,後世科目實原於是。其天子特詔,標其科名令公卿郡國薦舉者,則唐世制科之先河也。此與博士及博士弟子皆爲登用人才之途,二者并自仲舒發之,仲舒之功亦偉矣哉!

然選舉之弊,漢時即已甚深,高帝有"有而弗言,覺,免"之詔。武帝元朔元年詔，謂“深詔執事，興廉舉孝……今或至闔郡而不薦一人……其與中二千石、禮官、博士議不舉者罪”，則郡國選舉，漢初應者尚鮮。然世祖既有“賢佞朱紫錯用”之言，章帝建初元年詔謂：“刺史、守相不明政事，茂才、孝廉歲以百數，既非能顯，而當授之政事，甚無謂也。”和帝永元五年三月詔謂：“郡國舉吏，不加簡擇，故先帝明勑在所，令試之以職，乃得充選。又德行尤異，不須經職者，别署狀上。而宣布以來，出入九年，二千石曾不承奉，恣心從好，司隸、刺史訖無糾察。”則希榮於進者始多矣。而考試之事，遂因之而起。馬貴與謂“自孝文策晁錯之後，賢良方正，皆承親策，上親覽而第其優劣。至孝昭年幼未即政，故無親策之事，乃詔有司問以民所疾苦，然所問者鹽鐵、均輸、榷酤，皆當時大事。令建議之臣，與之反覆詰難，講究罷行之宜”。又謂“漢武帝之於董仲舒也，意有未盡，則再策之，三策之。晉武帝之於摯虞、阮種亦然”。當時所謂策問者，實與考試異其事。《後漢書·左雄傳》：雄上言：“郡國孝廉，古之貢士。出則宰民，宣協風教。若其面牆，則無所施用。孔子曰四十不惑。《禮》稱強仕。請自今孝廉年不滿四十，不得察舉，皆先詣公府，諸生試家法，文吏課牋奏。”此實限年加試，以防冒濫之始。而史稱“濫舉獲罪，選政爲肅”，可以覘風氣之變遷矣。

又章帝建初元年詔曰：“每尋前世舉人貢士，或起甽畝，不繫閥閲。”五年詔：“其以巖穴爲先，勿取浮華。”和帝永元六年詔，又令“詔巖穴，披幽隱”。則選舉之右門第，重虛譽，亦自東漢開之。《樊儵傳》：儵上言：“郡國舉孝廉，率取年少能報恩者。耆宿大賢，多見廢棄。”《種暠傳》：“河南尹田歆外甥王諶，名知人。歆謂之曰：今當舉六孝廉，多得貴戚書命，不宜相違。欲自用一名士以報國家，爾助我求之。”此後世門生座主相朋比之始也。《獻帝紀》：初平四年九月甲午，試儒生四十餘人。上第賜位郎中，次太子舍人，下第者罷之。詔曰：“孔子歎學之不講，不講則所識日忘。今耆儒年踰六十，去離本土，營求糧資，不得專業。結童入學，白首空歸，長委農野，永絶榮望，朕甚愍焉。其依科罷者，聽爲太子舍人。”此後世以賜第授官爲施恩之具之始也。史之所載如此。其見於私家著述者，若王符之《潛夫論》、《務本》、《論榮》、《賢難》、《考績》、《本政》、《潛歎》、《實貢》、《交際》。荀悦之《申鑒》、《時事》。徐幹之《中論》、《考僞》、《譴交》。葛洪之《抱朴子》，《審舉》、《交際》、《名實》、《漢過》。道當時選舉之弊，尤屬窮形盡相，其不能不變爲隋、唐後之科目，固有由矣。

貲選之弊，亦起漢世。《漢書·景帝紀》：後二年五月詔曰：“人不患其不知，患其爲詐也；不患其不勇，患其爲暴也；不患其不富，患其亡厭也。其唯廉士，寡欲易足。今訾算十以上乃得宦，廉士算不必衆。有市籍不得宦，無訾又不得宦，朕甚愍之。訾算四得宦，亡令廉士久失職，貪夫長利。”服虔曰：“訾萬錢，算百二十七也。”應劭曰：“古者疾吏之貪，衣食足知榮辱，限訾十算乃得爲吏。十算，十萬也。”此尚出於求吏廉之意。别有所謂賣爵者，《漢書·食貨志》：晁錯説文帝，“使天下人入粟於邊，以受爵免罪”。文帝從之，“令民入粟邊，六百石爵上造，稍增至四千石爲五大夫，萬二千石爲大庶長，各以多少級數爲差。錯復奏言：……邊食足以支五歲，可令入粟郡縣矣；足支一歲以上，可時赦，勿收農民租。……上復從其言，乃下詔賜民十二年租税之半。明年，遂除民田之租税。後十三歲，孝景二年，令民半出田租，三十而税一也。其後，上郡以西旱，復修賣爵令，而裁其賈以招民；及徒復作，得輸粟於縣官以除罪”。蓋文帝時僅賣爵，至景帝乃并令民得贖罪，而文帝之賣爵，則郡縣粟足交一歲以上而遂止，故景帝時言復修也。此賣爵非賣官，至武帝則異於是。《志》述其事曰：“募民能入奴婢得以終身復，爲郎增秩，師古曰：“庶人入奴婢則復終身，先爲郎者就增其秩也。一曰入奴婢少者復終身，多者得爲郎，舊爲郎更增秩也。”及入羊爲郎。”又曰：“有司請令民得買爵及贖禁錮免臧罪，請置賞官，名曰武功爵。級十七萬，凡直三十餘萬金。諸買武功爵官首者試補吏，先除；千夫如五大夫；其有罪又減二等；爵得至樂卿，以顯軍功。軍功多用超等，大者封侯、卿大夫，小者郎。吏道雜而多端，則官職耗廢。”臣瓚曰:"《茂陵中書》有武功爵,一級曰造士,二級曰閑輿衛,三級曰良士,四級曰元戎士,五級曰官首,六級曰秉鐸,七級曰千夫,八級曰樂卿,九級曰執戎,十級曰政戾庶長,十一級曰軍衛。此武帝所制,以寵軍功。"案"級十七萬"四字疑有譌誤。又案漢爵本二十級,沿自秦。一級曰公士,二上造,三簪裊,四不更,五大夫,六官大夫,七公大夫,八公乘,九五大夫,十左庶長,十一右庶長,十二左更,十三中更,十四右更,十五少上造,十六大上造,十七駟車庶長,十八大庶長,十九關内侯,二十徹侯,避武帝諱,曰通侯,或曰列侯。又曰:"法既益嚴,吏多廢免。兵革數動,民多買復及五大夫、千夫,徵發之士益鮮。於是除千夫、五大夫爲吏,不欲者出馬;故吏皆適令伐棘上林,作昆明池。""始令吏得入穀補官,郎至六百石。"師古曰:"吏更遷補高官,郎又就增其秩,得至六百石也。""所忠言:世家子弟富人或鬬鷄走狗馬,弋獵博戲,亂齊民。乃徵諸犯令,相引數千人,名曰株送徒。入財者得補郎,郎選衰矣。"此則後世之賣官矣。《貢禹傳》:禹言:"孝文皇帝時,貴廉絜,賤貪汙。賈人贅壻及吏坐贓者皆禁錮不得爲吏。賞善罰惡,不阿親戚。罪白者伏其誅,疑者以與民。亡贖罪之法。故令行禁止,海内大化。……武帝使犯法者贖罪,入穀者補吏,是以天下奢侈,官亂民貧,盜賊并起,亡命者衆。郡國恐伏其誅,則擇便巧史書、習於計簿、能欺上府者,以爲右職;姦軌不勝,則取勇猛能操切百姓者,以苛暴威服下者,使居大位。故亡義而有財者顯於世,欺謾而善書者尊於朝,誖逆而勇猛者貴於官。故俗皆曰:何以孝弟爲?財多而光榮。何以禮義爲?史書而仕宦。何以謹慎爲?勇猛而臨官。故黥劓而髡鉗者猶復攘臂爲政於世,行雖犬彘,家富勢足,目指氣使,是爲賢耳。故謂居官而置富者爲雄桀,處姦而得利者爲壯士,兄勸其弟,父勉其子,俗之壞敗,乃至於是!察其所以然者,皆以犯法得贖罪,求士不得真賢,相守崇財利,誅不行之所致也。"亦可以見其弊矣。然賣官鬻爵之事,終兩漢時有之。《後漢書·百官志注》:"《古今注》曰:成帝鴻嘉三年,令吏民得買爵,級千錢。"《後漢書·安帝紀》:永初三年四月,"三公以國用不足,奏令吏人入錢穀,得爲關内侯、虎賁羽林郎、五大夫、官府吏、緹綺、營士各有差"是也。《靈帝紀》:光和元年,"初開西邸賣官,自關内侯、虎賁、羽林,入錢各有差。私令左右賣公卿,公千萬,卿五百萬”。《注》:“《山陽公載記》曰:時賣官,二千石二千萬,四百石四百萬,其以德次應選者半之,或三分之一,於西園立庫以貯之。”中平四年,“賣關内侯,假金印紫綬,傳世,入錢五百萬”。此則後世之賣官鬻缺非著之法令者矣。

郡國選舉之變,則爲九品中正。《通考》曰:“魏文帝時,三方鼎立,士流播遷,四民錯雜,詳覆無所。延康元年,尚書陳羣以爲天朝選用,不盡人才,乃立九品官人之法。州郡縣俱置大小中正,各取本處人在諸府公卿及臺省郎吏有德充才盛者,爲之區别。所管人物,定爲九等。其有言行修著則升進之,道義虧缺則降下之。是以吏部不能審定覈天下人才士庶,故委中正銓第等級,憑之授受,謂免乖失及法弊也。唯能知其閥閲,非復辨其賢愚。所以劉毅云:下品無高門,上品無寒士。南朝至於梁、陳,北朝至於周、隋,選舉之法雖互相損益,而九品及中正至開皇中方罷。”案九品中正之法,蓋因後漢俗尚清議,重鄉評,所以可行。然《通考》云:“陳壽遭父喪,有疾,使婢丸藥,客見之,鄉里以爲貶,坐是沈滯累年。謝靈運愛幸會稽郡吏杜德靈,及居父憂,贈以五言詩十餘首,坐廢不豫榮伍。尚書僕射殷景仁愛其才,乃白文帝,言臣小兒時便見此文,而論者云是惠連,其實非也。文帝曰:若此,便應通之。元嘉七年,乃始爲彭城王義康參軍。閻纘父卒,繼母不慈,纘恭事彌謹,而母疾之愈甚。乃誣纘盜父時金寶,訟於有司。遂被清議十餘年。纘孝謹不怠,母後意解,更移中正,乃得復品。以此三事觀之,其法甚嚴,然亦太拘。”石虎詔謂“魏立九品之制,三年一清定之”,而時人沈滯者往往至於十餘年,則三年清定,亦徒有其名耳。夫以一人之識力,鑒别羣倫,其事本不可恃,況乎此一人者,又未必能親接一地方之人,而一一覈其才行,則即使大公無私,亦不免崇尚虛聲,而遺悃愊無華之士,更謂不然,亦謹知其行履之無虧,而未知其才能之可用也。即知其才之可用,亦未嘗歷試之而覘其效,無從明注其所長也。此猶以公正無私言,若其不然,則任愛憎,快恩讎,懾勢畏禍之弊必作,其必至於“惟計官資以定品格”,蓋勢所必然矣。

等第進退之當否，中正既不負其責，而其背公徇私，又無賞罰以爲之防，所恃者俗重鄉評而畏清議，操衡鑒進退之柄者，亦不敢過枉是非耳。然風俗非一成不變之物，恃是立制，而欲行之永久，宜其不勝其弊也。

郡國選舉及中正官人之法，既已極敝，則其勢不得不令人投牒自舉，而加之以考試。而隋、唐以後科舉之法興焉。科舉之法，始於隋而盛於唐。唐制取士之科，多因隋舊，然其大要有三，由學館者曰生徒，由州縣者曰鄉貢，皆升於有司而進退之。今據《唐書·選舉志》略述其制如下：

秀才　試方略策五道，以文理通粗，爲上上、上中、上下、中上，凡四等，爲及第。永徽二年停。

明經　其制有五經，有三經，有二經，有學究一經，有三禮，有三傳，有史科。先帖文，然後口試，經問大義十條，答時務策三道，亦爲四等。貞元二年，詔明經習律以代《爾雅》。元和二年，明經停口試，復試墨義十條。五經取通五，明經通六。三傳，長慶時立《左氏傳》問大義五十條，《公羊傳》、《穀梁傳》三十條，策皆三道，義通七以上、策通二以上爲第，白身視五經，有出身及前資官視學究一經。史科亦長慶時立，每史問大義百條、策三道，義通七、策通二以上爲第。能通一史者，白身視五經、三傳，有出身及前資官視學究一經；三史皆通者獎擢。案史科似即下所謂一史、三史，不知《選舉志》之文本有複緟，抑後人誤改也。

俊士。

進士　試時務策五道，帖一大經。經策全通爲甲第，策通四、帖通四以上爲乙第。先是，進士試詩、賦及時務策五道，明經策三道。建中二年，中書舍人趙贊權知貢舉，乃以箴、論、表、贊代詩、賦，而皆試策三道。太和八年，禮部復罷進士議論，而試詩賦。寶應二年，禮部侍郎楊綰言："進士科起於隋大業中，是時猶試策。高宗朝，劉思立加進士雜文，明經填帖。"《唐書·選舉志》："永隆二年，考功員外郎劉思立建言，明經多鈔義條，進士唯誦舊策，皆亡實才，而有司以人數充第。乃詔自今明經試帖十得六以上，進士試雜文二篇，通文律者然後試策。"《志》又云："上元二年，加試貢士《老子》策，明經二條，進士三條。""及注《老子道德經》成，詔天下家藏其書，貢舉人減《尚書》、《論語》策，而加試《老子》。"

明法　試律七條，令三條。全通爲甲第，通八爲乙第。

明字　先口試，通，乃墨試。《説文》、《字林》二十條，通十八爲第。

明算　凡算學，録大義本條爲問答，明數造術，詳明術理，然後爲通。試《九章》三條、《海島》、《孫子》、《五曹》、《張丘建》、《夏侯陽》、《周髀》、《五經算》各一條，十通六，《記遺》、《三等數》帖讀十得九，爲第。試《綴術》、《緝古》録大義爲問答，明數造術，詳明術理，無注者合數造術，不失義理，然後爲通。《綴術》七條、《輯古》三條，十通六，《記遺》、《三等數》帖讀十得九，爲第。落經者，雖通六，不第。

一史。

三史。

開元禮　通大義百條、策三道者，超資與官；義通七十、策通二者，及第。散、試官能通者，依正員。貞元二年詔習《開元禮》者舉同一經例。

道舉　開元二十九年，始置崇玄學，習《老子》、《莊子》、《文子》、《列子》，亦曰道舉。其生，京、都各百人，諸州無常員。官秩、蔭第同國子，舉送、課試如明經。天寶十二載，停《老子》，加《周易》。

童子　十歲以下，能通一經及《孝經》、《論語》，每卷誦文十通者予官，通七者予出身。

《唐志》曰："此歲舉之常選也。其天子自詔者曰制舉，所以待非常之才焉。"唐制科目及登科人姓名，見《文獻通考》。

鄉貢皆懷牒自列於州、縣。試已，長吏以鄉飲酒禮，會屬僚，設賓主，陳俎豆，備管弦，牲用少牢，歌《鹿鳴》之詩，因與耆艾叙長少焉。既至省，皆疏名列到，結款通保及所居，始由户部集閲，而於考功員外郎試之。開元二十四年，考功員外郎李昂爲舉人詆訶，帝以員外郎望輕，遂移貢舉於禮部，以侍郎主之。禮部侍郎親故移試考功，謂之别頭。貞元十六年,中書舍人高郢奏罷,議者是之。元和十三年,權知禮部侍郎庾承宣奏復。大和三年,高鍇爲考功員外郎,取士有不當,監察御史姚中立又奏停。六年,侍郎賈餗又奏復之。初,開元中,禮部考試畢,送中書門下詳覆,其後中廢。元和十三年,侍郎錢徽所舉送,覆試多不中選,由是貶官,而舉人雜文復送中書門下。長慶三年,侍郎王起言:"故事,禮部已放榜,而中書門下始詳覆。今請先詳覆,而後放榜。"大和八年,宰相王涯以爲禮部取士,乃先以榜示中書,非至公之道。自今一委有司,以所試雜文、鄉貫、三代名諱送中書門下。其武舉則起於武后長安二年,亦以鄉飲酒禮送兵部焉。

唐世科目,本以秀才爲最高,後廢不舉,常行者惟明經、進士兩科。《唐志》云:"進士科當唐之晚節,尤爲浮薄,世所共患也。"然明經試帖經墨義,衹責記誦,尤爲世所輕。《通考》曰:"凡舉司課試之法帖經者,以所習經掩其兩端,中間開帷一行,裁紙爲帖。凡帖三字,隨時增損,可否不一,或得四,或得五,或得六爲通。後舉人積多,故其法益難,務欲落之,至有帖孤章絶句疑似參互者以惑之,甚者或上抵其注,下餘一二字,使尋之。難知謂之倒拔。既甚難矣,而舉人則有駈縣孤絶索幽隱爲詩賦而誦習之,不過十數篇,則難者悉詳矣。其於本文大義,或多牆面焉。"又曰:"愚嘗見東陽麗澤吕氏家塾有刊本吕許公夷簡應本州鄉舉試卷,因知墨義之式,蓋十餘條。有云:作者七人矣,請以七人之名對,則對云七人某某也,謹對。有云:見有禮於其君者,如孝子之養父母也,請以下文對,則對云:下文曰:見無禮於其君者,如鷹鸇之逐鳥雀也,謹對。有云請以注疏對者,則對曰:注疏曰云云,謹對。有不能記者,則衹對云未審。蓋既禁其挾書,則思索不獲者,不容臆説故也。其上則具考官批鑿。如所對善,則批一通字,所對誤及未審者,則批一不字。大概如兒童挑誦之狀。故自唐以來賤其科。所以不通者,殿舉之罰特重,而一舉不第者,不可再應。蓋以其區區記誦,猶不能通悉,則無所取材故也。"

選官之法,至東漢而一變,至隋而又一變。漢制,郡國之官,非傅相,其他既自署置,又調僚屬及部人之賢者,舉爲秀才、廉吏,而貢於王庭,多拜爲郎,居三署。五官左右中郎將無常員,或至千人,屬光禄勳。故卿校牧守居閑待詔,或郡國貢送,公車徵起,悉在焉。光禄勳復於三署中銓第郎中,歲舉秀才、廉吏出爲他官,以補闕員。東漢之制,選舉於郡國屬功曹,於公府屬東西曹,於天臺屬吏曹尚書,亦曰選部。靈帝時，吕強上言："舊典選舉，委任三府。三府有選，參議掾屬，咨其行狀，度其器能，受試任用，責以成功。若無可察，然後付之尚書。尚書舉劾，請下廷尉，覆按虚實，行其誅罰。今但任尚書，或復敕用。如是，三公得免選舉之負，尚書亦復不坐，責賞無歸，豈肯空自苦勞乎?"蓋選權寖集於尚書矣。自是以後，尚書嘗掌銓衡之任。晉初，山濤、王戎皆負知人之鑒。宋營陽王時，以蔡廓爲吏部尚書。廓謂傅亮曰："選事若悉以見付，不論；不然，不能拜也。"亮以語録尚書徐羡之。徐羡之曰："黄門郎以下悉以委蔡，吾徒不復措懷，自此以上，故宜共參同異。"廓曰："我不能爲徐干木署紙尾。"遂不拜。其權重如此。自後魏崔亮創停年格，而尚書衡鑒之任始輕。自隋文盡廢辟舉，大小之官，悉由吏部，而尚書之務始繁猥矣。

《魏書·崔亮傳》："遷吏部尚書。時羽林新害張彝之後，靈太后令武官得依資入選。官員既少，應選者多。前尚書李韶循常擢人，百姓大爲嗟怨。亮乃奏爲格制，不問士之賢愚，專以停解日月爲斷。雖復官須此人，停日後者，終於不得。庸才下品，年月久者，灼然先用。沈滯者皆稱其能。亮外甥司空諮議劉景安書規亮。亮答書曰：今勳人甚多，又羽林入選，武夫崛起，不解書計，惟可彍弩前驅，指蹤捕噬而已。忽令垂組乘軒，求其烹鮮之效，未曾操刀，而使專割。又武人至多，官員至少。設令十人共一官，猶無官可授，況一人望一官，何由可不怨哉？吾近面執，不宜使武人入選，請賜其爵，厚其禄。既不見從，是以權立此格，限以停年耳。昔子産鑄刑書以救弊，叔向譏之以正法，何異汝以古禮難權宜哉。仲尼言：德我者亦《春秋》，罪我者亦《春秋》。吾之此指，其由是也。但令當來君子知吾意焉。後甄琛、元修義、城陽王徽相繼爲吏部尚書，利其便已，踵而行之。自是賢愚同貫，涇渭無别。魏之失才，從亮始也。"然觀其答書之指，實亦不得已而爲之。《北齊書·文襄帝紀》："攝吏部尚書。魏自崔亮以後，選人常以年勞爲制，文襄乃釐改前式，銓擢惟在得人。又沙汰尚書郎，妙選人地以充之。至於才名之士，咸被薦擢。"則其制既廢矣，而後世復行此法者，則唐之裴光庭實爲之。《通典》云："唐自高宗麟德以後，承平既久，人康俗阜，求進者衆，選人漸多。總章二年，裴行儉爲司列少常伯，始設長名、姓歷、牓引、銓注之法。又定州縣官資高下升降，以爲故事。其後莫能革焉。至玄宗開元十八年，行儉子光庭爲侍中兼吏部尚書，先是選司注官，惟視其人之能否。或不次超遷，或老於下位。有出身二十餘年不得禄者。又州縣亦無等級，或自大入小，或初近後遠，皆無定制。光庭始奏用循資格。凡官罷滿，以若干選而集，各有差等。官高者選少，卑者選多，無問能否，選滿則注。限年躡級，不得踰越。非負譴者，皆有升無降。庸愚沈滯者皆喜，謂之聖書。雖小有常規，而掄才之方失矣。其有異才高行，聽擢不次，然有其制而無其事，有司但守文奉式，循資例而已。"案資格用人，爲昔人所深非，然官之爲利禄計久矣，破棄定法，一任鑒衡，勢必弊餘於利，似尚不如慎其選舉，嚴其考核，而當其用之之際，則一循資格之爲愈也。

《日知録》"掾屬"條曰："《古文苑》注：王延壽《桐柏廟碑》人名，謂掾屬皆郡人，可考漢世用人之法。今考之漢碑皆然，不獨此廟。蓋其時惟守、相命於朝廷，而自曹、掾以下，無非本郡之人，故能知一方之人情，而爲之興利除害。其辟用之者，即出於守相。而不似後代之官，一命以上皆由於吏部。故廣漢太守陳寵入爲大司農，和帝問：在郡何以爲理？寵頓首謝曰：臣任功曹王渙，以簡賢選能；主簿鐔顯，拾遺補闕。臣奉宣詔書而已。帝乃大悦。至於汝南太守宗資任功曹范滂，南陽太守成瑨委功曹岑晊，并謡達京師，名標史傳。而鮑宣爲豫州牧，郭欽奏其舉錯煩苛，代二千石署吏。是知署吏乃二千石之職，州牧代之，尚爲煩苛。今以天子而代之，宜乎事煩而日不給"云云。案《隋書》云："舊周、齊州、郡、縣職，自州都、郡、縣正以下，皆州、郡將、縣令至而調用，理時事。至是開皇三年。不知時事，直謂之鄉官。别置品官，皆吏部除授。每歲考殿最。刺史、縣令三年一遷，佐官四年一遷。佐官以曹爲名者，并改爲司。十二年，諸州司以從事爲名者，改爲參軍。開皇十五年，遂罷州、縣鄉官。"當時吏部尚書牛弘問於劉炫曰："魏、齊之時，令史從容而已，今則不遑寗處，其事何由？”炫曰：“往者州唯置綱紀，郡置守、丞，縣惟令而已，其所具僚，則長官自辟，受詔赴任，每州不過數十。今則不然，大小之官，悉由吏部，纖介之跡，皆屬考功，所以繁也。”案以吏部選天下之官，誠難於得人，州縣佐官不用本處人，亦誠難得地方情弊。然僚屬悉由自辟，後世亦實有難行者，似亦不如由吏部循定法選用，而嚴其選取之途，密其考核之法之爲得也，但當立定限，勿使任職之地距其本貫遥遠耳。

唐制，凡選有文、武，文選吏部主之，武選兵部主之，皆爲三銓，尚書、侍郎分主之。每歲五月，頒格於州縣，選人應格，則本屬或故任取選解，列其罷免、善惡之狀，以十月會於省，過其時者不叙。其以時至者，乃考其功過。同流者，五五爲聯，京官五人保之，一人識之。刑家之子、工賈異類及假名承僞、隱冒升降者有罰。文書乖錯，隱幸者駁放之；非隱幸則不。凡擇人之法有四：一曰身，二曰言，三曰書，四曰判。得者爲留，不得者爲放。五品以上不試，上其名中書門下；六品以下始集而試，觀其書、判。已試而銓，察其身、言；已銓而注，詢其便利而擬；已注而唱，不厭者得反通其辭，三唱而不厭，聽冬集。厭者爲甲，上於僕射，乃上門下省，給事中讀之，黄門侍郎省之，侍中審之，然後以聞。主者受旨而奉行焉，謂之“奏受”。視品及流外，則判補。皆給以符，謂之“告身”。凡官已受成，皆廷謝。凡試判登科，謂之“入等”，甚拙者謂之“藍縷”。選未滿而試文三篇，謂之“宏詞”；試判三條，謂之“拔萃”。中者即授官。

其取人之路，方其盛時，著於令者，納課品子、諸館及州縣學、太史曆生、天文生、太醫藥童、鍼呪諸生、太卜卜筮、千牛備身、備身左右、進馬、齋郎、諸衛三衛監門直長、諸屯主副、諸折衝府録事府史、校尉、執仗、執乘、親事、帳内、集賢院御書手、史館典書楷書、尚藥童、諸臺省寺監軍衛坊府之胥史，皆入官之門户，而諸司主録已成官及州縣佐史未叙者，不在焉。至於銓選，其制不一。凡流外、兵部、禮部舉人，郎官得自主之，謂之“小選”。太宗時，以歲旱穀貴，東人選者集於洛州，謂之“東選”。高宗上元二年，以嶺南五管、黔中都督府得即任土人，而官或非其才，乃遣郎官、御史爲選補使，謂之“南選”。其後江南、淮南、福建大抵因歲水旱，皆遣選補使即選其人。而廢置不常，選法又不著。

科舉之法，至王安石而一變。案科舉之善，在能破朋黨之私。前此九品中正之制無論矣，即漢世郡國選舉得之者，亦多能奔走標榜之人，觀王符等之論可知。惟科目聽其投牒，而試之以一日之短長，當其初行時，尚無糊名易書之法，主司固得採取譽望，士子亦得託人薦達，或竟自以文字投謁。究之京城距士子之鄉土遠，試者與所試者關係不深，而輦轂之下，衆目昭彰，拔取苟或不公，又可加以覆試，亦不敢顯然舞弊。前此選舉，皆權在舉之之人，士有應舉之才，而舉不之及，夫固無如之何。既可投牒自列，即不得不就而試之，應試者雖不必其皆見取，然終必於其中取出若干人。是不能應試者，有司雖欲徇私舉之而不得。苟能應試，終必有若干人可以獲舉也。此實選舉之官徇私舞弊之限制，而亦人人有服官之權之所以兑現於實也。論者多以投牒自列爲無恥，姑無論古之君子欲行其道者無不求仕，即謂其應舉僅爲富貴利達計，較之奔走標榜其賢遠矣。故科舉實良法也。然其弊亦有不容諱者，一則學非所用，詩賦之浮華無實，帖經墨義之孤陋寡聞是已；一則試之以一日之短長，可以僥倖而獲，不知其果有學問與否也。欲祛第一弊，當變其所試之物；欲祛第二弊，則非以學校易科舉不可，此宋時之改革所由起也。

宋代貢舉，初沿唐法，有進士、九經、五經、三禮、三傳、《開元禮》、開寶中，改爲通禮，熙寧罷，元祐六年復。學究、明法等，皆秋取解，冬集禮部，春考試。合格及第者，列名放榜於尚書省。諸州判官試進士，録事参軍試諸科，不通經義，則别選官考校，而判官監之。開寶五年，禮部奏合格進士、諸科凡二十八人，上親召對講武殿，而未及引試也。明年，翰林學士李昉知貢舉，取宋準以下十一人，而進士武濟川、三傳劉睿材質最陋，對問失次，上黜之。濟川，昉鄉人也。會有訴昉用情取捨，帝乃籍終場下第人姓名，得三百六十人，皆召見，擇其一百九十五人，并準以下，御殿給紙筆，別試詩賦。命殿中侍御史李瑩等爲考官，得進士二十六人，五經四人，《開元禮》七人，三禮三十八人，三傳二十六人，三史三人，學究十八人，明法五人，皆賜及第。昉等皆坐責。殿試遂爲常制。帝嘗語近臣曰："昔者，科名多爲勢家所取，朕親臨試，盡革其弊矣。"八年，親試進士王式等，定王嗣宗第一，王式第四。自是御試與省試名次，始有高下之别。舊制，禮部已奏名至御試黜落者甚多。嘉祐二年以後，始盡賜出身，則雜犯亦免黜落矣。又有所謂特奏名者，蓋始於開寶三年，詔禮部閲貢士及十五舉嘗終場者，得百有六人，賜本科出身。其後則凡貢於鄉而屢絀於禮部，或廷試所不録者，積前後舉數，參以其年而差等之，遇親策士則别籍其名以奏，徑許附試，謂之特奏名焉。元祐初，知貢舉蘇軾、孔文仲言："此曹垂老無他望，佈在州縣，惟務黷貨。"乃詔定特奏名考取數，進士入四等以上、諸科入三等以上，通在試者計之，毋得取過全額之半，著爲令。案此皆以多取爲施恩之具也，失掄才之意矣。

宋代改革舉法始於范仲淹。慶曆時，仲淹爲參知政事，數言興學校，本行實。乃詔州縣立學，士須在學三百日，方聽預秋試，舊嘗充試者百日而止。三場，先策，次論，次詩賦，通考爲去取，而罷帖經、墨義，士通經術願對大義者，賜十道。仲淹去，執政意皆異。是冬，詔罷入學日限。時言初令不便者甚衆，以爲"詩賦聲病易考，而策論汗漫難知，祖宗以來，莫之有改，且得人嘗多矣"。乃詔一切如故。

迨王安石變法，乃罷諸科，而存進士，進士亦罷詩賦，且不用帖經、墨義，士各占治《易》、《詩》、《書》、《周禮》、《禮記》一經與《論語》、《孟子》。每試四場，初大經，次兼經，大義凡十道，後改《論語》、《孟子》義各三道。次論一首，次策一道。禮部試增二道。取諸科解名十之三，增進士額，京東西、陝西、河北、河東五路創試進士及府、監、他路之舍諸科而爲進士者，得所增之額以試。皆别爲一號考取。又立新科明法，試律令、刑統、大義、斷案，以待諸科之不能改業進士者。未幾，選人、任子，亦試律令始出官。又詔進士自第三人以下皆試法。或言："高科不試，則人不以爲榮。"乃詔悉試焉。武舉，始試義、策於祕閣，武藝試於殿前司，及殿試，則試騎射及策於廷。後詔武舉與文舉進士，同時鎖試於貢院，以防進士之被黜改習者，遂罷祕閣試。元豐元年，立《大小使臣試弓馬藝業出官法》，所試步射、馬射、馬上武藝、《孫》、《吴》義、時務邊防策、律令義、計算錢穀文書等。崇寧間，諸州置武學。立《考選升貢法》，仿儒學制，後罷。南渡後亦有武舉、武學。

自神宗後，宋科舉之法凡數變。元祐四年，立經義、詩賦兩科，罷試律義。詩賦進士，於《易》、《詩》、《書》、《周禮》、《禮記》、《春秋左傳》内聽習一經。初試本經義二道，《語》、《孟》義各一道，次試賦及律詩各一首，次論一道，末試子、史、時務策二道。專經進士，習兩經，以《詩》、《禮記》、《周禮》、《左氏春秋》爲大經，《書》、《易》、《公羊》、《穀梁》、《儀禮》爲中經，《左氏春秋》得兼《公羊》、《穀梁》、《書》，《周禮》得兼《儀禮》或《易》，《禮記》、《詩》并兼《書》，願習二大經者聽，不得偏占兩中經。初試本經義三道，《論語》義一道，次試本經義三道，《孟子》義一道，次論策，如詩賦科。并以四場通定高下，而取解額中分之，各佔其半。專經者以經義定取捨，兼詩賦者以詩賦爲去留，其名次高下，則以策論參之。後通定去留，經義毋過三分之一。自是士多習詩賦，而專經者十無二三，此一變也。紹聖時，進士罷詩賦，專習經義，廷試仍對策，此又一變也。徽宗崇寧三年，詔天下取士，悉由學校升貢，其州郡發解及試禮部法并罷。自此，歲試上舍，悉差知舉，如禮部試。在學積歲月，累試乃得應格，貧老者以爲病。於是五年及大觀四年，各復行科舉一次。宣和三年，其法遂罷。高宗建炎二年，定詩賦、經義取士，第一場詩賦各一首，習經義者本經義三道，《語》、《孟》義各一道；第二場論一道，第三場策三道。殿試策如之。自紹聖後，舉人不習詩賦，至是始復，於是聲律日盛。高宗嘗曰："爲士不讀史，遂用詩賦。今則不讀經，不出數年，經學廢矣。"紹興十三年，用國子司業高閌議，以本經、《語》、《孟》義各一道爲首場，詩賦各一首次之，子史論一道、時務策一道又次之。二十七年，復行其制，第一場大小經義各減一道。三十一年，禮部侍郎金安節請復詩賦、經義兩科，永爲成憲。從之。案科舉所試之物，不切於用，此易變也。所最難者，則懸利禄以誘人，來者皆志在利禄，其所能者必僅足應試而止。久之，應試之文遂别成爲一種文字，無學問者亦能爲之。試之既僅憑文字，斷無以知其果有學問與否。而爲利禄來者，皆志在速化，迫令入學肄業，或限以在校若干日始得應試之法，又必不能行。於是辨别其有無學問之法窮矣，乃有欲分期試之者。朱子貢舉議欲分《易》、《書》、《詩》爲一科，《周禮》、《儀禮》、二《戴記》爲一科，《春秋》三傳爲一科，史則以《左氏》、《國語》、《史記》、《兩漢》爲一科，《三國志》、《晉書》、《南北史》爲一科，《新舊唐書》、《五代史》爲一科，時務則律曆、地理爲一科，諸子分附焉。以次分年試之，即欲以救此弊也。然如是則其歲月淹久，更甚於在學肄業矣。夫豈好速化之士所能從邪？

因讀書惟求應舉故，乃至牽及黨争，此又變科舉之法者所不及料矣。宋代科舉行新法，則禁程、朱之説；行舊法，則絶王氏之學，自北都已然。南渡初，趙鼎主程，秦檜主王，餘習未泯。秦檜死後，嘗詔毋拘一家之説，務求至當之論。道學之禁稍解矣。劉德秀奏請毁除語録。葉翥知貢舉，請令太學及州軍學，各以月試合格前三名程文，上御史臺考察。其有舊習不改，則坐學官及提學司之罪。其推波助瀾如此。自是語涉道學者，皆被擯。理宗最尊程、朱，元延祐貢舉亦用程、朱之書，異論乃息，然明、清兩代科舉之士之固陋，則又專誦程、朱之書爲之也。要之，以應舉故而讀書，讀書僅爲應舉計，則萬變而萬不當而已。

制科，宋初有“賢良方正能直言極諫”、“經學優深可爲師法”、“詳閑吏理達於教化”三科，景德增“博通墳典達於教化”、“才識兼茂明於體用”、“武足安邊、洞明韜略運籌決勝、軍謀宏遠材任邊寄”等科。仁宗時分“識洞韜略運籌帷幄”、“軍謀宏遠材任邊寄”爲兩科，而無“經學優深可爲師法”一科，凡六科，以待京、朝官被舉及起應選者。又置

“書判拔萃科”，以待選人之應書者，“高蹈丘園”、“沈淪草澤”、“茂材異等”三科以待布衣之被舉者。其法先上藝業於有司，有司較之，然後試祕閣，中格，然後天子親策之。館職，則太宗以來，凡特旨召試者，或於中書學士舍人院或特遣官專試，所試詩、賦、論、頌、策、制誥三篇或一篇，中格者授以館職。神宗時，吕惠卿言進士試策與制科無異，罷之。試館職則更以策論，元祐元年復之，紹聖初復罷。三省言：“今進士純用經術。如詔誥、章表、箴銘、賦頌、赦敕、檄書、露布、誡諭，其文皆朝廷官守日用不可闕，且無以兼收文學博異之士。”遂改置弘詞科，歲許進士及第者詣禮部請試，見守官則受代乃請，率以春試上舍生附試，不自立院。取毋過五人，中程則上之三省覆試之，分上、中二等，推恩有差；詞藝超異者，奏取旨命官。大觀四年改爲詞學兼茂科，歲附貢士院試，取毋過三人。政和增爲五人，中格則授職。宣和罷試上舍，隨進士試於禮部。南渡紹興元年，初復館職試，凡預召者，學士院試時務策一道，天子親覽焉。然是時“校書”多不試，“正字”或試或否。二年，詔舉賢良方正能直言極諫科，一遵舊制。應詔者先具所著策、論五十篇繳送，兩省侍從參考之，分爲三等，上中等召赴祕閣，試論六首，於九經、十七史、七書、《國語》、《荀》、《揚》、《管子》、《文中子》内出題，學士兩省官考校，御史監之，四通以上爲合格。乾道七年，增至五通。仍分五等，入四等以上者，天子親策之。第三等爲上，恩數視廷試第一人，第四等爲中，視廷試第三人，皆賜制科出身；第五等爲下，視廷試第四人，賜進士出身；不入等者與簿尉差遣。已上并謂白身者。若有官人，則進一官與升擢。紹興三年，又立博學鴻詞科焉。

宋制，凡入仕，有貢舉、奏蔭、攝署、流外、從軍五等。吏部銓惟注擬州縣官，舊幕職官皆使府辟召，宋由吏曹擬授。兩京諸司六品以下官皆無選，中書特授。五代時後周每藩郡有闕，或遣朝官權知。太祖始削外權，牧伯之闕，止令文臣權涖。其後内外皆非本官之職，但以差遣爲資歷。京朝官則審官院主之。前代常參官，宋謂之朝官，未常參官謂之京官。使臣則三班院主之。少卿、監以上中書主之。刺史、副率以上内職,樞密院主之。其後,典選之職分爲四:文選曰審官東院,曰流内銓,武選曰審官西院,曰三班院。元豐定制而後,銓注之法,悉歸選部,以審官東院爲尚書左選,流内銓爲侍郎左選,審官西院爲尚書右選,三班院爲侍郎右選。《陔餘叢考》"宋制武選歸吏部"條:"《文昌雜録》記御史臺言:文德殿視朝儀,兵部侍郎與吏部侍郎東西相向對立,蓋因唐制武選在兵部也。今吏部左選掌文官,右選掌武官,請自今以後視朝以吏部左右侍郎分立殿廷。詔可。此可見宋制武官亦歸吏部銓選。按《宋史・蘇頌傳》:唐制,吏部主文選,兵部主武選。神宗謂三代、兩漢本無文武之别,議者不知所處。頌言:唐制吏部有三銓之法,分品秩而掌選事。今欲文武一歸吏部,則宜分左右曹掌之,每選更以品秩分治。於是吏部始有四選法。"

遼貢舉始於聖宗統和六年。葉隆禮《契丹國志》云:"限以三歲,有鄉、府、省三試。鄉中曰鄉薦,府中曰府解,省中曰及第。程文分兩科:一曰詩賦,一曰經義,魁各分焉。每三歲輒一試。殿試臨期取旨。又將第一人特增一官,授奉直大夫翰林應奉文字。第二、第三人授徵事郎,餘并授從事郎。聖宗時,止以詞賦法律取士,詞賦爲正科,法律爲雜科。"《續通考》云:"遼科目始見於統和,而《室昉傳》稱會同初登進士第,則進士之來遠矣。"又云:"傳言趙徽中重熙五年甲科,王觀中重熙七年乙科,則遼時科第亦有甲、乙之分。"又"遼進士皆漢人,契丹人無舉進士之條。傳載重熙中耶律富魯舉進士第,帝怒其父庶箴擅令子就科目,有違國制,鞭之二百。然《天祚紀》載:耶律大石舉天慶五年進士,而紀於五年又不云放進士,蓋史之闕漏多矣。"

金設科皆因遼宋,有詞賦、經義、策試、律科、經童之制。海陵天德三年,罷策試科。世宗大定十一年,創設女直進士科。章宗明昌初,又設制舉弘詞科。故金取士之目有七。其試詞賦、經義、策論中選者,謂之進士。律科、經童中選者,謂之舉人。凡諸進士、舉人,由鄉至府,由府至省,乃殿廷,凡四試皆中選,則官之。廷試五被黜,則賜之第,謂之恩例。又有特命及第者,謂之特恩。凡詞賦進士,試賦、詩、策論各一道。經義進士,試所治經義、策論各一道。策論進士者,選女直人之科也。先是大定四年,世宗命頒行女直大小字所譯經書,每謀克選二人習之。尋興女直字學校，猛安謀克内多擇良家子爲生，諸路至三千人。九年，選異等者百人，薦於京師，廪給之，命温迪罕締達教以古書，作詩、策。十一年，議行策選之制。十三年，定每場策一道，以五百字以上成，免鄉試、府試，止赴會試、御試。且詔京師設女直國子學，諸路設女直府學，擬以新進士充教授，以教士民子弟之願學者。行之久，學者衆，則同漢進士例，三年一試。二十年，以女直學大振，詔今後以策、詩試三場，策用女直大字，詩用小字，程試之期皆依漢進士例。二十八年，以女直進士惟試以策，行之既久，人能預備，命於經内出題，加試以論。章宗承安二年，勅策論進士限丁習學。遂定制，内外官員、諸局分承應人、武衛軍、猛安謀克女直及諸色人，户止一丁者不許應試，兩丁者許一人，四丁二人，六丁以上止許三人。三次終場，不在驗丁之限。三年，定制，以女直人年四十五以下，試進士舉，於府試十日前，委佐貳官善射者試射。律科進士，又稱諸科，其法以律令内出題，府試十五題，每五人取一人。其制始見於海陵正隆元年。世宗大定二十二年定制，會試每場十五題，三場共通三十六條以上，文理優、擬斷當、用字切者，爲中選。臨時約取之，無定數。二十九年，章宗即位，以有司言，令今後於《論》、《孟》内試小義一道，府會試别作一日引試，命經義試官出題，與本科通考定之。制舉有賢良方正、能直言極諫、博學宏材、達於從政等科，試無常期，上意欲行，即告天下。試法先投所業策論三十道於學士院，視其詞理優者，羣經子史内出題，試論三道，如可，則庭試策一道。宏詞科試詔、誥、章、表。於每舉賜第後進士及在官六品以下無公私罪者，在外官薦之。二科皆章宗所設也。經童之制，士庶子年十三以下，能誦大經二、小經三，又誦《論語》諸子及五千字以上，府試十五題通十三以上，會試每場十五題，三場共通四十一以上，爲中選。始於熙宗，天德間廢。章宗立，復之。武舉，皇統時設之，有上、中、下三等。其制定於章宗泰和元年。三年，又定武舉出職遷授格。文武選皆吏部統之。自從九品至從七品職事官，部擬。正七品以上，呈尚書省以聽制授。文散官謂之文資官。武散官謂之右職,又謂之右選。文資則進士爲優,右職則軍功爲優,皆循資,有升降定式而不可越。自進士、舉人、勞效、廕襲、恩例之外,入仕之途尚多。凡外任循資官謂之常調,選爲朝官謂之隨朝。吏部選者謂之部選,尚書省選者謂之省選,部選分四季擬授,省選理資考升遷。

元太宗始取中原,中書令耶律楚材請用儒術選士。九年八月,下詔令斷事官术忽䚟與山西東路課税所劉中,歷諸路考試。以論及經義、詞賦分爲三科,作三日程,專治一科,能兼者聽。中選者復其賦役,令與各處長官同署公事。得東平楊英等若干人,皆一時名士,而當世或以爲非便,事復中止。世祖時,議立程式而未果行。仁宗延祐二年,始開科。順帝至元元年,罷之。六年復,仍稍變程式焉。

蒙古、色目人作一榜,漢人、南人作一榜。蒙古、色目人試漢人、南人科目,中選者加一等注授。鄉會試并同。御試,漢人、南人策一道,限千字以上;蒙古、色目人時務策一道,限五百字以上。

元代選政最爲紊亂。《元史・選舉志》:"當時仕進有多岐,銓衡無定制,其出身於學校者,有國子監學,有蒙古字學、回回國學,有醫學,有陰陽學。其策名於薦舉者,有遺逸,有茂異,有求言,有進書,有童子。其出於宿衛、勳臣之家者,待以不次。其用於宣徽、中政之屬者,重爲内官。廕叙有循常之格,而超擢有選用之科。由直省、侍儀等入官者,亦名清望。以倉庾、賦税任事者,例視冗職。捕盜者以功叙,入粟者以資進,至工匠皆入班資,而輿隸亦躋流品。諸王、公主,寵以投下,俾之保任。遠夷、外徼,授以長官,俾之世襲。凡若此類,殆所謂吏道雜而多端者歟。矧夫儒有歲貢之名,吏有補用之法。曰掾史、令史,曰書寫、銓寫,曰書吏、典吏,所設之名,未易枚舉。曰省、臺、院、部,曰路、府、州、縣,所入之途,難以指計。雖名卿大夫,亦往往由是躋要官,受顯爵;而刀筆下吏,遂致竊權勢,舞文法矣。故其銓選之備,考覈之精,曰隨朝、外任,曰省選、部選,曰文官、武官,曰考數,曰資格,一毫不可越。而或援例,或借資,或優陞,或回降,其縱情破律,以公濟私,非至明不能察焉。是皆文繁吏弊之所致也。”可以見其略矣。

| | 第一場 | 第二場 | 第三場 |
|---|---|---|---|
| 蒙古、色目人 | 經問五條。《大學》、《論語》、《孟子》、《中庸》,主朱氏章句集注。至元六年,減二條,而增本經義。 | 策一道,時務限五百字以上。 | 不試。 |
| 漢人、南人 | 明經經疑二問。《大學》、《論語》、《孟子》、《中庸》,主朱氏章句集注,復以己意結之,限三百字以上。經義一道,各治一經,《詩》主朱氏,《尚書》蔡氏,《易》程氏、朱氏,以上三經,皆兼用古注疏。《春秋》三傳及胡氏《傳》、《禮記》古注疏,限五百字以上。至元改經疑之一爲本經疑。 | 古賦詔誥章表内科一道。詔誥用古體,章表四六,參用古體。至元改古賦外於詔誥、章表内科一道。 | 策一道,經史時務,限一千字以上。 |

明試士之法,專取四子書及《易》、《書》、《詩》、《春秋》、《禮記》五經命題,蓋太祖與劉基所定。其文略仿宋經義,然代古人語氣爲之,體用排偶,謂之八股,通謂之制義。三年大比,以諸生試之直省,曰鄉試。中式者爲舉人。次年,以舉人試之京師,曰會試。中式者,天子親策於廷,曰廷試,亦曰殿試。分一、二、三甲。一甲止三人,曰狀元、榜眼、探花,賜進士及第。二甲若干人,賜進士出身。三甲若干人,賜同進士出身。狀元、榜眼、探花之名,制所定也。而士大夫又通以鄉試第一爲解元,會試第一爲會元,二、三甲第一爲傳臚云。子、午、卯、酉年鄉試,辰、戌、丑、未年會試。鄉試以八月,會試以二月,皆初九日爲第一場,又三日爲第二場,又三日爲第三場。初設科舉時,初場試經義二道,《四書》義一道;二場,論一道;三場,策一道。中式後十日,復以騎、射、書、算、律五事試之。後頒科舉定式,初場試《四書》義三道,經義四道。《四書》主朱子《集注》,《易》主程《傳》、朱子《本義》,

《書》主蔡氏《傳》及古注疏，《詩》主朱子《集傳》，《春秋》主《左氏》、《公羊》、《穀梁》三傳及胡安國、張洽《傳》，《禮記》主古注疏。永樂間，頒《四書五經大全》，廢注疏不用。其後，《春秋》亦不用張洽《傳》，《禮記》止用陳澔《集説》焉。二場試論一道，判五道，詔、誥、表、内科一道。三場試經史時務策五道。廷試，以三月朔。鄉試，直隸於京府，各省於布政司。會試，於禮部。主考，鄉、會試俱二人。同考，鄉試四人，會試八人。舉子，則國子生及府、州、縣學生員之學成者，儒士之未仕者，官之未入流者，皆由有司申舉性資敦厚、文行可稱者應之。其學校訓導專教生徒，及罷閑官吏、倡優之家、與居父母喪者，俱不許入試。考試者用墨，謂之墨卷。謄録用硃，謂之硃卷。廷試用翰林及朝臣文學之優者，爲讀卷官。共閲對策，擬定名次，候臨軒。或如所擬，或有所更定，傳制唱第。狀元授修撰，榜眼、探花授編修，二、三甲考選庶吉士者，皆爲翰林官。其他或授給事、御史、主事、中書、行人、評事、太常、國子博士，或授府推官、知州、知縣等官。舉人、貢生不第，入監而選者，或授小京職，或授府佐及州縣正官。此明一代取士之大略也。清制略同，惟鄉會試皆首場四書義三道，詩一首，次五經義五道，三場策五道，會試改於三月，殿試於四月二十六日而已。案唐時所放進士不過二三十人，又未便釋褐，尚須試吏部，或爲人論薦，或藩方辟舉，乃得入仕，仕亦不過丞尉。《通典》：舉人條例：四經出身授緊縣尉，判入第三等授望縣尉，五經出身授望縣尉，判入第三等授畿縣尉，進士興四經同資。宋太宗太平興國二年，賜進士諸科出身者五百餘人，第一、第二等進士及九經，授將作監丞、大理評事，通判諸州，餘皆優等注擬，則當時以爲異數矣。然鄉舉在宋爲漕試，謂之發解，不過階以應會試，必累舉不第乃得推恩特奏，未嘗以爲仕階也。明始亦爲入仕之途，舉貢生監既特異於雜流進士，尤特異於舉貢，遂至與他途殊絶，然轉以啓朋比之風，不亦哀乎！《日知録》"進士得人"條曰："明初，薦辟之法既廢，而科舉之中尤重進士。神宗以來，遂有定例。州縣印官，以上中爲進士缺，中下爲舉人缺，最下乃爲貢生缺。舉貢歷官，雖至方面，非廣西、雲、貴不以處之，以此爲銓曹一定之格。間有一二舉貢受知於上，拔爲卿貳，大僚則必盡力攻之，使至於得罪譴逐，且殺之而後已。於是不由進士出身之人，遂不得不投門户以自庇。資格與朋黨，二者牢不可破，而國事大壞矣。至於翰林之官，又以清華自處而鄙夷外曹。崇禎中，天子忽用推知，考授編檢，而衆口交譁，有適從何來遽集於此之誚。嗚呼！科第不與資格期，而資格之局成。資格不與朋黨期，而朋黨之形立。防微慮始，有國者其爲變通之計乎！”又《日知録》“科目”條《集釋》：“趙氏曰：有明一代，最重進士。凡京朝官清要之職，舉人皆不得與。即同一外選也，繁要之缺必待甲科，而乙科僅得遥遠簡小之缺。其升調之法，亦各不同。甲科爲縣令者，撫按之卓薦，部院之行取，必首及焉，不數年即得御史部曹等職。而乙科沈淪外僚，但就常調而已。積習相沿，牢不可破。嘉靖中，給事陸粲雖疏請變通，隆慶中，閣臣高拱亦請科貢與進士并重，然終莫能挽。甚至萬曆三年，特詔撫按官有司，賢否一體薦劾，不得偏重甲科，而積重難返如故也。《明史》邱橓疏云：今薦則先進士，而舉監非有憑藉者不與焉。劾則先舉監，而進士縱有訾議者罕及焉。於是同一官也，不敢接席而坐，比肩而立。賈三近疏言：撫按諸臣，遇州縣長吏，率重甲科而輕鄉舉。同一寬也，在進士則爲撫字，在舉人則爲姑息。同一嚴也，在進士則爲精明，在舉人則爲苛戾。是以爲舉人者，非頭童齒豁不就選。此可以見當時風氣矣。”

明科舉始於洪武三年。詔曰：“前元待士甚優，而權豪勢要，每納奔競之人，夤緣阿附，輒竊仕禄。其懷材抱道者，恥與并進，甘隱山林而不出。風俗之弊，一至於此。自今年八月始，特設科舉。使中外文臣皆由科舉而進，非科舉者毋得與官。”時以天下初定，令各行省連試三年，且以官多缺員，舉人俱免會試，赴京聽選。既而謂所取多後生少年，能以所學措諸行事者寡，乃但令有司察舉賢才，而罷科舉。十五年，復設。十七年，始定科舉之式，命禮部頒行各省，後遂以爲永制，而薦舉漸輕，久且廢不用矣。

洪武十八年廷試，擢一甲進士丁顯等爲翰林院修撰，二甲馬京等爲編修，吴文爲檢討。進士之入翰林自此始。時又使進士觀政於諸司，其在翰林、承敕監等衙門者，曰庶吉士。進士之爲庶吉士自此始，其在六部、都察院、通政司、大理寺等衙門者，仍稱觀政進士。觀政進士之名，亦自此始也。不專屬翰林也。永樂二年，既授一甲三人官，復命於二甲擇文學優等五十人，及善書者十人，俱爲翰林院庶吉士。庶吉士遂專屬翰林矣。復命學士解縉等選才資英敏者，就學文淵閣。弘治四年，大學士徐溥言：“自永樂二年以來，或間科一選，或連科屢選，或數科不選，或合三科同選，初無定限。或内閣自選，或禮部選送，或會禮部同選，或限年歲，或拘地方，或採譽望，或就廷試卷中查取，或別出題考試，亦無定制。自古帝王儲才館閣以教養之。本朝所以儲養之者，自及第進士之外，止有庶吉士一途，而或選或否。且有才者未必皆選，所選者未必皆才，若更拘地方、年歲，則是已成之才又多棄而不用也。請自今以後，立爲定制，一次開科，一次選用。令新進士録平日所作論、策、詩、賦、序、記等文字，限十五篇以上，呈之禮部，送翰林考訂。少年有新作五篇，亦許投試翰林院。擇其詞藻文理可取者，按號行取。禮部以糊名試卷，偕閣臣出題考試於東閣，試卷與所投之文相稱，即收預選。每科所選不過二十人，每選所留不過三五輩，將來成就必有足賴者。”孝宗從其請，命内閣同吏、禮二部考選以爲常。自嘉靖癸未至萬曆庚長，中間有九科不選。崇禎甲戌、丁丑，復不選，餘悉遵例。其與選者，謂之館選。以翰、詹官高資深者一人課之，謂之教習。三年學成，優者留翰林爲編修、檢討，次者出爲給事、御史，謂之散館。與常調官侍選者，體格殊異。成祖初年，内閣七人，非翰林者居其半。翰林纂修，亦諸色參用。自天順二年，李賢奏定纂修專選進士。由是，非進士不入翰林，非翰林不入内閣，南北禮部尚書、侍郎及吏部右侍郎，非翰林不任。而庶吉士始進之時，已羣目爲儲相。通計明一代宰輔一百七十餘人，由翰林者十九。蓋科舉視前代爲盛，翰林之盛則前代所絶無也。清進士殿試中式者，狀元授修撰，榜眼、探花授編修，二甲以下考選庶吉士。庶吉士無員，考取者給館舍貯書，簡滿、漢學士各一人教習，是曰庶常館。三年期滿，試以詩賦，謂之散館。留館者二甲授編修，三甲授檢討，餘以主事、知縣用。或再肄業三年，與次科庶吉士同應試。

明太祖極重薦舉，甲辰三月敕中書省：“自今有能上書陳言、敷宣治道、武略出衆者，參軍及都督府具以名聞。或不能文章而識見可取，許詣闕面陳其事。郡縣官年五十以上者，雖練達政事，而精力既衰，宜令有司選民間俊秀年二十五以上、資性明敏、有學識才幹者，辟赴中書,與年老者參用之。十年以後,老者休致,而少者已熟於事。如此則人才不乏,而官使得人。其下有司,宣佈此意。”於是州縣歲舉賢才及武勇謀略、通曉天文之士,間及兼通書律者。既而嚴選舉之禁,有濫舉者逮治之。吴元年,遣起居注吴林、魏觀等,以幣帛求遺賢於四方。洪武元年,徵天下賢才至京,授以守令。其年冬,又遣文原吉、詹同等分行天下,訪求賢才。三年,諭廷臣曰:“六部總領天下之務,非學問博洽、才德兼美之士,不足以居之。慮有隱居山林或屈在下僚者,其令有司悉心推訪。”六年復下詔:“山林之士德行文藝可稱者,有司采舉,備禮遣送至京。”是年,遂罷科舉,别令有司察舉賢才,以德行爲本,而文藝次之。其目,曰聰明正直,曰賢良方正,曰孝弟力田,曰儒士,曰孝廉,曰秀才,曰人才,曰耆民。皆禮送京師,不次擢用。而各省貢生亦由太學以進。於是罷科舉者十年,至十七年始復,而薦舉之法并行不廢。時中外大小臣工皆得推舉,下至倉、庫、司、局諸雜流,亦令舉文學才幹之士。其被薦而至者,又令轉薦。由布衣而至大僚者,不可勝數。嘗諭禮部:“經明行修練達時務之士,徵至京師。年六十以上七十以下者,置翰林以備顧問。四十以上六十以下者,於六部及布、按兩司用之。”蓋是時仕進無他途,故往往多驟貴者。而吏部奏薦舉當除官者,多至三千七百餘人,其少者亦至一千九百餘人。又俾富户耆民皆得進見,奏對稱旨,輒與美官。洎科舉復設,兩途并用,亦未嘗畸重輕。建文、永樂間,薦舉起家猶有内授翰林、外授藩司者。自後科舉日重,薦舉日輕,能文之士率由場屋進以爲榮,有司雖數奉求賢之詔,第應故事而已。清康熙十八年、乾隆元年,皆開博學鴻詞科,各取十五人。乾隆二年,又續取五人。皆授翰林院官。乾隆十六年,命舉經學人才。光緒二十五年,下詔開經濟特科。至二十九年,乃試之。此則前朝制科之遺,與明之薦舉非同物也。

明代任官,文歸吏部,武歸兵部。吏部凡四司,而文選掌銓選,考功掌考察,其職尤要。選人自進士、舉人、貢生外,有官生、恩生、功生、監生、儒士,又有吏員、承差、知印、書算、篆書、譯字、通事諸雜流。

進士爲一途，舉貢等爲一途，吏員等爲一途，所謂三途并用也。《日知録》"通經爲吏"條曰："《大明會典》：洪武二十六年，定凡舉人出身，第一甲第一名，從六品。第二名、第三名，正七品，賜進士及第。第二甲，從七品，賜進士出身。第三甲，正八品，賜同進士出身。而一品衙門提控，正七品出身。二品衙門都吏，從七品出身。一品二品衙門掾史、典吏，二品衙門令史，正八品出身。其與進士不甚相遠也。後乃立格以限其所至，而吏員之與科第，高下天淵矣。故國初之制，謂之三途并用，薦舉一途也，進士、監生一途也，吏員一途也。或以科與貢爲二途，非也。"原《注》："從考試而得者，總謂之一途。"京官六部主事、中書、行人、評事、博士，外官知州、推官、知縣，由進士選。外官推官、知縣及學官，由舉人、貢生選。京官各府、六部首領官，通政司、太常、光禄寺、詹事府屬官。由官蔭生選。州、縣佐貳，都、布、按三司首領官，由監生選。外府、外衛、鹽運司首領官，中外雜職、入流、未入流官，由吏員、承差等選。此其大凡也。初授者曰聽選，陞任者曰陞遷。凡陞遷，必滿考。若員缺應補不待滿者，曰推陞。内閣大學士、吏部尚書，由廷推或奉特旨。侍郎以下及祭酒，吏部會同三品以上推。太常卿以下，部推。通、参以下，吏部於弘政門會選。詹事由内閣，各衙門由各掌印。在外官，惟督、撫廷推，九卿共之，吏部主之。布、按員缺，三品以上官會舉。監、司則序遷。其防邊兵備等，率由選擇、保舉，付以敕書，邊府及佐貳亦付敕。薊、遼之昌平、薊州等，山西之大同、河曲、代州等，陜西之固原、静寧等六十有一處，俱爲邊缺，尤慎選除。有功者越次擢，誤封疆者罪無赦。内地監司率序遷，其後亦多超遷不拘次，有一歲中四五遷，由僉事至參政者。監、司多額外添設，守巡之外往往别立數銜，不能畫一也。在外府、州、縣正佐，在内大小九卿之屬員，皆常選官，選授遷除，一切由吏部。其初用拈鬮法，至萬曆間變爲掣籤。洪武間，定南北更調之制，南人官北，北人官南。其後官制漸定，自學官外，不得官本省，亦不限南北也。給事中、御史謂之科道。科五十員，道百二十員。明初至天順、成化間，進士、舉貢、監生皆得選補。其遷擢者，推官、知縣而外，或由學官。其後監生及新科進士皆不得與。或庶吉士改授，或取内外科目出身三年考滿者考選，内則兩京五部主事、中、行、評、博，國子監博士、助教等，外則推官、知縣。自推、知入者，謂之行取。其有特薦，則俸雖未滿，亦得與焉。考選視科道缺若干，多寡無定額。其授職，吏部、都察院協同注擬，給事皆實補，御史必試職一年始實授，惟庶吉士否。保舉者，所以佐銓法之不及，而分吏部之權。至若坐事斥免，因急才而薦擢者，謂之起廢。家居被召，因需缺而預補者，謂之添注。此又銓法所未詳，而中葉以後間嘗一行者也。

考滿、考察，二者相輔而行。考滿，論一身所歷之俸，其目有三，曰稱職，曰平常，曰不稱職，爲上、中、下三等。考察，通天下內外官計之，其目有八，曰貪，曰酷，曰浮躁，曰不及，曰老，曰病，曰罷，曰不謹。考滿之法，三年給由，曰初考，六年曰再考，九年曰通考。依《職掌》事例考核升降。諸部寺所屬，初止署職，必考滿始實授。外官率遞考以待覈。雜考或一二年，或三年、九年。郡縣之繁簡或不相當，則互換其官，謂之調繁、調簡。考察之法，京官六年，以巳、亥之歲，四品以上自陳以取上裁，五品以下分別致仕、降調、閒住爲民者有差，具册奏請，謂之京察。自弘治時定外官三年一朝覲，以辰、戌、丑、未歲，察典隨之，謂之外察。州縣以月計上之府，府上下其考，以歲計上之布政司。至三歲，撫、按通核其屬事狀，造册具報，麗以八法。而處分察例有四，與京官同。明初行之，相沿不廢，謂之大計。計處者不復敘用，永爲定制。京察之歲，大臣自陳。去留既定，而居官有遺行者，給事中、御史糾劾，謂之拾遺。拾遺所攻擊，無獲免者。弘、正、嘉、隆間，士大夫以掛察典爲終身之玷。至萬曆時，閣臣間留一二以撓察典，而水火之争，莫甚於辛亥、丁巳。黨局既成，互相報復，至國亡乃已。

兵部凡四司，而武選掌除授，職方掌軍政，其職尤要。凡武職，內則五府、留守司，外則各都司、各衛所及三宣、六慰。流官八等：都督及同知、僉事，都指揮使、同知、僉事，正、副留守。世官九等：指揮使及同知、僉事，衛、所鎮撫，正、副千户，百户，試百户。直省都指揮使二十一，留守司二，衛九十一，守禦、屯田、羣牧千户所二百十有一。此外則苗蠻土司，皆聽部選。自永樂初，增立三大營，各設管操官，各哨有分管、坐營官、坐司官。景泰中，設團營十，已復增二，各有坐營官，俱特命親信大臣提督之，非兵部所銓擇也。其途有四，曰世職，曰武舉，曰行伍，曰納級。官之大者，必會推。其軍政，則猶文之考察也。

清選官歸吏、兵二部，與明同。科目、貢監、蔭生，謂之正途；薦舉、捐納、吏員，謂之異途。進士之考庶吉士未入選者，内以通政司知事、翰林院典簿、詹事府主簿、國子監丞博士、光禄寺署丞，外以知縣教授用。舉人，近省會試三科，遠省一科，福建、湖南、廣東、廣西、四川、雲南、貴州。選授知縣教職及直隸州州同，亦得挑取國子監學正、學録及謄録教習。是爲大挑。優拔貢生朝考後，授小京官、知縣教職。恩副歲貢以州同、州判、教職注選。捐監則主簿吏目。廕生，視所蔭品，内以部院員外郎、主事、都察院通政司經歷、詹事府主簿、大理寺寺正、寺副、評事，光禄寺署正、署丞，太常光禄寺典簿、鴻臚寺主簿、各部寺司庫、中書科中書，外以同知、通判、知州、知縣選用。難蔭以知州、知縣、布按首領州縣佐雜、縣丞、主簿、吏目選用。薦舉有賢良方正、山林隱逸，由督撫確訪具題，或銓同通州縣，或賞給頂戴，大抵於皇帝即位時行之。督撫幕賓，許特疏保薦。司道以下由督撫保題，請旨考試，分别任用。吏員之名不一，在内閣、翰林院、宗人府等衙門者，曰供事；在部院者曰經承；在督撫、學政、監政各倉各監督衙門者，曰書吏，在司、道、府、廳、州、縣衙門者，曰典吏；在州縣佐雜之下者，曰攢典。此外尚有他名。皆以五年爲役滿，得考職。考職分四等，一等以府經歷，二等以主簿，三等以從九品雜職，四等以未入流雜職用。吏員多世業，罕應選者。義和團事件後，六部文卷多毁，書吏亦逃，御史陳璧奏請例案惟留要者，令司員掌文書稿案。從之。并諭："各省院司書吏多與部吏勾通，各府、州、縣衙門書吏，又往往勾通省吏，舞文弄法，朋比爲奸。著名督撫通飭各屬，將例行案卷，一并清厘，妥定章程，遵照部章，删繁就簡。嗣後無論大小衙門，事必躬親，書吏專供繕寫，不准假以事權。其各衙門額設書吏，各分别裁汰。"雖有此令，不能行也。捐納起於順治六年。户部議開監生吏典等援納，并給僧道度牒，准杖徒折贖，藉以籌饟。康熙時，三藩兵起，再開。十六年，侍郎宋德宜奏："開捐三載，所入二百餘萬，以知縣爲最多，計五百餘人。流弊甚大，請停之。"噶爾丹戰事起，又開，且加捐免保舉之例。乾隆元年，停之，僅留户部捐監一條。嘉、道後，因軍務、河工、振務等，屢屢奏開。至海防、鄭工而後，則内官自郎中，外官自道府而下，皆可報捐矣。光緒二十七年八月，詔停實官捐，然仕途之濫冗，已不可救藥矣。

選授之法，特簡、特授，皆出上意，無定格。其由吏部或軍機處列舉候補人姓名以聞者，曰開列；選正副二人引見，由旨任其一，曰揀授。資格相當者，皆引見以待旨，曰推授。皆由吏部行之。他衙門屬官，亦由該衙門咨吏部行之。由吏部銓選，曰内選；由督撫題調，曰外補。外官本部選，而改由督撫就候補人員中任用者，曰留缺。此外概歸部選。部選由吏部會同河南道監察御史，以掣籤行之。籤由候選者親掣，不能親到，則由吏部堂官代掣。除閏月及京察大計之月外，每月皆選，故又稱月選。待部銓者，曰候選。由吏部指定省份，或以捐納指定待該省長官任用者，曰候補。候補分即用、候補兩種。然候補仍爲大名，可該即用也。大抵尚侍缺出，以他部尚侍轉補。侍講、侍讀及侍講、侍讀兩學士以次推升。監察御史，滿、蒙由郎中、員外、内閣侍讀任用，不考。漢由編修、檢討、郎中、員外郎、主事、内閣侍讀、中書科中書、大理寺評事、太常寺博士考選。由各堂官保送吏部，吏部請旨考試記名，遇缺簡用。非正途出身及見任京官三品以上、各省督撫之子弟，皆不得與考。總督由左都御史、侍郎、巡撫升。巡撫由學士、左副都御史、府尹、布政司升。布政使由按察使，按察使由運使及各道升。運使由知府升。皆列名請旨。道以郎中、知府升。知府以同知、員外郎，直隸州以主事、散州知縣升。道府不勝任者，降簡郡及府佐。知縣不勝任者，改教職。此其大略也。道府缺，有請旨，有揀，有題，有調，有留，餘由部選。州縣最要缺，要缺大抵外補，中缺、簡缺由部選。清官缺有滿、漢、包衣、漢軍、蒙古之分。滿缺中有專以宗室任之者，然宗室除督、撫、布、按由特旨任用外，不得外任。嘉慶四年上諭，見《東華録》。包衣除專缺外，亦得任滿缺。漢軍司官以上，可補漢缺，京堂以上，又得補滿缺。宗室覺羅銓政，操之宗人府。内務府包衣，由總管内務大臣選拔引見，旨授，亦有不必得旨者。皆不由吏部也。武缺亦有滿、漢、漢軍、蒙古之分，大抵八旗皆滿人，緑營以漢人爲主。八旗武職，自副都統以上，緑營武職，自總兵以上，皆由兵部開列請旨，以下由部選，或督、撫、提、鎮任用。武官有世職、武科、蔭生、軍功、行伍、捐納六途，而以軍功行伍爲尚。明、清皆有武科。明成化十四年，始定鄉、會試，悉視文科例。弘治六年，定六年一行。十七年，改爲三年一行。其殿試則始崇禎四年。清武進士，一甲一名授一等侍衛，二名、三名授二等侍衛，二甲授三等侍衛，三甲授藍翎侍衛外用。一等侍衛，旗人以副將，漢軍以參將，二等旗人參將，漢軍游擊，三等皆以都司，漢人一、二等以參將、游擊，三等以游擊、都司用。武舉由兵部揀選，得授千總。武科停於清光緒二十七年，武職捐納停於同治四年，見《東華録》。

考察内官曰京察，外官曰大計，皆三年一行。武職曰軍政，五年一行。京察分四格、六法。四格曰守，曰才，曰政，曰年。六法曰不謹，曰罷軟無爲，曰浮躁，曰才力不及，曰年老，曰有疾。初有貪、酷爲八法，後貪、酷歸特參。按四格分三等。大計分卓異、供職。軍政四格，八旗曰操守、才能、騎射、年力，緑營曰才技、年力、馭兵、給餉。六法與文官同。京察，三品京堂由部開列事實，具奏請旨，四五品請特簡王、大臣驗看，餘聽察於其長。大計由直省督、撫覈其屬官，注考達部。軍政，將軍、都統、副都統由部具疏請旨，三品以下聽察於其長，在京八旗武職，特簡大臣考察，緑旗聽察於其長，由本管注考達部。

訾近代之選政者曰："科目則學其所學，而實不可云學，非科目更無所爲學"是已。然此爲歷代之通弊，非明、清所獨有也。掣籤之法，創於明之孫丕揚，亦爲論者所深譏。然丕揚之所爲，亦猶之崔亮之停年格耳。夫固出於不得已，舉而廢之，未必利餘於弊，且恐不勝其弊也。《陔餘叢考》"吏部掣籤"條曰："按于慎行《筆麈》，謂孫公患中人請託，故創爲此法。一時宫中相傳以爲至公，下逮閭巷，亦翕然稱頌，而不知非體也。古人見除吏條格，卻而不視，奈何自處於一吏之職，人才長短，資格高下，皆所不計乎？顧寧人亦主其説。然吏弊日滋，自不得不爲此法。所以二百年來，卒不能改，亦時勢然也。"惟南北更調之制，至明代而始嚴，清人因之，變本加厲，使居官者不悉民情，且因路遥到官，先有債累，實爲巨繆。《漢書》：嚴助，會稽吴人。既貴，上問助居鄉里時，助對曰："家貧，爲友壻富人所辱。"上問所欲，對"願爲會稽太守。"於是拜爲會稽太守。又朱買臣，會稽郡吴人，後出爲會稽守。韓安國，梁成安人，爲梁内史。《後漢書》：景丹，櫟陽人，光武以其功封爲櫟陽侯，謂"富貴不歸故鄉，如衣繡夜行，故以封卿"。是漢時尚無迴避之例。杜佑《通典》，謂漢時丞尉及諸曹掾，多以本郡人爲之，三輔則兼用他郡人，而必特奏。可見漢時掾屬官吏，更無不用本郡者。《蔡邕傳》：朝議以州縣相黨，人情比周，乃制昏姻之家，及兩州人士，不得互相監臨。於是又有三互法，禁忌轉密。邕乃上疏，極言其弊。然則迴避本籍，以及親族相迴避之例，蓋起於後漢之季也。然魏、晉以來，亦有不拘此者。宋授官本籍之例，大概有三：一以便就養；一以優老臣；一以寵勳臣。亦或不盡關此。南宋之末，以軍事重，守鄉郡者更多。《高宗紀》：紹興二年，詔監司避本貫，則迴避本籍，惟在監司。金、元亦間有不避本籍者。明惟洪武時不拘。清則督撫大吏外，常調官惟有親老改補近省之例而已。又歷代銓選，有不必盡赴京師者，如唐東都、黔中、閩中、嶺南、江南各自爲選是也。宋神宗詔川、陜、福建、廣南四轉運使各立格就注。南渡後，四川仍沿此制，近代亦無此例。以上略據《陔餘叢考》及《日知録》。案清代官，惟教職止避本府，餘官須避原籍，寄籍并須避鄰省五百里以内，又京官祖孫父子不得同在一署，外任則五服之族、母妻之父兄弟、女婿適甥、兒女姻親、師生，皆不得相統屬，皆以卑避尊，此其所謂迴避之法也。誠非廓然大公，然背公黨私，久成錮習，不肖者固巧法徇私而不易治，賢者亦苦公私難以兩全而無以自處，其法亦不可盡廢。要以相去不至太遠，致民情風俗不易悉，又難以赴任爲限耳。又明初官之赴任，及其去官歸里，或身没妻子歸里，舟車皆由官給，亦有特給以資者，今後似亦宜酌給。馭吏者必使俯仰無憂，乃可責之以廉也。又明代吏部用人，尚有大權，雖有弊而亦有利。《廿二史劄記》"明吏部權重"條謂明六部堂官、巡撫、布政等，皆吏部所選用。嚴嵩當國時，始有吏、兵二部選郎，各持簿任嵩填發之事。萬曆中，孫丕揚長吏部，不得已用掣籤法，以謝諸賄屬者，亦以吏部注授官職，可以上下其手也。雖有會推之例，亦吏部主之。熊開元疏曰："督撫官缺，明日廷推，今日傳單，其人姓名不列。至期，吏部出諸袖中，諸臣唯唯而已。"清則循例選授外，幾無餘事，官職稍高，即非所得預。用人之權，内奪於軍機、内閣，外專於總督、巡撫，尚侍所行，真成一吏之事矣。此亦清代政治不克振起之一因也。

康有爲《官制議》曰："官職之與爵位，同用而不可缺者也。官職以治事也，事惟其才，則能者任之。其義在用也。爵位以酬勛舊年德也，所以尊顯之，其義在報。春秋列國大夫無數，而任職者無幾人。

若夫白屋之俊才，異邦之羈旅，試以職事，亦不必遽授高爵。戰國立關内侯十九等之虚爵。漢世因之，亦官爵并用之義也。六朝之世，官爵合而爲一。然當時尚無資格年勞之限。其用人也，氣疏以達。然是時實崇貴族，有華腴寒素之别，故上品無寒門，下品無貴族，蓋即以門族之人望爲爵位，此無可稱焉。漢武帝妙用人才，則諸曹侍中諸吏給事之差出矣。光武不委用三公重臣，則尚書權重矣。魏、晉又用中書小臣爲重任，而遠尚書矣。豈非官自用才，不必貴顯，位自尊重，不必執政，實自然不得已之理邪？唐太宗時，不用尚書令僕及中書令，而以庶僚同三品平章政事，亦重差事官也。自崔亮、裴光庭後，資格年勞之法日積，所以限人士之登庸，備選部之銓簡者，其道日隘，其格日深，人才之登用甚難。故唐時遂創檢校行守試之法。宋太祖因而妙用之，令官與爵異，官可不次拔用，爵則論功次遷。其職事官者差也，其官也、職也、勛也、階也、爵也，皆爵位也。蓋自光武罷諸將兵柄，而授以特進、奉朝請之位，又以隆禮高位待公卿，而以事權萬務歸臺閣。范蔚宗謂其高秩厚禮，允答元勳，峻文深憲，責成吏職，故勳舊得保全，而職事克舉。蓋自孝廉爲尚書郎，則已手握王爵，口含天憲，出爲刺史守令，更迭互用，位略平等，而守相望深，即爲公卿，其制良美矣。宋藝祖酷效之，而更妙其用。於是得是官者衹以酬年勞而寄禄，不必任其事。任其事者但在舉其職，不必至是官。故自京朝六部諸司百執省臺寺監之長，外至漕司州郡，盡爲差事，上至故相，下至八品朝官，皆得爲之，惟才是與，不論爵位。至於遷轉，則各按其原資，積年勞，累功效，而後漸至大位。事權輕重視其差，恩榮輕重視其位。兩不相蒙，各有所得。才賢争效其職，大臣不怨遺佚，權貴不至尸位。善哉！復古之制，未有如宋祖者也。王安石不知法意，徒務正其空名，元豐官制行，於是宋祖之美意不見矣。然以大夫郎之散階代官，仍留判、行、守、試、權差遣之法；大夫郎館職，則待年勞而後轉；判、行、守、試、權差遣，仍不拘品位以任事，宋祖之良法仍存焉。其法以大夫郎爲寄禄本階，其差高於本階一品者爲行，下一品者爲守，下二品爲試，再高者則爲判，再下者則爲權發遣，而於不拘品位之中，仍有選人之位限。若某官用兩制以上，或館職以上，或朝官以上，或京官以上是也。其寄禄之階官，凡二十四等，四年一轉，有出身或館職者超轉，至朝議大夫以上七年一轉，如司馬光曾爲宰相者也。《通鑒》署銜曰太中大夫，正四品階也。端明殿學士從二品館閣之職，以故相樞密副使改爲之也。侍讀則三品官也。神霄宫使乃差遣，上柱國則勛一品，温國公則爵一品，是其階職官爵品數皆不同，各自升轉，各受恩侍，而以判行守試視權發遣爲之，則無不可也。元以蒙古入中國，其時權要議制之臣，粗疏而不知法意，盡罷宋制，有官無爵，雖有勛階，皆隨官位而授之，不以爲寄禄、判、行、守、試之地位也。於是唐、宋以來官爵并行之良法美意，掃地盡矣。明太祖起自草茅，不知古事，亦不知古意，不知官爵并行之法，但其用人不次，生殺不次，故以布衣一日而任卿相，又一日而殺之。其操縱類於漢武，此爲英雄偶用之事，而非可垂後行遠者也。然明世大學士位僅五品，皆以翰林官充之。英宗時，俞鎡、蕭綱尚得以貢生生員入閣，乃至崇禎時尚有以修撰爲大學士，而知縣可爲御史也。巡撫皆以四五品卿銜爲之。御史可出而巡按，兩轉可爲巡撫。主事中行評博可爲御史，再三轉皆爲京卿。四五品京卿皆得選大學士。故明世雖無官爵并行之法，而酷類漢制，氣疏以達，故磊落英勇之才，得以妙年盛氣舉其職而行其志，然不如宋制之深穩妥帖矣。然明世外省事權最大者，則有總督、巡撫，兵權最大者，莫如提督、將軍，國務政權，則入内閣預機務，是三者皆差事而非職官也。然則官爵之分，差事官之美，歷朝所莫能外矣。惟國朝之制，乃累百代之弊，盡去其精美，而取其粗惡也。其達官有權者祇有尚、侍、督、撫四十餘人，其能以言上達者祇有御史京卿數十人，舉國所寄命在此矣。而宋之六部諸司長官可以八品官判其事者，今則一切職事能達於上者，必以一二品之大學士、尚、侍、督、撫爲之，雖三品卿如大理、太常、太僕、光禄，古爲極雄峻之位者，國朝尚不得與聞政事焉。如今之議開鐵路、礦務、商務、墾務、學務諸司，及查辦事件，皆必以大學士、尚、侍爲之，寧以數大臣而共辦一職，又以一大臣而兼領數職。而所謂大學士、尚、侍、督、撫者，其品秩皆在第一第二，與人間隔絶，高高不可攀者也。蓋自魏、晉、六朝至唐宰相，皆不過三品，尚、侍諸卿亦皆三四品，而外之刺史别駕，亦皆三四品，故多自刺史别駕而入爲宰相者，況百司乎？夫刺史别駕者，今之知府同知耳。其去藩臬，尚如登天之無階，況督撫乎？況宰相六卿乎？如京官遷轉，尤爲可笑。如工右之至吏左，同爲侍郎，而幾須十轉乃至。蓋右侍郎之轉，僅至左侍郎，工部之升，僅爲刑部。若工尚之升，必從總憲，總憲之任，必自吏左，若自京卿至侍郎，則自鴻少卿遷光少卿，光少卿遷通參，通參遷閣讀學士，然後遷鴻卿，進而常少僕少，又進而理少通副，又進而光卿僕卿，又進而府尹常卿，又進而理卿通使，又轉爲宗丞，進爲副憲，然後得爲侍郎。蓋必十餘轉乃能至焉。若自五品員外郎而爲四品卿，亦須九轉乃至。一升郎中，再升御史，三升巡城掌印御史，四升給事，五升掌印都給事，六升鴻少，七升光少，八升通參，九升乃至閣讀學士。其自主事中書而至御史，必歷十數年乃能補缺。主事則一再升郎員，乃能考取御史。中書則再升侍讀，乃能考取御史。即編修亦非十餘年不能開坊，不能入清祕堂而保選知府焉。苟官未至尚、侍、督、撫，雖藩臬之尊，不得上達，内閣學士三品卿之貴，不聞政事，曾不得比宋世之八品朝官也。而欲至尚、侍、督、撫之位，非經數十轉不得至焉。經此數十轉也，即使弱冠通籍，順風直上，絶無左降，未嘗病卧，亦必年已耆耄矣，精神衰耗矣，血氣銷縮矣，閲歷疲倦矣，非耳聾目暗，則足跛病忘矣。除已衰在得以謀子孫而娱暮老之外，無餘志矣。夫安有立競爭優勝劣敗之世，任天下大事於冢中枯骨，而望其有成者乎？"《官制議》卷十三《改差爲官改官爲位》。康氏之言如此，於清代用人之弊，可謂窮形盡相矣。

考試爲中國固有之良法，然歷代任官，由於考試者，實僅科舉一途而已，猶未盡其用也。及孫文乃大昌，其義列爲五權憲法之一焉。案自國民政府成立以前，各省已有舉行考試者，以縣長佐治員，教育、警察、衛生各行政人員，會計人員，司法員吏管獄員、承審員、承發吏等爲多。使領館職員，外交部亦曾舉行考試，然非定法也。十八年一月一日，國民政府乃公佈考試法，分考試爲普通、高等、特别三種。普通考試在各省區舉行,高等考試在首都或考試院指定之區域舉行,每年或間年一舉。初試國文、黨義,次分科試其所學。其事由典試委員會任之,以主考官爲委員長。普通考試,主考官由國民政府簡派,高等考試特派。監察院派員監試。應試及格者,由考試院發給證書予以登記。舉行考試之前,先之以檢定考試,在各省舉行。二十年三月分佈特種考試法,以試候選及任命人員及應領證書之專門職業或技術人員而定其資格。定以是年四月至六月爲檢定考試之期,七月十五日舉行高等考試,其普通考試分區巡回舉行。分全國爲九區,區設典試委員會,以次分赴各省。江蘇、浙江、安徽、湖南、湖北、江西六省爲第一區,河北、山東、河南、山西、察哈爾、綏遠六省爲第二區,遼寧、吉林、黑龍江、熱河四省爲第三區,陝西、甘肅、青海、寧夏四省爲第四區,四川、西康、雲南、貴州四省爲第五區,廣東、廣西、福建三省爲第六區,新疆爲第七區,蒙古爲第八區,西藏爲第九區。第一次甘肅、寧夏、青海三省,四川、西康兩省皆合并舉行,新疆暫行委託考試,蒙古西藏則暫緩。定於是年九月十五日舉行,高等考試既畢,大水爲災,交通艱阻,展期至次年一月至六月間,因國難又未果,展至七月至十二月間,至十二月乃有山西省舉行。明年河北、綏遠、河南繼之。二十三年首都及浙江乃又行之焉。軍興以來,需材孔亟,而平時典試等法,至此或難盡行。二十八年十月二十八日,乃公佈非常時期特種考試暫行條例,規定特種考試由考試院視需要隨時舉行,分類分科及應考資格亦由院規定。其試法得分初試再試,而二者又各得分爲若干試,亦有院定之。得不設典試委員會,由院派員辦理。與普通考試相當者,得委託任用機關行之。高等考試及普通考試,亦頗得援用其法。考試院又擬訂戰地任用人才考試辦法,先分地調查,次分類籌備,乃指定後方地點,派員巡回舉行。又制定全國人才登記規程,有應高等、普通考試資格者,或由調查,或因申請,予以登記其學歷經驗,優者或介紹工作,或舉行獎學考試,以資鼓勵。其特種公務員郵電、路航、關鹽等及專門職業技術人員考試之法,亦在擬訂之中。前此數嘗舉行,惟未有定法。高等考試是年十月一日分在重慶、成都、昆明、桂林、皋蘭、城固、永康七處舉行，先是中央政治會議議決，此後高等考試分初試及再試，初試合格者一律入中央政治學校訓練，期滿後舉行再試，及格乃依法任用。及是依以舉行初試及格者，皆送中央政治學校訓練，訓練之期定爲一年，期滿由院再試，及格則發給證書，依法任用。不及格者得再試一次，訓練期内，膳食、服裝、講義均由學校供給，并月給津貼 30 元焉。其普通考試，戰後廣西、雲南、陝西，皆嘗舉行。二十九年十二月十六日公佈縣参議員及鄉鎮民代表候選人考試暫行條例，分試驗、檢討二項，試驗科目由考試院定之，檢討除審查資格外，得舉行測驗或口試，其辦法亦由考試院訂定。

高等考試之分科，有外交官、領事官、教育、衛生、財務、行政人員，有會計統計人員，有司法官、監獄官、律師，有西醫師、藥師，其條例皆十九年公佈，有警察行政人員、工業、農業、農林技術人員，其條例皆二十年公佈，後又有建設人員普通考試，科目有普通行政人員，教育衛生行政人員，監獄官、書記官，其條例皆十九年公佈，警察、農林行政人員，工業、農業技術人員，其條例皆二十年公佈。後又有審計人員。二十八年高等考試分（一）普通行政，（二）財務行政，（三）經濟行政，（四）土地行政，（五）教育行政，（六）司法官，（七）外交官、領事官，（八）統計人員，（九）會計、審計人員九項，後又加合作行政人員一項。特種考試，有監所看守，有圖書管理員，有助産士，有牙醫，有商品檢驗技術人員，有郵務人員，有中小學教師檢定，有引水人，其條例皆二十年公佈，戰後財務、交通、電信、路政、郵務、會計、工程、地方行政、農業推廣、土地呈報、教育視察、氣象測候，皆嘗舉行考試。蓋有所求，則試之無定限，已公佈之條例，或亦不能改廢也。

十九年十一月二十九日國民政府公佈考試復核條例，京内外各官署，在考試院舉行考試以前，遵照中央法令所舉行之考試，均依該條例加以復核，如考試章程是否根據中央法令，或經中央核准考試方法，是否依照考試章程考試科目，是否與所任職務相當，成績是否及格是也。二十年一月乃呈請，嗣後各省請舉行考試者，一律停止。各項考試概歸考選委員會呈院核奪施行焉。惟仍有由各機關自辦而呈院核准備案者，建設委員會於普通工程及事務人員，即嘗行之。

銓叙部設登記、甄核、育才三司及銓叙審查委員會，以審查公務員資格成績，任免升降轉調俸給年金獎恤撫恤本屬内政及司法行政部及規劃公務員補習教育及公益之事。十九年四月公佈現任公務員甄別審查條例，印就表格及證明書發交中央各院部會及各省市政府，請轉發所屬各機關，限期填送。是年六月開始審查，分資格、成績兩項，資格分革命功勛、學歷、經歷、考試及格四項，成績由長官加具考語，分甲乙丙丁四等。報部之期本定是年十二月，後展期五次，至二十二年六月乃截止，然未填送者，實尚十之六七也。審查既竣，乃行登記，舉審查合格者而籍録之，是曰初次登記。其後升降調免及其他事項如死亡等一一籍録，謂之動態登記焉。二十八年十二月八日公佈非常時期公務員考績條例，分工作、操行、學識爲三項，工作佔 50 分，操行、學識乃各佔 25 分，總計滿 60 分爲及格留任。惟工作不及 30 分，操行、學識不及 15 分者，仍以不及格論。不及格者降級或免職，在 80 分以上者晉級。二十九年十二月二十日公佈各機關人事管理暫行條例，規定各機關就原有經費及人員中，設置人事處司科股或指定專任人員辦理送請銓叙，進退遷調，考核獎懲，其他人事登記，訓練補習，撫恤公益等事項焉。

法不難於立而難於行。二十二年四月，考試院祕書處致考選委員會公函，内附周邦道等條陳云：兩年來第一屆高考及格，依法任用，呈薦試署實授者，祇 34 人，内已遭罷免者 10 人，現在任用者，不過 24 人，皆有備員之名，而無得官之實。公務員任用法雖已施行，能否推行盡致，尚不可知。且依該法施行條例，有輪班選補 3 名叙一之法則，如教育部分發，尚未任用者有 6 人，即令今後歷任長官均能守法不渝，亦須候至第十六個缺，第六人始能進叙，實非一二年所能，其他機關情形，亦多類是云云。考試及格者，任用之難可以想見。二十七年二月四日譯報載《字林西報》云，中國目前引用私人非常普遍，文官考試實已不存。六月二十八日《文匯報》轉載《新華日報》“保衛武漢與第三期抗戰問題意見”一文，其第五節，解決一切問題之中心樞紐云：一是黨派門户成見未能全泯。二是個人親故私情時常發生作用，抗戰之時如此，平時可知。今之所謂公務員任用法者，核其實，已難盡如人意，而其行之之難，猶如是。昔人所謂去河北賊易，去中朝朋黨難，其理亦不外是也。

# 第十七章 兵 制

古言兵制者亦有今古文之異。《白虎通·三軍篇》:“三軍者何法?法天地人也。以爲五人爲伍,五伍爲兩,四兩爲卒,五卒爲旅,五旅爲師,師二千五百人。師爲一軍,六師一萬五千人也。《傳》曰:一人必死,十人不能當。百人必死,千人不能當。千人必死,萬人不能當。萬人必死,橫行天下。雖有萬人,猶謙讓,自以爲不足,故復加五千人,因法月數。月者羣陰之長也,十二足以窮盡陰陽,備物成功。萬五千人亦足以征伐不義,致太平也。《穀梁傳》曰:‘天子有六軍,諸侯上國三軍,次國二軍,下國一軍。’”此文庸有譌誤,然盧校改非是。萬五千人與月數不合。《説文》及《一切經音義》引《字林》,皆以四千人爲一軍,則三軍適法十二月,知《白虎通》竄亂多矣。今《穀梁》襄十一年:“古者天子六師,諸侯一軍。”《公羊》隱五年《解詁》:“二千五百人爲師。禮,天子六師,方伯二師,諸侯一師。”《詩》:“周王於邁,六師及之。”《孟子》:“三不朝則六師移之。”此今文家説也,其詳不可得聞矣。古文家説見於《周官·大司徒》職云:令五家爲比,五比爲閭,五閭爲族,五族爲黨,五黨爲州,五州爲鄉。《小司徒》職云:“乃會萬民之卒伍而用之。五人爲伍,五伍爲兩,四兩爲卒,五卒爲旅,五旅爲師,五師爲軍。”《夏官》序官云:“凡制軍,萬有二千五百人爲軍。王六軍,大國三軍,次國二軍,小國一軍,軍將皆命卿。二千有五百人爲師,師帥皆中大夫。五百人爲旅,旅帥皆下大夫。百人爲卒,卒長皆上士。二十有五人爲兩,兩司馬皆中士。五人爲伍,伍皆有長。”此其成軍之法也。其出車之法,則《公羊》宣十五年《解詁》云:“十井共出兵車一乘。”又昭元年《解詁》云：“十井爲一乘，公侯封方百里，凡千乘；伯四百九十乘，子男二百五十乘。”襄十二年云：“禮，稅民公田不過十一，軍賦十井不過一乘。”《禮記·坊記》：“故制國不過千乘。”《注》曰：“古者方十里，其中六十四井，出兵車一乘，此兵賦之法也。成國之賦千乘。”《論語·學而》：“道千乘之國。”《集解》：“包曰：道，治也。千乘之國者，百里之國也。古者井田，方里爲井，井十爲乘。百里之國，適千乘也。”此今文說也。古文家所用爲《司馬法》。《司馬法》有二說。其一：“六尺爲步，步百爲畝，畝百爲夫，夫三爲屋，屋三爲井，井十爲通，通爲匹馬，三十家士一人，徒二人。通十爲成，成百井，三百家革車一乘，士十人，徒二十人。十成爲終，終千井，三千家革車十乘，士百人，徒二百人。十終爲同，同方百里，萬井，三萬家革車百乘，士千人，徒二千人。”鄭注《周禮·小司徒》所引也。其又一說，則鄭注《論語》“道千乘之國”引之。見《小司徒疏》，而《漢書·刑法志》亦取其說。《漢志》曰：“四井爲邑，四邑爲丘。丘，十六井也，有戎馬一匹，牛三頭。四丘爲甸。甸，六十四井也，有戎馬四匹，兵革一乘，牛十二頭，甲士三人，卒七十二人，干戈備具，是謂乘馬之法。一同百里，提封萬井，除山川沈斥，城池邑居，園囿術路，三千六百井，定出賦六千四百井，戎馬四百匹，兵車百乘，此卿大夫採地之大者也，是謂百乘之家。一封三百一十六里，提封十萬井，定出賦六萬四千井，戎馬四千匹，兵車千乘，此諸侯之大者也，是謂千乘之國。天子畿方千里，提封百萬井，定出賦六十四萬井，戎馬四萬匹，兵車萬乘，故稱萬乘之主。”《小司徒疏》及成元年《左氏正義》以前法爲畿内法，後一法爲邦國法。前一法與《魯頌》“公車千乘，公徒三萬”合。後一法則天子畿内有甲士三萬，卒七十二萬。故《史記》謂牧野之戰，紂卒七十萬人。孫子亦云：“怠於道路，不得操事者七十萬家。”

《春秋繁露·爵國篇》云：“方里八家，一家百畝，以食五口。上農夫耕百畝，食九口，次八人，次七人，次六人，次五人，多寡相補，率百畝而三口，方里而二十四口。方里者十，得二百四十口。方十里爲方里者百,得二千四百口。方百里爲方里者千,得二萬四千口。方千里爲方里者萬,得二十四萬口。”法三分而除其一,“得良田方十里者六十六,十與方里當作與十方里。六十六。定率得十六萬口,三分之,則各五萬三千三百三十三口,爲大□軍三,此公侯也。天子地方千里,爲方百里者百,亦三分除其一,定得田方百里者六十六,與方十里者六十六,定率得千六百萬口,九分之,各得百七十七萬七千七百七十七口,爲京□軍九。三京□軍,以奉王家。”“故伯七十里,七七四十九,三分除其一,定得田方十里者二十八,與方十里者六十六,定率得十萬九千二百一十二口,爲次國□軍三。”“故子男方五十里,五五二十五,與方十里者六十六,定率得四萬口,爲小國□軍三。”“與方十里者六十六”句原誤,今改正。“定率得四萬口”句亦誤。此又自爲一説。如此説,方十里,得二千四百口,三分去一,更以三除之,爲五百三十三口,故云“有田一成,有衆一旅”也。

論古代兵制者皆爲兵農合一之説所誤。江氏永《羣經補義》論此事最核,可檢閲。蓋服兵役者惟鄉人,野鄙之農不與。故《周禮》亦只云“軍出於鄉也”。朱氏大韶《實事求是齊經義・司馬法非周制説》論此事亦詳。《繁露》、《司馬法》以一部分人所服之兵役均攤之於全國人,則説不可通矣。《繁露》蓋孔子所改之制,非事實。《司馬法》則戰國時書。戰國時服兵役者已不限於鄉人。作者但覩當時之制而不知古,故亦以古兵數均攤之全國人邪,抑亦欲少澹干戈之禍也。

古服兵役限於鄉人者,以其初爲戰勝之族,而野人則被征服之族也。講階級篇時已言之矣。然當時之野人亦非不能爲兵,特僅用以保衛鄉里不出征耳。至戰國時,乃皆使之征戍,故兵數驟增。蘇秦説六國,謂燕、趙、齊、韓皆帶甲十萬,楚帶甲數百萬,魏武士二十萬,蒼頭二十萬,奮擊二十萬,厮徒二十萬。觀當時坑降斬級動以萬計,則秦之言非虚也。鞍之戰,齊侯見保者曰:“勉之,齊師敗矣。”而戰國時論者謂“韓魏戰而勝秦,則兵半折,四境不守”。此保衛鄉里之民盡充征戍之士之明徵也。此可見戰事之日烈矣。

《日知録》曰："春秋之世，戎翟之雜居於中夏者，大抵皆在山谷之間，兵車之所不至。齊桓、晉文僅攘而卻之，不能深入其地者，用車故也。中行穆子之敗翟於大鹵，得之毀車崇卒，而智伯欲伐仇猶，遺之大鐘，以開其道，其不利於車可知矣。勢不得不變而爲騎，騎射所以便山谷也。是以公子成之徒諫胡服而不諫騎射，意騎射之法必有先武靈而用之者矣。"案此亦可見爭戰之日烈也。蘇秦謂燕騎六千匹，趙萬匹，魏五千匹，楚萬匹。

戰國時，實爲舉國之民皆服兵役之世。降逮秦漢，猶沿其餘烈焉。《漢書·刑法志》云："天下既定，踵秦而置材官於郡國，京師有南北軍之屯。至武帝平百粵，内增七校，晉灼曰："《百官表》中壘、屯騎、步兵、越騎、長水、胡騎、射聲、虎賁，凡八校尉，胡騎不常置，故此言七也。"外有樓船，皆歲時講肄，修武備云。至元帝時，以貢禹議，始罷角抵，而未正治兵振旅之事也。"此孟堅總述西漢兵制之大略也。案《後漢書·光武紀》建武七年《注》引《漢官儀》："高祖命天下郡國選能引關蹶張、材力武猛者，以爲輕車、騎士、材官、樓船。常以立秋後講肄課試，各有員數。平地用車騎，山阻用材官，水泉用樓船。"此漢時兵之種類也。《漢書·高帝紀》二年《注》引《漢儀注》："民年二十三爲正，一歲爲衛士，一歲爲材官騎士，習射御騎馳戰陳。""年五十六衰老，乃得免爲庶民，就田里。"《昭帝紀》元鳳四年《注》："如淳曰：更有三品，有卒更，有踐更，有過更。古者正卒無常人，皆當迭爲之，一月一更，是爲卒更也。貧者欲得雇更錢者，次直者出錢雇之，月二千，是謂踐更也。天下人皆直戍邊三日，亦名爲更，律所謂繇戍也。雖丞相子亦在戍邊之調。不可人人自行三日戍，又行者當自戍三日，不可往便還，因便住一歲一更。諸不行者，出錢三百入官，官以給戍者，是爲過更也。律說，卒踐更者，居也，居更縣中五月乃更也。後從尉律，卒踐更一月，休十一月也。《食貨志》曰：'月爲更卒，已復爲正，一歲屯戍，一歲力役，三十倍於古。'此漢初因秦法而行之也。後遂改易，有謫乃戍邊一歲耳。"此當時人民所服兵役之義務也。漢南北軍皆調自人民。詳見《文獻通考》。自武帝初年以前用兵亦多調自郡國,實戰國以來之成規也。其非出自人民者,《百官公卿表》:"越騎校尉掌越騎。"如淳曰:"越人内附,以爲騎也。"《表》:"長水校尉掌長水、宣曲胡騎。"師古曰:"長水,胡名也。宣曲,觀名,胡騎之屯於宣曲者。"《表》:"胡騎校尉掌池陽胡騎。"師古曰:"胡騎之屯池陽者也。"又光禄勳所屬"期門掌執兵送從,武帝建元三年初置,比郎,無員,多至千人,有僕射,秩比千石。平帝元始元年更名虎賁郎,置中郎將,秩比二千石。羽林掌送從,次期門,武帝太初元年初置,名曰建章營騎,後更名羽林騎。又取從軍死事之子孫養羽林,官教以五兵,號曰羽林孤兒。羽林有令丞。宣帝令中郎將、騎都尉監羽林,秩比二千石"。《東方朔傳》:"微行,常用飲酎已。八九月中,與侍中常侍武騎及待詔隴西北地良家子能騎射者期諸殿門,故有期門之號。"此則非復出於普通人民,故論者以校尉爲募兵之始。羽林、期門擬唐之常從。然此等兵在漢固無關重要也。

民兵之制所以漸廢者,實緣秦漢以後疆域式郭,征戍日遠。古代風氣強悍,人民於戰鬬,初非所憚。所憚者則路遥而征戍之期長,廢生業而又有跋涉之苦耳。故自秦世已有謫發,至漢而用之益廣。夫用謫發則不甚用平民爲兵,不甚用平民爲兵,則人民右武樂戰之習日以衰矣。此民兵漸廢之由也。

秦代謫發之制見於《漢書·鼂錯傳》。錯論《守邊備塞書》曰:"臣聞秦時北攻胡貉,築塞河上,南攻揚粤,置戍卒焉。其起兵而攻胡、粤者,非以衛邊地而救民死也,貪戾而欲廣大也,故功未立而天下亂。且夫起兵而不知其勢,戰則爲人禽,屯則卒積死。夫胡貉之地,積陰之處也,木皮三寸,冰厚六尺,食肉而飲酪,其人密理,鳥獸毳毛,其性能寒。揚粤之地,少陰多陽,其人疏理,鳥獸希毛,其性能暑。秦之戍卒不能其水土,戍者死於邊,輸者僨於道。秦民見行,如往棄市,因以謫發之,名曰'謫戍'。先發吏有謫及贅壻、賈人,後以嘗有市籍者,又後以大父母、父母嘗有市籍者,後入閭,取其左。發之不順,行者深怨,有背畔之心。凡民守戰至死而不降北者,以計爲之也。故戰勝守固則有拜爵之賞，攻城屠邑則得其財鹵以富家室。故能使其衆蒙矢石，赴湯火，視死如生。今秦之發卒也，有萬死之害，而亡銖兩之報，死事之後不得一算之復，天下明知禍烈及己也。陳勝行戍，至於大澤，爲天下先倡，天下從之如流水者，秦以威劫而行之之敝也。”“陛下幸憂邊境，遣將吏發卒以治塞，甚大惠也。然令遠方之卒守塞，一歲而更，不知胡人之能，不如選常居者，家室田作，且以備之。以便爲之高城深塹，具藺石，布渠答，復爲一城其內，城間百五十步。要害之處，通川之道，調立城邑，毋下千家，爲中周虎落。先爲室屋，具田器，乃募罪人及免徒復作令居之；不足，募以丁奴婢贖罪及輸奴婢欲以拜爵者；不足，乃募民之欲往者。皆賜高爵，復其家，予冬夏衣，廩食，能自給而止。郡縣之民得買其爵，以自增至卿。其亡夫若妻者，縣官買予之。人情非有匹敵，不能久安其處。塞下之民，禄利不厚，不可使久居危難之地。胡人入驅而能止其所驅者，以其半予之，縣官爲贖其民。如是，則邑里相救助，赴胡不避死。非以德上也，欲全親戚而利其財也。此與東方之戍卒不習地勢而心畏胡者，功相萬也。”此可見謫戍之弊，及募民實邊之益。使當時沿邊之地能舉如錯議行之，則民不勞而邊患抒，實策之最善者也。然當時不能如是，而武帝以後，征戍既遠，徵調尤繁，人民難數擾動，故謫發之用尤甚也。

漢世謫發，見於《漢書》紀傳者甚多，今就本紀，略舉若干事，以見其概。

《高帝紀》十一年，“赦天下死罪以下，皆令從軍”。

《武帝紀》元鼎五年，“夏四月，南越王相吕嘉反”。秋，“遣伏波將軍路博德出桂陽，下湟水；樓船將軍楊僕出豫章，下湞水；歸義越侯嚴爲戈船將軍，出零陵，下離水；甲爲下瀨將軍，下蒼梧。皆將罪人，江淮以南樓船十萬人。越馳義侯遺别將巴蜀罪人，發夜郎兵，下牂柯江，咸會番禺”。

元封二年，“朝鮮王攻殺遼東都尉，乃募天下死罪擊朝鮮”。秋，“遣樓船將軍楊僕、左將軍荀彘將應募罪人擊朝鮮”。

六年,“益州、昆明反,赦京師亡命,令從軍,遣拔胡將軍郭昌將以擊之”。

太初元年,“遣貳師將軍李廣利發天下謫民西征大宛”。師古曰:“庶人之有罪謫者也。”《李廣利傳》:“太初元年,以廣利爲貳師將軍,發屬國六千騎及郡縣惡少年數萬人以往。”

天漢四年,“發天下七科讁及勇敢士”。張晏曰:“吏有罪一,亡命二,贅婿三,賈人四,故有市籍五,父母有市籍六,大父母有市籍七,凡七科也。”

《昭帝紀》始元元年,“遣水衡都尉吕破胡募吏民及發犍爲、蜀郡奔命擊益州,大破之”。應劭曰:“舊時郡國皆有材官騎士以赴急難,今夷反,常兵不足以討之,故權選取精勇。聞命奔走,故謂之奔命。”李斐曰:“平居發者二十以上至五十爲甲卒,今者五十以上六十以下爲奔命。奔命,言急也。”師古曰:“應説是也。”

《昭帝紀》元鳳元年,“武都氐人反,遣執金吾馬適建、龍雒侯韓增、大鴻臚廣明將三輔、太常徒,皆免刑擊之”。蘇林曰:“是時太常主諸陵縣治民也。”

五年,“六月,發三輔及郡國惡少年吏有告劾亡者,屯遼東”。如淳曰:“告者,爲人所告也。劾者,爲人所劾也。”師古曰:“惡少年謂無賴子弟也。告劾亡者,謂被告劾而逃亡。”

《宣帝紀》本始二年秋,“大發興調關東輕車鋭卒,選郡國吏三百石伉健習騎射者,皆從軍”。

神爵元年,“西羌反,發三輔、中都官徒弛刑,及應募佽飛射士、羽林孤兒,胡、越騎,三河、潁川、沛郡、淮陽、汝南材官,金城、隴西、天水、安定、北地、上郡騎士、羌騎,詣金城”。李奇曰:“弛,廢也。謂若今徒解鉗鈦赭衣,置任輸作也。”師古曰:“中都官,京師諸官府也。《漢儀注》長安中諸官獄三十六所。”佽飛射士,臣瓚曰:“本秦左弋官也,武帝改曰佽飛官,有一令九丞,左上林苑中結矰繳以弋鳧雁,歲萬頭,以供祀宗廟。”

此皆漢世所用之兵出於民兵以外者也。用此等兵日多，則民兵之用日少，而人民右武好鬬之習日以衰矣。當是時，賈人、贅婿、刑徒、謫吏惟所用之，無不如志。以衛青之柔懦，霍去病之驕恣，猶能絶漠以立大功，豈有他哉！其衆强也，舉國皆兵之流風餘烈亦可見矣。李陵提步卒五千，深蹊戎馬之地，足歷王庭，垂弭虎口，横挑强胡，詷之往史，莫之能再，漢之負陵則深矣。而隴西士大夫猶以李氏爲媿，路博德羞爲陵後，而不聞有羞與衛、霍、貳師伍者。距封建之世近，民尊君親上之心亦非後世所逮也。使漢武能以法任人，善用其衆，國威之遐暢豈值如兩漢之已事哉！

後漢光武承大亂之後，欲與民休息，乃盡去兵備。《後書·光武紀》建武六年，“是歲，初罷郡國都尉官。”劉攽曰：“案郡有都尉，國有中尉。此時罷郡都尉官耳，不當有國字。”案此或并罷中尉言不具耳。七年三月丁酉，“詔曰：今國有衆軍，并多精勇，宜且罷輕車、騎士、材官、樓船士及軍假吏，令還復民伍。”九年，“是歲，省關都尉”。十三年，“大饗將士，班勞策勳。功臣增邑更封”。“罷左右將軍官。”《續書·百官志》：“建武六年，省諸郡都尉，并職太守，無都試之役。省關都尉，惟邊郡往往置都尉及屬國都尉，稍有分縣，治民比郡。安帝以羌犯法，三輔有陵園之守，乃復置右扶風都尉、京兆虎牙都尉。”《文獻通考》云：“光武罷都尉，然終建武之世，已不能守前法，罷尉省校，輒復臨時補置。”“明帝以後，又歲募郡國中都官死罪繫囚出戍；聽從妻子日佔邊縣以爲常。凡從者皆給弓弩衣糧。於是北胡有變則置度遼營，南蠻或叛則置象林兵，羌寇三輔則置長安、雍二尉，鮮卑寇居庸則置漁陽營。其後盜作，緣海稍稍增兵，而魏郡、趙國、常山、中山六百一十六塢，河内、通谷衝要三十三塢，扶風、漢陽、隴道三百塢，置屯多矣。”《後書·靈帝紀》中平五年，“八月，初置西園八校尉”。《注》：“樂資《山陽公載記》曰：小黄門蹇碩爲上軍校尉，虎賁中郎將袁紹爲中軍校尉，屯騎校尉鮑鴻爲下軍校尉，議郎曹操爲典軍校尉，趙融爲助軍左校尉，馮芳爲助軍右校尉，諫議大夫夏牟爲左校尉，淳于瓊爲右校尉，凡八校尉，皆統於蹇碩。”蓋兵民至此分矣。

兵民分而州郡之兵起焉。自永初羌亂而涼州之兵獨強，自靈帝用劉焉議改刺史爲州牧而方面之權始重，卒有董卓、吕布、李傕、郭汜之干紀而王室如贅旒，東方州郡藉討卓爲名紛紛起兵，而海宇遂至於割裂。割裂之世，外兵不能不重，而司馬氏遂以軍人篡位。平吴以後，始罷州牧之任。顧復假諸王以兵權，大國三軍，五千人。次國二軍，三千人。小國一軍，千五百人。於是有八王之亂，五胡雲擾，羣盜如蝟毛。夾輔王室，保衛地方，胥不得不資方鎮，而州郡之權復重矣。

渡江以後，荆、江二州，爲甲兵所聚，本小末大，而内外猜忌之形勢以成。王敦、桓温再圖篡，而大難卒發於桓玄。下流之兵，自殷浩以前累用之而無效。至北府兵出而揚州之兵力始強。劉裕用之以翦除異己，傾覆晉室。裕既代晉，以荆州爲上流重鎮，遺命必以親子弟居焉。少帝之弒，叛徒命謝晦急據之，文帝藉檀道濟之力以平晦，又殺道濟。自是出刺大郡者多用同姓及親臣。然自宋迄陳，歷代骨肉之相屠，君臣之相忌則仍一，東晉以來之局也。此時恃以折衝禦侮者，皆方鎮之兵，用民兵之事絶鮮。然外不能奏勘定之烈，而内日在猜防劫制之中。州郡之兵之明效大驗，可見於此矣。南朝用民兵最著者，爲宋元嘉二十七年之役。史稱江南白丁，輕進易退，卒以致敗。蓋民不習兵既久，急而用之，則誠所謂以不教民戰也。

五胡亂華，所用皆其種人，或他種族人，用漢人者絶鮮。魏太武遺臧質書曰：“我今所遣鬭兵盡非我國人。城東北是丁零與胡，南是氐羌。設使丁零死，正可減常山、趙郡賊，胡死減并州賊，羌死減關中賊。”高歡語鮮卑則曰：“漢民是汝奴，夫爲汝耕，婦爲汝織，輸汝粟帛，令汝温飽，汝何爲陵之！”語華人則曰：“鮮卑是汝作客，得汝一斛粟、一疋絹，爲汝擊賊，令汝安寧，汝何爲疾之！”其明徵也。石虎之伐燕也，司冀、青、徐、幽、并、雍之民，五丁取三，四丁取二。苻堅之攻晉也，民每十丁遣一兵。其良家子有材勇者皆拜羽林郎，則以兵數太多，不得已而役及漢人耳。自冉閔大肆誅戮，而胡羯云亡，苻堅喪師，北方酋豪并起角立，而既入中原之氐、羌、鮮卑，亦以俱敝。惟拓跋氏在塞外，氣足力完，盡收率北方之種族而用之，兵鋒遂所向披靡。然魏恃兵力以立國，終亦不戢自焚。自東西魏、周、齊之互競，而隨六鎮之亂，以侵入中原之北族亦衰，乃不得不用漢人，乃不得不令兵屯種以自養，而府兵之制起焉。

六鎮之亂，論者皆歸咎於邊任太輕，鎮將不得其人，“專事聚斂”，“政以賄立”，又待其人太薄，以致憤鬱思亂。其實正由必使之爲兵，乃有此弊耳。蓋惟必欲強六鎮之兵，乃不得不留“高門子弟”於其地。既留之於六鎮，則其選用，自不得與從幸洛陽者同。乃有“同族留京師者得上品，通官在鎮者即爲清途所隔”之弊。其人自不得不逃逸；聽其逃逸，則六鎮之兵勢必不能維持。乃不得不“峻邊兵之格”，令“鎮人不得浮遊在外”，而“少年不得從師，長者不得遊宦，獨爲匪人”之不平作矣。向使南遷以後，革除六鎮舊制，别謀防邊之法，何至於是。魏蘭根謂：“宜改鎮立州，分置郡縣。凡是府户，悉免爲民。”乃真治本之策也。或謂但能優待六鎮將士，則既得強兵，又不虞其倒戈，豈不更善！然兵力豈有終不腐壞之理！清代非始終以兵制治東三省，而待旗人且甚優者邪！

府兵之制，昉自後周太祖。太祖輔西魏時，用蘇綽言，倣《周典》制六軍，藉六等之民，擇魁健材力之士以爲之首，盡蠲租調，而刺史以農隙教之，合爲百府。每府一郎將主之，分屬二十四軍，開府各領一軍。大將軍凡十二人，每一將軍，統二開府。一柱國主二大將，將復加持節都督以統焉。凡柱國六員，衆不滿五萬人。隋十二衛，各分左右，皆置將軍，以分統諸府之兵。有郎將、副將、坊主、團主，以相統治。其外又有驃騎、車騎二府，皆有將軍。後更驃騎曰鷹揚郎將，車騎曰副郎將，别置折衝、果毅。

唐武德初，始置軍府，以驃騎、車騎兩將軍府領之。析關中爲十二道，皆置府。三年，更以各道爲軍，軍置將、副各一人，以督耕戰，以車騎府統之。六年，以天下既定，遂廢十二軍，改驃騎曰統軍，車騎曰別將。居歲餘，十二軍復，而軍置將軍一人，軍有坊，置主一人，以檢察户口，勸課農桑。太宗貞觀十年，更號統軍爲折衝都尉，別將爲果毅都尉，諸府總曰折衝府。凡天下十道，置府六百三十四，皆有名號，而關内二百六十一，皆以隸諸衛。凡府三等：兵千二百人爲上，千人爲中，八百人爲下。府置折衝都尉一人，左右果毅都尉各一人，長史、兵曹、別將各一人，校尉六人。士以三百人爲團，團有校尉；五十人爲隊，隊有正；十人爲火，火有長。民年二十爲兵，六十而免。自高宗、武后之時，天下久不用兵，府兵之法寖壞，番役更代多不以時，衛士稍稍亡匿。玄宗時，益耗散，宿衛不能結。宰相張説乃請一切募士宿衛。號曰“彍騎”，分隸十二衛，衛萬人。天寶以後，又稍變廢。其後折衝諸府徒有兵額，官吏宿衛皆市人。禄山反，皆不能受甲矣。

所謂方鎮者，節度使之兵也。其原皆起於邊將之屯防者。唐初，兵之戍邊者，大曰軍，小曰守捉，曰城、曰鎮，而總之者曰道。其軍、城、鎮、守捉皆有使，而道有大將一人，曰大總管，已而更曰大都督。太宗時，行軍征討曰大總管，在其本道曰大都督。永徽後，都督帶使持節者謂之節度使，然猶未以名官。景雲二年，以賀拔延嗣爲梁州都督、河西節度使。自此而後，接乎開元，朔方、隴右、河東、河西諸鎮，皆置節度使。禄山反後，武夫戰卒以功起行陳，列爲侯王者，皆除節度使。由是方鎮相望於内地。

南衙，諸衛兵；北衙者，禁兵也。高祖以義兵起於太原，已定天下，悉罷遣之，其願留宿衛者三萬人。以渭北白渠旁民棄腴田分給之，號“元從禁軍”。後老不任事，以其子弟代。貞觀初，太宗擇善射者百人，爲二番於北門長上，曰“百騎”，以從田獵。又置北衙七營，選材力驍壯，月以一營番上。十二年，始置左右屯營於玄武門，領以諸衛將軍，號“飛騎”。復擇馬射爲百騎，爲遊幸翊衛。高宗龍朔二年，始取府兵越騎、步射置左右羽林軍，大朝會執仗以衛階陛，行幸則夾馳道爲内仗。武后改百騎曰“千騎”。中宗又改曰“萬騎”。及玄宗以萬騎平韋氏，改爲左右龍武軍，皆用唐之功臣子弟，制若宿衛兵。肅宗至德二載,置左右神武軍,補元從、扈從子弟,總曰"北衙六軍"。又擇便騎射者置衙前射生手千人,亦曰"供奉射生官",又曰"殿前射生",分左、右廂,總號曰"左右英武軍"。代宗即位,以射生軍入禁中清難,皆賜名"寶應功臣",故射生軍又號"寶應軍"。上元中,以北衙軍使衛伯玉爲神策軍節度使,鎮陝州,中使魚朝恩爲觀軍容使,監其軍。初,哥舒翰破吐蕃臨洮西磨環川,即其地置神策軍,以成如璆爲軍使。及安禄山反,如璆以伯玉將兵千人赴難,伯玉與朝恩俱屯於陜。時神策故地淪没,即詔伯玉所部兵,號"神策軍",以伯玉爲節度使,與陜州節度郭英乂皆鎮陜。後伯玉罷。以英乂兼神策軍節度。英乂入爲僕射,軍遂統於觀軍容使。代宗廣德元年,避吐蕃幸陜,朝恩舉在陜兵與神策軍迎扈,悉號"神策軍"。天子幸其營。及京師平,朝恩遂以軍歸禁中,自將之,然尚未與北軍齒也。永泰元年,吐蕃入侵,朝恩又以神策軍屯苑中,自是寖盛,分爲左、右廂,勢居北軍右,遂爲天子禁軍,非它軍比。朝恩乃以觀軍容宣慰處置使知神策軍兵馬使。大曆四年,請以京兆之好畤,鳳翔之麟游、普潤,皆隸神策軍。明年,復以興平、武功、扶風、天興隸之,朝廷不能遏。德宗時,神策兵雖處内,而多以裨將將兵征伐,往往有功。及李希烈反,河北盗且起,數出禁軍征伐,神策之士多鬬死者。建中四年,下詔募兵,以白志貞爲使。神策軍既發殆盡,志貞陰以市人補之,名隸籍而身居市肆。及涇卒潰變,皆戢伏不敢出。志貞等流貶,神策都虞侯李晟自飛狐道赴難,爲神策行營節度,屯渭北,軍遂振。貞元二年,改神策左右廂爲左右神策軍,特置監句當左右神策軍,以寵中官。而益置大將軍以下。改殿前射生左右廂爲殿前左右射生軍,亦置大將軍以下。三年,改殿前左右射生軍曰左右神威軍,置監左右神威軍使。左右神策軍皆加將軍二員,左右龍武軍加將軍一員,以待諸道大將有功者。自肅宗後,北軍增置威武、長興等軍,名類頗多,而廢置不一。惟羽林、龍武、神武、神策、神威最盛,總曰左右十軍。其後京畿之西,多以神策軍鎮之,皆有屯營。自德宗幸梁還,以神策兵有勞,皆號"興元元從奉天定難功臣”。十二年,以竇文場爲左神策軍護軍中尉,霍山鳴爲右神策軍護軍中尉,張尚進爲右神威軍中護軍,焦希望爲左神威軍中護軍。護軍中尉、中護軍皆古官。帝既以禁衛假宦官,又以此寵之。十四年,又詔左右神策置統軍,以崇親衛,如六軍。時邊兵衣饟多不贍,而戍卒屯防,藥茗蔬醬之給最厚。諸將務爲詭辭,請遥隸神策軍,稟賜遂贏舊三倍,塞上往往稱神策行營内統於中人矣;其軍乃至十五萬。元和二年,省神武軍。明年,又合左右神威軍爲一,曰“天威”。八年,廢天威軍,以其兵分隸左右神策軍。及僖宗幸蜀,田令孜募神策新軍爲五十四都,離爲十軍,令孜自爲左右神策十軍兼十二衛觀軍容使,以左右神策大將軍爲左右神策諸都指揮使,諸都又領以都將,亦曰“都頭”。昭宗以藩臣跋扈,天子孤弱,議以宗室典禁兵。及伐李茂貞,乃用嗣覃王允爲京西招討使,神策諸都指揮使李鐬副之,悉發五十四軍屯興平。石門、莎城之幸,詔嗣薛王知柔入長安收禁軍、清宫室。又詔諸王閲親軍,收拾神策亡散,益置安聖、捧宸、保寧、安化軍,曰“殿後四軍”,嗣覃王允與嗣廷王戒丕將之。三年,茂貞再犯闕,嗣覃王戰敗,昭宗幸華州。明年,韓建散殿後兵,殺十一王。及還長安,復稍置左右神策軍,以六千人爲定。是歲,左右神策中尉劉季述幽帝。鳳翔之圍,誅中尉韓全晦等二十餘人。還長安,悉誅宦官,神策左右軍由此廢矣。諸司悉歸尚書省郎官,兩軍兵皆隸六軍,以崔胤判六軍十二衛事。六軍者,左右龍武、神武、羽林,名存而已。自是軍司以宰相領。及朱全忠歸,留步騎萬人,以子發倫爲左右軍宿衛都指揮使,禁衛皆汴卒。崔胤立格募兵於市,全忠陰以汴人應之。胤死,宰相裴樞判左三軍,獨孤損判右,向所募士悉散去。全忠亦兼判左右六軍十二衛。及東遷,惟小黄門打毬供奉十數人、内園小兒五百人從。至穀水,又盡屠之,易以汴人,於是天子無一人之衛。

唐中葉後,爲患最深者爲禁軍,藩鎮惟河北始終抗命,餘皆時奏削平之。雖亦有效命之臣,終不能赫然中興者,則以中樞爲宦官所把持,君相欲去之而輒敗也,卒藉朱全忠以除之,而唐祚亦與之同盡。

蓋積重之勢所必至矣。以言乎外則地擅於將，而將又擅於兵，朝廷因無如節度何，節度亦莫能自必其命也。五代十國，惟南平始終稱王，餘皆稱帝，寔仍一節度使耳。其廢立，其興亡，與唐世之藩鎮無以異也。五代綱紀之迄不能振，以此至周世宗而後破其弊，至宋太祖而後竟其功。

宋之兵有三：天子之衛兵，以守京師，備征戍，曰禁軍；諸州之鎮兵，以分給役使，曰廂軍；選於户籍或應募，使之團結訓練，以爲在所防守，曰鄉兵。又有蕃兵，則國初具籍塞下，團結以爲藩籬；而其後分隊伍，給旗幟，繕營堡，備器械，律以鄉兵之制者也。禁兵，殿前、侍衛二司總之。其最親近扈從者，號諸班直；其在外者，非屯駐、屯泊，則就糧軍也。

宋初，鑒於五代藩鎮之弊，務爲強幹弱枝，諸州兵之強者，悉送闕下，以補禁旅之闕。其留本州者，罕教閲，給役而已。又立更戍之法，以免兵擅於將，且使兵不至於驕惰。然兵不知將，將不知兵，且廂兵皆升爲禁軍。又每逢水旱，則以募兵爲救荒之計，故兵數日廣。開國之初，養兵僅二十萬。開寶末，增至三十七萬八千。至道時，六十六萬六千。天禧間，九十一萬二千。慶曆，百二十五萬九千。治平稍減，亦百十六萬二千。然曾不能以一戰。當時論其弊者云："今衛士入宿，不自持被而使人持之；禁軍給糧，不自養而雇人養之。今以大禮之故，不勞之賞三年而一徧，所費八九十萬，有司不敢緩月日之期。兵之得賞，不以無功知愧，乃稱多量少，道好嫌惡，小不如意，則持梃而呼，羣聚欲擊天子之命吏。今天下之兵，不耕而聚於畿輔者數十萬，皆仰給於縣官。天下之財，近自淮甸，遠至於吴楚，凡舟車所至，人力所及，莫不盡取以歸，於京師晏然無事，而賦斂之重至於不可復加，而三司猶苦其不給，又有循環往來屯戍於郡縣者。今出禁兵而戍郡，遠者或數千里，其月廪歲給之外，又日供其芻糧，三歲而一遷，雖不過數百爲輩，而要其歸，無異於數十萬之兵，三歲而一出征也。"蓋募兵之弊至是而極矣。

軍各有營，營各有額。皇祐間，馬軍以四百，步軍以五百爲一營。承平既久，額存而軍闕，馬一營或止數十騎，兵一營或不滿二百，而將校猥多，賜予廩給十倍士卒，遞遷如額不少損。熙寧二年，始議并廢。又詔不任禁軍者降廂軍，不任廂軍者降爲民。四年，詔"揀諸路小分年四十五以下勝甲者，升爲大分，五十以上願爲民者聽"。舊制，兵至六十一始免，猶不即許也。及是免爲民者甚衆，冗兵由是大省。熙寧七年，始詔總開封府畿、京東西、河北路兵分置將、副。自河北始，第一將以下凡十七將，在河北四路；自十八將以下凡七將，在府畿；自二十五將以下凡九將，在京東；自三十四將以下凡四將，在京西，凡三十七將。而鄜延、環慶、涇原、秦鳳、熙河又自列將。鄜延九，元豐六年并爲五。涇原十一，元符元年增置第十二。環慶八，秦鳳五，熙河九。元豐四年，團結東南路諸軍共十三將：自淮南始，東路爲第一，西路爲第二，兩浙西路爲第三，東路爲第四，江南東路爲第五，西路爲第六，荆湖北路爲第七，南路潭州爲第八，全、邵、永州應援廣西爲第九，福建路爲第十，廣南東路爲第十一，西路桂州爲第十二，邕州爲第十三。總天下爲九十二將，而鄜延五路又有漢蕃弓箭手，亦各分隸諸將。凡諸路將各置副一人，東南兵三千人以下唯置單將；凡將副皆選内殿崇班以上、嘗歷戰陣、親民者充；又各以所將兵多少，置部將、隊將、押隊、使臣各有差；又置訓練官次諸將佐；春秋都試，擇武力士，凡千人選十人，皆以名聞，而待旨解發，其願留鄉里者勿強遣。此宋兵制之一變也。此外，京東、西有馬軍十三指揮，京西有忠果十二指揮，勇捷兩指揮。

保甲始熙寧三年，詔畿内之民，十家爲一保，選主户有幹力者一人爲保長；五十家爲一大保，選一人爲大保長；十大保爲一都保，選爲衆所服者爲都保正，又以一人爲副。主客户兩丁以上，選一人爲保丁，附保。兩丁以上有餘丁而壯勇者亦附之。同保不及五家者并他保。有自外入保者，則收爲同保，俟滿十家，乃別置焉。兵器非禁者聽習。每一大保夜輪五人警盜。同保中犯強盜、殺人、放火、強姦、略人、傳習妖教、造畜蠱毒，知而不告，依律伍保法。餘事非干己，又非敕律所聽糾，皆毋得告。其居停強盜三人，經三日，保鄰雖不知情，科失覺罪。既行之畿甸，遂推之五路，以達天下。時則以捕盜賊相保任，而未肄武事也。四年，始詔畿内保丁肄習武事。歲農隙，所隸官期日於要便鄉村都試騎步射。第一等保明以聞，天子親閲試，命以官使。第二等免當年春夫一月，馬藁四十，役錢二千。三四等視此有差，而未番上也。五年，主户保丁願上番於巡檢司者，十日一更，疾故者次番代之，月給口糧、薪菜錢，分番巡警，每五十人輪大保長二，都副保正一統領之。都副保正月給錢七千，大保長三千。捕逐劇盜，下番人亦聽追集，給其錢斛，事訖遣還，毋過上番人數，仍折除其上番日。十一月，又詔尉司上番保丁如巡檢司法。六年，行於永興、秦鳳、河北東西、河東五路，惟毋上番，餘路止相保任，毋習武藝，内荆湖、川、廣并邊者可肄武事，令監司度之。保甲初隸司農，八年，改隸兵部，增同判一、主簿二、幹當公事官十，分按諸州，其政令則聽於樞密院。元豐二年十一月，始立《府界集教大保長法》。三年，大保長藝成，乃立團教法，以大保長爲教頭，教保丁。府界法成，推之河北、陝西、河東三路，各置文武官一人提舉，以封樁養贍義勇保甲錢糧給其費。四年，改五路義勇爲保甲。其年，府界、河北、河東、陝西路會校保甲，都保凡三千二百二十六，正長、壯丁凡六十九萬一千九百四十五，歲省舊費緡錢一百六十六萬一千四百八十三，歲費緡錢三十一萬三千一百六十六，而團教之賞不與焉。熙寧九年，籍義勇、保甲及民兵凡七百十八萬二千二十八人云。

保甲之行，王安石主之最力。安石謂："必復古行伍之制，然後兵衆而強。兵不減，則費財困國無已時；更減，則無以待緩急，故不能理兵，稍復古制，則中國無富強理。且募兵皆偷惰頑猾不能自振之人，而爲農者皆朴力一心聽令之人，則緩急莫如民兵可用，此其所以決行而不疑也。"當時言其效者，謂前此環畿羣盜，攻奪殺掠，歲且二百起，至是盡絶，僅長野一縣捕獲府界劇賊及迫逐出外者，皆三十人。以之爲兵，藝既勝於正兵，而一時賞賚，皆取之封樁，或禁軍闕額，未嘗費户部一錢。章惇謂：仕官及有力之家子弟，皆欣然趨赴。及引對，所乘皆良馬，鞍韉華楚，馬上藝事，往往勝諸軍，知縣巡檢又皆得轉官或減軍，以此上下踴躍自効，司農官親任其事，督責檢察極精密。縣令有抑令保甲置衣裝，非理騷擾者，亦皆衝替，故人莫敢不奉法。而司馬光、王巖叟輩則極言保正長及巡檢使之誅求無厭。又謂使者犒設賞賚，所費不可勝計。民有逐養子、出贅婿、再嫁其母、兄弟析居以求免者，有毒目、斷指、炙肌膚以自殘廢而求免者，有盡室以逃而不歸者，甚有保丁自逃，更督其家出賞錢以募之者。又謂保丁執指使，逐巡檢，攻提舉司幹當官，大獄相繼。又謂自教閱保甲以來，河東、陝西、京西盜賊多白晝公行，入縣鎮，殺官吏。官軍追討，經歷歲月，終不能制。其言適相反，蓋皆不免於已甚也。

元祐時，司馬光得政，言禁旅盡屬將官，長吏勢力出其下，不足防寇賊竊發。又兵不出戍，養成驕惰。將下有部隊將、訓練官等一二十人，而諸州又自有總管、鈐轄、都監、監押，設官重複，虚破廩禄。於是詔除陝西、河東、廣南不出戍，河北差近裹一將更赴河東外，諸路逐將與不隸將之兵并更互出戍，稍省諸路鈐轄及都監員，以將官兼州都監職，而保甲法亦次第廢罷。元符時，更欲議復。曾布謂當時保丁存者無幾，卒不能行。蓋宋自元豐以前，專用募兵，元豐以後，民兵日盛，募兵日衰，募兵闕額，則收其廩給，以爲民兵教閱之費。元祐以後，民兵亦衰。崇寧、大觀以後，蔡京用事，兵弊日滋，至於受逃亡，收配隸，猶恐不足。政和後，久廢搜補，軍士死亡之餘，老疾者徒費廩給，少壯者又多冗占，集體既壞，紀律遂亡。童貫握兵，凡遇陣敗，恥於人言，第申逃竄。河北將兵，十無二三，多住招闕額，以爲上供之用。陝西諸路，兵亦無幾。金兵入侵，种師道將兵入援，僅得萬五千人而已。

高宗南渡，殿前司以左言權領，而侍衛二司猶在東京。諸將楊維忠、王淵、韓世忠以河北兵，劉光世以陝西兵，張俊、苗傅等以帥府及降盜兵，皆在行朝，不相統一。於是置御營司，因其所部爲五軍，以淵爲使司都統制，世忠、俊、傅等并爲統制。又命光世提舉使同一行事務。三年，又置御前五軍，楊沂中爲中軍總宿衛，張俊爲前軍，韓世忠爲後軍，岳飛爲左軍，劉光世爲右軍，皆屯駐於外。四年，廢御營司，歸其事於樞密院。後改御前五軍爲神武五軍，御營五軍爲神武副軍，并隸樞密院。又廢神武中軍，以隸殿前司。復立侍衛馬步二司，而三衙始復矣。然所謂御前軍者，初不盡隸三衙也。南渡之初，諸軍較有名者，韓、岳、張、劉而外，則王彦之八字軍、湖南王𤫩、川陜曲端、王庶、劉子羽、吴玠之軍。八字軍初隨張浚入蜀，後赴行在，歸入馬軍司。王𤫩紹興五年罷，其軍五千隸韓世忠。劉光世死，其將酈瓊以兵七萬叛降齊，王德以八千人歸張俊。於是三衙而外，韓、岳、張之兵最盛。岳飛駐湖北、韓世忠駐淮東、劉光世駐江東，皆立宣撫司。紹興十一年，給事中范同獻策秦檜，召韓、岳、張，皆除樞副。張俊首納所部兵。分命三大帥副校各統所部，更其銜曰統制御前軍馬。罷宣撫司，遇出師，則取旨，兵皆隸樞密院，而屯駐則仍舊，謂之某州駐劄御前諸軍。故岳飛舊部在鄂，張俊舊部在建康，韓世忠舊部在鎮江。劉光世之軍之叛也，始以吴玠軍爲右軍。曲端爲張俊所殺，及王庶、劉子羽之卒，其兵皆并於玠。玠死，胡世將爲宣撫使，吴璘以二萬人守興州，楊政以二萬人守興元，郭浩以八千人守金州，而玠中部三萬人分屯仙人關左右，亦并統之，分屯十四郡，亦以御前諸軍爲號。凡御前諸軍，皆直達朝廷，帥臣不得節制，然又不隸於三衙。而三衙所統禁兵，則但供厮役，如昔之廂軍而已。此南渡後軍制之變遷也。四御前軍之財賦，特設總領司之。廂禁軍及士兵等，則仰給於州郡。

遼爲游牧之國，兵衆而強。而爲之中堅者，則部族也。今據史略述其制如下：

御帳親軍　太祖即位之後，以宗室盛強，分迭剌部爲二，五院、六院。宫衛内虚，未皇鳩集。皇后述律氏居守之際，摘蕃漢精鋭爲屬珊軍二十萬騎。太宗益選天下精兵，置諸爪牙爲皮室軍三十萬騎。合騎五十萬。

宫衛騎軍　太祖既分本部爲五院、六院，而親衛缺然。乃立斡魯朶法，分州縣，析部族，以強幹弱支。嗣後，每帝踐位則置之。入則居守，出則扈從。《營衛志》所謂"居有宫衛，謂之斡魯朶；出有行營，謂之捺鉢"也。葬則因以守陵。十二宫一府，自上京至南京總要之地，各置提轄司。重地每宫皆置，内地一二而已。凡諸宫衛，丁四十萬八千，出騎兵十萬一千人。有兵事，不待調發州縣、部族，十萬騎軍已具矣。

大首領部族軍　親王大臣征伐之際，往往置私甲以從王事。大者千餘騎，小者數百人，著籍皇府。國有戎政，量借三五千騎，常留餘兵爲部族根本。

衆部族軍　分隸南北府，守衛四邊。《營衛志》曰："部落曰部，氏族曰族。契丹故俗，分地而居，合族而處。有族而部者，五院、六院之類是也。有部而族者，奚王、室韋之類是也。有部而不族者，特里特免、稍瓦、曷朮之類是也。有族而不部者，遥輦九帳、皇族三父房是也。""《舊志》曰：契丹之初，草居野次，靡有定所。至涅里始制部族，各有分地。太祖之興，以迭剌部強熾，析爲五院、六院。奚六部以下，多因俘降而置。勝兵甲者即著軍籍，分隸諸路詳穩、統軍、招討司。番居内地者，歲時田牧平莽間。邊防紏户，生生之資，仰給畜牧，績毛飲湩，以爲衣食。各安舊風，狃習勞事，不見紛華異物而遷。故家給人足，戎備整完。卒之虎視四方，強朝弱附，部族實爲之爪牙云。"

五京鄉丁　可見者一百十萬七千三百人，不出戍。

屬國軍　屬國可紀者五十九，朝貢無常。有事則遣使徵兵，或下詔專征，不從者討之。助軍衆寡，各從其便，無定額。

金初所用皆諸部族之兵，強勇而耐勞，忠樸而聽令，故其強遂無敵於天下。《金史・兵志》云："金之初年，諸部之兵無他徭役，壯者皆兵，平居則聽以佃漁射獵習爲勞事，有警則下令部内，及遣使詣諸孛堇徵兵，凡步騎之仗糗皆取備焉。"其《兵志叙》云："金興，用兵如神，戰勝攻取，無敵當世，曾未十年，遂定大業。原其成功之速，俗本鷙勁，人多沉雄，兄弟子姓，才皆良將，部落保伍，技皆鋭兵。加之地狹産薄，無事苦耕，可給衣食，有事苦戰，可致俘獲，勞其筋骨，以能寒暑,徵發調遣,事同一家。是故將勇而志一,兵精而力齊,一旦奮起,變弱爲強,以寡制衆,用是道也。”其制戰時之統帥,即平時之部長,平時曰孛堇,戰時則從其多寡稱猛安、謀克。猛安千夫長,謀克百夫長也。謀克之副曰蒲里衍,士卒之副從曰阿里喜。猛安、謀克之制定於太祖二年,以三百户爲謀克,謀克十爲猛安。其後諸部來降,率以猛安、謀克之名授之,亦以此制施之遼、漢之衆。既入中原,懼民情勿便,乃罷是制,從漢官之號,置長吏。熙宗以後,復罷遼東漢人、渤海猛安謀克承襲之制,浸移其兵柄於國人焉。大定初,窩斡平,又散契丹隸諸猛安謀克。《兵志叙》又云:“及其得志中國,自顧其宗族國人尚少,乃割土地、崇位號以假漢人,使爲之効力而守之。猛安謀克雜厠漢地,聽與契丹、漢人婚姻以相固結。迨國勢寖盛,則歸土地、削位號,罷遼東、渤海漢人之襲猛安謀克者,漸以兵柄歸其内族。然樞府僉軍募軍兼採漢制,伐宋之役參用漢軍及諸部族而統以國人,非不知制勝之策在於以志一之將、用力齊之兵也,第以土宇既廣,豈得盡任其所親哉。”蓋金人之於遼東、渤海、漢人,雖歧視亦不能不用也。

熙宗分猛安謀克爲上、中、下三等,宗室爲上,餘次之。海陵天德二年,削上、中、下之名,但稱諸猛安謀克,循舊制間年一徵發,以補死亡之數。貞元以後,移猛安謀克户於中原,漸染華風,日趨奢惰,其勢遂不復振。大定十五年,遣吏部郎中蒲察兀虎等十人分行天下,再定猛安謀克户,每謀克户不過三百,七謀克至十謀克置一猛安。大定時,宗室户百七十,猛安二百有二,謀克千八百七十八,户六十一萬五千六百二十四。南遷後,以二十五人爲謀克,四謀克爲一猛安。每謀克除旗鼓司火頭外,任戰者僅十八人,不足成隊伍,但務存其名而已。

宣宗南遷,盡擁猛安户老稚渡河,僑置諸總管府以統之,器械既缺,糧糒不給,乃行括糧之法,一人從征,舉家待哺。又謂無以堅戰士之心,乃令其家盡入京師,不數年至無以爲食,乃聽其出,而國亦屈矣。哀宗正大二年,議選諸路精兵,直隸密院。先設總領六員,分路揀閲,因相合并。軍勢既張,乃易總領之名爲都尉,班在隨朝四品之列,必以嘗秉帥權者居之,雖帥府行院亦不敢以貴重臨之也。天興初元,有都尉十五。復取河朔諸路歸正人,送樞密院,增月給三倍他軍,授以官馬,名曰忠孝,意以示河朔人也。後至七千,千户以上將帥尚不預焉。其後歸正人日多,乃係於忠孝籍中别爲一軍,所給減忠孝之半,所謂合里合軍也。又閲試親衛馬軍,取武藝如忠孝軍者得五千人。凡進征,忠孝居前,馬軍次之。將相舊人謂軍士精鋭,械器堅整,較之全盛猶爲過之云。時京師尚有建威都尉軍一萬,親衛軍七千,其餘都尉十三四軍猶不在内。此外,招集義軍名曰忠義。《金史·兵志》謂:"要皆燕、趙亡命,雖獲近用,終不可制,異時擅殺北使唐慶以速金亡者,即此曹也。"河朔亡命雖不足用,究尚略資捍禦,至猛安謀克,則劉炳謂:"將帥非才,外託持重之名,内爲自安之計。擇驍果以自衛,委疲懦以臨陣。陣勢稍動,望風先奔,士卒從而大潰。"侯摯謂:"從來掌兵者多用世襲之官,此屬自幼驕惰,不任勞苦,且心膽懦怯。"陳規謂:"今之將帥,大抵先給出身官品,或門閥膏粱之子,或親故假託之流,平居則意氣自豪,臨敵則首尾退縮。又居常刻衆納其饋獻,士卒因之擾民。"其不足用愈甚矣。

凡漢軍有事,則簽取於民,事已亦或放免。劉祁謂:"金之兵制最弊,每有征伐及邊釁,輒下令簽軍,使遠近騷動。民家丁男若皆強壯,或盡取無遺,號泣動乎鄰里,嗟怨盈於道路,驅此使戰,欲其勝敵,難矣。"

禁軍之制,本於合扎謀克。合扎,言親軍也,以近親所領,故以名焉。貞元遷都,更以太祖、遼王宗幹、秦王宗翰軍爲合扎猛安,謂之侍衛親軍,立司以統之。後於其中選千六百人,以備宿衛。騎兵曰龍翔,步兵曰虎步。五年,罷親軍司,以所掌付大興府,置左右驍騎,所謂從駕軍也。置都副指揮使隸點檢司,步軍都副指揮使隸宣徽院。

凡猛安之上置軍帥,軍帥之上置萬户,萬户之上置都統。時亦稱軍帥爲猛安,而猛安則稱親管猛安焉。襲天祚時,始有都統之名,伐宋改爲元帥府,置元帥及左、右副元帥,左、右監軍,左、右都監。元帥必以諳班孛極烈爲之,恒居守而不出。六年,詔還二帥。諸路各設兵馬都總管府,州鎮置節度使,邊州置防禦使。州府所募射糧軍及牢城軍,每五百人爲一指揮使司,設使,分爲四都,都設左右什將及承局押官。其軍數若有餘或不足,則與近者合置,不可合者以三百或二百人亦設指揮使,若百人則祇設軍使,百人以上立爲都,不及百人止設什將及承局管押官各一員。天德三年,以元帥府爲樞密院,嗣後行兵則爲元帥府,罷復爲院。罷萬户官,詔曰:太祖“設此職許以世襲,乃權宜之制,非經久之利。今子孫相繼專攬威權,其户不下數萬,與留守總管無異,而世權過之”云云。南遷封九公,假以便宜從事,沿河諸城置行樞密院元帥府,大者有“便宜”之號,小者有“從宜”之名。元光間,招義軍以三十人爲謀克,五謀克爲千户,四千户爲萬户,四萬户爲副統,兩副統爲都統,此復國初之名也。見《古里甲石倫傳》,然又外設一總領提控,故時皆稱元帥爲總領云。射糧軍兼給役,牢城軍乃嘗爲盜竊者以充防築之役。

元初典兵之官,視兵數多寡,爲爵秩崇卑。長萬夫者爲萬户,千夫者爲千户,百夫者爲百户。世祖時,内立五衛,以總宿衛諸軍,衛設親軍都指揮使;外則萬户之下置總管,千户之下置總把,百户之下置彈壓,立樞密院以總之。方面有警,則置行樞密院,事已則廢,而移都鎮撫司屬行省。萬户、千户、百户分上中下。萬户、千户死陣者,子孫襲爵,死病則降一等。總把、百户老死,萬户遷他官,皆不得襲。是法尋廢,後無大小,皆世其官,獨以罪去者則否。各省官居長者二員,得佩虎符,提調軍馬,餘佐貳者不得預,惟雲南雖牧民官亦得佩符虎,領軍務焉。

軍士初有蒙古軍及探馬赤軍。探馬赤者,諸部族也。其法,家有男子,十五以上、七十以下,無衆寡盡命爲兵。十人爲一牌,設牌頭,上馬則備戰鬬,下馬則屯聚牧養。孩幼稍長,又籍之,曰漸丁軍。既平中原,發民爲卒,是爲漢軍。或以貧富爲甲乙,户出一人,曰獨户軍,合二三而出一人,則爲正軍户,餘爲貼軍户。或以男丁論,嘗以二十丁出一卒，至元七年十丁出一卒。或以户論，二十户出一卒，而限年二十以上者充。士卒之家，爲富商大賈，則又取一人，曰餘丁軍，至十五年免。或取匠爲軍，曰匠軍。或取諸侯將校子弟充軍，曰質子軍，又曰秃魯華軍。是皆多事之際，權宜之制。天下既平，嘗爲軍者，定入尺籍伍符，不可更易。貧不能役，則聚而一之，曰合并；貧甚者、老無子者，落其籍。户絶者，别以民補之。奴得縱自便者，俾爲其主貼軍。繼得宋兵，號新附軍。又有遼東之糺軍、契丹軍、女真軍、高麗軍、雲南之寸白軍、福建之畬軍，則皆不出戍他方，蓋鄉兵也。其以技名者，曰砲軍，曰弩軍，曰水手軍。應募而集者，曰答剌罕軍云。

其名數，則有憲宗二年之籍，世祖至元八年之籍、十一年之籍，而新附軍有二十七年之籍。兵籍，漢人不閲，雖樞密近臣職專軍旅者，亦惟長官一二人知之。故有國百年，而内外兵數之多寡，人莫有知之者。

舊例，丁力強者充軍，弱者出錢，故有正軍、貼户之籍。行之既久，強者弱，弱者強，而籍如故。其同户異居者，私立年期，以相更代，故有老稚從軍，強壯家居者。至元二十二年，從樞密院請，嚴立軍籍條例，選壯者及有力之家充軍焉。

鎮戍之制，定於世祖。世祖混一海宇，始命宗王將兵鎮邊徼襟喉之地，河洛、山東據天下腹心，則以蒙古、探馬赤軍列大府以屯之。江、淮以南，地盡南海，則名藩列郡，各以漢軍及新附等軍戍焉。皆世祖與二三大臣所謀也。然承平既久，將驕卒惰，軍政不修，而天下之勢遂至於不可爲。

李璮之叛，分軍民爲二，而異其屬，後平江南，軍官始兼民職。凡以千户守一郡，則率其麾下從之，百户亦然。至元十五年十一月，令軍民各異屬如初。元制，鎮戍士卒皆更相易置，既平江南，以兵戍列城，其長軍之官，皆世守不易，多與富民樹黨，因奪民田宅里居，干有司政事。至元十七年，知浙東道宣慰司張鐸言其弊，請更制，限以歲月遷調焉。

元親衛之制，曰四怯薛。怯薛，猶言番直宿衛也。第一怯薛直申、酉、戌日，博爾忽領之。博爾忽早絶，代以别速部，而非四傑功臣之類，故太祖自以名領之，曰也可怯薛。也可，猶言天子自領也。第二怯薛直亥、子、丑日，博爾朮領之。第三怯薛直寅、卯、辰日，木華黎領之。第四怯薛直巳、午、未日，赤老温領之，後絶，常以右丞相領之。怯薛長之子孫，或由天子親任，或由宰相薦舉，或其次序所當爲，即襲其職，以掌環衛。雖官卑勿論也，及年勞既久，則遂擢爲一品官。四怯薛之長，天子或又命大臣總之，然不常設。其他預怯薛之職者，分掌冠服、弓矢、食飲、文史、車馬、廬帳、府庫、醫藥、卜祝之事，悉世守之。雖服官極貴，一日歸至内廷，則執其事如故，至於子孫無改，非甚親信，不得預也。世祖又設五衛，置都指揮使領之。用之大朝會，謂之圍宿軍；用之大祭祀，謂之儀仗軍；用之車駕巡幸，則曰扈從軍；守護天子之帑藏，則曰看守軍，夜以之警非常，則曰巡邏軍。歲漕至京師，用以彈壓，則爲鎮遏軍，則特以備儀制而已。

明衛所之制，與唐府兵相似，而實亦沿自元。其制以五千六百人爲衛，一千一百十二人爲千户所，百十有二人爲百户所。所設總旗二，小旗十。其取兵，有從征，有歸附，有謫發。從征者，諸將所部兵，既定其地，因以留戍。歸附，則勝國及僭僞諸降卒。謫發，謂以罪遷隸爲兵者也。在外都指揮使司十三，曰北平、陜西、山西、浙江、江西、山東、四川、福建、湖廣、廣東、廣西、遼東、河南。後增貴州、雲南。行都指揮使司二，曰甘州、大同，俱隸大都督府。征伐則命將充總兵官，調衛所軍領之。既旋，則將上所佩印，官軍各歸衛所。都指揮使與布、按并稱三司，爲封疆大吏。而專閫重臣，文武亦無定職，世猶以武爲重。正德以來，軍職冒濫，爲世所輕。内之部科，外之監軍、督撫，叠相彈壓，五軍府如贅疣，弁帥如走卒。至於末季，衛所軍士，雖一諸生可役使之。積輕積弱，重以隱占、虚冒諸弊，遂至舉天下之兵，而不足以任戰守矣。

洪武、永樂間，邊外歸附者，官其長，爲都督、都指揮、指揮、千百户、鎮撫等官，賜以敕書印記，設都司衛所，是爲羈縻衛所。

衛所而外，郡縣有民壯，僉民而爲之。或富人上直於官，官爲之募。後亦令出戍，或徵銀以充召募。邊郡有土兵，出於召募。隨其風土，各有長技，間調以佐軍旅緩急，時曰鄉兵。逝、川、遼有隸軍籍者；其不隸軍籍者，所在多有。西南邊有土司，末年，邊事急，亦時調湖南、廣西、四川三省之土司兵焉。

衛所之兵番上京師者，總爲三大營，時曰班軍。其弊也，或因占役而愆期，或則納銀將弁而免行，時曰折乾。有事則召募以應，多傭丐者而已。其至者多以之充役。又或居京師，爲商販工藝，以錢入諸將，初不操練也。

三大營：曰五軍，肄營陣；曰三千，肄巡哨；曰神機，肄火器。五軍者，初建統軍元帥府，尋改大都督府，又分前、後、中、左、右五軍都督府。三千，以得邊外降兵三千立營，故名。神機則征交阯得火器法而設者也。洪熙時，始命武臣一人總理營政。土木之難，京軍没幾盡。景帝用於謙爲兵部尚書。謙以三大營各爲教令，臨期調撥，兵將不相習，乃請於諸營選勝兵十萬，分十營團練。於三營提督中推一人充總兵官，監以内臣，兵部尚書或都御史一人爲提督。其餘軍歸本營，曰老家。京軍之制一變。謙死，團營罷。憲宗立，復之，增爲十二。成化二年，復罷。命分一等、次等訓練。尋選得一等軍十四萬有奇。帝以數多，仍命分十二營團練，命侯十二人掌之，各佐以都指揮，監以内臣，提督以勳臣，名其軍曰選鋒。不任者仍爲老家以供役，而團營法又稍變，帝在位久，京營特注意，然缺伍至七萬五千有奇，大率爲權貴所隱占。又用汪直總督團營，禁旅掌於内臣，自帝始也。孝宗即位，乃命馬文升爲提督。武宗即位，十二營鋭卒僅六萬五百餘人，稍弱者二萬五千而已。及劉六、劉七起事，邊將江彬等得幸，請調邊軍入衛。於是集九邊突騎家丁數萬人於京師，命曰外四家。立兩官廳，選團營及勇士、四衛軍於西官廳操練。勇士者，永樂時以迤北逃回軍卒，供養馬役，給糧授室，號曰勇士。後多以進馬者充，而聽御馬監官提調，名隸羽林，身不隸也。宣德六年，乃專設羽林三千户所統之，凡三千一百餘人。尋改武驤、騰驤左右衛，稱四衛軍。正德元年，所選官軍操於東官廳。自是兩官廳軍爲選鋒，而十二團營且爲老家矣。武宗崩，大臣以遺命罷之。時給事中王良佐奉命選軍，按籍三十八萬，而存者不及十四萬，中選者僅二萬餘。世宗立，久之，從廷臣言，設文臣知兵者一人領京營。是時額兵十萬七千餘人，而存者僅半。二十九年，俺答入寇，營伍不及五六萬。驅出城門，皆流涕不敢前，諸將領亦相顧變色。於是悉罷團營，復三大營舊制。更三千曰神樞。設武臣一，曰總督京營戎政，以咸寧侯仇鸞爲之；文臣一，曰協理京營戎政，以攝兵部王邦瑞充之。鸞言於帝，選各邊兵六萬八千人，分番入衛，與京軍雜練，復令京營將領分練邊兵，於是邊兵盡隸京師。塞上有警，邊將不得徵集，邊事益壞。隆慶初，改其制，三大營各設總兵，尋改提督。又用三文臣，亦曰提督。自設六提督後，遇事旬月不決，乃仍設總督、協理二臣。張居正當國，營務頗飭。後日廢弛。莊烈益用内臣。兵事亟，命京營出防勦，皆監以中官。多奪人俘獲以爲己功，輕折辱諸將士，諸將士益解體。李自成軍入居庸，京軍出禦，至沙河，聞砲聲潰而歸。李自成長驅直入，守陴者僅内操之三千人，自成遂入京師。大率京軍積弱，由於占役買閒。其弊實起於好賄之營帥，監視之中官，竟以亡國云。占役者，以空名支饟，臨操乃集市井之徒充數。買閒，謂富者内賄置名老家。

侍衛上直軍者，太祖即吴王位，設拱衛司，領校尉，隸都督府。洪武二年，改親軍都尉府，統中、左、右、前、後五衛軍，而儀鑾司隸焉。十五年，罷府及司，置錦衣衛。所屬有南北鎮撫司十四所。太祖之設錦衣也，專司鹵簿。是時，方用重刑，有罪者往往下錦衣衛鞫實，本衛參刑獄自此始。文皇入立，倚錦衣爲心腹。所屬南北兩鎮撫司，南理本衛刑名及軍匠，而北專治詔獄。凡問刑、奏請皆自達，不關自衛帥。用法深刻，爲禍甚烈。又錦衣緝民間情僞，以印官奉敕領官校。東廠太監緝事，别領官校，亦從本衛撥給，因是恒與中官相表裏。皇城守衛，用二十二衛卒，不獨錦衣軍，而門禁亦上直中事。京城巡捕之職，洪武初置兵馬司，已改命衛所鎮撫官，而掌於中軍都督府。永樂中，增置五城兵馬司，後則以兵協五城，兵數增，統帶亦漸增，至提督一，參將二，把總十八，巡軍萬一千，馬五千匹。然每令錦衣官協同，遂終明之世云。

太祖之取婺州也，選富民子弟充宿衛，曰御中軍。已，置帳前總制親兵都指揮使。後復省，置都鎮撫司，隸都督府，總牙兵巡徼。而金吾前後、羽林左右、虎賁左右、府軍左右前後十衛，以時番上，號親軍。有請，得自行部，不關都督府。及定天下，改都鎮撫司爲留守，設左、右、前、後、中五衛，關領内府銅符，日遣二人點閲，夜亦如之，所謂皇城守衛官軍也。

垛集令者，衛所著軍士姓名、鄉貫爲籍，具載丁口，以便取補。三丁以上，衛正軍一，别有貼户，正軍死，以貼户丁補之。成祖令正軍、貼户更代，貼户單丁者免。其弊也，有逃，有受抑爲軍，又黠者匿籍，誣攘良民充伍。於是有清軍，遣給事、御史爲之。而勾軍之制最酷，逃、故者，勾及家丁族黨，有株累數十家，勾攝數十年者。東南資裝出於户丁，解送出於里遞，每軍不下百金。凡軍衛掌於職方，勾清則武庫主之。有所勾攝，自衛所開報，先覈鄉貫居止，内府給批，下有司提本軍，謂之跟捕；提家丁，謂之勾補。間有恩恤開伍者。而凡户有軍籍，必仕至兵部尚書始得除焉。軍士應起解者，皆僉妻；有津給軍裝、解軍行糧、軍丁口糧之費。其册單編造皆有恒式。初定户口、收軍、勾清三册。嘉靖三十一年，又編四册，曰軍貫，曰兜底，曰類衛，曰類姓。其勾軍另給軍單。終明世，於軍籍最嚴。然弊政漸叢，而擾民日甚。

歷代邊防，無如明之嚴密者。《明史》謂“東起鴨緑，西抵嘉峪，綿亘萬里，分地守禦”。凡今之長城，殆皆明之遺跡也。初設遼東、宣府、大同、延綏四鎮，繼設寧夏、甘肅、蘇州三鎮，而太原總兵治偏頭，三邊制府駐固原，亦稱二鎮，是爲九邊。洪武二十年，置北平行都司於大甯。李文忠等取元上都，設開平衛及興和等千户所，東西各四驛，東接大寧，西接獨石。二十五年，又築東勝城於河州東受降城之東，設十六衛，與大同相望。成祖改北平行都司爲大寧都司，徙之保定，以大寧地畀兀良哈。自是遼東與宣、大聲援阻絶，又以東勝孤遠難守，調左衛於永平，右衛於遵化而棄其地。先是興和亦廢，開平徙於獨石，宣、大遂爲重鎮焉。翁萬達之總督宣、大也，籌邊事甚悉。其言曰："山西保德州河岸，東盡老營堡，凡二百五十四里。西路丫角山迤北而東，歷中北路，抵東路之東陽河鎮口臺，凡六百四十七里。宣府西路，西陽河迤東，歷中北路，抵東路之永寧四海冶，凡一千二十三里。皆副臨巨寇，險在外者，所謂極邊也。老營堡轉南而東，歷寧武、雁門、北樓至平型關盡境，約八百里。又轉南而東，爲保定界，歷龍泉、倒馬、紫荆、吴王口、插箭嶺、浮圖峪至沿河口，約一千七十餘里。又東北爲順天界，歷高崖、白羊，抵居庸關，約一百八十餘里。皆峻嶺層岡，險在内者，所謂次邊也。敵犯山西必自大同，入紫荆必自宣府，未有不經外邊能入内邊者。"因請修築宣、大邊牆千餘里，烽三百六十三所云。

軍官皆有定職。總兵官總鎮軍爲正兵，副總兵分領三千爲奇兵，遊擊分領三千往來防禦爲遊兵，參將分守各路東西策應爲援兵。營堡墩臺分極衝、次衝，爲設軍多寡。平時走陣、偵探、守瞭、焚荒諸事，無敢稍惰。違制輒按軍法。而其後皆廢壞云。然千關隘設，戍於沿邊，置千户所，修邊牆，築墩堡，注意屯田，令商人以鹽入中，由是富商自出財募兵屯塞下，規制之密，蓋未有過明者也。墩亦稱煙墩。

太祖時，沿邊設衛，惟土著兵及有罪謫戍者。遇有警，調他衛軍往戍，謂之客兵。永樂間，始命内地兵番戍，謂之邊班。其後占役逃亡之數多，乃有召募，有改撥，有修守民兵、士兵，而邊防日益壞焉。

沿海亦設指揮司衛所，造快船、火船，出洋巡徼。沿江造舟，設水兵。明初,時派重臣勳戚巡視海上,并築沿海諸城。自世宗罹倭患以來,沿海大都會,各設總督、巡撫、兵備副使及總兵官、參將、遊擊等員。舟制江海各異,亦極詳備。

古所謂礮,皆以機發石。元初,得西域礮,攻金蔡州城,始用火。然造法不傳,後亦罕用。至明成祖平交阯,得神機鎗礮法,特置神機營肄習。嘉靖八年,始造佛郎機砲,謂之大將軍,發諸邊鎮。佛郎機者,國名也。正德末,其國舶至廣東。白沙巡檢何儒得其制。其後大西洋船至,復得巨礮,曰紅夷。天啓中,賜以大將軍號,遣官祀之。崇禎中,大學士徐光啓請令西洋人製造,發各鎮。明置兵仗、軍器二局,分造火器,凡數十種。正德、嘉靖間造最多。又各邊自造,自正統十四年四川始。永樂十年,詔自開平至懷來、宣府、萬全、興和諸山頂,皆置五礮架。二十年,從張輔請,增置於山西大同、天城、陽和、朔州等衛以禦敵。然利器不可示人,朝廷亦慎惜之。宣德五年,敕宣府總兵官譚廣:"神銃,國家所重,在邊墩堡,量給以壯軍威,勿輕給。"正統六年,邊將黄真、楊洪立神銃局於宣府獨石。帝以火器外造,恐傳習漏泄,敕止之。

清兵制有八旗、緑營之分。八旗又有滿洲八旗、蒙古八旗、漢軍八旗。滿洲八旗之制,定於太祖,初止黄、白、紅、藍四色,後增鑲黄、鑲白、鑲紅、鑲藍四旗。鑲黄爲第一旗,與正黄、正白爲上三旗,屬内府。餘爲下五旗,屬諸王。雍正時,乃撤去焉。蒙古及漢軍八旗,皆太宗時制。旗置都統一,滿語曰固山額真;副都統二,曰梅勒額真。轄五參領,時曰甲喇額真。每參領轄五佐領,曰牛录額真。每佐領三百人。佐領下有領催、馬甲等。其後駐防八旗轄以將軍、副都統。八旗兵皆世襲,一丁領饟,全家坐食。駐防者又與漢族分城而居,割近城肥田爲馬廠,故其人少與漢人接,不能治生。緑營沿自明,皆漢人。有馬、步、守兵三種,隸於提督、總兵。總兵下有副將、參將、遊擊、都司、守備、千總、把總等官。凡督、撫皆得節制提、鎮,而督、撫又有本標兵。緑營兵饟視旗兵爲薄。乾、嘉以前,大抵外征用八旗不足,則輔以緑營，對内用緑營不足，乃翼以八旗。其後嘗減緑旗兵額，而以其餉加厚。抽練緑營壯丁，直隸舉辦最早。同治初，即於督標、撫標及四鎮兵内抽練，後江、浙、福建諸省亦次第舉辦焉。

川、楚白蓮教舉事，緑營、旗兵皆不足恃，而轉有藉於鄉兵，時曰勇營，亦曰練勇。太平軍、捻軍起，仍藉湘、淮軍鎮壓，而勇營始爲全國武力重心。重要之地，且遣勇營防戍焉。勇營之制，以百人爲一哨，五哨爲一營，三營爲一旗；馬隊以二百五十人爲營，營分五哨，哨五十人；水師以三百八十八人爲一營。其後一敗於法，再敗於中日之戰，乃知勇營亦不足恃。乃擇其精壯者，加餉更練焉。武衛軍其著者也。最後又有徵兵之議，全國擬練三十六鎮，未及成而亡。其制於各省設督練公所，挑選各州縣壯丁入營教練，是爲常備兵。三年放還鄉里，爲續備兵。又三年爲後備兵。又三年脱軍籍。兵官分三等九級，鎮有步隊二協，協二標，標三營，營四隊，隊三排，排三棚，棚十四人。馬隊一標，標三營，營四隊，隊二排，排二棚。礮隊一標，標三營，營三隊，隊三排，排三棚。工程隊一營，營四隊，隊兩排，排三棚。輜重隊一營，營四隊，隊兩排，排三棚。民國軍制沿之，而改鎮曰師，協曰旅，標曰團，隊曰連。

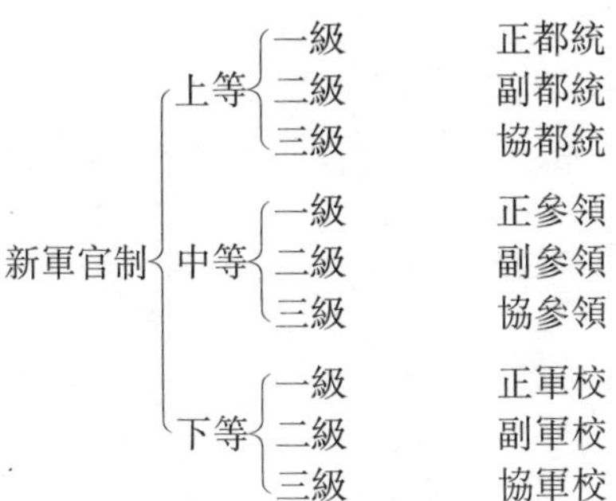


水師本有内河、外海之分。江西、湖南北水師曰内河，天津、山東、福建水師曰外海，江、浙、廣東則兼有内河外海，統以水師提督。湘軍起，始有長江水師。洪楊事定後，設船政局於福州、上海。光緒六年,設水師學堂於天津。十年,立海軍衙門。十三年,聘英人琅威理教練艦隊,分南北洋,以威海駐軍,旅順修艦,各設提督。後旅大、威海、廣州灣相繼租借,海軍遂無停泊之所矣。末年,設海軍部,分諸艦爲巡洋、長江兩艦隊,議經營榮城、象山、三門、榆林、三沙諸灣爲軍港,亦未有成。

# 第十八章　刑　法

中國法律之進化，蓋可分爲數端。禮與法之漸分，一也。古代各種法律，渾而爲一，至後世則漸分析，二也。古代用刑，輕重任意，後世則法律公佈，三也。刑罰自殘酷而趨寬仁，四也。審判自粗疏而趨精詳，五也。而法律必與道德合一，刑之所期爲無刑，故郅治之隆，必曰刑措象刑之制，意主明恥，而不必加戕賊於人之體膚，雖未易行，要不失爲極高之理想也。

刑法之可考者，始於五帝之世。《書・吕刑》曰："苗民弗用靈，制以刑。惟作五虐之刑曰法。""皇帝清問下民鰥寡有辭於苗。德威惟畏，德明惟明。乃命三后，恤功於民。伯夷降典，折民惟刑。"《堯典》曰："象以典刑，流宥五刑，鞭作官刑，朴作教刑，金作贖刑。眚災肆赦，怙終賊刑。"又曰："帝曰：皋陶，蠻夷猾夏，寇賊姦宄，女作士，五刑有服，五服三就。五流有宅，五宅三居。"五刑爲後世所沿，而其制實起於唐、虞之世，知我國之刑法，其所由來昔舊矣。

成文法起於何時，不可考。《左》昭六年，叔向詒子産書曰："夏有亂政而作《禹刑》，商有亂政而作《湯刑》，周有亂政而作《九刑》。"文十八年，季文子曰："先君周公制周禮，……作誓命曰：毁則爲賊，掩賊爲藏，竊賄爲盜，盜器爲姦。主藏之名，賴姦之用，爲大凶德，有常無赦，在《九刑》不忘。"案叔向言，"三辟之興，皆叔世也"，則夏刑、湯刑初非禹、湯所作，猶之《吕刑》作於周穆王，五刑亦非穆王所制也。周公作誓而曰："在《九刑》不忘。"則《九刑》實出周公以前。《周官・司刑疏》引《尚書》鄭《注》曰:“正刑五,加之流宥鞭朴贖刑,此之謂九刑。”豈九刑實唐虞之制,而周公述之歟?三辟之興,不知僅申明法制,抑著之文字?其前此曾著之文字與否,亦不可考。予謂既有文字,即用之以記刑法,必欲鑿求成文法始於何時,衹可曰有文字之時,即有成文法之時耳。《周官·大司寇》:“正月之吉,始和布刑於邦國都鄙,乃懸刑象之法於象魏,使萬民觀刑象,挾日而斂之。”刑象蓋施刑之象,則未有文字之先,已用圖畫公佈刑法矣。此亦可見斤斤焉鑿求成文法起於何時之無當也。楚文王有僕區之法,見《左》昭七年。

縣法象魏,蓋使民觀之而知畏懼。至於犯何法當得何罪,則悉由在上者之心裁。故子產之鑄刑書,叔向譏之曰:“民知有辟,則不忌於上,并有争心,以徵於書。”《左》昭六年。趙鞅、荀寅之鑄刑鼎,仲尼亦譏之曰:“民在鼎矣,何以尊貴”也。《左》昭二十九年。《周官》有屬民讀法之舉,《地官》。《管子》有正月之朔,出令布憲之事,《立政》。所讀所布,蓋皆人民所當守之法,而非犯何法當得何罪之典。且其法其憲,必時有改更,故須歲歲讀之布之也。至鄭鑄刑書,晉作刑鼎,則罪所當得,悉可知矣。此實刑法之大變,故叔向、仲尼皆譏之也。

趙鞅、荀寅之鑄刑鼎也,賦晉國一鼓鐵。鼓,量名。子產之鑄刑書,杜《注》亦謂鑄之於鼎,雖未知果然以否,然士文伯譏其“火未出而作火以鑄刑器”,則亦必鑄之金屬之器也。又定九年,鄭駟歂殺鄧析,而用其竹刑。蓋當時布諸衆者,皆鑄之金屬之器,藏之官者,則書之竹簡也。

古語有曰:“出於禮者入於刑。”由今思之,殊覺無所措手足。所以然者,一以古代社會拘束個人之力較強,一亦由古之禮皆原於慣習,爲人人所知,轉較後世之法律爲易曉也。古者“君子行禮不求變俗”,《曲禮》。亦以此。後世疆域日擴,各地方之風俗各有不同,而法律不可異施,個人之自由亦益擴張,則出禮入刑之治不可施矣。此自今古異宜,無庸如守舊者之妄作慨歎,亦不必如喜新者之詆訾古人也。

古代之出禮入刑，其以社會慣習拘束個人，誠覺稍過，然“無情者不得盡其辭”，《大學》。“如得其情，則哀矜而勿喜”。《論語・子張》。其維持道德之力實較大，而“道之以德，齊之以禮”，必期其“有恥且格”。《論語・爲政》。爲下者固不容貌遵法律而實挾姦心，在上者亦不容以束縛馳驟爲治之極則。斯時之風俗必較樸實，而民情必較淳厚，其得失固足與自由之擴張相償，不容以此疑古代法網之密也。

《周官》：大司寇“以五刑糾萬民。一曰野刑，上功糾力。二曰軍刑，上命糾守。三曰鄉刑，上德糾孝。四曰官刑，上能糾職。五曰國刑，上愿糾暴”。大司徒“以鄉八刑糾萬民。一曰不孝之刑。二曰不睦之刑。三曰不婣之刑。四曰不弟之刑。五曰不任之刑。六曰不恤之刑。七曰造言之刑。八曰亂民之刑”。孝、弟、睦、婣、任、恤，即“鄉三物”中之“六行”也。大司徒之職又曰：“凡萬民之不服教而有獄訟者，與有地治者聽而斷之。其附於刑者歸於士。”大司寇之職，“以圜土聚教罷民。凡害人者，寘之圜土而施職事焉，《注》：“以所能役使之。”以明刑恥之”。《注》：“書其罪惡於大方版，著其背。”又曰：“以嘉石平罷民。凡萬民之有罪過而未麗於法而害於州里者，桎梏而坐諸嘉石，役諸司空。”司徒固主教之官，即司寇亦欲作其廉恥，冀其悔改，而不欲遽加以刑罰。“不教而殺謂之虐”，《論語・堯曰》。在古代固非空言矣。

五刑之目，曰墨、劓、剕、宫、大辟，見於《吕刑》。《書傳》曰：“決關梁，踰城郭而略盜者，其刑臏。男女不以義交者，其刑宫。觸易君命，革輿服制度，姦軌盜攘傷人者，其刑劓。非事而事之，出入不以道義，而誦不詳之辭者，其刑墨。降畔、寇賊、劫略、奪攘、撟虔者，其刑死。”見《周官》司刑鄭《注》。案此所謂肉刑也。臏即剕，雙聲字也。《周官》司刑則曰墨、劓、刖、宫、殺。《注》曰：“周改臏作刖。”蓋以意言之。段玉裁曰：“臏，去膝頭骨。刖，即漢之斬趾。刖兀同音。《莊子》魯有兀者叔山無趾踵，見仲尼，即受刖刑者也。”受刖刑者無趾，故其履曰踊。《太平廣記》載有人行路遇一人，爲刺足，出黑血，遂日行五百里。其人又曰：更爲君去膝頭骨，即可日行八百里矣。行者懼而止。即影射臏刑以爲戲也。《周官・掌戮》：“掌斬殺賊諜而搏之。凡殺其親者焚之，殺王之親者辜之。”《注》：“斬以斧鉞,若今要斬也。殺以刀刃,若今棄市也。……搏當爲膊諸城上之膊字之誤也。膊,謂去衣磔之。焚,燒也。辜之言枯也,謂磔之。”則出五刑之外矣。斬、膊、焚、辜,合諸墨、劓、刖、宫、殺爲九,豈所謂九刑者邪?鄭以流宥、鞭、朴、贖合五刑爲九。賈、服以正刑一加之以八,議爲九,見《左》文十八年《疏》。案古人恒言,刑者不可復屬。所謂刑者,必戕賊人之肢體者也。鄭及賈、服之説并非。

《吕刑》曰:“墨罰之屬千,劓罰之屬千,剕罰之屬五百,宫罰之屬三百,大辟之罰,其屬二百。”此《白虎通》所謂“科條三千,應天地人情”者也。《周官·司刑》云:“墨罪五百,劓罪五百,宫罪五百,刖罪五百,殺罪五百。”《注》曰:“夏刑大辟二百,臏辟三百,宫辟五百,劓、墨各千。周則變焉。所謂刑罰世輕世重者也。”《疏》:“夏刑以下據《吕刑》而言。案《吕刑》腓辟五百,宫辟三百,今此云臏辟三百,宫辟五百,此乃轉寫者誤。當以《吕刑》爲正。”案《唐律疏義》、卷一。《玉海》《律令》。引長孫無忌《唐律疏》,皆引《尚書大傳》“夏刑三千條”,則鄭《注》亦本《書傳》也。

《王制》曰:“爵人於朝,與士共之。刑人於市,與衆棄之。”《文王世子》曰:“公族其有死罪,則磬於甸人。其刑罪,則纖剸,亦告於甸人。公族無宫刑。”《周官·掌囚》,“凡有爵者與王之同族,奉而適甸師氏以待刑殺”。《公羊》宣元年,“古者大夫已去,三年待放。君放之,非也。大夫待放,正也”。《注》:“古者刑不上大夫,蓋以爲摘巢毁卵,則鳳凰不翔;刳胎焚夭,則麒麟不至。刑之,則恐誤刑賢者,死者不可復生,刑者不可復屬,故有罪放之而已。所以尊賢者之類也。三年者,古者疑獄三年而後斷。”“自嫌有罪當誅,故三年不敢去。”《曲禮》:“刑不上大夫。”《注》:“不與賢者犯法。其犯法則在八議輕重,不在刑書。”八議見《周官·小司寇》,謂議親、議故、議賢、議能、議功、議貴、議勤、議賓。《疏》云:“《異義禮》戴説:刑不上大夫。《古周禮》説:士尸肆諸市,大夫尸肆諸朝。是大夫有刑。許慎謹按:《易》曰:鼎折足,覆公餗,其刑渥凶。無刑不上大夫之事,從《周禮》之説。鄭康成駁之云:凡有爵者,與王同族,大夫以上適甸師氏,令人不見,是以云刑不上大夫。”

案《王制》、《公羊》、《曲禮》爲今文説，《周官》、《文王世子》爲古文説，今文主尚賢，古文主貴貴也。

《曲禮》曰："刑人不在君側。"《王制》曰："公家不畜刑人，大夫弗養，士遇之途，弗與言也。屏之四方，惟其所之。不及以政，亦弗故生也。"此今文義。《周官·掌戮》，"墨者使守門，劓者使守關，宫者使守内，刖者使守囿，髠者使守積"。此古文義。《孟子·梁惠王》下："罪人不孥。"《康誥》：父子兄弟，罪不相及。此今義。《書·甘誓》："予則孥戮汝。"陳喬樅《今文尚書經説考》謂孥當作奴，止於其身，且軍刑也。《周官·司厲》，"其奴，男子入於罪隸，女子入於舂藁。"即後世官奴婢。此古文義也。審判機關亦如後世，與行政合一。《王制》曰："成獄辭，史以獄成告於正，正聽之。正以獄成告於大司寇，大司寇聽之棘木之下。大司寇以獄之成告於王，王命三公參聽之。三公以獄之成告於王，王三又，然後制刑。"正蓋即《周官》所謂有地治者。《周官·大司徒》，"凡萬民之不服教而有獄訟者，與有地治者聽而斷之。其附於刑者歸於士"。有地治者謂鄉師、遂士、縣士、方士也。監獄之制，《北堂書鈔》引《白虎通》："夏曰夏台，殷曰牖里，周曰囹圄。"《意林》引《風俗通》同此，以夏台、牖里證夏、殷之有獄，非謂夏之獄名夏台、殷之獄名牖里也。《周官》：掌囚"掌守盜賊凡囚者，上罪梏拲而桎，中罪桎梏，下罪梏。王之同族拲，有爵者桎，以待弊罪"。司圜"掌收教罷民。凡害人者，弗使冠飾而加明刑焉。任之以事而收教之。能改者，上罪三年而舍，中罪二年而舍，下罪一年而舍。其不能改而出圜土者殺。雖出三年不齒。凡圜土之刑人也，不虧體，其罰人也，不虧財"。司救"掌萬民之邪惡過失而誅讓之，以禮防禁而救之。凡民之有邪惡者，三讓而罰，三罰而士加明刑，恥諸嘉石，役諸司空"。《注》："罰謂撻擊之也。加明刑者，去其冠飾，而書其邪惡之狀，著之背也。"其有過失者，三讓三罰而歸於圜土，皆近後世之監獄也。

聽訟之法，《王制》曰："必三刺。有旨無簡，不聽。附從輕，赦從重。凡制五刑，必即天論。郵罰麗於事。凡聽五刑之訟，必原父子之親，立君臣之義以權之，意論輕重之序，慎測淺深之量以别之。悉其聰明，致其忠愛以盡之。疑獄，氾與衆共之。衆疑，赦之。必察小大之比以成之。”《周官》：小司寇“以五聲聽獄訟，求民情”。辭聽、色聽、氣聽、耳聽、目聽。司刺“掌三刺三宥三赦之法，以贊司寇聽獄訟”。壹刺曰訊羣臣，再刺曰訊羣吏，三刺曰訊萬民。壹宥曰不識，再宥曰過失，三宥曰遺忘。壹赦曰幼弱，再赦曰老旄，三赦曰惷愚。均足見其審慎也。

象刑之説，見於《書傳》曰：“上刑赭衣不純。中刑雜屨。下刑墨幪。”又《慎子》曰：“有虞氏之誅，以幪巾當墨，以草纓當劓，以菲履當刖，以艾韠當宫，布衣無領當大辟。”《荀子》極駁之，見《正論》篇。《漢書·刑法志》亦引其説。案象刑即《周官》明刑之類，風俗淳樸之時，刑輕已足爲治，及其衰敝，則重刑猶或弗勝。故法家力主重刑，使民莫敢犯其治，異其意。期於無刑，則同象刑之説。《荀子》則戰國末造之論，時異，故其言亦異，彼此不足相非也。

中國法律自秦以後始可確考。秦人用刑極爲嚴酷，《史記·秦本記》：文公二十年，“法初有三族之罪”。自此族誅者屢見。《漢書·刑法志》云：“陵夷至於戰國，韓任申子，秦用商鞅，連相坐之法，造參夷之誅，增加肉刑、大辟，有鑿顛、抽脅、鑊亨之刑。至於秦始皇，兼吞戰國，遂毁先王之法，滅禮誼之官，專任刑罰，躬操文墨，晝斷獄，夜理書，自程決事，日縣石之一。而姦邪并生，赭衣塞路，囹圄成市，天下愁怨，潰而叛之。”又云：“漢興之初，其大辟尚有夷三族之令。令曰：當三族者，皆先黥，劓，斬左右趾，笞殺之，梟其首，菹其骨肉於市。其誹謗詈詛者，又先斷舌。故謂之具五刑。彭越、韓信之屬皆受此誅。”蓋戰國之世，各國競尚嚴刑，正不獨一秦也。至漢世，而刑法乃漸趨於輕。高后元年，除三族罪、妖言令。孝文二年，除收孥相坐法。十三年，齊大倉令淳于公有罪當刑，詔獄逮繫長安。淳于公無男，有五女。會逮，罵其女曰：“生子不生男，緩急非有益也！”其少女緹縈，自傷悲泣，乃隨其父至長安。上書曰：“妾父爲吏，齊中皆稱其廉平。今坐法當刑。妾傷夫死者不可復生，刑者不可復屬，雖後欲改過自新，其道亡繇也。妾願没入爲官婢，以贖父刑罪，使得自新。”書奏天子，天子憐悲其意，遂下令曰：“制詔御史：蓋聞有虞氏之時，畫衣冠、異章服以爲戮，而民弗犯，何治之至也！今法有肉刑三，孟康曰：黥、劓二，斬左右趾合一，凡三也。而姦不止，其咎安在？夫刑至斷支體，刻肌膚，終身不息，何其刑之痛而不德也！豈稱爲民父母之意哉？其除肉刑，有以易之。”於是當黥者，髡鉗爲城旦舂；當劓者，笞三百；當斬左趾者，笞五百；當斬右趾，及殺人先自告，及吏坐受賕枉法，守縣官財物而即盜之，已論命復有笞罪者，皆棄市。然斬右趾者既當死，笞五百、三百者亦多死。景帝元年，乃改笞五百曰三百，笞三百曰二百，猶尚不全。中六年，又減笞三百曰二百，笞二百曰一百。又定箠令。箠長五尺，其本大一寸，其竹也，末薄半寸，皆平其節。當笞者笞臀，毋得更人。畢一罪乃更人。自是笞者得全。《通考》曰：“景帝元年詔言，孝文皇帝除宫刑，出美人，重絶人之世也。則知文帝并宫刑除之。至景帝中元年，赦徒作陽陵者死罪，欲腐者許之。而武帝時李延年、司馬遷、張安世兄賀皆坐腐刑，則是因景帝中元年之後，宫刑復用，而以施之死罪之情輕者，不常用也。”愚按《漢志》言“其後，新垣平謀爲逆，復行三族之誅”，則并在文帝之世，然此特偶有軼法之事，以大體言，肉刑固自此而除矣。

漢代用刑之寬嚴，視乎時主之好尚。《志》云：當孝惠、高后時，蕭、曹爲相，填以無爲，是以刑罰用稀。及孝文即位，躬修玄默，而將相皆舊功臣，少文多質，懲惡亡秦之政，論議務在寬厚，恥言人之過失。化行天下，告訐之俗易。風流篤厚，禁罔疏闊。選張釋之爲廷尉，罪疑者予民，是以刑罰大省，至於斷獄四百，有刑錯之風。及至孝武即位，招進張湯、趙禹之屬，條定法令，作見知故縱、監臨部主之法，緩深故之罪，急縱出之誅。其後姦猾巧法，轉相比況，禁罔寖密。文書盈於几閣，典者不能偏睹。是以郡國承用者駮，或罪同而論異。姦吏因緣爲市，所欲活則傅生議，所欲陷則予死比，議者咸寃傷之。宣帝自在閭閻而知其若此，及即尊位，廷史路温舒上疏，上深愍焉，乃下詔曰：今遣廷史與郡鞫獄，任輕禄薄，其爲置廷平，秩六百石，員四人。於是選於定國爲廷尉，求明察寬恕黄霸等以爲廷平，季秋後請讞。時上常幸宣室，齋居而決事，獄刑號爲平矣。案尚嚴之主，歷代有之。漢武特侈欲多所興作耳，非必暴虐也。然則漢代刑罰所以刻深，得仁主僅能寬民於一時，得中主遂至於殘民者，實以當時治獄之吏崇尚殘酷，成爲風氣，而律令又錯亂繁雜故也。路温舒曰："秦有十失，其一尚存，治獄之吏是也。秦之時，賤仁義之士，貴治獄之吏。"可見所謂獄吏者，在當時自成風氣矣。而其風氣，則温舒言之曰："上下相敺，以刻爲明；深者獲公名，平者多後患。故治獄之吏皆欲人死，非憎人也，自安之道在人之死。是以死人之血流離於市，被刑之徒比肩而立，大辟之計歲以萬數。夫人情安則樂生，痛則思死。棰楚之下，何求而不得？故囚人不勝痛，則飾辭以視之。吏治者利其然，則指道以明之。上奏畏卻，則鍛煉而周内之。蓋奏當之成，雖咎繇聽之，猶以爲死有餘辜，何則？成鍊者衆，文致之罪明也。是以獄吏專爲深刻，殘賊而亡極，媮爲一切，不顧國患。故俗語曰：畫地爲獄，議不入；刻木爲吏，期不對。"可以見其略矣。《漢志》謂"昭、宣、元、成、哀、平六世之間，斷獄殊死，率歲千餘口而一人，耐罪上至右止，三倍有餘。"誠令後世聞之酸鼻。《志》推刑所以蕃，謂由(一)禮教不立，(二)刑法不明，(三)民多貧窮，(四)豪桀務私，姦不輒得，(五)獄豻不平所致。(一)、(三)、(四)皆政治爲之，(二)與(五)則法律爲之也。

《漢志》曰："漢興，高祖初入關，約法三章曰：殺人者死，傷人及盜抵罪。蠲削煩苛，兆民大説。其後四夷未附，兵革未息，三章之法不足以禦姦，於是相國蕭何攈摭秦法，取其宜於時者，作律九章。"而孝武以後，則律令凡三百五十九章，大辟四百九條，千八百八十二事，死罪決事比萬三千四百七十二事，其煩苛可謂甚矣。宣帝時，涿郡太守鄭昌上疏，謂若開後嗣，不若删定律令。宣帝未及修正。元帝初立，乃下詔議律令可蠲除輕減者，條奏。成帝河平中，復下詔與中二千石、二千石、博士及明習律令者議減死刑及可蠲除約省者，令較然易知，條奏。史稱有司“徒鉤摭微細，毛舉數事，以塞詔而已”。後漢章帝納尚書陳寵言，決獄行刑，務於寬厚。其後遂詔有司，禁絶鉆鑽諸酷痛舊制，解祆惡之禁，除文致，請讞五十餘事，定著於令。永元六年，寵又代郭躬爲廷尉，復校律令，奏稱：“今律令，犯罪應死刑者六百一十，耐罪千六百九十八，贖罪以下二千六百八十一，溢於《甫刑》千九百八十九，其四百一十大辟，千五百耐罪，七十九贖罪。”請除之。未及施行，會寵抵罪，遂寢。寵子忠，後復爲尚書，略依寵意，奏上三十三條，爲決事比，以省請讞之弊。又上除蠶室刑，解贓吏三世禁錮，狂易殺人得減重論，母子兄弟相代死，聽赦所代者，事皆施行。然雖時有蠲革，而律令繁苛，迄未删定。直至魏、晉之世，而纂輯法律之業乃成。《晉志》載後漢梁統《疏》：“元帝初元五年，輕殊刑三十四事，哀帝建平元年盡四年，輕殊死者刑八十一事。”吾國法律，相沿行用，雖有改革，迄未中斷者，起於商鞅所用李悝之《法經》，距今二千三百年矣。其篇目見《晉志》。《晉志》曰：“是時承用秦、漢舊律，其文起自魏文侯師李悝。悝撰次諸國法，著《法經》。以王者之政，莫急於盜賊，故其律始於《盜》、《賊》。盜賊須劾捕，故著《網》、《捕》二篇。其輕狡、越城、博戲、借假不廉、淫侈踰制以爲《雜律》一篇，又以《具律》具其加減。是故所著六篇而已，然皆罪名之制也。商君受之以相秦。漢承秦制，蕭何定律，除參夷、連坐之罪，增部主見知之條，益事律《興》、《廐》、《户》三篇，合爲九篇。叔孫通益律所不及傍章十八篇，張湯《越宫律》二十七篇，趙禹《朝律》六篇，合六十篇。又漢時決事，集爲《令甲》以下三百餘篇，及司徒鮑公撰嫁娶辭訟決爲《法比》，都目凡九百六卷。世有增損，率皆集類爲篇，結事爲章。一章之中或事過數十，事類雖同，輕重乖異。而通條連句，上下相蒙，雖大體異篇，實相採入。《盜律》有賊傷之例，《賊律》有盜章之文，《興律》有上獄之法，《廐律》有逮捕之事，若此之比，錯糅無常。後人生意，各爲章句。叔孫宣、郭令卿、馬融、鄭玄諸儒章句十有餘家，家數十萬言。凡斷罪所當由用者，合二萬六千二百七十二條,七百七十三萬二千二百餘言,言數益繁,覽者益難。天子於是下詔,但用鄭氏章句,不得雜用餘家。”其後,又下詔改定刑制,令司空陳羣、散騎常侍劉邵、給事黄門侍郎韓遜、議郎庾嶷、中郎黄休、荀詵等删約舊科,傍採漢律,定爲魏法,制《新律》十八篇,《州郡令》四十五篇,《尚書官令》、《軍中令》合百八十餘篇。其序略云:“凡所定增十三篇,就故五篇,合十八篇。”所謂十三篇者,曰《劫略律》,曰《詐律》,曰《毀亡律》,曰《告劾律》,曰《繫訊》、《斷獄律》,曰《請賕律》,曰《興擅律》,曰之《留律》,曰《郵驛令》,曰《變事令》,曰《驚事律》,曰《償贓律》,曰《免坐律》,其《刑名》别爲一篇,冠於篇首。“更依古義,制爲五刑。其死刑有三,髡刑有四,完刑、作刑各三,贖刑十一,罰金六,雜抵罪七,凡三十七名,以爲律首。”“文帝爲晉王,患前代律令本注煩雜,陳羣、劉邵雖經改革,而科網本密,又叔孫、郭、馬、杜諸儒章句,但取鄭氏,又爲偏黨,未可承用。於是令賈充定法律,與太傅鄭沖等十四人典其事,就漢九章增十一篇,仍其族類,正其體號,改舊律爲《刑名》、《法例》,辨《囚律》爲《告劾》、《繫訊》、《斷獄》,分《盜律》爲《請賕》、《詐僞》、《水火》、《毀亡》,因事類爲《衛宫》、《違制》,撰《周官》爲《諸侯律》,合二十篇,六百二十條,二萬七千六百五十七言。蠲其苛穢,存其清約,事從中典,歸於益時。其餘未宜除者,若軍事、田農、酤酒,未得皆從人心,權設其法,太平當除,故不入律,悉以爲令。施行制度,以此設教,違令有罪則入律。其常事品式章程,各還其府,爲故事。凡律令合二千九百二十六條,十二萬六千三百言,六十卷,故事三十卷。泰始三年,事畢,表上。四年正月,大赦天下,乃頒新律。”其後,明法掾張裴又注律,表上之。案法學有所謂性法派、歷史法派者,性法派謂有徧於四海永合人心之公理,歷史法派則謂無之。中國之法學近性法派,故於律文不輕改動,此時以權設者爲令,即係此意。後世之改例不改律,亦由於此。

法家宗旨,一在信賞必罰,一在重刑。信賞必罰者,欲使爲善者必受福,爲惡者必獲禍,如自然法之不可逭。此其事固不易致,然以理言之，法律之設，固當如是也。重刑非臨時加重，乃重之於立法之先，使人畏而不敢犯，其意亦以求無刑也。法家之旨，凡事當一任法，如衡石度量之於短長輕重。然既設法，固不宜改輕，亦斷不容加重。世以嚴刑峻法爲法家之本旨者，實大繆不然之論也。然人事之善惡，既非如短長輕重之較然易知，人情之變動，亦非如衡石度量之漠然不動，況又有巧僞以奸法任喜怒、快恩讎、利貨賂以壞法者乎？流失之勢，必緣本意之所偏，法家之易流於嚴，猶儒家之易失之縱，中道不可得見時，任儒法以矯弊而協於宜，亦理所應爾也。東周之世，定法之可考者，有子産。子産之學近於法。有鄧析爲名學，名法相近。有李悝，《漢志》列諸法家之首。然則周、秦之際之法律，殆多成於法家。至漢世則漸變，漢武時，淮南王反，使董仲舒之徒吕步舒治之，以其明《春秋》也。應劭言："仲舒老病致仕，朝廷每有政議，數遣廷尉張湯至陋巷，問其得失。於是作《春秋》折獄二百三十二事。"漢人引經折獄之事，不知凡幾，魏、晉新律，其必有儒家言羼入者矣。近人撰《五朝法律索隱》，謂五朝之法倍美者有數端，一曰重生命，二曰恤無告，三曰平吏民，四曰抑富人。重生命之法二，一父母殺子者同凡論，二走馬城市殺人者不得以過失殺人論。恤無告之法一，諸子姓復仇者勿論。平吏民之法二，一部民殺長吏者同凡論，二官吏犯杖刑者論如律。抑富人之法二，一商賈皆殊其服，二常人有罪不得贖。案父殺其子者當誅，明見《白虎通義》，其餘亦多與儒家宗旨合，明魏、晉新律採用儒家之義必多矣。後世父母殺子皆從輕，此其法起於後魏，蓋鮮卑之俗也。然法家釋之則曰：父子至親，至於相殺，必有大不得已之故，因而原之，非謂父可殺子也。然則晉法雖廢，而其立法之意，究未盡亡矣。

晉律爲宋、齊所沿用，至梁乃重定，然其實則相承也。《隋書·刑法志》曰：梁武帝時，"欲議定律令。得齊時舊郎濟陽蔡法度，家傳律學。云齊武時，删定郎王植之，集注張、杜舊律，合爲一書，凡一千五百三十條，事未施行，其文殆滅。法度能言之。於是以爲兼尚書删定郎，使損益植之舊本，以爲《梁律》"。定爲二十篇。"其制刑爲十五等之差：棄市已上爲死罪，大罪梟其首，其次棄市。刑二歲已上爲耐罪，言各隨伎能而任使之也。有髡鉗五歲刑，笞二百，收贖絹，男子六十疋。又有四歲刑，男子四十八疋。又有三歲刑，男子三十六疋。又有二歲刑，男子二十四疋。罰金一兩已上爲贖罪。贖死者金二斤，男子十六疋。贖髡鉗五歲刑笞二百者，金一斤十二兩，男子十四疋。贖四歲刑者，金一斤八兩，男子十二疋。贖三歲刑者，金一斤四兩，男子十疋。贖二歲刑者，金一斤，男子八疋。罰金十二兩者，男子六疋。罰金八兩者，男子四疋。罰金四兩者，男子二疋。罰金二兩者，男子一疋。罰金一兩者，男子二丈。女子各半之。五刑不簡，正於五罰，五罰不服，正於五過，以贖論，故爲此十五等之差。又制九等之差：有一歲刑，半歲刑，百日刑，鞭杖二百，鞭杖一百，鞭杖五十，鞭杖三十，鞭杖二十，鞭杖一十。又有八等之差：一曰免官，加杖督一百；二曰免官；三曰奪勞百日，杖督一百；四曰杖督一百；五曰杖督五十；六曰杖督三十；七曰杖督二十；八曰杖督一十。論加者上就次，當減者下就次。”“其謀反、降叛、大逆已上皆斬。父子、同産男，無少長，皆棄市。母妻姊妹及應從坐棄市者，妻子女妾同補奚官爲奴婢。貲財没官。劫身皆斬，妻子補兵。遇赦降死者，黵面爲劫字，髡鉗，補冶鎖士終身。其下又讁運配材官冶士、尚方鎖士，皆以輕重差其年數。其重者或終身。士人有禁錮之科，亦有輕重爲差。其犯清議，則終身不齒。大凡定罪二千五百二十九條。天監二年四月癸卯，法度表上新律，又上《令》三十卷，《科》三十卷。帝乃以法度守廷尉卿，詔班新律於天下。三年八月，建康女子任提女，坐誘口當死。其子景慈對鞫辭云，母實行此。是時法官虞僧虯啓稱：景慈宜加罪辟。詔流於交州。至是復有流徒之罪。其年十月甲子，詔以金作權典，宜在蠲息。於是除贖罪之科。十四年，又除黵面之刑。大同十一年十月，復開贖罪之科。中大同元年七月甲子，詔自今犯罪，非大逆，父母、祖父母勿坐。陳武帝求得梁時明法吏，令與尚書删定郎范泉，參定律令。又勑尚書僕射沈欽、吏部尚書徐陵、兼尚書左丞宗元饒、兼尚書左丞賀朗參知其事，制《律》三十卷，《令律》四十卷。其制惟重清議禁錮之科。若縉紳之族，犯虧名教，不孝及内亂者，發詔棄之，終身不齒。先與士人爲婚者，許妻家奪之。其獲賊帥及士人惡逆，免死付治，聽將妻入役，不爲年數。又存贖罪之律，復父母緣坐之刑。其餘篇目條綱，輕重簡繁，一同梁法。"

後魏自昭成以前，所用皆其舊俗。至道武乃入中原，其用法始末具見《魏書・刑罰志》。《志》曰：太祖"既定中原，患前代刑網峻密，乃命三公郎王德除其法之酷切於民者，約定科令，大崇簡易"。"世祖即位，以刑禁重，神䴥中，詔司徒崔浩定律令。除五歲四歲刑，增一年刑。分大辟爲二科死，斬死，入絞。大逆不道腰斬，誅其同籍，年十四已下腐刑，女子没縣官。害其親者轘之。爲蠱毒者，男女皆斬，而焚其家。巫蠱者，負羖羊抱犬沈諸淵。當刑者贖，貧則加鞭二百。畿内民富者燒炭於山，貧者役於圊溷，女子入舂稾；某固疾不逮於人，守苑囿。王官階九品，得以官爵除刑。婦人當刑而孕，産後百日乃決。年十四已下，降刑之半，八十及九歲，非殺人不坐。"正平元年，詔詳案律令。於是游雅與中書侍郎胡方回等改定律制。盜律復舊，加故縱、通情、止舍之法及他罪，凡三百九十一條。門誅四，大辟一百四十五，刑二百二十一條。高宗又增律七十九章，門房之誅十有三，大辟三十五，刑六十二。延興四年，詔自非大逆干紀者，皆止其身，罷門房之誅。太和三年，先是以律令不具，詔中書令高閭集中祕官等修改舊文，隨例增減。又敕羣官，參議厥衷，經御刊定。五年冬訖，凡八百三十二章，門房之誅十有六，大辟之罪二百三十五，刑三百七十七，除羣行剽劫首謀門誅，律重者止梟首焉。

齊文宣命羣官議造齊律，至武成河清三年，乃成十二篇，又新令四十卷。其不可爲定法者，别制權令二卷，與之并行。周律成於保定三年，謂之《大律》，凡二十五篇。隋高祖受周禪，詔高熲等更定新律。後又敕蘇威、牛弘等更定，凡十二卷。煬帝又敕修律令，凡十八篇，謂之《大業律》。齊制死罪四等，曰梟首、斬、絞，流刑未有道里之差，耐罪五等，鞭五等，杖四等，凡十五等。後周杖、鞭、徒、流、死各爲五等。隋以笞、杖、徒、流、死爲五刑，而除前代鞭刑及梟首、轘裂之法，死刑二，曰斬，曰絞。後世遂莫之能易。《通考》曰："漢文除肉刑，善矣，而以髡、笞代之。髡法過輕，而略無懲創。笞法過重，而至於死亡。其後乃去笞而獨用髡，減死罪一等，即止於髡鉗。進髡鉗一等，即入於死罪。而深文酷吏，務從重比，故死刑不勝其衆。魏、晉以來病之，然不知減笞數而使之不死，乃徒欲復肉刑以全其生，肉刑卒不可復，遂獨以髡鉗爲生刑，所欲活者傅生議，於是傷人者或折腰體，而纔剪其毛髮，所欲陷者與死比，於是犯罪者既已刑殺，而復誅其宗親，輕重失宜，莫此爲甚！及隋、唐以來，始制五刑，曰笞、杖、徒、流、死。此五者即有虞所謂鞭、朴、流、宅，雖聖人復起，不可偏廢也。"

《唐書·刑法志》："唐之刑書有四，曰：律、令、格、式。令者，尊卑貴賤之等數，國家之制度也。格者，百官有司之所常行之事也。式者，其所常守之法也。凡邦國之政，必從事於此三者。其有所違及人之爲惡而入於罪戾者，一斷以律。律之爲書，因隋之舊。"其用刑有五：一曰笞，二曰杖，三曰徒，四曰流，五曰死。自隋以前，死刑有五，曰：罄、絞、斬、梟、裂。而流、徒之刑，鞭笞兼用，數皆踰百。至隋始定爲笞刑五，自十至於五十；杖刑五，自六十至於百；徒刑五，自一年至於三年；流刑三，自一千里至於二千里；死刑二，絞、斬。除其鞭刑及梟首、轘裂之酷。又有議、請、減、贖、當、免之法。唐皆因之。太宗即位，詔長孫無忌、房玄齡等復定舊令，議絞刑之屬五十，皆免死而斷右趾。其後蜀王法曹參軍裴弘獻駁律令四十餘事，乃詔房玄齡與弘獻等重加删定。玄齡等以謂"古者五刑，刖居其一。及肉刑既廢，今以笞、杖、徒、流、死爲五刑，而又刖足，是六刑也。"於是除斷趾法，爲加役流三千里，居作二年。

宋因唐律、令、格、式之舊，而隨時損益則有《編敕》，一司、一路、一州、一縣又別有《敕》。建隆初，詔判大理寺竇儀等上《編敕》四卷，凡一百有六條，詔與新定《刑統》三十卷并頒行於天下。太平興國中，增至十五卷，淳化中倍之。咸平中增至萬八千五百五十五條，詔給事中柴成務等删定可爲《敕》者二百八十六條，準律分十二門，總十一卷。又爲《儀制令》一卷。當時便其簡易。大中祥符中，又增三十卷，千三百七十四條。又有《農田敕》五卷，與《敕》并行。仁宗命官修定，取《咸平儀制令》及制度約束之在《敕》者五百餘條，悉附《令》後，號曰《附令敕》。天聖七年《編敕》成，合《農田敕》爲一書，視《祥符敕》損百餘條。凡此皆在律令之外者也。慶曆又復删定，增五百條，别爲《總例》一卷。後又修《一司敕》二千三百十七條，《一路敕》千八百二十七條，《一州》、《一縣敕》千四百五十一條。凡此，又在《編敕》之外者也。嘉祐初，有《禄令》、《驛令》。又重編《敕》。七年，書成。總千八百三十四條。又别爲《續附令敕》三卷。神宗以律不足以周事情，凡律所不載者一斷以敕，乃更其目曰敕、令、格、式，而律恒存乎敕之外。熙寧初，置局修敕。元豐中，成二十有六卷，復下二府參訂，然後頒行。帝曰："禁於已然之謂敕，禁於未然之爲令，設於此以待彼之謂格，使彼效之之謂式。"於是凡入笞、杖、徒、流、死，自名例以下至斷獄十二門，麗刑名輕重者，皆爲敕。自品官以下至斷獄三十五門，約束禁止者，皆爲令。命官之等十七，吏、庶人之賞等七十七，又有倍、全、分、釐之級凡五等，有等級高下者，皆爲格。表奏、帳籍、關牒、符檄之類凡五卷，有體制模楷者，皆爲式。元祐時，劉摯、孫覺等言其煩，詔摯等刊定。崇寧元年，下詔追復元豐法制，凡元祐條例悉燬之。徽宗每降御筆手詔，變亂舊章，由是吏緣爲姦。崇寧五年，嘗詔三省以常法沮格，特旨以大不恭論。見《宋史》卷二百。高宗播遷，斷例散逸，建炎以前，凡所施行，類出人吏省記。三年四月，始命取嘉祐條法與政和敕令對修而用之。紹興元年，書成，號《紹興敕令格式》，而吏胥所省記者亦引用焉。乾道六年，成《乾道敕令格式》。時法令雖具，然吏一切以例從事，法當然而無例，則事皆泥而不行，甚至隱例以壞法，賄賂既行，乃爲具例。後有《淳熙敕令格式》，時以官不暇徧閲，吏得容姦，令敕令所分門編類爲一書，名《淳熙條法事類》，前此所未有也。後又有《慶元敕令格式》、《淳祐敕令格式》。淳祐十一年,又與慶元法校定爲四百三十卷。度宗以後遵行,無所更定矣。其他一司、一路、一州、一縣《敕》,時有增損,不可勝紀焉。

| | 天聖七年敕 | 慶曆修司路州縣敕在編敕外 | 嘉祐七年敕視慶曆敕所增之數 |
|---|---|---|---|
| 大辟之屬 | 一七 | 三一 | 六〇 |
| 流之屬 | 三四 | 二一 | 五〇 |
| 徒之屬 | 一〇六 | 一〇五 | 六一 |
| 杖之屬 | 二五八 | 一六八 | 七三 |
| 笞之屬 | 七六 | 一二 | 三八 |
| 配隸之屬 | 六三 | 八一 | 三〇 |
| 大辟而下奏聽旨者 | 七一 | 六四 | 四六 |

遼刑法有死、杖、徒、流四等,蓋亦取法於中原。其舊制不可考。《遼史·刑法志》云:"太祖初年,庶事草創,犯罪者量輕重決之。其後治諸弟逆黨,權宜立法。"一歸於重,欲閑民使不爲變,蓋本無定制也。其可考見者,如親王有罪,或投諸高崖殺之;淫亂不軌者,五車轘殺之;逆父母者視此;犯上者以熟鐵椎摏其口殺之。又爲梟磔、生瘞、射鬼箭、砲擲、支解諸刑,均可見其用刑之酷。厥後穆宗淫刑以逞,卒亡其軀。天祚賞罰無章,終覆其國。雖曰其君之無道,未始非其部族之舊習有以啓之也。神册六年,詔大臣定治契丹及諸夷之法,漢人則斷以《律令》,是爲契丹定法之始。太宗時,治渤海人一依漢法,餘無改焉。道宗清寧六年,以契丹、漢人風俗不同,而國法不可異施,命惕隱蘇、樞密使乙辛等更定條制。凡合於《律令》者,具載之;不合者,别存之。存否以《律令》爲準,蓋用漢法以改舊法也。契丹、漢人相毆至

死，其法本輕重不均，聖宗時乃等科之。

《金史·刑志》云："金國舊俗，輕罪笞以柳蔓，殺人及盜劫者，擊其腦殺之，没其家貲，以十之四入官，其六償主，并以家人爲奴婢，其親屬欲以馬牛雜物贖者從之。或重罪亦聽自贖，然恐無辨於齊民，則劓、刵以爲别。"蓋凡罪皆許以財贖，故《金史·刑志》又云"金初，法制簡易，無輕重貴賤之别，刑、贖并行"也。《世紀》：始祖解完顔部及他部之鬥，"約曰：凡有殺傷人者，徵其家人口一、馬十偶、牸牛十、黄金六兩，與所殺傷之家，即兩解，不得私鬥。女真之俗，殺人償馬牛自此始"。可見其由來之舊矣。又云："康宗七年，歲不登，民多流莩，強者轉而爲盜。歡都等欲重其法，爲盜者皆殺之。太祖曰：以財殺人，不可。財者人所致也。遂減盜賊徵償法爲徵三倍。"可見其治盜賊亦以徵償之法行之矣。其獄掘地爲之，深廣數丈，蓋穴居之遺習也。太宗稍用遼、宋法。天眷三年，復取河南，詔所用刑法皆從律文。皇統間，詔諸臣，以本朝舊制，兼採隋、唐之制，參遼、宋之法，類以成書，名曰《皇統制》，頒行中外。時則并用古律。海陵多更舊制，正隆間，有《續降制書》，與《皇統制》并行。世宗即位，以正隆之亂，盜賊公行，兵甲未息，一時制旨多從時宜，集爲《軍前權宜條理》。大定五年，令有司復加删定，與前《制書》并用。後以正隆《制書》多任己意，傷於苛察，而與《皇統制》并行，是非淆亂，莫知適從，奸吏因得上下其手，乃置局，令大理卿移剌慥總中外明法者共校正。以《皇統制》、正隆《制》、大定《軍前權宜條理》，後《續行條理》，删繁正失，闕者以律文足之，《條理》内有可常行者亦爲定法，餘别爲一部存之。凡校定千一百九十條，分爲十二卷，以《大定重修制條》爲名，詔頒行焉。時大定十七年也。明昌元年，上問宰臣曰："今何不專用律文？"平章張汝霖曰："前代律與令各有分，犯令者以律決之。今制、律混淆，固當分也。"遂置詳定所，命審定律、令。五年，詳定官言："若依重修制文爲式，則條目增減，罪名輕重，當異於律。與舊同頒，則使人惑而易爲姦，請用今制，準律文修定，採前代刑書以補遺闕，取《刑統》疏文以釋之，命曰

《明昌律義》。新編榷貨、邊部、權宜等事,集爲《勅條》。”宰臣謂:“先所定令文尚有未完,俟皆通定,然後頒行。”於是重修新律。至泰和元年,新修律成,凡十二篇:(一)《名例》,(二)《衛禁》,(三)《職制》,(四)《户婚》,(五)《廐庫》,(六)《擅興》,(七)《賊盜》,(八)《鬥訟》,(九)《詐僞》,(十)《雜律》,(十一)《捕亡》,(十二)《斷獄》。實《唐律》也,但加贖銅皆倍之,增徒至四年、五年爲七,削四十七條,增百四十九條,略有損益者二百八十二條,餘百二十六條皆從其舊;又加以分其一爲二、分其一爲四者六條,凡五百六十三條,爲三十卷,附注以明其事,疏義以釋其疑,名曰《泰和律義》。又《律令》二十卷、《新定敕條》三卷、《六部格式》三十卷。以明年五月頒行之。

元初,循用金律。世祖平宋,始定新律,頒之有司,號曰《至元新格》。仁宗時,又以格例條畫有關風紀者,類集成書,曰《風憲宏綱》。英宗時,復取前書加損益焉,號曰《大元通制》。其書之大綱有三:曰詔制,九十四條;曰條格,一千一百五十一條;曰斷例,七百十七條。大概纂集世祖以來法制事例而已。其五刑之目:凡七下至五十七,謂之笞刑;六十七至一百七,謂之杖刑,皆以十遞加;其徒法,年數杖數,相附麗爲加減,一年杖六十七,一年半杖七十七,二年杖八十七,二年半杖九十七,三年杖一百七,鹽徒盜賊既決而又鐐之;流則南人遷於遼陽迤北之地,北人遷於南方湖廣之鄉;死刑有斬而無絞,惡逆之極,則有陵遲處死之法。教徒犯罪與平民處治不同。蒙古人與漢人亦不平等。其見於《元史》者,如《職制上》云:“諸僧、道、儒人有争,有司勿問,止令三家所掌會問。諸哈的大師,止令掌教念經,回回人應有刑名,户婚、錢糧、詞訟并從有司問之。諸僧人但犯姦盜詐僞,至傷人命及諸重罪,有司歸問。其自相争告,從各寺院住持本管頭目歸問。若僧俗相争田土,與有司約會;約會不至,有司就便歸問。”《殺傷》云:“諸蒙古人因争及乘醉毆死漢人者,斷罰出征,并全徵燒埋銀。”皆是也。

明太祖平武昌,即議律令。吴元年十月,命左丞相李善長爲律令總裁官，參知政事楊憲、傅瓛，御史中丞劉基，翰林學士陶安等二十人爲議律官。十二月，書成，凡爲令一百四十五條，律二百八十五條。又恐小民不能周知，命大理卿周楨等取所定律令，自禮樂、制度、錢糧、選法之外，凡民間所行事宜，類聚成編，訓釋其義，頒之郡縣，名曰《律令直解》。洪武六年夏，刊《律令憲綱》，頒之諸司。冬，詔刑部尚書劉惟謙詳定《大明律》。明年二月，書成。篇目一準於唐，合六百有六條，分爲三十卷。其後時有增損。二十二年，命翰林院同刑部官，取比年所增者，以類附入。三十年，作《大明律》、《誥》成，刊布中外。《大誥》者，洪武十八年，採輯官民過犯，條爲《大誥》。次年，復爲《續編》、《三編》，皆頒學宫以課士，并置塾師教之。囚有《大誥》者，罪減等。命刑官取《大誥》條目，撮其要略，附載於律。蓋太祖之於律令也，草創於吴元年，更定於洪武六年，整齊於二十二年，至三十年始頒示天下焉。弘治十三年，刑官上言："中外巧法吏或借便己私，律浸格不用。"於是下尚書白昂等會九卿議，增歷年問刑條例經久可行者二百九十七條。自是以後，律例并行。嘉靖二十八年，詔尚書顧應祥等定議，增至二百四十九條。三十四年，又因尚書何鼇言，增入九事。萬曆十三年，刑部尚書舒化等輯嘉靖三十四年以後詔令及宗藩軍政條例、捕盜條格、漕運議單與刑名相關者，律爲正文，例爲附注，共三百八十二條，删世宗時苛令特多。

《大誥》所用刑甚峻。凡三《誥》所列凌遲、梟示、種誅者，無慮千百，棄市以下萬數。其目凡十。其第十曰"寰中士夫不爲君用"。當時，貴溪儒士夏伯啓叔姪斷指不仕，蘇州人才姚潤、王謨被徵不至，皆誅而籍其家。此科所由設也。自《律》、《誥》出，《大誥》所載諸峻令未嘗輕用。其後罪人率用《大誥》減等，亦不復論其有無矣。《清吏律公式講讀律令》曰："百工技藝諸色人等，有能熟讀講解通曉律意者，若犯過失，及因人連累致罪，不問輕重，并免一次。其事干謀反叛逆，不用此律。"其用意與明以《大誥》減罪同，皆欲人民通曉律令也。

清順治三年，刑部尚書吸達海奉詔參酌《明律》，纂《大清律集解附例》。康熙九年，大學士管刑部尚書事對喀納等奉詔校正。十八年，特諭刑部定律外，條例有應存者，詳加酌定，刊刻通行各現行則例。二十八年，臺臣盛符升請以現行則例載入《大清律》内。命尚書圖納、張玉書等爲總裁。至四十六年，繕寫進呈。雍正元年，大學士朱軾、尚書查郎阿奉詔續成之。五年書成，名《大清律集解附例》。高宗即位，從尚書傅鼐請，命律例館總裁三泰等考正。五年，纂入則例一千又四十九條。自是數年修，以新例分附律後，遂稱《大清律例》，律四百五十七門。雍正五年，删改增并爲四百三十六門，後迄仍之，例遞有增益。嘉慶六年，爲一千五百七十三條。

日本織田萬曰："近世諸國，各法皆有法典，然行政法典不過學者私撰。葡萄牙雖有行政法典，然僅關地方制度，非括行政全體，仍不得以行政法典視之也。惟《大清會典》純乎行政法典之性質。雖行政法規之全體，尚有他種成文法及不文法以輔之，然行政機關之組織權限及事務，莫不以《會典》爲主，則《會典》之爲行政法典無疑矣。"案明清《會典》源於《唐六典》，《唐六典》模範《周官》。《周官》究出何時何人，辯論紛如。鄙意謂大體當出戰國時。《唐六典》之作，始於開元十年，而成於十六年，實西曆七百二十二至七百二十八年也，亦可謂早矣。《周官》："大宰之職，掌建邦之六典，以佐王治邦國。以八法治官府。以八則治都鄙。"《注》："則，亦法也。典、法、則，所用異，異其名也。"《疏》曰："典、法、則三者相訓，其義既同，但邦國言典，官府言法，都鄙言則，是所用處異，故别言之，其實義通也。"案此則治官府與人民之法，當分别爲書，古人早知之矣。

清修《會典》始於康熙二十三年，二十九年成。凡一百六十卷。雍正十年修之，乾隆二十九年又修之，爲百卷。嘉慶十八年，修爲八十卷。同治十二年續修，迄未成，因義和團事起，乃中止。織田萬云："嘉慶本體裁全變，順次及分類亦與前異，實足當簡明精審之稱。自乾隆修後，以逐年事例别爲一書，名曰《大清會典則例》。嘉慶本合之而成《會典事例》，凡九百二十卷。舊例分局課纂輯，錯雜難尋。此則統一官廳之事例，就事件性質分類，各類中事例皆按年編纂，甚易考也。"

- 律
  - 名例
  - 吏
    - 職制
    - 公式
  - 户
    - 户役
    - 田宅
    - 婚姻
    - 倉庫
    - 課程
    - 錢債
    - 市廛
  - 禮
    - 祭祀
    - 儀制
  - 兵
    - 宫衛
    - 軍政
    - 關津
    - 廄牧
    - 郵驛
  - 刑
    - 賊盜
    - 人命
    - 鬥毆
    - 駡詈
    - 訴訟受臟
    - 作僞
    - 犯姦
    - 雜犯
    - 捕亡
    - 斷獄
  - 工
    - 營造
    - 河防

《會典》規定，多襲前朝，修改亦止則例。其凡例謂：“以典爲綱，以則爲目。”乾隆時，始區則與典爲二，謂“例可通，典不可變，今緣典而傳例，後或因例以淆典也”。從事纂修者爲會典館，不常設。律例則五年一小修，限十個月成，十年一大修，限一年成。館屬刑部，平時亦無人，至纂修之年，臨時任命，事畢即罷。

織田萬曰：“典與例實不免矛盾。實際重則例，然例易變，而典不然。至例廢，則典又發生效力。然則典未嘗廢，其與例矛盾不見引用時，祇可謂停止效力耳。”又曰：“律不得輕改，而例因時變通。其性質及關係，亦如會典之與則例。律尚簡，例尚繁。律斷法，例準情。故律重者例可輕，律輕者例可重。有例則置律，例有新則置故，律例皆無正條，則比而稽焉。然則捨律用例，乃捨舊用新耳。”又曰：“條例不必官修，如現行《大清律例統纂集成》，乃嘉慶時沈之奇所撰。道光時，山陰姚雨薌一再修輯，兵燹後傳本頗少。同治初，吴曉帆得其原本，就會稽任彭年釐訂，至六年告成。十年，吴氏又續修之。光緒初，會稽陶駿及陶念霖又加校補是也。”凡舊例不纂入新例，即爲廢止。乾隆四年，《大清律例》部頒凡例曰：“頒發之後，内外問刑，衙門悉令遵照辦理。其有從前例款此次修輯所不登入者，皆經奏准刪除，毋得以曾經通行仍復援引，違者論如律是也。”

又曰：“則例者，官廳執務生疑義，經行政階級順次申中央政府轉發該部議奏，經勅裁即成新設事例，其裁可之形式如此。例之本質，不過行政機關處理事務之法，然以形式設定則，對於將來之事可爲準則，非僅在内部有效力，即對於人民亦有效力也。集此等事例，以一定之年纂輯之，經勅裁後即爲行政可據之法規，此則所謂則例也。例之制定如此，故其效力，事實上爲拘束行政官廳之先例，法律上爲君主裁可發布之成文法，固非集輯先例之文書也。纂修則例，各部皆有定期，而各部不同。又有不依定期者。世所傳新例，遂往往誤繆脱漏，於是私修則例之事起。同治八年沈賢書、孫爾耆，光緒十五年屠焕辰皆私撰《六部處分則例》焉。”

又曰："則例定期由各部纂修，而乾隆時概括之爲《大清會典則例》，此一新例也。至嘉慶，乃更改編纂之式，《會典》務揭綱要，別設《會典事例》，從來之事例皆編入焉。然統各部以纂修甚難，故後不復修，《會典事例》第由各部纂修實例而已。刑部應爲則例之事，編入條例中，故各部皆有則例，刑部獨無之。又所謂《六部處分則例》者，乃吏部所修，以通治六部官吏，故名，非合六部之則例而編纂之也。"

織田氏又曰："《欽定吏部則例》、《大清會典則例》等，一般則例也。《欽定物料價直則例》、《八旗則例》、《六部處分則例》等，特別則例也。《大清通禮》、《户部漕運全書》等，雖無則例之名，實亦特別則例也。省例爲各省所特有，而定省例時，往往考採他省之例，使相一致，所謂各省通行之例是也。故雖名省例，效力殆與條例、則例同，纂入條例、則例中者亦甚多。纂修省例未見定期奏請中央，抑以地方職權專決，法律上亦無明證。"

又曰："成案者，各部省之判決例也。其應永行者，編入條例、則例中，即成成文法；即未纂入時，亦有一定法力，然不爲法規，故成案實爲不文法。中國土廣民衆，各地方習俗不同，成文法不能包括，故不文法勢力甚大。不文法廣分之爲慣習、裁判例、學説、條理四種。近世立法事業完備之國，獨認慣習法，裁判例實際甚重，而不能爲法，學説、條理更不待言矣。然古於此多有法力，中國亦然。又刑法依嚴正之解釋，法無明文，無論如何不能以理論罪，中國亦許援引比附。《清律》斷罪無正條云：凡律令該載，不異事理，若斷罪無正條者，援引他律者，附應加應減定擬罪名，議定奏問，若輒斷決，致罪有出入，以故失論。"

明制笞刑五，自一十至五十，杖刑五，自六十至一百，皆每十爲一等加減。徒刑五，徒一年杖六十，一年半杖七十，二年杖八十，二年半杖九十，三年杖一百，每杖十及徒半年爲一等加減。流刑三，二千里，二千五百里，三千里，皆杖一百，每五百里爲一等加減。死刑二，絞、斬。五刑之外，徒有總徒四年，遇例減一年者。有准徒五年。斬、絞、雜犯減等者。流有安置，有遷徙，去鄉一千里，杖一百，准徒二年。有口外爲民，其重者爲充軍。充軍者，明初惟邊方屯種。後定制，分極邊、煙瘴、邊遠、邊衛、沿海、附近。軍有終身，有永遠。二死之外，有凌遲，以處大逆不道諸罪者。

明《名例律》稱二死三流各同爲一減。如二死遇恩赦減一等，即流三千里；流三等以《大誥》減一等，皆徒五年。犯流罪者，無不減至徒罪矣。故三流常設而不用。而充軍之例爲獨重。軍有逃故，按籍勾補。永遠者罰及子孫。明初法嚴，縣以千數，數傳之後，以萬計矣。有丁盡户絶，止存軍産者，或并無軍産，户名未除者，朝廷歲遣御史清軍，有缺必補。每當勾丁，逮捕族屬、里長，延及他甲，鷄犬爲之不寧。萬曆二年，罷歲遣清軍御史，并於巡按，民稍獲安。然親族有科斂軍裝之費，里遞有長途押解之擾。至所充之衛，衛官必索常例。而又利其逃去，可乾没口糧，每私縱之。其後律漸弛，發解者不能十一。其發極邊者，長解輒賄兵部，持勘合至衛，虚出收管，而軍犯顧在家偃息云。

贖法有二，有律得收贖者，有例得納贖者。律贖無敢損益，而納贖之例則因時權宜，先後互異。大抵贖例有二，一罰役，一納鈔。罰役者，後多折工值納鈔。及鈔法既壞，則納鈔亦變爲納銀、納米焉。

清五刑皆同明，亦有總徒、准徒。充軍分附近、近邊、邊遠、極邊、煙瘴五等，罪更重者，給黑龍江等處戍兵爲奴，時曰發遣。流之地由刑部定之，軍流之地則由兵部定之。宗室以罰養贍銀代笞，以板責圈禁代徒流充軍。代徒流者，拘禁；代充軍者，鎖禁。雍正十二年以後，并施之覺羅，死罪多以特恩賜自盡。旗人以鞭責代笞杖，枷號代徒流及充軍，死刑以斬立決爲斬監候，斬監候爲絞。宗室者，顯祖之子孫，俗稱黄帶子，有罪革退則紅帶。覺羅者，顯祖之旁支，俗稱紅帶子，有罪革退則紫帶。宗人府名籍，亦宗室黄册，覺羅紅册焉。凡毆傷紅黄帶子者，罪重於凡，惟不繫此帶，無由知其爲紅黄帶子時，仍同凡論。繫帶入茶坊酒肆亦然，以其自褻皇族之尊也。

明以刑部掌受天下刑名，都察院司糾察，大理寺主駁正，并稱三法司。京師自笞以上罪，悉由部定。洪武初決獄，笞五十者縣決之，杖八十者州決之，一百者府決之，徒以上具獄送行省。二十六年，布政司及直隸府州縣，笞杖就決；徒流、遷徙、充軍、雜犯死罪解部，審録行下，具死囚所坐罪名上部詳議如律者，大理寺擬覆平允，監收候決。其決不待時重囚，報可，即奏遣官往決之。情詞不明或出入者，大理寺駁回改正，再問駁至三，改擬不當，將該官吏奏問，謂之照駁。若亭疑讞決，而囚有番異，則改調隔別衙門問擬。二次番異不服，則具奏，會九卿鞫之，謂之圓審。至三四訊不服，而後請旨決焉。正統四年，徒流就直省決遣，死罪以聞。

會官審録之例，定於洪武三十年。初制，有大獄必面訊。十四年，命法司論囚，擬律以奏，從翰林院、給事中及春坊正字、司直郎會議平允，然後覆奏論決。繼令五軍都督府、六部、都察院、六科、通政司、詹事府，間及駙馬雜聽之。仁宗特命内閣學士會審重囚。憲宗罷。隆慶元年，高拱復行之。朝審始於天順三年，霜後命三法司同公、侯、伯會審重囚。歷朝遵行。凡決囚，每歲朝審畢，法司以死罪請旨，刑科三覆奏，得旨行刑。在外者奏決平於冬至前，會審決之。大審，成化十七年，命司禮太監一員會同三法司堂上官，於大理寺審録。南京則命内守備行之。自此，每五年輒大審。萬曆二十九年，不舉。四十四年，復行之。熱審始成祖永樂二年。成化時，有重罪矜疑、輕罪減等、枷號疏放諸例。正德元年，推行於南京。自小滿後十餘日，司禮監傳旨下刑部，即會同都察院、錦衣衛題請，通行南京法司，一體審擬具奏。京師自命下之日至六月終止。南京自部移至日爲始，亦滿兩月而止。春審始於宣德七年。在外會審之例，定於成化時。初，太祖遣御史治各道囚，宣宗敕三司遣官審録。正統六年，敕遣三法司官詳審天下疑獄。九年，選按察司官一員與巡按御史同審。成化十七年，定在京五年大審。即於是年遣部寺官分行天下，會同巡按御史行事。此等舉動,雖得矜慎刑獄之意,然參與司法之官太多,訊鞫太煩,實非法也。而廷杖之濫用,及東西廠、錦衣衛、鎮撫司之殘酷,尤爲明代之弊制。

錦衣衛者,明之詔獄也。太祖時,天下重罪逮至京者,收繫獄中,數更大獄,多使斷治。後悉焚衛刑具,以囚送刑部審理。二十六年,申明其禁,詔内外獄毋得上錦衣衛,大小咸經法司。然及成祖,復用之。鎮撫司職理獄訟,初止立一司,與外衛等。洪武十五年,添設北司,而以軍匠諸職掌屬之南鎮撫司,於是北司專理詔獄。然大獄經訊,即送法司擬罪,未嘗具獄詞也。成化元年,始令覆奏用參語,法司益掣肘。十四年,增鑄北司印信,一切刑獄毋關白本衛。即衛所行下者,亦逕自請上可否,衛使毋得與聞。故鎮撫職卑而其權日重。初,衛獄附衛治,至門達掌問刑,又於城西設獄舍,拘繫狼藉。達敗,用御史吕洪言,毁之。東廠始成祖。遷都後,以内臣提督。憲宗時,别設西廠,以汪直領之。自京師及天下,廣遣偵事,後廢。孝宗時,廠衛不敢横。及武宗復設西廠及東廠,皆用劉瑾黨,刺事四方,無賴乘之爲奸。時衛使亦瑾黨,廠衛合矣。瑾又改惜薪司外薪廠爲辦事廠,榮府舊倉地爲内辦事廠,自領之。京師謂之内行廠,雖東西廠皆在伺察中。瑾誅,西廠、内行廠俱革,東廠如故。世宗馭中官嚴,廠權不及衛。至魏忠賢,而廠之禍極矣。莊烈帝誅之,然廠如故,告密之風未嘗息也。凡中官掌司禮監印者,其屬稱之曰宗主,而督東廠者曰督主。東廠之屬無專官,掌刑千户一,理刑百户一,亦謂之貼刑,皆衛官。其隸役悉取給於衛,最輕黠儇巧者,乃撥充之。役長曰檔頭,專主伺察。其下番子數人爲幹事。京師亡命,誆財挾讎,視幹事者爲窟穴。得一陰事,由之以密白於檔頭,檔頭視其事大小,先予之金。事曰起數,金曰買起數。既得事,帥番子至所犯家,左右坐曰打樁。番子即突入執訊,無有佐證符牒,賄如數,徑去。少不如意,榜治之,名曰乾醡酒,亦曰搬罾兒,痛楚十倍官刑。且授意使牽有力者,有力者多與金,即無事。或靳不與,與不足,立聞上,下鎮撫司獄,立死矣。

每月旦,廠役數百人,掣籤廷中,分瞰官府。其視中府諸處會審大獄、北鎮撫司考訊重犯者曰聽記。他官府及各城門訪緝曰坐記。某官行某事,某城門得某奸,胥吏疏白坐記者上之廠,曰打事件。至東華門,雖夤夜,投隙中以入,即屏人達至尊。以故事無大小,天子皆得聞之。家人米鹽猥事,宫中或傳爲笑謔,上下惴惴無不畏打事件者。衛之法亦如廠。然須具疏,乃得上聞,以此其勢不及廠遠甚。然廠衛未有不相結者,獄情輕重,廠能得於内。而外有扞格者,衛則東西兩司房訪緝之,北司拷問之,鍛鍊周内,始送法司。即東廠所獲,亦必移撫司再鞫,而後刑部得擬其罪。故廠勢強,則衛附之,廠勢稍弱,則衛反氣凌其上。陸炳緝司禮監李彬、東廠馬廣陰事,皆至死,以炳得内閣嵩意。及後中官愈重,閣勢日輕,閣臣反比廠爲之下,而衛使無不競趨廠門,甘爲役隸矣。

錦衣衛陞授勳衛、任子、科目、功升,凡四途。嘉靖以前,文臣子弟多不屑就。萬曆初,劉守有以名臣子掌衛,其後皆樂居之。士大夫與往還,獄急時,頗賴其力。守有子承禧及吴孟明,其著者也。莊烈帝疑羣下,王德化掌東廠,以慘刻輔之,孟明掌衛印,時有縱舍,然觀望廠意不敢違。而鎮撫梁清宏、喬可用朋比爲惡。凡縉紳之門,必有數人往來踪跡。故常晏起早闔,毋敢偶語。旗校過門如被大盜,官爲囊槖,均分其利。京城中姦細潛入,無一舉發,而高門富豪跼蹐無寧居。其徒黠者恣行請託,稍拂其意,飛誣立搆,摘竿牘片字,株連至十數人。錦衣舊例有功賞,惟緝不軌者當之。其後冒濫無紀,所報百無一實。吏民重困,而廠衛題請輒從。隆慶初,給事中歐陽一敬言:"緝事員役,其勢易逞,而又各類計所獲功次,以爲陞授。則憑可逞之勢,邀必獲之功,枉人利己,何所不至!有盜經出首倖免,故令多引平民以充數者;有括家囊爲盜臟,挾市豪以爲證者;有潛搆圖書,懷挾僞批,用妖言假印之律相誣陷者;或姓名相類,朦朧見收;父訴子孝,坐以忤逆。所以被訪之家,諺稱爲剗,毒害可知矣。乞自今定制,機密重情,事干憲典者,廠衛如故題請。其情罪不明,未經讞審,必待法司詳擬成獄之後,方與紀功。仍敕兵、刑二部勘問明白,請旨陞賞。或經緝拿未成獄者,不得虛冒比擬,及他詞訟,不得概涉,以侵有司之事。如獄未成,而官校及鎮撫司拷打傷重,或至死者,許法司參治。法司容隱扶同,則聽科臣并參。如此則功必覆實,訪必當事,而刑無冤濫。"時不能用也。崇禎十五年,御史楊仁愿言:"高皇帝設官,無所謂緝事衙門者。臣下不法,言官直糾之,無陰訐也。後以肅清輦轂,乃建東廠。臣待罪南城,所閱詞訟,多以假番故訴冤。夫假稱東廠,害猶如此,況其真乎?此由積重之勢然也。所謂積重之勢者,功令比較事件,番役每懸價以買事件,受買者至誘人爲姦盜而賣之,番役不問其從來,誘者分利去矣。挾忿首告,誣以重法,挾者志無不逞矣。伏願寬東廠事件,而後東廠之比較可緩,東廠之比較緩,而後番役之買事件與賣事件者俱可息。"後復切言緹騎不當遣。帝爲諭東廠,言所緝止謀逆亂倫,其作奸犯科,自有司存,不宜緝,并戒錦衣校尉之横索者。然帝倚廠衛益甚,至國亡乃已。

清制,廳州縣及直隸州廳皆爲親民之官,而府屬廳州縣由府審轉,直隸州廳由道審轉。重案報告上司曰通詳。急切不知事之始末,但報其事者曰通稟。對府、道、藩、臬、督、撫同時爲之,故有六路通詳之名。若關軍事,即武衙門亦須報,關生員以上并報學政。又按月分舊管,新收、開除、實在報府曰月報。其控官吏者,户婚、田土、錢債案件,由布政司親訊,刑案按察司親訊,仍會同布政司。其訴之督撫者,亦例發兩司。督撫亦受上訴,有須親訊者,有可委員審訊者,省城所設之發審局是也。再上則爲户、刑部矣。凡京控,或特派員查辦,或即令督撫查辦。凡民事,州縣皆得決斷,重大者亦可申布政司。刑事,州縣決徒以下,府道同。流刑由按察司親審,經督撫以達刑部。死刑由府擬律達督撫,經秋審乃上奏。秋審,在内由三法司,在外則督撫會同兩司,於四月一日行之,大抵惟就原供,問其服否,不服則發發審局或按察司重審,故其事一日即畢。五月奏聞,并咨刑部。刑部俟各省奏報齊全,於七月初彙呈御覽。霜降後使三法司會審,就督撫擬律審其當否，再經御覽。命内閣欽天監擇日，約當冬至前兩月，至日御便殿，由大學士勾決，内閣送本管監察御史，監察御史送刑部，刑部下該省督撫。勾決者行刑，否者仍監禁。在京死罪，刑部擬律入朝審。朝審由六部、大理寺、通政司、都察院會審，是爲九卿。特命解京之犯亦附焉。北京民事案，由縣經府達户部。順天府得決笞杖以下，徒由刑部。京城外順天府得決徒以下。大抵民事歸大、宛二縣及順天府，刑事多由步軍統領、五城御史，則習慣使然也。凡京控，刑部、提督、都察院皆得受理。都察院有具摺奏聞者，有咨回各省督撫審辦者，亦有駁斥不准者。嘉慶四年諭俱不准駁斥，案情較重者應即行具奏，咨回本省者亦應視控案多寡，一兩月彙奏一次。宗室、覺羅由宗人府審訊，軍流以上須請旨；與人民訴訟，會同户、刑部審訊。八旗、包衣由内務府慎刑司，笞杖專決，徒以上咨刑部，死罪送三法司；與漢人交涉，會同地方官。旗人由將軍、都統、副都統，在京杖以下專決，徒以上送刑部。刑部得決徒流，死罪仍由三法司。民事小事專決，大事移户部。在外得決徒以下。理事同知屬將軍者，得審旗人。盛京乾隆六年以前，旗人之審理，廳州縣不與焉。六年改之，刑事得決杖以下，以上由盛京刑部。民事小者專決，大者送盛京户部。刑部得決徒罪，死罪入盛京秋審。盛京秋審由將軍、五部府尹會同審理，亦始乾隆時。蒙古由旗長、盟長順次達理藩院。其刑徒以下罰牲，不能代以鞭責。流罪遣送内地，遣送報理藩院會刑部決之。死罪解理藩院，會三法司定之。内屬蒙古亦屬將軍、副都統，與漢人交涉會同地方官審理。

光緒二十八年四月，命沈家本、伍廷芳參照各國法律，改訂舊律，於是改笞杖爲罰金。分五錢、一兩、一兩五錢、二兩、二兩五錢、五兩、七兩五錢、十兩、十二兩五錢、十五兩，凡十等。代徒流以工作。徒一年、一年半、二年、二年半、三年，皆依限工作。流二千里者工作六年，二千五百里者八年，三千里者十年。死刑分絞、斬而除梟示、陵遲、戮屍，免緣坐，除刺字例。所有之軍遣亦代以工作。十二年，廢奴婢及滿、漢相異之條，於二十九年行之。後又改刑名爲死、徒、分有期、無期。拘留、罰金焉。三十年四月，設修訂法律館。明年，改刑部爲法部，大理寺曰院，各省按察司爲提法司。三十三年，定《各級審判廳章程》。

宣統元年，定《法院編制法》。預備立憲案定光緒三十六年頒布《新刑律》，三十九年實行。是年頒布《民商律》，《刑民事訴訟律》。四十一年實行同時編訂法律。民國成立，因而改良之，仍設修訂法律館，頒布單行法多種。如《國籍法》、《商會法》、《商標法》、《商業注册條例》、《公司注册條例》、《商事公斷處章程》、《證券交易所章程》、《物品交易所章程》、《會計師暫行章程》、《森林法》、《狩獵法》、《礦業條例》、《著作權法》等。然根本大法未立，吾國之根本大法，萌芽於民軍起義時，各省都督府代表所定臨時政府組織大綱，參議院成，修改之爲《臨時約法》，其五十四條，規定憲法由國會制定。逮國會開，而贛寧之役起，於是有先選總統，後定憲法之議。總統選出，而國會解散。袁世凱召集約法會議，修改臨時約法，名之曰《中華民國約法》，世稱之曰《新約法》。黎元洪爲總統，恢復《臨時約法》，召集國會，憲法會議亦續開。未幾張勛脅元洪，解散國會，議員自行集會於廣州，又開憲法會議，迄亦未成。直奉戰後，徐世昌去位，黎元洪復職，撤銷解散國會之令，國會再開，至十二年十月一日而憲法乃成。時直系曹錕爲總統，南方諸省拒之，曹錕敗後，段祺瑞爲執政，召集國民代表會議。其《條例》第一條云：臨時政府爲制定憲法及其施行附則，召集國民代表會議云云。則亦未承認國會所定之憲法也。民刑商法亦未完善，《新刑律草案》系清末修訂，法律館所擬，光緒三十三年八月成，由各部各省加以簽注，憲政編查館核訂，資政院通過，其總則宣統二年十二月頒行。民國元年三月十日大總統令，從前法律及《新刑律》，除與國體抵觸各條外，均准暫行援用。其《民法》清末擬訂未成，而《民刑事訴訟法》則成於光緒三十二年，而未頒布。《商律》起光緒二十九年三月，命載振、袁世凱、伍廷芳擬訂，是年商部成《商人通例》及《公司律》，民國皆修改頒行。三十二年又成《破產律》，則民國亦迄未頒布也。民國十年十一月十四日大總統令，將《民刑事訴訟條例》，施行於東省特別法院。明年一月六日又令，自是年七月一日起，通行全國，二十五日又公佈《民刑事簡易程序暫行條例》，其後國務會議，又議決准法制局呈。民國十四年修訂法律館所擬《民律草案總則編》、《民律草案續編》、《票據法案》，及清宣統元年修訂法律館所擬《商律商行爲法案》，《海船法案》，及民國四年法律編查會所擬《破產法案》，均准參酌採用，仍飭修訂，法律館將該項法案分別妥爲釐訂，呈請頒布。而《懲治盜匪法》，三年十一月二十七日頒行，十一年十二月司法部以部令廢之，而河南、湖北、江蘇各軍事長官反對。十二年三月三日大總統又以命令復之，懲治盜匪審訊全由縣知事，京兆呈准司法部，外省呈准省長執行。高級軍官駐處，距審判廳、縣公署在百里以上，或時機緊急時，亦得審訊，呈准最高級直轄長官執行。《治安警察法》，三年三月二日頒行，所以限制結社集會公衆運動，收藏軍器等，輕者由警廳，重者由法院處理。《戒嚴法》，元年十二月十五日頒布戒嚴，由司令官發布。《出版法》等三年十二月四日頒行，十五年廢，此法規定警察官得没收出版物頗傷峻刻兼之。警察權限太廣，違警罰法，四年十一月七日頒布，罰則有六：曰訓誡，曰罰金，曰拘留，曰没收，曰停止營業，曰勒令歇業。罰金自1角至15元，拘留自1日至15日，然涉及二款者，罰金得增至30元，拘留得增至20日，京師又倍之。第二十六條，與警署以逮捕之權，而無立訊、取保、待傳等規定，則人人可以細故被拘已。中國警察，普通者爲京師警察、地方警察、縣警察，謂省會及商埠之警察也。其官制，皆三年八月二十九日所公佈。《治安警察章程》公佈於六年九月二十六日，此外有司法警察，有水上警察，而鐵路税務處、鹽務署、煙酒事務署等，亦皆得行警察權。警察處分爲行政處分，祇能訴之上級行政官，而不能訴之普通法庭也。頗損人民之自由，尚有待於改訂也。

審判之法，清季所行爲四級三審制。四級者，大理院、高等審判廳、地方審判廳、初級審判廳。三審者，初審在初級廳，上訴止於高級廳；初審在地方廳，則上訴終於大理院也。惟内亂外患，妨害國家三罪，以高等廳爲初審，大理院爲復審，爲四級二審。審判廳皆與檢察廳并設。大理院及總檢察廳設於京師，高等審判檢察廳設於各省，大理院得就高等廳内設分院，高等地方皆得設分廳。蓋採德、日之法也。鼎革以還，亦就其法而加以改進，未設審判廳處，皆於縣署附設審檢所。民國三年裁之，并及初級審判廳，減地方廳之權，而就縣公署設簡易庭，以承審員、縣知事司審判。其條例系民國三年四月五日公佈，縣知事受高等審判廳長監督，承審員由縣知事呈請高等廳長任命，其上訴在鄰近地方廳及高等廳。非新式法院，律師不得出庭。見民國二年二月十六日司法部令。其制迄今未革。民國六年五月嘗命全國各縣皆設縣司法公署，以理初審事件，不問事之輕重，以司法部考試合格者，與縣知事并行其事，然設者寥寥也。東省特别法院，設於民國九年十月三十一日，初以治俄人，其後凡無領事裁判權國之外人，皆歸審理焉。高等及地方審判廳各一，在哈爾濱；分庭三，在滿洲里、海拉爾、横道河子。平政院爲民國所創設，凡行政訴訟及訴願至最高級行政長官，而仍不服者，則控訴於此。私人對政府主張權利，仍歸普通法庭。審判處設於内、外蒙古。處長爲簡任職,得以道尹兼;審理員若干人,由都統選任,由司法部長呈請任命。熱、察、綏、庫倫、恰克圖、烏里雅蘇臺、科布多、唐奴烏梁海皆設之。新疆則沿清末所設之司法籌備處,不服縣之判決者上訴焉。再上即至大理院。在内地省長有監督司法行政之權,在内、外蒙古,則由熱、察、綏都統,外蒙古宣撫司監督。司法官、考試章程系民國六年十月十八日公佈。書記官、考試章程民國八年六月二十日公佈。承發吏、民國九年五月十六日公佈。縣司法公署審判官、民國六年五月一日公佈。承審員民國八年六月二十日公佈。皆考試而後任用。律師公會之法,系民國六年十月十八日頒布,無領事裁判權國之律師,得代理其國人之訴訟,有暫行章程系民國九年十二月十四日所公佈。

新刑律所用刑罰分主刑及從刑,主刑可以獨科,從刑則必隨主刑。主刑五:曰死,用絞刑於獄中行之;曰無期徒刑,除假釋赫免外,終身監禁;曰有期徒刑,一等自 10 年至 15 年,二等自 5 年至 10 年,三等自 3 年至 5 年,四等自 1 年至 3 年,五等自 2 月至 1 年;曰拘役,自 2 日至 1 月;曰罰金。從刑二:曰没收;違禁之物,犯罪用之物,犯罪所得之物,以無他人之權利者爲限。曰褫奪公權。其類有六:一服官,二選舉,三受勛章,四入軍籍,五爲學校職教員,六爲律師。褫奪有一部、全部之分。時間亦有遠近,必犯徒刑以上刑,始得褫奪公權。

美國太平洋會議時,中國曾提出撤銷領事裁判權案,議決與會各國各派委員一人,組織委員會,考察在中國領事裁判權之情形及中國之法律、司法制度、司法行政,將考察所得,報告各國政府,其改良之法,以及他國輔助中國改良,及漸次撤銷領事裁判權之法,委員會認爲適宜者,并得建議於各國政府。惟採用與否,各國皆得自由。所謂各國,中國亦在内。此案議決於民國十年十二月二日,原定閉會後三個月即行組織,其後遲至十五年一月十二日,始在北京開會,至五月十日出京調查,歷漢口、九江、江寧,抵上海,更經青島至哈爾濱及吉林,參觀其法院監獄看守所,九月十六日將報告書簽字。全書凡分四編:第一編述各國在華領事裁判權之沿革及其現在情形;第二編述中國之法律及司法制度、司法行政;第三編加以評論;第四編則建議也。就其第三、四編觀之,實足爲我它山之石焉。按該報告書所不滿於我者,曰無根本法。總統發布法律,系根據《約法》,而今《約法》失效,則凡所發布之法律,皆無根據。曰軍事法令及審判權力太大。案:我國審理軍人者,曰陸海軍高等軍法會審,設於陸海軍部審理,將以上陸海軍軍法會審就軍隊所駐之地設之,陸海軍別有刑事條例,然非軍人而犯此條例者,亦適用之。而軍人則衹由軍法審判,是平民受治於軍法,而軍人不受治於法庭也。加以戒嚴之權在於軍人,其審訊也,既無律師出庭,并且禁止旁聽,又無上訴機關,并無解嚴之後,得由普通法院復審之規定。而得施棍刑,至於 600,平民權利,存者亦僅矣。曰重要法律多未制定,而已公佈之法,多援引未公佈之法,使人無所適從;又施行細則,頒布太遲,或竟不頒布。委員會建議宜速修正者爲刑法,速頒布者爲《民法》、《商法》、《銀行法》、《破産法》、《專利法》、《公證人法》、《土地收用法》。曰各省多自定章程頒行。如當時東三省自定僞造操縱軍用票者處死刑之法。曰以行政官監督司法。謂省長等。曰新式法院太少,當時共 150。兼理訴訟之縣知事太多。合計約 1 800。新式監獄之數,當時爲 63 所,此外則法院附設看守所,以羈禁刑事未決之犯及民事被告,典獄長、看守所長由檢察長監督,職員亦由考試任用,其餘皆舊式監獄矣。承審員由其選用,律師又不許出庭,判決多由口頭,而罰金自 60 元,拘役自 30 日以下,衹許行政訴訟,人民權利無所保障。曰警察得行檢察權,得爲行政處分,又多越權受利之事。警察得逮捕人民,又得與檢察官同時從事偵查。曰人才太乏、經費太少,以是薪俸未足養廉,監獄官尤甚,又以此故,法院不能多設。統計須 400 萬人,乃有一新式第一審法院,30 萬人乃有一縣知事公署,且多以地方廳攝初級廳,高等廳攝地方廳之事。平政院則全國衹有一所,交通又極不便,訴訟太難。曰未決犯人之保釋太難,拘押民事被告太無限制。曰内地用刑訊及虐待囚徒之事尚多。曰國民不甚瞭解新法律,故新法雖頒,舊法依然通行。其所痛心疾首者,尤在軍人。謂其戒嚴,初不宣布,軍事裁判既操其手,又多侵越司法之權,即殺人多用斬刑,可見其肆無忌憚。案:除《懲治盜匪法》外,無斬刑。其所最稱許者,則爲新式法院及監獄,謂誠足以治理歐美人而無慚色也。觀於他人之評論,而我當知所以自奮矣。

領事裁判權爲法權未明時之遺制,17 世紀即絶跡於歐洲,而存於地中海東南岸諸國,其根據由於積習相沿,而在遠東,則概由於條約。如中國、日本、朝鮮、暹羅。中國之界外人以領事裁判權，始於英。《五口通商章程》十三款。又咸豐八年《天津條約》，光緒二年《芝罘條約》。而美國、道光二十四年《條約》第十六、第二十一、第二十四、第二十五、第二十九各款，又《天津條約》及光緒六年《條約》。法國道光二十四年《條約》第二十七、第二十八款，《天津條約》第三十八、第三十九款。繼之其後。各國得此權者，還有德國、《天津條約》第三十五款。俄國、《天津條約》第七款。瑞典、道光二十七年《廣州條約》第二十款，又光緒三十四年《條約》。挪威、意大利、同治五年《天津條約》第十五、十六、十七款。丹麥、《北京條約》十五款。荷蘭、同治二年《天津條約》第六款。比利時、同治六年《北京條約》第十六款。瑞士、民國七年六月三日《條約》，此中國界外人以領事裁判權最後者。墨西哥、光緒二十五年《條約》。巴西、祕魯、《天津條約》第十二條。日本同治十年之約，兩國皆有此權，中日戰後，乃爲彼所獨有。等國，事有先後，約文亦不一律。然各約多有最優待國之條，彼此得互相援引，故其辦法略有一定也。

凡原被告均系外國人，而其國籍同者，即由其國領事審判。若均爲外人而國籍異者，則由該兩國自行立約辦理，中國不過問。通常亦系向被告之領事控訴。原、被告有一人爲華人，則華控洋在其國之領事，而中國官員得觀審；洋控華在中國官署，而其國領事得觀審，此皆定之於條約者也。觀審之權見於條約者，爲光緒六年《中美條約》第四款，惟歷來所行，亦多由習慣，而至不盡根據於條約也。無約國人控有約國人，當向有約國領事自不待言，其有約國人控無約國人，或兩無約國人相控，則仍歸我國審判，惟邀一外國官員陪審，此則《洋涇浜設官會審章程》階之厲也。

我國自設新式法院，不許外人觀審，律師亦限用中國人，外人如必欲行其觀審之權，則祇有就行政官起訴耳。然多樂就新法庭者。民國八年五月二十三日始公佈《無領事裁判權國人民民刑訴訟章程》，編者按：即《審理無領事裁判權國人民民事訴訟章程》。九年十月三十日及《比利時條約》宣告廢棄後，嘗兩次修正章程，規定此項審理均歸新式法院，無者須送附近之新式法院；路遥或有不能移送情形者，呈報司法部核辦管收及監禁，亦用新式監獄及拘留所，無者則以適宜房屋代之。

咸豐八年《中英條約》第二十一款規定，外人住所、船只非經其國領事許可，不得搜查，即有中國罪犯潛入其中者，亦必照會領事，查明實係犯罪，然後交出。外人以住屋、船隻庇護逃人，實基於此。至外人所雇傭之華人，亦必領事許可，然後可以逮捕，則又條約所無，而《洋涇浜章程》階之厲者也。又照條約，中國警察本得逮捕外人，惟逮捕後須交該國領事。惟租界警察由外人辦理，逮捕之權，遂爲所有。至上海則雖欲逮捕居住租界之中國人，亦必經領事簽字，由會審公廨預審，方能解交中國官署矣。故租界不除，即領事裁判權撤消，我國法權亦尚不能無損也。又咸豐八年《中英條約》第九款、《中法條約》第八款，均規定外人之至内地者，領事裁判權亦不喪失，故苟犯罪，亦必須送交就近領事官，沿途只得拘禁，不得虐待。此亦外人之至内地者，所以恒爲人民所疾視也。

《中英通商章程》編者按：即《中英五口通商章程》。謂兩國人民相控，領事應先行調處，他國之約亦多有。此説於民事多用之，而在上海之法人，用之尤多。大抵始由領事調處，不能寧息，則由領事會同中國官員調處。所會同之官，初無一定，自交涉員以下皆可。凡外人控訴華人者，如不服判決，舊以上海道爲上訴機關。後易之以交涉員、領事亦得觀審，更不服，則法無上訴機關，惟可移至京師，由該國使臣與外部交涉耳。華人控外人而不服領事之判決者，可依其國之法上訴，惟事不易行耳。

領事裁判之名，初不符於事實，《中英天津條約》第十六款，明言英國人民有犯事者，由英國領事官或委員懲辦。當時華文譯本，但稱由英國懲辦而已。其後《芝罘條約》於此特重加聲明。第二款。英、美、意、挪威、日本，在我國皆設有法院，英有高等法院在上海，系於 1904 年所設；美以上海領事兼法院司法委員，其等級與地方審判廳同，每年至天津、漢口、廣州各一次，亦得至各領事館開庭，其制始於 1906 年；意國法院附設於領事館中；挪威則上海總領事即爲法院法官，以有法官資格者爲之；日本領事亦有一定資格，其審級與初審法院同。餘則皆以領事判決，或派會審員副之。上訴或在其本國，或在中國附近。

如法在河内、西貢，葡在澳門卧亞。終審除荷在巴達維亞，日本在旅順、漢城、臺灣外，僑寓東三省之日人，上訴在關東高等審判廳，終訴即在該廳内之最終上訴庭；在間島者，上訴在漢城之高等審判廳，終訴在漢城大理院；在中國南方者，上訴在臺灣高等審判廳，終訴亦在該廳之最終上告庭；在中國中部者，上訴在長崎高等審判廳，終訴在其本國之大理院。皆在其本國。英、美、法、日皆有監獄，以禁短期罪犯。他國罪犯，或寄此四國獄中，或寄上海租界西牢，或送至其本國，法律皆從其本國；亦有參酌地方習慣，或用條理，或依國際法。用外國法者，領事亦有因該國法律許可，得定章程，令僑民遵守者。各國律師均得出席於其本國之法庭，在他國則以相互爲條件。此在我國各國領事裁判權之大致也。

領事裁判權之行於近東，以彼此所奉之教不同爲口實，然虐待異教徒，土耳其等國有之，我國無有也。或謂由彼此習尚不同，則我於彼，亦應有此權矣。又靳而不與，何也？故其所藉口，仍在我法律及司法制度之不善也。其所列舉，約有數端：刑罰殘酷一也；監獄不善二也；司法行政不分三也；官吏歧視外人四也；連坐之法，累及無辜，五也；罪未定而先用刑訊，六也。此説誠非盡誣，然此制之存於我有害，於彼亦未必有利。其害於我者，則主權之受損，一也；外人之横行，二也；領事官究非法官，用法不盡能持平，不免偏袒其本國人，華人又不諳其訴訟程序，不免受損，三也；華人及其財産在領事館注册，即不受中國法律治理，四也；有外籍者，欲享外人所不能享之權利，則自稱華人，逮其犯事，又請外國領事保護，五也；外人以其住宅船舶庇護中國之逋逃，六也；中國與各國無交還罪人之約，各國之間亦然。以致罪人往往漏網，外人亦有逃入華界及他外國人住宅者。七也。彼之不利，則法律錯雜，一也；兩造爲原被告異，其權利義務異。除停止審理及移交其本國領事外，無懲治原告之法，原告或藐視被告國之領事，二也；被告反訴，即須在别一領事處，兩領事判決或不同，則窒礙難行，待之則遲延已甚，三也；數國人共犯一罪，必由數國領事，各自分别審理，不便尤甚，四也；上訴太遠，即如英、美在中國有法院者，相距較遠之僑民，赴訴亦甚不便，五也；證人證物遠不能致，即赴訴,亦甚難審理。領事所轄太廣,即初訴亦甚遥遠,六也。如意在中國領事有五,上海領事兼管蘇、皖、閩、浙、山東之僑民,漢口領事兼管兩湖、四川、江西、河南、陜甘,天津領事兼管直隸、山西,哈爾濱領事兼管東三省,廣州領事兼管兩廣、雲貴,以此而言,赴訴誠覺遠哉遥遥,雖云領事可至他處開庭,然其事亦甚難行也。且外人之來,本爲通商,通商之局,今後决不能限於數口岸。然領事裁判權不除,中國終不能許外人雜居内地,則尤其大不利者也。職是故,領事裁判之制,固我之所痛心,亦彼此所疾首也。

辛丑和議成後,重訂商約,英第十二款美第十五款日第十一款三國皆有俟我法律完備,司法制度改善,即棄其領事裁判權之條。光緒三十四年,《瑞典條約》第十款則謂,各國皆允棄其領事裁判權,瑞典亦必照辦。民國七年,《瑞士條約》同。民國十年九月二十六日墨西哥照會,允於將來修改。1899 年《墨西哥條約》明載放棄領事裁判權條文。民國四年二月二十八日《智利條約》,於領事裁判權,未曾提及。民國九年六月一日《波斯條約》,則明定無領事裁判權。歐戰後德、俄、奥、匈諸國喪失其領事裁判權者,亦皆於條約中訂明。即日本以兵力脅我,所訂民國四年五月二十五日之約,亦有南滿、東蒙地方司法改良,日僑即統歸中國審理之語。故領事裁判權之廢遲早必有其事,不過如我國今日司法情形,而欲外人之即肯放棄,則非如俄、德等之遭遇事變,恐亦難旦夕期之。爲我計者,當盡力改良司法,而交涉則宜各别爲之。巴黎和會、太平洋會議兩次提案,一則空言無補,一則轉使人協以謀我,則殊爲無謂耳。調查委員之來,南方政府以領事裁判權應即撤廢,無待調查,拒之是也。

領事裁判權而外,又有所謂會審公廨者。其事起於同治七年之《洋涇浜設官會審章程》,而其事權旁落於外國領事之手,至今華人訴訟,亦受外人干預,則鼎革之際,華官之棄職爲之也。初上海之既開埠也,兩江總督、江蘇巡撫會奏,令蘇松同知移駐上海,專管華洋事件。是時士大夫多深惡洋人,稱租界曰夷場,以涉足其間爲恥,居其地者,僅極貧無籍之民,租界甚寥落也。逮太平軍起,沿江之民避難者,多至上海。咸豐三年劉麗川又陷上海縣城。於是上海之民,亦多避入租界者，租界居民始繁。其時中國官吏遁逃租界内，居民無治理，英、美、法領事乃自定條例以治之，并進而裁判華人案件矣。同治七年上海道與三國領事訂定章程十條，遴委同知一員，常駐洋涇濱，管理華洋訴訟，即俗所稱華洋同知者也。其《章程》第一條云："遴委同知一員，專治洋涇浜，管理各國租地界内錢債、斗毆、竊盜、詞訟各案，立一公館，此即後來所謂公廨者。置備枷杖以下刑具，并設飯歇。凡有華民控告華民及洋商控告華民，無論錢債與交易各事，均准其提訊定斷，照中國常例審訊，并准其提訊定斷及發落枷杖以下罪名。"第二條云："凡遇案件牽涉洋人必應到案者，必須領事官會同委員審問，或派洋官會審。若案情衹係中國人，并無洋人在内，即聽中國委員自行訊斷，各國領事官，毋庸干預。"權限原自分明，惟第三條規定受雇於洋人之華人及第六條規定無約國人民之訟案者，不免喪失國權耳。當時此項章程，系由上海道稟陳兩江總督，由兩江總督奏請，飭下總署，照會英使，然後由上海道宣示，不過行政處分，在内非法律，對外非條約，本可由行政官署更改廢棄者也。此後除租界所生刑事案件，捕房解至公廨者，亦由領事派員參與，上海人稱之曰早堂。其民事案，由華員獨審，則稱晚堂。爲越出權限外，餘皆照章辦理。公廨經費由上海道撥給，上訴亦在上海道，固純然中國法庭也。《洋涇浜章程》之訂定也。法領事謂其第十條與條約冲突，故未簽字，明年就法領事署，别設會審公廨，然其章程亦多援用滬道所定。光緒二十四年，租界地址擴充，三十一年以領事要求，各國公使商決，續訂《章程》十一條，未爲中國所承認，然實則多已照行。與於此役者，爲英、美、德、奥、意、俄、荷、比、日、韓十國。是歲停止刑訊，乃以五年以下之徒刑爲公廨發落之限。其實舊時徒刑，最重不過三年。所謂枷杖，乃指違警之輕罪。杖以笞代。舊時罪重於此者，均歸上海縣審斷，命案亦由縣相驗。以知縣品卑於同知，而爲正印官也。此次之改變，公廨越權多矣。然亦未滿足其遂，爲外人侵我法權之倀也。辛亥擾攘之際，外人乘之侵我主權，會審官變爲由各領事會同聘用華會審官，正一人，副四人，洋會審官一人或二人，華人民事案，亦由其會審，除無期徒刑及死刑，預審後移交中國外，其餘悉由其判決。徒刑有至二十年者，上訴在公共租界，或即由原審官，或則易人重審。在法租界，則以資格較深之員復審，亦不復上訴上海道尹與交涉員矣。審理雖以租界爲限，然停泊上海之船隻，亦在審理之内。別有檢察處，類中國法院之書記廳。處長一人，員十二人，皆由工部局推薦旅滬外人，由各領事會同委用。内分交保處、收支處、總寫字間、洋務案處、車務案處。總寫字間者，辦理刑事案件者也。屬於華官者，有華官辦公處，官祕書一人，科長三人，書記若干人。廨官俸給，均在上海道存款内劃交，其他費用在罰金中提取。華會審員既非法官，洋會審員亦徒熟華事，不知法律。所用法律既雜，又或參酌習慣，判決先後互異，律師非徧通各國之法，不能承當，需索特甚，訴狀堂供皆須兼用中英文，所費既多，辦理尤滯，案積如山，民事有延至一二月，然後審理者。恃強攘權而又不能善其事，即外人亦莫不齒冷也。

領事之攘奪會審公廨，其所藉口者，曰革命之際，代我管理。然則民國政府成立，即應交還，本無待於交涉。乃始因各國尚未承認民國而擱置，及承認之後，外交部照會公使，請其交還。領銜英使朱爾典反謂公廨自外人代管以後，較勝華人自管之時，必須酌改辦法，方可交還。當時報載朱爾典所提條件，有會審官參用外人，一切罪名，均可判決。上訴亦由原機關復審，監獄收支，均須用外人管理等，説未知確否？民國四年八月三日外交部擬定辦法五條，照會領銜美使，以歐戰起，中國又迭遭政變擱置。十一年十月二十六日，外交部又將前定五條辦法酌改，大致民事案件，專由華官審理，刑事案件許洋員會審，但以與租界治安有關者爲限。案：案件之究爲民事抑刑事極難定，本民事也，在狡猾者不難使之牽涉刑事，或變爲刑事，故此項辦法，當時論者頗以爲不安也。照會領銜葡使，亦無成議。□□年五月三日，領銜荷使照會我國外部，謂苟欲交還公廨，則公廨經費必須有着，公廨判決，中國法庭均須承認，其辦事亦須予以協助，案：自外人代管公廨之後，大理院判例，均以其判決爲無效；司法部亦訓令各司法機關，不許予以協助。并須承認推廣上海租界云云。中國不許。而德人受英、美、意、日等國所委會審官審理，亦提出抗議。對中國外交部。“五卅”案起，滬人以交還公廨列爲十三條要求之一,外部趁機廢原擬五條辦法,別提新案,外人又不可。時則東省特別法院業已設立,於是議仿其制,亦設特別法院於上海,議未就,而孫傳芳使淞滬商埠總辦丁文江、特派交涉員許沅商諸各領事。自十五年五月至八月,與英、美、挪、荷、日五國領事會商者,凡七次,乃改會審公廨爲臨時法院。(一)有關租界治安之刑事,(二)犯《洋涇浜章程》及其附則者,(三)有領事裁判權國之人所雇傭之華人爲被告,均許其觀審。(1)有約國人及工部局爲原告之民事,(2)有約國人告訴之刑事,則准其會審於法庭中。別設上訴庭,庭長由臨時法庭庭長兼任,初審許觀審者,此時亦許觀審,許會審者,至此亦許會審,刑事上訴即於此。民事案則以交涉員爲上訴機關,由交涉員約同領事會審,租界内檢驗,由推事會同領袖領事所派之員爲之,適用法律須顧及本章程所定及公廨訴訟慣例,有約國人之傳票、拘票及搜查其住所,仍須領事簽字,監獄由工部局警務處管理,法庭庭長得派員會同領袖領事所派之員視察,司法警察由工部局警務處選派,工部局警務處所拘捕之人,24小時内,須送交臨時法庭。事務會計歸書記長管理,書記長由領袖領事推薦,此皆《交還公廨章程》編者按:即《收回上海公共租界會審公廨暫行章程》。所定也。別以換文申明:(甲)以前公廨判決及此後臨時法庭判決,蘇省政府視爲與他法院判決效力相同。(乙)刑事發生於外國船上,外國人所有之地,屬於工部局租界外馬路及上寶區内,均臨時法院管轄。(丙)無領事裁判權國之人民爲刑事被告,由第三國領事觀審。(丁)庭長推事之名,須通知領袖領事。(戊)許觀審之案,外國律師均得出庭,原被告訴狀答訴狀,均別備英文者一份。(己)法院須雇用外國人10名,由工部局選派。(庚)江蘇省政府指定法院之補助費等項,法院庭長、推事,均由省政府任命。十年以上徒刑交還後一年之内仍否,另以換文申明及死刑,經省政府核准,死刑在租界外官廳執行,亦規定於章程中。此章程施行期限爲三年,三年之内,中央政府如別有辦法,即行廢止,否則續行三年,唯期滿六個月前,省政府得通知領事團,提議修正。後以换文申明領事團亦有此權。又在此期限之中，中國如撤銷領事裁判權，不受此約拘束。《章程》以八月三十一日簽字，公廨於明年一月一日交還。初設特别法庭於上海之議之起也，論者謂中國新式法院向不許外人觀審，苟在上海許之，則又生一惡例，故在上海設法院亦不當許其觀審。外人苟不棄其觀審之權，則當令其在上海縣公署起訴，而以交涉公署爲上訴機關，又傳票、拘票之送致，判决之執行，必不容領事簽字，且不當用租界警察。孫傳芳所定約，實未暇計及此，迄今亦未有善其後也。國民政府頒行新刑律後，許觀審之刑事，以新舊比照定之。而鴉片罪案，彼即棄其觀審之權，以其太多也。

以上爲洋涇浜會審公廨之始末，至法租界之會審公廨，則根據條約，必由外交部交涉方可解决也。又會審公廨，漢口及厦門亦有之，漢口之會審公廨權與於光緒二十一年，是年改洋街保甲局爲洋務會審公所，初襲保甲局彈壓委員成規，專管租界警務，後亦審理華洋案件，馴至純系華人案件，亦許其會審。徒刑至二年以上，其初覊押，皆在夏口縣署。民國元年始自設拘留所，期長者猶禁湖北省立模範監獄，七、八年間囚多獄隘，不能容，遂并押公所之拘留所。爲厦門之會審公廨權與於光緒二十八年《鼓浪嶼公共地界章程》，第十二、第十三、第十四三條。革命時事權落入外人之手，與上海同。迄今尚未有辦法也。